한국전쟁과 정치를 말하다

계산된 위험

한국전쟁과 정치를 말하다
계산된 위험

초판인쇄 2018년 06월 25일
초판발행 2018년 06월 25일

지은이 김동원
펴낸이 채종준
기 획 양동훈
마케팅 송대호

펴낸곳 한국학술정보(주)
주소 경기도 파주시 회동길 230(문발동)
전화 031 908 3181(대표)
팩스 031 908 3189
홈페이지 http://ebook.kstudy.com
E-mail 출판사업부 publish@kstudy.com
등록 제일산-115호(2000. 6. 19)

ISBN 978-89-268-8432-4 03340

책에 대한 더 나은 생각, 끊임없는 고민, 독자를 생각하는 마음으로 보다 좋은 책을 만들어갑니다.

한국전쟁과 정치를 말하다

계산된 위험

김동원 지음

일러두기

1. 이 책은 서론 없이 시작됩니다. 만일 읽기 전에 가이드라인이 필요하면, 뒤표지, 앞날개, 그리고 부록 1—특히, "원치 않은 전쟁"—이 도움이 될지 모릅니다.
2. 인용문들의 소재는 물론 관련된 설명들을 뒷받침하는 문헌은 번거로움을 피하기 위하여 가능한 한 첫머리에 1회의 각주로 밝혔습니다.
3. 영문들의 완전한 표기는 본서의 뒷부분에 정리돼 있습니다. 약어 목록은 약어들의 가나다와 알파벳순으로, 인명 목록은 성들의 가나다순으로 정리돼 있습니다.

이 연구가 보다 좋은 원고가 되도록 비판과 도움을 아끼지 않으신
신상옥 님과 김유진 님에게 깊은 감사를 드립니다.
그리고 창의와 기예의 발휘로 이 연구가 보다 읽기 좋은 책이 되어 세상에
나오도록 애써 주신 양동훈 님과 채종준 님과 송대호 님에게
깊은 감사를 드립니다

/차례

제1장 코리아 문제

우리는 무기와 탄약이 더 많이 필요하다 · 10

이것은 소련의 시험적 도전이다 · 33

코리아 문제는 줄곧 유엔의 관심사였다 · 54

제2장 소개와 도주

정부는 수원으로 이전한다 · 76

우리는 어디엔가 선을 그어야 한다 · 90

육군은 서울을 고수한다 · 109

나는 전쟁을 하고 싶지 않다 · 125

제3장 계산된 위험

이사회는 사건들에 좌우될 것이다 · 136

모든 증거는 계속해서 가리킨다 · 146

우리의 앞에는 궁여지책 몇 가지밖에 없는 것 같다 · 153

모든 눈들이 아메리카를 향하고 있다 · 162

제4장 완전한 지지

상황이 너무도 급속히 악화돼 버렸다 · 184
우리의 목표는 전쟁의 예방이다 · 193
미국은 혼자서 행동하는 것이 아니다 · 220

제5장 유엔의 우산

이것은 침략자와 국제연합 사이의 문제다 · 238
우리는 38도선을 넘으면 안 된다 · 269
도덕적 지지가 도처에서 오고 있다 · 283

제6장 선언과 행동

ROK 군대는 우수한 지도력을 결여했다 · 310
ROK 정부는 지리멸렬이다 · 325
우리는 말은 무시하나 행위는 무시하지 않을 것이다 · 340

제7장 분단과 평화

전쟁은 불가피한 것이 아니다 · 364
공산 중국의 개입만이 실제로 가능하다 · 385
우리는 선택의 자유를 지레 제한하면 안 된다 · 399
이것은 남북통일의 시작이다 · 415

부록1 전쟁과 정치: 저자의 이해

어떤 면접시험 · 430

믿음과 지식 · 435

원치 않은 전쟁 · 445

부록2 본문에 나오는 영어 약어들과 인명들

약어들 · 458

인명들 · 463

제1장

코리아 문제

우리는 무기와 탄약이 더 많이 필요하다

흔히들 위기는 기회라고 말한다. 정치가들은 특히 그렇다. 그리고 전쟁은 "다른 수단에 의한 정책의 계속"이다. 그 두 경구를, 1950년 6월 25일 일요일 아침 북한군의 남진에 직면해, 대한민국(ROK)의 대통령 이승만이 무심코 지나칠 리 없었다. 두 해 전 북위 38도선을 경계로 코리아의 남과 북에 서로를 괴뢰라 헐뜯는 정부들이 수립된 이래로, 그 남한 지도자는 분단이 평화적 수단에 의해서 극복될 수 없음을 직감하고 있었다. 학식도 많고 경험도 풍부한 그 정치가는 공산주의자들과 대화와 타협을 통해서 무언가를 이루려는 시도는 허황되고 어리석다고 여겼다. 그 노련한 정치가가 보기에, 코리아를 통일할 방법은 소련(USSR)의 비호 아래 평양에 수립된 공산 정권을 쳐부숴 없애는 것 말고는 없었다.

문제는 남한군의 능력이었다. 장교나 사병을 막론하고 그 어린 군대의 사기는 무모할 정도로 높았다. "ROK 육군은 명령만 떨어지면 나흘 안에 평양을 점령할 수 있습니다." 총참모장 채병덕 소장은 그렇게 장담했다. 그러나 그것은 물론 어림없는 소리였다. 그것이 상명하복에 길든 34세의 혈기왕성한 장군이 불가능한 사명에도 목숨을 바쳐서 헌신할 것임을 선언하는 상투적인 통과의례 이상의 아무 의미도 없음을 물정에 밝은 사람이면 누구나 이해할 수 있었다. 남한군은 사실 삼팔선의 경비에 적합할 정도로만 무장돼 있었다. 만일 그 경무장

병사들이 북한 내지로 들어간다면 그들이 궁극적으로 마주칠 결과가 개죽음 이외에 무엇이 있을지 상상하기 어려웠다. 또한 전쟁은 전투와 달랐다. 조그만 영토의 힘없는 방어자들도 그들을 깔보고 무턱대고 덤비는 공격자를 언제나 곤경에 빠트릴 수 있었다. 정복 전쟁은 상대의 궁극적 제압을 위해서 전선 전체에 걸쳐 상당히 오랫동안 여러 부대들을 일사불란하게 움직이는 광범하고 치밀한 사전계획을 요했다. 바로 그런 이유들 때문에 서울의 이승만 대통령은 미국(USA)의 적극적 지원이 없이는 "북진통일"을 감행할 수 없다고 판단하고 있었다.

비슷한 원리가 북쪽의 조선인민공화국(PRK)에도 적용됐다. 지난 2년 동안 삼팔선 곳곳에서 ROK 경비대와 PRK 경비대 사이에 크고 작은 무력충돌이 끊임없이 일어났다. 그러나 어느 한 편이 승리의 기쁨을 오래 누리는 결과는 나오지 않았다. 침범은 언제나 격퇴됐다. 원상은 언제나 회복됐다.[1] 평양의 김일성 주석은 남북의 무력 균형을 유리하게 뒤집을 외부의—소련의—군사적 지원이 없이는 "국토완정"을 성사시킬 수 없음을 알고 있었다. 물론 그 새파란 북한 지도자의 경우 능력의 부족에도 불구하고 욕망을 쉽사리 잠재울 수가 없었다.[2]

냉철한 분석자들이 보기에, 코리아에서 남쪽과 북쪽 사이에 전쟁이 일어날 "주된 전제조건"은 벌써 1948년 여름 ROK 정부와 PRK 정부가 수립됐을 때 "확고히" 자리를 잡았다. "그들의 이념들은 그들의 강대국 후원자들의 경우처럼 서로 반대의 극단에 있었다. 그 강대국들의 관계는 다른 곳에서 계속 악화되고 있었다. 두 코리아 정부들 모두 그들의 분단된 나라에 대한 완전한 주권을 갈망했다. 그리고 평화 통일이 요원한 가능성이라서, 어느 편이든 힘을 모아 불구대천의 상대편을 궤멸시켜도 된다고 폭력의 길이 손짓했다."[3]

---

1 이 경계선 충돌들에 대해서는 다음의 문헌이 소상히 다룬다: 정병준, 『한국전쟁: 38선 충돌과 전쟁의 형성』(서울: 돌베개, 2006); 군사편찬연구소, 『6.25 전쟁사 1: 전쟁의 배경과 원인』(국방부, 2004), 498-516쪽.

2 가령 다음의 문헌에 인용된 김일성의 진술과 그에 대한 슈티코프의 반응이 이를 잘 드러낸다: 박명림, 『한국전쟁의 발발과 기원 I: 결정과 발발』(서울: 나남출판, 1996), 137-138쪽.

3 William Stueck, *The Korean War: An International History*(Princeton: Princeton University Press, 1995), pp.14,

그러나 아무리 강력한 욕망도 아무리 확고한 의지도 수단과 방법의 뒷받침이 없으면 실현할 수 없음이 자명했다. ROK와 PRK는 서로의 무력이 균형을 유지하는 동안은 아무리 상대가 싫어도 적대의 균형을 참고 지낼 수밖에 없었다. 그것은 누가 먼저 상대를 때리느냐가 누가 먼저 외부의 무력 지원을 충분히 얻느냐에 달려 있음을 뜻했다. 상대의 존재를 관용하기 어렵고 폭력의 유혹에도 약한 편이 그 지원의 획득에 동분서주할 것이었다. 사실 양쪽 다 그랬다. 그러나 북쪽이 그것에 먼저 성공했음이 1950년 6월 25일 일요일 아침부터 서서히 드러나기 시작했다.

그 여름날 아침 미국대사 존 무쵸는 용산의 ROK 육군 본부에 들려서 38도선의 상황을 자세히 파악하고 11시 35분 경무대에 나타났다. 3시간 30분 전 대사는 전화벨에 잠이 깼다.[4]

"지난 한 시간 동안 카이맥(KMAG, 주한군사고문단) 본부는 전방의 몇몇 부대에서 계속 보고를 받았는데 북한군이 38도선을 넘어서 맹공격을 퍼붓고 있다고 합니다."

수화기의 저편에서 에버렛 드럼라이트의 군더더기 없는 진술이 들려 왔다. 참사관은 상대의 반응을 기다리지 않고서 침착하게 덧붙였다. "더 정확한 상황을 파악하느라 이제야 전화를 했습니다."

무쵸는 당장 보자고 대답하고 서둘러 관사를 나섰다. 장맛비를 머금은 검은 구름이 하늘을 두텁게 뒤덮고 있었다. 반포빌딩의 대사관은 도보로 5분 거리에 있었다. 도중에 대사는 UP(합동통신사)의 제임스와 부딪쳤다. 그 코리아 통신원은 의아한 눈으로 "일요일인데 아침

---

27. 다음의 문헌들도 같은 내용을 주장한다: 박명림, 『한국전쟁의 발발과 기원 II: 기원과 원인』(서울: 나남출판, 1996), 449-450쪽; 정병준, 『한국전쟁: 38선 충돌과 전쟁의 형성』(서울: 돌배게, 2006), 223-224쪽.

4 *FOREIGN RELATIONS OF THE UNITED STATES*(이하 *FRUS*) *1950 VOLUME VII, KOREA*, pp.129-131.

일찍 무슨 일입니까?"라고 물었다. 그 미국인은, 어수선한 모습으로 보아, 야간 작업을 마치고 아침잠을 자려고 돌아오고 있음이 분명했다. 무쵸는

"38도선의 상황에 관해서 심상치 않은 보고들이 있다고 해서요."

라고 대답하고 발길을 재촉했다. 대사는 이내 드럼라이트를 만나서 상황을 보고받고, KMAG 본부와 ROK 육군본부가 있는 용산의 삼각지로 달려갔다.[5]

사태는 우려할 만했다. 6월 25일 아침의 공격은 범위와 방법에 있어서 이전의 것들과 비교가 되지 않을 정도로 달랐다.[6] 북한군은 38도선 전역—서부와 중부와 동부—에서 ROK의 영토를 침범했다. PRK의 군사행동은 새벽 4시경 서해안의 옹진에 포격을 퍼붓는 것으로 시작됐다. 오전 6시경, 북한군 보병은 옹진, 개성, 춘천 등지에서 삼팔선을 넘어오기 시작했다. 동해안에서는 강릉 남쪽에 북한군이 상륙했다. 북한군은 국경경비대가 아니라 탱크들을 앞세운 중무장 무력이었다. 오전 9시 개성이 함락됐다. 10여 대의 북한군 탱크가 작전에 가담했다. 춘천 지역의 북한군 역시 탱크를 앞세우고 쇄도하는 중이었다. 강릉 지역의 전투는 세부사항이 불명하나, 북한군이 주요도로를 점거한 것으로 보였다.

그것은 분명히 단순한 경계 충돌이 아니었다. 그러나 그밖에 정확히 무슨 일이 일어나고 있는지 아무도 확실하게 말할 수 없었다. 몇몇 ROK 참모들은 그것이 "전면공격이 아니다"고 주장했다. 육군 본부에도 KMAG 본부에도 반대의 가설은 배척하는 분위기가 압도했다. 아침 05:00부터 전화보고를 받고 놀라서 동분서주한 채병덕 총장도 북한군이 전면침공을 시도하

---

5 Jerry N. Hess, "Oral History Interview with Ambassador John J. Muccio", Washington, D. C., February 10, 1971(http://www.trumanlibrary.org/oral hist/muccio1.htm), pp.30-31. KMAG 본부는 육본 건물 안에 있었다.

6 *FRUS 1950 VOLUME VII, KOREA*, pp.125-126.

고 있다는 생각을 당장은 받아들이기 어려웠다.[7] 지금까지 남북 간에 있었던 어떤 무력 충돌도 전면전으로 확대된 적이 없었던 사실이 그 판단의 강력한 경험적 근거가 될 수 있었다. 다른 근거는 북한군이 남한군에 대해서 그동안 힘이 비등한 것으로 드러난 마당에 승리의 확신도 없이 갑자기 총력공격에 나설 것 같지 않다는 추정이었다. 게다가 6월 초부터 평양의 제의로 "평화적 통일의 가능성"을 타진하는 접촉들이 이뤄졌고 남쪽에 감금된 남로당 간부들인 김삼룡과 이주하를 북쪽에 연금된 독립운동가 조만식과 맞바꾸려는 노력들도 있었다.[8]

그러나 북한군이 6월 25일 아침에 펼친 공격은 PRK가 ROK에 대해서 전면전을 꾀했다면 벌였을 공격과 다르지 않을 것 같았다. 눈에 보이지 않는 목표의 차이가 눈에 보이는 수단의 차이를 낳는다. 현재의 공격이 규모와 방식에 있어서 과거의 것들과 다르다면 그것의 의도와 목적도 분명히 과거의 것들과 다를 것이다. 그러나 의도나 목적은 눈에 보이지 않을 뿐더러 언제든 바뀔 수 있었다. 북한인들이 혹시 전면전을 의도했을지라도 남한군이 전개하는 저항의 강도에 따라서 또는 자신들의 변덕에 의해서 당초의 계획을 취소나 수정할 수 있었다. 그렇기 때문에 평양의 선전포고가 없는 한 아무도 북한군의 초기 행동이 전면전을 위한 수순이라고 확신 있게 주장하기 어려웠다.

미국인들은 관찰된 것 외에는 말하지 않기로 결정했다. 그들이 보기에, 북한군의 행동은 적어도 "대대적 공세"였다. 게다가 PRK가 가용한 무력을 대부분 동원해 벌이고 있음에 아마도 틀림없는 그 공격들은 "남한으로 들어오는 자연적 침입로들을 따라서 이뤄지고 있었

---

7 채병덕 총참모장의 반응들에 관해서는 다음의 문헌에 소상한 설명이 있다: 군사편찬연구소, 『6·25전쟁사 2: 북한의 전면남침과 초기 방어전투』(국방부, 2005), 62-66쪽; Robert K. Sawyer, *Military Advisors in Korea: KMAG in Peace and War*(Center of Military History, Washington, D.C., 1988), p.118.

8 "평양방송, 전국 정당 · 사회단체 대표자회의 개최를 남쪽에 제의", 『국도신문』 1950년 6월 11일, 국사편찬위원회, 『한국사 데이터베이스: 자료대한민국사 제17권』 1950년 6월 7일.

다."[9] 서울 시간 10:00 워싱턴의 국무부와 도쿄의 맥아더 사령부로 타전된 925호 전문에서 무쵸는 진술했다:[10]

"아무래도 북한인들이 ROK에 대해서 전면공세를 시작한 것으로 보입니다."

만일 북쪽이 총공격에 들어갔다면 남쪽은 어떻게 대처할 것인가? ROK의 군대에 관한 한 대답은 쉬웠다. 그런 사태에 대비해 남한군은 "몇 달 전에" KMAG과 머리를 맞대고 "방어계획"을 수립해 두었다. 방어가 불가능에 가까운 옹진반도의 군대가 철수하고, 자연적 엄폐가 없는 임진강 서편의 부대들이 남안으로 물러나고, 남부 지방에 있는 예비사단들이 북상해 반격할 태세를 갖추는 것이었다. KMAG 참모들은 그 계획의 집행이 당연하다고 판단했다. 대사도 그렇게 생각했다. 총참모장 채병덕 소장은 동의했다. 즉시 그의 참모들이 해당 부대들로 경보를 발령하기 시작했다.

문제는 미국인들의 경우였다. 워싱턴은 그들에게 전쟁 때를 대비한 아무 지침도 사전에 주지 않았다. 게다가 KMAG의 단장도 단장대리도 코리아에 없었다. 몇몇 대안들이 즉시 떠올랐다.[11] 첫째는 모두들 무기를 들고서 남한군이 북한군을 물리치게 적극 돕는 것이었다. 둘째는 남한군의 작전에 조언을 하는 것이었다. 셋째는 ROK를 자신의 운명에 맡기고 코리아를 떠나는 것이었다. 무쵸는 군인이건 민간인이건 미국인들 전체가 대사관에 모여 있다가 북한군이 오면 그때 외교관의 치외법권을 요구하는 방안을 제시했다. 다른 사람들은 모두 그것보다 다른 대안들을 선호했다. 대사도 결국 다수에 동의했다.

---

9 Robert K. Sawyer, *Military Advisors in Korea: KMAG in Peace and War*(Center of Military History, Washington, D.C., 1988), pp.118-119.

10 *FRUS 1950 VOLUME VII, KOREA*, pp.125-126.

11 Robert K. Sawyer, *Military Advisors in Korea: KMAG in Peace and War*(Center of Military History, Washington, D.C., 1988), p.121.

아직 워싱턴의 훈령이 없는 지금 대사는, 무엇보다 우선적으로, 미국인 아녀자들의 안전을 보장할 조치를 취하기로 결정했다. 그들의 소개를 예비한 재난대책 크랄러(Cruller)가 가동 준비에 들어갔다. 대사는 일본으로 항행할 선편을 알아보도록 해군무관 시퍼트 중령을 인천으로 보냈다. KMAG은 피난민 등록소를 차리도록 애스콤(ASCOM, 부평)으로 장교들과 사병들을 파견했다. WVTP(미군 라디오 방송국)는 미국인 가족들이 피난에 나서야 하는 시간을 놓치지 않도록 그들이 라디오 가까이 있기를 권하고 25분마다 속보를 내보낼 것이었다.

북한인들은 정확히 11:00에 입을 열었다.[12] 라디오 평양은 특유의 억센 말투로 "조선인민공화국 내무성의 공식 발표"를 방송했다:

"남조선 괴뢰 정권의 소위 '국방군'이 25일 새벽에 삼팔선 전역을 따라서 북쪽으로 기습공격[불의의 진공]을 개시하였다.[13] 그 기습작전을 시작한 적군은 해주 • 금천 • 철원 서편의 세 지점에서 삼팔선 북쪽의 영토를 1내지 2킬로(KM) 침략하였다.

조선인민공화국 내무성은 공화국 보안대에 적을 격퇴하라는 명령을 내리었다[내렸다]. 이 순간 우리의 보안대는 단호한 반격작전을 펼치고 있다. 공화국 군대는 양양 북쪽으로 침입한 적군의 격퇴에 성공하였다.

이 사태와 관련해서, 조선인민공화국은 남조선의 괴뢰정권이 그들의 군사 모험들을 즉각 멈추지 않는다면 공화국이 확고한 대응 수단을 강구할 수밖에 없다는 사실을 주지하기 바란다.

---

12 *FRUS 1950 VOLUME VII, KOREA*, p.132. 여기서 11:00은 서울 시간-하계(일광절약)시간, 또는 섬머타임—이다. 평양은 10:00이었다. 북한은 섬머타임을 쓰지 않았다.

13 박명림, 『한국전쟁의 발발과 기원 I』(서울: 나남출판, 1996), 438쪽에 의하면 북한의 정확한 표현은 "불의의 진공"이었다.

동시에 공화국의 위임으로 내무성은 남조선 괴뢰정권의 무모한 모험으로 발생하는 엄중한 결과들에 대한 모든 책임이 전적으로 남조선 괴뢰정권에 있다는 사실을 유의시킨다."

그것은 때늦은 발표였다. 혹시나 평양의 비난이 정당하다 하더라도 북한군은 이미 "반격작전"의 단계를 넘어섰다. 현재는 그들 자신이 삼팔선을 넘어와 남한을 침공하는 "무모한 모험"을 벌이고 있었다. 평양이 그 모험을 어디까지 밀고 나갈 의도인지 남쪽의 아무도 확실하게 판단할 수 없었다. PRK가 위협하는 "엄중한 결과들"은 이 시점에서 남진을 멈추는 것에서 궁극적으로 남한의 무장해제에 이르는 모든 것들이 될 수 있었다.

PRK 내무성의 그 때늦은—그리고 너무 막연해서 허풍처럼 들리는—으름장에 비하면 ROK 국방부의 정오 발표는 시기에 적절해 보였다. 물론, 상황이 급변하는 가운데서, 시의성은 속성상 정확성을 담보할 수 없을지 몰랐다. ROK는 북한군의 공격을 전면전쟁의 시작이 아니라 PRK가 자신의 대내 선전에 활용할 의도로 자행한 "상투적"인 "불법남침"으로 규정했다. 그 판단의 진위를 떠나서 현재 실제로 "무모한" 습격을 당하는 쪽은, 38도선 이남에서 침공에 맞서서 방어와 반격을 펼치는 쪽은, 남한군이었다. 정훈국장은 진술했다:[14]

"오늘 25일 조면 다섯 시부터 여덟 시 사이에 삼팔선 전역에 걸쳐 이북 괴뢰집단이 대거 불법남침하고 있다. 즉, 옹진 방면으로부터 개성, 장단, 의정부, 동두천, 춘천, 강릉 각지 전면의 괴뢰집단은 거의 동일한 시각에 행동을 개시하여 남침해 왔고 선박을 이용하여 상륙을 계획했으므로 목하 전기 각 지역의 우리 국군부대는 이를 요격하여 긴급 적절한 작전을 전개하고 있다. 그중 동두천 방면 전투에서는 적측이 전차까지 출동시켜 내습하였으나 아군 대전차포에 격파당하고 말았다.

---

14 "북한군, 전면 남침" 『동아일보』 1950년 6월 26일(국사편찬위원회, 『자료대한민국사 제18권』, 1950년 6월 25일); 군사편찬연구소, 『6 • 25전쟁사 2: 북한의 전면남침과 초기 방어전투』(국방부, 2005), 73-74쪽.

금차 이들의 무모한 내습은 제2차 총선거 이래 대내 · 대외하여 가일층 융성 발전되는 우리 대한민국을 침해 • 파괴함으로써 괴뢰집단 자가의 태세를 만회하려는 의도 아래 소위 조국통일민주전선을 통하여 화평통일이니 남북협상이니를 모략방송하다가 하등의 반향도 없으므로 초려한 끝에 감행하게 된 공산도배의 상투적 수단임에 틀림없다.

이제 군으로서는 저들 반역도배에 대하여 확고한 결의 아래 완전 파멸의 태세를 취하여 각지에서 과감한 작전을 전개하고 있으니 전 국민은 우리 국군장병을 신뢰하며 동요하지 말고 각자의 직장에서 만단의 태세로 군의 행동과 작전에 적극 협력하기를 바라는 바이다.

군에서는 명령이 없어 삼팔선을 넘어 공세작전을 취할 수 없는 고충이 있으나 만전의 방위태세로 저들이 불법 남침할 때 이를 포착 섬멸할 수 있는 준비와 태세가 구비되었으니 전 국민은 안심하고 국부적 전황에 특히 동요되지 말라."

ROK 쪽에서 그 발표에 배어 있는 자신감은 국방부만의 것이 아니었다. 경무대의 대통령은 상당히 긴장된 기색에도 불구하고 침착하게 미국대사를 맞이했다.[15] "어서 와요, 존." 반색하는 백발의 노정객에게 무쵸는 곧장 보고했다.

"저는 한국군 사령부에 다녀왔습니다. 한국군 수뇌부와 미국의 고문들 모두 신속하고 유효하게 비상사태에 대처하고 있었습니다. 일본의 스캡(SCAP, 연합군최고사령관)에게는 오늘 아침 10시에 상황보고가 들어갔습니다. 서울은 현재 조용하고 정상적인 분위기입니다."

대통령은 대뜸 "무기와 탄약이 더 많이 있어야 한다"고 주장했다. 대통령은 "더 많은 소총들"을 특별히 강조했다. 대사는 그 요구에 동의하지 않았다. 무쵸가 보기에, 한국군은 작년

---

15 *FRUS 1950 VOLUME VII, KOREA*, pp.129-131.

에 북한인들이 38도선을 따라서 몇몇 강력한 기습을 가했을 때보다 훨씬 더 잘 훈련돼 있었다. 그 미국인은 그들이 당분간 버티기에 충분한 대포와 탄약을 보유하고 있다고 믿었다.

대통령은 생각이 달랐다. 대통령은 무기 지원을 받으려고 벌써 도쿄와 접촉을 시도했으나 뜻을 이루지 못했다. 대통령은 한국 정부에 암호가 없어서 맥아더 장군에게 알리지 못했다고 설명했다.

대사의 호응이 없자 대통령은 공격 받고 있는 여러 지점들을 언급하기 시작했다. 옹진과 개성과 춘천과 동해안이었다. 무쵸도 알고 있는 내용이었다. 대통령이 "개성은 우체국을 적에게 빼앗겼다"고 말했을 때 대사는 정보를 보충해 주려고 끼어들었다. 그는 "현재는 시 전체가 북한군에게 떨어졌다"고 말했다. 대통령은 개의치 않고서 계속했다.

"동해안에서는 적이 보트로 상륙했어요. 우리는 현재 호놀룰루에 있는 초계정들이 급히 필요해요. 승무원들은 당초에 이레 동안 머무를 예정으로 거기에 갔어요. 그러나 나는 벌써 호놀룰루의 한국 영사관에 말을 전해 그 배들을 즉시 출발시키게 했어요."

ROK는 네 척의 초계정을 미국에서 구입했었다. 그중의 한 척은 1950년 2월 한국에 들어왔다. 나머지 세 척은 미국의 부담으로 선체와 엔진을 수리 • 조정받느라고 아직 하와이에 있었다. 대통령은 그 초계정이 왔을 때 한국해군의 사기가 하늘을 찔렀던 것을 잊을 수 없었다. 다른 배들은 달팽이처럼 그저 느리기만 한데 드디어 한국도 속도를 낼 수 있는 배를 가지게 된 것이었다.

미국대사는 현재의 상태에서 무력 증강이 아니라 KMAG 요원들의 역할에 기대를 걸었다. 그 고문들은 옹진반도를 비롯해 삼팔선에 배치된 모든 한국군 사단들과 함께 임무를 수행하고 있었다. 무쵸는 그들이 있으면 한국군의 사기에 도움이 될 것이라고 확신했다.

그 미국인은 자신의 확신을 표명하고 ROK 정부가 과격한 결정을 내리지 않도록 당부했다. 대사는 말했다:

"대통령께서는 삼십팔도선 주위의 다양한 민간 단체들로부터 증원부대를 보내 달라는 압력을 받고 있을 것입니다. 그러나 한국군은 지역적 상황들에도 불구하고 하나의 조율된 단위로 행동해야 합니다. 해서는 안 될 군사적 결정들을 내리고 싶은 마음도 있을 것입니다. 그러나 모두들 침착을 유지함이 중요합니다."

대통령은 다른 접근법을 택했다. 대통령은 사태를 의논하기 위해서 오후 2시에 국무회의가 소집될 것임을 무쵸에게 알려 주었다. 대통령은 서울에 계엄령을 선포하는 것을 고려하고 있었다.

"국민들에게 사실을 말해 줘야 해요. 이러한 사태는 누구에게도 놀랄 일이 못돼요. 나는 오래전부터 사람들에게 그에 관해서 경고해 왔어요. 그리고 만일 필요하면 모든 남자들과 여자들과 아이들에게 밖으로 나와 막대기와 돌멩이로 싸울 것을 호소했어요."

대통령은 그렇게 계엄의 타당성을 설명하고서 무기 얘기를 다시 꺼냈다. "만일 무기와 탄약이 충분히 있음이 확실하면 이것이 입에서 입으로 전해질 것이고 그래서 국민의 사기가 진작될 것이오."

여전히 무쵸의 호응을 얻기에 실패하자 대통령은 마침내 자신의 국제적 통찰을 피력하기 시작했다. 핵심은 코리아 사태가 공산진영과 자유진영 사이에 제3차 세계대전을 촉발하는 도화선이 될 위험을 안고 있지만 만일 중공 무력의 코리아 개입이 차단될 수만 있다면 그 위험이 봉쇄될 것이고 ROK는 북한군의 남침을 개전이유로 내세워 북진통일에 나서기를 정당화할 수 있다는 것이었다. 대통령은 주장했다:

“나는 한국이 제2의 사라예보가[16] 되는 불행을 막으려고 애써 왔어요. 그러나 어쩌면 현재의 위기가 한반도 문제를 일거에 해결할 수 있는 절호의 기회가 될 수도 있어요. 나는 미국이 ‘포모사의[17] 현상유지’에 필요한 조치를 취해 주기를 희망해요. 중국 공산당이 한동안 가둬져 있으면 좋겠기 때문이예요.”

대통령은 미국 정부가 중공에 대해서 필요한 봉쇄를 선택할 것이라 판단했다. 그 프린스턴 박사가 보기에, 미국의 여론이 공산 침략에 대해서 점점 더 강경해지고 있기 때문이었다.

무쵸는 아직은 본국 정부와 상의 없이 무기 원조든 북진통일이든 중공 봉쇄든 대통령의 생각에 대해서 아무 언질도 줄 수 없었다. 그 미국인은 일단은 남한지도자와 그의 국민들을 안심시킬 요량으로

“저는 군대가 상황에 유능하게 대처하고 있다고 확신합니다.”

라고 다시금 강조하고서 경무대를 떠났다. 그러나 대사는 자신에게 가능한 가장 빠른 시간에 — 오후 2:00 — 대통령과 나눈 대화가 소상히 담긴 비망록을 워싱턴에 타전했다.

도쿄의 맥아더 사령부는 평양의 11:00 방송을 ‘전쟁상태’의 인정으로 간주했다.[18] 그 후

---

16 사라예보(Sarajevo)는 과거 오스트리아-헝가리의 한 변방주였던 보스니아-헤르체고비나의 주도였다; 1914년 6월 28일 결혼 14주년 기념으로 그 도시를 방문한 그 제국의 황태자 부처 프란츠 페르디난드와 소피 초테크(Sophie Chotek)가 세르비아인들에게 암살당함으로써 결국 제1차 세계대전의 발발로 치닫는 국제위기가 조장됐다.

17 당시에는 타이완(Taiwan, 대만)을 흔히 포르투갈을 따라서 포모사(Formosa)라 불렀다.

18 군사연구소, 『한국전쟁 자료총서 39: 미 국무부 한국 국내상황 관련문서(The US Department of State Relating to the Internal Affairs of Korea) I (1950.1.7-6.27)』 (국방부, 1997), 274쪽; “미 극동군사령부, 한국전쟁 발발 시기와 전황에 관해 미국 정부에 보고”, 국사편찬위원회, 『자료대한민국사 제18권』, 1950년 6월 25일; “북한 공군기, 서울 상공 출현”, 국사편찬위원회, 『자료대한민국사 제18권』 1950년 6월 25일; *FRUS 1950 VOLUME*

에 일어난 사태들은 그 해석을 더욱 강하게 뒷받침했다. 날씨가 개기 시작하면서 11시 35분 야크기 두 대가 나타나 김포공항 상공을 나지막이 비행했다. 그들의 의도는 다만 저공 정찰에 있는 것 같았다. 그 소련제 전투기들은 폭탄투하도 기총소사도 없이 돌아갔다. 한편 13:00 PRK 지상군의 남진 현황은 다음과 같았다. 1개 사단이 옹진을 공격했고 1개 연대가 개성을 함락시켰다. 포천-의정부 회랑이 1개 기갑 보병 대대와 1개 탱크 중대의 압박을 받고 있었다. 춘천은 포병의 강력한 지원을 받고 있는 것으로 추정되는 1개 사단의 압박 하에 놓였다. KMAG은 할 수 없이 ROK의 후방 사단을 북쪽으로 이동시키는 계획을 진행하기 시작했다. 그들은 임진강 서쪽 일대가 전부 적군의 수중에 들어간 것으로 간주했다.

그렇지만 13:00에도 북한인들의 정식 선전포고는 접수되지 않았다.[19] 북한군은 예고 없는 전면 남진으로 정확히 무슨 목적을 달성하려 하는가? 온갖 추측이 난무했다. 그러나 자명해 보이는 것은 여전히 아무것도 없었다. 미국대사관의 13:00 특별 발표는 바로 그 불확실성을 재확인했다. WVTP는 진술했다: "오늘 아침 4시에 북한군이 38도선을 따라 여러 곳에서 대한민국의 방어진지들에 대한 불법적인 공격들을 시작했습니다. 현재 그 위선을 따라서 여러 곳에서 싸움이 진행되고 있습니다. 한국의 방어군은 준비된 위치를 잡고서 북쪽의 침략에 저항하고 있습니다. 한국의 관리들과 수비군 모두 그 상황을 침착하게 잘 다루고 있습니다. 놀랄 이유가 전혀 없습니다. 북쪽의 공산주의자들의 의도가 전면전의 촉발에 있는지는 아직 판단할 수 없습니다. 본 방송국은 사태의 새로운 전개를 정기적으로 보도할 것입니다. WVTP를 계속 청취하기 바랍니다. 대사관 직원들은 가능하면 멀리 가지 마십시오. 대사는 대사관 직원들이 상황의 추이에 따라서 집이나 사무실에 머물기를 요청합니다. 우리의 다음 발표는 오늘 오후 세 시에 있겠습니다."

VII, KOREA, pp.132-133.

19 *FRUS 1950 VOLUME VII, KOREA*, p.127.

오후 세 시, 북한인들의 공세는 수그러들 기미를 조금도 보이지 않았다. 수집된 모든 사실들은 오히려 사태의 장기화를 가리켰다. KMAG은 급기야 도쿄의 싱크페(CINCFE, 극동총사령관)에게 급보를 타전해 105미리 곡사포 90문, 60미리 박격포 700문, 그리고 .30구경 카빈총 4만 정에 한국군이 열흘 동안 쓸 탄약을 즉시 선적해 부산으로 보내 달라고 요청했다.[20] 그들은 "한국군이 오늘 삼팔선 전 지역에서 공산주의자들이 자행한 공격들에 맞서려면 앞으로 탄약이 절대적으로 부족할 것"이라 판단했다.

존 무쵸도 호응했다. 대사는 KMAG의 요청이 수락되도록 필요한 모든 후원을 해 주기를 국무부에 당부했다. 대사는 설명했다: "만일 필요한 공급이 조속히 이뤄지지 않은 가운데 현재 수준의 적대행위가 계속된다면 한국군의 수중에 있는 많지 않은 재고가 열흘 내에 바닥날 것으로 우려됩니다. 만일 미국이 용맹스러운 한국군이 탄약의 부족 때문에 무릎을 꿇도록 내버려 둔다면 이는 대재앙이 될 것입니다. 적절한 보급을 받으면 ROK의 방위군은 용감무쌍하게 싸울 것입니다."

ROK는 '비상경계'에 들어갔다.[21] 대통령의 주재로 오후 두 시에 열린 국무회의에는 의정부에 나갔던 채병덕 총장이 출두했다. 총장은 보고했다: "38도선 전역에 걸쳐 4-5만의 북한군이 94대의 전차를 앞세우고 불법남침을 개시했습니다." 그러나 장군은 그 공격이 전면전의 도발이 아니라고 판단했다. 그렇다면 그들의 동기는 무엇인가? 왜 그들이 대대적인 공격에 나섰는가? 그 질문에 대해서 총장은 "공비 두목 이주하와 김삼룡을 탈취하기 위한 책략"이라는 아마도 즉흥적인 대답을 내놨다. 총장은 "곧 남쪽의 부대를 집중하여" 적군을 공격할 계획

---

20 *FRUS 1950 VOLUME VII, KOREA*, p.129.

21 "야간통행시간 단축 실시"(『동아일보』 1950년 6월 26일), "정부 각 기관 비상태세에 돌입"(『조선일보』 1950년 6월 27일), 국사편찬위원회, 『자료대한민국사 제18권』, 1950년 6월 25일; 군사편찬연구소, 『6·25전쟁사 2: 북한의 전면남침과 초기 방어전투』(국방부, 2005), 65쪽, 71쪽, 85쪽.

임을 밝혔다. 현재 각 지구의 남한군이 "적절하게 작전을 전개 중에 있기" 때문에 거기에 "후방사단을 진출시켜 반격을 감행하면 능히 [적을] 격퇴할 수 있다"는 것이 그의 계산이었다.

몇몇 국무위원들은 채 소장의 판단에 엉뚱한 요소가 있다는 생각이 들었다. 그러나 싸움이 38도선 주변에 머물고 있는 시점에서 아무도 계엄까지 선포할 필요가 있다고 느끼지 않았다. 다만 후방의 안정은 절대로 필요했다. 따라서 "민심의 동요"를 막기 위한 대통령의 '긴급명령'은 저녁 아홉 시부터 아침 여섯 시까지 주민들의 야간통행을 금지하고 치안을 해치는 행위에 대해서는 20년 이상의 유기징역에서 최고 사형까지의 처벌을 경고했다. 또한 정부는 삼팔선 사태에 대해서 "주야를 불문하고" 보도에 만전을 기할 것을 약속했다. 상공부는 각 가정에 라디오의 스위치를 끄지 말고 있기를 당부했다.

유엔한국위원단(UNCOK, 안콕)의 위원들이 보기에 북한군의 행동은 의외였다. 위원단은 ROK에 대한 북한의 공격으로 전개되는 사태를 의논하기 위해서 오후 2시부터 전원회의에 들어갔다.[22] 인도 대표인 싱 박사는 말했다: "우리는 지난 며칠 동안 일어나는 일들을 보면서 상황이 개선되고 있다고 생각했습니다." 그것은 불과 두 주 전만 해도 중립적인 사람들에게 평화통일이 가능할 것처럼 보이게 만든 북한 당국의 행동들을 가리킨 말이었다. 호주 대표인 제이미슨 박사도 그렇게 믿었다. 평양은 소위 "평화의 사절들"을 서울에 보냈다. 그들은 남과 북의 단일의회를 구성하는 제안도 내놨다. 따라서 위원단은 어제도 아무 의심 없이 남북협상을 알선할 조정안들을 구상하고 있었다.

---

22 무초의 전문 933(서울에서 오후 6:00 발신, 워싱턴 25일 05:51 수령), 군사연구소, 『한국전쟁 자료총서 39: 미 국무부 한국 국내상황 관련문서(The US Department of State Relating to the Internal Affairs of Korea) I (1950.1.7-6.27)』(국방부, 1997), 281-284쪽; *FRUS 1950 VOLUME VII, KOREA*, Footnote 1, pp.132-133; 국방부 군사편찬연구소, 『6•25전쟁사 2: 북한의 전면남침과 초기 방어전투』(2005), 78쪽. 위원들과 사무관들은 다음과 같았다: 류유웬 박사(UNCOK 의장, 중화민국(ROC) 대표), 이딜 박사(터키), 싱 박사(인도), 콘다피(인도, 부대표), 마틴(엘살바도르), 제이미슨(호주), 브리용발(프랑스), 렌보그(주사무관), 게일라드(부사무관).

평양의 제안에 대해서 미국인들은 안콕(UNCOK) 위원들보다 조심스런 태도를 보였다. 존 무쵸는 15:05 덕수궁에 도착해 30분 동안 그들의 질문에 대답했다. 대사의 참석은 한 시간 전 의장인 류유웬 박사가 전화로 요청해 이뤄진 약속에 따른 것이었다. 제이미슨 박사는 대사가 북한인들이 "아마도 연막전술을 펴고 있다고 암시한 적이 있음"을 상기시켰다. 그것은 맞는 말이었다. 무쵸는 그렇게 경계를 했었다. 그러나 미국인들은 평양의 제의가 무엇을 감추려는 행위인지 눈치채지 못했다. 그들은 북한군이 38도선 전역에 걸친 도전을 그렇게 빨리 감행할 가능성은 진지하게 검토하지 않았다. 아마도 ROK와 PRK의 무력 균형이 깨지지 않고 있다고 평가했기 때문이었다.

주사무관 렌보그는 북한군의 남진을 전면 침공이라고 보느냐고 대사에게 물었다. 무쵸는 주저없이 "그렇다"고 대답했다. 그 미국인이 보기에 "지금 무슨 일이 일어나고 있는지는 의문의 여지가 거의 없[었]다." 그때까지 "한국군으로부터는 물론 우리의 고문들로부터도 독립적으로 수령한 보고들"에 의하면, "북쪽의 두 연대 전체가 춘천에서 확인됐고 북쪽의 사단 하나 전체가 개입된 것으로 보였다. ROK는 부득불 옹진의 방어를 포기하기로 결정했다."

무쵸는 북한군의 작전이 "주의 깊게 계획됐고 철저한 보안이 유지됐음이 분명하다"고 확신했다. 그러자 싱 박사가 "결과가 어떻게 될 것으로 기대하느냐"고 물었다. 대사는 현재의 공격에 대해서는 "남한인들이 훌륭하게 대처할 것"이라고 확신했다. 그러나 변수는 있었다. 대사는 "상황의 미지수들"로서 "북한인들이 전투 경험을 가진 중국 공산주의자들을 얼마나 많이 이용할 수 있는가와 그들이 서울을 파괴하는 공습으로 나올 것인가"를 우려했다.

제이미슨 박사는 북한인들의 남침이 국제공산주의의 세계 전략의 일환일 가능성을 타진했다. 박사는 "이 시각 유럽이나 세계의 다른 곳에서 무슨 일이든 일어나는 것이 있느냐"고 물었다. 무쵸가 아는 바로는 없었다. 대사관은 도쿄의 군정 당국과 접촉하고 있었는데 "아무 데도 보통 때와 다른 것은 없었다."

"UNCOK이 이 상황에서 도울 수 있는 것은 무엇입니까?" 류 박사의 그 질문과 함께 회의가 대책의 모색으로 넘어가자 참석자들 사이에 한동안 산만한 토의가 벌어졌다. 마침내 싱 박사가

"위원단이 총격을 멈추라는 호소를 발하면 유용할까요?"

라고 물었고 무쵸는 "그러면 좋을 것"이라고 일단 대답했다. 그러나 그는 북한군의 행동이 "잘 계획된 공세"로 보이는 마당에 그런 호소가 먹힐 리 없다고 생각하고서 "그러나 그렇게 해서 많은 것이 달성될지 의심스럽다"고 덧붙였다. 그것은 싱의 질문에 반만 답한 것이었다. 박사는 북쪽은 물론 남쪽도 싸움을 원하지 않는지를 염두에 두고 있었다. 그 인도인은 다시 물었다:

"대한민국 쪽에서는 정화 호소를 환영할까요?"

무쵸는 기왕에 일어난 이 싸움의 계속이 남한인들에게 과연 나쁜지 확신이 없었다. 사실 이승만 대통령은 그것을 기회로 여기는 내심을 비쳤다. 무쵸는

"나는 이 주제에 관해서 한국 정부의 태도가 무엇인지 알지 못합니다."

라고 얼버무렸다. 그러자 중화민국(ROC) 대표인 류 박사가 잘라서 말했다:

"나는 ROK가 정화 호소를 환영할 것이라고 생각하지 않습니다."

제이미슨 박사는 그것이 미국의 노선에 달렸을 것이라고 생각하는 눈치였다. 그 호주인은 "미국 정부는 이 상황에 관해서 무언가를 하고 있느냐"고 물었다. 무쵸는 아직 국무부

에서 아무 훈령도 받지 못했다. 대사는 "나 자신도 이 상황에 관해서 안 것이 여섯 시간밖에 되지 않았다"고 대답했다.

류 박사는 다른 제안을 내놨다. "미국 정부나 위원단이 이 사태를 국제평화의 파괴를 위협하는 상황으로 안전보장이사회에 보고함이 좋을 수 있다는 생각이 듭니다." 그 중국인이 그렇게 말하자 무쵸도 동의했다.

미국대사는 의논 중인 위원들을 남기고 오후 3:30 무렵 덕수궁을 떠났다. 회의는 오후 5시에도 끝나지 않았다. 그들은 "오후 내내" 의논을 했지만 앞으로 어떤 행동을 취할지 그때까지도 결정을 내리지 못했다.[23] 류 의장은 직전에 호주의 제이미슨 대표와 주사무관 렌보그를 대동하고 이승만 대통령을 만나고 돌아왔다. 그 남한인은 안콤이 정화 방송을 하거나 유엔사무총장과 통신해서 그 문제를 국제평화에 대한 위협으로 안보리 의제에 올리는 것을 반대하지 않는다고 그들에게 말했다.

북한군은 상대편을 그저 잠깐 동안만 낙관적 불확실성 아래에 두었다. 오후 4시가 지나면서 북한 공군이 서울 상공에서 아무 방해도 받지 않고 활발히 작전을 펼치기 시작했다.[24] 네 대의 야크기가 나타나 김포공항에 기총소사를 가했다. 그 전투기들은 다섯 차례 활강 공격을 퍼부었다. 공항 청사가 일부 파괴됐다. 스탠다드 진공 석유 회사의 연료 트럭이 부서졌다. POL 덤프트럭에 불이 붙었다. 수리 중이던 MATS 소속 수송기(C-54)의 엔진이 파괴되고 한 쪽 날개가 심하게 손상됐다. 야크기들은 또 활주로를 공격하여 7대의 훈련기(T-6)에 경미한 손상을 입혔다.

---

23 무쵸의 전문 933(서울에서 오후 6:00 발신, 워싱턴 25일 0551 수령), 군사연구소, 『한국전쟁 자료총서 39: 미 국무부 한국 국내상황 관련문서(The US Department of State Relating to the Internal Affairs of Korea) I (1950.1.7-6.27)』(국방부, 1997), 281-284쪽.

24 *FRUS 1950 VOLUME VII, KOREA*, pp.132-133.

미국인들의 우려가 현실로 나타나기 시작했다. 그들은 워싱턴과 도쿄에 그 공중의 불균형을 바로잡도록 미국의 공군을 시급히 투입해 달라고 강력히 요청하기로 결정했다.[25] "오늘의 공습들을 보면, 북한인들은 완전히 우세한 제공권을 최대로 활용할 의도인 것 같습니다. 나는 이런 상황의 위험을 국무부와 국방부에 이미 여러 차례 지적했습니다. 이 결함은 용맹스러운 ROK 무력에 지극히 심각한 위협이요 핸디캡입니다. 그것이 없으면 대단히 효과적인 반격이 펼쳐질 수 있을 것입니다." 저녁 19:00 국무장관과 CINCFE에게 보내는 무쵸의 전문은 그렇게 설명하고 계속했다: "늦게나마 그 부족을 메우기 위해서 신속하고 적극적인 어떤 조치가 취해질 수 있기를 희망합니다. 국무부도 틀림없이 알고 있겠지만, 대통령을 위시해 한국의 관리들은 미국의 공중 지원을 무엇보다 기대할 것입니다. 이제부터 사태의 추이는 미국이 적절한 공중 지원을 제공할 것인가의 여부에 크게 좌우될 수 있습니다."

저녁 여덟 시 한국 정부는 서울중앙방송으로 총리 서리의 담화를 내보냈다.[26] 담화는 앞뒤가 서로 맞지 않음에서 정부의 다급함을 드러냈다. 신성모는 처음에 주장했다: "본관은 금조에 일어난 사태에 대하여 전 국민의 비상한 주의와 결의를 환기하고자 한다. 적은 목하 우리 국군부대의 용감한 작전 아래 삼팔 이북으로 격퇴 혹은 섬멸 당할 운명에 있다." 그러나 총리는 다음에 호소했다: "이러한 비상사태에 처하여 조국과 민족은 총궐기, 총결속을 단행하여 주기를 바라는 바이다. 모든 국민은 직장을 사수하고 총동원체제를 확보하라."

UNCOK은 마침내 결정에 도달했다. 총리 서리의 담화가 나가는 것과 같은 시각 류 의장이 미국대사에게 연락했다. 그 중국인의 설명에 의하면, 위원단은 우선 다음의 내용을 담

25 *FRUS 1950 VOLUME VII, KOREA*, pp.132-133.

26 "신성모 국방장관, 전 국민은 직장을 사수하라는 요지의 방송", 국사편찬위원회, 『자료대한민국사 제18권』, 1950년 6월 25일.

은 보고서를 유엔사무총장에게 보내기로 결의했다.[27] 첫째, 적대행위들에 관해서 지금까지 수집된 모든 사실들을 기술한다. 둘째, 사태를 전면전의 양상을 띠게 될지도 모르는 심각한 것으로 본다고 진술한다. 셋째, 안전보장이사회(SC, 안보리)가 사태에 유념하도록 권하기를 고려해 보라고 사무총장에게 요청한다. 위원단은 사태가 진정되지 않을 경우에도 대비했다. 위원단은 만일 상황이 "내일 악화"된다면 아마도 그 문제를 안보리에 상정하도록 사무총장에게 분명히 요구하는 서신을 보낼 계획이었다. 위원단은 끝으로 정화 호소를 결의했다. 의장이 서울 시간으로 저녁 9시에 방송에 나가서 양측에 전투를 멈추라고 1-2분 정도 호소하는 것이었다. 류는 무쵸에게 설명했다: "주제는 다음일 것입니다: 코리아 사람들이 코리아 사람들과 싸우면 안 된다. 방송은 평화적 해결을 위한 중재의 제안도 포함할 것입니다."

한 시간 뒤 안콕 의장은 실제로 서울중앙방송에 나왔다. 아홉 시 뉴스에서 의장은 남쪽과 북쪽에 똑같이 호소했다:[28] "유엔한국위원단은 오늘 오후 두 시부터 여섯 시까지 긴급회의를 열고 코리아에서 야기된 군사적 충돌사태를 검토했습니다. 위원단은 양측이 즉시 군사적 적대행위를 중지하고 평화적인 회담을 통해서 사태를 해결할 것을 호소합니다. 유엔은 이런 목적의 회담이 열리도록 적극 알선할 용의가 있습니다."

그러나 안콕의 호소는 물론 먹히지 않았다. 오히려 상황은 급속히 악화됐다. 아침의 자신감은 경무대에서 완전히 자취를 감췄다. 밤 열 시 대통령은 ROK가 사활적 선택을 해야 하는 처지에 놓였음을 직감하고 미국대사에게 "와 달라"고 전화했다.[29] 무쵸는 마침 곁에 있던 신성모 국무총리 서리 겸 국방장관을 대동하고 용산에서 경무대로 달려왔다. 전 국무총

---

27 *FRUS 1950 VOLUME VII, KOREA*, pp.133-134.

28 "유엔한국위원단, 북한에 대해 즉시 군사 행동을 중지하고 평화회담을 통해 사태 해결할 것을 방송", 『민주신보』 1950년 6월 27일, 국사편찬위원회, 『자료대한민국사 제18권』, 1950년 6월 25일.

29 *FRUS 1950 VOLUME VII, KOREA*, pp.141-143.

리 이범석이 먼저 와 있었다.

대통령은 대단히 긴장돼 있었다. 대통령의 얼굴이 실룩거렸다. 대통령은 같은 말을 반복했고 문장들을 제대로 끝맺지 못했다. 대통령의 진술들은 앞뒤가 맞지 않았다. 대통령은 먼저 의정부의 전황에 대해서 언급했다. "거기서 수많은 탱크들이 서울로 빠르게 진격하고 있[었]다." 대통령은 북한군의 우세를 인정했다. "한국군은 그들을 막기에는 중과부적이었다."

대통령은 다음에 총리 서리에게 한국어와 영어로 이야기했고, 때때로 이범석에게 한국말로 방백을 했다. 그리고 나서 대통령은 미국대사에게 선언했다.

"내각이 오늘 밤 정부를 대전으로 옮기기로 결정했어요."

대통령은 분명히 무쵸의 동의를 얻어내려는 의도에서 결정의 이유를 반복해서 설명했다. "이 결정을 내린 것은 개인적 안위를 고려한 때문이 아니라 정부가 지속돼야 하기 때문에 그리고, 만약 내가 공산주의자들에게 목숨을 잃는다면 우리 나라에 심각한 타격이 되기 때문이요."

대통령은 갑자기 총리 서리에게 군사 지식을 가진 "여러 유능한 인물들"을 소집하여 현재의 상황을 토의하고 적절한 조치를 결정하게 하라는 지시를 내렸다. 그리고 "총리도 알다시피 만일 총리가 보기에 나보다 군사적 상황을 더 잘 다룰 수 있는 사람이 있다면 나는 그 사람을 위해서 주저 없이 사임할 것"이라고 두서없이 약속했다. 그것은 물론 무의미한 수사였다.

대통령은 오늘의 패퇴가 무기의 부족에서 기인했다는 생각을 떨칠 수 없는 것 같았다. 대통령은 한국이 미국에서 많은 원조를 기대할 수 있을지 의심했다. "우리는 1천만 달러면 도움이 될 것이라 희망했었어요." 그렇게 말하고 대통령은 한탄했다. "한 부자가—화신사업체의 소유주인 박흥식이—무기를 사도록 백만 달러를 내놨지요. 그러나 이제는 너무 늦었다고 생각해요."

무쵸는 정부를 서울에 계속 두도록 대통령을 설득하려 애썼다. 대사는 먼저 "무기와 군대가 아직 건재하고 그들이 싸움에 투입되면 바주카포와 대전차포와 지뢰로 탱크들을 저지할 수 있다"고 지적했다. 그러나 총리가 57미리 대전차포가 북한군의 탱크 장갑을 뚫지 못했다고 말하자 무쵸는 재빨리 지뢰를 강조했다. 대사는 또한 한국의 도로와 교량은 극도로 무거운 탱크들을 지탱하지 못할 것이라고 판단했다.

미국대사는 다음으로 정부의 이전이 초래할 악영향들을 지적했다. 대사의 판단에 의하면, "만일 정부가 서울을 떠난다면 ROK는 수많은 전투에서 패배할 것이고, 만약 한국의 상황이 무질서에 빠지기라도 한다면 원상회복이 불가능할 것이[었]다."

그러나 어떤 주장도 대통령에게 감명을 주지 못하는 것 같았다. 대통령은 다만 힘없이 반복할 뿐이었다. "나는 개인적인 안전은 고려하지 않아요. 단지 정부가 포로가 되는 위험을 무릅쓰지 말아야 한다고 믿어요."

대통령의 지시들에 대해서 총리 서리는 자신이 상선 선원 시절 몸에 익힌 최선의 매너를 갖추어 "예, 각하"와 "그렇게 하겠습니다, 각하"를 반복했다. 그러나 무쵸가 보기에 총리 서리는 대통령의 결정과 지시를 듣기가 아주 역겨움이 분명했다. 신성모는 의정부의 전투 상황에 관한 최신 소식을 전화로 알아보겠다는 구실을 대고서 마침내 자리를 떴다.

무쵸도 자리에서 일어났다. 그 미국인이 보기에 대통령의 마음을 바꿀 수 있는 것은 아무것도 없음이 확실했다. 끝으로 대사는 대통령에게 대사관이 한국정부를 따라가지 않는다는 결심을 알려 주었다. 대사는 말했다: "대통령께서 대전으로 갈지 모르나 저는 서울에 남아 있을 것입니다. 미국인 여자들과 아이들은 날이 밝는 대로 소개될 것이고, 소개가 진행되는 동안 서울에는 공중엄호가 있을 것입니다." 대통령은 동의했다. "여성들과 아이들은 가야 한다"고 말하는 대통령에게 무쵸는 "그러나 미국 공관의 남자들은 잔류할 것"임을 강조했다.

무쵸가 회의를 마치고 나오는데 이범석이 짧은 영어로 말을 걸었다. 그는 북한인들이 원래는 서울로 향하는 척하면서 동해안을 따라서 게릴라들을 상륙시키는 전략을 세웠으나, 서울로의 진격이 의외로 쉽자 이 부분에 더 많은 노력을 집중한 것으로 보았다. 무쵸는 그 남한인이 왜 그렇게 믿는지 그리고 왜 그것을 그에게 말하는지 알 수 없었다. 그러나 어쨌든 그 전임 총리는 "우리는 서울로 밀고 오는 적들에 맞서서 강력히 싸워야 한다"고 분연히 다짐했다. 그는 대통령과 할 말이 좀 더 있다며 뒤에 남았다.

대사가 관저 밖으로 나오자 신성모가 기다리고 있었다. 총리 서리는 대사를 따로 불러서 일렀다. "정부를 옮기는 결정은 대통령이 나와 아무 상의도 없이 내린 것입니다." 이범석이나 신성모는 정부 이전을 반대함이 분명했다. 그러나 무쵸는 그들이 결정권자인 대통령도 없는 데서 자기에게만 속심을 털어놓는 이유를 짐작하기 어려웠다.

무쵸가 공관에 돌아오니 의정부 지역에 북한군 탱크들이 운집했다는 첩보가 기다리고 있었다. 서울에서 곧장 북으로 17마일 밖까지 다가온 그 위협 앞에서 그는 더 이상 주저할 수 없었다.[30] 대사는 내일 아침 인천항을 통해서 아믹(AMIK, 한국주재 미국공관)의 식솔들—여자들 및 아이들—을 대피시킨다는 결심을 굳혔다. 북한인들이 어디까지 내려올 의도인지 아직은 확실치 않았다. 그들이 어디까지 내려올 수 있을지도 아직은 확실치 않았다. 그렇기 때문에 그 조치가 과민한 대처로 보일 수도 있었다. 그러나 적들은 벌써 지척에 다가왔고 한국정부도 불안해서 피난을 선택한 마당이었다. 외부의 도움은, 혹시 오더라도, 아직 멀리에 있었다. 무엇보다 부양가족들은 전투원도 공무원도 아니었다. 그들의 안전을 불확실성에 내맡길 수 없었다. 인천항에는 그들을 일본으로 수송할 배들이 세 척 대기 중이었다. 소개는 비상계획에 따라서 CINCFE의 협조하에 이뤄질 것이었다. 대사는 25일 자정(워싱턴 25일 10:00)을[31] 기해서 크랄러를 발동했다.

---

30 *FRUS 1950 VOLUME VII, KOREA*, pp.140-141.

31 당시에는 서울과 워싱턴과 뉴욕 모두 여름에는 다른 때보다 한 시간이 앞당겨진 일광절약시간—소위 섬머타

이것은 소련의 시험적 도전이다

워싱턴의 토요일이 이제 두 시간 남았다. 메릴랜드의 시골집에서 국무장관 딘 애치슨은 서울의 미국대사관에 보낼 전문을 서둘러 초안했다.[32] "합동통신사(UP)의 속보들에 따르면, 오늘 밤 북한군이 국경을 넘어서 총공격을 시작했다고 한다. 그들은 대구경포가 달린 탱크들을 이용하고 있고 1군은 패했다는 보도였다. UP의 코리아 특파원 잭 제임스가 전한 내용이다. 긴급한 보고를 바란다."

장관은 그 메시지를 극동국의 코너스더러 전화로 서울에 알리게 시켰다. 그러나 웬일인지 대사관이 연결되지 않았다. 그런데 24일 22시 15분(서울 25일 12:15) 서울에서 존 무쵸가 두 시간 전에 발신한 전문이 코너스와 화이트에게 통보됐다. 북한인들의 공격은 국무부의 비상연락망을 벌집처럼 들쑤신 뒤 22시 30분(서울 25일 12:30) 육군부에 중계됐다.[33] 그리고 바로 그 시각 딘 러스크와 프랭크 페이스가 국무부의 동북아국에 도착했다. 프리먼 매튜스, 존 힉커슨, 필립 제섭, 데오도어 애킬리스, 데이빗 웨인하우스, 루스 베이컨은 한 시간 이내에 도착했다.[34]

극동 담당 러스크 차관보는 서울발 925호 전문의 내용을 국무장관에게 전화로 알렸다. 트루먼 대통령이 미주리의 인디펜던스에 가 있기 때문에 차관보는 그 전문을 백악관에 알리자고 제의했다.[35] 애치슨은 찬성했다. 대통령에게 전달되도록 그것의 사본 두 부가 23:00(서울 25일 13:00) 백악관에 발송됐다.

임(하계시간)—을 썼고, 그 미국 도시들의 하계시간(EDT, 동부하계시간)은 서울의 경우보다 14시간 느리다.

32 *FRUS 1950 VOLUME VII, KOREA*, p.126.

33 *FRUS 1950 VOLUME VII, KOREA*, pp.125-126.

34 *FRUS 1950 VOLUME VII, KOREA*, pp.126-127.

35 인디펜던스(Independence): 캔자스 시티(Kansas City)의 위성 도시로 트루먼의 자택이 있다.

애치슨 장관은 또 그 상황을 국제연합(UN, 유엔)의 안전보장이사회(SC, 안보리)에 회부하자는 제안도 받았다. 그래서 장관은 23:20(서울 25일 13:20) 인디펜던스에 전화해서 주한대사의 보고를 알리고 이사회의 소집을 추진시킬 것을 권고했다. 대통령은 찬성했다.

대통령의 승인이 떨어지기 무섭게 북한인들의 남한 침공이 전 세계에 알려지기 시작했다. 러스크는 무쵸의 전문 내용을 23:30(서울 25일 13:30) 런던, 파리, 모스크바, 오타와, 토쿄, 캔버라, 마닐라, 웰링턴, 뉴델리, 자카르타, 타이페이로 타전했다. 힉커슨 차관보는 유엔사무총장에게 전화해서 코리아에서 적대행위가 발발했음을 알리고 미국이 그 사건을 안보리에 회부할 의향임을 밝혔다.

웨인하우스와 베이컨은 즉시 세 통의 문서를 초안하기 시작했다. 유즌(USUN, 유엔미국대표부)이 안보리 회의를 요청하는 공식 서한, 그로스 대사가 안보리에 제출할 결의안, 그리고 그로스 대사가 안보리에서 읽을 성명서였다.

국무장관이 인디펜던스로 전화했을 때 대통령은 "만일 장관이 사태가 그렇게 전개될 징후가 있다고 결정하면 안보리에 결의안을 제출하라"고 지시했다. 따라서 국무부는 비록 무쵸의 전문만 믿고서 안보리로 간다는 결정을 내렸어도 코리아에서 실제로 무슨 일이 일어나고 있는지에 관해서 더 분명한 그림이 필요했다. 그러나 25일 일요일 새벽 두 시(서울 25일 16:00)가 되어도 더 이상의 정보는 입수되지 않았다. 그런데 모두들 북한의 남침을 안보리에 회부한다는 행정부의 결정이 그 사태에 관한 뉴스와 동시에 나란히 아침 신문에 나오는 것이 극히 중요하다고 입을 모았다. 따라서 애치슨은 신문사들의 마감시간 직전에야 안보리로 가자는 결정을 확실히 굳혔다. 그리고 그때쯤 안보리 회의를 요청하는 서한 초안과 미국대표단이 도입할 결의안 초안이 국무부에서 승인됐다.[36]

---

36 *FRUS 1950 VOLUME VII, KOREA*, p.128.

그 문안들은 일요일 새벽 02:30(서울 25일 16:30) 레이크 썩세스(뉴욕)의 그로스 대사에게 전화로 통보됐다.[37] 그리고 새벽 03:05(서울 25일 17:05)에 전송시간이 6월 25일 02:00이라 적힌 회람전문이 안보리의 다른 이사국들—중화민국, 쿠바, 에콰도르, 이집트, 프랑스, 인도, 노르웨이, 소련, 영국, 유고슬라비아에 나가 있는 미국 공관들로 타전됐다. 전문은 안보리의 소집을 요청하는 결정을 알렸다. 그것은 또 각국의 정부가 자신의 안보리 대표들에게 알려서 안보리에서 신속한 행동이 취해질 수 있도록 촉구하라고 지시했다.

그로부터 약 한 시간 뒤인 04:00(서울 25일 18:00) 무렵 동북아 차관보는 도쿄에 있는 윌리엄 시볼드 및 존 앨리슨과 통화했다. 그 극동 담당 관리들은 한국과 일본을 방문 중인 존 포스터 덜레스를 대동하고 있었다. 러스크 차관보는 그들에게 코리아 문제를 유엔에 상정하려는 미국의 의향을 알리고 군사적 상황과 보고된 북한의 선전포고에 관해서 더 아는 것이 있는지 물었다. 그들은 새로운 정보가 없었다.

코리아 사태의 성격을 놓고서 도쿄의 군인들과 동북아 담당자들은 뚜렷한 견해차를 드러냈다. 양측 다 그때까지 눈으로 확인된 것들에 추론의 근거를 두었는데 서로 다른 판단에 도달함은 일면 확인된 것들이 너무 불충분한 탓이기도 하지만 일면 책임의 수준과 사고의 범위가 다른 데에도 이유가 있는 것 같았다.[38] 극동사령부는 사태가 군사적 지원을 요하지 않거나 최소한으로 요하는 사건으로 간주했다. 반면 앨리슨과 덜레스는 소련과의 전쟁이라는 극단적 상황까지 상상했다. 도쿄에서 덜레스와 앨리슨과 시볼드는 6월 25일 하오

---

37 *FRUS 1950 VOLUME VII, KOREA*, p.128. * 레이크 썩세스(Lake Success): 1946년부터 1951년까지 유엔본부가 있었던 마을(village)로 뉴욕의 도심에서 약 20마일 떨어져 있다.

38 한국전쟁과 관련해 트루먼 행정부에서 정책결정에 참여한 사람들의 역할들과 경험들과 인성들이 빚어낸 긴장들에 관해서는 다음의 연구가 있다: Rosemary Foot, *The Wrong War: American Policy and the Dimensions of the Korean Conflict, 1950-1953*(Ithaca and London: Cornell University Press, 1985).

18:00(워싱턴 25일 04:00)에 더글라스 맥아더 원수를 만났었다.[39] 싱크페(CINCFE, 극동총사령관)는 주장했다:

첫째, 그 공격은 전력투구가 아니다.
둘째, 소련인들이 그 공격의 배후에 반드시 있는 것은 아니다.
셋째, ROK는 승리를 거둘 것이다.

맥아더 사령관의 보수적인 진단이 옳을지 몰랐다. 그러나 그것은 또한 틀릴 수도 있었다. 덜레스와 앨리슨은 낙관에 안주할 수 없었다. 애치슨과 러스크가 보도록 시볼드가 25일 21:00 비밀 전문에 담아서 보낸 그들의 견해를 워싱턴은 같은 날 오전 10:35(서울 26일 00:35)에 수령했다. 그들은 강경했다. 소련과 싸우는 한이 있더라도 ROK의 수호를 위해서는 만약의 경우 미국의 무력을 투입할 필요까지 있다는 것이었다. 그들은 주장했다:

"남한인들이 공격을 스스로 저지해 격퇴할 수 있으면 최선일 것이다. 그러나 만일 그들이 그렇게 할 수 없으면 우리는 소련의 반격을 유발할 위험이 있더라도 미군이 투입돼야 한다고 믿는다. 코리아가 이유 없이 자행된 무장 공격으로 괴멸되는 동안 우리가 가만히 앉아 있으면 종국에는 세계대전에 이를 것이 거의 확실한 사건들의 재앙적 연쇄반응이 시작될 것이다. 우리는 유엔 헌장 106조 하에서[40] 안보리가 그 기구를 대신해 다섯 강대국들더러 또는 그들 가운데 의향이 있는 나라들더러 행동을 취하라고 요청할 것을 제안한다."

맥아더 사령부의 일관된 입장은 육군부에 의해서 재확인됐다. 코리아의 군사적 상황을

39 *1950 VOLUME VII, KOREA*, p.140.

40 유엔헌장 106조는 다음과 같다. [안보리 상임이사국들은] 국제평화와 국제안보의 유지를 위하여 필요한 공동 행동을 이 기구를 위해서 취하기 위하여 다른 유엔 회원국들과 협의해야 한다.

파악하기 위해서 육군부가 마련한 워싱턴-도쿄 텔레콘(전신회의)이 25일 아침 08:44(서울 25일 22:44)에 시작됐다. 워싱턴의 육군부 쪽에서는 육군참모총장 콜린스 장군을 위시해, 리지웨이 중장, 볼테 소장, 보일링 소장, 그리고 다른 18인이 참석했다. 도쿄의 극동군사령부 쪽에는 정보참모장 윌러비 소장, 정보참모 포티어 대령, 정보참모 데이빗슨 중령, 정보참모 하워드 대위가 나왔다.[41] 회의는 워싱턴의 간결한 물음에 도쿄가 간결히 답하는 형식으로 진행됐다.

워싱턴: 북한의 무슨 부대들이 투입됐나? A, 지상군—특히 기갑 부대—은? B, 공군은? 그리고 투입된 지역들은?

도 쿄: A, 한국시간으로 25일 21:00의 보고들에 의하면, 옹진반도에 제3국경경비여단이 공격중; 2개 사단—아마도 1사단과 2사단—이 포천(좌표 1021-1682)-의정부(좌표 1005-1665) 축으로 포천에서 남으로 공격중; 40대의 탱크들이 의정부 북쪽 5킬로 지점에 출현; 2개 대대를 뺀 제1국경경비여단이 동해안에 상륙해 강릉(좌표 1183-1668)과 묵호(좌표 1204-1644) 지역에 투입됨; 제1국경경비여단의 2개 대대가 동해의 해안도로(좌표 1205-1645)를 따라서 남으로 공격 중; 제7국경경비여단은 포천 부근에 배치; 사리원(좌표 880-1758)에 있었던 제6사단은 개성(좌표 958-1692)을 향해서 남진중; 일반 예비 병력인 독립혼성여단—아마도 제4사단—은 위치 미상이다.

B, 한국시간으로 25일 17:35에 서너 대의 비행기가 김포공항에 폭탄을 투하하고 기총소사를 가했다.

워싱턴: 남한의 저항은 어떠한가? A, 군대철수의 속도와 질서는? B, 남한인들은 도주 중인가, 거주지에 머물고 있는가?

---

41 *FRUS 1950 VOLUME VII, KOREA*, pp.134-138.

도　쿄: A, 남한 부대들은 질서정연하게 철수하고 있다는 보고다. B, 최근의 보고들에 의하면 남한 시민들의 사기는 훌륭하다. 어떤 무질서나 소요도 보고된 바 없다.

워싱턴: 남한정부는 확고한 태도로 국내질서를 유지하고 있는가?

도　쿄: 남한정부는 확고한 태도로 국내질서를 유지하고 있다는 보고다. 대부분의 지역에 계엄령이 선포됐고[42] 서울에는 통행금지가 선포됐다.

워싱턴: 북한이 무엇을 목표로 현재의 행동을 하고 있다고 추정하는가?

도　쿄: 북한인들이 제한된 목표로 공세나 습격을 하고 있다는 믿음을 뒷받침할 증거가 없다. 오히려 그 반대다. 공격에 동원된 북한군의 규모와 침입의 깊이와 공격의 강도와 동해안에서 삼팔선의 여러 마일 남쪽에 이뤄진 상륙들은 북한인들이 남한을 정복하기 위해서 총공세에 들어갔음을 가리킨다.

워싱턴: 확인된 정식 선전포고가 있었는가?

도　쿄: 지금까지 어느 한 쪽이 선전포고를 정식으로 발표했다는 확실한 어떤 증거도 없다. 북한의 라디오 평양이 선전포고를 방송했다는 보고가 있다. 그러나 우리의 조사로는 이 보고를 입증하지 못했다. 추가적 정보를 위해서는 서울의 미국대사관에서 나온 라디오 방송도 참고하라.

워싱턴: 동해안에서 상륙작전에 투입된 북한 해군의 숫자들에 관한 정보가 있는가?

42　이것은 오보다. 사실은 '비상경계'였다. 계엄령은 사실 7월 8일에 선포됐다.

도 쿄: 우리는 투입된 선박들의 숫자에 관해서 아무런 정보도 없다. 그러나 동해안의 네 지점에서 3,200 내지 3,800명의 군대가 상륙했다는 보고다. 주문진(좌표 1170-1680)에 400-600, 호산(좌표 1220-1590)에 2,000, 울진(좌표 1230-1570)에 400-600, 그리고 구룡포(좌표 1250-1450)에 400-600이다.

워싱턴: 남한 해군이 삼척 이외의 지점에서 북한 해군과 교전한 적이 있는가?

도 쿄: 카이맥(KMAG, 주한군사고문단)의 보고에 의하면 강릉(좌표 1180-1660)에서 러시아형의 구축함 한 척과 남한 해군의 한 요소가 교전했다고 한다. 또한 남한의 해안경비대가 목포(좌표 930-1300) 지역에서 적과 교전 중이라는 보고다.

워싱턴: 우리는 비상시 미국 국민들의 안전을 주선하는 주한미국대사관을 도울 책임을 페콤(FECOM, 극동사령부)에 일임한다. 귀측이 한국과 직접 교신을 하고 우리는 여기서 그것의 사본을 받으면 될 것이다. 우리는 탄약을 비상공급해 달라는 KMAG의 요구를 CINCFE가 들어줄 것으로 생각해도 되는가?

도 쿄: 우리는 탄약의 비상요구를 들어주고 있다. 국민들의 안전과 소개는 현재 연구중이며 우리는 [그에 관해] 알려 주겠다. 적군의 탱크들이 근접해 있음을 감안해 미국대사관은 내일부터 가용한 선편으로 인천을 통해서 직원들과 여자들과 아이들을 소개할 계획이다. CINCFE는 해군과 공군으로 그들을 엄호한다. 전체적인 상황을 보면 탱크들은 의정부를 경유해 돌파하고 있다. 다른 보병 부대들은 대체로 이전에 보고한 위치에 있다.

워싱턴: USSR의 군사적 관여를 가리키는 조짐들이 있는가? 만일 그렇다면 상세히 알려 달라. 북한군의 주력은 어디에 있는가? 그것의 비중과 방향과 목표는 무엇으로 보이는가?

도　쿄: 소련이 침공에 군사적으로 참여한 증거는 아직까지 없다. 주력은 포천-서울 축을 따라 있는 것으로 믿어진다. 비중은 40내지 70대의 탱크들의 지원을 받는 2개 보병 사단인 것으로 보인다. 목표는 서울이다.

워싱턴: 사상자는 얼마나 보고됐나? 보고의 근거는 무엇인가?

도　쿄: 우리는 KMAG에 문의했는데 사상자에 관한 정보는 없었다.

워싱턴: 이 시점에서 귀측이 미국에 요구할 사항이 있는가? 귀측의 정기적인 보고에 덧붙여 워싱턴 하계(일광절약)시간으로 26일 08:00(GMT 12:00)에[43] 텔레콘으로 상황을 완전히 요약해 주기를 요청한다. 그때 추가적인 질문들이 있을 것이다. 만일의 경우에 대비하여 여기처럼 귀측에도 G-3(작전) 장교들이 참석할 것을 제의한다. 여기서는 해군과 공군도 참석할 것이다. 더 할 말이 있는가?

도　쿄: 서울의 KMAG에서 막 들어온 정보다. 탱크 70대가 의정부 북쪽 5마일 지점의 야영지에 집결했다. 오늘밤 자정 현재 남한군의 사기는 좋다. 민간인들은 불안해하고 있으나 꽤 안정적이다. 춘천이 포위됐다. 남한군 2사단의 주력이 지금 서울로 들어오고 있다.

코리아 사태에 관한 맥아더 사령부의 보수적인 낙관은 앨런 커크를 비롯한 모스크바의 미국인들에 의해서도 반박을 받았다. 그 외교관들은 서울에서 무쵸 대사가 6월 25일 발신한 925호 전문의 마지막 문단에서 추정하는 북한군의 "전면공세"를 미국에 대한 "명백한 소련의 도전"으로 규정하고, 만일 그것을 그대로 내버려 둔다면 USA의 국제적 위상이 심

43 GMT: 그리니치 표준시간(Greenwich Mean Time); 서울(또는 도쿄) 시간보다 10시간 느리고 워싱턴 하계시간보다 4시간 빠르다.

각하게 실추될 것으로 예측했다. 그들은 미국 정부가 "확고하고 신속한" 대응에 의해서 그 결과를 사전에 봉쇄할 수 있다고 확신했다. 그들이 보기에, 소련은 지금 미국과 총력전을 벌일 준비도 각오도 돼 있지 않지만 혹시나 미국이 남한을 버리는 요행을 바라고 북한군을 내세워 공세를 취했다. 그렇기 때문에 소련은, 만일 그것이 오판임이 드러나면—만일 미국이 그 기대와 반대로 즉각 강경한 태도를 취하면—뒷걸음칠 수밖에 없다고 대사관은 판단했다. 그것은 미국이 코리아 위기를 소련과의 국제적 세력 다툼에 있어서 공산권의 팽창을 봉쇄함을 넘어서 미국의 위신을 드높이는 기회로 활용할 수 있음을 뜻했다. 모스크바에서 하오 15:00(서울 25일 21:00) 바버 참사관이 일급비밀로 그 전략적 계산을 소상히 설명하는 전문을 보냈다. 국무부는 그것을 아침 9:59(서울 25일 23:59)에 수령했다. 그 1726호 전문은 진술했다:[44]

"ROK에 대한 북한의 이 침략적인 군사행동은, 우리가 보기에, 명백한 소련의 도전이다. 미국은 이에 확고하고 신속하게 대응해야 한다. 그 움직임은 소비에트 공산 제국주의에 대항해서 자유세계를 이끄는 우리의 지도적 위상에 대한 직접적 위협이 되기 때문이다. ROK는 미국의 정책과 유엔에서 미국이 주도해 이뤄진 결정에 의해서 수립된 국가다. 따라서 ROK가 무너지면 일본, 동남아, 그리고 기타의 지역에서 미국에 불리한 중대한 반향들이 일어날 것이라는 예측이 가능하다.

그러므로 미국은 ROK가 독립을 유지할 수 있도록 유엔안보리에서 군사적 지원과 강력한 조치를 비롯해 가용한 모든 수단을 동원해 기꺼이 원조할 것임을 전 세계에 지체 없이 밝혀야 한다. 우리는 ROK가 그런 원조를 이미 요청했거나 금방 요청할 것이라 믿는다. 우리가 보기에는, ROK가 어떤 방식의 원조를 바라든 그것이 가능한 것이면 기꺼이 제공할 것이라는 미국 정부의 공표는 ROK의 정식 발의를 기다릴 필요도 없고 기다려서도 안 될

44 *FRUS 1950 VOLUME VII, KOREA*, pp.139-140.

것이다. 우리가 지체하면 소련인들은 더 나아가 인도차이나 등등에 대해서 즉각 도발을 감행해도 아무 탈이 없을지 모른다고 이해할 것이기 때문이다.

아마도 소련인들은 한국 내전의 '중립화'를 우리가 허용할 가능성에 기대를 걸고 있을 것이다. [미국이 손을 떼고 있으면] 숫적으로 강하고 무기도 더 우수한 북한군은 ROK의 영토에서 암약하는 공산주의 제5열과 합세해 승리를 거둘 것이다. 그래서 소련인들은 자기들의 군사력을 실제로 사용하지 않고서도 코리아에서 제국의 경계들을 전진시킬 것이다. 우리는 그들이 지금 서방과 전면전의 가능성을 무릅쓸 준비가 돼 있다고 생각하지 않는다. …… 그들은 지금 무력 전쟁을 피함으로써 더 많은 이익을 볼 입장에 있다. 또한 냉전에서 서방이 소련의 성공 행진을 진정으로 멈출 수 있는 유일한 방법은 무력 전쟁을 시작하는 것이다. 따라서 크렘린의 코리아 모험은, 미국이 확고한 의지를 보여 주고 동시에 전세계의 목전에, 특히 최근 소련이 거둔 정치적 • 선전적 성공들의 결과로 소련의 힘을 엄청나게 과장해서 생각하는 아시아 대중들의 눈앞에, 소련의 나약함을 명백히 드러낼 기회를 우리에게 제공한다."

25일 일요일 오전 11:30(서울 26일 01:30) 국무 • 국방의 고위급 관리들이 국무부에 모였다.[45] 차관 웹, 부차관 매튜스(정치 담당), 차관보 러스크(극동 담당), 차관보 퍼킨스(유럽), 차관보 힉커슨(유엔), 제섭 대사, 부차관보 머천트(극동), 애킬리스(서유럽), 요스트(동유럽), 반스(총무), 데이비스(정책기획), 포스딕(정책기획)은 국무부에 속했다. 페이스 장관, 벤뎃슨 차관보, 팀버먼 장군(G-3) 등등은 육군부였다. 군부 대표들의 진술에 의하면, "한국의 공급 요청은 신속히 수락됐다. 열흘 치의 비상 공급이 이미 코리아로 공수 중에 있[었]다." 그리고 카이맥(KMAG, 주한 군사고문단)의 고문들은 각자 자신이 파견된 한국군 부대에 자리를 지키고서 북한군의 격퇴를 위해 적극적 조력을 주어야 한다고 결정됐다.

---

45 *FRUS 1950 VOLUME VII, KOREA*, pp.143-144.

북한군의 남진은 USSR이 USA를 떠보는 시험적 도전이라는 명제가 국무부에서 벌써 정설로 자리를 잡고 있었다. 주제가 정치 분야로 넘어가자 정책기획실(PPS)의 존 데이비스는 "러시아인들이 그렇게 공개적으로 그토록 멀리까지 갔다는 사실은 그들이 극동 전체를 자기들의 '봉'으로 여긴다는 뜻"이라고 주장하고 경고했다: "그들이 이렇게 하고도 무사히 빠져나갈 수 있으면 그들은 다른 데서도 틀림없이 움직일 것입니다." 모두들 다음의 노선으로 생각이 수렴됐다: "미국의 대응이 극히 중요하다. 미국은 어중간한 조치들로는 사태를 해결할 수 없다. 미국은 어떤 입장을 취하고 그것을 고수하든가 그렇지 않으면 아무 입장도 취하지 말아야 한다." 행정부가 그 두 극단들 중에서 어느 쪽을 택해야 하는지는 아직 분명해 보이지 않았다.

국무장관 딘 애치슨은 정오가 조금 지나 국무부에 도착했다. 장관은 대통령 앞에 문제를 내놓기에 앞서서 예비 협의가 필요했다. 애치슨은 웹, 러스크, 제섭, 퍼킨스, 힉커슨, 데이비스, 매튜스, 페이스, 벤뎃슨…… 등등의 관리들과 미국에 열려 있는 군사 행동의 방침들을 의논했다. 육참총장 콜린스 장군의 의견도 들었다. 회의들이 모두 끝나자 오후 14:45(서울 26일 04:45) 애치슨은 인디펜던스에 전화했다. "워싱턴으로 돌아오시는 것이 좋겠다"고 장관이 권고하자 대통령은 물었다. "북한인들이 정식으로 선전포고를 했습니까?" 장관이 확인한 바로는 공식적인 선전포고가 없었다.

한편 안보리(SC)의 다른 10개 이사국들에 주재하는 미국 대사들은 국무부가 새벽에 타전한 지시들을 벌써 실행에 옮기고 있었다. 모스크바의 대사관은 25일 17:00자로 첫 보고를 발신했다. 워싱턴이 11:39(서울 26일 01:39)에 수령한 그 전문에 의하면, 앨런 커크는 "코리아에 관해서 SC의 비상회의를 여는 문제와 관련한 우리의 메시지를 전달할 소련 외무부의 책임 있는 관리를 아직까지 접촉하지 못했다."[46] 대사는 소련 외무부의 당직 관리로부

---

46 *FRUS 1950 VOLUME VII, KOREA*, p.141.

터 일요일에 부장관인 안드레이 그로미코를 만나기는 어렵다는 답변을 들었다. 그래서 대사는 미국국의 소볼레프 국장과의 면담을 요청하고, "현재 대답을 기다리는 중"이었다.

25일 오후 15:39(서울 26일 05:39)에는 뉴델리에서 동일 22:00에 발신된 로이 헨더슨의 보고가 도착했다.[47] 대사는 워싱턴의 전문을 받자마자 밤 아홉 시 인도외무부(MEA)의 바지파이 사무총장에게 전화해 그 내용을 알렸다. 총장은 레이크 썩세스에 있는 안보리의 인도 대표와는 아직 접촉하지 못했다. 그러나 총장은 베네갈 라우가 수시로 필요한 지시를 내릴 수 있고 또 안보리의 의장으로서 이사회를 주재하는 문제에 관해서 적절한 모든 조치를 취할 것임을 확신했다. 그런 반응을 보고서 헨더슨은 추측했다: "인도정부는 코리아에서 벌어지고 있는 사태에 관해서 더 완전한 정보가 입수될 때까지는 실질적인 어떤 지침도 내릴 수 없을 것이다."

국무장관은 강경 노선을 선택했다. 딘 애치슨은 러시아인들이 사태의 수습을 위해서 더 이상의 회피 없이 책임 있는 자세를 보이도록 외교적 일침을 가할 필요가 있다고 판단했다. 장관의 훈령이 25일 오후 16:00(서울 26일 06:00) 모스크바로 떠났다.[48] 장관은 미국 대사에게 당장 소련 관리들을 만나서 소련 정부가 남한 침공과 무관함을 선언하고 북한군이 즉각 물러나게 만들라고 요구하는 미국 정부의 메시지를 전하라고 지시했다. 앨런 커크 앞으로 보내진 장관의 전문 538호는 기술했다:

"비신스키와 코리아 침략에 관해서 즉시 면담을 하자고 요청하라. 북한군이 38도선을 넘어서 ROK의 영토를 여러 지점에서 무력으로 침범한 사실에 외상의 주의를 환기시킬 것을 지시한다. 평화에 대한 명백한 위협과 유엔 헌장 하에서 이사국이 지는 의무들에도 불

---

47 *FRUS 1950 VOLUME VII, KOREA*, p.147.

48 *FRUS 1950 VOLUME VII, KOREA*, p.148.

구하고 소련 대표가 오늘 오후에 개최된 유엔 안보리 회의에 참석을 거부했기 때문에 미국은 직접 이 사태를 소련 정부에 알린다. 소련이 북한 정권에 대해서 통제력을 행사한다는 보편적으로 알려진 사실을 감안해 미국 정부는, 소련이 정당한 이유 없이 발발한 이 부당한 공격에 대해서 책임이 있음을 부인하고 북한 당국에 영향력을 행사해 침략군을 즉시 철수시키게 하겠다고 보장할 것을 요청한다. 대사에게 알리건대, 우리는 이 메시지가 소련 당국에 전달되는 대로 그것을 공표할 생각이다. 만일 비신스키가 귀하를 접견하지 않으려 한다면 귀하의 접근이 가능한 아무 관리에게나 그것을 전달하라."

그러나 워싱턴의 바람과 반대로 모스크바는 계속해서 시간을 끌었다.[49] 대사관은 25일 저녁 내내 기다렸다. 그러나 소용이 없었다. 참사관 바버는 26일 새벽 01:00에 워싱턴에 그 결과를 보고했다. 국무부가 25일 저녁 18:48(서울 26일 08:48)에 수령한 그의 전문은 진술했다: "그로미코도 어떤 차관도 그리고 소볼레프도 일요일에는 면회할 수 없다. 그로미코와 소볼레프는 모스크바에 없다는 보고다."

한편 ROK에 관한 한, 워싱턴의 장군들과 관리들이 보기에, 북한군이 아직 남쪽의 함락을 기정사실로 만들지 못하고 있는 이 시점에서 최대의 관건은 적어도 외부의 지원이 도착할 때까지 남한군이 무너지지 않고서 버티는 것이었다. 오후 18:00(서울 26일 07:00) 서울로 가는 전문에서 애치슨은 워싱턴의 훈령을 고대할 존 무쵸에게 알렸다:[50]

"지금 미국의 최고위 관리들이 현재의 상황에서 즉각적으로 가능한 미국의 원조와 조치들을 긴급 사항으로 숙의하고 있다. 멀리 떨어진 여기서 보기에는, [현지의 사정이 허락하는 동안은] 군사고문들이…… 한국군과 적극적 협력을 유지함이 매우 중요하다. 여기서 우

49 *FRUS 1950 VOLUME VII, KOREA*, p.148, footnote 2.

50 *FRUS 1950 VOLUME VII, KOREA*, pp.156-157.

리의 가장 큰 관심사는 한국군이 미국의 결정과 행동 또는 도움이 있기까지 요구되는 짤막한 기간 동안을 버틸 수 있는가다.

귀하에게 알리건대, 우리는 현존의 상호방위원조프로그램(MDAP)과 별도로 싱크페(CINCFE)가 자기의 재량으로 탄약과 무기와 장비를 제공하는 전권을 가질 것인가에 대한 [대통령의] 결정은 물론, CINCFE가 미국 시민들의 안전을 위해서 상황에 직접 영향을 미치도록 취해도 좋을 행동에 관한 [대통령의] 결정을 몇 시간 안으로 얻기를 희망한다. 우리가 어떤 조치를 취하든 그 조치가 효과를 보려면 한국인들이 현재 가지고 있는 것으로나마 장렬히 싸우는 영웅적인 초기 노력이 필수적이다. 강조한다. 다른 요소들이 작동하기 시작할 때까지 지금 한국인들이 초인적인 노력을 하는 것이 필요하다. 이것은 국방부도 동의한다. 우리는 이 전문을 CINCFE에게도 보내고 있다."

국무부의 첩보연구실은 25일 오후 늦게 코리아 사태와 관련해 예비평가를 내놨다. 연구자들은 사태가 미국 정부의 의지를 떠보려는 소련의 시험적 공격이라는 가설을 정립하고 미국 정부의 대응 방식에 따라서 미국이 자유세계의 지도자로서 가지는 국제적 위상이 어떻게 등락할 수 있는지를 예측하는 것으로 그쳤다. 그러나 극동 담당 딘 러스크, 정책기획실의 조지 케난, 그리고 홍보국의 관리들에게 배포된 그 보고서의 주의 깊은 독자라면 누구나 그 평가의 다음과 같은 정책적 함의를 놓칠 수 없었다: '소련이 PRK의 배후에 있는 한 코리아에서 북한군의 남진을 막으려는 미국의 노력이 반드시 성공을 거두리라 장담할 수 없다; 어떤 결과가 예상되든 미국 정부는 ROK 군대가 미국의 적극적 지원 없이 무너지는 사태는 막아야 한다.' 아래와 같이 차례로 서술된 첫째 "코리아의 전망," 둘째 "USSR의 동기들," 그리고 셋째 "미국의 태도가 극동과 유럽에 미칠 여파들"이 하나같이 그 결론을 가리켰다.[51]

---

51 *FRUS 1950 VOLUME VII, KOREA*, pp.148-154. 첩보연구실은 'Office of Intelligence Research'를, 홍보국은 'Bureau of Public Affairs'를 말한다.

첫째, 코리아의 전망: 예비평가는 북한이 남한을 침공한 목적이 “한반도의 명확한 지배”라고 규정하고 양측에 관해서 다음의 전망을 내놨다. “현재 북한은 다음 7일의 기간 내에 서울을 장악하는 결정적 승리를 거머쥐려 하고 있다. 다음 72시간 내에 북한은 ‘강화 제의’를 할지도 모르나 그것은 당초의 목표가 수정됐기 때문은 아닐 것이다. 그 제의에는 당연히 이승만 정권의 항복이 포함될 것이다.” 한편 “남한군은 미국의 효과적인 원조가 없어도…… 즉각적 저항을 전개할 것이고 민중의 강력한 지지를 받을 것이다. 따라서 공산주의자들은 전선의 후방에서 효과적인 지역적 저항을 전개할 수 없을 것이다. 그러나 남한군은 북한군에 비해서 군사적으로 열세다. 그들은 북한군과 동등한 기갑과 중포와 항공기가 없기 때문에 제한된 저항 이상은 전개할 수가 없고, 열등한 장비와 제한된 양의 탄약 때문에 짧은 기간 내에 방어선이 뚫리고 결국 서울을 빼앗길 것이다.”

그런 남북 무력의 불균형하에서 미국 정부 앞에는, KMAG의 경우에도 그랬듯이, 세 가지의 대안이 놓여 있었다. 바로 철수, 제한적 지원, 적극적 지원이었다. 우선, “미국의 철수는,” 연구자들이 보기에, “남한에서 조직적 저항의 종결을 의미[했]다.” 또한 제한적 지원도 결과에 있어서는 철수와 다를 것이 없었다. 연구자들은 평가했다: “만일 미국이 제한된 원조만 제공하고 남한의 수호를 위해서 전력을 다한다는 의지를 천명하지 않으면, 한국인들의 사기에 역효과가 날 것이고, 제한적 저항이 당분간 유지될 테지만 서울의 함락과 함께 조직적 저항은 종결될 것이다.” 반면 적극적 지원은 다른 결과를 가져올지 몰랐다. 연구자들은 예측했다: “만일 효과적인 수량으로 그리고 비행기와 대포 등의 중요한 병기들을 포함해 즉시 미국의 군사원조를 받는다면 한국군과 한국민은 저항의지가 강화될 것이다.”

둘째, 소련의 동기들: 예비평가는 북한군의 남진에 USSR의 동기들이 직접적으로 작용한 것으로 보았다. 그것은 주장했다: “북한 정부는 전적으로 크렘린의 통제하에 있다. 북한인들이 모스크바로부터 사전 지시 없이 행동했을 가능성은 없다. 따라서 남한에 대한 북한의 공격은 소련의 행동으로 간주돼야 한다.” 크렘린은 8개월 전부터 점점 호전적인 행동들을 취하더니 마침내 "코리아에서 공개적인 침략으로 나왔다." 그러나 그 수순은 "미국의 무장 개입을 초래할 명백한 위험"을, 그래서 "미국과 소련 사이에 전면전이 발발할 위험"을—또는 크게 에누리해서 최소한 "가능성"을—야기하는 것이었다. 그렇기 때문에 남한 침공은 크렘린이 지금까지 취한 위험 회피적 노선과 맞지 않는 "독특한" 행보였다. 아마도 두 명제로 이 특이성이 설명될 수 있었다. 하나는 크렘린이 "코리아를 우리가 가정한 것보다 더 중요한 것으로 고려했을" 가능성이었다. 다른 가능성은 크렘린이 "어떤 상황에서든 소련과 미국의 무력충돌이 우리가 평가한 것보다 더 임박했다고 계산했을" 가능성이었다. 예비연구는, 아래의 이유로, 전자가 참일 확률을 더 높게 평가했다.

6월 초가 되면서 USSR이 극동지역의 최고 소비에트 대표들을 사실상 모두 모스크바에 불러 모은 가운데 극동정책을 재검토해 왔음을 가리키는 징표들이 나타났다. 따라서 다음의 추측이 가능했다: "남한 침공은 극동상황에 개재된 모든 요소들의 가장 면밀한 검토 끝에야 비로소 결정됐다. 가령 파뉴쉬킨 대사와 데레비얀코 장군은 아마도 그 침략에 대해서 미국이 취할 법한 반응을 추정하는 특별한 기능을 담당했을 것이다." 그 회의는 분명히 극동의 특별한 지역적 상황들—구체적으로 일본강화조약, 인도차이나 원조, 코리아에 대한 추가 원조에 관한 미국의 조치들—과 관련이 있었다.

그러나 남한 침공이 단순히 코리아에 한정된 국부적 목표들을 이루거나 진전시킬 목적에서 나온 것은 아니었다. 남한에 대한 미국의 공개적 공약들을 고려할 때, 남한 정부의 제거를 크렘린의 세계전략이—동북아 전략과 구별된—필요로 하지 않았다면 모스크바가 그에 수반되는 위험들을, 설령 아무리 많이 에누리했다 하더라도, 무릅쓰는 일은 없었을 것이었다. 세계전략의 차원에서 소련인들이 코리아 모험을 감행할 동기들은 충분해 보였다. 평가는 서술했다:

우선, "그것은 미국이 자신의 정책으로 공표한 '총력 외교'를 밀고 나갈 의지가 과연 얼마나 강한지 군사적으로 소련에 가장 유리한 지역에서 시험할 수 있는 기회를 제공한다.

아마도 그런 테스트는 [베트남의] 호치민, 버마의 공산주의자들, 또는 말레이의 공산주의자들을 지원해 중공이 취할 수 있는 행동들과 관련해, 유고슬라비아에 대한 위성국의 공격과 관련해, 그리고 어쩌면 독일이나 이란에서 소련이 취할 행동들과 관련해, 중요한 것으로 간주될 것이다."

또한 "아시아 전역에서 미국의 위신에 심각한 타격이 가해질 것이고, 반공산주의 세력들을 더 적극적으로 지원하겠다고 미국이 약속한 결과로, 널리 산재한 지역들에서 그동안 느껴진 고무적 분위기가 역전될 것이다. 소련은 무적의 전진을 하고 있다는 느낌이 동남아인들 사이에 퍼지고 '그 악대차에 편승'하고 싶은 충동이 크게 증가할 가능성도 있다."

또한 "코리아 전체에 대한 소련의 군사적 통제는 소련의 관점에서 보면 USSR에 대한 접근로들을 공고하게 만듦에 있어서 중요한 일보일 것이다. 최근 모스크바는 이 문제를 놓고서 점점 예민한 반응을 보였다. 즉, 발트해와 흑해와 이란의 접근로들이다. 코리아에서 미국의 '돌출부'가 제거되면 미국은 소련의 극동지역이나 중국을 공격하기 위해서 지상군을 배치할 수 있는 지역들을 전부 상실하게 될 것이다."

끝으로, "코리아 전체에 대한 소련의 군사적 지배는 일본이 앞으로 미국과 제휴하지 못하도록 일본인들을 협박할 수 있는 중요한 무기가 될 것이다. 코리아의 통제로 일본에서 중도노선을 선호하는 분자들의 입지가 대단히 강화될 것이라고 크렘린이 평가할 수도 있다. 더욱이 소련의 군부 지도자들은 만일 전쟁이 실제로 터지면 일본을 미국의 기지로 쓸 수 없게 만듦에 있어서 코리아 점유가 커다란 전략적 가치를 지닌다고 평가할지 모른다."

셋째, 사태의 여파들: 예비평가는 남한 침공의 결과에 가장 민감한 반응을 보일 나라로 일본을 꼽았다. 연구자들은 그 나라의 반응이 "미국이 [코리아에서] 추구할 행동 방침에 거의 전적으로 좌우될 것"이라고 예측했다. 일본인들은 그 방침이 "앞으로 일본이 [소련의] 침공을 받으면 미국이 취할 행동을 예고하는 것으로 간주할 것"이기 때문이었다. 따라서 그들의 반응도 셋으로 나뉠 수 있었다. 평가는 서술했다:

우선, "만일 미국이 코리아에서 어떤 조치도 취하지 않는다면 현재 널리 퍼져 있는 중립의 욕구가 강화될 것이다. ROK가 패배하면 일본인들은 자기들이 취약함을 더욱 절감할 것이다. 동시에 일본과 미국의 제휴는 소련의 침략을 자극하는 반면 그 침략에 대항한 미국의 보호를 결코 보장하지 못한다는 주장이 더 큰 힘을 얻을 것이다." (미국은 "상당히 증강된 군사력을 새로이 일본에 투입하고 일본의 주권을 어느 수준까지—즉, 일본인들이 자기들은 미국 전략의 마지못한 도구들이 아니라 적어도 부분적으로나마 방어 협정의 협력자라고 느낄 수 있는 정도로—회복시킴으로써 이 반응을 어느 정도 상쇄시킬 수 있을지 모른다. 그러나 일본인들은 미국의 궁극적 의도들에 대해서 마음의 저변에 깔려 있는 의혹을 좀처럼 떨쳐버릴 수 없을 것이다. 따라서 일본이 동맹으로서 가지는 효용성과 신빙성이 떨어질 것이다.")

반면, "미국이 ROK를 주저 없이 신속하게 지원하면 일본인들은 자신들의 운명에 관해서 안심할 것이다. 일본인들은 북한의 침공을 보고서 소련이 극동에서 침략 의도들을 가지고 있음을 확인할 수 있을 것이다. 그렇기 때문에 그들은 국내문제에 대해서 미국의 지도를 끝없이 계속 받기를 달가워하지 않을지라도 미국의 보호와 그 보호의 함의들을 더욱 기꺼이 수락할 마음이 생길 것이다."

끝으로, "만일 혹시라도 미국의 지원이 불충분해서 ROK가 패배하게 된다면, 유사한 지원이 일본에 무슨 가치가 있느냐는 문제가 불가피하게 제기될 것이다. 그런 상황에서 일본인들의 태도 형성에 영향을 미칠 고려사항들은, ROK의 패배에 책임 있는 즉각적 요인들 이외에, 다음과 같은 것들일 것이다: (1) 코리아가 공산화되면 일본은 미국의 기지로서 가치가 없어진다는 또는 반대로 가치가 높아진다는 결론을 향해서 미국의 여론이 이동하는 것처럼 보이는 정도; (2) 일본인들이 일본의 지리적, 정치적, 경제적 상황을 ROK의 경우와 다른 것으로 간주해 그 공화국의 패배는 미국이 일본을 방어할 능력이 없음을 나타내지 않는다고 믿는 정도; (3) 코리아 때문에 제3차 세계대전으로 치달을 타당한 이유들이 없으나 일본의 경우에는 그렇지 않을 것이라고 일본인들이 느끼는 정도."

포모사에 있는 국민당 정부의 잔류자들에게 공산주의의 남한 공격은 틀림없이 "반가운" 사태라고 예비평가는 판단했다. 그 중국인들이 "제3차 세계대전의 발발을 자기들의 생존을 위한 유일의 현실적 희망으로 오래전부터 간주해 왔기" 때문이었다. 그러나 그 잔류자들 역시 일본인들처럼 미국의 태도에서 심각한 영향을 받을 것이었다. 예비평가는 그들의 반응도 일본의 경우처럼 셋으로 나누었다. 첫째는 "코리아에서 미국이 물러나는" 경우였다. 평가는 다음을 예측했다: "[그때는] 그들이 공산주의로 도주하고 이탈하는 추세가 증가할 것이고 군대의 사기와 정부의 효율성이 떨어질 것이며 공산주의가 포모사를 장악할 전망이 대단히 높아질 것이다." 미국이 사태에 개입하는 다른 두 경우에 대해서는 예측이 그보다 훨씬 덜 비관적이었다. 평가는 주장했다. 둘째, "만일 미국이 코리아에 효과 없이 개입하면 [여전히] 역효과—그보다 다소 덜한—는 날 테지만 그들은 미국의 증가된 호전성에 고무돼 미국이 극동에서 공산주의를 성공적으로 막는 데에 필요한 노력들을 들이기를 싫어할 것이라는 염려를 떨칠 수 있을 것이다." 끝으로, "만일 미국이 침략군을 물리치기에 성공하는 조치들을 취한다면 중국국민당은 사기와 효율성과 저항의지가 대단히 높아질 것이다."

베이징의 공산당 정권도 미국의 태도에 따라서 입지가 달라질 것이었다. 우선, "만일 미국이 물러나면 코리아에서 거의 확실시되는 공산주의의 승리는 중국의 안팎에서 베이징 정권에 유리하게 작용할 것임"이 틀림없었다. 그 정권이 "국제공산주의 운동의 높아진 위상을 공유할 것"이기 때문이었다.[52] 반면, "미국이 코리아에 개입해도 효과를 거두지 못하

52 예비평가는 이 예측에 다음의 단서를 달았다: 베이징을 위한 이익과 손해의 대차대조표는 코리아에서 물러난 미국이 극동의 다른 모든 곳에서 자신의 입지를 강화하기 위해서 어떤 사후 조치들을 취하느냐에 따라서 달라질 수 있다. 평가에 의하면, 만일 거기에 중국공산당에 의한 포모사 점령을 효과적으로 차단하는 조치들이 포

면" 이상의 것들과 다른 결과들이 나올 수 있다고 예비평가는 기대했다. 그 개입을 보고서 중국공산당은 극동의 다른 곳에서도 미국이 공산주의의 팽창을 저지하려고 개입할 것이라는 우려를 좀처럼 떨칠 수 없거나 어쩌면 더욱 심화할 것이기 때문이었다. 끝으로, "만일 미국이 코리아에 개입해 효과를 거둔다면 그 결과는 대중의 마음 속에 그리고 중국공산당 지도자들의 마음 속에 뚜렷한 심리적 충격을 일으킬 것이[었]다." 예비평가는 구체적으로 설명했다: "냉전에서 소련 진영이 궁극적 승리를 빼앗길지 모른다는 의심이 생기거나 커질 것이다. 그 진영에 대한 공개적 헌신에 비추어 중국공산당 정권의 위신은 중국 내에서도 극동의 다른 곳들에서도 추락할 것이다. 그 정권에 대항하는 수동적 저항과 적극적 저항이 둘 다 고무될 것이다. 한편 정권의 내부에서는 중국이 소련의 동맹인 것이 무슨 이익이 되는가를 놓고서 구체적인 의혹이 제기될 것이다. 중국공산당의 지도자들은 USSR이 코리아 모험에서 보여 준 상대적 나약성이나 무력함은 물론 미국이 극동에서 새롭게 취한 호전적 태세의 위협—거의 모두 소련의 실책 때문에 조성된 위협—을 통감할 것이다. 그 결과 중국공산당과 USSR의 유대는 크게 약화될 것이다."

동남아 국가들은 "코리아와 코리아의 문제들을 지금까지 특별하게 의식하지 않았다." 그럼에도 불구하고 예비평가는 예측했다: "만일 미국이 남한을 버리면 형식적 군사원조가 제공됐건 아니건 동남아의 지도자들은 공산주의와 싸움에 있어서 미국의 원조가 가지는

함된다면 코리아 모험은 중국의 공산주의 이익을 무시한 USSR의 처사로 판명될 것이었다. 그러나 연구자들은 추측했다: "모스크바는 그 공격의 개시에 앞서서 아마도 중국공산당과 협의했을 것이다. 중국인들이 남한 침공을 반대하지 않은 것은 그들이 포모사 침공을 매우 가까운 장래로 예정해 놓았기 때문일—그래서 코리아 밖에서 취해질 미국의 어떤 사후 조치도 중국의 군사적 상황을 바꿀 만큼 시간 맞춰 일어나지 못할 것으로 믿었기 때문일—것이다." 다른 한편, 만일 미국이 코리아에서 물러나도 극동의 다른 곳에서 입지의 강화를 위한 후속 조치들을 취하지 않는다면 중국공산당의 지도자들은 본토 밖의 아시아에서 공산주의를 촉진하려고 "더욱 대담하고 호전적인 전술들"을 채택할 수 있을 것이었다. 예비연구는 "구체적으로, 하나의 커다란 억지력이—현재 동남아에서 중국공산당의 직접적 군사 개입을 억지하는 미국의 개입에 대한 두려움이—대단히 약화될 것"이라 예측했다.

효과성에 대해서 그들이 가지고 있을지 모르는 신뢰를 모조리 잃게 될 것이다. 중국공산당의 제국주의에 대한 지역민들의 태도는 바뀌지 않을지 모른다. 그러나 동남아의 중국인 소수파들이 공산주의의 숙명에 대해 더 큰 신념을 가지게 됨으로써 공산주의가 침투할 기회들이 강화될 것이다. 유엔이 코리아 문제를 평화적으로 해결하지 못한다 하더라도 동남아 국가들은 그 영향을 직접적으로 받지 않을 것이다. 인도네시아를 제외하면 유엔에 대한 의존이 지금까지 중요한 고려사항이 아니었기 때문이다. 그러나 유엔이 효과적인 국제기구가 될 수 있을 것이라는 희망은 사실상 무너져 버릴 것이다."

서유럽에서는 "현재 소련이 지원하는 남한 침공이 성공하면 그로 인해 미국의 위신이 심각한 타격을 받을 것"이라고 예비평가는 예측했다. 다음의 설명이 그 예측을 뒷받침했다: "많은 유럽국가들은 그것을 소련의 한 작은 위성국이 미국의 힘과 의지에 도전하는 군사적 모험을 감행하는 역량을 가졌다고 볼 텐데 그러면 뒤따를 결과는 그 힘과 의지에 대한 심각한 의문뿐이다. 북한군의 성공은 점령 독일에서 특별한 놀람을 야기할 것이다. 소련이 북한군에게 부여한 '통일' 역할과 똑같은 행동을 동독의 준군사 경찰대가 독일에서 수행할 가능성을 모든 구역의 독일인들은 생각하지 않을 수 없을 것이다. 중립주의의 압력들과 서독이 어떤 유형의 방위군을 가져야 한다는 압력들이 증가될 수 있다. 공산주의자들은 미국인들이 미국과 운명을 같이하기로 결정한 사람들을 효과적으로 지원할 능력이나 의지를 가지고 있지 않음을 크게 광고할 것이다. 미제국주의자들은 기껏해야 최후의 한국인, 최후의 포모사인 등등까지만 싸운다고 그들은 떠벌릴 것이다. 공산주의와 소비에트주의가 미래의 물결임을 강조하는 선전이 활개 칠 것이다."

코리아 문제는 줄곧 유엔의 관심사였다

유엔사무총장 트리그베 리는 북한군의 공격이 시작되고 10시간이 지난 24일 자정(서울 25일 14:00) 무렵 워싱턴에서 걸려 온 전화를 받았다. 미국의 유엔담당 차관보 존 힉커슨이었다. 차관보는 "코리아에서 싸움이 발발한 것 같다"고 알렸다.[53] 사무총장은 즉시 서울의 유엔한국위원단(UNCOK, 안콕)에 보고서를 요청하는 전문들을 보냈다. 그런데 유엔미국대표부(USUN, 유즌)가 안콕보다 먼저 움직였다. 리 총장은 25일 새벽 03:00(서울 25일 17:00) 어네스트 그로스의 전화를 받았다. 유즌의 그 대리대표는 말했다:[54] "북한군이 대한민국을 침략했다는 워싱턴의 전화를 받았습니다. 코리아에 일어난 침략 행위를 심의하게 즉시 안보리(SC)를 소집해 주십시오."

그로스는 곧바로 미국 정부의 정식요청서를 사무총장 앞으로 제출했다. 안보리의 의장이 사태를 "즉각 유의하게 [총장이] 힘써 달라는 바람"을 담은 그 서한에서 그로스는 다시금 촉구했다: "우리 정부의 긴급한 요청에 따라서 본인은 귀하에게 국제연합 안전보장이사회의 회의를 즉각 소집할 것을 요청합니다." 요청서는 다음과 같이 사유를 설명했다: "대한민국에 주재하는 미국대사는 북한군이 코리아 시간 6월 25일 새벽에 대한민국의 영토를 여러 곳에서 침범했다고 국무부에 알려 왔습니다. 북한정권의 통제하에 있는 평양 라디오는 대한민국에 대하여 EDT로[55] 6월 24일 하오 09시(서울 25일 11:00)에 발효된 선전포고를 방송했다는 보고입니다. 앞에서 언급된 상황에서 감행된 북한군의 공격은 평화 침해요 침략 행위에 해당합니다."

---

53 *FRUS 1950 VOLUME VII, KOREA*, pp.126-127; UN DOCUMENT S/PV.473.

54 *FRUS 1950 VOLUME VII, KOREA*, p.131.

55 EDT: 동부 하계 [일광 절약] 시간(Eastern Daylight (-Saving) Time)으로 한국 시간보다 13(한국 하계 시간보다 14)시간 늦다. 당시 남한은 미국처럼 하계 시간을 적용했으나 북한은 아니었다.

미국의 요청서에 언급된 사태는 이른 아침에 확인됐다. 서울의 UNCOK이 낮 동안 수집한 정보들을 정리해 25일 저녁 20:00(워싱턴 25일 06:00)에 총장 앞으로 보낸 장문의 전문이 마침내 도착했다.[56] 위원단은 보고했다:

"대한민국정부는 북한군이 6월 25일 04:00 무렵 38도선 전체를 따라서 공격을 개시했다고 진술한다. 주요 공격 지점들은 옹진반도, 개성 지역, 춘천, 그리고 강릉의 북쪽과 남쪽에서 바다로부터 상륙들이 있었다고 보고된 동해안이다. 바다로부터의 또 다른 상륙이 남동해안의 포항 지역에서 공군의 엄호하에 임박했다는 보고도 있다. 가장 최근의 공격들은 서울 바로 북쪽의 38도선에서 그 도시에 가장 짧은 접근로를 따라서 이뤄졌다.

평양 라디오는 13:35에 남한을 비난했다. 밤 동안 남한군이 38도선을 넘어서 침공했다는 것이다. 그러나 위원단과 회의하는 자리에서 대통령과 외무장관은 그것이 새빨간 거짓말이라고 선언했다. 평양 라디오는 또한 침공군을 단호한 반격으로 격퇴하라는 지시가 인민군에 발령됐고 결과들에 대한 책임이 남한에 있다고 진술했다. 서른여섯 대의 탱크들과 장갑차들이 네 지점에서 북쪽의 공격에 사용됐다고 대통령은 상황 설명에서 말했다. 비상국무회의 후에 외무장관은 비열한 공격에 맞서서 저항할 것을 남한 사람들에게 방송으로 당부했다. 대통령은 위원단이 총격을 중지할 것을 촉구하는 방송을 하고 사태의 심각성을 유엔에 알리는 것에 대해서 전적인 지지를 표명했다. 북한이 11:00에 평양 라디오로 선전포고를 했다는 소문이 나돌았지만 어떤 출처로부터도 그에 대한 확인이 나오지 않았다. 대통령은 방송을 정식 통고로 인정하지 않고 있다. 미국 대사는 위원단에 출두해 대한민국 군대가 훌륭히 싸울 것으로 기대한다고 진술했다.

56 *FRUS 1950, VOLUME VII, KOREA*, pp.144-147, Footnote 6; "Cablegram dated 25 June 1950 from the United Nations Commission on Korea addressed to the Secretary-General concerning aggression upon the Republic of Korea" UN DOCUMENT S/1496.

17:15 네 대의 야크기가 서울의 바깥쪽에 있는 민용 및 군용 활주로들에 기총소사를 가해 비행기들을 파괴하고 가스 탱크들에 불을 냈으며 지프들을 공격했다. 서울 외곽의 영등포 기차역도 기총소사를 당했다.

위원단은 전면전의 성격을 띠어 가고 있고 국제평화와 국제안보의 유지를 위태롭게 만들지 모르는 사태의 심각한 전개에 사무총장이 유의하기 바란다. 위원단은 총장이 그 문제에 안보리의 주의를 환기하는 가능성을 고려해 보기를 제안한다. 위원단은 차후에 보다 충분히 숙고된 권고를 통신할 것이다."

미국의 고발로 "대한민국에 대한 침략"을 다루는 안보리의 제473차 회의는 25일 오후 14:00(서울 26일 04:00)에 시작됐다.[57] 고발자인 USA를 포함해 10개 이사국들의 대표들이 출석했다.[58] 당사자인 대한민국(ROK)도 대표를 보냈다. 피고인 조선인민공화국(PRK)은 오지 않았다. 미영불중과 함께 다섯 상임이사국에 속하는 USSR도 불참했다. 고발된 사태에 안보리가 어떻게 대처함이 적절한가를 놓고서 두 결의안이 경쟁했다. 미국의 초안은 PRK를 침략자로 규정했다. 미국인들은 북한인들더러 즉시 싸움을 멈추고 침략군을 38도선 이북으로 물리라고 요구했다. 반면 유고안은 침략의 판단을 보류했다. 그것은 남북 양측에 즉각적 정화를 요구하는 한편, 안보리에 대표를 보내서 자신을 변론하라고 PRK에 촉구했다.

일요일에 소집된 그 특별 회의의 개회에 앞서서 USUN의 안보리 담당 고문인 찰스 노이스는 미국이 제출할 결의안을 영국의 테렌스 숀 경, 프랑스의 장 쇼벨, 인도의 베네갈 라우경, 이집트의 파지 베이, 노르웨이의 브레도 스타벨에게 보여 주었다.[59] 대표들은 전체적

---

57 UN DOCUMENT S/PV.473, www.un.org/Depts/dhl/.

58 출석한 이사국들: 중국, 쿠바, 에콰도르, 이집트, 프랑스, 인도, 노르웨이, 영국, 미국, 유고슬라비아.

59 *FRUS 1950 VOLUME VII, KOREA*, pp.144-147.

으로 "침략 행위"(act of aggression)라는 용어의 사용에 부담을 느낀다는 반응을 보였다. 그들은 침공의 책임이 어느 쪽에 있는가를 놓고서 어떤 입장을 취하기를 상당히 주저했다.

일차적인 문제는 정보의 부족에 있었다. 파지 베이와 스타벨에 의하면, "우리는 이 책임의 소재를 판정할 수 있을 정도로 충분한 정보가 없[었]다." 그들은 완강했다. 그들이 보기에, 정보가 없기로 말하면 그들의 본국 정부도 그들과 같은 처지에 있었다. 그들은 "우리는 본국의 외무부에 연락해 지시들을 받을 수 없었고 또 받을 수도 없을 것"이라고 주장했다.

사태의 성격도 이견이 나오게 만드는 중요한 요소였다. 파지 베이와 스타벨은 미국의 결의안을 지지할 것인가는 본국 정부와 상의 없이 "우리가 독자적으로 내리기에는 매우 심각한 결정"이라고 호소했다. 그들은 그 사태가 "코리아 사람들 사이의 싸움"이라는 노선을 취했다. 그러므로 그 싸움은 본질상 내전이었고 그렇기 때문에 그들은 "침략"이라는 단어의 사용을 반대했다. "침략"은 한 국가가 다른 국가에 가한 공격의 의미를 함축한다는 것이었다.

따라서 파지 베이는 만일 미국의 결의안에서 "도발받지 않은"(또는 "정당한 이유가 없는", unprovoked)이라는 단어가 빠지고 "침략 행위"라는 단어들이 없어지면 이집트가 그 결의안을 지지할 수 있겠다고 느낌을 암시했다. 노이스는 아무 호응도 보이지 않았지만 미국 쪽에서 그 정도의 양보는 가능할 것으로 생각했다.

프랑스 대사는 한술 더 떴다. 쇼벨은 단지 PRK만이 아니라 ROK도 역시 총격을 멈추라는 명령을 받도록 결의안의 언어를 바꾸기를 바라는 눈치였다. 대사는 "내 옆에 앉아 있는 파지가 나를 이렇게 밀었다"고 변명했다. 대사는 그것이 "합리적인 수정"이라고 생각했다. 그러나 노이스는 그것을 "맹렬히" 반대했다. 그 미국인은 "침입자들 자신들이 안보리의 명령들에 복종할 때까지 남한인들은 총격을 멈추라는 요구를 받으면 안 될 것"이라고 주장했다.

개회를 선언하고서 의장인 베네갈 라우는 잠정 의제에 관해서 "작은 수정"들을 제의했다. 첫째, 그 인도인은 의제를 미국이 제안한 "대한민국에 대한 침략"에다 "의 고발"을 덧붙여 "대한민국에 대한 침략의 고발"이 되게 하는 것이 좋겠다고 생각했다.[60] 둘째, 그는 의제의 기술에 있어서 미국 대표가 사무총장 앞으로 보낸 1950년 6월 25일자 서신은 물론 "대한민국에 대한 침략 행위에 관해서 UNCOK이 사무총장 앞으로 보낸 1950년 6월 25일자 전문"도 포함하고 싶어했다. 아무도 의장의 제안에 반대하지 않았다. 따라서 미국 대표의 서신과 유엔한위(UNCOK)의 전문에 언급된 대한민국에 대한 침략의 고발이 안보리의 제473차 회의의 정식 의제로 채택됐다.

"코리아 문제는 1947년 11월 이래 지금까지 줄곧 유엔의 관심사였습니다." 현재의 상황에 관해서 UNCOK에서 어떤 중간보고들이 있었으면 말해 달라는 의장의 요청에 답해서 사무총장은 그렇게 시작되는 진술에 들어갔다. "코리아의 독립 문제"를 다룬 1947년 11월 14일의 총회결의 112호 II항은 호주, 캐나다, 중국, 엘살바도르, 프랑스, 인도, 필리핀, 시리아, 우크라이나로 구성되는 '유엔한국임시위원단'(UNTCOK, 안트콕)을 창설하고 한국인들이 국민의회와 국민정부의 구성을 위해서 늦어도 1948년 3월 31일까지 자유롭고 유효한 총선거를 실시할 것을 권고했다. 일 년 뒤인 1948년 11월 12일 제3차 유엔총회는 제195호 결의 제III항 문단 2를 "찬성 48, 반대 6, 기권 3[1]"으로[61] 채택해 "코리아에서 UNTCOK이 감시와 협의를 할 수 있고 코리아 사람들의 대다수가 거주하는 지역에 대해서 효과적인 통제권과 관할권을 가진 유일의 합법적 정부인 ROK 정부가 수립됐다"고 선언하고 UNTCOK을 호주와 중국과 엘살바도르와 프랑스와 인도와 필리핀과 시리아로 구성되는 '유엔한국위원단'(UNCOK)으로 대체했다. 그리고 다시 약 일 년 뒤인 1949년 10월 21일의 총회결의 293호 제IV항은 그 선언을 상기하고 "코리아에서 군사적 갈등에 이르거나 군사

60 UN DOCUMENT S/PV. 473, http://repository.un.org/handle/11176/86697.

61 사무총장 리는 "기권 3"이라 진술하나 다른 곳—'유엔총회 결의들'(General Assembly Resolutions, www.un.org/en/sections/documents/general-assembly-resolutions/index.html)—에는 "기권 1"로 되어 있다.

적 갈등을 수반할 수 있을 사태의 전개는 무엇이나 관찰하고 보고할 것"을 그리고 "위원단이 적절하다고 간주하는 중간보고들을 회원국들에 전달하도록 사무총장에게 제출할 것"을 UNCOK에 지시했다. 제4차 총회는 또한 "위원단이 자신의 책임을 수행할 때 모든 도움과 시설을 제공하고 그 총회 결의의 목적들을 해치는 어떤 행동도 삼갈 것"을 "회원국들과 대한민국정부와 모든 코리아 사람들"에게 요청했다.

그런데 "코리아의 다른 출처들에서 온 보고들은 물론 [리 총장이] 수령한 UNCOK의 보고에 의하면 북한군이 군사행동에 착수했음이 명백했다." 총장이 보기에 그것은 "기권 3[1]에 찬성 48과 반대 6의 투표로 채택된 총회결의의 직접적 위반"이요 나아가 "유엔 헌장의 원칙들의 위반"이었다. 따라서 총장은 현재의 코리아 사태를 "심각한 …… 국제평화의 위협"으로 규정했다. 그러므로 리는 "안보리가 그 사태를 다룰 정당한 자격이 있는 기관"이고 "그 지역에서 평화를 다시 수립하기 위해서 필요한 조치들을 취함이 안보리의 명백한 의무"라는 결론으로 자신의 진술을 끝맺었다.

미국인들의 시각에서 당초 코리아의 독립은 "세계의 모든 이들이 3,800만 코리아 사람들의 당연한 권리라고 동의"한 문제였다. 따라서 그들은 그 문제로 인해서 "국제평화와 국제안보에 대한 명백한 위협"이 초래되는 상황을 미처 생각하지 못했다. 사무총장의 발언에 이어진 미국대사의 진술에 따르면, "우리는 일본이 항복하면 코리아의 독립은 자동으로 이뤄질 것이라고 가정했다; 그러나 그것은 잘못된 생각이었다." 코리아의 해방에서 오늘의 사태가 있기까지 일어난 다음의 몇몇 "획기적인 사건들"이 그 판단을 뒷받침했다.

미국과 소련은 공동위원회에 합의하고 코리아의 독립을 가져올 수단과 방법에 합의를 보려고 2년 동안 애썼다. 그러나 미소공동위원회는 결국 실패했다. 그래서 미국은 교착상태를 타개하기 위해서 미국과 소련에 중국과 영국이 합류해 코리아의 독립을 모색할 4강 회의를 열자고 제의했다. 그러나 그 제의는 소련의 반대에 부딪혔다. 그러자 미국은 유엔

총회에 코리아 문제의 논의를 요청했다. 소련은 그것도 거부했다.

그러나 제2차 유엔총회는 기권 6에 찬성 43, 반대 0의 투표로 채택된 1947년 11월 14일의 결의 제112호 II항에 의해서 UNTCOK을 창설하고 국민의회와 국민정부의 수립을 위한 자유총선거를 다음 해 3월 말까지 마치도록 권고했다. 일본군의 무장해제를 위해서 38도선의 북쪽과 남쪽에 진주한 소련군과 미국군에 대해서는 다음의 절차가 권고됐다: 국민정부가 군사령부들과 남한과 북한의 민정당국들로부터 정부의 기능들을 인수하고 점령국들과 조정해 가능한 한 조기에, 그리고 가능하면 90일 이내에, 그들의 무력이 코리아에서 완전히 철수하게 하라. 그러나 일정은 지연됐다. 1948년 5월 10일 남한에만 선거가 실시됐고 UNTCOK은 이를 감시했다. 선거의 결과로 남한에 정부가 수립됐다. 위원단은 소련의 "태도" 때문에 북한에는 들어갈 수가 없었다. 따라서 위원단은 제3차 유엔총회에 보낸 보고에서 위원단에 주어진 모든 목표들이 완전히 달성되지 못했고 특히 코리아의 통일은 아직 이뤄지지 않았다고 진술했다.

UNTCOK이 코리아에서 경험한 난관들과 좌절들에도 불구하고 제3차 총회는 1948년 12월 12일 결의 제195호 III항을 채택해 위원단의 존속을 유지하고[62] 위원단이 남북한의 통합을 위해서 노력을 계속할 것을 요청했다. 그로스는 그 III항에 선포된 "한 요소"—선거의 결과로 코리아에 하나의 합법적 정부가 수립됐음—를 특히 강조하고 싶었다. 미국인들은 그 선언을 "코리아의 그 부분에 속한 선거인단의 자유의사의 유효한 표현이자 위원단이 감시한 선거에 기초한" ROK 정부가 코리아에서 "유일한 합법적 정부임"을 뜻한다고 해석했다. 미국 정부는 그 선언을 참작해 1949년 1월 1일 ROK정부를 승인했고 그 이래 그 정부는 30개가 넘는 국가들의 승인을 받았다.

UNCOK은 코리아로부터 점령군들을 철수시키고, 북한 지역과 남한 지역 사이의 장벽

---

62 이 결의에 의해서 '유엔한국임시위원단'(UNTCOK)은 '유엔한국위원단'(UNCOK)으로 개칭된다.

들을 제거하며 코리아 사람들이 자유로이 결정한 대의정부하에 국가를 통일하는 유엔의 목표들을 향해서 매진했다. 그러나 1948년과 마찬가지로 1949년에도 북한 당국과의 직접 접촉과 USSR 정부를 통한 교섭 시도들을 비롯해 북한에 접근하려는 위원단의 노력들은 열매를 맺지 못했다. 위원단은 코리아를 통일하는 데에도 대한민국과 북쪽 당국 사이의 장벽들을 제거하는 데에도 진전을 이룰 수가 없었다. 위원단이 총회에 제출한 보고에 의하면, "경계선인 38도선은 양측의 총격과 무장습격이 점점 더 빈발하는 장소가 되고 있[었]고 이것이 코리아 사람들 사이의 친교에 심각한 장애로 작용[했]다." 한편 미국군대의 철수는 1949년 6월 19일 완료됐고 위원단은 그것을 감시했다. 그러나 위원단은 USSR의 점령군에 대해서는 아무런 조치를 취할 수가 없었다. 위원단은 그 군대가 북한에서 철수했다는 사실을 확인할 용의를 표명했다. 그러나 소련은 그 메시지를 받고도 아무런 응답을 주지 않았다.

제4차 총회는 1949년 10월 21일 채택된 결의 제293호 IV항에서 "코리아의 분단으로 야기된 경제 • 사회 및 기타의 친교에 대한 장애들의 제거를 촉진하기 위해서 힘쓰라"고 다시 UNCOK에 지시했다. 총회는 또한 "감시원들을 임명하고 위원단에 속한 대표든 아니든 하나 또는 하나 이상의 인원의 조력과 주선을 이용할 수 있는 재량권"을 위원단에 허가했다.

그런데 바로 그 위원단이 서울에서 보낸 최신 보고를 안보리가 방금 접수했다. 코리아 시간 6월 25일 일요일 오전 4시 북한의 무장군이 대한민국 영토에 공격을 가했다. 이 습격은 38도선 연변의 옹진 • 개성 • 춘천 지역들에 대한 지상군의 공격과 육해군의 강릉 부근 동해안 상륙으로 개시됐다. 게다가 북한의 공군기들도 공격에 나서서 수도 서울의 교외에 위치한 김포공항에 기총소사를 가했다.

미국 정부는 코리아의 통일을 위해서 유엔이 매진하는 상황하에서 일어난 북한군의 남한 침공을 "전적으로 부당하고 불법적인" 공격이요 "전면공격"이라고 규정하고 그것이

"평화침해"요 "침략행위"에 해당한다고 비난했다. 미국인들은 그 침공이 나아가 "국제평화와 국제안보에 대한 명백한 위협"을 구성하는, 미국에게 "심히 우려스러운" 그리고 "평화와 자유를 애호하는 모든 나라들의 정부들"에게도 "대단히 우려스러울 것임에 틀림없을" 사태라고 판단했다. 그 "전면공격"은 "유엔 자신이 총회의 결의로 탄생시킨 한 국가"—더 정확히 말해서, "유엔의 감독하에 선출된 정부"—에 대한 "무장침략"이었다. 또한 침략행위는 "유엔헌장의 근본 목적들에 정면으로 도전하는 것"이었다. 다시 말해, 북한의 공격은 "유엔의 이익과 권위를 공개적으로 거부하는 행위"였다. 따라서, 미국인들이 보기에, "그것은 모든 회원국이 유엔에 대해서 갖고 있는 사활적 이익과 관계됐다."

그러므로 미국인들은 북한군이 ROK를 "침공한 사태"에 대해서 안보리가 심각한 우려를 표명하는 결의안을 제출했다. 그로스는 유엔문서 S/1497호로 배포된 그 결의안을 요약해 말했다: "이 결의안은 북쪽에 있는 당국에게 적대행위들을 중지하고 경계선인 38도선으로 그들의 군대를 철수시킬 것을 촉구합니다. 이 초안은 UNCOK더러 북한군이 38도선으로 철수하는 것을 감시하고 안보리에 그 결의의 이행과 집행에 관해서 계속 알리라고 요구합니다. 초안은 또한 모든 회원국들이 결의의 실행에 필요한 모든 도움을 유엔에 제공하고 북한 당국에 원조를 삼갈 것을 촉구합니다."

그로스는 이어서 의장의 허가를 구하고 그 초안 전체를 낭독했다:

"총회는 1949년 10월 21일의 결의에서 다음을 결정했다. 대한민국 정부는 대다수의 코리아 국민들이 거주하며 유엔한국임시위원단이 감시와 협의를 할 수 있는 한반도 지역에 대해서 효과적인 통제권과 관할권을 가진 합법적으로 수립된 정부다; 이 정부는 코리아의 그 지역에 속한 선거인단의 자유의사의 유효한 표현이자 유엔임시위원단의 감시를 받은 선거에 기초한다; 그리고 이 정부는 코리아에서 유일의 그런 정부다.

총회는 1948년 12월 12일과 1949년 10월 21일의 결의들에서, 유엔이 코리아의 완전한 독립과 통일을 이루려고 추구하는 결과들을 손상시키는 행위들을 회원국들이 삼가지 않아서 일어날지 모르는 사태들에 대해 우려를 표명했다. [그런데] 유엔한국위원단이 보고서에 기술한 사태는 대한민국과 한국 국민의 안전과 안녕을 위협하며 그곳에서 공개적인 군사적 투쟁을 초래할 수도 있다.[63]

[상기의 사실들과 우려들을 유념하고] 북한의 무장군이 대한민국에 자행한 무력 침공을 커다란 우려를 가지고 유의하면서, 안전보장이사회는 이 행위가 평화의 파괴라고 규정하고,

I. 북한 당국에 촉구한다. (a) 즉시 전투행위를 중지하고, (b) 군대를 38도선으로 철수시켜라.

II. 유엔한국위원단에 요청한다. (a) 북한군이 38도선으로 철수하는 것을 감시하고, (b) 안보리에 이 결의의 집행에 관해서 계속 통보하라.

III. 모든 회원국들에게 촉구한다. 이 결의의 집행에 필요한 모든 도움을 유엔에 제공하고 북한 당국에 원조의 제공을 삼가라."

---

63 상기 두 문단의 원문은 직역하면 다음과 같다: "안전보장이사회는 대한민국 정부가 대다수 코리아 국민들이 거주하며 유엔한국임시위원단이 감시와 협의를 할 수 있는 한반도 지역에 대해서 효과적인 통제권과 관할권을 가진 합법적으로 수립된 정부라고, 이 정부가 코리아의 그 지역에 속한 선거인단의 자유의사의 유효한 표현이자 유엔임시위원단의 감시를 받은 선거에 기초한다고, 그리고 이 정부가 코리아에서 유일의 그런 정부라고, 총회가 1949년 10월 21일의 결의에서 내린 결정을 상기하면서, 회원국들이 코리아의 완전한 독립과 통일을 이루려고 유엔이 추구하는 결과들에 해로운 행위들을 삼가지 않으면 뒤따를지 모를 사태들에 관해서 총회가 1948년 12월 12일과 1949년 10월 21일의 결의들에 표현한 우려와 유엔한국위원단이 그 보고서에 기술한 사태가 대한민국과 한국 국민의 안전과 안녕을 위협하며 그곳에서 공개적인 군사적 투쟁을 초래할 수도 있다는 우려를 염두에 두면서."

ROK 정부도 미국인들처럼 북한군의 남한 침공을 부당하고 불법적인 침략행위라 비난했다. 그로스의 제의와 의장의 권유로 회의 탁자에 착석한 장면 대사는, 자신의 발언 순서가 오자, "유엔이 탄생시킨 정부를 가진 우리 나라는 지금 남쪽의 도발도 없었는데 자행된 북한군의 부당한 공격의 예봉으로 고초를 겪고 있다"고 호소했다. 대사는 그 "총력 공격"에 맞서는 남한인들의 투쟁에 대한 국제사회의 지지를 두 차원에서 호소했다. 첫째는 공산주의에 대한 저항이었다. 장 대사는 주장했다: "침공의 목표는 말할 것도 없이 우리 정부를 파괴하고 우리 나라를 공산주의의 지원을 받는 북한 괴뢰 정권의 지배하에 두는 것입니다. 우리 나라의 군대는 불굴의 용기로 공격에 맞서고 있습니다. 우리 국민은 자유로운 민주 독립의 코리아가 살아 남도록 하기 위해서 침략자들에 결연히 저항하고 목숨을 바치기로 결의했습니다."

다른 차원은 평화와 협력의 원칙에 기초한 국제질서의 수호였다. 장은 호소했다: "대한민국에 대한 북한군의 이 부당한 무력 공격은 인류의 인도와 양심에 대한 범죄입니다. 우리 나라에 대한 침입은 침략행위요 국제평화와 국제안보에 대한 위협입니다. 나는 국제평화에 대한 이 위협을 제거하기 위해서 즉시 행동할 것을 안보리에 호소합니다. 나는 또한 우리 나라의 침략자들에게 발포를 멈추고 우리의 영토에서 물러가라고 지시할 것을 안보리에 호소합니다. 우리는 유엔 덕분에 존재합니다. 나는 평화 유지의 일차적 책임이 있는 안보리가 이 절박한 의무를 저버리지 않을 것임을 믿습니다."

영국 대표 숀 경은 ROK의 진술을 "동정심을 가지고 들었다." 그도 미국대표처럼 북한군의 침공으로 안보리는 물론 "평화를 애호하는 모든 세계인들"이 "최대로 우려할 상황"이 발생했다고 판단했다. 그 영국인이 보기에 "이 사태를 즉시 다루도록 안보리가 소집됐음"이 그 우려의 "충분한 입증"이었다. 숀 경은 "그렇게 짧은 시간에—그것도 일요일에—이 회의가 열리도록 조정한 사무총장과 사무국"에 감사를 표했다. 그는 "상황의 악화를 막기 위해서 안보리가 이 엄중한 문제에 지체 없이 주의를 기울여 적절한 모든 조치를 가능한 한 신속히 취함이 분명히 옳고 참으로 필수적"이라고 여기기 때문이었다.

문제는 어떤 내용의 조치가 적절한가였다. 다시 말해, 북한 당국에는 "즉시 전투행위를 중지하고 군대를 38도선으로 철수하라"고 촉구하고 모든 유엔 회원국들에게는 그 촉구의 집행에 필요한 모든 도움을 유엔에 제공하고 PRK에게는 아무 원조도 제공하지 말라고 촉구하는 미국의 결의안이 과연 "이 경우에 아주 잘 맞고 이 단계에서 안보리가 갈 수 있는 데까지 가는 것"인가? 영국 정부는 그렇다고 판단했다. "사실들에 관해서 …… 우리가 얻을 수 있는 최대로 완전한 진술"이 아직 확보되지 않았고 UNCOK이 "보다 충분히 숙고된 권고를 나중에 보내겠다고 약속했음"을 감안한 때문이었다. 영국인들은 "이 시점에서 안보리가 코리아에 가 있는 유엔위원단이 제출한 증거의 한계들을 넘어갈 수 있을 행동을 취하지 않음이 적절하고 안보리의 이익에도 참으로 필수적"이라고 보았다.

따라서 영국은 "우리 대표단은 물론 다른 대표단들도 제의하고 싶을지 모를 소소한 수정들을 전제로" 미국의 결의안을 지지할 준비가 됐다. 영국 자신은 그 초안의 효력 부분 가운데 UNCOK을 언급하는 문단 II에서 항목 (a)에 "그 상황에 관해서 완전히 숙고된 권고를 가능한 한 가장 이른 시간에 통보하고"를 삽입하고 기존의 (a)와 (b)를 (b)와 (c)로 바꾸자고 제의했다. 숀은 그 수정이 미국에 수락 가능할 것으로 이해했다.

중화민국(ROC) 대표인 씨앵은 "코리아의 독립과 통일에 관한 문제"가 해결되지 않고 있는 원인이 전적으로 북한 당국에 있다고 주장했다. 물론, 중국 대표가 보기에, 남도 북도 분단을 원하지 않았다. 다시 말해, "38도선은 애초에 코리아의 누구도 선택하지 않은 분계선이었다. 그것은 다른 사람들이 만든 외교적 장치였다." 그러나 남한 당국과 달리 북한 당국은 총회의 결의들을 "무시"했다. 코리아 문제에 대해서 유엔헌장과 일치하는 "유일의 가능한 절차와 해법"은 "코리아 사람들이 자기들의 소망들을 자유롭고 공정하게 표현함을 통해서"였고 총회는 바로 그런 방식을 제시했다. 그러나 "북한의 공산주의 정권이 바로 처음부터 유엔을 거부했다. 코리아에서 자유로운 선거를 감시하고 장려하는 임무를 띤 유엔위원단은 북한에서는 활동이 허락되지 않았다." 그 결과 남북의 분단선이 "영구화"되고 현재의 사태가 발생했다.

ROC 정부도 영국과 미국의 경우처럼 "신속한" 대응이, "안보리의 자원들을 시급히 사용함"이, "대단히 중요하다"고 판단했다. 그 이유로 씨앵은 주장했다: "침략자들은 코리아와 세계에 기정사실을 들이댈 심산입니다. 우리 쪽에서 하루의 지연이 있으면 평화의 파괴자들은 그만큼 더 많이 침략의 기회들을 얻게 될 뿐입니다. 사실, 안보리가 혹여 행동을 지체하면 문제는 더 복잡해질 것이고 해결은 덜 수월해질 것입니다."

그렇다면 지금 안보리는 어떤 내용의 조치를 내놔야 하는가? ROC는 미국이 제출한 결의안이 완전히 적절하다고 보았다. ROC는 "코리아의 현재 위기가 헌장에 있는 조항들의 완전한 적용을, 유엔에 가용한 도덕적 및 법적인 자원들의 완전한 사용을 요구한다"고 판단했다. 씨앵이 제시한 첫째 이유는 코리아 사람들이 그런 지원을 받을 자격이 있다는 것이었다. 그는 설명했다: "우리는 코리아 사람들에게 그렇게 해 주어야 합니다. 한국인들은 오래된 문화민족입니다. 그들은 평화를 애호하는 전통들을 가지고 있습니다. 나는 코리아와 코리아 사람들보다 유엔 및 유엔의 원칙들과 이념들에 더 충성할 나라와 국민을 상상할 수 없습니다. 만일 코리아가 독립과 통일된 삶을 성취할 기회를 얻는다면 그 나라는 스칸디나비아 국가들이 서구 세계의 발전에 기여하는 것과 꼭 마찬가지로 아시아에서 꽃을 활짝 피울 것입니다." 지금의 코리아 사태에 대해서 유엔이 가진 규범적 자원들의 "완전한" 사용이 적절한 둘째 이유로 씨앵은 침략의 억지를 들었다. 그는 주장했다: "우리는 코리아의 이웃들에 그리고 전 세계에 유엔헌장을 충실히 적용해야 합니다. 이런 유형의 침략 행위는, 만일 성립이 허용되면, 만일 우리의 가장 강력한 반대가 없이 통하도록 허용되면, 다른 나라들에서 침략의 고무에 기여할 뿐입니다." 씨앵은 선언했다: "이 이유들 때문에 우리 대표단은 미국대표단이 우리 앞에 제출한 결의안을 전심으로 지지합니다."

프랑스와 쿠바와 엘살바도르와 이집트도 USUN이 제출한 결의안에 대해서, 프랑스와 이집트의 경우는 "몇몇 사소한 수정들"을 전제로, 쿠바와 엘살바도르의 경우는 수정 없이도, 기꺼이 지지를 표명했다. 그들도 영국과 ROC처럼 안보리의 지체 없는 결정이 필요하다고 보았고, 엘살바도르 대표의 표현대로, "미국 대표단이 제출한 결의안은 안보리가 역동적으로 지체 없이 행동해야 한다는 긴급한 요구에 부응하며 동시에 지금까지 수령된 정보를 존중하는 적절한 조치들을 내포함"에 동의했다. 다만 쿠바와 엘살바도르는 각각 나머지 나라들과 다른 이유에서 안보리가 신속한 조치를 취할 필요가 있다고 판단했다. 쿠바 정부는 "사태가 더 악화되는 것을 막아야 한다"고 생각했다. 대표인 블랑코는 주장했다: "안보리의 어떤 지연도 치명적이요 세계 평화에 중대한 영향을 미칠 수 있습니다." 엘살바도르 정부는 코리아 사태에 관해서 "매우 분명한" 입장을 취했다. "만일 평화와 안보를 보호할 국제장치가 있다면 바로 침략이 일어났을 때야말로[, 그 침략이 어디에서 일어났든 언제나,] 우리는 그 장치를 최대로 쓰도록 힘써야 한다"는 것이었다. 코레아 대사는 다음을 이유로 들었다. 첫째, "침략이 처벌 없이 지나가는 한" 세계가 무력에 좌우되는 "두려운" 상황이 초래될 것이다. 둘째, 그것은 안보리의 권위가 걸린 문제였다. 코레아는 주장했다: "안보리는 국제평화와 국제안보의 유지를 일차적으로 책임지는 기관으로서 어디에서 침략이 일어나든 언제나 민첩하게 그것과 싸워야 합니다. 이것이 안보리의 책무요 이것이 유엔의 가맹국들이 안보리를 신뢰하는 이유입니다." 셋째, ROK의 경우에는 총회의 권위도 걸려 있었다. 코레아는 주장했다: "대한민국이라는 특수한 경우에는 이 공화국의 민주적 수립에 일조한 총회의 권위가 현재의 상황에 의해서 위협받고 있고 이것은 유엔에게 특별한 이해가 걸린 문제입니다."

회의는 여러 이사국들이 언급한 "사소한 수정들"에 관해서 형식 없는 상의가 이뤄질 수 있도록 오후 4:15(서울 26일 06:15)부터 정회됐다. 안보리 밖의 여러 나라들은 안보리 결의 이후가 더 걱정이었다. USUN의 노이스는 한 시간이 넘는 정회 동안 인도네시아의 팔라와 오래도록 이야기를 나눴다. 그리고 17:25에 회의가 속개된 뒤로는 터키의 쿠랄, 호주의 샌, 그리고 사무국의 펠러와 코디어하고 이야기를 나눴다.[64] 모두들 미국의 결의안이 원안대로

64 *FRUS 1950 VOLUME VII, KOREA*, pp.144-147. 인도네시아 공화국은 유엔에서 당시에 옵서버였고 1950년

또는 수정돼서 채택돼야 한다고 여기면서도 차후에 벌어질 상황을 염려했다. 북한인들이 안보리의 결정을 무시할 것 같기 때문이었다.

팔라는 안보리가 미국이 도입한 결의안의 채택에 의해서 북한인들을 멈출 수 없을 것이라고 확신했다. 처음에 그 인도네시아인은 걱정했다. "인도네시아 국민들은 안보리가 충분한 정보도 없이 북한인들이 남한을 침공했다는 판정을 내렸다고 생각할지 모른다"는 것이었다. 그래서 노이스는 미국 정부가 수령한 전문들을 토대로 상당히 많은 배경 정보를 그에게 주고서 "UNCOK이 보낸 전문 가운데 북한인들이 침략자임을 시사하는 부분을 리 총장이 발표하지 않았음"을 지적했다. 그러자 팔라는 미국이 제출한 결의안을 통과시키면 안보리가 그것을 힘으로 후원해야 할 것이라며 염려했다. 그는 "북한인들이 안보리의 명령에 아무런 유의도 하지 않을 것임"을 확신했다.

팔라는 만일 혹여 그런 사태가 벌어지면 미국이 무엇을 할 각오인지 알고 싶어 했다. 노이스는 대답했다: "우리는 어떤 경우든 유엔이 결정할 문제라는 것 말고는 아무 지시도 받지 않았다. 나는 이 사태에 관해서 인도네시아인들이 어떻게 생각하는지 그리고 그들이 무슨 종류의 행동을 지지할지 우리가 아는 것이 대단히 중요하다고 생각한다." 노이스는 계속해서 "인도네시아인들이 현재 유엔의 회원국이면 좋겠다"고 말하고 덧붙였다: "어떤 경우에도 우리는 우리가 무슨 생각을 하고 있는지 팔라가 알도록 그리고 인도네시아의 입장을 우리가 알도록 이 위기가 진행되는 동안 팔라와 완전한 협의를 가질 수 있으면 좋겠다." 그러자 팔라가 동의해 대답했다: "나는 귀측과 밀접한 접촉을 유지하기를 간절히 바란다. 인도네시아 정부와 즉시 접촉하겠다."

대화가 끝날 때 노이스는 그로스 대사에게 팔라의 입장이 다음과 같다고 알리면 되겠는

9월에 회원국이 됐다.

지 확인했다: "팔라는 안보리에서 미국의 결의안과 그 결의안에 계획된 행동 방침을 완전히 지지한다; 그는 자기의 국민들이 이 공격의 심각성에 관해서 납득하기에 필요한 정보를 충분히 가지지 않았음을 다소 염려한다." 팔라는 맞다고 대답했다.

쿠랄은 미국의 결의안을 완전히 찬성했다. 그 터키인은 강한 노선을 옹호했다. 그는 그 결의안이 약화돼서 유감이었다. 그는 코리아 사태가 사활적 중요성을 갖는다고 생각했다. 그의 견해로는 공산주의자들이 어떤 은폐의 시도도 없이 직접적인 군사적 침략에 나선 것은 이것이 처음이었다. 그는 강조했다: "이것은 중요한 시험대다. 강력한 행동으로 그에 맞섬이 필수적이다." 그는 안보리의 결의가 무시당하고 있음이 명백해졌을 때 미국이 무엇을 할 각오인지 알기를 원했다. 노이스는 팔라에게 대답했듯이 "우리는 그 점에 관해서는 아직 어떤 지시도 받지 않았고 미국 정부는 대응할 시간이 매우 짧았다"고 말하고 덧붙였다: "그러나 나는 그것이 유엔의 문제고 다른 회원국들의 태도가 무엇인지가 커다란 차이를 만들 것이라고 생각한다."

섄은 안보리의 결의가 절대로 필요하지만 북한인들은 그것에 아무런 유의도 하지 않을 것이라는 견해를 시사했다. 그 호주인은 "힘에는 힘으로 대응해야 한다면 우리가 무엇을 할 수 있는가?"라고 물었다. 그는 만일 유엔이 강력한 행동을 취하기로 결정한다면 호주인들이 어쩌면 도울 위치에 있을 것이라고 생각했다.

펠러와 코디어는 둘 다 사무총장의 강력한 진술이 기뻤다. 그들이 그 진술과 어떤 관련이 있음이 분명했다. 코디어는 리가 현재 미국의 여론에 시달리고 있음에 비추어 이것이 리에게 도움이 될 거라는 견해를 아주 솔직히 피력했다. 그는 그것이 충분한 대중의 시선을 받기를 희망했다. 그들은 둘 다 "이 사건은 리가 상황이 어찌 됐든 자신이 유엔에 완전히 적격인 사람임을 증명할 수 있게 만들었음"을 지적했다.

펠러는 다음에 무엇을 할 것인가에 관해서 이야기하고 싶어서 안달이었다. 그와 코디어 둘 다 안보리 결의는 효과가 없을 것이라고 주장하고서 "힘에는 힘으로 대응할 것인지를 놓고서 중대한 결정이 이뤄져야 한다는 것을 우리는 이해한다"고 지적했다. 그들은 둘 다 강력한 노선을 찬성하는 것 같았다. 코디어의 판단에 의하면, "이 사건은 특히 [중국] 공산주의자들에게 의석을 주는 문제를 비롯해서 모든 유엔 계획들을 완전히 뒤집어 놓을 것이 분명[했]다." 그는 중공을 7월 3일의 이코삭(ECOSOC, 경제사회이사회) 회의나 총회에 앉힐 것인가는 이제 거론도 할 수 없다고 주장했다.

이사국들이 다시 회의 탁자에 둘러앉자 베네갈 라우는 휴회 동안 있었던 협의들의 결과로 미국의 초안에 가해진 수정들을 하나하나 설명했다.[65] 의장은 말했다:

"처음의 두 문단은 원래대로 남아 있습니다.

원안에서 '북한의 무장군이 대한민국에 자행한 무력 침공을 커다란 우려를 가지고 유의하면서'로 돼 있는 문단은 '북한의 무력이 대한민국에 자행한 무장공격을 커다란 우려를 가지고 유의하면서'로 수정됐습니다.

그 다음 문장은 원안대로 남아 있습니다.

원안의 효력 부분에서 첫 문단은 다음과 같이 수정됐습니다: 'I. 적대행위들의 즉각적 중지를 요구하고, 북한당국에 군대를 즉시 38도선으로 철수시킬 것을 촉구한다.'

결의안의 효력 부분에서 둘째 문단은 이렇게 수정됐습니다: 'II. 유엔한국위원단에 요청

65 UN DOCUMENT S/PV.473, www.un.org/Depts/dhl/.

한다. (a) 그 상황에 관해서 완전히 숙고된 권고를 가능한 한 가장 이른 시간에 통보하고, (b) 북한군이 38도선으로 철수하는 것을 감시하고, (c) 안보리에 이 결의의 집행에 관해서 계속 통보하라.'

초안의 효력 부분에서 셋째 문단은 원안대로 남아 있습니다."

유고슬라비아는 미국의 결의안을 원안이건 수정안이건 찬성할 수 없었다. 정보의 부족이 문제였다. 유고인들은 "지금까지 입수된 증거들의 한계들"을 넘어서지 않는 성격의 안보리 행동을 미국인들이나 영국인들과 다르게 해석했다. 유고인들은 그 정보가 PRK가 부당한 가해자인지를 놓고서 올바른 판단을 가능하게 만들 만큼 충분치는 않다고 생각했다. 닌취치 대사의 "그저 매우 간략한" 진술에 의하면, 그들의 판단은, 다른 이사국들의 경우처럼, "오늘 아침 코리아로부터 쏟아져 들어온 소식들과 우리가 오늘 오후 안보리에서 들은 진술들" 또는 "우리가 지금까지 들은 다양한 그리고 몇몇은 모순된 급보들"과 "우리가 여기서 들은 진술들"에 기초했다. 그러나 그들은, 다른 이사국들과 달리, "[그것들]로부터 입수할 수 있었던 그림이 충분히 완전하고 균형 있는 것이라고 느끼지 않았다." 대사는 강조했다: "그것은 우리로 하여금 그 사건의 시비곡직에 판단을 내리거나 관련된 당사국들 가운데 누가 최종적인 책임이 있고 유죄인지 명확히 평가할 수 있게 만드는 그림도 아니었습니다." 그러므로 유고 대표단은 "어떤 최종적 판정을 내리기에 앞서서 안보리가 전력을 다해서 그 최종 결정과 그에 따라 취해지는 행동이 논란의 여지가 없고 어떤 쪽으로부터도 제기될 수 있는 어떤 비난의 그림자도 완전히 넘어서는 것으로 만들 모든 사실적 지식을 입수해야 할 것이라는 견해"였다. 그 조사의 한 방식으로 그들은 사태의 일방인 ROK의 진술을 들었기 때문에 반대편의 진술도 들어야 공정하다고 판단했다. 닌취치는 말했다: "우리는 남한의 대표를 들었습니다. 따라서 현재 침략자로 고발당한 북한 정부의 대표에게도 발언의 기회를 줘야 할 것이라고 나는 느낍니다." 대사는 미국의 경우처럼 "관련국들의 하나를 유죄로 판정하는 뜻이 담길 결의안"의 채택이 아직은 이르다고 주장했다.

그러나 다른 한편 코리아 사태는 안보리의 결정을 기다리지 않고서 진행될 것이었다. 그런 판단의 유보로 빚어질 안보리 행동의 지연으로 인해서 사태가 더 악화된다면 그때는 그것의 수습이 지금보다 더욱더 어려울 것이었다. 유고인들은 그 점을 잘 이해하고 있었다. 닌취치는 말했다: "우리 대표단은 북한 정부의 대표가 안보리 앞에서 그 정부의 입장을 진술할 수 있게 만들 정식 제안을 발의하겠습니다. 이것은 그러나 안보리가 그동안 아무 행동도 없이 가만히 있어야 하거나 상황으로 보아 정당한 조치를 취하지 말아야 한다고 우리가 느낀다는 뜻이 아닙니다." 유고인들은 "안보리가 당분간 적대행위들의 중지와 군대들의 철수를 명령 또는 요구하고 동시에 그 사건에 대한 조사를 계속하는 것"을 신속성의 요건과 정보의 부족을 똑같이 적절하게 감안한 조치로 생각하고 있었다. 유엔 문서 S/1500에 담겨 배포된 유고의 결의안은 제의했다: "안전보장이사회는 코리아에서 발발한 적대행위들을 커다란 우려를 가지고 유의하고, 적대행위들의 즉각적 중지와 무력들의 즉각적 철수를 요구하며, 그 사건의 시비에 관해서 판단을 내리는 데 필요한 모든 정보를 입수하고자 북한 정부가 안전보장이사회 앞에서 자신의 주장을 진술하도록 초청한다."

노르웨이인들은 현재까지 입수된 정보를 감안하면 유고인들과 달리 미국의 결의안이 적절하다고 판단했다. 수정된 미국안과 그것과 별개로 발의된 유고안 앞에서 대표인 순다는 진술했다: "유엔위원단이 제공한 정보를 근거로 그리고 코리아의 다른 출처들로부터 나온 보고들에 관해서 사무총장이 오늘 오후에 한 진술을 토대로 노르웨이 대표단은 미국의 결의안을 현재 수정된 대로 지지할 준비가 됐습니다."

이집트와 인도가 발언을 하지 않아서 노르웨이의 발언으로 의제 토론이 끝나고 의장은 제출된 결의안들을 표결에 부쳤다. 수정된 미국안은 유고의 요청으로 첫째 문단과 둘째 문단과 셋째 문단("북한의 무력이 대한민국에 자행한 무장공격을 커다란 우려를 가지고 유의하면서")과 넷째 문단("이 행위가 평화의 파괴라고 규정하고")은 문단별로 투표에 부쳐졌다. 투표는 거수로 이뤄졌다. 첫 문단에 대해서 중국, 쿠바, 에콰도르, 이집트, 프랑스, 인도, 노르웨이, 영국, 미국이 찬성을 표했다. 유고는 기권했다. 첫 문단이 찬성 9, 기권 1, 결석 1(소련)로 채택됐다. 나머지 문단들도 동일한 표결로 채택됐다.

수정된 미국안의 효력 부분의 문단 I은 유고의 요청에 따라서 구절별로 투표에 부쳐졌다. 첫 구절인 "적대행위들의 즉각 중지를 요구하고"는 유고도 찬성해 만장일치로 채택됐다. 둘째 구절인 "북한 당국에 군대를 즉시 38도선으로 철수시킬 것을 촉구한다"에 대해서는 중국, 쿠바, 에콰도르, 이집트, 프랑스, 인도, 노르웨이, 영국, 미국이 찬성을 표했고 유고가 기권했다. 그 구절은 찬성 9, 기권 1로 채택됐다.

효력 부분의 문단 II와 문단 III은 각각 중국, 쿠바, 에콰도르, 이집트, 프랑스, 인도, 노르웨이, 영국, 미국에게서 찬성표를 받았다. 유고는 기권했다. 그 문단들이 찬성 9, 기권 1로 채택됐다.

수정된 미국안의 문단별 투표가 끝나자 의장은 그 결의안 전체를 투표에 부쳤다. 중국, 쿠바, 에콰도르, 이집트, 프랑스, 인도, 노르웨이, 영국, 미국이 찬성에 거수했다. 유고는 기권했다. 안보리는 수정된 미국의 결의안을 찬성 9, 기권 1로 채택했다.

막 채택된 결의가 효력 부분 II의 (a)에서 코리아 사태에 관해서 "완전히 숙고된 권고를 가능한 한 가장 이른 시간에 통보하라"고 UNCOK에 요청하고 있기 때문에 안보리는 권고받은 사항들을 논의하기 위해서 다시 모여야 할 것이었다. 따라서 의장은 안보리의 다음 회의를 "잠정적으로 6월 27일 화요일 오후 3시(서울 28일 05:00)로 정해 놓자"고 제의했다. 그는 그때까지 안콬의 완전히 숙고된 권고가 수령되기를 희망했다. 그러나 그 희망이 이뤄지지 않을 수도 있기 때문에 의장은 덧붙였다: "만일 그때까지 그 사항들이 수령되지 않으면 우리는 더 휴회해야 할지 모릅니다."

안보리의 제473차 회의는 끝으로 유고안의 표결에 들어갔다. 유고만이 찬성했다. 중국, 쿠바, 에콰도르, 프랑스, 영국, 미국은 반대를 표했다. 이집트, 인도, 노르웨이는 기권했다. 유고안은 반대 6, 찬성 1, 기권 3으로 부결됐다.

그렇게 코리아 사태를 다루기 위해서 6월 25일 일요일 오후에 열린 안보리 특별회의는, 남북 양측에 즉각적 정화와 무력 철수를 요구하고 북한 대표를 초청하자는 유고안을 거부하고, 북한군에게 즉시 싸움을 멈추고 38도선 이북으로 물러가라고 요구하는 미국안을 채택했다. 의장은 18:00(서울 26일 08:00)에 정회를 선언했다. 회의는 안콕의 사정이 허락하면, 이틀 뒤에 속개될 것이었다.

제2장

소개와 도주

정부는 수원으로 이전한다

대통령은 결정을 번복했다. 대통령은 서울을 떠나지 않았다. 6월 26일 월요일 오전 다섯 시(워싱턴 25일 15:00) 대통령은 존 무쵸에게 전화했다.[1] 상황은 여전히 급박했다. 그 나약한 나라의 지도자는 미국대사에게 또다시 도와 달라고 사정했다. 한국의 공군 조종사들이 대구에서 전투기도 없는데 이륙할 채비를 하고서 대기 중이었다. 대통령은 "대구로 10대의 F-51 전투기를 폭탄하고 바주카포와 함께 보내 달라는 긴급 요청을 하려고 맥아더 장군이나 그의 참모장에게 통화를 시도하는데 안 된다"고 호소했다. 대통령은 무기들이 동트기 전에 도착할 수 있게 해 달라고 간청했다. 대통령은 강조했다: "이 비행기들이 빨리 오지 않는다면 [ROK는] 북한군의 공격을 막아 내기가 매우 어려울 것이오." 대통령은 추가로 또 105밀리 곡사포 36문, 75밀리 대전차포 36문, 155밀리 곡사포 36문도 부탁했다.

미국인들의 소개는 예정대로 추진됐다. 무쵸 대사의 지시에 따라서 26일 00:00(워싱턴 25일 10:00) 직후부터 실시된 방송을 듣고서 카이맥(KMAG, 주한군사고문단) 요원들의 부양가족들과 아믹(AMIK, 주한미국공관) 직원들의 부양가족들과 떠날 수 있는 선택권이 주어진 소수의 여직원들이

1 *FRUS 1950 VOLUME VII, KOREA*, pp.147-148.

KMAG의 서빙고 주둔지에 모여들었다. 그 아녀자들은 오전 다섯 시(워싱턴 25일 15:00)까지 부평에 소재한 애스콤(ASCOM, 육군병참사령부)의 집결지로 안전하게 소개됐다.[2] 피난민들은 700명이 넘을 것으로 추산됐다. 그 사람들 중에는 공관과 고문단의 가족들 이외에 유엔 사절들의 가족들과 영국과 중국의 국민들도 있었다. 서울 이외의 지역에 있는 부양가족들은 부산으로 가서 대기 중인 선편을 이용하라는 지시를 받았다. 무쵸는 도쿄와 워싱턴에 소개 상황을 알리는 전문에서 확인했다: "모든 피난민들의 이름들은 명단이 완성되는 대로 타전될 것이다."

인천항에는 SS 라인홀트 및 SS 노렐그가 정박해 있었다. 두 증기선들이[3] 되도록 많은 인원을 일본으로 싣고 가게 하기 위해서 협상이 진행됐다. 그러나 대사가 보기에 각각 노르웨이 국기와 파나마 국기를 게양한 그 화물선들만으로는 태부족일 것 같았다. 따라서 대사관은 26일 정오에 인천에 들어올 예정인 미국 깃발의 SS 머린 스내퍼와도 접촉하기로 결정했다. 만일 그 배의 추가로도 충분치 않으면 대피선들의 엄호를 위해서 오고 있을 미국의 구축함들에도 피난민들을 싣도록 요청할 계획이었다.

ROK의 지상군은 6월 25일 아침에 북으로부터 압도적인 기갑과 포대의 기습을 그리고 오후에는 전투기까지 가세된 공격을 받고서 한동안 균형을 잃고 비틀거렸다. 그러나 그들은 치열한 싸움 끝에 동일 자정 무렵 용감하게 재기해 상황을 안정시켰다.[4] 아마도 그래서 대통령이 서울에 머물기로 생각을 바꿨다. 대한의 병사들은 지금까지 누가 보아도 "매우 훌륭하게" 싸웠다. 그들이 앞으로의 시험에서도 "부족 없는 능력을 과시할 것임"을 누구라도 확신할 수 있었다. 그러나 미국인들은 "그들에게 적절하고 지속적인 원조를 제공함이 필수적임"을 알고 있었다. 그리고 그 점에서 도쿄의 더글라스 맥아더는 이미 "대단히 큰 도움"이 되고 있었다.

---

2 *FRUS 1950 VOLUME VII, KOREA*, pp.154-155; Robert K. Sawyer, *Military Advisors in Korea: KMAG in Peace and War*(Center of Military History, Washington, D.C., 1988), p.122.

3 SS: 스크루 증기선(screw steamer, 스크루로 추진하는 증기선).

4 *FRUS 1950 VOLUME VII, KOREA*, pp.165-166.

만일 북한군의 전진이 여기서 저지된다면 미국인 아녀자들의 소개는 성급한 조치였던 것으로 판명될 수 있었다. 그러나 아무도 합리적인 판단을 비난할 수 없다. 지난밤 남한군의 서울 방어선이 당장에라도 무너질 것처럼 보이는 위기의 순간이 분명히 있었다. 그리고 그때 존 무쵸는 "우리의 군사고문들의 권고에 따라서 그리고 대통령의 바람도 존중해 소개에 필요한 지침을 내리지 않을 수 없다고 느꼈다." 똑같은 상황이 다시 온다 해도 똑같은 결정이 내려질 것이었다.

6월 25일 북한군의 공격이 알려진 순간부터 한국인들도 미국인들도 쉴 틈이 없었다. 남한인들에게 그것은 명실 공히 "기습"이었다. 남한군은 6월 23일 24:00(워싱턴 23일 10:00)을 기하여 비상경계가 해제됐다. 당직자들 이외의 장병들은 대부분 휴가, 외출, 외박으로 부대를 비웠다. 그런데 휴식이 시작되고 하루밖에 되지 않아 ROK 육군본부의 상황실은 일선 부대들로부터 상황보고가 폭주하여 "야단법석"이었다.[5] 채병덕 총참모장은 관사에서 38도선의 상황을 보고 받고서 05:00(워싱턴 24일 15:00) "전군에 비상을 발령하고 장병들을 소집하라"는 "구두명령"을 내렸다. 이어서 채 총장은 신성모 국방장관과 통화를 시도했으나 실패하고 장관의 비서에게 전화해 그의 소재를 파악했다. 총장은 그 비서와 같이 지프를 타고서 마포장으로 달려와 07:00 신성모에게 상황을 보고할 수 있었다. 부대 밖으로 나간 장병들의 소집에도 많은 노력이 들었다. 그들과의 연락을 위해서 가용한 모든 통신 수단—전화, 전령, 라디오 방송, 가두 방송—이 동원됐다. 그 결과 오후 14:00까지 80-90%의 장병들이 복귀했다.

대통령은 비원에서 낚시로 휴일을 즐기다가 10:00 삼팔선 소식을 전해 들었다. 대통령은 곧바로 경무대로 돌아와 국방장관의 상황보고를 받았다. 그리고 11:00 국방장관 겸 총리서리인 신성모의 주재로 국무회의가 시작됐다. 회의는 이내 당장은 부질없는 질문에 가로막혔다: 북한군의 공격은 국지 도발인가, 전면침공인가? 신의 설명이 있었지만 그것만 가지고는 당연히 북한인들의 진의를 확정할 수 없었다. 공론은 그 때문에 의미 있는 논의

5 군사편찬연구소, 『6 • 25전쟁사 2: 북한의 전면남침과 초기 방어전투』 (국방부, 2005), 61-64쪽, 71쪽.

가 어렵다는 쪽으로 모아졌다. 일동은 결국 의정부 전선에 나간 채 총장이 돌아온 다음에 다시 모이기로 결정했다. 북한인들의 의도가 전면전에 있는 것으로 판명될지도 몰랐다. 그러나 모두들, 총장의 확인을 듣기 전에는 비록 시간의 여유가 있어도, 그 가능성에 대비하는 상황 계획들을 미리 세우느라 수고할 필요가 없다고 느끼는 것 같았다.

한편 AMIK 직원들은 "거의 하나도 빠짐없이 하루 종일 그리고 밤새도록 의무의 부름에 따랐다."[6] 부양가족들의 소개는 자정 무렵에야 결정됐다. 그럼에도 불구하고 그것은 무쵸가 보기에 "잘 짜인 계획들과 훌륭한 조직과 근면 덕분에 순조롭게 진행됐다." KMAG은 지휘관도 없었다. 단장이었던 로버츠 장군은 새로운 임무를 받으러 워싱턴으로 떠났다. 참모장 겸 단장 대리인 라이트 대령은 미국으로 떠나는 가족을 배웅하러 도쿄에 가고 없었다. 그럼에도 불구하고 단원들이 "대단히 훌륭히 임무를 수행했다"고 무쵸는 평가했다. 몇몇 고문들은 "목숨을 잃을 위험까지 무릅쓰고" 소명했다.

KMAG의 라이트 대령은 26일 아침 일찍 도쿄에서 돌아왔다.[7] 대령은 전날 교회에서 예배를 드리는 도중에 북한군의 침공을 알리는 다급한 전령의 귀엣말을 들었다. 서울에 도착한 즉시 삼각지로 달려간 대령은 고문단의 식솔들이 트럭과 버스에 실려 인천으로 이송되고 있다고 들었다. 대령은 서울 북쪽의 상황을 우려해 고문단 요원들을 남쪽으로 이동시킬 준비를 하기로 결정했다. 그들이 서울과 부산 사이의 어떤 지점에 있다가 혹여 필요하면 항공이나 선박으로 코리아를 떠난다는 생각이었다.

ROK의 외무부는 북한군의 공격을 단순히 남북내전의 시발이 아니라 소련이 추구하는 팽

---

6 *FRUS 1950 VOLUME VII, KOREA*, pp.165-166.

7 Robert K. Sawyer, *Military Advisors in Korea:KMAG in Peace and War*(Center of Military History, Washington, D.C., 1988), p.122.

창주의 세계전략의 일환으로 규정했다.[8] 안보리의 코리아 결의를 내다보면서 발표된 외무장관의 담화문은 주장했다: "금반 괴뢰군의 남침은 과거에 볼 수 없는 대규모적이고 광범위한 것이며 이는 세계적화를 꿈꾸는 소련의 지령에 의하여 행하여진 것이다." 북한군이 사용하는 무기들이 "전부 소련제임"과 "전선에 소련전차사령부가 설치되고 있음"이 그 주장을 "웅변으로 증명"하는 증거로 간주됐다. 또한, "현지에서 들어온 확실한 정보"를 알린다는 국방부의 26일 10:00(워싱턴 25일 20:00) 발표에 의하면, "포천 • 동두천 지구에 있는 적[의] 부대는 소련 장교에 의하여 지휘되고 있으며 적 전차부대의 반수는 소련 장병이 탑승 조종하고 있고 강릉 지구에서[는] 소련군 잠수함 1척, 순양함 1척[이] 괴뢰공비의 남한 상륙을 지원하고 있[었]다."

ROK는 그 주장에 의해서 "소련의 적극적인 원조와 지령으로 남침한 이북괴뢰군을 포위 섬멸하는 작전을 개시"한 "용감한 [대한]민국 국군"이 공산주의의 세계적 팽창을 저지하는 "극동의 민주보루"라는 믿음을 정립하려 애쓰는 것 같았다. 외무장관은 호소했다: "이제 괴뢰의 불법남침[이] 국제심판대에 오른 만큼 우리는 유엔이 질서를 유지하고 자유와 평화를 수호하기 위하여 진력할 것을 굳게 믿고 있는 동시에[,] 유엔 및 민주우방 각국의[이] 배후조종자를 추궁함으로써 정의와 진정한 세계평화에 기여하기를 바라는 바이다."

아침 아홉 시(워싱턴 25일 19:00)가 지나면서 무슨 까닭인지 북한군의 기갑과 포대가 모든 전선에서 물러나고 있음을 가리키는 징표들이 나타나기 시작했다. 그 철수는 레이크 썩세스에서 한 시간 전에 통과된 안보리의 코리아 결의와 타이밍이 맞았다. 그러나 그것은 순전히 우연의 일치로 보였다. 아마도 군사적 상황의 가시적인 그리고 필연적인 변화가 그 후퇴의 훨씬 더 강력한 이유가 될 수 있었다. 즉, 북한군 편에서는 기습 효과가 소진되고 남한군 편에서는 병참이 호전된 것이 전세의 역전에 틀림없이 기여했다. 26일 10:00(워싱턴 25일

8 "임병직 외무부장관, 유엔 안전보장이사회에서의 북한 남침에 대한 결의안 채택에 대해 담화를 발표", 『조선일보』 1950년 6월 28일, 국사편찬위원회, 『자료대한민국사 제18권』, 1950년 6월 26일.

20:00)에 두 시간 전까지 수집된 보고들을 토대로 작성된 ROK 국방부의 발표에 의하면,[9] 남한 육군의 경우, "옹진 방면의 부대는 통신연락이 불량하여 명확치 않으나 그 일부가 해주시에 돌입"했고 "일부는 축차 전선을 수복 중에" 있었다; 임진강 방면의 국군은 "적의 도하 기도를 분쇄하고 과감한 반격을 실시"하고 있었다; 포천지구의 국군은 "의정부 전방 5킬로 지점까지 진출한 적군을 작야에 야간 공격, 기타로 그 주력 태반을 격파"하고 "계속 북상중"이었다; 춘천 방면의 국군은 "남하하여 온 적에 대하여 철저한 타격을 가하고 공세로 전이한 결과 적은 북방으로 도피 중에" 있었다. 남한군은 바다와 하늘에서도 공세를 취하고 있었다. 국방부는 계속했다: "동해안의 우리 해군부대는 작야 11시 40분 부산 이남 20리 지점 해상에서 600톤급 국적불명 선박 1척을 발견, 신호를 하였으나 불응함으로 접촉한 결과 무장공비를 만재한 소련형 적 선박임을 확인하였으며, 해당 선박은 남하를 계속함으로 우리 해군은 즉시 요격을 개시하여 금효 4시 격침시켰다. 해당 선박에 탑승한 공비는 600명이며 37미리(밀리) 및 57미리(밀리) 포로 무장되어 있었다. 또한 우리 해군은 어제 25일 오후 2시 묵호 해상 7리 지점에서 상륙을 기도하는 적 50명을 전멸시키고 계속 엄중한 초계를 실시중에 있다. [한편] 금효 행동을 개시한 우리 공군부대 일부는 포천 방면에 있는 적 전차부대를 공격하고 중형 전차 2대를 완전 격파하였으며 그 외에도 다대한 손해를 주고 계속 행동 중에 있다."

그 발표는 몇몇 세부 사항에 있어서 KMAG의 평가와 차이를 보였다.[10] 그러나 그 둘은 싸움의 전체적 추세에 대해서 낙관을 공유했다. 고문단의 보고에 의하면, "6월 25-26일 사이의 밤 동안 전선 전체에 걸쳐서 상당한 안정화가 이뤄졌다. 위치들은 …… 아군의 주저

9 "국방부 정보과, 북한군을 38도선 각 방면에서 격퇴하고 있다는 보도 발표", 『조선일보』 1950년 6월 27일, 국사편찬위원회, 『자료대한민국사 제18권』, 1950년 6월 26일.

10 군사연구소, 『한국전쟁 자료총서 39: 미 국무부 한국 국내상황 관련문서(The US Department of State Relating to the Internal Affairs of Korea) I (1950.1.7-6.27)』 (국방부, 1997), 380쪽; "북한군, 4개 사단과 90대의 탱크, 5개의 상륙사단 등으로 공격", 국사편찬위원회, 『자료대한민국사 제18권』, 1950년 6월 26일.

항선을 따라서 대체로 불변이다. 그러나 모든 전선을 따라서 부대들은 제어하에 있고 배치들이 많이 향상됐다. 제2사단과 제7사단이 현재의 위치들로부터 북으로 적저항선까지 진격하는 조율된 공격을 26일 11:00에 개시하기로 예정해 놓았다. 7사단 소속의 부대들이 26일 07:00에 감행한 예비공격은 동두천의 [원문 불명] 지점까지 도달했다. 소부대들로 이뤄진 옹진의 특공작전은 해주(좌표 870.6-1702)를 위협하고 있다. 바주카포로 무장한 3기의 AT-6가[11] 의정부 북쪽에서 2대의 적 탱크들을 때려 눕혔다. 제6사단은 춘천(좌표 1070-1682)을 탈환하려고 집중공격에 들어가고 있는데 아직 아무 진전도 보고되지 않았다. 지금까지 19대의 탱크들이 파괴되고 6대의 장갑차가 포획된 것으로 추정된다. …… [원문 불명] …… 그리고 쓰시마 근해에서 병력을 실은 500톤짜리 북한 선박이 [원문 불명] …… 군수 상황은 당분간은 만족스럽다. 다양한 중요 품목들의 긴급한 재공급이 필요하다. [KMAG은] 이 문제에 관해서 극동사령부(FEC)와 접촉 중이다."

그러나 물론 낙관은 기껏해야 조심스러운 것이었다. 북한군은 남한군보다 우월한 무력을 운용할 수 있음을 확실히 보여 주었다. 그들이 더 이상의 전면남진을 포기한 것인지는 불확실했다. 안심은 아직 한참 일렀다. KMAG은 평가했다: "북한군은 4개 사단 더하기 90대로 추정되는 탱크들을 공격에 투입했다. 총력이 3,000에서 4,000으로 추정되는 부대들이 강릉-삼척 선을 경유하는 다섯 지역에서 상륙 작전을 벌이고 있다. 전술 공군이 추가로 이용되면 상황을 크게 역전시킬 수 있을 것이다. 북한의 예비전력은 2개 사단으로 추정된다. 적군은 집중된 돌격을 계속하고 추가적인 상륙들을 전개할 능력이 있다. 적의 기갑부대는 좌표 970-1688에 탱크 10대, 좌표 95-1695에 탱크 5대, 좌표 995-1696에 탱크 5대, 좌표 1030-1690에 탱크 10대, 좌표 1011-1665에 탱크 40대, 좌표 1176-1690에 탱크 7대다."

북한군의 남진이 정지된 사이 ROK의 국회의원들이 태평로에 모였다. 불과 25일 전에 있었

11 AT-6는 공격용 경비행기다.

던 5월 30일의 총선은 여당과 현역의 악몽이었다. 초선과 무소속이 의석을 휩쓸었다. 재선율은 15.5%(31명)에 그쳤다. 여당은 11.4%(24명)의 의석밖에 지키지 못했다. 그 여소야대 국회의 제6차 본회의는 국방부의 전황발표와 같은 시간인 오전 10시(워싱턴 25일 20:00)에 시작됐다.[12] 의원들은 비교적 조용한 분위기에서 의사를 진행했다. 그러나 차분한 외양이 침착하고 이성적인 사고의 징표는 아니었다. '호소-지지-청문'의 심의 순서는 분명히 거꾸로 돼야 논리에 맞았다.

의원들은 먼저 미국과 유엔에 정식으로 도움을 요청했다. 미국 정부에 그들은 호소했다: "6월 25일 이른 아침, 북한 공산군은 남한에 대해서 무력 침략을 시작했다. 대통령 각하와 의회는 우리 국민이, 오늘날과 같은 사태를 예상하고서, 동아시아에서 민주주의의 보루를 확보하고 세계 평화에 기여하기 위해서 강력한 국방군을 창설하였다는 사실을 이미 잘 알고 있으리라 생각한다. 우리를 해방시키고 우리 대한민국을 수립함에 있어서 귀국이 불가결한 도움을 준 것을 우리는 다시금 감사한다. 이 국가적 위기에 직면해 우리는 용감히 싸우면서 귀국의 지원을 확대할 것을 호소하고 동시에 세계 평화를 파괴하는 이 행동을 막기 위한 효율적이고 시의적절한 원조를 베풀어 주기를 요청한다."

유엔 총회에 그들은 호소했다: "6월 25일 이른 아침, 북한 공산군은 38도선 전역에서 무력 침략을 시작했다. 자위를 위해서 우리의 용감하고 애국적인 육군과 해군은 영웅적인 방어 작전을 전개하였다. 반란군의 이 야만적이고 불법적인 행동은 용서할 수 없는 죄악이다. 우리는 3천만 한국인을 대표해, 공격에 대항하는 우리의 행동이 우리 국민과 정부의 불가피한 대응임을 유엔총회가 인정하기를 희망한다. 우리는 또한 한국을 위해서만이 아니라 평화를 애호하는 세계 모든 사람들을 위해서 유엔이 평화와 안전을 확보할 즉각적이고 효과적인 조치들을 취할 것을 호소하는 바이다."

---

12 *FRUS 1950 VOLUME VII, KOREA*, pp.167-168; "제8회 6차 국회 본회의, 북한군의 전면 남침에 대한 6개항 결의", 『동아일보』 1950년 6월 27일, 국사편찬위원회, 『자료대한민국사 제18권』 1950년 6월 26일.

의원들은 이어서 위기 상황의 대처에 있어서 행정부를 적극 지지하기로 아무 반대 없이 결의했다. 전투지역에 있는 병사들과 민간인들의 구호와 격려, 그리고 비상특별군사기금의 설치도 가결됐다.

ROK 국회는 오전 11:10(워싱턴 25일 21:10) 사태에 대한 행정부의 생각을 듣기 위해서 비공개 연석 회의에 들어갔다.[13] 그 비밀 회의에는 대통령을 비롯해 국방장관 신성모, 내무장관 백성욱, 그리고 군수뇌부가 열석했다.

그 비공개 청문에서 대통령이 진술한, 서로 불안한 모순을 이루는, 두 마디가 공개됐다. 첫째, 대통령은 장담했다: "사태는 급속도로 수습되고 있습니다." 둘째, 대통령은 강조했다: "우리는 거국일치로 비상사태의 수습에 총 매진해야 합니다." 만일 전자가 참이라면 그냥 지금처럼 하는 것이 최선이 아닐까? 만일 그렇다면 국회가 미국과 유엔에 도움을 호소할 필요도 없지 않을까? 대통령의 발언은 아무래도 사실이 아니라 소망의 피력으로 들렸다.

정부-국회 비공개 회의는 13:00(워싱턴 25일 23:00)에 휴회했다 하오 14:00에 속개됐다. 속개된 회의에는 내무장관이 비상사태에 임해서 취해진 치안조치들을 보고했다. 참석자들은 오후 16:00(워싱턴 26일 02:00)에 흩어졌다. 대통령은 그사이 영부인과 함께 비서관장 고재봉을 대동하고 하오 14시 30분(워싱턴 26일 00:30)경 경무대를 나섰다. 국방부에 나타난 그들은 장관 신성모, 차관 장경근, KMAG의 라이스[라이트] 참모장, 정보국장 장○○, 참모부장 대리 김○○과 요담을 나눴다. 한 시간 반 뒤 장관실을 나온 대통령은 비상준비사령부와 내무장관

---

13 "제8회 6차 국회 본회의, 이대통령 • 행정 각료, 군수뇌부와 함께 긴급연석 비밀회의 개최", 『경제신문』 1950년 6월 28일, 국사편찬위원회, 『자료대한민국사 제18권』, 1950년 6월 26일; "제8회 6차 국회 본회의, 북한군의 전면 남침에 대한 6개항 결의", 『동아일보』 1950년 6월 27일, 국사편찬위원회, 『자료대한민국사 제18권』, 1950년 6월 26일; "국회비공개회의, 무기구입대책위원회 구성 결의", 『민주신보』 1950년 6월 28일, 국사편찬위원회, 『자료대한민국사 제18권』, 1950년 6월 26일.

실에 들려 격려의 말을 하고 일행과 함께 하오 16시(워싱턴 26일 02:00)경 관저로 돌아갔다.

미국인들의 소개 작전은 KMAG과 JAS(합동행정단) 요원들의 감독 덕분에 순조롭게 진행됐다.[14] 노르웨이 깃발의 SS 라인홀트는 682명의 부양가족들을 빼곡히 태우고 미국 공군의 공중 보호를 받으며 오후에 인천항을 떠났다. 존 무쵸는 그들이 후쿠오카에 입항하게 해 달라고 도쿄의 점령당국에 요청했다. 또한 그 배와 접촉해 난민들을 접수할 준비를 하라고 스캡(일본주둔 연합군 최고사령관, SCAP)에 요청했다. 그들의 출발로 오후 17:00(워싱턴 26일 03:00) 현재 남한에는 AMIK의 부양가족인 잠재적 난민들이 300명 정도 남아 있었다. 그 사람들 가운데는 미국 시민이 아닌 이들도 있었다. 대사관은 그들의 대부분이 부산을 통해서 대피함이 가장 쉬울 것으로 판단했다. 따라서 그 부양가족들 가운데 156명의 미국인을 포함한 175명 정도가 부산에 집결하도록 조치됐다. 대사관은 추가로 또 50명이 현재 남부와 서부의 여러 지역에서 부산으로 이동 중일 가능성이 있다고 추정했다. 그 모든 인원의 수송에는 아무 문제가 없을 것으로 보였다. 부산항에는 현재 네 척의 상선이 소개 목적에 이용될 수 있고 다른 선박도 정기적으로 들어오기 때문이었다. 무쵸는 워싱턴과 도쿄에 타전했다: "우리는 소개가 끝날 때까지 공중 보호를 유지해 달라고 요청한다. 나는 그것의 완료를 가능한 한 빨리 알려 주겠다."[15]

소망과 낙관은 구별이 어렵다. 또한 소망도 낙관도 실패할 수 있다. 그렇기 때문에 우리는, 아직 여유가 있을 때, 혹시라도 닥칠지 모르는 최악의 상황을 가상하고 면밀한 상황계획을 사전에 세워 둠이 현명하다. 스스로 상황을 통제할 능력이 충분치 않은 경우에는 더욱더 그렇다. 6월 26일 월요일 서울에 어둠이 깔리면서 아침의 낙관들이 썰물처럼 퇴조하기 시작했다. 채병덕 소장은 오후에 자신감에 넘쳐서 의정부에서 돌아왔다. 총장은 그때 2

---

14 *FRUS 1950 VOLUME VII, KOREA*, p.168; Robert K. Sawyer, *Military Advisors in Korea: KMAG in Peace and War*(Center of Military History, Washington, D.C., 1988), p.122.

15 *FRUS 1950 VOLUME VII, KOREA*, p.167.

사단과 7사단의 반격 작전이 성공하면 남한군이 그 여세를 몰아서 평양까지 진격할 수 있다고 생각했다. 그러나 그것은 소망적 사고로 판명됐다. 고대했던 낭보는 결국 오지 않았다. 남한군의 의정부 공세는 실패로 끝났다.[16] 7사단은 남부 의정부에서 탱크 20여 대의 지원을 받는 적군의 공격 아래 놓였다. 2사단은 "지독히 분쇄된 것으로 보였다."[17]

그 실패를 예측하듯 유엔한국위원단(UNCOK, 안콕)으로부터 코리아 사태에 관해서 불안한 평가를 실은 전문이 레이크 썩세스로 떠났다.[18] 사무총장 앞으로 보내는 그 보고에서 렌보그는 진술했다:

"북한군의 남진은 급속히 악화될 가능성이 있는 위험한 상황을 조장했다. 내일 서울의 상황이 어떻게 될지 추정이 불가능하다.

위원단은 과거의 경험과 현존의 상황을 볼 때 북한이 안보리의 결의를 무시할 것이고 위원단의 알선도 수락하지 않을 것이라 확신한다. 위원단은 평화를 교섭할 중립적 중재자에 양측이 동의하라고 권고하거나 어떤 이사국이 즉각적 중재에 착수하라고 요청하는 것을 안보리가 논의해 보기를 제안한다.

위원단은 서울에 있기로 결정했다. 현재 진행 중인 결정적 작전들이 며칠 만에 종결되고 안보리 결의에서 제의된 전투 중지와 북한군의 철수 문제가 탁상공론으로 판명될 위험이 있다."

---

16 군사편찬연구소, 『6·25전쟁사 2: 북한의 전면남침과 초기 방어전투』(국방부, 2005), 69쪽.

17 군사연구소, 『한국전쟁 자료총서 39: 미 국무부 한국 국내상황 관련문서(The US Department of State Relating to the Internal Affairs of Korea) I (1950.1.7-6.27)』 (국방부, 1997), 436-437쪽; "주한미군사고문단, 대규모 북한군 의정부 출현과 24시간 내 서울 함락 가능성 등을 보고", 국사편찬위원회, 『자료대한민국사 제18권』, 1950년 6월 27일.

18 *FRUS 1950 VOLUME VII, KOREA*, pp.168-169.

위험은 금방 현실이 됐다. 26일 23:00(워싱턴 26일 09:00) 북한군의 입경이 초읽기에 들어간 것처럼 보였다.[19] 모든 조짐들은 상황이 걷잡을 수 없이 빠르게 무너지고 있음을 가리켰다. 미국인들은 여자들을 전부 남쪽으로 소개하는 작업에 즉시 돌입했다. 특히 ASCOM(부평)과 김포는 싸움이 치열했다. 무쵸는 사태가 계속 그렇게 전개되면 "우리가 모두 나가지 못할지도 모른다는 생각이 불현듯 들었다." 그들의 계획은 대전을 향해서 자동차로 도로를 따라가는 것이었다.

한 치 앞을 예측할 수 없음은 바로 그런 처지를 가리켰다. 초저녁에 미국인들은 결정했었다: "내일 아침 경제협력단(ECA)과 미국공보원(유시스, USIS)을 포함해 AMIK 직원들 가운데 여자들을 모두 태울 수 있을 만큼 충분한 수의 비행기들을 보내 달라고 싱크페(CINCFE, 극동총사령관)에게 요청한다."[20] 그러나 그들은 자정(워싱턴 26일 10:00) 무렵 그 계획을 뒤집었다. 대사는 다시 결정했다: "내일 아침 CINCFE에게 여자 직원들은 물론 남자 직원들도 다 태울 수 있도록 비행기들을 더 요청한다. 대사관 직원들 가운데 여덟 명의 지원자들을 두 패로 나누어 네 명은 나와 함께 그리고 다른 네 명은 드럼라이트와 함께 코리아에 남는다. 한국 정부가 움직일 때 나와 드럼의 일행도 남으로 이동한다. 우리는 공산주의자들이 서울에 들어오기 전에 떠난다."

KMAG도 비슷한 조치를 취했다.[21] 라이트 대령은 참모들의 권고를 받아 필수요원을 제외한 모든 인원을 일본으로 보내기로 결정했다. 참모진과 통신 부문에서 33명의 주요 장교 및 사병만 대령과 함께 남도록 지명됐다. 다른 요원들은 트럭으로 수원 활주로로 이동

---

19 *FRUS 1950 VOLUME VII, KOREA*, pp.170-171.

20 "Oral History Interview with Ambassador John J. Muccio", Washington, D. C., February 10, 1971, by Jerry N. Hess(www.trumanlibrary.org/oralhist/muccio1.htm), [40].

21 Robert K. Sawyer, *Military Advisors in Korea: KMAG in Peace and War*(Center of Military History, Washington, D.C., 1988), p.124.

했다. 대령은 최후의 순간에는 소수의 대피가 더 효율적일 것이라 느꼈다. 또한 대령은 자기와 함께 남은 33인은 안전이 극도로 위협받지 않는 동안 ROK 군대를 돕되 만일 생포될 순간이 임박하면 대사의 일행에 가담해 외교관의 면책특권을 요구할 생각이었다.

남한 정부의 사정은 참으로 딱했다. 그날 오전 국방자문회의가 열렸을 때 무엇이 승리로 가는 전략인가를 놓고서 두 개의 대안이 대립했다.[22] 현재의 전선을 고수하는 안과 한강 이남에 방어선을 구축하는 안이었다. "재야 원로들"은 후자를 찬성했다. 국방장관과 총참모장은 상황을 낙관하고 서울 고수를 주장했다. 그들은 "의정부에서 전황이 유리하게 전개되고 있다"고 자신했다. 적어도 그 낙관이 건재한 한 서울포기론은 설득력을 얻을 수 없었다.

그러나 한밤중 국무회의가 소집됐을 무렵 남한군 참모부는 벌써 현실의 냉엄함을 깨닫고 있었다. 그들은 미국 지상군의 "직접 지원"이 없는 한 상황이 절망적임에 의견의 일치를 보았다. 그러나 각료들에게 채 총장은 여전히 서울 방어와 반격 • 북진이 가능하다고 주장했다. 반면, 신 국방은 정부를 수원으로 이전할 것을 발의했다. 뒤이어 총장과 국방은 비상소집된 국회에 출석했다. 그들은 거기서도 상이한 입장을 되뇌었다. 채는 주장했다: "육군은 서울을 고수하고 반격으로 전환해 백두산에 태극기를 꽂을 것입니다." 신은 시사했다: "전황으로 미루어 정부의 이동이 불가피하다."[23]

행동의 조율과 통일이 절실히 필요한 순간에 ROK의 의사는 행정부와 국회로 완전히 갈라졌다. 비상국무회의는 27일 새벽 02:00(워싱턴 26일 12:00) 결정했다: "정부를 수원으로 이전한다." 그리고 두 시간 뒤 비상국회는 결의했다: "정부는 서울을 고수한다."[24]

---

22 군사편찬연구소, 『6 • 25전쟁사 2: 북한의 전면남침과 초기 방어작전』(국방부, 2005), 67쪽.

23 군사편찬연구소, 『6 • 25전쟁사 2: 북한의 전면남침과 초기 방어작전』(국방부, 2005), 67-69쪽.

24 전사편찬위원회, 『한국전쟁사 제1권』(국방부, 1977), 573쪽; 김영일, 『전쟁과 정치』(유영익 • 이채진 편 『한국과 6 • 25 전쟁』(연세대학교 출판부, 2002), 15쪽.

그 두 상반된 방침들은 물론 타협점이 확실히 없었다. 그러므로 그것들은 둘 다 동시에 적절할 수가 없었다. 그것은 다음을 뜻했다: 둘 중 하나가 부적절하거나 둘 다 부적절하다. 그렇기 때문에, 그것들 가운데 과연 어느 것이 적절한 것인지를 밝히려는 진지하고 조리 있는 논의들이 있었다면 내각과 국회가 동일한 결정에 다다랐을 것이었다. 그럼에도 불구하고 양측이 완전히 반대로 나간 것을 보면, 어느 쪽에도 그런 수고가 없었음이 분명했다. 내각도 국회도 동전을 던지듯 모든 것을 운수에 맡기고 다만 자기 쪽이 옳기만 욕망한 것 같았다. 그리고 그렇게 함으로써 그들은 운명의 신에게서 똑같이 버림받을—둘 다 틀렸을—위험도 떠안았다.

그러나 그 결과는 아무도 비난할 수 없을 것 같았다. 우리는 다음과 같이 딱한 처지를—물론, 그 동안 누적된 합리적 분석들 덕분에, 이제는 그것을 더 잘 다룰 수 있는 위치에 있지만—자주 듣는다: "불확실한 상황에서는 무엇이 더 나은—또는 덜 나쁜—행동노선인지 쉽사리 판단이 서지 않는다. 문제의 상황을 통제할 능력이 충분치 않은 사람들의 경우에는 더욱더 그렇다. 그들은 모두가 또는 적어도 대다수가 보기에 합리적 의심의 여지 없이 적절한 노선의 발견이 어느 때보다 더 절실히 필요한데, 불행히도 제출된 어떤 대안도 합리적 다수의 지지를 받지 못하는 난국에 봉착한다. 그들은 불가피한 순간이 올 때까지 갈피를 잡지 못하고 논쟁을 일삼다가 아무 결정에도 이르지 못하고 흩어지거나 혹은 어떤 결정에 이르더라도 너무나 뒤늦은 나머지 치밀한 집행방안을 마련할—사실은 이것이 더 중요한데도—시간을 놓친다." 1950년 6월 26일 자정(워싱턴 26일 10:00) ROK 정부가 바로 그랬다. 합리적 대피를 계획할 줄 몰랐던 그들 앞에 최후로 남은 것은 죽음과 도주밖에 없었다. 어느 것도 적절치 않았다.

우리는 어디엔가 선을 그어야 한다

"내가 아는 한 북한군은 정식으로 선전포고를 하지 않았습니다. 나의 희망과 반대로 상황이 급박할지 모릅니다. 그러나 나는 모든 사태에 관해서 잘 알기 전에는 아무 말도 할 수 없습니다." 캔사스 시티에서 25일 오후 두 시(서울 26일 06:00)가 조금 지나 미합중국(USA)의 대통령 해리 S. 트루먼은 기자들에게 그렇게 말하고 인디펜던스에 올랐다.[25] 대통령을 태운 비행기는 세 시간 뒤 워싱턴 국립공항에 착륙했다.[26] 그리고 저녁 19:45(서울 26일 09:45) 대통령은 약속된 대로 블레어 하우스에서[27] 그를 기다리고 있는 국무와 국방과 군부의 최고위급 담당자들을 만났다. 국무부에서는 애치슨 장관, 웹 차관, 극동담당 러스크 차관보, 유엔담당 힉커슨 차관보, 무임소대사 제섭 박사가 왔다. 국방부에서는 존슨 국방장관과 페이스 육군장관과 매튜스 해군장관과 핀레터 공군장관이 왔다. 군부에서는 브래들리 합참의장과 콜린스 육군참모총장과 셔먼 해군작전총장과 반덴버그 공군참모총장이 왔다.[28]

식사 전에 브래들리 합참의장이 더글라스 맥아더의 비망록을 읽었다. 의장은 존슨 장관 및 국무부의 덜레스 고문과 함께 극동에 갔다가 북한군의 침공이 있기 열흘 전에 준비한 것으로 돼 있는 그 문서를 가지고 막 돌아왔다. 맥아더 장군은 현재 국민당 중국이 장악한 포

---

25 David McCullough, *Truman*(New York: Simon & Schuster, 1992), pp.774-775; "트루만 미대통령, 한반도의 전쟁 발발로 워싱톤으로 급거 귀환", 『경제신문』 1950년 6월 27일, 국사편찬위원회, 『자료대한민국사 제18권』, 1950년 6월 25일. 인디펜던스나 캔사스 시티의 시간대는 중부시간이고 하계시간을 쓰지 않아서 워싱턴 DC의 시간대보다 두 시간 느렸다.

26 인디펜던스(Independence): 트루먼은 대통령 전용기를 자신의 고향인 인디펜던스(캔자스 시티 (Kansas City)의 위성 도시)라고 불렀다. 워싱턴 국립공항(Washington National Airport): 버지니아의 알링턴 카운티에 위치한 공항으로 워싱턴 DC의 도심에서 3마일 떨어져 있다.

27 블레어 하우스(Blair House): 영빈관(대통령을 방문하는 국빈들이 묵는 저택으로 백악관 건너편에 있다).

28 *FRUS 1950 VOLUME VII, KOREA*, pp.157-165.

모사가[29] 공산주의자들에게 넘어가는 사태를 막아야 한다고 주장했다. 대통령은 그런 주제에 관해서는 식사 후에 얘기하자고 제의했다. 그리고 식사가 끝나자 대통령은 국무장관더러 논의를 시작하라고 부탁했다. 회의의 기록은 늘 그렇듯이 무임소대사인 제섭이 맡았다.

국무장관 딘 애치슨은 대통령이 고려해야 할 것으로 생각되는 다양한 문제들을 요약했다. 장관은 먼저 코리아 현장과 직결된 문제들을 꺼냈다. 첫째는 맥아더 장군이 코리아에 무기와 기타 장비를 현재 '상호방위원조프로그램'(MDAP)하에서 허용된 수량을 초과해 공급할 수 있도록 허가하는 문제였다. 장관은 그렇게 하기를 권고했다.

둘째는 서울로부터 여자들과 아이들을 소개하는 활동을 엄호하는 문제였다. 애치슨은 "우리의 공중 엄호"를 이용할 것을 제의했다. 또한 장관은 소개를 방해하는 북한의 탱크나 공군을 "우리의 공군"이 격파하게 허가할 것도 제의했다.

셋째는 두 시간 전 레이크 썩세스에서 채택된 코리아 결의의 집행과 관련된 문제였다. 애치슨은 이 결의나 보충적인 안보리 결의의 이행으로 "우리가 어떤 원조를 더 코리아에 제공할지" 고려할 것을 제의했다.

애치슨은 다음에 코리아 밖으로 나갔다. 장관은 먼저 포모사를 언급했다. 장관은 현상의 보호를 원했다. 제7함대의 파견이 양방 억지를 위해서 고안됐다. 장관은 대통령이 7함대에 포모사로 가서 그 섬이 중국 본토로부터 공격을 당하지 않도록 막으라는 명령을 내릴 것을 제의했다. 장관은 또한 말했다: "동시에 포모사에서 중국 본토를 공격하는 작전들도 예방돼야 할 것입니다."

---

29 포모사(Formosa): 당시에는 대만(Taiwan, 타이완)을 그렇게 불렀다.

애치슨은 포모사의 현상유지가 필요한 이 시점에서 미국이 포모사 문제에 말려들면 안 된다고 생각했다. "더 많은 조치들이 결정될 때까지 맥아더 장군이 포모사에 가는 것을 권하지 않습니다. 미국은 총통과 엮이면 안 될 것입니다." 장관은 그렇게 말하고 덧붙였다: "포모사의 장래 지위는 유엔에 의해서 결정될 수 있을 것입니다." 그러자 대통령이 끼어들어 "또는 일본강화조약에 의해서"라고 보충했다.

애치슨은 다음에 인도차이나로 넘어갔다. 장관은 제의했다: "인도차이나에 대한 우리의 원조를 증강해야 할 것입니다." 그러나 그때 브래들리 합참의장이 주장했다: "우리는 어딘가에 선을 그어야 합니다." 대통령은 동의한다고 말했다. 그 발언과 함께 참석자들은 애치슨이 그때까지 제시한 사항들에 관한 토의로 들어갔다.

오마 브래들리는 논의를 코리아에 한정해도 된다고 여기는 것 같았다. 장군은 계속했다: "러시아는 아직 전쟁할 준비가 되지 않았습니다. 코리아 사태는 다른 어느 곳에서와 마찬가지로 선을 긋기에 좋은 기회를 제공합니다."

합참의장은 그 한계를 말할 때 관여의 넓이는 물론 관여의 깊이와 관여의 명분도 염두에 두고 있었다. 국무장관이 언급한 ROK의 추가적 원조와 관련해 브래들리는 미국의 무력을 보여 주는 것만으로 충분할 것이라 생각했다. 의장은 설명했다: "코리아의 상공을 나는 제트기들은 비록 북한의 탱크들을 격파할 수 없더라도 남한인들의 사기 진작에 커다란 효과가 있을 것입니다. 해군 작전은 동해안에서 도움을 줄 수 있을 것입니다."

브래들리 장군은 미국의 무력 시위를 유엔의 대의로 정당화할 수 있다고 생각했다. "우리는 유엔에 대한 원조라는 외양하에 행동해야 할 것입니다." 그렇게 주장하고 의장은 제

의했다: "우리는 지금 수빅만에[30] 있는 함대들을 움직이면 될 것입니다." 의장은 자신만만했다. 의장은 말했다: "그 배들은 아마 대포를 쏠 필요도 없을 것입니다. 상륙하려는 북한군은 그것들을 보고 놀라서 도망칠지도 모릅니다."

브래들리 의장은 지상 부대들의 투입을 권할 만한지에 의문을 제기했다. 장군은 특히 많은 수의 투입은 적절하지 않다고 생각했다. 장군은 또 한국인들이 사용법을 훈련받지 않은 물자를 보낼 가치가 있을지 의심했다. F-51 전투기들을 말하는 것이었다.

육군참모총장 콜린스 장군은 군수 지원에 관한 한 브래들리 의장과 생각이 달랐다. 콜린스는 아침에 도쿄와 가졌던 텔레콘(전신회의)에 관해서 보고했다: "맥아더 장군은 박격포, 대포 등등을 탄약과 함께 선적해 보내고 있습니다. 이 공급물자들은 열흘 이내에 한국인들에게 도착할 것입니다. 그들은 그동안 버틸 수 있는 물자는 있습니다. F-51기들은 한국 조종사들이 몰고 가도록 일본에 있습니다. 한국 조종사들은 김포에서 태워 올 것입니다." 이어서 총장은 "맥아더 장군에게 코리아에 조사단을 파견할 권한이 부여돼야 한다"고 강조했다.

해군작전총장 셔먼 제독은 코리아의 공산화로 곧장 일본의 안전이 위협 받게 되는 결과를 우려했다. 따라서 제독은 행여 소련과 맞붙는 한이 있더라도 미국이 북한인들의 남진을 막기 위해서 개입해야 한다고 생각했다. 제독은 말했다: "러시아인들은 지금 전쟁을 원하지 않습니다. 그러나 만일 그들이 원한다면 우리는 전쟁을 할 것입니다. 코리아의 현재 상황은 우리에게 행동할 가치가 있는 기회를 제공합니다. [공산화된] 코리아는 일본에 전략적 위협입니다. 이것은 대전 동안 우리가 일본을 공격할 계획을 하고 있었을 때 내가 연구에서 도달한 결론이었습니다."

---

30 수빅만(Subic Bay): 필리핀에서 루존 섬의 서부 해안에 있는 만으로 미국의 해군 기지가 있다.

셔먼 제독은 도쿄에서 조사단을 보내는 방안에 찬성했다. 카이맥(KMAG, 주한군사고문단)을 강화하는 방안도 찬성했다. 그리고 제독은 또 주장했다: "우리는 북한인들이 남한을 공격하는 수단으로 바다를 이용하지 못하게 막아야 할 것입니다. 이것은 국무장관이 진술한 견해들의 논리적 귀결입니다." 다음에 해군총장은 포모사의 현상 유지를 위한 해군 작전의 구체적 방안을 생각해 보았다. 제독은 말했다: "우리는 우리의 입지를 일본에서 우리가 점령국으로서 가지는 일반적 지위에 맞춰야 합니다. 맥아더는 스캡(SCAP, 일본주둔 연합군 최고사령관)으로서 그 상황에 딱 들어맞습니다."

포모사 작전에서 미국이 양방향의 군사행동을—포모사에 대한 공격들은 물론 포모사로부터의 공격들도—예방할 보장책을 써야 한다는 국무장관의 생각에 셔먼 총장도 브래들리 의장처럼 동의했다. 총장은 계속했다: "그 함대를 필리핀에서 올려 오는 데에는 이틀이 걸릴 것입니다. 우리가 그런 행동을 하지 않기로 결정하면 그 함대는 사용될 필요가 없겠지만 이동 명령은 지금 발해야 할 것입니다."

셔먼 제독은 또 미국 본토에서 몇 척의 배들을—예를 들어 적어도 항공모함 하나를—진주만까지 이동해 주기를 바랐다. 그러자 대통령이 극동에서 러시아 함대의 세력이 어떤지 물었다. 제독은 상세히 설명했다.

공군참모총장 반덴버그 장군은 "우리가 북한인들을 멈춰야 함"에 동의했다. 그러나 장군은 러시아인들이 싸우지 않을 것이라고 가정하고 행동하는 것에는 반대했다. 장군은 말했다: "우리는 북한의 공군이 투입될 경우에만 북한의 탱크들을 우리의 공군으로 까부술 수 있을 것입니다. 그러나 러시아의 제트기들이 개입할지 모릅니다. 그리고 그들은 우리보다 훨씬 더 가까운 기지들로부터 발진할 것입니다."

다음에 반덴버그 총장은 포모사를 언급했다. 장군은 지적했다: "모든 장소들은 서로 연관돼 있습니다. …… 포모사는 다른 장소들과의 관계에서만 중요합니다." 그러자 대통령은 극동에서 러시아의 공군력이 어떤지 물었다. 장군이 상당수의 러시아 제트기들이 상하이에 기지를 두고 있음을 비롯한 정보를 알려 주자 대통령은 물었다. "우리가 극동에 있는 그들의 기지들을 때려 부술 수 있습니까?" 반덴버그 장군은 그렇게 하려면 시간이 좀 걸릴지 모른다고 대답하고 덧붙였다: "원자폭탄을 사용하면 가능합니다."

육군장관 페이스도 브래들리 합참의장처럼 코리아에 지상군을 투입함이 바람직하지 않다고 생각했다. 장관은 그것보다 속도의 필요성과 맥아더 장군이 행동을 취하도록 고무할 필요성을 강조했다.

해군장관 매튜스도 또한 신속한 행동의 필요성을 강조했다. 장관은 자신이 옳음을 확신했다. 그는 말했다: "우리는 국민의 지지를 얻을 것입니다."

공군장관 핀레터는 소개되는 미국인들을 보호하는 공군 작전에 제한이 가해져서 그 결과 임무의 수행에 어려움이 따를 가능성이 염려됐다. 장관은 지적했다: "우리는 우리의 소개를 엄호함에 있어서 필요한 데까지 가야 할 것입니다."

그러나 핀레터는 국무장관이 언급한 추가적 원조들은—앞으로 필요할 경우가 오더라도—규모를 낮게 잡았다. "러시아인들이 들어오지 않으면 극동에 있는 우리의 무력으로 충분합니다." 그렇게 말하고 핀레터는 조언했다: "오늘 밤에는 필요한 결정들만 내려야 할 것입니다. 맥아더 장군이 단순한 소개를 넘어서는 일들을 할 수 있도록 허가돼야 할 것입니다."

핀레터가 보기에, 현재의 상황은 양차대전 사이에 있었던 것과 유사했다. 틀림없이 장관은 독일의 체코 침공을 염두에 두고 있었다. 그때 히틀러의 나치들과 싸우기를 원하지 않았던 영국의 체임벌린 내각은[31] 그 침략에 무력의 위협으로 대응하지 않았다. 수상은 유화노선에 의해서 "우리 시대의 평화"를 지킬 수 있다고 생각했다. 그것은 물론 오판으로 판명됐다. 핀레터는 주장했다: "우리는 우리의 행동으로 평화가 유지되기를 희망하면서 계산된 위험들을 유발해야 할 것입니다."

국방장관 존슨은 맥아더 장군에게 내릴 지시들과 관련해 애치슨의 첫 번째 권고에 동의했다. 그러나 존슨 장관은 맥아더 장군의 코리아 지원 활동에 어떤 제한이 있어야 한다고 생각했다. 장관은 말했다: "그 지시들은 장군에게 너무 많은 재량을 주지 않도록 상세해야 할 것입니다. 대통령의 권한을 장군에게 실제로 위임하는 일은 없어야 할 것입니다." 장관은 또한 지상군을 코리아에 투입하는 것을 반대했다.

포모사의 현상 유지와 관련해 국방장관은 며칠 있으면 공군기지로 준비되게 만들어질 수 있는 류큐 제도의 오키나와 남쪽에 있는 세 섬들을 언급했다. 장관은 그 섬들이 이미 미국의 관할권 아래에 있다는 사실을 지적하고 말했다: "포모사의 상황은 그 세 섬들로부터 다룰 수 있을 것입니다."

국무차관 웹과 제섭과 극동담당 러스크와 유엔담당 힉커슨이 애치슨의 진술들을 부연해 피력한 간략한 소견들까지 모두 듣고서 대통령은 참석자들의 발언들을 종합하는 결정을 공표했다. 다음의 명령들이 승인됐다:

"1. 맥아더 장군은 제안된 보급품들을 코리아에 보낸다.
2. 맥아더 장군은 조사단을 코리아에 파견한다.
3. 지적된 함정들을 일본에 보낸다.

---

31 네빌 체임벌린(Neville Chamberlain): 1937년 5월에서 1940년 5월까지 영국의 수상.

4. 공군은 극동에서 소련의 모든 공군기지를 쓸어 없앨 계획들을 마련한다. 이것은 작전을 위한 명령이 아니라 계획을 하라는 명령이다.
5. 차후에 소련의 공격이 일어날 확률이 있는 장소를 신중히 예측한다. 국무부와 국방부는 완전한 조사를 실시한다."

그 다섯 조치들을 명령한 다음에 대통령은 "우리가 전적으로 유엔을 위해서 일하고 있음"을 강조하고 덧붙였다: "우리가 더 무엇을 할지는 유엔의 명령이 우롱당할 때까지 기다려 보고서 결정할 것입니다."

대통령은 화요일 직접 의회에 나가 연설할 생각을 하고 있었다. 대통령은 그 연설에 담도록, 정확히 무슨 조치들이 취해졌는지를 지적하는 진술을 국무부가 준비해 주기를 원했다. 대통령은 국무부가 그 일에 최고의 브레인들을 투입하기를 원했다. 대통령이 보기에는 그런 사람들이 많았다.

맥아더 장군에 관해서 대통령은 자신이 코리아에 그를 최고사령관으로 투입할 준비가 아직 되지 않았다고 말했다. 대통령은 "이 순간 우리의 행동이 유엔과 코리아에 국한될 것임"을 분명히 밝혔다.

대통령은 코리아에서 "우리의 공군이 만일 필요하면 탱크들을 파괴하면서 소개를 계속 엄호해도 된다"고 승인했다. 그리고 대통령은 코리아에 바주카포들과 가능하면 무반동총들도 더 많이 보낼 수 있는지 물었다. 브래들리 합참의장은 무반동총은 여분이 별로 없고 또 탄약도 부족하다고 대답했다.

대통령은 소련이 다음에 취할 가능성이 있는 움직임들에 관한 조사의 중요성을 다시금 강조하고 비밀유지를 당부했다. 대통령은 말했다: "내가 화요일에 연설할 때까지는 누구나 언론에 아무것도 말하면 안 됩니다. 이 문제에 대해서 어떤 누설도 없어야 합니다. 이것은 절대로 중요합니다." 대통령은 모두가 주의하기를 바랐다. 그들은 언론에 심지어 어떤 배경적 언급도 하지 말아야 했다.

코리아 사태에 관한 25일 저녁의 블레어 하우스 회의는 결정된 사항들의 실행과 관련된 몇몇 세부적 질문들에 대통령이 대답하는 것으로 끝났다. 애치슨은 존슨 장관과 26일 의회의 세출위원회에 출두하도록 예정돼 있었다. 그래서 애치슨은 거기서도 한국 상황에 관해서 함구해야 되는지 궁금했다. 대통령은 대답했다: "어떤 장관도 그때 이 문제에 관해서 어떤 언급도 하면 안 된다고 생각합니다." 셔먼 제독은 함대들을 캘리포니아에서 진주만으로 이동하는 허가를 받았는지 물었다. 대통령은 그렇다고 대답했다. 끝으로 공군 작전에 관한 질문들에 대답해 대통령은 말했다: "우리의 공중 엄호는 만일 필요하면 북한 탱크들에 대해서 행동을 취해야 할 것입니다."

워싱턴의 날이 바뀌어 월요일이 되면서 전날 블레어 하우스 회의가 끝나고 작성된 애치슨의 전문이 소련의 세력권에 잇닿은 나라들에 나가 있는 미국의 해외공관들로 전송됐다. 그것은 앙카라, 베오그라드, 테헤란의 대사관들로, 사이공, 비엔나의 공사관들로, 베를린의 고등판무관에게, 타이페이와 홍콩의 영사관들로 보내졌다. 또한 관행으로 서울과 런던과 파리와 마닐라와 방콕과 자카르타와 랭군과 뉴델리와 모스크바와 아테네와 바르샤바와 프라하와 로마와 스톡홀름의 대사관들로, 도쿄와 트리에스테의 정치고문들에게, 부카레스트와 부다페스트와 헬싱키의 공사관들로, 그리고 싱가폴의 총영사에게 보내졌다.

블레어 하우스에서 결정된 대통령의 5번 명령을 이행하기 위해서 워싱턴 시간 26일 새벽 01:00(서울 26일 15:00)에 발송된 그 비밀 전문에서 애치슨은 당부했다: "코리아 침공이 소련이 조율한 일련의 군사행동들 가운데 첫 번째일 가능성에 대비해서 극도의 경계를 유지하고 우리 나라의 상황과 관련해 긍정적이든 부정적이든 어떤 증거라도 있으면 보고하기 바란다. 아무리 단편적인 것이라도 좋다."[32]

대통령은 월요일 정오(서울 27일 02:00)에 전날 오후에 있었던 레이크 썩세스의 결정을 지지 • 지원하는 성명을 발표했다.[33] 대통령은 북한군의 공격을 불법침략이라 규탄하고 ROK를 위해서 MDAP를 넘어서는 군사 원조까지 예고했다. 대통령은 말했다:

"나는 일요일 저녁 국무 • 국방 두 장관들과 그들의 고위 보좌관들, 그리고 합참의 총장들과 함께 대한민국에 대해서 도발도 없었는데 자행된 침략으로 인해서 야기된 극동의 사태에 관해서 협의했습니다. 미국 정부는 국제연합의 안전보장이사회가 신속히 그리고 결연히 침략군에게 38도선 이북의 위치들로 철수할 것을 명령하는 행동을 취해서 기쁩니다. 그 결의에 발맞춰 미국은 이 심각한 평화의 파기를 종결시키려는 이사회의 노력을 열렬히 지원할 것입니다. 북한 무력이 자행한 불법적인 행동을 우려하고 이 상황에 처한 한국인들을 동정하고 지지해서 [워싱턴에서] 우리가 '상호방위원조계획'하에 제공되는 유형의 원조를 촉진하고 증가시키는 조치들을 취함은 물론, 코리아에 있는 미국요원들도 적극적 협력에 나서고 있습니다. 이 침략행위에 책임 있는 당사자들은 미국 정부가 세계평화에 대한 그와 같은 위협들을 얼마나 심각하게 바라보고 있는가를 깨달아야 합니다. 평화를 지킬 의무를 고의로 무시하는 행위를 유엔헌장을 지지하는 국가들은 묵과할 수 없습니다."

한편 코리아 상황은 워싱턴이 따라잡기 어려울 정도로 빠르게 악화되고 있었다. 애치슨은 대통령의 연설이 나가기 직전인 26일 오전 10:15(서울 27일 00:15) 상원과 하원의 몇몇 의원들에게 전화했다. 상원외교위원회의 코널리 의장과 와일리 부의장, 그리고 하원외교위

32 *FRUS 1950 VOLUME VII, KOREA*, p.166.

33 *FRUS 1950 VOLUME VII, KOREA*, pp.170-171; "Statement by the President on the Violation of the 38th Parallel in Korea", www.trumanlibrary.org/publicpapers.

원회의 키이 의장이었다. 애치슨은 코리아 위기에 대해서 지금까지 국무부가 취한 조치들을 설명했다. 서울의 위급한 운명을 예고한 KMAG의 평가도 ROK 정부의 피난이 결정된 사실도 아직 워싱턴에 알려지기 전이었다. 장관은 "상황은 통제하에 있는 것 같다"고 말하고 35분간의 통화를 끝냈다. 그러나 대통령의 성명이 나간 직후인 오후 13:45(서울 27일 03:45) 키이 하원의원의 전화를 받고서 애치슨은 불과 세 시간 전의 진술을 번복해 말했다: "오전에 있었던 대화 이래로 코리아의 사정이 현재 잘 돼 가고 있지 않음을 가리키는 보고들이 올라왔습니다."[34]

실제로 현장의 남한인들은 절박했다. 트루먼 대통령은 오후 15:50(서울 27일 05:50) ROK의 장면 대사를 접견했다.[35] 대사의 요청으로 이뤄진 그 면담에 애치슨이 배석했다. 장은 대통령에게 한국 국회의 결의안을 전달하고 남한군의 처지를 알렸다. 대사는 사정했다: "이 대통령에게서 세 통의 전화를 받았습니다. 이 대통령은 한국군이 대포와 탱크와 전투기가 대단히 부족하다고 말하고 이것들이 제공되도록 원조를 아끼지 말아 달라고 요청했습니다. 대통령은 아직 아무것도 도착한 것이 없다고 말했습니다."

트루먼 대통령은 "나는 맥아더 장군에게 한국군이 사용할 수 있도록 훈련받은 모든 탄약과 장비를 공급하라고 이미 명령을 내렸다"고 대답하고 격려했다: "지금 한국인들은 미국의 도움이 그들을 강화할 수 있도록 계속 효과적으로 싸워야 합니다. 전투가 시작된 지 겨우 48시간밖에 되지 않았습니다. 다른 국민들과 다른 나라들은 훨씬 더 참담한 상황에서도 끝까지 그들의 자유를 방어해 결국 승리를 쟁취했습니다."

장 대사는 당장 울음을 터뜨릴 것 같았다. 대사는 탄원했다: "병사들은 용감하지만 적절

---

34 *FRUS 1950 VOLUME VII, KOREA*, pp.170-171.

35 *FRUS 1950 VOLUME VII, KOREA*, pp.172-173.

한 장비가 없습니다." 견인불발이 필요했다. 대통령은 타일렀다: "지금 도움이 가고 있습니다. 한국인들은 그들을 이끌고 이 위기를 헤쳐나갈 확고한 리더십을 발휘해야 합니다."

불행에 처한 ROK 정부를 위한 유일의 처방은 희망뿐인 것 같았다. 그리고 현재 남한인들에게 그 약을 줄 수 있는 것은 미국 정부뿐이었다. 장 대사는 확인했다: "원조를 요청하는 청원서가 대통령께 전달됐고 대통령이 유엔의 결의와 자신들을 지키려는 한국인들의 노력을 지원하기 위해서 필요한 물자들을 가능한 가장 이른 때에 제공하도록 지시했음을 확인해 주었다고 언론에 말해도 될까요?" 대통령은 동의했다.

영국인들도 남한 침공의 배후로 소련인들의 세계전략을 지목했다.[36] 런던에 주재하는 더글라스 대사가 파악한 바에 의하면, "전체적으로" 영국의 외무부는 그 침공이 "만일 성공하면 극동에서 다른 곳의 공격으로 이어질 것"이라고 판단했다. "북한이 사전에 소련과 아무 협의 없이 또는 소련의 승인을 받지 않고 행동했다는 것은 물론 앞뒤가 맞지 않기" 때문에 그 공격의 속성을 "시험용 풍선"으로 간주하는 견해는 타당해 보였다. 그럼에도 불구하고 영국인들은 그 가설이 "지나치게 편리하다"는 느낌이 들었다. 소련의 그 공세는 "어쩌면 시기가 잘못 맞춰진 것으로 보이기" 때문이었다. 그들은 "소련인들이 이번에 미국이 행동을 취하게 함으로써 잃을 것이 많다"고 보았다. 게다가 외무부는 "USSR이 유엔을 난파시킬 의도가 없었고, 위신을 너무 많이 구기지 않는 가운데 안보리에 복귀할 수단을 찾고 있었다고 확신했다."

그 모순은 속전속결이 전제되면 쉽게 풀렸다. 따라서 영국인들은 또한 "USSR이 계산된 위험을 무릅쓸 각오를 했다"고 가정했다. 다시 말해, 소련인들이 "성가신 유엔 장치가 작동

---

36 군사연구소, 『한국전쟁 자료총서 39: 미 국무부 한국 국내상황 관련문서(The US Department of State Relating to the Internal Affairs of Korea) I (1950.1.7-6.27)』 (국방부, 1997), 382-383쪽; "더글라스 주영 미국대사, 한국전쟁 발발 이후 영국의 동향에 대해 보고", 국사편찬위원회, 『자료대한민국사 제18권』, 1950년 6월 26일.

에 들어갈 수 있기 수일 전에 남한을 석권할 수 있고 그러면 세계는 기정사실에 직면하게 될 것"이라는 계산하에 행동했다는 것이었다. 영국인들은 USSR의 공격이 일어날 다음 장소로 포모사를 지목했다. 그들이 보기에, 코리아에서 소련의 계산된 모험이 소기의 성과를 거두면 "차후에 중국공산주의자들이 포모사를 침공하기는 식은 죽 먹기일 것"이기 때문이었다.

영국 정부의 "시험용 풍선" 가설은 ROK 정부의 공식 태도와도 통하는 부분이 있었다. 런던 시간 6월 25일 한국 대사가 스코트 차관보를 방문했다. 그 극동차관보와의 대화를 통해서 코리아 상황에 대한 영국인들의 반응을 파악하려 하면서 대사는 말했다: "만일 침략을 좌절시킬 근본적 조치들이 즉시 취해지지 않으면 역사는 이것이 제3차 세계대전의 서전이 됨을 보여 주게 될 것입니다." 그 남한 외교관은 1931년 일본의 만주 침략을 참고 사례로 지적했다.

그러나 영국 정부는 코리아 사태에 대해서 어떤 공식 입장의 표명도 보류하고 있었다. 더글라스가 파악한 바로는 서울과 워싱턴의 사정에 관해서 충분한 정보가 없음이 이유였다. 보수당 지도자인 윈스턴 처칠은 런던 시간 26일 오후 하원에서 코리아 사태와 관련해 클레멘트 애틀리의 노동당 내각에 "긴급한 비공식 질문"을 내놨다. 그 질문에 답해서 하원은 코리아에 관한 성명의 작성에 들어갔다. 그러나 "코리아에 관해서 실질적 정보가 없거나 미국의 계획들에 관해서 아는 바가 없어서" 그 성명은 확실한 입장을 밝히지 않았다. 영국 외무부는 서울의 영국대사에게서 "아무 유익한 보고도 수령하지 못했다." 대사가 "암호들을 파괴해 버렸기" 때문이었다. 한 고위관리는 "외무부가 지금 계속 정보를 받으면 좋겠다는 희망을 표명했다." 그들은 합참에 보고서를 요구해 놓았고 미국의 견해를 손에 넣기를 "간절히" 원했다.

적어도 몇 가지는, 그것들이 "불가피"해 보여서, 확실한 것 같았다. 첫째, "북한의 공격으로 미국은 극동에서 자신의 입지를 불가피하게 강화할 것이다. 일본과 포모사에 대해서는 특히 그렇다. 그래서 그 공격으로 중국 국민당 정부의 사기가 대단히 진작될 것이다." 둘째, "만일 강제나 설득에 의해서 북한이 군대를 38도선 이북으로 철수시키게 만들 수 없으면 유엔헌장 41-44조에 따른 제재들의 적용이 불가피하다. 그런데 아마도 소련이 협력하지 않을 것이므로 유엔의 미래 전체가 걸려 있는 셈이다."[37] 셋째, "외무부의 법률고문들은 영국이 유엔헌장 하에서 무엇을 해도 되는지 결정하기 위해서 코리아 사태를 연구하고 있다. 그들은 내일 안보리 회의 시간에 맞게 테렌스 숀 경에게 적절한 훈령들을 보낼 것이다." 넷째, "새로운 상황에 비추어 영국은 이코솤(ECOSOC, 경제사회이사회)의 7월 3일 회의에서 중국 공산당 대표에 찬성하는 투표를 삼갈 것이다."

북한의 남한 침공이 곧 USSR의 지역적 또는 세계적 공세의 계산된 전주라면 미국 정부는 그 사태와 관련해 소련 정부에 대해서 어떤 외교 노선을 취함이 바람직할 것인가? 그 문제를 놓고서 워싱턴의 딘 애치슨과 모스크바의 앨런 커크는 처음에 주장이 갈렸다. 군사적 대응에 있어서 미국인들은 확고한 입장을 취하되 전장을 코리아로 제한하고 싸움이 그 지

37 유엔헌장 제7장은 "평화에 대한 위협, 평화의 파괴 및 침략행위에 관한 행동"을 규정한다. 거기서 39조, 41-44조는 다음과 같다. "39조: SC는 평화에 대한 위협, 평화의 파괴 또는 침략행위의 존재를 결정하고 아울러 국제평화와 국제안보를 유지 • 회복하기 위하여 권고를 하거나 제41조 및 제42조에 따라 어떤 조치를 취할 것인가를 결정한다. 41조: SC는 그 결정을 실시하기 위하여 무력 사용 이외에 어떤 조치를 사용할 것인가를 결정할 수 있고 나아가 [결정된] 조치를 적용하도록 유엔회원국들에게 요청할 수 있다; 이러한 조치는 경제관계 및 철도, 항해, 항공, 우편, 전신, 무선 통신 및 기타 운수통신수단의 전부 또는 일부의 중단과 외교관계의 단절을 포함할 수 있다. 42조: SC는 41조에 정한 조치로는 불충분하다고 인정되거나 불충분한 것으로 판명될 경우 국제평화와 국제안보의 유지 • 회복에 필요한 공군, 해군, 또는 육군에 의한 행동을 취할 수 있다; 이 행동은 유엔회원국들의 공군, 해군, 또는 육군에 의한 시위, 봉쇄, 기타의 행동을 포함할 수 있다. 43조: ① 국제평화와 국제안보의 유지에 공헌하기 위하여 모든 회원국들은 SC의 요청에 의하여 그리고 특별한 협정들에 따라서 …… 필요한 무력과 지원과 편의를 SC에 이용케 할 것을 약속한다. …… 44조: SC가 병력의 사용을 결정했을 때, SC는 43조에 부과된 의무들의 이행을 위한 병력 제공을 이사회에 대표가 없는 회원국에 요청하기 전에 그 회원국이 파견할 병력의 사용에 관한 SC의 결정에 그 회원국이 원하면 참가하라고 초청해야 한다." 번역 참고: 『현대국제정치론』(Hans J. Morgenthau, *Politics Among Nations: The Struggle for Power and Peace*, 5th Edition (New York: Alfred A. Knopf, 1973), 이호재 역, 서울: 법문사, 1987), 부록 I. 국제연합헌장, 753-754쪽.

역 밖으로 확대되지 않도록 노력함에 거의 자동적인 의견의 일치를 보였다. 아마도 모두에게 뚜렷이 보이는 병력과 비용의 한계들 앞에서 제한전 이외의 다른 대안이 있을 수 없었다.

외교적 대응에도 군사적 대응의 경우처럼 어떤 적절한 제한선이 있을 것임이 분명했다. 그런데 무력의 방법들은 단순하다. 바로 강제와 포기다. 무력이 충분하면 상대의 동의가 없어도 일방적 강제에 의해서 자신의 의지를 기어이 관철할 수 있다. 반면 부족한 무력은 포기의 길을 선택할 수밖에 없다. 미국인들은 바로 그 무력의 한계성 때문에 그것을 극복할 적절한 외교의 길을 찾아야 했다. 구체적으로 그들은 코리아 사태를 자기들이 바라는 식으로 끝내기 위해서 러시아인들의 자발적 협력이 절대로 필요했다.

그러나 그 협력을 얻어낼 방법이 있는가? 바로 거기에 외교의 기본적 난점이 있었다. 러시아인들은 자신들이 원하는 어떤 목적을 추구해 미국인들의 의지에 반해서 도발을 시작했다. 그런데 그들이 그 도전을 자기들이 아니라 미국인들이 바라는 식으로 끝내기 위해서 애쓰게 만든다는 아이디어는 명백한 어불성설로 들렸다. 다행히 외교는 무력에 비하면 자산들이 터무니없이 많았고 비용들은 터무니없이 낮았다. 그렇기 때문에 그 불가능한 문제에 대해서도 분명히 외교적 해법이 있을 것 같았다. 다만 브레인스토밍의 과정이 필요할 뿐이었다. 진지한 논의를 통하지 않으면 모두가 최선으로 받아들일 행동 노선이 나오기 어려웠다.

커크 대사는 러시아인들이 반발할 위험을 우려했다. 대사는 미국 정부가, "코리아 사태와 관련해 이 시간까지 우리에게 입수된 [불완전한] 정보"에도 불구하고, 침략의 전적인 책임을 러시아에 돌리고 있음을 거침없이 드러내는 접근법이 "이 시점에서 전술적으로 바람직한지" 의문이었다. 그런데 모스크바 대사관은, "주의 깊게 숙고"한 결과, 국무부의 6월 25일 훈령(538호 전문)이 바로 그런 접근법을 지시하고 있다고 판단했다. 따라서 대사관은 국무부에 그 훈령의 바람직성을 "더 연구해 보기를 감히 간청"했다. 커크는 코리아에서 침공을 물리치기 위해서 강력한 조치를 취하되 러시아인들이 체면을 구기지 않고서 스스로 물러날 수 있도록 선택의 여지를 열어 놓음이 그런 퇴로를 차단해 버림보다 앞으로 미국에 더 유익할 것이라고 계산했다. 따라서 대사는 외교에 있어서도 미국이 소련과 직접 부딪치는 대신에 유엔을 완충으로 활용하는 방안을 제의했다. 대사가 국무장관 앞으로 보낸 장문의 비밀 전문 1734호는 진술했다:[38]

"대사관은, 25일자 대사관 전문 1726호에서[39] 설명한 대로, 그 침공이 가장 넓은 함의에 있어서 자유세계와 그 세계를 지도하는 미국의 위상에 대한 직접적 도전이라고 평가한다. 그러나 우리는 소련인들이 세계대전이 일어날지 모르는 위험을 감수할 준비가 되지 않았고 그렇기 때문에 확고한 대응조치들을 취하면 그들을 억지할 수 있을 것이라고 믿는다. 그 평가가 사태의 전개에 의해서 확인되건 확인되지 않건, 전술적으로 우리는 그 문제를 다음의 방식으로 다룸이 필수적인 것으로 보인다. 즉, 우리의 공식 행동을 코리아의 지역적 상황에 집중하되, 자유 세계가 반격에 성공했을 때 소련인들이 북한인들에게서 떨어지기 어렵게 만들 정도로 USSR을 북한과 공식적으로 묶어 놓는 행동은 피하는 것이다. 만일 우리가 '이 문제를 직접 USSR 정부가 유의하게' 만들고 'USSR이 북한 정권에 대해서 통제력을 행사한다는 보편적으로 알려진 사실'을 정식으로 발언하면 우리는 USSR을 침략군과 정식으로 동일시하는 셈이 된다. 그로 인해서 우리가 전술상 피하기를 바라는 상황이 초래되지 않을까 대사관은 염려된다.

우리는 사태 해결에 소련을 참여시키기 위한 우리의 행동을 당분간은 USSR도 유엔의 회원국으로서 당연히 받게 될 통지와 전달의 통상적 절차들에 국한하고 소련인들에게 직접 접근하는 것은 연기함이 현명한 처사일 수 있다는 느낌이 든다. 그러나 만일 국무부가 어떤 직접적 항의가 이뤄져야 할 것이라고 강하게 느낀다면 우리는 그것이 소련의 협력을 촉구

---

38 *FRUS 1950 VOLUME VII, KOREA*, pp.169-170.

39 이 전문의 본문은 본서 제1장의 41-42쪽에 있다.

함에 국한될 것을 권고한다. 소련의 협력은 물론 실현성 없는 기대일 것이다. 그러나 우리의 효과적 대응조치로 인해서 소련인들이 계속 버티는 위험들을 더 이상 감수할 가치가 없다고 확신하게 됐을 때 그것은 그들에게 적당한 퇴각을 위한 기초로 작용할 수 있을 것이다.

나는 국무부의 재고를 요청하는 이상의 내용이 타당하다고 믿는다. 그럼에도 불구하고 만일 국무부가 소련 정부와 즉시 접촉이 이뤄져야 한다고 느낀다면, 위에 제의된 수정으로든 국무부 전문 538호에[40] 기술된 대로든, 나는 오늘 저녁 그런 취지의 약속을 [소련 정부에] 요청할 것이다."

파리의 찰스 볼렌은 USSR에 대한 접근법에 관해서 모스크바의 커크와 생각이 같았다. 워싱턴 시간으로 26일 17:55(서울 27일 07:55) 파리에서 브루스 대사가 세 시간 전에 보낸 비밀전문이 수령됐다.[41] 그 전문은 볼렌 공사가 개인적으로 조지 케난에게 전하는 진술을 담았다. 공사는 커크의 우려에 전적으로 공감하는 한편 소련의 선전 활동이 안보리의 결정과정에 악영향을 미칠 가능성까지 제기했다. 일단 자신이 "6월 25일 모스크바 [대사관]에 보낸 국무부 전문 538호에 있는 지시가 나오게 만든 고려사항들을 모두 알지 못함"을 전제하고서 공사는 "코리아 사태와 관련해 소련 정부에 직접 접근하는 것이 바람직하지 않다"고 여기는 이유들로 다음을 들었다:

"첫째, 소련인들은 이 접근을 이용해 문제를 혼란에 빠트릴 수도 있을 것이다. 그들은 소련이 싸움의 종식을 위해서 협조할 것이라는 희망을 품게 만듦으로써, 그리고 기타 등등에 의해서, 그렇게 할 수 있을 것이다. 그들은 남한인들을 지원할 의도인 어떤 국제적인 조치나 어떤 미국의 조치도 쉽게 저지할 수 있거나 아니면 최소한 그 조치들에 지연의 요소를 도입할 수 있을 것

40 이 전문의 본문은 본서 제1장의 44-45쪽에 있다.

41 *FRUS 1950 VOLUME VII, KOREA*, pp.174-175.

이다. 유엔의 추가적 조치를 방해하기 위해서 안보리의 어떤 이사국들은 별로 많은 힘을 들이지 않아도 될 것이다. 모스크바에서 나오는 어떤 희망의 빛에도 매달릴 수 있을 것이기 때문이다.

둘째, 어쩌면 훨씬 더 중요한 이유는 만일 그렇게 하면 소련이 공개적으로 코리아 문제에 직접 연루되게 만든다는 것이다. 물론 우리 모두는 크렘린이 코리아의 작전을 가동시켜 지도하고 있음을 알고 있다. 그러나 그것이 공개적으로 언급되지 않는 동안은, 강하고 확고한 대응조치들의 결과로 크렘린이 위험들이 지나치게 커지고 있다고 생각하게 될 때 북한인들을 내밀히 억지하기가 더 수월할 것이다. 확실히 이것은 소련을 공식적으로 그리고 직접적으로 개입시키지 않는 행동을 개시해서 대응이 약하면 마음껏 밀고 나가지만 위험들이 너무 커지고 있다고 생각되면 너무 직접적으로 체면을 구기지 않고서 손을 뗄 길을 남겨 두는 전형적인 스탈린 수법들의 매우 명백한 케이스인 것처럼 보인다. 이 주장을 옹호해 우리는 소련 공산주의의 주된 선전 노선이 다음과 같음을 주목함이 중요하다: 남한인들이 미국의 사주로 전면전을 도발시키려 획책하는 침략자들인 반면 북한인들은 단순히 자국의 영토에 대한 공격들을 격퇴하고 있을 뿐이다. 이것은 침략자면 누구나 이용하는 표준적 핑계다. 그러나 그것은 또 만일 남한이 본격적 전쟁의 위험을 감수할 만한 가치가 없다고 크렘린이 스스로 결정할 경우 체면을 살리면서 빠져나갈 출구를 가리킨다.

코리아 사태는 미국에 대한 직접적 도전의 가장 분명한 사례임에 더하여 제2차 세계대전이 끝난 이래 최초로 발생한 명백한 국경 침범이다. 아시아인들은 말할 것도 없고 모든 유럽인들은 미국이 어떻게 나오는지 알려고 주시하고 있음을 귀하는 확신해도 좋다. 그것은 우리가 크렘린을 공개적으로 밀어붙여 아무 후퇴도 있을 수 없는 위치에 있게 만들지 않으면서도 그들에게 우리가 심각함을 납득시키기 위해서 최대로 확고한 태도를 그리고 심지어 커다란 위험들을 감수할 의지도 있음을 보이기를 요구하는 상황이다.

이 이유들 때문에, [한편으로] 나는 북한의 침략 행위에는 최고로 심각한 위험들이 직접적으로 수반됨을 크렘린에게 납득시키기 위해서 미국의 지원을 받는 최고로 강하고 최고로 단호한 현장의 대응조치들이 필요하다는 모스크바 [대사관]의 전문에 전적으로 동의한다. [다른 한편] 나는, 여론의 관점이나 유엔의 태도를 볼 때, 이 상황에서 소련 정부에 접근할 필요가 있도록 만드는 압도적인 이유들이 있을 수 있음을 인식한다. 그럴 경우 나는 그것을 단지 단순한 협조의 요구로 국한하자는 모스크바 [대사관]의 제의에 확실히 동의할 것이다."

애치슨은 여전히 "직접 접근"을 선호했다. 그러나 장관은 당초의 어법을 조금—아주 조금—완곡하게 바꾸기로 결정했다. 애치슨이 보기에는, 전날 발송된 국무부 전문에서 북한은 USSR이 허용하지 않았으면 남침을 하지 않았다는 사실 판단을 노골적으로 함축하는 부분—"USSR이 북한 정권에 대해서 통제력을 행사한다는 보편적으로 알려진 사실"만이 수정될 필요가 있었다. "이 문제를 직접 USSR 정부가 유의하게" 만들고 그 "부당한 공격에 대해서 책임이 있음을 부인하라"고 소련 당국에 요구하는 구절들은 여전히 고수됐다. 워싱턴에서 26일 19:00(서울 27일 09:00)에 모스크바의 커크에게로 발신된 장관의 전문은 인정했다:[42] "국무부는 귀하가 제시한 고려사항들의 중요성을 인식하고 북한의 침략에 소련의 위신을 보다 직접적으로 관련시키는 접근법의 단점들을 깨닫는다."

그러나 커크와 볼렌이 혹시 놓쳤을 경우를 감안해 애치슨은 직접 접근을 뒷받침하는 생각들을 설명했다: "우리가 제의한 접근법은 6월 25일의 대사관 전문 1726호에 너무나 훌륭히 설명된 다음의 믿음에 기초한다. 소련인들은 현재 서방과 전면전의 가능성을 감수할 준비가 되지 않았다. 그래서 그들은 코리아의 적대행위에 직접 개입하려 들지 않을 것이다. 우리는 이 믿음과 기타의 이유들 때문에, 유엔과 미국의 대응이 지금까지와 같이 확고하다면, 그들이 우리의 접근법에 대해서 '북한 정부'의 행동에 대한 그들의 책임을 부인하는 반응을 할 것으로, 그래서 자신들이 직접 말려들지 않으려 할 것으로, 기대한다."

---

42 *FRUS 1950 VOLUME VII, KOREA*, pp.176-177.

애치슨이 "이 [강경] 노선을 따르는 접근법이 이 시점에서 바람직하다"고 주장한 것은 미국이 코리아 사태를 계기로 소련에 대해서 군사적 봉쇄는 물론 외교적 봉쇄도 달성하는 기회를 잡아야 한다고 생각한 때문이었다. 장관은 그럴 필요가 있고 또 그럴 수 있다고 생각했다. 장관은 설명했다: "첫째, 자신들의 개입에 따르는 심각한 위험 없이 위성국가나 괴뢰정권을 이용해 침략 행동에 나설 수 있는 한 소련인들은 점점 더 대담하게 이 책략을 사용할 것이라고 우리는 보고 싶다. 반면 만일 위성국들의 침략 행위가 자국의 위신을 직접적으로 위협함을 명백히 깨닫게 된다면 소련인들은, 대사관 전문 1726호에 서술된 고려사항들을 감안할 때, 그러한 전술을 극단까지 밀고 나가기를 저어할 것이다. 국무부의 제안을 촉구하는 두 번째 이유는 대사관도 알고 있듯이 점점 비중이 커지고 있고 많은 중요한 지역들에서 여론에 어떤 영향을 미치고 있는 소련의 평화 공세를 와해시킬 절호의 기회가 여기서 우리에게 주어졌다는 것이다. 우리는 서방의 선전을 적절히 활용해 명백한 침략의 책임이 소련에 있음을 신속하고 분명하게 폭로해서 평화공세의 효과성을 파괴하는 데까지 가야 할 것이다."

그러므로 애치슨은 결론을 맺었다: "이런 고려사항들을 감안해 국무부는 6월 25일의 국무부 전문 538호에 개괄된 접근법이 신속히 실행돼야 할 것이라고 믿는다. 그러나 대사관의 견해들을 존중해 참조 전문의 셋째 문장을 시작하는 구절은 ['USSR이 북한 정권에 대해서 통제력을 행사한다는 보편적으로 알려진 사실을 감안해'에서] 'USSR과 북한 정권이 밀접한 관계에 있다는 보편적으로 알려진 사실을 고려해'로 수정돼야 할 것이다."

육군은 서울을 고수한다

"대통령은 오늘 새벽 03:00 특별열차 편으로 진해를 향해서 떠났습니다. 내각 역시 특별열차로 07:00 남쪽으로 떠났습니다. 모든 권한은 육군의 채병덕 총참모장에게 임시로 일임됐습니다." 6월 27일 수요일 07:00(워싱턴 26일 17:00) 신성모 총리서리는 무쵸 대사에게 그렇게 ROK

정부가 서울을 떠났음을 확인해 주고서 덧붙였다: "싸움은 오늘 오후면 완전히 종결될 것입니다. 시민들에게는 탱크들이 왔을 때 집안에 조용히 있으라고 라디오로 방송했습니다."[43]

총리서리의 말대로, 정부가 수원으로 이동했다는 국방부의 공식 발표가 27일 06:00(워싱턴 26일 16:00) 중앙방송의 전파를 탔다. 그때까지 낙관적 보도만 들었던 시민들은 "불안에 떨고 절망과 공포에 사로잡혔다."[44] 그들은 "조용히" 있을 수 없었다. 국회의원들도 다르지 않았다. 그날 새벽 04:00(워싱턴 26일 14:00) 국회는 대통령의 출경도 모르고 정부가 서울을 고수할 것을 결의했다. 신익희 의장은 날이 밝자 07:00(워싱턴 26일 17:00) 그 결의를 알리기 위해서 경무대를 찾았으나 허사였다. 대통령은 그때 이미 고물 열차에 고단한 몸을 싣고서 진해로 향하고 있었다. 그 사실이 알려지자 이내 의원들의 "서울 엑소더스"가 시작됐다.[45]

시민들도 의원들도 사태의 절망적 반전에 전혀 준비가 없었다. 정부도 그랬다. "당황한" 공보처장은 늦게나마 피난 대책을 발표하는 대신에 임의로 국무회의의 결정을 어기고 06시 발표를 번복하는 방송을 내보내기로 결심했다.[46] 그러나 사실을 뒤집는 새로운 발표는 당연히 사실일 수 없었다. 그리고 거짓은 결코 올바른 판단의 기초가 될 수 없었다. 새로운 발표도 이전의 발표도 혼란만 조장할 뿐이었다. 사람들이 자신들을 바르게 인도할 정부가 가장 필요한 순간에 정부 자신이 길을 잃었다. 새벽에, 아마도 망명까지 염두에 두고서, 수원이 아니라 진해를 향해서 서울을 떠났던 대통령은 한달음에 대구까지 내려갔다. 12:30(워싱턴 26일 22:30) 대구역에 정차한 대통령은 거기서 마음을 바꿨다. "내 평생 처음으로 판단을 잘못했다." 대통령은 자책했다. "회오와 감상에 젖은" 대통령을 실은 삼등열차는 서울을

---

43 *FRUS 1950 VOLUME VII, KOREA*, p.176.

44 군사편찬연구소, 『6 • 25전쟁사 2: 북한의 전면남침과 초기 방어전투』(국방부, 2005), 70쪽, 75쪽.

45 김일영, "전쟁과 정치"(유영익 • 이채진 편, 『한국과 6 • 25 전쟁』(연세대학교출판부, 2002), 15쪽.

46 『6 • 25전쟁사 2: 북한의 전면남침과 초기 방어전투』, 70쪽, 75쪽.

향해서 되짚어 북상해 16:30(워싱턴 27일 02:30) 대전에 도착했다.[47]

우리는 누구나 감정에 휘둘려 또는 감상에 젖어서 합리적 판단을 그르칠 수 있다. 그렇기 때문에, 사전에 최선의 규칙들을 만들어 놓고서 문제의 상황에 봉착하면 순간의 충동들을 억제하고 그 규칙들에 복종하여 행동함이 현명하다. 바로 그것이 자제고 우리는 우리의 지도자가 다른 사람들이 자제하기 어려울 때 자제할 줄 알기를 바란다. 정치는 합리적 예비다. 격변하는 사회에서는 더욱더 그렇다. 승리와 패배에 대해서도 그렇다. 우리는 승리를 거두는 때는 물론 패배를 당하는 때를 위해서도 언제나 합리적인 사전 준비가 필요하다. 전자의 경우에는 기쁨과 오만에 도취돼 커다란 이익을 거둘 수 있는 기회를 망치지 않기 위해서고 후자의 경우에는 공포와 절망에 빠져서 커다란 손실을 막을 수 있는 기회를 놓치지 않기 위해서다.

좋건 싫건 장래에 일어날지 모르는 어떤 사태에도 미리 대비할 줄 몰랐던 ROK의 지도력은 북한군이 밀고 내려오기 시작한 지 채 48시간도 되지 않아 그렇게 정신 없이 헤매고 있었다. 아직 서울을 떠나지 않은 고위 인사들도 다르지 않았다. 그들은 자포자기로 최악의 순간만 기다리고 있었다. 신성모는 육군사령부와 함께 끝까지 서울에 남아 있을 각오였다. 그러나 총리서리 겸 국방장관은 그래 봐야 "구할 수 있는 것이 아무것도 없다"고 절망했다.[48] 그는 심지어 대통령과 내각이 "망명정부"로서 일본으로 옮겨가는 가능성까지 미국 대사에게 문의했다. 존 무쵸는 아무 언질도 주지 않았다.

죽음이 두렵지 않은 사람은 없다; 사람은 누구나 죽지만 누구나 죽음과 될수록 멀리 있

47 군사편찬연구소, 『6 • 25전쟁사 2: 북한의 전면남침과 초기 방어전투』(국방부, 2005), 75-76쪽; 프란체스카 도너리 지음, 조혜자 옮김, 『6 • 25와 이승만: 프란체스카의 난중일기』(서울: 기파랑, 2010), 26쪽.

48 *FRUS 1950 VOLUME VII, KOREA*, p.176.

고 싶다. 그 자연적 공포와 어긋나는 행동 노선은 결코 성공할 수 없다. 27일 아침, 대통령이 서울을 떠났음을 알았을 때, ROK 육군이 서울을 지키고 있음에도 불구하고, 북한군의 우세를 직감한 사람들은 너 나 할 것 없이 가용한 모든 수단을 동원해 정신 없이 달아났다. 안콕(UNCOK, 유엔한국위원단)의 행동이 단적 사례였다. 위원단의 대표들과 사무원들은 어느덧 미국인 대피자들에 섞여서 일본까지 도망쳤다.[49]

그날 아침 07:20(워싱턴 26일 17:20) UNCOK은 총리서리 겸 국방장관 신성모에게서 "ROK 정부가 서울을 떠나고 있으며 [군대가 남아서] 서울을 방어하는 결정이 내려졌다"고 들었다. 위원단은 즉시 비상회의를 열었다. ROK의 수도에 대해서 압박 공격을 계속하는 것으로 보아서 북쪽 정권이 안보리의 6월 25일 결의를 무시할 의사임은 두말할 나위가 없었다. 모두들 "공산주의자들이 만든 북한 정권이 위원단에 대해서 품고 있는 확고하고 가차 없는 적개심"을 우려했다. 그들은 또한 "코리아의 합법적 정부와 더 이상 접촉하지 못할 도시에 남아서 기여할 수 있는 것이 아무것도 없을 것으로 느꼈다." 따라서 위원단은 "행동의 자유를 유지하기 위해서 서울을 떠나 [ROK 정부가 피신해 있다는] 더 남쪽의 어떤 곳으로 가기로 결정했다."

그러나 그 결정은 곧 번복됐다. UNCOK은 10:30(워싱턴 26일 20:30) 서울을 떠나 수원을 향했다. 그 남쪽 도시가 임시수도가 될 것이라 들었기 때문이었다. ROK의 임병직 외무장관이 그들과 동행했다. 그러나 수원에 도착했을 때 그들은 "ROK 정부의 어떤 다른 인사도 만날 수 없었다. 또한 ROK의 임시 수도가 정확히 어디에 설치되고 있는지도 알 수가 없었다." 그런데 미군들이 근처의 활주로에서 공중 소개에 쓸 수 있도록 시설들을 손보고 있었다. 위원단은 2차 비상회의를 열었다. 그들은, 이미 6월 26일자 전문에서 보고한 대로, 안보리 결의에 따른 정화와 철수를 "며칠 만에 탁상공론으로" 만들어 버릴 듯이 빠르

---

49 유엔문서 S/1510, 1950년 6월 27일.

게 남진하는 북한군을 우려해, "사태의 전개를 보아서 또는 안보리의 새로운 훈령들에 따라서 코리아로 되돌아올 각오를 하면서 [우선은] 일본으로 피하기로 결정했다." 수원에서 미국공군(USAF)의 수송기로 위험을 벗어난 위원단이 유엔사무국에 그 경위를 알리기 위해서 그날 오후에 타전한 보고문(S/1510)은 다음의 진술로 끝났다: "대표들과 남자 서기관들은 지금 큐슈의 후쿠오카 인근에 있는 하카타 기지에서 여자들을 실은 배가 들어오기를 기다리고 있다."

한편 ROK 국방부는 6월 27일 아침 일찍 '국방수뇌회의'를 가졌다.[50] 그러나 그 회의는, 이름은 거창해도, 전략의 수립을 위한 논의가 아니라 이미 내려진 도주의 결정들을 확인하는 자리였다. 총리서리 겸 국방장관은 '정부가 철수한다'고 발표하고 군대에 지시했다: "각 군은 각자의 양식에 따라서 행동하라." 공군과 해군은 즉시 본부를 옮기기로 결정했다. 그들은 "육군의 작전에 협동하고 최후에는 정부가 망명할 때 요인들의 수송을 맡는다"는 계산을 하고 있었다. 반면 주력인 육군은 서울을 버린다는 생각을 수락할 준비가 아직 되지 않았다. 채병덕 총참모장은 게릴라전까지 생각하고 있었다. 장군은 고집했다: "비록 정부가 철수해도 군은 서울을 고수한다."

그 젊은 장군의 결의는, 그가 외부에서 구원군이 온다는 전제하에 그들이 도착할 때까지 북한군의 전진을 더디게 만드는 시간 끌기를 염두에 두고 있지 않았다면, 장병들을 무익한 사투에 몰아넣겠다는 절망적 어깃장이나 다름없었다. 그러므로 관건은 그 외부의 지원이 전장에 도착할 시간이었다. ROK 육군은 혼자의 힘으로는 오래 버틸 수 없었다. 총장은 분명히 극동사령부의 공군 지원에 일차적 기대를 걸고 있었다. 아침 일찍—06:00(워싱턴 26일 16:00)—ROK 국방부의 소망적인 특별발표 제1호는 진술했다: "우리가 가장 갈망하고

---

50 전사편찬위원회, 『한국전쟁사 제1권』(국방부, 1977), 537쪽; 군사편찬연구소, 『6•25전쟁사 2: 북한의 전면남침과 초기 대응작전』(국방부, 2005), 69쪽.

있던 공군 신예부대가 우방의 적극적인 원조에 의하여 드디어 그 진용을 대한의 창공에 나타내어 괴뢰집단의 최후적 발악에 결정적인 철추를 내리게 되었다. 이 신예전투기 000대는 금 27일 조조를 기하여 그 행동을 개시하였으며 그에 앞서 괴뢰공비의 귀순을 촉구하는 최후적인 투항권고문을 살포하여 민족과 국가를 배반한 그들일 망정 개과 귀순한 자에 대하여서는 따뜻한 동포애로 포섭할 것을 권고하였다."[51] 그러나 그 "신예전투기 000대"가 코리아의 하늘을 충분히 신속히 수놓기 시작할 수 있을지는 그리고, 더 중요하게는, 그 공중 지원만으로 남한군이 전세를 뒤집을 수 있을지는 미지수였다. 사실 그 고대되는 미국의 무스탕(F-51전투기) "000대"에 관한 발표는 순전히 군대식의 전술적 허풍이었다. 그것은 겨우 "10대"에 불과했다. 그리고 현재 ROK의 특출한 조종사 10명이 그것들의 사용을 익히기 위해서 일본으로 떠났다.[52]

특별발표 제1호는 "38선 전역에 걸쳐 불법 남침하여 온 북한괴뢰 공비에 대한 대추격 소탕전은 과감히 전개되고 있다"고 우겼지만 현재 시시각각 밀리고 있는 쪽은 남한군이었다. 전세는, 아무리 좋게 평가해도, "유동적"이었다. 그리고 소망적 사고를 배제한 냉정한 평가는 어떤 낙관도 허용하지 않았다. 주한군사고문단(KMAG, 카이맥)은 벌써 새벽 03:00(워싱턴 26일 13:00) 여태껏 전장에서 드러난 공격 무력과 방어 무력의 종합적 비교를 내놨다. 남한군의 장렬한 저항에도 불구하고 북한군은 첫째, "의정부로부터 24시간 이내에 서울을 함락시킬 수 있[었]다"; 둘째, "문산, 의정부, 춘천으로부터 서울에 대해서 대규모 공세를 개시할 수 있[었]다"; 그리고 셋째, "문산을 통해서 강력한 공격을 개시할 수 있[었]다." 그러므로 고문들이 보기에 다음의 결론이 필연적이었다: "서울의 명운은 길어 봐야 하루 남았다."[53]

---

51 "국방부 보도과, 북한군 격퇴와 공군전투기 참가 언급", 『민주신보』 1950년 6월 28일, 국사편찬위원회, 『자료대한민국사 제18권』, 1950년 6월 27일.

52 공군본부, 『6·25전쟁 항공전사』(공군본부, 2002), 33쪽; 『한국전란 1년지』(국방부, 1951)에 의하면, 6월 26일 맥아더가 "한국에 무스탕(F-51) 전투기 10대의 인도를 발표했다."

53 군사연구소, 『한국전쟁 자료총서 39: 미 국무부 한국 국내상황 관련문서(The US Department of State Relating

아마도 전술적 필요에서 또는 시민들의 동요를 우려해서 ROK 국방부는 허위발표를 계속했다. 27일 오전 10:00(워싱턴 26일 20:00) 보도과의 특별발표는 진술했다: "우리의 국군부대는 공군의 엄호사격 아래 27일 상오 9시 30분 의정부를 완전 탈환하고 패주하는 적에 대해서 맹추격을 가하고 있다. 또한 문산 기타 지구에서도 국군의 전면적인 반격으로 말미암아 적의 전열은 극도[로] 혼란되어 있으며 38선을 향해서 후퇴를 하고 있다. …… 맥아더 사령부로부터[의] 공군 원조로 국군은 작전의 주도권을 완전 장악하고 맹렬한 적개심과 충천한 사기로 패한 적을 추격하고 있다. 전 국민은 추호도 실망치 말고 우세한 우리 육해공군의 작전을 신뢰하며 서울 및 전국토의 치안방위와 최전선에서 혈투하고 있는 국군장병에 대하여 만강의 협조를 하여 주기 바란다."[54]

두 시간 뒤인 27일 정오(워싱턴 26일 22:00) ROK의 공보처가 시민들의 동요를 예방할 목적으로 조작한 거짓 발표가 나왔다. 그 특별 담화는 주장했다: "아군의 정세는 금효 이래 호전되어 의정부 방면에서는 의정부를 확보하고 1킬로 북방에서 아군의 맹렬한 공습으로 적군은 야포를 포기하고 후퇴 중이며 문산 방면에는 문산 읍내에서 대치 중이다. 김포에 내습한 적기 2기를 격추하였다. 정부는 미연에 대비하기 위하여 일부는 수원에 이전할 계획을 하였던 것이나 정부는 여전히 중앙청에서 각부 장관 출석 하에 시무하는 중이며 국회는 전원 국민과 더불어 사수하기로 결심하였으니 일반 국민은 정부와 군경을 신뢰하고 추호도 동요치 말기를 바라는 바이다."[55]

---

to the Internal Affairs of Korea) I (1950.1.7-6.27)』 (국방부, 1997), 436-437쪽; "주한미국군사고문단, 대규모 북한군 의정부 출현과 24시간 내 서울 함락 가능성 등을 보고", 국사편찬위원회, 『자료대한민국사』 제18권, 1950년 6월 27일.

54 "국방부 보도과, 의정부 탈환 등에 대해 특별 발표", 『부산일보』 1950년 6월 28일, 국사편찬위원회, 『자료대한민국사 제18권』, 1950년 6월 27일.

55 "공보처, 서울 사수를 공언하는 특별 담화를 발표", 『민주신보』 1950년 6월 28일, 군사편찬위원회, 『자료대한민국사 제18권』, 1950년 6월 27일.

그 권고에 따라서 "정부와 군경을 신뢰하고 추호도 동요치" 않는 사람들은 완전한 낭패를 당할 것이 뻔했다. 그러나 자신의 지위 덕분에 실제의 전황과 ROK 정부의 딱한 처지를 남보다 먼저 간파할 수 있었던 공직자의 경우에, 재빨리 도주하는 것도 물론 올바른 처신은 아니었다. 미국인들은 그 딜레마를 권위와 책임의 위계에 맞춰서 해결했다. 미국대사는 벌써 이른 아침에 현지의 절망적 사정을 워싱턴에 알렸다. 06:00(워싱턴 26일 16:00)에 발신된 무쵸의 전문은 진술했다: "대사관은 지금 고립될 위기에 처했다. 대통령과 내각의 대부분은 이미 남쪽으로 떠나고 서울에 없다. 총리서리 겸 국방장관 신성모와 채병덕 총참모장을 비롯한 한국군 참모진은 아직은 여기서 끝까지 버티겠다고 주장한다." 그 사태에 직면해 대사는 부대사 드럼라이트를 소수의 공관원들과 함께 자동차로 남하해 대통령을 쫓아가라고 보내고 자신은 몇몇 지원자들과 함께 최후의 순간까지 서울에 남아 있기로 결정했다. KMAG도 그 계획에 손발을 맞췄다. 핵심요원들은 서울에 남아 있다가 상황의 전개에 시간을 맞춰서 자동차로 남하하고 다른 고문들은 비행기로 소개될 것이었다. 미국이 "서울을 포기했다는 비난이 나올 여지를 차단하기" 위해서였다.[56]

워싱턴은 그 계획을 대사 일행의 신변 안전이 보장되는 한에서 찬성했다. 존 무쵸의 보고에 답하는 국무부의 비밀 전문이 워싱턴에서 26일 21:00(서울 27일 11:00) 발신됐다.[57] 애치슨은 권고했다: "대사에게 전함. 국무부는 귀하와 귀하의 직원들이 서울에 남아 있겠다는 자발적 결정에 깊이 감사한다. 그러나 귀하나 귀하의 어떤 직원도 자진해서 볼모가 되는 것은 현명한 처사가 아니라고 느껴진다. 따라서 만일 여기서 우리가 알지 못하는 어떤 우선적 고려사항들이 있는 것이 아니라면 국무부는 귀하가 안전한 출발이 불가능해지기 전에 서울을 떠나 정부와 함께하도록 힘써야 한다고 느낀다."

---

56 *FRUS 1950 VOLUME VII, KOREA*, p.173.

57 *FRUS 1950 VOLUME VII, KOREA*, p.178.

드럼라이트는 계획대로 한국 정부를 따라가려고 10:00(워싱턴 26일 20:00) 자동차를 이용해 남으로 떠났다.[58] 해군 무관 시퍼트 중령, 육군 무관 에드워즈 중령, 홍보관 스튜어트, 삼등 서기관 프렌더개스트, 서기 파티개티, JAS(합동행정단) 차량 장교 브랜치가 그와 동행했다. 그들이 떠나자 존 무쵸는 자기의 일행을 자가용에 태우고 일요일 아침에 서둘러 나왔던 거처로 돌아왔다. 대사는 용인들에게 근처에 있지 말라고 주의를 주었다. 운전기사 정씨에게는 그가 몰던 관용 리무진을 내주었다. 대사는 그에게 거기에 가족들을 태우고 어디든 남쪽으로 가라고 말했다. 그리고 대사 자신은 양말과 속옷과 셔츠 몇 점과 모자를 가방에 챙겨서 또다시 서둘러 집을 나섰다.

대사의 일행은 용산의 ROK 육군본부에 정오(워싱턴 26일 22:00) 무렵 도착했다. 거기에는 국방장관 신성모, 총참모장 채병덕, 그리고 정부와 군부의 몇몇 다른 고위급 인사들이 있었다. 공항으로 데려갈 차편을 기다리는 KMAG 장교들도 있었다. 교황사절단도 거기에 있었다. 대사는 워싱턴에 보고했다: "나는 서기 베리, JAS 임관사령 모건, JAS 차량장교 스미스, 삼등 서기관 맥도널드, 보안담당 [부사관] 에드워즈, 육군 무관 린치, KMAG의 홀랜드 [대령]을 대동하고 ROK의 육군본부에 남아 있다. 우리 일행은 마지막 남은 KMAG 요원들과 함께 오늘 15:00[워싱턴 27일 01:00]에 시흥으로 출발할 계획이다. 만일 상황이 악화되면 야음을 틈타 어쩌면 대전으로 향할 것이다." 무쵸는 수원으로 피난한 사람들에 관해서도 설명했다: "다른 인원들은 모두 KMAG 단원 33명, UNCOK 위원 20명, 중국인 14명, 영국인 5명, 그리고 ECA(경제협력단)와 JAS이다. 그들은 공수될 것이다. 만일 공수가 실패하면 150명까지는 차량을 이용해 남으로 수송될 수 있다. 수송에서 제외되는 인물들은 패트릭 번 주교와 캐롤 신부다. 교황사절들은 당분간 그들의 교구에 남아 있을 것이다."

---

58 *FRUS 1950 VOLUME VII, KOREA*, pp.184-185; "Oral History Interview with Ambassador John J. Muccio", Washington, D. C., February 10, 1971, by Jerry N. Hess (www.trumanlibrary.org/oralhist/muccio1.htm), [41], [42].

ROK 육군의 서울 고수 의지는 금방 흔들리기 시작했다. 정부가 떠나고 네 시간밖에 되지 않은 오전 11:00(워싱턴 26일 21:00) 채 총장은 북한군의 압박으로 창동 방어선의 유지는 물론 미아리 방어선도 지탱하기 어렵다는 보고를 받았다.[59] 즉시 육군본부 참모들과 서울 소재 부대장들의 긴급회의가 소집됐다. 채는 말했다: "육군본부는 서울을 떠나 시흥으로 간다."

한강 다리들—인도교와 철교와 광진교—의 폭파계획도 공개됐다. 공병감 최창식 대령은 설명했다: "적이 서울 시내에 돌입하면 2시간 뒤에 모든 교량을 동시에 폭파할 것입니다. 지금의 상황으로 미루어 폭파 예정 시간은 16:00(워싱턴 27일 02:00)경이 될 것입니다." 전선에 있는 부대들의 철수나 시민들의 소개를 완료하는 문제에 대한 질문이 나왔다. 최 대령은 대답했다: "한강교가 절단된 다음에 철수하는 부대들을 위해서 18척의 단정을 준비할 것입니다." 그 대답은 비난을 받을 수밖에 없었다. 한 사령관은 말했다: "시민[들]의 피난 조치를 강구함이 없이 군부가 먼저 철수한다는 것은 언어도단이다. 더구나 시민들의 유일한 퇴로를 조기에 폭파한다는 것은 어불성설이다." 최 대령은 물러서지 않았다. 대령은 주장했다: "앞서 우리는 임진강 다리를 비롯해 많은 교량들을 파괴하지 못했습니다. 한강교 폭파도 실패하면 안 됩니다. 그것이 우리가 받은 명령입니다."

차분한 대화는 더 이상 가능하지 않았다. 격론이 거듭됐다. 모두들 심신의 피로가 극도에 달했다. 씨름꾼 같이 건장한 채 총장도 예외가 아니었다. 그 "뚱보" 장군은 다른 이들이 말할 때 졸면서 들었고 다른 이들이 물을 때 졸면서 답했다. 그런 상황에서는 합리적 판단을 기대하기 어려웠다; "평상시면 일어나지 않을 착오"가 충분히 일어날 수 있었다. 회의는 다행히 아무 합의점도 내지 못하고 흐지부지 끝났다.

그러나 북한군은 땅과 하늘에서 잠시도 쉴 틈을 주지 않았다. 정오(워싱턴 26일 22:00)가 되자 그

59 전사편찬위원회, 『한국전쟁사 제1권』(국방부, 1977), 537쪽.

들은 벌써 창동 방어선을 압박하기 시작했다. 채 총장은 육군본부의 서울 철수를 실행에 옮기기로 결정했다. 한강의 다리들에 대해서는 폭파 준비를 지시했다. 반대의 목소리가 여전히 강했지만 장군은 개의치 않았다. 총장은 공병감을 윽박질렀다: "만약에 실패하면 총살에 처한다."

야크기들이 여러 차례 서울 상공을 지나가며 몇몇 지점들에 기총소사를 퍼부었다.[60] 육본 건물 안에 있던 사람들은 "두 번 책상 밑으로 피했다." 미국인들은 한강 다리들을 폭파하는 문제를 놓고서 남한인들 사이에 오가는 "많은 이야기들"을 들었다. 그래서 존 무쵸와 KMAG의 라이트 단장대행은 "가능한 한 빨리 한강을 건너는 것이 좋겠다"고 결정했다.

육군본부는 오후 13:00(워싱턴 26일 23:00) 용산을 떠나기 시작했다.[61] 목적지는 시흥의 보병학교였다. 총참모장은 육본의 서울 철수를 극비에 부치도록 지시했다. 그러나 길게 줄을 지어 남으로 향하는 차량의 행렬은 그것을 목격한 누구도 놓치지 않을 도주의 모습이었다. KMAG 요원들은 뒤늦게 그 이동을 확인하고서 황급히 서울을 빠져나가기 시작했다. 오후 14:00(워싱턴 26일 24:00) 그들이 한강에 도착할 무렵 창동 저지선이 붕괴됐다.[62]

가용한 모든 병력과 장비가 동원된 새로운 저지선이 미아리 부근에 구축됐다. 전방에서 축차 철수한 3,000명의 혼성병력, 제8연대 예하의 3개 대대 500명, 그리고 제3사단의 공병대대와 직할부대가 배치됐다. 탱크들에 대비해 그것들의 전진을 막거나 지연시킬 차량 장벽들이 미아리 삼거리는 물론 종로, 광화문, 남대문, 삼각지를 거쳐 육군본부가 있었던 용산우체국에 이르기까지 시내 곳곳에 도로를 가로질러 설치됐다. 시청에서 서울역에 이르는 거리에는 전차들이 일렬로 세워졌다.

---

60 "Oral History Interview with Ambassador John J. Muccio" Washington, D. C., February 10, 1971, by Jerry N. Hess (www.trumanlibrary.org/oralhist/muccio1.htm), [43].

61 전사편찬위원회, 『한국전쟁사 제1권』(국방부, 1977), 538쪽.

62 전사편찬위원회, 『한국전쟁사 제1권』(국방부, 1977), 539-541쪽.

시가전의 준비와 발맞춰 시민들의 피난 행렬이 현저히 늘어났다. 한강 다리로 이르는 길들은 금세 혼잡을 이뤘다. 무쵸의 일행은 오후 14시(워싱턴 27일 00:00)경 용산을 떠났다.[63] 라이트 대령과는 다리 건너에 있는 어떤 학교 건물에서 만나는 것으로 약속했다. 그리고 그들이 거기서 대령의 일행을 기다리는 것을 바람직하지 않게 만드는 어떤 변수가 발생할 경우를 대비해 수원이 제2의 합류지로 정해졌다.

그 미국인들이 용산을 떠날 무렵 다리는 벌써 한강을 건너 남으로 향하는 인파로 북새통이었다. 그리고 그들이 한강을 건넜을 때 교통은 도로 공사로 완전히 막혔다. 때마침 하늘에서 야크기 한 대가 두 대의 F-80에[64] 쫓겨왔다. 무쵸의 일행은 홀랜드 대령의 권고를 따라서 강둑에 바싹 붙었다. 그리고 바로 그때 F-80 한 대에서 뿜어진 일제 사격이 그들의 머리 위로 지나갔다. "이제 어떻게 해야 하는 겁니까?" 무쵸는 놀라서 홀랜드 대령에게 물었다. "저것은 우군의 포화"라고 대령이 무리를 안심시켰다.

무쵸의 일행은 고대하던 USAF 전투기의 출현을 그렇게 직접 목격했다. 그러나 대사는 여전히 겁에 질려 가슴이 뛰었다. 일행은 북한군은 물론 미국군이 가하는 기총소사로도 벌집이 될 뻔했다. "아이고, 우군이건 적군이건 상관 없어요. 빨리 여기서 나가요." 대사는 소리쳤다. 일행은 재빨리 시흥을 포기하고 부리나케 수원으로 내달렸다. 그들은 16:00(워싱턴 27일 02:00) 수원에 도착했다.

북한군은 17:00(워싱턴 27일 03:00)부터 10여 대의 탱크들을 앞세우고 미아리 저지선에 다가오기 시작했다. 거기서 그들은 남한 병사들의 필사적인 저항에 마주쳤다. 그러나 그 눈물겨운 투쟁도 그들의 전진을 단지 잠깐밖에 묶어 놓지 못했다.

---

63 "Oral History Interview with Ambassador John J. Muccio", Washington, D. C., February 10, 1971, by Jerry N. Hess (www.trumanlibrary.org/oralhist/muccio1.htm), [43].

64 F-80은 미국 공군이 사용한 전투기를 말한다.

한편 KMAG은 시흥에 도착해 맥아더 장군의 메시지를 두 번 무전으로 수령했다. 첫째는 다음이었다: "합참의 명령에 따라서, 존 처치 준장 아래 KMAG을 비롯해 코리아에서 미국의 모든 군사 활동을 지휘할 사령부의 전방지휘소 겸 연락단(ADCOM, 애드콤)이 도쿄에서 서울로 떠났다." 그리고 두 번째 무전에서 맥아더는 말했다: "기운을 내라. 곧 중대한 결정이 있을 것이다."[65]

채병덕 총장은 그 소식에 갑자기 전의가 솟구치는 것 같았다. 소장은 첫 번째 메시지를 듣더니 벌써 자신이 육군 본부와 함께 서울로 돌아가야 하겠다고 결의했다. 라이트 대령은 그 두 메시지가 KMAG이 코리아에 남아 있어야 함을 뜻한다고 해석했다. 대령은 아직 일본으로 떠나지 않은 요원들을 소환하기 위해서 수원으로 전령을 급파했다.

고무적인 소식은 수원의 국방부에서도 왔다. 신성모 국방장관은 14:00(워싱턴 26일 24:00)에 수원역장실로 자리를 옮겼다. 그 후 장관은 수원비행장에 도착한 미대사관 직원에게서 미군이 참전할 것이라는 소식을 전해 들었다. 장관은 즉시 총참모장에게 전령을 보냈다. 장관은 지시했다: "미군이 참전할 때까지 축차 철수전을 감행하라."

육군은 작전방침을 서울 고수로 다시 변경했다. 채 총장은 참모부장 김백일 대령에게 명령해 한강교의 폭파를 중지시켰다. 육군본부는, 어쩌면 금방 돌아올지도 모르므로 또는 얼마나 급했던지, 통신 장비도 제대로 챙기지 못하고, 허둥지둥 시흥을 떠났다. 그들은 오후 18:00(워싱턴 27일 04:00) 서울 복귀를 완료했다.

35-40명의 KMAG 장교들과 사병들이 아직도 수원의 활주로 가에서 그들을 실으러 도

---

65 Robert K. Sawyer, *Military Advisors in Korea: KMAG in Peace and War*(Center of Military History, Washington, D.C., 1988), pp.124-125; 전사편찬위원회, 『한국전쟁사 제1권』(국방부, 1977), 538-539쪽.

쿄에서 비행기들이 들어오기를 기다리고 있었다.[66] 마침내 마지막 비행기가 들어오고 존 처치 준장이 내렸다. 그 장군은 원래 현장조사단의 우두머리로 7-8명의 장교들과 함께 도쿄에서 출발했다. 그들의 임무는 무쵸 대사와 KMAG이 어떤 병참 지원이 있어야 한국군에 도움이 되는지 결정할 수 있도록 조언하는 것이었다. 그런데 그들이 아직 하늘에 있을 동안 훈령이 변경됐다. 처치는 ADCOM의 사령관이 됐다.

"라이트 대령은 어디에 있습니까?" 처치 장군이 돌아서며 무쵸에게 물었다. 장군은 대령과 접촉을 원했다. 무쵸는 "내가 약 한 시간 반 전에 서울에서 그와 헤어졌고 우리는 학교교사 아니면 여기 수원에서 만나기로 돼 있다"고 설명하고 덧붙였다: "대령은 곧 여기로 올 것입니다."

라이트 대령은 좀처럼 나타나지 않았다. 시간이 가면서 처치 장군은 대사에게 밤에 무엇을 할 것인지 물었다. 무쵸는 벌써 밤 동안 등을 붙일 곳을 찾아 보라고 돈 맥도널드를 내보냈다. 대사는 그 이등서기관에게 농업학교를 알아보라고 제안한 터였다. ECA의 농업 전문가들 몇이 거기에 있었는데 그들이 아침에 떠났음을 대사는 알고 있었다.

처치와 무쵸가 농업학교에 도착할 즈음 하늘이 열리더니 비가 억수같이 쏟아졌다.[67] 그들이 차에서 나와 거기에 모인 미국인들이 모두 묵을 방법을 생각하면서 그 방갈로들을 살펴보고 있을 때 ROK 외무장관의 운전사가 올라와 말했다: "맥아더 장군의 전화가 왔습니다. 장군은 대사와 말하고 싶다고 합니다."

---

66 "Oral History Interview with Ambassador John J. Muccio", Washington, D. C., February 10, 1971, by Jerry N. Hess (www.trumanlibrary.org/oralhist/muccio1.htm), [44]; *FRUS 1950 VOLUME VII, KOREA*, pp.210-211, Footnote 2.

67 "Oral History Interview with Ambassador John J. Muccio", Washington, D. C., February 10, 1971, by Jerry N. Hess (www.trumanlibrary.org/oralhist/muccio1.htm), [45], [46], [47].

만일 장군이 아니었다면 무쵸는 그게 어떤 사기꾼이라고 여겼을 것이었다. 수원에서 도쿄로 전화를 연결할 방법이 있다고 믿기지 않았기 때문이었다. 대사는 처치 장군을 보고서 말했다: "그가 만일 정말로 맥아더 장군이면 아마도 당신과 이야기하기를 원할지 모릅니다. 같이 가는 것이 어때요?"

둘은 차를 몰고 수원 도심에 있는 우체국으로 갔다. 전기가 나가서 불이라곤 두 자루의 촛불뿐이었다. 무쵸가 수화기를 집어들자 여성의 목소리가 "대사님"이냐고 물었다. "그렇습니다. 그래요. 그런데 당신은 누구고 어디에 있습니까?" 무쵸가 그렇게 말하자 그녀는 대답했다: "빌어먹을, 다 떠나고 나만 아직 여기 교환실에 있어요."

그녀는 서울의 국제교환원이었다. 그녀는 하와이에서 성장한 한국여자였다. 그녀는 한국어와 영어를 다 잘하기 때문에 수석교환원이 되었다. 그녀는 일전에 소개 문제로 무쵸에게 전화를 했었다. 그때 그녀는 말했다: "대사님이 아시는 대로 나는 미국 시민이 아니지만 내 어린 딸은 미국인이예요." 무쵸는 "당신의 어린 딸과 같이 당신도 들고 올 수 있는 것을 다 가지고 이리로 내려와서 홀랜드 대령에게 보고하라"고 대답했다. 그리고 그녀도 소개에 포함돼야 한다고 대령에게 설명했다. 따라서 무쵸는 그녀가 아직도 교환대에 있음을 알았을 때 대단히 놀랐다.

"잠깐만요, 장군이 나왔어요." 그녀가 말했다. 그런데 그것은 맥아더 장군이 아니었다. 그것은 참모장인 아몬드 장군이었다. 맥아더는 벌써 사령부를 떠났다. 아몬드는 물었다: "맥아더 장군은 29일 목요일에 직접 현장에 가서 상황을 확인하고 싶어합니다. 어디로 가는 것이 좋을까요?"

미국대사와 ADCOM은 수원에 있었고 거기에는 그럴싸한 활주로도 있었다. 그러나 대통령과 내각은 싸움의 현장에서 더 멀리 떨어진 대전에 내려가 있었다. 무쵸는 "내일 거기에 가서 대통령을 데려오는 것이 좋겠다"고 생각했다.

도쿄의 극동사령부(FECOM, 페콤)는 초기의 낙관에서 완전한 비관으로 돌아섰다. 사령부의 제한적 군수 지원은 통하지 않았다. 그 미군들이 보기에, 한국군은 그 지원에도 불구하고 북한군을 막아낼 기운도 투지도 부족했다. 명백히 드러난 그 힘의 불균형 아래서 서울 함락은 다만 시간 문제일 뿐이었다. 벌써 그날 아침 10시(워싱턴 26일 20:00)경까지 전개된 코리아 상황을 보고서 사령부는 워싱턴에 보고했다.[68]

"남한군 3사단과 5사단은 조금씩 조금씩 서울 외곽으로 들어왔다. 그러나 그 작전은 적의 침입을 막기에 실패했다. 지난 이틀 동안 적의 주공은 수도 서울의 장악이 의도인 것으로 보였다. 탱크들이 서울 외곽에 들어오고 있다.

한국 정부는 남쪽으로 이전했다. KMAG의 일부와 대구에 통신이 개설됐다. 무쵸 대사와 고문 단장은 서울에 남아 있다. 한국 상황을 실사하기 위해서 서울로 가고 있던 극동사령부의 군사조사단은 현재 급속히 악화되는 상황 하에서 도쿄로 소환됐다.

남한군 부대들은 단호한 적의 공세를 격퇴할 수 없는 형편이다. 유력한 요인은 적군만이 탱크들과 전투기들을 가지고 있다는 점이다. 남한군 사상자들의 숫자를 전투 지표로 본다면 그들은 적절한 저항 능력이나 싸우려는 의지가 없다. 따라서 우리는 완전 붕괴가 임박했다고 평가한다."

북한군은 정말로 그 예측을 금방 입증할 기세였다. 27일 자정(워싱턴 27일 10:00) 무렵 그들은 폭우가 쏟아지는 가운데 공격을 재개했다. 한 무리의 탱크들이 보병의 엄호도 없이 길음교 앞으로 몰려왔다. 탱크들은 한 시간 뒤 다리를 건넜다. 남한군의 미아리 방어선이 그렇게 무너지기 시작했다.

---

68 군사연구소,『한국전쟁 자료총서 39: 미 국무부 한국 국내상황 관련문서(The US Department of State Relating to the Internal Affairs of Korea) I (1950.1.7-6.27)』(국방부, 1997), 438쪽; "미 극동군사령부, 서울 방어작전이 용이하지 않다는 주한미군사고문단의 보고", 국사편찬위원회,『자료대한민국사 제18권』, 1950년 6월 27일.

나는 전쟁을 하고 싶지 않다

CIA(중앙정보부)는 도쿄가 말하는 "완전 붕괴"를 ROK 전체의 붕괴로 해석했다. 서울의 함락이 곧 ROK의 종말을 뜻한다는 것이었다. ROK 육군본부가 서울을 떠나기 직전인 워싱턴 시간 6월 26일 22:00(서울 27일 12:00)자의 "최신 보고들"을 종합해 CIA의 정보보고서는 설명했다.[69] "서울 함락이 임박했다. 남쪽의 군대들은 수도의 이남에서 저항을 계속하기 위해서 철수하는 어떤 일치된 시도도 하지 않고 있다. 남쪽의 모든 군대들은 서울의 방어에 투입됐다. 서울 지역에 있는 그 네 사단들 중에서 적어도 하나는 괴멸됐다. 남쪽 군대는 서울의 동쪽 지역들에 그리고 동해안에서 버텨왔다. 그러나 심각한 탄약 부족 현상이 나타나고 있고 보고에 의하면 부산의 동북쪽 35마일 지점에 적이 상륙해 거기서 북과동으로 오는 지상 공급로가 차단될 위험에 처했다."

CIA는 ROK의 '생존잠재력'이 기껏해야 24시간 남았다고 판단했다. 정부 기능의 마비와 탄약의 소진과 전략의 실패가 고려됐다. CIA 보고서는 진술했다: "ROK의 대통령과 내각은 공식 교통편으로 서울을 떠나 아마도 남부 코리아의 진해로 향했다는 보고다. 피난에 이용할 시간이 짧았음에 비추어 새로운 장소에서 정부를 효과적으로 가동시키기에 충분한 수의 인원들이 서울을 떠났을지 의문이다. 보고에 의하면 아무것도 구할 수 없다고 절망하는 총리는 육군참모총장에게 모든 권한을 넘겨주었다. 후자 역시 급속히 악화되는 상황 속에서 총리와 똑같이 절망하고 있는 것으로 보인다. 아마도 그 장군의 사기는 적군이 탱크들을 독점하고 전투기의 우세를 보이는 상황에 처한 남한 장교들 전체의 사기를 반영할 것이다. 서울은 지금 당장 함락될 것처럼 보인다. 서울이 쓰러지면 저항은 무익하다는 총장의 견해를, ROK 군대가 사용하는 많은 유형의 탄약이 소진된 현실을, 그리고 남쪽의 모든

69 군사연구소, 『한국전쟁자료총서16: 미국중앙정보국 정보보고서 (Intelligence Reports of the Central Intelligence Agency), Daily Report 1』 (국방부, 1997), 1-2쪽; "미 중앙정보국, 서울 함락이 임박하고 국군 사기가 저하되고 있다고 보고", 국사편찬위원회, 『자료대한민국사 제18권』, 1950년 6월 26일.

무력을 서울 방어에 투입한 사실을 감안할 때, 서울의 함락 후에 조직적 저항이 유지될 확률은 기껏해야 극미하다. 남한의 단결된 저항이 다음 24시간을 넘길지 의문이다."

그 판단에 반하는 주장들도 있었다. 특히, "최신의 언론 보도들은 보다 낙관적이[었]다. 가령, 도쿄에 주재하는 남한 공사는 남쪽 군대가 서울의 북쪽에서 공세를 개시했다고 발표했다." 그러나 CIA는 그런 보도들을 "그 지역에 혼란이 만연함"을 나타내는 증거로 간주했다. "남쪽 무력이 이 시점에서 지속적인 공세를 펼칠 능력이 있다"고 믿기지 않기 때문이었다. "북쪽 군대는 아직 적정선의 예비대들을 가졌고, 서울에서 동해안까지 모든 전선을 따라서 대규모의 추가적 공격들을 시작할 능력이 있[었]다." 반면 "남한의 부대들은, 사기가 떨어지고 있는 가운데, 현재 가용한 장비로는 대포와 탱크와 비행기가 연계된 단호한 공격들에 저항할 능력[도] 없[었]다." 변수는 있었다. 바로 미국의 지원이었다. CIA는 조건부로 예측했다: "만일 남쪽 군대가 미국의 강력한 지원이 임박했다고 믿지 않으면 그들의 조직적 저항은 서울의 함락과 함께 완전히 붕괴될 것이다."

미국인들이 ROK에 "강력한 지원"을 신속히 제공할 것인지 당장은 분명하지 않았다. 결정을 위해서 미국 정부는 물론 일차적으로 무엇이 남한군에게 충분히 강력한 지원인가를 알아야 했다. 그런데 그것은 아직 확실치 않았다. 워싱턴 26일 저녁 21:00(서울 27일 11:00) 트루먼 대통령은 코리아 사태의 협의를 위해서 국무 • 국방 • 군부의 고위 인사들과 다시금 블레어 하우스의 테이블에 둘러앉았다.[70] 그들은 전날 왔었던 사람들이었다. 논의의 초점도 전날처럼 코리아와 포모사였다.

"첫 번째 야크기가 격추됐습니다." 반덴버그 공군총장의 보고에 대통령은 "그것이 마지막이 아니길 바란다"고 화답했다. 그것은 "남한에서 임무를 방해하는 또는 남한군에 대해

---

70 *FRUS 1950 VOLUME VII, KOREA*, pp.178-183.

서 비우호적인 방식으로 행동하는 어떤 비행기에 대해서도 공격적 행동을 취하라"는 명령을 받은 미국 공군의 첫 개가였다. 그 작전에는 제한이 따랐다. 임무의 수행과 "직접적 관련이 없는 곳에서는" 교전을 피해야 한다는 것이었다.

국무장관은 남한군의 붕괴가 임박한 마당에 공군의 임무를 피난민의 보호로 국한하는 그 명령은 수정돼야 한다고 판단했다. 애치슨은 제의했다: "코리아에서 그들의 작전들에 가해진 제한들을 전부 해제하고 가능한 최대한의 지원을 남한군에게 제공하라는—남한군이 재편성할 기회를 잡을 수 있도록 북한군의 탱크들과 대포들과 병사들을 무엇이든 공격하라는—총력 명령을 해군과 공군에 발령해야 합니다."

대통령은 "총력명령"을 승인했다. 그러나 여전히 제한은 있었다. 그것이 "38도선 이남에만 국한되는 작전"을 뜻하느냐는 육군장관 페이스의 질문에 애치슨은 대답했다: "맞습니다. 나는 그 위선을 넘어가는 어떤 작전도 제안하지 않았습니다." 그러자 반덴버그 장군이 다시 확인했다: "이것은 또 비행기들이 그 위선 너머로 날아가도 안 됨을 뜻합니까?" 애치슨이 그러면 안 된다고 대답하자 대통령은 "어떤 행동도 38도선 이북에서 취해져서는 안 된다"고 못 박은 다음에, 아마도 코리아의 상황이 더 나빠질 경우나 국내외 여론의 동향을 염두에 두고서, 덧붙였다: "아직은 아닙니다."

공군 작전이 남한 지역에 한정된다면 육군장관 페이스는 지상의 남한군이 염려됐다. 장관은 지적했다: "우리 공군이 우군을 치는 일이 없도록 조심해야 할 것입니다." 육군의 콜린스 참모총장도 동의하고 제의했다: "명령들 자체는 그 작전에 제한을 가하지 말아야 할 것입니다." 그러자 애치슨이 대답했다: "작전들이 충족할 목적은 안보리의 결의와 부합하게 남한군을 지원함에 있습니다. 그 조건을 명령들에 덧붙일 필요가 있다고 간주되면 우리는 그렇게 할 수 있을 것입니다."

애치슨은 다음에 포모사로 넘어갔다. 장관은 말했다: "두 번째로 내놓고 싶은 사항은 제7함대에 포모사에 대한 공격을 막으라는 명령들이 발령돼야 한다는 것입니다." 대통령은 동의했고 애치슨은 계속했다: "동시에 중국 본토에 대한 작전들을 삼가라고 국민당 정부에 말해야 할 것입니다. 그리고 이 작전들이 중지되는지 지켜보라고 7함대에 명령해야 할 것입니다."

애치슨은 이어서 필리핀과 인도차이나를 언급했다. 장관이 필리핀에 주둔하는 미군을 늘리고 필리핀에 대한 원조를 가속해서 미국이 거기에 "공고한 기지"를 갖도록 해야 한다고 제의하자 대통령은 동의했다. 인도차이나에 대해서 애치슨은 "원조를 증대하고, 강력한 군대사절단을 파견해야 한다"고 생각했다.

애치슨은 끝으로 "이 모든 문제들에 관해서 만일 오늘 밤 명령들이 발령된다면 대통령이 내일 성명을 내는 것이 바람직할 것"이라고 주장하고서 발표돼도 좋을 것 같은 내용을 담은 성명의 개략적 초안을 대통령에게 건넸다. 대통령은 "오늘 밤 그 성명에 관해서 작업을 하겠다"고 대답했다.

"나는 포모사를 일본의 한 부분으로 되돌려 놓아서 맥아더 사령부의 관장 아래 두는 것을 고려해 보았으면 싶었습니다." 대통령이 그렇게 말하면서 포모사 문제를 다시 꺼냈다. 애치슨은 그 수순을 이미 생각해 보았다. 그러나 장관은 그것이 나중으로 보류돼야 할 것이고 이 시점에서 발표되면 안 될 것이라고 느꼈다. 그러나 대통령은 설명했다: "약 한 달 전 총통의 서신을 받았는데 총통은 만일 도움이 된다면 자기가 그 사태에서 발을 뺄 수 있다는 취지로 말했습니다. 나는 이것이 사적인 서신이라 비밀에 부쳤습니다. 중국군이 우리를 돕게 하려면 우리가 [포모사를 맥아더 휘하에 두는] 노선을 따름이 바람직할 수도 있습니다. 나는 만일 맥아더가 투입되면 총통은 발을 뺄지 모른다고 생각합니다."

애치슨은 물러서지 않았다. 장관은 주장했다: "총통은 종잡을 수 없습니다. 그리고 어쩌면 총통이 반항을 하면서 '게임을 팽개칠지' 모릅니다. 이것은 나중에 하는 편이 좋겠습니다." 그러나 대통령은 대답했다: "그래도 괜찮습니다. 나 자신은 그것이 다음 단계라고 생각합니다." 그러자 국방장관 존슨이 끼어들었다. 애치슨을 편들어 그는 말했다: "나는 국무장관의 제의들이 대단히 마음에 듭니다. 나는 우리가 그가 지적한 노선을 고수하면 좋겠다고 생각합니다." 애치슨은 강조했다: "그 섬을 중국이 관리하는 문제에 우리가 휘말림은 바람직하지 않다고 생각합니다."

대통령은 물러섰다. 대통령은 원조로 초점을 돌려서 말했다: "우리는 어떤 목적이든 중국인들에게 '동전 한 닢' 주지 않을 것입니다." 대통령이 "우리가 그들에게 주었던 돈은 지금 모두 미국의 부동산에 투자됐다"고 그 이유를 설명하자 존슨이 "또는 필리핀 제도의 은행에 있다"고 맞장구쳤다.

해군작전총장 셔먼 제독은 기술적인 문제를 설명했다: "제7함대의 지휘권은 현재 진주만의 래드포드 제독하에 있을 수도 맥아더 장군하에 있을 수도 있습니다. 어제 발령된 명령들 아래서 7함대는 일본으로 발진해서 맥아더 장군의 지휘하에 들어가게 됐습니다. 포모사에 관한 명령들은 합참에서 맥아더 장군에게 발령될 것입니다. 그러면 래드포드 제독이 맥아더 장군에게 배당한 무력이 사용될 수 있습니다."

아무도 그 진술에 이의를 제기하지 않았다. 논의는 이제 코리아 사태에 유엔이 무력 개입을 하기 위해서 안보리의 지지를 얻는 문제로 넘어갔다. 애치슨은 낙관했다. 장관은 말했다: "안보리가 내일 오후에 열릴 것입니다. 국무부는 새로운 결의안이 채택되도록 준비해 놓았습니다. 보고에 의하면 우리는 완전한 지지를 얻을 것입니다." 그는 "심지어 스웨덴인들도 이제는 우리를 지지하고 있다"고 자신했다.

유엔담당차관보 힉커슨은 미국이 안보리에 제출할 결의안의 초안을 읽었다. 북한군의 공격을 격퇴하기 위해서 필요한 원조를 ROK에 공여해 주기를 유엔의 회원국들에게 촉구하는 내용이었다. 대통령은 동의를 표하고 "홍콩을 비롯해 모두가 여기에 동참하기"를 희망했다.

적어도 영국은 틀림없이 미국과 함께 할 것이었다. 브래들리 합참의장은 보고했다: "영국 공군의 테더 원수가 나를 보려고 들렀었습니다. 원수는 우리가 확고한 입장을 취하는 것에 전반적으로 동의하면서 영국인들이 그 지역에서 보유하는 모든 무력에 관한 보고서를 주고 갔습니다."

골치거리는 소련 정부였다. 극동담당차관보 러스크는 지적했다: "어쩌면 러시아인들이 안보리 회의에 와서 거부표를 던질지 모릅니다." 그러나 국무부는 그들의 훼방과 상관없이 무력 지원을 밀어붙일 계획이었다. 러스크는 진술했다: "그 경우 우리는 여전히 우리가 헌장을 지지해서 행동할 수 있다는 입장을 취할 것입니다." 대통령도 확고했다. 대통령은 말했다: "그렇습니다. 나는 그들이 차라리 거부하기를 바랍니다."

대통령은 포모사를 공군기지로 활용하는 문제를 다시 꺼냈다. 대통령은 "우리는 우리의 활동을 위한 기지를 포모사에 둘 필요가 있다"고 말하고 덧붙였다: "오늘 밤 나는 내일 발표할 성명의 초안을 작업하겠습니다. 최종 문안에 관해서 아침에 국방부와 국무부에 말하겠습니다."

러스크는 보고했다: "공산주의자들이 손을 쓸 가능성이 있는 다음 지점이 포모사라는 것이 조지 케난의 추정입니다." 그러나 존슨 장관은 보고했다: "스캪(SCAP, 일본주둔 연합군 최고사령관)은 다음 수순이 이란일 것이라고 추측합니다. 나는 이에 대한 확인이 있어야 할 것이라고 생각합니다."

육군참모총장 콜린스 장군은 도쿄의 추정에 동의하기 어려웠다. "SCAP은 세계적 정보를 워싱턴의 우리만큼 많이 가지고 있지 않음"이 이유였다. 그 장군과 페이스 장관은 새로운 어떤 사실들에 관해서든, 특히 소련의 준비들에 관해서는, 충실히 보고해 달라고 전 세계에 요청해 놓았다.

존슨 장관은 여전히 이란의 위험성을 무시할 수 없었다. 그는 애치슨에게 제의했다: "이란에서 어떤 조치가 가능한지 영국과 의논을 해 보는 것이 바람직할 것입니다." 애치슨은 영국은 물론 프랑스와도 이야기해 보겠다고 대답했다.

애치슨은 다시 극동으로 돌아와 셔먼 제독에게 물었다: "제독은 오끼나와의 남쪽에 있는 사께시마 제도의 이용에 관해서 어떤 조치가 취해지기를 원합니까?" 제독이 "이 문제는 맥아더 장군에게 맡기겠다"고 대답하자 애치슨은 주장했다: "필요한 어떤 지원 공군도 포모사 자체보다는 이 섬들에 배치하는 것이 더 좋을 것입니다."

그 대안의 제시로 포모사에 관한 논의가 일단락되자 페이스 장관이 서울과 교신하는 문제를 제기했다. 그는 물었다: "국무부는 현재 발령되고 있는 명령들에 관해서 무쵸 대사에게 알릴 것입니까?" 애치슨은 부정적이었다. 그는 "최근의 보고들을 보면 우리가 무쵸 대사와 접촉하기는 아마도 불가능할 것"이라고 대답했다. 그러자 콜린스 장군이 육군은 서울에 있는 아마추어 라디오 기사를 통해서 서울과 접촉하고 있음을 알려 주었고 페이스 장관은 "우리는 맥아더 장군을 통해서 무쵸 대사에게 메시지를 전할 수 있다"고 제의했다.

그렇게 서울과의 교신 문제가 해결되고 의논은 의회의 협력을 얻는 문제로 넘어갔다. 애치슨이 "대통령께서 코널리 상원의원과 상하원의 다른 의원들을 백악관에 불러들여서 결정된 사항들을 말해 주는 것을 바랄지 모르겠다"고 말하자 대통령은 대답했다: "나는 4거두들과 내일 아침 10시(서울 27일 24:00)로 회합이 잡혀 있습니다. 국무장관이 추가하면 좋겠다고 생각하는 어떤 다른 인사들도 불러들일 것입니다." 대통령은 애치슨과 존슨도 거기에 배석하기를 원했다. 그러자 존슨은 "양원의 병역위원회의 다수당과 소수당 위원들이 포함되면 좋겠다"고 제안했다.

일정의 조정을 위해서 논의가 있은 뒤에 그 회합은 11:30(서울 28일 01:30)에 하기로 합의됐고, 다음에 대통령은 회의에 포함될 인사들의 명단을 읽었다: "4인의 거두들:[71] 루카스, 레이번, 맥코맥, 부통령은 출장. 상원의원들: 코널리, 와일리, 죠지, 알렉산더 스미스, 유타의 토머스, 타이딩스, 브리지스. 하원의원들: 키이, 이튼, 빈슨, 쇼트."

존슨 장관은 대통령이 발표하도록 국무부가 작성한 성명의 초안을 다시 언급했다. 장관은 일단 "그것이 매우 솔직"해서 "아주 마음에 든다"고 말한 뒤 덧붙였다: "합참은 그것을 밤 동안 숙고하고 어떤 제안이든 있으면 아침에 말할 것입니다."

육군은 공군력의 지원만으로 코리아 사태가 호전되기 어려울 것이라 느끼고 있었다. 콜린스 장군은 설명했다: "코리아의 군사적 상황은 나쁩니다. 우리의 공군이 얼마나 많은 일을 할 수 있을지 예측이 불가능합니다. 한국군 참모총장은 이제 싸울 기력이 없습니다." 그러자 애치슨은 대답했다: "비록 성공하지 못해도 우리가 어떤 노력을 하는 것이 중요합니다." 존슨은 말했다: "비록 우리가 코리아를 잃는다고 할지라도 이 행동은 사태를 구제할 것입니다. 이 행동은 나에게 맞습니다." 장관은 이어서 물었다: "군대의 대표들 가운데 누구든 지금까지 개괄된 행동 방침에 반대가 있는 사람이 있습니까?" 아무도 반대가 없었다. 당장은 북한군의 탱크가 가장 큰 문제로 보였다. 반덴버그 공군총장은 공군장관 핀레터의 질문에 대답해 다짐했다: "탱크는 해가 지기 전에 격파될 것임을 보증합니다."

---

71 네 거두들(Big Four): 스캇 루카스(Scott Lucas, 상원다수당지도자[원내총부](Senate Majority Leader)), 샘 레이번(Sam Rayburn, 하원 의장(Speaker of the House)), 존 맥코맥(John McCormack, 하원다수당지도자[원내총무](House Majority Leader)), 앨븐 바클리(Alben W. Barkley, 부통령(Vice President)).

대통령은 지상군의 투입까지 생각하고 있었다. 대통령은 말했다: "이런 종류의 사태를 막기 위해서 지난 5년 동안 갖은 일을 다했습니다. 이제 그 사태가 벌어졌고 우리는 그에 대처해 할 수 있는 것은 무엇이나 해야 합니다." 대통령은 주방위군의 동원에 관해서 브래들리 의장에게 물었다: "지금 그것이 필요합니까? 만일 그렇다면 나는 의회에 나가서 자금을 요청해야 합니다." 대통령은 다만 토론을 위해서 그 주제를 테이블에 꺼내어 놓았을 뿐이었다. 그러나 대통령은 다시 다짐했다: "우리는 코리아 사태에 대해서—'유엔을 위해서'—우리가 할 수 있는 모든 것을 해야 합니다."

브래들리 장군은 아마도 USSR이 보일지 모르는 반응을 염두에 두고서 설명했다: "만일 우리가 코리아에 우리의 지상군을 투입한다면 우리는 동원이 없이는 우리의 다른 의무들을 동시에 수행할 수가 없습니다." 의장은 주방위군을 동원하는 문제에 관해서는 며칠 기다려 보는 것이 더 좋겠다고 생각했다. 그러자 대통령은 "합참이 이에 관해서 생각해 보고 며칠 있다가 나에게 알려 달라"고 당부하고 덧붙였다: "나는 전쟁을 하고 싶지 않습니다."

모두들 같은 심정이었다. 아무도 러시아인들과 싸우기를 원하지 않았다. 콜린스 장군은 진술했다: "만일 우리가 코리아에 지상군을 투입한다면 우리는 동원을 해야 합니다." 애치슨은 제의했다: "우리는 동원을 보류해 두어야 할 것입니다." 존슨은 말했다: "이미 승인된 이 조치들로 코리아 문제가 해결되기를 희망합니다." 대통령도 그렇게 희망했다. 대통령은 다시 말했다: "다음 문제는 예비함대의 동원일 것입니다." 그러자 셔먼 제독이 "어느 정도의 균형이 있어야 한다"고 주장했고 대통령은 "방위군은 좀 지나친 감이 있음"을 강조했다. 대통령은 방위군의 동원을 결코 찬성한 적이 없었다. 대통령은 예비 해군의 동원이면 되겠다고 생각했다. 그러자 반덴버그 장군은 "대통령께서 그렇게 말해서 매우 기쁘다"고 고백했고 셔먼 제독은 물었다: "맥아더가 만일 필요하면 그 함대를 포모사의 항구들에 정박시킬 수 있습니까?" 대통령은 애치슨에게 그에 관해서 어떻게 생각하는지 물었다. 애치슨은 "물론 그럴 수 있다"고 대답했고 셔먼 제독은 말했다: "이것이 최선의 절차일 것입니다."

26일 밤의 블레어 하우스 회의는 대통령의 코리아 성명이 나가는 최적의 타이밍을 결정하는 논의로 끝났다. 존슨 장관은 그 시간이 소련의 행동에 달려 있다고 생각했다. 장관은 제의했다: "만일 안보리에서 러시아가 거부할 위험이 있다면 대통령의 성명은 내일 안보리 회의가 열리기 전에 발표돼야 할 것입니다." 애치슨도 동의했다.

제3장

계산된 위험

이사회는 사건들에 좌우될 것이다

6월 26일 밤 블레어 하우스에서 딘 애치슨이 유엔안전보장이사회에 강력한 후속 조치를 제의하는 문제와 관련해 언급한 "완전한 지지"는[1] 근거 없는 기대가 아니었다. 유즌(USUN, 유엔미국대표부)의 요원들은 27일에 있을 안보리(SC) 회의를 내다보고 레이크 썩세스의 여론 동향을 파악하기 위해서 다른 여러 대표단들과 사무국 요원들의 생각들을 떠보았다.[2] 모두들 북한군이 25일의 안보리 결의에 순응해 전투를 멈추고 철수할 가능성에 부정적이었다. 따라서 그들은 새로운 안보리 결의가 필연적이라고 판단하고 있었다. 안보리의 이사국들인 영국, 에콰도르, 쿠바, 중국은, 그 후속조치의 모색에 있어서, 더러는 조심스럽게, 미국을 계속 지지할 것이라는 언질을 주었다. 한편 호주를 비롯한 일반회원국들과 사무국 요원들은 그 이사국들과 달리 대체로 주저 없이 강경한 태도를 보였다. 그들은 ROK(대한민국)를 도울 '강력한' 후속 행동에 찬성하는 추세였고 심지어 몇몇은 북한인들의 공격이 소련의 사주에 의한 것임을 정식으로 밝혀야 한다고 주장했다. 워렌 오스틴은 그 탐문들의 결과들을 안보리 이사국들과 일반회원국들과 기타의 경우들로 나누어 정리했다.

---

1 본서 제2장의 130쪽 참고.

2 *FRUS 1950 VOLUME VII, KOREA*, pp.188-193.

영국인들은 군사적 지원까지 생각하고 있지만 미국 정부가 소련과의 무력충돌도 불사할 정도로 과격하게 기울지 않도록 경계하는 눈치였다. 노이스와 하이드는 북한이 25일의 결의를 무시할 경우에 안보리가 취할 가능한 행동 방침들에 관해서 영국대표단의 데니스 래스키와 "이것저것 탐색해 보았다." 래스키는 본국 정부에서 "지시를 받은 것이 없다고 말했다." 대신 그 영국인은 "개인적 평가"라면서 안보리가 "남한 침공에 관해서 더 자세한 조사들을 실시하고, 그것이 정당한 이유가 없는 침략 행위이자 헌장의 위반이자 기타 등등임을 결정하는 행동을 취할 수 있을 것"이라고 말했다. 그는 또한 "안보리가 군사적 원조와 관련해 남한인들을 지원해 혹여 어떤 회원국이라도 취할지 모르는 행동을 기꺼이 허가 또는 승인할 것"이라고 생각했다. 그러나 그는 안보리가 "직접적인 군사적 지원을 승인하거나 침략을 USSR의 탓이라 규탄할 의사가 있을지"에 대해서는 의문을 표했다.

래스키는 "어떠한 경우에도 안보리가 사건들에 좌우될 것"이라고 느꼈다. 다시 말해, 안보리의 태도에 관한 그의 생각은 이랬다: "만일 남한이 이미 함락됐거나 곧 함락될 것임이 명백하면, 강력한 조치를 취할 의향은 사라질 것입니다; 반면 만일 남한이 끝까지 버틸 수 있는 것처럼 보이면, 강력한 조치를 취할 가능성이 크게 증가할 것입니다; 그러나 그 경우 제3차 세계대전으로 비화될 위험이 있는 조치에 대해서는 안보리가 도덕적 책임을 전부 떠안기 어려울 것입니다.

래스키는 "러시아가 이사회의 6월 26[25]일자 조치의 결정에 불참한 것을 기화로 안보리가 USSR에 그 조치를 지지하라고 정식으로 요청하기를 모스크바의 영국대사관이 제의했음"을 "은밀히 귀띔했다." 영국 대표단은 "안보리 결의가 러시아인들을 겨냥하게 만듦은 적절하지 않겠지만 구두로는 이 일반 노선이 전개돼도 괜찮을 것"이라고 생각하고 있었다. 래스키는 북한군의 공격을 러시아인들의 책임으로 돌리지 않음이 유리할 수 있다는 견해를 갖고 있는 것 같았다. "만일 남한인들이 자신들을 방어할 수 있을 만큼 충분히 강한 것으로 판명되면 러시아인들이 자기들의 위신을 내걸지 않았기 때문에 아마도 북한인들을 개골창에 버려 둘 수도 있다"는 기대 때문이었다.

에콰도르와 쿠바는 주저 없이 적극적 지지를 표명했다. 하이드는 6월 25일 안보리 회의가 끝날 무렵 에콰도르의 호세 코레아와 대화를 나눴다. 그 남미인은 말했다: "퀴토(Quito)와 막 통화를 했는데, USUN과 최대로 긴밀한 접촉을 유지하고 문제를 다룸에 있어서 미국의 수순들을 지지하라는 지시를 받았습니다." 그리고 그는 덧붙였다: "미국은 안보리에서 강력하고 계속적인 에콰도르의 지지를 기대해도 좋을 것입니다." 하이드는 쿠바에서도 비슷한 취지의 언질을 받았다. 코레아와의 대화에 앞서서 그 미국인은 쿠바의 미구엘 리바스와 이야기해 보았다. 6월 25일의 회의 동안 이뤄진 그 대화에서 그 쿠바인은 단언했다: "[코리아] 문제를 다룸에 있어서 [우리가 미국을] 계속 지지할 것임에는 의문의 여지가 없습니다."

중국인들은[3]—아마도 코리아 사태를 본토의 공산주의자들에 대해서 자기들의 입지를 호전시킬 기회로 만들고자—미국 정부의 입장을 한시바삐 알고 싶어 했다. 하이드는 씨앵의 전화를 받았다. 그 중국 대사는 "포모사에 주재하는 미국 참사관이 본국 정부와 접촉했는데 미국과 중국은 코리아 문제에 관해서 긴밀한 접촉을 유지할 것이라는 양해가 있었음"을 알린 뒤에 물었다. "미국의 최종 결정은 무엇입니까?"

호주 정부는 아직 결정에 이르지 않았지만 영국인들보다 훨씬 강경한 노선도 불사할 것처럼 보였다. 노이스는 그 안콕(UNCOK, 유엔한국위원단) 위원국의 유엔대표단과 이야기를 나눴다. 섄은 "비록 6월 25일의 결의가 결정적 중요성을 가짐에도 불구하고 북한인들이 그 안보리 결의에 아무런 주의도 기울이지 않을 것"이라고 확신했다. 따라서 그 호주인은 알기를 원했다: "힘에는 힘으로 대응함에 있어서 미국은 무엇을 할 수 있습니까?" 섄은 "만일 유엔이 강력한 행동을 취하기로 결정한다 하더라도 호주인들은 어쩌면 도움을 줄 위치에 있을 것"이라고 말했다.

---

3 베이징의 중화인민공화국(PRC) 정부가 아니라 대만(포모사)의 중화민국(ROC) 정부를 말한다.

시드니는 아직 아무 지시도 보내지 않았다. 섄은 6월 27일에는 소식이 오리라고 기대하고 있었다. 그의 개인적 견해는 호주가 무력 개입을 요구하는 안보리 결정을 기꺼이 지지할 것이고 호주의 입장이 "유엔의 다른 회원국들 못지 않게 강력할 것"이라는 것이었다. 섄은 그것이 정확히 어느 정도의 강도인지 말하는 것도 잊지 않았다. 그는 다른 회원국들과 이야기해 보았는데 미국이 전투를 감행할 것임을 뜻하는 결의를 대부분이 기꺼이 지지할 것이라는 인상을 받았다는 것이었다. 그는 심지어 유엔이 소련에게 책임을 지우는 조치를 취하는 것도 마다하지 않았다.

그러나 섄은 그 조치가 크게 가치 있을 것이라고 느끼지 않았다. 심지어 그것이 러시아인들을 유엔에서 추방하는 결과를 가져와도 사정은 같았다. 섄은 "유엔을 러시아인들 없이 재편함이 유리할 것이라고 오래전부터 생각하던" 참이었다. 그런데 섄이 보기에, "러시아인들 편에서의 이 [침략] 행동은 그들이 유엔으로 돌아올 의사가 없음을 가리키는 명백한 암시"였다. 따라서 섄은 현재 "중국의 대표 문제와 같은 이슈를 놓고서 그들이 떠나는 것보다 오히려 [코리아 사태와 같은] 이슈를 놓고서 그들을 추방하는 것이 훨씬 더 선호할 만하다"고 느꼈다. 섄은 그 사태로 인해서 중국의 공산주의자들을 유엔 총회(GA)에 앉히기가 "불가능하게 됐다"고 판단했다.

섄은 코리아 문제를 GA로 넘기는 방안을 반대했다. 섄의 생각은 이랬다: "그 상황을 구제할 강력한 조치들을 만들어 내라는 요청을 받지 않으면 GA의 특별회의에는 이점이 별로 없을 것이다. 그것은 세계대전의 시작을 두려워하는 소국들에게 중재, 중간 조치들 …… 등등의 방향으로 영향력을 행사할 기회를 제공할지 모르지만 그들은 차라리 구속력이 있는 안보리 결정을 선호할 수도 있을 것이다." 섄의 견해로는, 유엔이 이 테스트에 분연히 맞서는 수밖에 달리 방법이 없었다. 만일 그렇게 하지 못하면 그 기구는 국제연맹의 길을 걸을 것이고 동남아의 상황은 파국보다 더 나쁜 결과를 맞을 것이라고 섄은 역설했다.

필리핀과 캐나다는 아직 입장을 정하지 않았다. 그러나 그 두 나라의 대표부는 서로 다른 반응을 보였다. UNCOK의 위원국인 필리핀은 아직 입장을 말할 처지가 못 됐다. 로물로는 아마도 본국 정부와 상의하기 위해서 마닐라로 떠났다. 매피트는 잉글스와 이야기해 보았는데 그 필리핀인은 "보통 때처럼" 로물로가 없는 데서 입을 열지 않았다. 매피트는 로물로가 "몇 가지 생각들"을 레이크 썩세스에 남아 있는 대표단에게 전화나 전보로 알리겠다고 말하고 떠났음에 틀림없다는 생각이 들었다. 한편 노이스와 하이드는 캐나다의 홈스와 대화를 나눴다. 그 캐나다인은 한국 사태에 관해서 자국 정부에서 아무 언질도 받지 않았다고 말했다. 그럼에도 불구하고 홈스는 "안보리가 미국이 취하려는 군사 행동은 무엇이나 승인할 수 있을 것"이라는 견해를 밝혔다. 그 캐나다인은 "모종의 행동이 6월 27일이나 28일에 취해질 필요가 있음"에 동의했다.

남미의 국가들은 강력한 조치로 기울었다. 하이드와 매피트는 안보리 회의 동안 도미니카의 드 마르체나와 이야기해 보았다. 그 도미니카인은 자기가 본국 외무부와 통화했는데 그의 정부는 미국의 강력한 접근을 확고히 지지한다고 말했다. 이어진 대화에서 헨리케스-우레나는 코리아 사태에 심히 놀란 것처럼 보이지 않았다. 그는 현재의 상황을 지난 몇 달 동안 일어난 일련의 도발적인 사건들 가운데 하나일 뿐이라고 보았다. 그는 6월 25일의 결의가 충분한 첫걸음이지만 다음 조치는 더 강력해야 할 것이라고 느꼈다. 그는 안보리가 능력 있는 나라는 누구나 코리아를 도우러 나가라고 촉구하는 방안을 제안했다. 이사회 투표는 이미 세계의 자유 지역들이 만장일치임을 보여 주었다고 그 남미인은 느꼈다.

우루과이와 아르헨티나도 헨리케스-우레나와 공감했다. 매피트는 우루과이의 파브레갓과 이야기해 보았다. 그 우루과이인은 코리아 사태에 "대단히 놀랐다." 그러나 그는 "침략의 개념은 관용될 수 없다"고 단호히 말했다. 그는 "최강의 조치들이 취해져야 할 것"이라고 생각했다. 그는 어떤 구체적 제안도 하지 않았지만 헨리케스-우레나의 생각을 시험해 보아야 할 것이라고 느꼈다. 매피트는 아르헨티나의 무노스와도 이야기를 나눴는데 그 아르헨티나인은 "상황이 매우 심각하고 역동적인 조치들을 요구한다"고 확신했다. 무노스는 단호히 주장했다: "지금은 사물들을 올바른 제 이름들로 부를 시간이다. 그러므로 USSR이 이 침략의 원천으로 명명돼야 할 것이다." 그는 코리아에서 침략이 성공해 아시아의 나머지에 일어날 결과들을 대단히 우려했다.

그 세 나라들에 비하면 브라질은 신중을 기했다. 노이스가 들은 바에 의하면, 오우로 프레토는 안보리가 채택한 결의를 완전히 지지했다. 그러나 그 브라질인은 지적했다: "만일 정화 명령이 무시되면 어떤 일반노선을 따라야 하는지 훈령을 달라고 본국에 요구해야 할 것입니다. 다수의 회원국들이 중국 공산당의 유엔 가입을 수락하고 싶어합니다. 그런 나라들 사이에는 강력한 행동을 취하기를 반대하는 기운이 상당히 있을 것입니다." 노이스는 그가 유엔이 강력한 행동을 취하는 것을 강하게 반대하는 견해보다는 극도로 조심스런 태도를 가지고 있다는 인상을 받았다.

북유럽 국가들은 강경책을 원했다. 하이드는 네덜란드의 룬스와 이야기를 나눴다. 룬스는 그가 만나는 모든 회원국들에게 네덜란드 정부가 유엔의 이 위기를 대단히 심각하게 여긴다는 인상을 주라는 훈령을 받았다. 룬스는 안보리가 다음 조치를 의논할 때 북한인들의 행동을 규탄하고 미국은 물론 모든 회원국들이 남한에 최소한 물질적 원조를 제공할 수 있게 만드는 결의안을 시도할 필요가 있다고 느꼈다. 그는 의장 성명이 대단히 유용함을 발견했다.

개인적으로 룬스는 만일 이사회가 모든 회원국들더러 한국에 군사물자를 원조하라고 촉구하는 결의를 채택하면 네덜란드는 적어도 형식적으로나마 그렇게 할 것이라고 느꼈다. 그는 현재 태평양에 있는 강력한 네덜란드 군대를 지목하고 그의 정부는 만일 그런 결의를 토대로 요청을 받으면 어쩌면 두 척의 구축함을 내줄 수 있을 것이라 생각했다. 그는 "네덜란드인들이 태평양에 아직도 관심이 있고 유엔 회원국으로서 매우 근본적인 견해를 취함"을 강조했다.

룬스는 프랑스에 비판적이었다. 프랑스인들은 이 공격이 아시아 전체의 상황에 대해서 가지는 함의들을 그리고 인도차이나와 코리아는 모두 아시아 문제의 일부임을 충분히 분명하게 간파하지 못하고 있다고 그 네덜란드인은 느꼈다. 그는 "네덜란드가 무슨 군사적 원조를 제공할 수 있을 것인지 본국 정부와 예비적 검토를 하겠다"고 약속했다.

룬스는 어떤 소극적 태도에도 반대했다. 즉각적인 안보리 행동들에 관해서 말하면서 룬스는 이상의 모든 것들에서처럼 개인적 견해를 밝혔다. 그 네덜란드인은 코리아 사태가 미국과 러시아의 싸움이라서 인도네시아인들은 절대로 중립을 지켜야 한다는 인도네시아 대변인의 성명을 다소 혹평했다. 한편 러시아인들에 대해서 룬스는 전략적 태도를 권했다. 그는 그들이 실패로 끝날지 모르는 코리아 모험과 자기들 사이에는 아무런 관계도 없다고 부인할 도피구를 갖도록 허용돼야 할 것이라고 보았다.

스웨덴도 네덜란드와 생각이 비슷했다. 하이드의 보고에 의하면, 그라프스트롬은 코리아 사태를 "유엔이 2년 동안 직면한 위기들 중에서 가장 심각한 것"으로 느꼈다. 그 스웨덴인은 "만일 북한인들이 안보리 명령을 무시하면 이사회가 추가적 행동을 취해야 유엔이 산다"고 믿었다. 그라프스트롬은 북한정권을 규탄하고 미국과 다른 회원국들이 ROK에 군사적 원조를 제공하게 허락하는 결의를 생각하고 있었다. 스웨덴 정부가 그런 사업의 당사국이 될지 그는 암시하지 않았다. 그러나 그는 추가 행동이 취해져야 할 것임을 강조했다. 그는 분명히 제재들을 생각하고 있었다. 그러나 그는 거기에 선을 그었다. 그도 룬스처럼 그 사건을 다룸에 있어서 러시아인들을 책임이 있는 나라로 "빼지도 박지도 못하게 지목하지는 말아야 한다"고 강하게 느꼈다. "러시아인들의 잘못에 밑줄을 그어 놓고 그것을 기초로 대한민국에 군사적 도움을 주려는 시도는 전쟁을 뜻한다"고 그는 생각했다.

아시아 국가들은 미국의 주도를 기다리는 태도를 보였다. 파키스탄과 터키는 강경책을 주문했다. 파키스탄의 차타리는 매피트에게 "정식으로" 말했다: "파키스탄은 무력 수단에 대한 이 의존을 통탄합니다. 침략을 통해서 유엔의 기틀을 위태롭게 만드는 정부는 어떤 정부든 매우 강력하게 다뤄져야 할 것입니다." 차타리는 6월 25일의 결의가 "유치하다"고 평가했다. 그러나 그가 더 지적하고 싶은 것은 지금까지 취해진 유엔의 행동이 결의 하나밖에 없었다는 사실이었다. 그는 강조했다: "만일 어떤 침략자가 안보리에서 두려워할 것이 문서 결의 하나가 전부라면 침략은 억지되지 않을 것입니다." 그는 "침략자가 자신의 행동에 대해서 아무 처벌도 받지 않고서 가장 불법적인 성격의 기정사실을 세계에 들이댈 수 있게 되는" 사태를 우려했다.

터키의 쿠랄은 25일의 안보리 회의 동안 노이스와의 대화에서 강력한 노선을 옹호했다. 그 터키인은 안보리 결의안이 희석돼서 유감이라고 말했다. 그의 견해로는 공산주의자들이 감추려는 시도도 없이 노골적으로 직접적인 군사적 침략을 개시한 것은 이것이 처음이었다. 그는 이것은 강력한 행동으로 대응해야 하는 중요한 테스트라고 생각했다. 그는 물었다. "미국은 결의가 무시되고 있음이 명백할 때 무엇을 할 준비가 돼 있습니까?"

태국과 인도네시아는 미국 정부의 입장을 알고 싶어 했다. 매피트에 의하면, 태국의 아마타야쿨은 본국에서 아무 훈령도 받지 않았다. 그리고 그 태국인은 자신이 "아무것도 예상하지 않는다"고 말했다. 그는 본국 정부에 다음 두 질문의 대답을 보고하는 데에 최대의 관심을 보였다. 첫째, 6월 27일의 회의에서 미국은 코리아에 도움을 주기를 회원국들에게 요구할 것인가? 둘째, 6월 25일의 결의가 국민당 중국이 참여했기 때문에 불법이라는 평양의 주장에 얼마의 타당성을 부여할 것인가?

노이스는 인도네시아의 팔라와 25일 안보리 회의 때도 면담했는데, 그 인도네시아인은 미국의 결의안과 거기에 계획된 행동 방침을 전적으로 지지했다. 그러나 팔라는 자기의 국민들이 이 공격의 심각한 의미를 납득하기 위해서 필요한 정보를 충분히 가지고 있지 못함을 다소 염려했다. 팔라는 말했다: "안보리는 완전한 정보도 없으면서 남한이 침입을 당했다는 판정을 내렸다고 인도네시아인들이 생각할지 모릅니다." 팔라는 "북한인들이 안보리 결의를 무시할 것임"을 확신했다. 따라서 그는 "그 경우 미국이 무엇을 할 준비가 돼 있느냐"고 물었다. 그는 USUN과 계속 긴밀한 접촉을 유지하고 싶어했다.

강경노선은 심지어 유엔의 회원국이 아닌 경우에도 선호되는 것 같았다. 하이드에 따르면, 이태리의 마샤는 자기의 정부가 깊은 관심만 아니라 걱정도 가지고 있다고 말했다. 그 정부가 이 사건에 유엔의 미래가 곧바로 걸려 있다고 보기 때문이라는 것이었다. 그 이태리 옵서버는 미국의 접근법이 마음에 들었다. 노이스에 의하면, 사무국의 펠러와 코디어는 둘 다 안보리에서 리가 한 강력한 진술을 기뻐했다. 코디어는 그것이 "현재 미국 여론 때문에 고전하는 총장에게 도움이 될 것"이라고 아주 솔직히 주장했다. 그 사무국 직원들은 "이 사건은 상황이 어떻게 변하든 상관 없이 리가 유엔에 완전히 적격인 사람임을 입증하기에 도움이 될 것"이라고 느꼈다.

그 두 유엔 관리들은 25일의 안보리 결의가 효과가 없을 것이라고 확신했다. 그들은 힘에는 힘으로 맞설 것인가의 중대한 결정이 내려져야 한다고 지적했다. 그들은 강력한 노선에 찬성하는 것 같았다. 코디어는 코리아 사태의 전개로 인해서 "특히 중국의 공산주의자들에게 의석을 주는 문제를 비롯해 모든 유엔 계획들이 완전히 뒤집어질 것"임을 시사했다. 그는 "그들을 GA나 7월 3일의 이코속(ECOSOC, 경제사회이사회) 회의에 앉힐 것인가는 거론도 할 수 없다"고 생각했다.

레이크 썩세스의 미국인들은 인도와 이집트와 유고와는 접촉하지 못했다. 워싱턴은 베오그라드가 태도를 바꾸기를 여전히 원했다. 그런데 26일 오후 유고 대사가 국무부를 방문해 코리아 상황에 관해서 문의했다.[4] 미국인들은 그 기회에 "어제 유엔 안보리가 채택한 결

4 *FRUS 1950 VOLUME VII, KOREA*, pp.177-178.

의안의 중요한 부분에 관한 투표에서 유고가 기권해서 놀랐다"고 말했다. 블라디미르 포포빅은 "분명히 방어 자세를 취하면서" 다음을 근거로 그 행동을 설명했다: "첫째, 유고는 일 년 전 북한 정부를 승인했다. 둘째, 유고는 유엔한국위원단을 승인하지 않았다. 셋째, 어제 보고된 사실들은 어느 쪽이 공격의 책임이 있는지 완전히 분명하게 밝히지 못했다. 넷째, 유고인들은, 상황이 더 명료해질 때까지는, 양측 모두 적대행위들을 중지하고 전선 뒤로 물러나라고 촉구하는 그들의 결의안이 필요에 적절히 부응한다고 느낀다."

그러나 미국인들은 주장했다: "ROK가 전혀 아무 도발도 하지 않았는데 북한인들이 남한을 침공했음은 의문의 여지가 없습니다. ROK는 완전히 기습을 당했습니다." 그리고 그들은 모스크바의 호전성을 유고 정부가 인식하도록 덧붙였다: "소련의 사주가 없었다면 북한은 그런 행동을 취하지 않았을 것임이 명백합니다." 그렇기 때문에, 미국인들이 보기에, 유고를 비롯한 "독립국들에 대해서 무력침략이 있을 경우 SC가 신속하고 효과적인 조치를 취함이 절대로 중요[했]다." 그들은 강조했다: "이런 성격의 SC 조치를 위한 전례들이 수립되면 유고에 직접적 이익이 될 것임이 확실합니다."

국무장관은 유고 주재 미국대사가 포포빅과의 대화를 참고할 수 있도록 조치를 취했다. 그날 19:00(서울 27일 09:00) 베오그라드의 미국대사관으로 타전된 전문에서 애치슨은 그 유고인의 방문에 관해서 기술하고서 지시했다: "SC는 코리아 사태에 관해서 아마도 앞으로 후속 조치를 취하라는 요청을 받을 것이다. 그리고 그런 조치가 만장일치의 지지를 받는 것이 바람직하다. 이런 점들을 감안해 나는 귀하가 위의 고려사항들을 한시바삐 유고의 고위 관리들에게 설명해 주기를 요청한다."

모든 증거는 계속해서 가리킨다

다수의 압력은 일단 다수의 의견이 적어도 합리적 의심의 여지가 없을 정도로 타당해 보여야 "횡포"라는 비난에서 자유로울 수 있다. "만일 당신이 내가 당신의 지배자에게 복종해야 하는 이유를 밝히지 못하면서 나의 복종을 요구한다면 당신은 이성을 버리고 위협을 내세우는 셈이 된다."[5] PRK의 전면 남진이 ROK의 도발에 반응한 우발적 행동이 아니라 사전에 면밀히 준비된 고의적 행위임이, 다시 말해 북한군이 불법적 침략자임이, 레이크 썩세스에서 25일의 안보리 결의를 전후해 절대다수의 의견으로 자리를 잡았다. 그 여론은 단순히 이해관계가 빚어낸 편향과 두둔의 결과만이 아니었다. 그것은 "개명된 의견"—가용한 정보를 근거로 신중한 추론을 통해서 도달된 판단—이었다.

26일 낮 14:19(서울 27일 04:19) 유즌(USUN, 유엔미국대표부)의 워렌 오스틴은 서울의 안콕(UNCOK, 유엔한국위원단)이 이틀 전 사무국에 보낸 코리아 보고서의 무삭제본을 국무부에 전송했다. 대사의 설명에 의하면, "사무국은 그 내용들 가운데 민감한 것으로 판단한 군사정보들을 삭제하고 나머지만 안보리에 돌려서 세상에 공개했다." 남한군과 카이맥(KMAG, 주한군고문단)의 처지를 서술하는 그 부분들은 안보리 이사국들에 의해서 "내밀히 확인됐다." 그러나 USUN이 보기에, 비공개 정보들은 "UNCOK이 북한군을 공격자로 판단함을 가리켰다." 따라서 그 미국인들은 "그 보고서 전체를 아무 삭제 없이 발표할 것을 사무국에 촉구했다." 오스틴이 회람 S/1496에서 삭제됐던 군사정보들을 괄호들로 싸서 표시한 UNCOK의 온전한 코리아 보고서는 다음과 같았다:[6]

---

5 Robert A. Dahl, 한완상 역, 『현대위기와 민주혁명(After the Revolution?: Authority in a Good Society)』(탐구당, 1976 (Yale University Press, 1970)), 49쪽.

6 *FRUS 1950 VOLUME VII, KOREA*, pp.171-172.

"대한민국정부는 북한군이 6월 25일 04:00 무렵 38도선 전체를 따라서 공격을 개시했다고 진술한다. 주요 공격 지점들은 옹진반도, 개성 지역, 춘천, 그리고 강릉의 북쪽과 남쪽에서 바다로부터 상륙들이 있었다고 보고된 동해안이다. 바다로부터의 또 다른 상륙이 남동해안의 포항 지역에서 공군의 엄호 하에 임박했다는 보고도 있다. 가장 경미한[7] 공격들은 서울 바로 북쪽의 38도선에서 그 도시에 가장 짧은 접근로를 따라서 이뤄졌다.

[남한군은 서울의 북서쪽 27마일 지점에 있는 임진강을 따라서 미리 구축해 놓은 주저항선으로 퇴각 중인 것으로 보인다. 그런데 북한군이 한 지점에서 그 강을 건너고 있다는 보고가 있었다. 공격은 한국군과 KMAG 모두 전혀 예상치 못했던 것이다. 모든 곳에서 완전한 기습과 퇴각을 시사하던 초기의 단편적 보고들은 지금 보다 자신 있는 진술들로 대치되고 있다. 주저항선을 따라서 상황이 안정되고 있다는 보고다.]

평양 라디오는 13:35에 남한을 비난했다. 밤 동안 남한군이 38도선을 넘어서 침공했다는 것이다. 그러나 위원단과 회의하는 자리에서 대통령과 외무장관은 그것이 새빨간 거짓말이라고 선언했다. 평양 라디오는 또한 침공군을 단호한 반격으로 격퇴하라는 지시가 인민군에 발령됐고 결과들에 대한 책임이 남한에 있다고 진술했다. 서른여섯 대의 탱크들과 장갑차들이 네 지점에서 북쪽의 공격에 사용됐다고 대통령은 상황 설명에서 말했다. 비상국무회의 후에 외무장관은 비열한 공격에 맞서서 저항할 것을 남한국민들에게 방송했다. 대통령은 위원단이 총격을 중지할 것을 촉구하는 방송을 하고 사태의 심각성을 유엔에 알리는 것에 대해서 전적인 지지를 표명했다. 북한이 11:00에 평양 라디오로 선전포고를 했다는 소문이 나돌았지만 어떤 출처로부터도 그에 대한 확인이 나오지 않았다. 대통령은 방송을 정식 통고로 인정하지 않고 있다. 미국 대사는 위원단에 출두해 대한민국 군대가 훌륭히 싸울 것으로 기대한다고 진술했다.

---

7 "가장 경미한"(slightest)은 "가장 최근의"(latest)의 오타다(제1장의 55쪽에 인용된 삭제본 참고).

17:15 네 대의 야크기가 서울의 바깥쪽에 있는 민용 및 군용 활주로들에 기총소사를 가해 비행기들을 파괴하고 가스 탱크들에 불을 냈으며 지프들을 공격했다. 서울 외곽의 영등포 기차역도 기총소사를 당했다. [남한공군은 고작 훈련기 여섯 대가 전부다.]

위원단은 전면전의 성격을 띠어 가고 있고 국제평화와 국제안보의 유지를 위태롭게 만들지 모르는 사태의 심각한 전개에 사무총장이 유의하기 바란다. 위원단은 총장이 그 문제에 안보리의 주의를 환기하는 가능성을 고려해 보기를 제안한다. 위원단은 차후에 보다 충분히 숙고된 권고를 통신할 것이다."

북한군의 공격이 남한군도 KMAG도 전혀 예상치 못했던 "완전한 기습"이라는 판정은 UNCOK이 다음에 순차로 발신한 네 개의 26일자 보고들 가운데 셋째와 넷째에 의해서도 뒷받침됐다. 나중에[8] 셋째 전문은 문서 S/1505에 담겨 안보리 이사국들에게 배포됐다. 그 긴 전문에서 위원단은 "비밀리에 준비되고 개시된" 공격이 있기까지 PRK가 위원단의 전신인 안트콕(UNTCOK, 유엔한국임시위원단)을 부인함을 비롯해 1948년 이래 ROK 정부의 파괴를 위해서 전개한 막후공작들을 개관했다. 위원단이 보기에 그 사건들은 남쪽이 먼저 공격을 시작했다는 평양의 주장들에 대한 완전한 반증이었다. 위원단은 진술했다:

"1. 지난 2년간 북한 정권은 격렬한 비방들과 욕설들을 퍼붓고, 38도선을 따라서 위협적인 행태들을 일삼고, 그리고 대한민국의 영토에서 전복 활동들을 고무하고 지원함으로써 유엔임시한국위원단의 주관하에 수립되고 총회가 승인한 대한민국 정부를 약화시키고 파괴하려고 설계된 전술들을 구사했다. 같은 기간 동안 UNTCOK은 위원단의 합법성을 부인하고 위원단의 활동이 쓸모없다고 비난하며 단원들에게 인신공격을 가하는 반복적인 선전 방송들의 표적이 됐다. 이 활동은 그 초창기 공화국의 경계가 여전히 불안정한 상태에

---

8 그 네 전문들은 6월 27일의 안보리 회의에서 의장이 낭독한 다음 이사국들에게 배포됐다.

있었고 제헌국회의 심의들이 빈번히 논쟁을 일삼고 행정부에 대해서 비판적이었던 지난 여덟 달 동안 가차 없이 추구됐다. 최근 몇 달 동안 이 나라의 정치와 경제의 안정에는 뚜렷한 개선의 징후들이 있었다. 4월 초 한국의 군과 경찰은 막 38도선을 넘어온 도합 약 600명으로 이뤄진 2개의 게릴라 부대들을 소탕함으로써 북쪽의 지원을 받아 남한에서 활동 중이던 게릴라들에 대해서 겨울 공세의 정점을 찍었다. 동시에 내부의 치안과 국내의 사기는 파괴분자들의 진압으로 강화됐다.

2. 북한정권은 방송과 선전, 그리고 파괴분자들의 지원으로 5월 30일 총선의 효과적 실시를 저지하려고 기도했으나, 위원단이 감시한 이 선거들은 전반적으로 법과 질서의 분위기 속에서 성공리에 진행됐다.

3. 새로 구성된 이 국회는 UNTCOK의 감독 아래 1948년 5월에 선출된 제헌국회를 승계했다. 1948년에는 중간노선의 정당들이 선거 참여를 거부했다. 한반도의 한쪽 반만에서의 선거들은 38도선이라는 인위적 장벽을 영구화할 것이라는 우려 때문이었다. 그러나 1950년의 선거들은 1948년의 선거들과 달랐다. 지하공산주의자들을 제외한 모든 정당들이 선거에 참가했다. 제헌국회에서 2대 정당을 이뤘던 여당과 야당이 다같이 심한 손실을 입었다. 그리고 1948년 총선을 거부했던 온건 세력들이 괄목할 진출을 했다. 모두 210명의 의원들 가운데 약 130명이 무소속인 새 국회는 경제적으로 건강한 국가에 효과적인 대의정부의 수립을 향한 계속적 전진에 기여하는 희망찬 분위기 속에서 1950년 6월 19일 개원했다. 초기의 회의들은 행정부에 그것의 여러 단점들을 비판하는 정신으로 맞서려는 결의를 보였다.

4. 6월이 되면서 북한정권의 평양 라디오는 코리아의 통일을 목표로 하는 조치들의 강화를 요구하는 한 논설을 대대적으로 선전했다. 6월 3일 한 성명은 530만 북한주민들이 평화와 통일을 위한 호소문에 서명한 것은 민족통일을 위한 투쟁이 새로이 개시되고 있음을 뜻한다고 주장했다.

5. 6월 7일 라디오 평양은 민주전선이 코리아의 모든 민주적 정당들과 사회단체들 앞으로 보내는 호소문을 일정한 간격을 두고서 반복해 방송하기 시작했다. 그 서한은 조국의 통일을 달성하기 위해서 제안된 어떤 협의회의 개최에 이어서 코리아 전역에서 선거들을 실시할 것을 제의했다.

6. 그 호소는 남한 정부에서 9명의 지도자들을[9] 반역자들이기 때문에 협의회에서 제외한다는 것과 같은 조건들을 달았고 UNCOK이 통일의 과업에 간섭하게 허용되면 안 된다고 주장했다. 그럼에도 불구하고 그것의 논조는 북한의 이전 태도가 눈에 띄게 달라졌음을 시사했다. 그 서신의 수신자들 속에는 UNCOK도 포함돼 있어서 위원단은 6월 10일 대표 한 명을 38도선 너머로 보내서 그것의 본문을 받고 3명의 북한대표들에게 평화통일에 대한 위원단의 갈망을 친히 전달했다.

7. 그 세 북한대표들은 공화국에서[10] 소수의 지도적 정당들과 정치 인사들을 제외하고 모두에게 배부할 사본들을 가지고 다음날 남한에 왔다. 남한 당국은 그들을 즉시 구금하고 남한으로 전향해서 사실들을 폭로하도록 계속 회유했다. 북쪽의 라디오는 '평화의 사절'들을 구금한 남쪽의 행동을 맹렬히 비난했다. 한 청문회에서 위원단은 남쪽 당국에 의해서 좋은 처우를 받고 있다는 그 3인 모두의 확인을 받았다. 그들은 '눈으로 직접 보니 북쪽이 공화국의 정치인들에 대해서 여러 모로 오해하고 있음을 깨달았다'고 인정했다. 그러나 그들은 '북쪽 당국의 선의를 굳게 믿는다'고 말했다.

8. 남한 당국은 그들을 즉시 구금하고 남한으로 전향해서 사실들을 폭로하도록 계속 회

---

9 북한은 사실은 다음 8인을 제외했다: 이범석, 김성수, 신성모, 조병옥, 채승덕, 백성욱, 윤치영, 신흥우("평양방송, 전국 정당 • 사회단체 대표자회의 개최를 남쪽에 제의", 『국도신문』 1950년 6월 11일).

10 ROK(대한민국, Republic of Korea)를 말한다.

유했다.[11] 북쪽의 라디오는 '평화의 사절'을 구금한 남쪽의 행동을 맹렬히 비난했다. 만일 선출되면 김일성 수상을 비롯해 모든 반역자들을 팔을 활짝 벌리고 환영했고 만일 참회를 하고 대한민국을 위해서 견실한 토대를 놓기에 헌신할 결심을 한다면 알맞은 자리들을 준다.

9. 뒤이어 그 서한은 북한정권의 최고인민회의 간부회의가 마련한 또 다른 평화통일계획으로 대치됐다. 이 계획은 남과 북의 의회들을 단일 입법의회로 소집하는 과정을 고려했다. 그러나 그것은 이전의 호소에 있었던 것들과 유사한 불쾌한 조건들을 달고 있었다.

10. 남한의 언론, 정당 그리고 지도자들은 그 두 호소를 순전히 선전에 지나지 않는다고 비난했다. 이 호소들의 의도는 1948년 선거를 반대한 사람들로 하여금 협상에 의해서 평화통일이 이뤄질 가능성이 정말로 있다고 생각하게 부추김으로써 남한 국회에 지배적인 단합을 깨뜨림에 있음이 분명했다.

11. 한편 위원단은 북쪽이 원래 제의한 중요 정치범의 교환에 있어서 위원단의 알선을 양측이 수락한다면 중재에 나서겠음에 동의했다. 6월 10일 위원단은 그러한 교환을 어떤 식으로도 위태롭게 만들 의사가 없음을 분명히 밝혔다. 북한은 위원단이 제의한 역할을 6월 20일 거부했다. 그럼에도 불구하고 교환을 위한 조정들이 침공의 시점에도 여전히 심의 중에 있었다.

12. 최근 수개월 동안 명백히 커지고 있는 대한민국의 국력과, 전혀 예기치 못한 6월 25일의 침공에 비추어 보면, 평화적 수단에 의해서 조기에 통일을 이루자고 요구한 라디오 선전 공세는 순전히 연막 효과에 의도가 있었던 것으로 보인다.

11 7번 문단과 8번 문단의 혼란스런 맥락은 원문상의 오타나 통신상의 오류에 기인한 것 같다.

13. 김일성 장군은 오늘 아침 09:30 라디오 방송에서, [어제] 13:35에 북한이 처음 했던 주장을 반복했다. 남한이 평화 통일을 위한 북쪽의 제안들을 모조리 거부한 후 끝내는 침략군으로 하여금 해주 지역의 38선을 넘게 함으로써 범죄행위의 정점을 장식했고, 북한군의 반격을 촉발시켰으며 따라서 남한이 그 결과들을 책임져야 한다는 것이었다.

14. 같은 방송에서 그 수상은 통일을 확보하고 '반역자들'을 처단하기 위한 투쟁을 [원문 불명]에게 요구하고 남한에는 대중봉기와 파괴활동을 촉구했다. 위원단은 북쪽의 주장들을 조금이라도 정당화할 증거가 아무것도 없다. 모든 증거는 계속해서 가리킨다. 치밀한 계산하에 조율된 공격이 비밀리에 준비되고 개시됐음을."

UNCOK의 네 번째 보고는 서울에서 6월 26일 10:00(워싱턴 25일 20:00) 이후에 발신된 것이었다. 위원단은 자체의 군사옵서버들이 직접 실시한 관찰들을 근거로 "남한군이 완전히 기습을 당했다"는 판정에 도달했다. 문서 S/1507에 실린 그 전문은 보고했다: "위원단은 오늘[6월 26일] 아침 10시에 회합을 갖고 적대행위들에 관한 최근의 보고들과 적대행위들이 개시되기 48시간 전까지 UNCOK의 군사감시관들이 38도선을 따라서 직접 관찰한 결과들을 심의했다. 이 증거에 입각한 위원단의 견해는 현재 다음과 같다. 첫째, 작전들의 실제 진행을 보건대 북쪽 정권은 남한에 대해서 잘 계획된 일사분란의 전면적 침공을 수행하고 있다. 둘째, 남한군은 38도선의 모든 구역에서 완전히 방어적인 체제로 배치됐다. 셋째, 남한군은 침공이 임박했다고 믿을 만한 어떤 첩보도 접하지 못했기 때문에 완전히 기습을 당했다. 위원단은 사태를 지켜보면서 추후의 전개를 보고하겠다."

6월 26일 차례로 사무국에 도착한 UNCOK의 보고들 중에서 첫째와 둘째는 PRK가 안보리의 정화 및 철수 권고에 응하지 않을 것이라는 예상을 실었다. 첫 전문은 06:25(서울 6월 26일 20:25) 이전에 수령됐다. 위원단은 다자 압박보다 중립적 중재에 기대를 걸었다. 렌보그 박사가 사무총장 앞으로 보낸 그 보고는 나중에 유엔 문서 S/1503으로 분류돼 안보리 이사국들에게 배포됐다. 존 무쵸를 통해서 워싱턴에도 중계된 그 보고는 진술했다: "북한군의 남진은 급속히 악화될 가능성이 있는 위험한 상황을 조장했다. 내일 서울의 상황이 어떻게 될지 추정이 불가능하다. 위원단은 과거의 경험과 현존의 상황을 볼 때 북한이 안보리의 결의를 무시할 것이고 위원단의 알선도 수락하지 않을 것이라 확신한다. 위원단은 평화를 교섭할 중립적 중재자에 양측이 동의하라고 권고하거나 어떤 이사국이 즉각적 중재에 착수하라고 요청하는 것을 안보리가 논의해 보기를 제안한다. 위원단은 서울에 있기로 결정했다. 현재 진행 중인 결정적 작전들이 며칠 만에 종결되고 안보리 결의에서 제의된 전투 중지와 북한군의 철수 문제가 탁상공론으로 판명될 위험이 있다."

UNCOK의 둘째 보고는 미국의 결의안이 6월 25일 안보리에서 채택됐음이 알려진 연후에 작성된 것이었다. 위원단은 결의된 조치들을 실행할 것이었으나 결과에 대해서는 이전처럼 여전히 회의적이었다. 나중에 문서 S/1504로 배포된 그 전문은 진술했다: "위원단은 미국이 발의한 안보리 결의안의 채택을 통고받았다. 위원단은 그와 같은 방향으로 조처를 계획했으며 SC의 수순에 만장일치로 만족을 표명한다. 위원단은 이사회가 부여한 임무에 기꺼이 착수할 것이다. 그러나 지난 18개월 동안 북한과 접촉하려는 위원단의 노력들에 북한은 부정적인 반응으로 일관했음을 지적하고 싶다."

우리의 앞에는 궁여지책 몇 가지밖에 없는 것 같다

처방은 진단의 논리적 귀결이다; 진단이 다르면 처방도 당연히 다르다. 그것의 대우도 성립한다; 동일한 처방은 동일한 진단의 결과다. 그러나 그 역은 성립하지 않는다; 진단이 같아도 처방은 다를 수 있다. 사람들이 문제의 이해에 생각이 일치해도 문제의 해법을 놓고서 다투는 경우가 종종 있다. 어떤 해법의 실행에도 능력과 비용이, 그리고 때로는 위험의 감수가, 요구되기 때문이다. 안콕(UNCOK, 유엔한국위원단)의 보고들은 레이크 썩세스의 강경한 목소리들에 새로운 정당성을 부여했다. 그럼에도 불구하고 미국인들은, 안전보장이사회에서 강력한 후속 조치의 채택을 요구할 경우, 소련이 거부권을 행사하지 않더라도, "완전한 지지"를 얻기가 수월치 않을 것임이 점차로 드러났다.

워싱턴의 6월 27일 오전 01:00(서울 27일 15:00) 애치슨의 비밀 전문이 런던, 파리, 로마, 오슬로, 오타와, 리스본, 코펜하겐, 브뤼셀, 뉴델리, 마닐라, 캔버라, 웰링턴, 헤이그, 룩셈부르크, 레이캬비크, 사이공, 모스크바의 해외 공관으로 타전됐다. 전날 밤 블레어 하우스에서 의논된 대로 대통령이 그날 낮 안보리(SC) 회의가 열리기 앞서서 발표할 성명 초안의 내용을 알리기 위해서였다. 미국 정부는 크렘린의 지도를 받는 침략주의와 북한군에 의한 서울 함락을 기정사실로 전제하고 코리아는 물론 포모사와 필리핀과 인도차이나까지 포함하는 대응책을 마련했다. 트루먼 대통령은 미국의 조치들을 EDT(동부하계시간)로 당일 정오(서울 28일 02:00)에 공표할 예정이었다. 애치슨은 소련을 제외한 주재국의 외무부에 그 내용을 사전에 "시급히" 알리라고 훈령했다. 모스크바의 대사관은 그것을 아는 것으로 족했다. 긴급 전문 3124호에 담긴 대통령의 성명 초안은 진술했다:[12]

"침공의 목적에서 소련이 비행기들과 탱크들로 무장시킨 북한군은 ROK를 침입해 수도를 장악했다.[13] 유엔 안보리는 침입군에게 적대행위들을 멈추고 38도선으로 물러가라고 촉구했다. 그들은 따르지 않았다. 그들은 반대로 침공을 앞으로 밀고 나갔다. 안보리는 이 결의의 집행을 위해서 유엔에 모든 도움을 주기를 모든 유엔 회원국들에게 촉구했다. 이런 상황에서 대통령은 ROK 군대에 엄호와 지원을 제공하라고 미국의 공군과 해군에 명령했다.

---

12 *FRUS 1950 VOLUME VII, KOREA*, pp.186-187.

13 서울 함락: 북한군은 한국시간 6월 28일 오후—워싱턴 시간 28일 새벽—가 돼서야 서울의 도심을 실제로 장악했다.

그 공격은 중앙의 지도를 받는 공산 제국주의가 독립국가들을 정복하려는 시도에 있어서 전복 공작을 넘어섰음을 그리고 현재 무력 침략과 전쟁에 의존하고 있음을 너무나 분명히 보여 준다. 공산 제국주의는 지금까지 안보리에 공공연히 반항했다. 이러한 상황에서 공산주의가 포모사를 점령한다면 태평양 지역의 안보와 이 지역에서 필요하고 정당한 기능들을 수행하고 있는 미국군의 안보가 직접적인 위협을 받을 것이다.

따라서 대통령은 필요한 위치들을 장악하고 있는 제7함대에 포모사에 대한 어떤 공격도 막으라고 명령했다. 대통령은 또한 중국 본토에 대한 모든 해군 및 공군 작전들을 중지할 것을 포모사의 치앙 정부에 요청했다. 함대는 이것이 이뤄지게 감시할 것이다. 포모사의 장래 지위는 태평양 안보의 회복과 관련된 결정, 일본과의 강화 체결, 또는 가능한 유엔의 심의를 기다려야 한다.

대통령은 또 필리핀에 대한 군사원조를 조속히 시행하고, 거기에 있는 미군을 강화하라는 지시를 내렸다. 대통령은 마찬가지로 인도차이나의 프랑스와 연합국들에 대해서 군사원조를 조속히 실시하고, 미국의 군사고문단을 파견하여 그 연합군과 긴밀한 실무적 관계를 갖도록 하라고 지시했다.

세계가 힘의 지배로 돌아가면 그것의 영향들이 널리 미칠 것이기 때문에 모든 유엔 회원국들은 최근에 발생한 침략의 결과들을 주의 깊게 고찰해야 한다. 따라서 안보리의 미국 대표는 이 조치들에 관해서 그 이사회에 알리고 있다.

전술된 사항들은 EDT로 6월 27일 정오 무렵 발표될 것이다."

워싱턴은 또한 코리아에 투입할 연합군을 조성하는 가능성도 타진해 보기로 결정했다. 대통령의 발표를 알리는 전문이 세계 도처로 나간 것과 같은 시각인 27일 새벽 01:00(서울

27일 15:00) 애치슨의 다른 전문이 런던과 파리와 오슬로의 대사관으로 발송됐다.[14] 국무부 전문 3125호는 지시했다: "6월 27일의 유엔안보리 회의에서 워렌 오스틴이 결의안을 도입할 것이다. 그것은 적절한 전문에 이어서 다음의 효력발생 문단을 담을 것이다: '유엔의 회원국들이 무장공격을 격퇴하는 데 필요한 원조를 대한민국에 제공하도록 권고한다.' 이 내용을 영국 외무부에 알리고 자국의 안보리 대표에게 이 결의안을 지지할 것을 전화로 지시해 달라고 요청하기 바란다."

유고와 인도에 관한 한 그 결의안은 저항을 받을 처지에 있었다. 그 두 안보리 이사국들은 유엔의 무력 개입으로 인해서 오히려 국제평화와 국제안보가 나락에 떨어질 위험을 우려하고 있었다. 유고인들은 유엔이 북한군을 침략자로 규탄하는 것조차 아직은 이르다고 생각했다. 그들은, 아마도 여전히 코리아 사태의 평화적 해결을 염두에 두고서, 25일 안보리에서 부결된 유고안에 표명된 주장들을 계속 고수할 필요가 있다고 판단했다. 베오그라드의 미국대사 조지 앨런은 26일 오후에 유고의 외무차관 프리카를 만났다.[15] 차관의 전언에 의하면, 유고 당국은 그날 오전 코리아 사태에 관해서 여러 시간 논의했다. 그들은 "침략을 비난하고 양측에 원래의 위치들로 돌아가라고 촉구하며 유엔 조사를 요구하는" 결의안으로 유고의 입장을 정리했다. 안보리의 베블러 대사는 그 결의안을 밀고 나가되 다른 문제들에 관해서는 기권을 하라는 훈령을 받을 것이었다.

유고는 그 문제에 있어서 나름의 "특수한 난점들"이 있었다. 프리카는 그것들을 언급하고 미국의 이해를 구했다. 앨런은 다음의 취지로 대답했다: "내가 보기에 상황은 유고슬라비아와 다른 모든 나라를 위해서 완전히 뚜렷한 것 같습니다. 공개적인 침략 앞에서 유엔이 결정적 행동을 취할 수 있느냐의 여부는 다른 나라의 경우처럼 유고에게도 똑같이 중요합니다.

---

14 *FRUS 1950 VOLUME VII, KOREA*, pp.187-188.

15 *FRUS 1950 VOLUME VII, KOREA*, p.184.

나는 아메리카에서 고립주의가 사라지기를 희망합니다. 그러나 만일 다른 나라들이 침략을 추방함에 있어서 미국과 협력하기를 주저한다면 미국인들은 환멸을 느끼게 될 수 있음을 유고 정부가 기억하기 바랍니다. 내가 알기로, 상황이 그렇게 전개되면 유고보다 더 많은 영향을 받을 나라는 없습니다. 만일 혹시라도 유고가 유엔의 원조를 호소할 일이 생긴다면 나는 유고 정부가 코리아 문제에서 자신이 취한 입장을 후회할 이유를 만들지 말기를 희망합니다."

그 주장은 물론 타당했다. 그러나 불확실한 유엔의 원조에 대한 기대가 유고의 "특수한 난점들"을 과연 중화할 수 있을지는 의문일 뿐이었다. 더욱이 소련의 의도도 불확실했다. 그것은, 정보가 부족해서 또는 의도란 원래 가변적이라서, 예측이 어려웠다. 만일 미국인들의 판단과 달리 북한군의 남진이 사실은 소련의 "시험용 풍선"이 아니라면 유고는 장차 소련의 침공을 당해서 미국의 도움이 필요한 사태에 직면하지 않을 것이었다. 그리고 혹시 미국의 판단이 옳아도, 소련은, 만일 미국의 강력한 대응으로 인해서 그 시험에 실패한다면, 다른 곳에서 감히 침공에 나서지 못할 것이었다.

인도 정부는 북한 당국에 의해서 25일의 안보리 결의가 지금까지 무시를 당하는 사태에 직면해 중재가 최선의 대처라고 판단하고 있었다. 그것은 강경책과 온건책 사이에서 주저하는 정부들의 처지를 잘 나타냈다. 뉴델리에서 미국대사 헨더슨은 27일 아침 인도 외무부의 바지파이 사무총장을 만났다.[16] 총장이 요청한 그 만남에서 미국대사는 다음의 질문을 받았다: "코리아 문제에 관해서 안보리의 안팎에서 어떤 추가적 행동을 계획하고 있는지 귀국 정부로부터 암시를 받은 바가 있습니까?" 헨더슨은 그런 바가 없다고 대답하고 부연했다: "내가 여태껏 수령한 정보는 이미 취해졌거나 현재 취해지고 있는 것들에 관한 사실적 진술들에 국한됩니다. 나는 귀하에게 이 정보를 이미 주었고 그 중 많은 것은 언론에 나왔다고 믿습니다."

---

16 *FRUS 1950 VOLUME VII, KOREA*, pp.204-206.

그러자 바지파이는 레이크 썩세스의 베네갈 라우한테서 막 수령된 전문의 발췌문들을 대사에게 읽어 주었다. 라우는 북한이 정화 결의를 혹여 무시할 경우에 미국이 유엔헌장 제VII장의 40, 42, 48조를[17] 인용하는 새로운 결의안을 도입하려 계획할지 모른다는 인상을 받았다. 바지파이가 보기에, "특히 42조는 어쩐지 과감한 것으로 보이며 그 조항하의 행동은 새로운 세계대전에 이를 가능성이 있는 것 같[았]다." 그러므로 총장은 "이런 성격의 결의안에 대해서는 인도정부가 결과들을 신중히 검토하고 뉴델리에서 훈령들을 수령할 때까지 투표를 보류하라고 [라우에게] 지시할 것"이라고 말했다.

바지파이는 확인을 원했다. "대사가 보기에는 미국이 그런 결의안을 즉시 도입할 것 같습니까?" 총장이 물었으나 헨더슨은 그와 관련해 워싱턴에서 아직 아무 훈령도 받지 못했다. 다만 북한군의 급속한 전진을 보건대 만일 과감한 행동이 효과를 낼 수 있다면 그 행동이 즉시 취해져야 할 것이라 생각됐다. 그러나 다른 한편 대사는 의아했다. 대사는 레이크 썩세스에서 또는 외교 채널들을 통해서 안보리에 의석을 가진 정부들과 의논도 없이 "나의 정부가" 과연 그런 종류의 결의안을 안보리에 도입할 것인지 "조금 의심이 들었다." 그럴 리가 없다면, 결론은 하나였다. 코리아 사태가 긴급한 국면에 돌입했다는 것이었다. 그는 "중대한 비상 사태에 임해서만 사전에 외교적 준비도 못한 채 미국 정부가 추가적인 나라들을 무장 갈등에 끌어들이는 결과를 초래할지 모르는 조치들에 관해서 결정을 하라고 안보리의 이사국들에게 요구하는 결의안을 도입할 것이라는 생각이 들었다."

---

17 유엔헌장 제7장은 "평화에 대한 위협, 평화의 파괴 및 침략행위에 관한 행동"을 규정한다. 거기서 48조는 다음과 같다. "48조: ① 국제평화와 국제안보의 유지를 위한 SC의 결정을 이행함에 필요한 행동은 SC가 정하는 바에 따라서 유엔회원국의 전부 또는 일부에 의해여 취해진다; ② 전기의 결정은 유엔회원국에 의하여 직접 그리고 유엔회원국의 참가하는 적절한 국제기관에서 그 회원국이 취하는 행동에 의하여 이행된다." (41조와 42조는 2.2의 관련 논의에 각주(96쪽)로 인용돼 있음.) 번역 참고: 『현대국제정치론』(Hans J. Morgenthau, *Politics Among Nations: The Struggle for Power and Peace, 5th Edition* (New York: Alfred A. Knopf, 1973), 이호재 역, 서울: 법문사, 1987), 부록 I. 국제연합헌장, 753-754쪽.

그러나 위급한 상황이 잘못된 판단의 구실이 될 수는 없었다. 헨더슨은 “우리의 외교정책을 만드는 책임이 있는 미국의 관리들이 세계평화를 심각한 위험에 빠트리지 않으면서 침략을 차단하거나 적어도 침략을 억제할 가망을 보이는 길은 모조리 찾아볼 것”이라 가정했다. 만일 그렇다면 그들은 “아마도 몇몇 궁여지책들” 가운데 하나를 선택할 수밖에 없었다. 하나는 “전쟁에 이를지 모르는 행동”이었다. 다른 대안은 “침략자들을 고무하고 침략의 잠재적 희생자들은 유엔이 무력하고 어떤 다른 곳에도 구원은 없기 때문에 침략자의 무력에 맞서려 해 봐야 헛일이라고 느끼게 만드는 나약한 성질의 행동”이었다. 강력한 대응에도 나약한 대응에도 위험이 따랐다. 그러나 헨더슨은 후자가 더 큰 위험을 초래할 것으로 보았다. 이유는 다음과 같았다. “어쩌면 인도를 비롯해 침략을 반대하는 유엔의 회원국들은 누구나 적어도 어느 정도까지는 비슷하게 난처한 국면을 맞이하고 있음에 틀림없다. 코리아는 원래 미국의 문제가 아니었다. 그것은 유엔과 세계의 문제였다. 코리아에 관해서 취해진 행동으로 당연히 즉각적 장래에 세계의 동향들이 결정될 것이다. 세계 평화가 와해되면 사태는 매우 심각할 것이다. 그러나 세계 도처에서 반대 없이 침략이 일어나는 사태는 훨씬 더 심각할 것이다.”

헨더슨이 그 소견을 말하자 바지파이는 “동의하는 눈치였다.” 그러나 네루가 “상황에 관해서 난처해 하고 있었다.” 인도 정부는 라우의 전문을 받기 전에 벌써 그에게 보낼 훈령을 초안해 놓았었다. 바지파이는 거기서 발췌한 문장들을 헨더슨에게 큰소리로 읽어 주었다. 훈령은 UNCOK이 유엔에 보낸 권고사항들에 기초한 것으로 보였다. 위원단은 안보리에 다음의 두 대안들의 하나를 제의하고 있었다: 첫째, 안보리는 즉시 중재자를 임명해 북한과 남한 사이의 분쟁을 해결하기 위해서 노력하게 해야 할 것이다; 또는 둘째, 안보리 이사국들 자신들이 분쟁의 중재에 나서야 할 것이다. 훈령은 라우에게 그 둘 가운데 어느 것이 결의안의 형식으로 도입되든 지지할 권한을 주었다. 그러나 라우는 제재들을 요구하는 어떤 결의안에 대해서도 본국 정부에 문의 없이 찬성하지 말라는 권고를 받았다.

바지파이는 "이 훈령이 즉시 타전돼야 한다고 믿는다"고 말했다. 그러나 헨더슨은 시간적 요소를 강조해 대답했다: "나는 유엔한위의 권고문을 본 적이 없습니다. 그러나 귀하가 내게 말해 준 것으로 판단하건대 이 권고 사항들은 북한이 정화를 준수할 것임을 당연한 것으로 여기는 것처럼 보입니다. 만일 북한이 계속 전진한다면 나는 중재할 것이 무엇이 남아 있는지 전혀 보이지 않습니다. 만일 북한이 남한을 점령하고 코리아의 공산 지배에 반대하는 중요한 인물들을 모조리 '숙청'해 버린다면 중재자가 할 일은 아무것도 없을 것입니다." 바지파이도 알고 있었다. "안보리가 효과적인 행동을 취할 수 있기 전에 북한이 기정사실의 달성에 성공할 것처럼 보입니다." 그 인도인은 그렇게 말하고 라우에게 보낼 훈령에 들어 있는 또 다른 문단을 읽었다. 그때까지 라우가 취한 행동을 승인하고 인도 정부가 북한의 공격이 침략 행위임에 완전히 동의한다는 내용이었다. 헨더슨은 바지파이에게 "나의 정부에서 어떤 정보를 받든 그리고 정책들을 결정함에 있어서 인도 정부에 도움이 될 수 있을 것이면 무엇이든 전해 주겠다"고 약속했다.

뉴델리의 MEA(인도외무부)와 달리 워싱턴의 인도 대사는 미국의 코리아 노선을 지지하는 쪽으로 보였다.[18] 27일 오전 11:30(서울 28일 01:30) 판디트 여사는 코리아에 관한 대통령 성명의 사본을 국무부에서 확인했다. 그녀는 별로 진지한 관심을 보이지 않았다. 그녀는 "인도가 코리아 문제에 처음부터 관련됐음"에 동의했다. 그녀는 "인도가 틀림없이 미국의 유엔 SC 지지를 환영할 것"이라고 생각했다. 국무부는 대통령의 선언에 대해서 인도 정부가 보편적으로 호의적인 반응을 보일 것이라고 낙관하지 않았다. 그러나 그 인도 대사의 언질들로 보건대, 당초의 비판적 잠재력을 약화시키고 미국 행동의 유엔 차원을 강조함에 의해서 심지어 인도 정부의 지지를 얻는 것도 가능할 것 같았다.

국무부는 서유럽 소국들의 경우에, 유고나 인도와 달리, 확실한 지지를 기대해도 좋았

18 *FRUS 1950 VOLUME VII, KOREA*, p.206.

다. 네덜란드의 채핀 대사가 국무부 전문 635호의 내용을 스틱커에게 전달했을 때 그 외무장관의 첫 반응은 다음의 환영이었다: "나는 미국이 이 행동을 취해서 대단히 기쁩니다."[19] 그 둘은 잠시 환담을 나눴다. 그리고 대사가 떠나는 인사를 했을 때 스틱커는 덧붙였다: "미국은 유엔에서 네덜란드 정부로부터 가능한 모든 지지를 기대해도 좋습니다."

벨기에 정부도 적극적 협력을 표명했다. 브뤼셀의 머피 대사는 런던을 경유해 수령한 국무부의 메시지를 벨기에 외무부에 "즉시 알렸다." 대사는 잠시 후 반 질란드의 초대로 수상과 국방장관과 그 외무장관을 만났다. 그 인사들이 처음에 보인 반응은 미국이 코리아 문제를 유엔의 틀 안에서 진행해서 만족한다는 것이었다. 그들은 벨기에 국민들이 미국 정부의 태도를 환영할 것이라고 느꼈다.[20] "그 문제는 내각 전체의 심의를 받을 것입니다." 반 질란드는 그렇게 말하고 유엔의 벨기에 대표에게 전적으로 협력하라고 훈령할 것임을 약속했다. 수상과 국방장관은 물었다. "벨기에인들이 이 단계에서 취해야 할 어떤 행동이라도 있습니까?"

그래서 채핀은 제안했다. "벨기에 국민들에게 사정을 완전하고 정확하게 알리는 것이 그리고 벨기에 군부의 장들이 정확한 정보를 제공받는 것이 중요합니다." 그러자 반 질란드는 전문의 내용을 꼼꼼히 확인했다. 먼저 장관은 문장 "이러한 상황에서 나는 미국의 공군과 해군에게 코리아의 정부군을 위해서 엄호와 지원을 제공하라고 명령했습니다"에 관해서 다수의 질문들을 했다. 채핀은 "엄호"와 "지원"이라는 단어들을 정의하는 추가적 자료들이 있어야 한다는 생각이 들었다. 포모사와 관련한 조치도 추가적인 배경 설명이 필요했다. 대통령이 포모사의 ROC(중화민국) 정부에게 본토에 대한 해군 및 공군 작전들을 모두 중지할 것을 촉구한 이유들이 그 지역에서 소련인들의 직접 행동을 촉발하기를 피하려는 것

19 *FRUS 1950 VOLUME VII, KOREA*, pp.206-207. 런던으로 발송된 국무부의 3124호 전문은 거기서 다시 635호 전문으로 헤이그에 발송됐다.

20 *FRUS 1950 VOLUME VII, KOREA*, pp.207-208.

으로 보였다. "그러나 전문의 이 부분이 여기서는 분명히 이해되지 않[았]다." 반 질란드는 벨기에 정부가 코리아 사태에 대해서 극히 엄중한 견해를 취하며 그것이 갈등의 일반화를 더 가깝게 당겨 온다고 느낀다고 말했다. 장관은 다시 강조했다. "벨기에는 여태까지 떠맡은 자신의 의무들을 준수할 것입니다." 장관은 미국이 유엔의 틀 안에서 정책을 진행하는 것에 대해서 다시금 만족을 표명했다.

프랑스 정부의 지지는 완전하고 확고했다. 브루스 대사는 파리 시간으로 27일 12:30(워싱턴 27일 07:30)에 외무장관 슈망에게 국무부 전문 3018호와 3019호의 내용을 전달했다.[21] 장관은 먼저 후자에 관해서 말했다: "안보리의 프랑스 대표는 미국의 어떤 결의안도 지지하라는 확고한 훈령들을 이미 받았습니다. 그러나 그 대사는 제안된 결의안을 지지하라는 훈령들의 구체적 확인을 바랄 것입니다." 3018호 전문에 담긴 대통령 성명에 대해서도 슈망은 "완전한 동의"를 표명했다. 장관은 그 성명을 매우 꼼꼼히 읽고서 그것이 "유일의 적절한 행동 방침"이라고 말했다. "개인적으로" 그 프랑스 관리는, "수반될 위험들"을 인식하는 가운데, 소련이 지금은 전면 전쟁을 시작할 준비가 되지 않았다고 판단했다. 포모사에 관해서도 슈망은 ROC 정부더러 본토에 대한 모든 작전들을 중지하라고 요청함이 현명하다고 생각했다. 그리고 끝으로, "당연한 일이지만" 그 프랑스인은 인도차이나를 다루는 부분에 상당한 관심을 보였다.

모든 눈들이 아메리카를 향하고 있다

코리아 사태의 원인을 소련의 세계전략에서 구하는 사람들은 하나같이 미국의 의지가 시

---

21 *FRUS 1950 VOLUME VII, KOREA*, p.203. 여기서 언급되는 전문들은 국무부 전문 3124호와 3125호와 동일한 것들이다.

험대에 올랐다고 생각했다. 그 시험적 도전을 당하여 미국정부는, 뉴델리의 헨더슨이 상상한 대로, 한쪽 극단에 ROK의 와해를 묵인하고 코리아에서 물러나는 "나약한" 행동에서부터 다른 극단에 ROK의 구원을 위해서 소련과 전쟁할 위험을 무릅쓰고 사태에 적극적으로 개입하는 "강력한" 행동에 이르기까지 여러 대안들을 생각할 수 있었다. 그 대안들 중에는 유고 정부가 원하는 "조사"도 있고 인도 정부가 원하는 "중재"도 있었다. 그러나 러시아인들은 아직 사태의 전면에 나서지 않았다. 그것은, 만일 그들이 정말로 배후에 있다면, 북한군이 패하기 시작할 경우 그들의 의지 역시 시험대에 오를 것임을 가리켰다. 그렇다면 미국인들 편에서는 무엇이 최선의 접근법인가? 또는 만일 현실적인 접근법들이 모두 좋지 않다면 그것들 중에서 무엇이 가장 덜 나쁜 궁여지책인가? 헨더슨의 판단처럼 미국은 소련과 전쟁할 위험도 불사해야 하는가?

정치의 세계는 지독한 모순의 세계다. 전쟁의 문제에 있어서는 특히 그렇다. 사람들은 한편으로 "전쟁이 다른 수단에 의한 정책의 계속"이라고 듣는다.[22] 다른 편으로 그들은 "전쟁에 승자란 없으며 단지 정도를 달리한 패자만 있을 뿐"이라고 듣는다.[23] 무릇 국가의 행위에는 어떤 목적이 있다. 전쟁은 국가의 행위다. 전쟁의 목적은 "적에게 우리의 의지를 강요하는 것"이다. 그 정치적 목적의 달성을 위해서 우리는 우리의 무력을 사용해서 적을 무력하게 만들 필요가 있다. 그러나 전쟁은 "지진"과도 같은 것이다. 아무도 지진의 파괴와 유혈을 당하기를 원하지 않는다. 어떤 명분도 어떤 이익도 전쟁의 유혈과 파괴를 정당화할 수 없다. 이것은 핵무기의 시대에만 타당한 진술이 아니다. 대량 파괴의 현대 무기가 없었던 시절에는 전쟁으로 인한 상실의 아픔이 오히려 더 컸다. 벌써 소크라테스와 비슷한 시기에 우리가 아는 최초의 역사가 헤로도토스는 기록한다: "평화 대신 전쟁을 선택할 바보는 없

22 Carl von Clausewitz, *On War, Edited and Translated by Michael Howard and Peter Paret*(Princeton, NJ: Princeton University Press, 1984), pp. 75, 87.

23 Kenneth N. Waltz, *Man, the State, and War: A Theoretical Analysis*(New York: Columbia University Press, 1959), p.1.

다; 평시에는 아들이 아버지의 시체를 묻지만 전시에는 아버지가 아들의 시체를 묻는다."[24] 우리가 전쟁에 대비해 군비를 갖춤은 평화를 원해서지 전쟁을 원해서가 아니다. 그렇게 우리의 명제들은, 제각기 놓고 보면, 둘 다 분명히 참이다. 그러나 그 두 명제는 동시에 참일 수가 없다. 우리는 어떤 것을 원하면서 또 동시에 그것을 원하지 않을 수 없다. 어떤 정부가 정책의 수단으로 전쟁을 택하면서 또한 그것의 피해 때문에 그것을 회피할 수는 없다.

네덜란드인들은 코리아 사태의 경우에 미국정부가 그 딜레마를 신속한 군대 투입에 의해서 간단히 해결할 수 있다고 생각했다. 그 사태를 단순히 미국의 진의를 떠보려는 러시아의 "허세"(bluff)로 보았기 때문이었다. 그러나 그들은 미국인들의 소심성이 염려됐다. 26일 오후 네덜란드 정부의 내각 회의가 끝난 뒤에 헤이그의 채핀 대사는 "약속대로 저녁에 디르크 스티커를 그의 집에서 만났다."[25] 대사가 북한군의 공격에 대한 네덜란드 내각의 반응을 물었더니 그 외무장관은 대사의 방문에 놀라지 않았음을 넌지시 비추고 대답했다: "나의 견해는 정부 전체의 견해를 정확히 반영합니다. 나는 극도로 염려됩니다. 만일 미국이 남한을 쓰러지게 '허용'하면 아시아 모두에 대해서 그리고 특히 동남아에 대해서 그것의 영향은 정말로 재앙적일 것이기 때문입니다. 우리는—서방세계는—그 지역 전체를 영원히 상실할 수도 있습니다."

스티커는 서유럽에 미칠 "통탄할 영향"은 언급하지 않겠고 지금은 다만 아시아에만 국한해서 생각하고 싶다고 덧붙였다. 그래서 채핀은 북한군의 침공이 "서방을 향한 어떤 행동을 감추기 위한 속임수"라고 생각하느냐고 물었다. 스티커는 아니라고 대답했다. 그 네덜란드인이 보기에, 그 공격은 "동북아 대륙을 비워서 일본을 겨냥하는 기지를 가지려는 시도"였다. 장관은 그것이 "매우 진지하긴 해도 또 하나의 러시아 허세"라고 확신했다. 장

---

24 Herodotus, *The Histories*, 1권, 87장.

25 *FRUS 1950 VOLUME VII, KOREA*, pp.185-186.

관은 설명했다: "러시아인들은 전쟁을 원하지 않으며 전쟁할 준비도 돼 있지 않습니다. 만일 강력하고 즉각적인 반격이 취해지면 그들은 틀림없이 물러설 것입니다."

스틱커는 미국의 신속하고 강력한 대응이 관건이라 판단했다. 장관은 말했다: "사건들이 빠르게 움직이고 있음을 감안하면 안보리의 행동을 기다릴 여유가 없는 것으로 보입니다. 이 침략이 러시아인들의 후원과 계획과 지도로 이뤄졌음은 의심의 여지가 없습니다. 미국의 원조가 물자의 공급에 국한되지 않기를 바랍니다." 그래서 앨런이 "그 말은 미국 군대의 상륙과 배치를 뜻하느냐"고 묻자 장관은 서슴없이 대답했다: "물론입니다. 합리적인 구실은 언제나 찾을 수 있는 법입니다. 이미 미국 비행기가 공격을 당하지 않았습니까?"

이어서 스틱커는 26일 아침 네덜란드 정부가 내놓은 발표를 언급했다. 그것은 비록 대변인이 한 것으로 돼 있어도 장관이 몸소 돌린 것이었다. 이 성명에서 장관은 북한의 공격이 아시아에서 미국의 정책을 떠보려는 "시험 사례"라고 규정했다. 장관은 "아시아 전체가 그렇게 판단할 것"이라고 주장하고 덧붙였다: "네덜란드의 책임 있는 사람들은 미국이 위협받은 나라의 적극적 지원에 나설 것이라고 확고히 믿습니다."

스틱커는 "모든 눈들이 아메리카를 향하고 있다"는 말로 앨런과의 면담을 끝맺었다. 미국대사가 알기로 그 네덜란드인은 AP(연합통신사) 특파원에게도 그렇게 말했다. 그러나 미국의 반응에 대한 그 외무장관의 주장은 예상이 아니라 희망의 표현이었다. 무관인 하일러는 여왕의 정치고문을 만났는데 그 고문은 네덜란드 정부의 공식 의견이 다음으로 모아졌다고 말했다: "늘 그렇듯이 미국이 손을 쓰지 않아서 코리아는 상실될 것이다."

실제로 네덜란드를 비롯해 "모든 눈들"이 워싱턴을 주목하고 있었다. 인도인들은 코리아 사태를 놓고서 미국정부가 취할 입장에 관한 정보를 얻기 위해서 뉴델리와 뉴욕과 워싱턴과 도쿄뿐만 아니라 심지어 모스크바에서도 미국 관리들과 접촉했다. 모스크바 인도 대사관의 카푸르 참사관은 6월 26일 미국대사관을 방문했다.[26] 그 인도인은 "우리 대사관은, ROK가 북한군 침입자들을 물리치게 돕기 위해서 미국이 유엔의 안팎에서 어디까지 갈 준비가 됐는지 시급히 알아내라는 지시들을 받았음"을 고백했다. 대사관 직원은 자신이 그렇게 광범한 질문에 권위 있는 대답을 줄 수 있는 위치에 있지 않다고 말하고, 워싱턴의 인도대사 판디트 여사가 "이 중요한 문제에 관해서 워싱턴에서 책임 있는 미국 관리들과 밀접한 접촉을 하고 있지 않겠느냐"고 물었다. 카푸르는 고개를 저었다. 그 인도인의 "솔직한" 설명은 이랬다: 판디트도 모스크바의 인도 대사와 똑같은 지시들을 받았다; 그러나 그녀는 워싱턴에서 "낙제생"으로 판명됐다; 그렇기 때문에 그녀가 인도정부가 알고 싶어 하는 것을, 즉 "미국이 코리아를 놓고서 제3차 세계대전을 무릅쓸 준비가 됐는지를" 알아낼 것인지 의심스럽다.

카푸르는 자기의 말로는 현재 미국과 소련의 의지에 관해서 인도정부가 가지고 있다는 생각들을 "솔직한 어조"로 털어놓았다. 먼저 미국은 "만일 소련인들과 전쟁할 위험이 개재되면 아시아에서 확고한 노선을 지킬 각오가 없다"고 인도는 평가했다. 소련도 비슷했다; 인도가 보기에, "소련인들 자신들은 [미국인들과] 전면전을 치를 각오가 돼 있지 않[았]다." 그러나 카푸르는 소련이 어떤 경우에도 팽창노선을 포기하지 않을 것임을 경고했다. 소련인들은 "미국의 입장에 확고성이 결여돼 있음을 알고서 [일단은] 간접적인 수단에 의해서 최소의 위험들을 부담하면서 자기들의 권력을 확대해 나갈 것"이었다. 그들은 그 방식을 "총력전에 필요한 군사적 • 경제적 잠재력을 갖추게 됐을 때까지" 계속하다가 "그때 만일 그들의 최종적인 목표들을 달성하기 위해서 필요하면 그 전쟁에 돌입할 것"이었다.

그렇기 때문에 인도인들은 미국이 코리아에서 "확고"하게 나오기를 바라는 눈치였다. 카푸르에 따르면, 그들은 인도차이나에 대한 소련 정부의 입장도 떠보았다. 라드하크리쉬

---

26 *FRUS 1950 VOLUME VII, KOREA*, pp.195-197.

난 대사가 1월에 조셉 스탈린에게 미국의 인도차이나 개입이 문제가 되는지 물었었다. 그러자 스탈린은 "인민이 먼저 결정할 것"이라고 대답했다. 카푸르는 이 말을 "미국이 현재 인도차이나에 제공할까 생각 중인 원조가 소련인들을 억지할 것임"을 뜻한다고 해석했다. 인도인들은 코리아에 대해서 미국이 행동을 하느냐 않느냐가 동남아에서, 그리고 소련의 정책에 대해서도, 미국이 차후에 취할 정책의 열쇠가 될 것으로 간주했다. 인도인들은 만약 미국이 코리아에서 확고한 입장을 취한다면 소련인들과 전쟁이 발발하지 않을 것이라 판단했다. 그렇지만 혹시라도 그 문제를 놓고서 전쟁이 일어나면 인도는 미국 진영에 가담할 것이라고 카푸르는 말했다.

그러나 그 발언이, "인도가 지금까지 반소 진영에 분명히 자리잡기를 주저한 것"과 맞지 않음을 의식해 카푸르는 설명했다: "그 주저는 소련과 인도 공산당 사이의 연계에서 나오는 위협을 현실적으로 직시하지 못해서가 아닙니다; 그것은 미국이 여태껏 전혀 이해하지 못하는 인도 특유의 국내적 • 지역적 고려사항들 때문입니다; 가장 중요한 이유는 인도가 명백히 미국 진영에 가담할 경우 거의 확실히 파키스탄이 소련권에 달려가게 될 것이고, 그렇게 되면 소련의 '공산주의가 델리에서 하룻밤 거리밖에 안 되는 곳인 라호르에 빠른 속도로 참호를 구축하게 된다는 것'입니다."

카푸르는 인도 정부가 말하는 미국의 "확고함"이 구체적으로 무엇인지 여러 번 암시했다. 그 인도인에 의하면, 도쿄의 인도 대표들에게서 보고들이 막 수신됐는데 거기에는 "미국이 앞으로 자신의 군사력을 코리아에 [확실하게] 적용할 것임"이 나타나지 않았다. 그러나 인도 정부는 유엔의 행동이 만일 "막연한 억제조치들"에 국한되고 "미국의 군사력의 뚜렷하고 강력한 적용"이 수반되지 않으면 효용성이 있을지 회의적이었다. 카푸르는 "만약 미국이 자신의 군사력을 코리아에서 확고하게 그리고 성공적으로 보여 준다면", 이것은 일본과 동남아와 인디아에 고무적인 영향을 미칠 뿐만 아니라 공산중국에도 감명을 줄 것이라고 확신했다.

대화가 끝날 때 대사관 직원은 카푸르에게 "견해들을 솔직히 말해 줘서 고맙다"고 말하고서 이렇게 덧붙였다. "미국은 코리아 같은 아시아 문제들에 관해서 인도의 입장에 특별한 관심을 가지고 있습니다. 그렇기 때문에 이 위기의 순간에 델리의 MEA는 말할 것도 없고 워싱턴과 뉴욕의 인도 대표들도 소련이 자행한 이 무도한 평화의 위협에 대한 인도정부의 솔직한 견해들을 책임 있는 미국관리들에게 반드시 전하기를 희망합니다." 카푸르가 비록 공식 노선을 취하려고 의도했어도 그의 언급들은 아마도 개인적 견해와 공식적 견해의 혼합일 것임이 분명했다. 그럼에도 불구하고, 모스크바의 미국인들은 그의 진술들이 "[다음의] 결론을 보장할 만큼 충분히 권위 있다"고 믿었다: "코리아에 관한 인도 정부의 정책은 미국이 취하는 대응수순들이 얼마나 확고하다고 그들이 평가하느냐에 상당한 정도로 좌우될 것이다."

베트남에 있는 사람들은 코리아 사태에 대한 미국정부의 소극적 대처가 초래할 두려운 파장들을 내다보고서 걱정이 이만저만이 아니었다. 그들은, 자기들의 터전이 코리아와 비슷한 처지에 놓여 있다는 인식 때문에, 네덜란드인들의 경우보다 훨씬 더 커다란 조바심을 보였다. 사이공의 프랑스인들은 6월 25일 아침에 수령된 UP(합동통신사)의 단편적인 메시지를 통해서 북한군의 공격에 관한 소식을 최초로 접했다.[27] 대리공사 귈리언은 국무부가 세계 도처에 뿌린 존 무쵸의 전문 925호에 진술된 내용을 6월 25일 오후 고등치안국에 전했다. 그 미국인에 의하면, 그것은 "여기서 수령된 최초의 확인"으로서 "프랑스인들은 극동에서 어떤 정보도 직접 받고 있지 않기 때문에 우리가 그들에게 전하는 정보는 무엇이나 고맙게 여겼다." 그런데 "사실상 모든 중요한 베트남인들과 프랑스인들은 지금 국가간 회의를 위해서 [파리]에 가고 없었다." 최고사령관서리와 고등판무관서리는 미국이 사전경고를 받았는지 물었다. 귈리언은 "우리 당국은 받았을지 모르지만 자신은 그렇지 않다"고 대답했다. 그 프랑스 관리들 역시 "어떤 사전 첩보도 받지 못했다."

가뜩이나 "미래에 관해서—미국의 의도의 항구성에 관해서—이미 걱정이 많고 국가의

27 *FRUS 1950 VOLUME VII, KOREA*, pp.193-195.

지위도 불확실한 베트남인들"에게 코리아 소식은, 궐리언의 관찰에 의하면, "커다란 동요를 일으켰다." 인도차이나와 코리아가 상황이 유사하기 때문이었다. 주민들은 너 나 할 것 없이 "만일 소련의 사주를 받은 무력이 코리아를 '통일'하기 위해서 유엔과 미국을 무시하고 공격을 하고 있다면 소련인들과 중국인들은 베트민을[28] 도와서 똑같은 일을 할지 모른다"고 염려했다. 그들은 미국의 원조가 인도차이나에 너무 느리게 온다고 불평했다.

프랑스인이건 베트남인이건, 특히 적어도 지성인들은, 베트남을 위해서 "미국의 확고함이 시험대에 올랐다"고 생각했다. 미국인들은 코리아에 "막대한 위신과 금전을 투자했다." 그런 그들이 지금 ROK를 지키러 달려가지 않는다면 베트남이 침공을 당했을 경우에는 더욱 더 그들의 도움을 기대할 수 없을 것이었다. "계산이 빠른 사람들"은 한걸음 더 나아가 "미국의 개입 여부가 전선이 안정될 수 있는가에 달렸다"고 판단했다. 그들은 굳이 군대를 기대하지 않았다. 그들은 "우리가 일본과 항모에 기지를 둔 공군을 사용하면 그것이 인도차이나가 침공을 당해도 우리가 움직일 가능성이 있음을 가리키는 징표"라고 생각했다.

"통찰력"을 지닌 사람들은 그 공격을 "서방의 군대들이 물러가는 곳에는, 또는 소련인들이 미국의 전략적 관심이 철회됐다고 믿을 만한 이유가 있는 곳에는, 빨갱이들이 주저 없이 움직일 것임"의 입증으로 보았다. 동시에 그들은 "소련인들의 계산의 정밀성과 미국-일본 무력의 총칼 아래서 위험을 감수하는 소련인들의 대담성"에 경외했다. 알레산드리(Alessandri) 최고사령관대행은 "상황을 잘 알지 못하지만 만일 북한인들이 러시아형 비행기들과 러시아형 탱크들을 사용하고 있다면 남한은 끝장"이라고 믿었다. 한 AFP(프랑스 통신사)의 속보는 "맥아더가 모든 원조를 보내고 있다"고 발표했는데 그것이 무슨 뜻인지를 놓고서 현지인들 사이에 추측이 난무했다.

---

28 베트민(Vietminh): 베트남(Vietnam)의 독립을 위해서 1941년에 호치민(Ho Chi Minh)의 주도로 중국에서 결성된 운동 단체.

궐리언은 선전전에서 자유진영은 공산진영보다 불리한 처지에 놓였다고 판단했다. 그 외교관은 추측했다: "베트민은 [코리아와 인도차이나] 상황의 유사성을 규탄하고 스스로 미국의 자본주의 전쟁광들의 꼬임에 빠져서 동포들과 싸우는 아시아인들의 운명을 강조할 것이다. 그들은 다가오는 베트남의 통일을 테마로 나발을 불어 댈 것이다. 베트남 인구 가운데서 내전은 프랑스와 베트민의 싸움으로 자기들은 무관하다고 고집하는 분자들은 호치민에게 손쉬운 타깃 집단이 될 것이다." 그에 대항해 프랑스와 미국은 "프랑스 육군의 주둔으로 인해서 어떻게 베트남이 코리아의 운명에 처하지 않게 되는지"를 지적하는 선전을 펼칠 수 있을 것이었다. 그러나 그것은 "까다로운 노선"이었다. "미국의 공군이 개입하지 않으면" 프랑스 육군은 혼자서 대규모의 중국군 공격을 저지할 힘이 없었다. 또 "왜 미국은 코리아에 육군을 남겨 두지 않았는가"의 문제도 제기될 수 있었다.

그뿐만이 아니었다. 공산권의 팽창에 대한 두려운 추측들도 가세할 것이었다. 공산주의 세계 전략가들은 "지금 우기가 오기 전에 포모사를 장악하려면 시간이 충분하지 않음"을 틀림없이 알고 있을 것이었다. 그렇기 때문에 공산중국이 행동에 착수할 것이고 싸움의 주도권을 잡기 위해서 기습공격이 이뤄질 것이라는 견해도 나왔다. 또한 미국이 서둘러 포모사 정책을 재고하고 포모사와 중국국민당 게릴라들에게 원조를 늘리지 않아도 되도록 사태가 전개될지 모른다는 추측도 나왔다. 거기서 더 나아가 "어떤 이들"은, 최근에 있었던 모스크바 회의를 염두에 두고서, 소련의 동남아 정책 조율, 만주 흡수, 코리아 공격을 "아시아에 대한 공산주의의 지배를 완성하도록 고안된 소련의 조율된 대륙정책이 실행에 들어가는 첫걸음"이라 생각했다. 정치고문 봉피스(Bonfils)는 "소련이 사주한 공격들이 반드시 동시적이지는 않을 것"이라고 믿었다. 그 프랑스 관리는 설명했다: "그것들이 민족주의 봉기들로 보이도록 공작돼야 하기 때문이다. 소련인들은 어려움 없이 이 정책을 조작할 수 있을 것이다. 베트민의 일반인들과 말레이의 중국인 게릴라들과 북한인들과 중국인들은 그들의 민족주의 운동들을 모스크바가 지시한다는 것을 알지 못하기 때문이다." 그렇기 때문에, 궐리언이 보기에, 베트남 현지인들은 벌써 누구나 다음의 비관적 예측에 공감하고

있었다: "유엔은 쓸모가 없을 것이다. 미국은 개입할 수 없을 것이다. 남한의 붕괴는 미국의 패배가 될 것이다. 아시아의 미래가 어두워질 것이다."

그 "어두운 미래"를 막자면 미국은 코리아에서 강력한 행동을 취하는 것 말고는 달리 대안이 없음에 워싱턴의 안팎에서 의견이 일치했다. 그러나 그것도 물론 안전한 길이 아니었다. 가장 큰 문제는 USSR의 반응이었다. 모두들 소련과의 무력 충돌은 피하고 싶었다. 대통령 자신이 전쟁을 원하지 않는다는 의사를 가장 먼저 밝혔다. 모두들 두 초강대국의 격돌은 승자도 패자도 만신창이로 만들고 끝날 것이라 믿었다. 그뿐만이 아니었다. 세계대전의 대파괴를 두 차례나 경험한 사람들은 당연히, 원자폭탄까지 가용한 제3차 세계대전은 지구문명의 종식을 초래할 것이라는 두려운 예측에 압도됐다. 따라서 미국은, 소련이 물러설 것임을 확신할 경우에만, 코리아에서 마음 놓고 강공으로 나갈 수 있었다. 그러나 크렘린은 북한군의 남진을 전후해 코리아와 관련해 그리고 세계의 다른 어떤 지역에 대해서도 아직 아무 의견도 의사도 표명하지 않았다. 공산권 밖의 정부들은 대부분 소련이 물러설 것이라 예측하고 있었으나 누구도 그것을 확신으로 만들지 못했다. 그런데 모두들 미국이 손을 놓고 있으면 미래가 어두워질 것이라고 확신했다. 분명해 보이는 것은 또 있었다. 미래는 현재의 결정에 좌우된다. 코리아를 포기하고 더 불리해진 처지에서 확실히 도래할 세계대전의 파국에 대비하느니 그것의 예방을 위해서 지금 무슨 수든 쓰는 것이 비용과 위험 모두에 있어서 명백히 현명한 처사였다.

만일 북한군이 안보리의 25일 권고에 따른다면 사정은 물론 달라질 수 있었다. 그러나 그 결의가 준수되고 있다는 증거는 현재까지 없었다. 또한 북한군이 그 결의의 결과로 현재의 침략 노선을 포기할 어떤 의향이 생긴 것으로도 보이지 않았다. 모스크바의 미국인들은 안콕(유엔한국위원단, UNCOK)의 중재 제안이 "어쩌면 법적으로 유효한 듯하나 관련된 시간 요소와 북한군의 진격 속도에 비추어 볼 때 비현실적"이라고 판단했다. 대신 대사관은 "미국이 북한의 침략을 중지 • 격퇴시킬 수 있도록 ROK를 즉시 원조하는 확고하고 효과적인 행동"을 취하기를 워싱턴에 권고했다. 만일 그런 행동이 취해진다면 "미국은 소련이 미국과 전쟁을 벌이지 않을 것이라고, 계산된 위험을 기초로 어느 정도 확실하게, 추정할 수 있다"고 그들은 믿었다.

그 믿음은 일부는 정보에 그리고 일부는 경험에 근거를 두었다. 어느 것도 완벽한 근거는 못 됐다. 워싱턴 27일 11:24(서울 28일 01:24)에 수신된, "오늘 있을 유엔의 안전보장이사회 회의와 관련해, 대사관이 코리아 상황에 관해서 모스크바에서 지금까지 바라본 바의 의견들을 제출하는" 앨런 커크의 전문은 워싱턴에 상기시켰다:[29] "우리는 4월 24일의 대사관 전문 1214호와 급보 514호에 기술된 견해를, 즉 소련인들이 과거에 미국의 확고함에 직면해 물러섰던 사실을, 다시 반복한다." 그 경험과 일치해, "현재의 상황에서, 우리가 보는 바로는, 소련인들은 위성국을 이용함으로써 지금까지 코리아 상황에 소련이 직접적으로 말려들기를 회피했다." 대사관은 "이것이 소련의 기본적인 전술이라고 느[꼈]다."

모스크바 대사관의 정보적 근거는 "6월 25일의 대사관 전문 1726호에서 강조했듯이, 소련인들이 아직은 제3차 세계대전을 일으킬 준비가 되어 있지 않다"는 평가였다. 모스크바의 인도인들도 그렇게 판단했다. 그러나 그 평가에는 "물론 두 개의 중요한 제한"이 있었다. 첫째, 그 평가는 "우리가 가진 정보와 관측이 제한된 것임을 감안할 때 부정확할 수도 있[었]다." 둘째, "항상 우리는 소련인들을 그리고/또는 미국을 전쟁이 불가피한 위치로 교묘히 유도하는 국제적 사태 전개를 통해서 소련과의 전쟁이 일어날 수 있다고 믿고서 보고했다."

그 불완전한 근거들에 입각해 도출된 추정은 당연히 커다란 오차 범위 안에 있을 것이었다. 따라서 사전에 "계산된 위험"의—다시 말해, 미국이 코리아에서 강력하게 나가면 러시아가 물러설 것이라는 추정이 잘못된 것으로 드러날 경우의—대비도 필요했다. 모스크바

---

29 *FRUS 1950 VOLUME VII, KOREA*, p.199.

의 미국인들도 틀림없이 그 점을 의식하고 있었다. 비록 그들이 오판의 가능성을 매우 낮게 보았을지라도 그들은 강조했다: "따라서 미군들은 [세계의] 어느 곳에 있든지 가능한 모든 결과들에 경계를 기울임이 신중한 처사다."

다른 한편, 모스크바의 미국인들이 보기에, 세계대전의 가능성이 높건 낮건 미국은 ROK의 수호에 대해서 강력한 의지를 보여야 할 것 같았다. 그 가능성 때문에 미국이 지레 겁을 먹고서 코리아에서 도망을 친다면 그 결과 확실히 초래될 위신의 실추라는 미래의 어둠은 미국에 훨씬 더 가혹할 것이었다. 커크 대사는 주장했다: "대사관은 코리아 상황에 대한 미국의 대응에 전 세계의 이목이 쏠려 있다고 믿는다. 특히 극동과 다른 곳에서 공산 침략의 위협을 받고 있는 지역들은 한국의 위기를 다룸에 있어서 미국의 성공적인 확고함이 표방되지 않을 경우 냉전에서 어떤 방침을 취할지 근본적 재고가 필요하다고 생각할 것이다."

위험은 대비는 물론 관리도 가능할지 모른다. 그리고 만일 그렇다면 정책의 고려에 있어서 위험의 정도를 가능한 한 낮추는 접근법이 당연히 모색돼야 할 것이다. 런던에 있는 외교관들은 한결같이, 미국정부가 비록 크렘린이 코리아 사태의 배후에 있음을 알더라도 그 문제로 러시아인들과 외교적 마찰을 빚을 가능성을 가능한 한 줄임이, 그리고 또 혹시라도 가능하면 그들이 협력적 태도로 나오게 만듦이, 최선이라 판단했다. 그들은, 모스크바의 커크와 파리의 브루스가 그랬듯이, 크렘린이 자신에 대한 비난으로 여길 만한 공식적 발언들을 삼가기를 워싱턴에 권고했다.

더글라스 대사와 홈스 공사는 국무부가 27일 01:00(서울 27일 15:00)에 타전한 3124호 전문에 개괄된 외교 방침을 "완전히" 지지했다. 그러나 그들은 그날 정오에 대통령이 발표할 계획인 연설의 초안이 소련인들을 궁지로 몰고 있다고 판단했다. 런던에서 27일 정오에 발신되고 워싱턴이 동일 09:08(서울 27일 23:08)에 수령한 보고 전문에서 그들은 이렇게 진술했다.[30] "그 행동이 계획 중임을 감안해 우리는 둘 다 모스크바가 국무부에 보낸 전문 1734호를 매우 주의 깊게 숙고할 것을 제안한다. 둘째, 만일 우리가 내놓을 어떤 공개 발표에서도 북한인들의 무력 사용이 직접적으로든 간접적으로든 소련과 연결되면, 어쩌면 우리 스스로 소련인들을 체면을 살리기 어려운 지경으로 몰고가게 될 수 있다. 비록 소련이 이 침략 행위를 승인했을 뿐만 아니라 북한인들에게 그 작전에 필요한 전쟁 도구들을 제공했다고 우리가 확신할지라도 우리의 견해는 우리 자신들과 우리의 동맹국 정부들에게만 유보해 두고 공개적으로는 표현하지 않음이 당분간은 더 좋을 것이라고 우리는 믿는다. 전면적인 세계참화로 전개될 수도 있을 이런 종류의 사태에서는, 원칙의 문제로서 그리고 이 특별한 경우에는 실용적 전술의 문제로서, 세계대전을 촉발할 능력을 가진 강대국의 체면을 위태롭게 하기를 삼가서 그 나라가 정치적인 또는 그것이 아니라면 도덕적인 후퇴를 하기가 당혹스럽게 만들지 않는 것이 필수적이라고 우리는 믿는다."

영국의 외무부도 미국대사관과 같은 의견이었다. 더글라스와 홈스는 "전문 3124호에 피력된 우리의 입장을 오늘 오전 영국 외무부에 설명했다." 국무부 전문 3125호의 지시도 실행됐다. 영국인들은 당일 오전 내각 회의를 열고 문제를 숙의했다. 영국외무부의 지시사항들이 "오늘 오후의 안보리 회의가 열리기 전에 [레이크 썩세스의] 숀 대사에게 보내질 것"으로 예상됐다. "수상이 오늘 오후 하원에서 성명을 발표하기를 원할 경우"를 대비해 영국인들은 전문 3124호의 마지막 문단에 언급된 미국 대통령의 발표가 정확히 몇 시에 있을지 알려 달라고 말했다. 그들은 또한 "수상의 언급들을 우리의 발표 영역에 국한하고 싶기 때문에 우리가 내놓을 성명의 정확한 본문이 무엇인지"도 알려 주기를 바랐다. 그들은 "오늘 런던 일광시간 오후 4시(워싱턴 27일 11:00; 서울 28일 01:00)까지 이 정보를 받기를 바[랐]다." 그들은 미국이 코리아 사태의 배후가 소련임을 암시하는 어떤 공식적 발언도 입에 올리지 말아야 한다고 생각했다. 대통령의 성명 초안을 확인한 영국 외무부는 워싱턴의 영국대사

30 *FRUS 1950 VOLUME VII, KOREA*, pp.197-198.

관으로 보내는 메시지에서 "중앙의 지도를 받은 공산 제국주의"라는 언급을 삭제할 것을 제의했다.[31] 그렇게 해야 소련이 코리아 침략에 대한 미국의 반대에 직면했을 때 물러설 기회를 얻을 수 있게 된다는 것이었다. 그 전문의 내용은 국무부에 전달됐고 문제의 표현은 대통령의 6월 27일 성명에서 빠졌다.

러시아인들은 실제로 코리아 사태의 전면에 나서기를 꺼리고 있음이 분명했다. 모스크바의 커크는 외무장관인 비신스키가 모스크바에 없다고 들었기 때문에 그로미코 부장관과 만날 약속을 잡으려고 27일 11:00 이래 "다섯 차례나" 시도했다.[32] 마지막 두 번에서는 그로미코 말고 다른 관리를 만나자고 요구했다. 세 번째 시도에서 비로소 무엇 때문에 그러느냐는 질문을 받고서 대사는 대답했다: "미국 정부에서 온 중요하고 긴급한 메시지다." 그래도 반응이 없어서 대사는 네 번째 시도에서 메시지를 수령하는 "공식 의전을 넌지시 암시했다." 그러자 오후 5시에 포스토에프(Postoev)가 대사를 만날 틈이 있다고 말했다.

그래서 커크 대사는 프리어스 서기관에게 6월 25일 국무부 전문 538호의 본문 내용을, 6월 26일 국무부 전문 540호에 의해서 수정된 대로, 읽어 주고 그것의 사본을 주고 오라고 시켰다. 또한 대사는 서기관에게 "미국 대사가 중요한 문제가 있는데 외무장관이 그를 만날 수 없어서 유감으로 여기며 낮이든 밤이든 언제든 보장을 비롯해 기타 등등에 관한 소련 정부의 대답을 수령할 준비가 돼 있다고 말하라"고 "단단히" 일렀다. 프리어스는 포스토에프를 오후 17:10에 만났다. 그는 북한군이 철수하도록 영향력을 행사해 달라고 요청하는 미국정부의 비망록을 전달하고 커크 대사가 소련정부의 대답을 수령하기 위해서 기다리고 있다고 말했다.

---

31 *FRUS 1950 VOLUME VII, KOREA*, Footnote 3, pp.186-187.

32 *FRUS 1950 VOLUME VII, KOREA*, p.204.

포모사의 중국인들도 대답을 미루고 있었다. 워싱턴 27일 새벽 01:00(서울 27일 15:00) 애치슨의 또 다른 전문이 타이페이의 영사관에 타전됐다.[33] 포모사의 현상 유지를 위한 미국 정부의 조치를 치앵 정부에 알리기 위해서였다. 영사인 스트롱만 보아야 하는 그 비밀 전문에서 애치슨은 "즉시 총통을 만나서" 다음의 메시지를 전하라고 지시했다:

"본인은 미국 정부에서 다음을 각하에게 전달하라는 지시를 받았습니다:

대한민국에 대한 북한군의 공격은 태평양 지역의 안보와 관련해 문제를 야기합니다. 미국은 일본에 대한 책임들과 그 지역의 평화에 대한 전반적 관심에 비추어 그 지역에 무관심할 수가 없습니다.

이 이유로 미국은 7함대에 명령해 중국 본토로부터 포모사에 대해서 어떤 공격도 없도록 막게 했고, 그에 필요한 배치들이 이미 이뤄졌습니다.

각하께서는 중국 본토에 대해서나 중국 수역이나 공해 상에 있는 선박에 대해서 각하의 휘하에 있는 무력이 공중과 해상 작전들을 계속함이 7함대의 임무수행과 양립할 수 없음을 이해할 것입니다. 그러므로 미국 정부는 각하가 그러한 작전들이 종결되도록 필요한 명령들을 하달해 주리라 확신하고서 미국의 무력은 그런 협력적 명령들이 하달됐다는 가정하에 진행하라고 지시했습니다.

이 조치들이 태평양 지역의 평화와 안정뿐만 아니라 중국과 포모사 국민들의 미래의 자유와 복리를 위한 깊은 고려에서 비롯됐음을 각하께서 이해해 주시기를 바랍니다."

---

33 *FRUS 1950 VOLUME VII, KOREA*, p.188.

타이페이의 스트롱은 27일 오후 5시 반에 애치슨의 전문을 암호로 받고서 "두 시간 반 뒤"에 지시된 메시지를 총통에게 전달했다.[34] 처음에 총통은 그 메시지를 외무장관 예에게 보내라고 요청했지만 그 장관이 회의를 준비해 통역을 맡았다. 다른 배석자는 션창황뿐이었다.[35]

스트롱의 구두 전달을 받는 동안 총통은 그 메시지가 트루먼 대통령에게서 왔는지 미국 정부에서 왔는지 예에게 물었다. 총통은 또한 작전 중지의 요청에 관해서 예가 통역을 했는지도 확인했다. 그런 다음 총통은 "번역을 한 뒤에 상세한 연구를 하고 나서 대답을 주겠다"고 말했다. 스트롱은 "저는 하시라도 회답을 받을 준비가 돼 있다"고 대답했다. 총통은 아무 감정도 보이지 않았다. 외무장관은 영사와 함께 밖으로 나오면서 매우 이른 회답을 약속했다.

대통령이 27일 코리아 성명서의 발표 직전에 갖기로 계획한 의회지도자들과의 회합은 오전 11:30(서울 28일 01:30)에 캐비닛룸에서 열렸다.[36] 국무장관, 국방장관, 육•해•공군의 장관들과 참모총장들이 배석했다. 국무장관은 동북아 차관보 딘 러스크, 정치담당 부차관 프리먼 매튜스, 무임소 대사 필립 제섭, 의회관계 차관보 잭 맥팔을 대동했다. 국무장관 애치슨이 대통령의 요청에 따라서 코리아 사태의 전개 과정을 요약해 진술한 다음에 대통령은 유엔 SC의 신속한 조치가 필요함을 강조하고서 성명서를 낭독했다. 대통령은 그것을 "회의가 끝나면 곧바로 언론에 배포할 생각임"을 의원들에게 알리고 "어떤 견해든 말해 달라"고 당부했다. 대통령은 "우리가 이 문제를 아무 손도 쓰지 않고 소홀히 놔두면 안 된다"고 덧붙였다.

---

34 *FRUS 1950 VOLUME VII, KOREA*, p.198.

35 션창황(Shen Chang Huang): 국민당 중앙 집행위원회 위원.

36 *FRUS 1950 VOLUME VII, KOREA*, pp.200-203. 캐비닛룸(Cabinet Room): 국무회의실-백악관의 웨스트윙(West Wing)에 위치한 대통령 집무실(오벌오피스, Oval Office) 옆 방.

문제는 러시아의 태도였다. 대통령은 국무장관이 모스크바의 미국대사에게 소련정부와 접촉하라고 지시한 사실을 언급했다. 대통령은 소련이 그 공격과 아무 관련이 없기를 "아직도" 희망하고 있었다. 그러나 그 희망은 물론 기껏해야 실낱 같은 것이었다. 대통령은 말했다: "그러나 우리는 그들이 차후에 펼칠 가능성이 있는 수순들을 면밀히 연구하고 있습니다."

의원들은 지상군의 투입이 필요할 것인가에 일차로 관심을 보였다. 상원외교위원회의 부의장인 와일리 의원은 도쿄의 맥아더 장군이 무슨 무력을 코리아에 투입했는지 물었다. 그러자 공군참모총장 반덴버그 장군이 "우리에게 가용한 무력에 관한 개괄부터 세부사항들"을 설명하기 시작했는데, 국방장관 존슨이 가로막았다. 장관은 말했다: "이 정보는 기밀입니다. 극동에 있는 우리 군대의 세부사항들이 알려지지 않으면 좋겠습니다." 와일리 의원은 맥아더 사령부의 무력이면 충분한지 확인하고 싶었던 것이었다. 그는 자신이 "우리가 거기에 군대를 가지고 있고 대통령이 이 무력이면 적당하다고 여김"을 아는 것으로 충분하다고 말했다. 그러자 육군장관 페이스가 "아직 어떤 지상군도 투입되지 않았다"고 대답했다. 그리고 타이딩스 상원의원은 아침에 병역위원회가 취한 조치에 관해서 보고했다. 징집령을 확대하고 대통령에게 주방위군(National Guard)을 소집할 권한을 부여하는 조치였다.

"유엔이 어떤 추가 조치를 할 것으로 기대합니까?" 상원외교위원회의 의장인 코널리 의원의 그 질문으로 이야기는 유엔으로 넘어갔다. 스미스 상원의원은 "우리의 원조가 미국이 아니라 유엔을 지지해서 이뤄지는 것"이라는 견해를 밝혔다. 대통령은 맞다고 대답했다. 그러자 스미스 의원이 다시 확인했다: "포모사 및 다른 지역들과 관련된 조치는 미국의 행동이지 유엔의 행동이 아닙니다." 대통령은 다시 동의했다.

하원의 다수당지도자인 맥코맥 의원은 해군작전총장인 셔먼 제독에게 물었다. "제독은 지금 해군이 증강되지 않아도 된다고 생각합니까?" 그러자 존슨 장관이 나서서 "현재 합참이 이 문제를 연구하고 있는데, 3군의 균형을 맞추는 계획이 나와야 할 것"이라고 대답했다.

유엔으로 주제를 되돌리면서 애치슨 장관은 영국의 반응에 관해서 보고했다. 장관은 말했다: "영국은 이미 대통령의 행동방침을 지지한다고 천명했습니다. 그들은 지금 자국이 어떤 종류의 조치를 취할 수 있는지 의논 중입니다." 그 말에 하원의 쇼트 의원은 "다른 나라들도 유엔의 지지에 동참하기를 희망"했다. "만일 다른 나라들이 지원 제공에 나서지 않을 경우 우리가 어떤 태도를 취할 것입니까?" 상원의 다수당지도자인 루카스 의원의 질문에 애치슨은 대답했다: "우리는 프랑스로부터 군사원조를 기대하기 어렵습니다. 그들은 지금 양손이 다 분주합니다." 그러자 코널리 상원의원이 확인했다: "이것은 명백히 유엔이 다룰 사안입니다. 이것은 그 기구의 방법들을 시험할 기회입니다."

이튼 하원의원은 질문했다. "미국은 지금 남한을 침략에서 지키기로 태도를 굳혔습니까?" 대통령은 자신의 성명이 이 점을 분명히 할 것이라고 대답했다. 그리고 애치슨 장관은 덧붙였다. "우리는 유엔을 지지해서 이렇게 하고 있습니다." 존슨 장관은 약속했다. "국방부는 사태의 전개에 관해서 상원의원들과 하원의원들에게 정규 브리핑으로 계속 알려드릴 것입니다."

하원외교위원회 의장인 키이 의원은 물었다. "우리가 유엔을 지지해 행동하고 있음에 의심을 품는 정부들이 있습니까?" 대통령과 애치슨 장관은 "그 점은 더할 나위 없이 분명하다"고 말했다.

하원의원 키이, 상원의원 코널리, 그리고 애치슨 장관 사이에 오후에 안보리 회의에 도입될 결의안과 소련이 거부할 가능성에 관한 논의가 벌어졌다. 애치슨은 다음에 열리는 안보리 회의에 상원의원을 지낸 워렌 오스틴이 미국대표로 참석할 예정임을 알렸다. 그리고 러시아가 그 회의에 참석하지 않을 것으로 애치슨은 생각했다. "USSR은 조심스럽게도 아직 자신의 태도를 분명히 밝히지 않았다." 또한, 애치슨은 커크 대사의 접근법을 언급했는데, "아직 공개하지 않은" 정보지만, "우리는 소련의 위신을 공개적으로 끌어들이기를 지금은 피하고 있[었]다."

와일리 의원은 물었다. "포모사, 필리핀, 인도차이나와 관련된 조치는 유엔의 아래서 취해집니까?" 대통령은 말했다. "아닙니다. 그것은 미국의 조치입니다." 그러자 와일리 의원은 우리가 적절한 군사력을 보유하고 있는지 물었다. 대통령은 그렇다고 대답했다. 맨스필드 하원의원은 "우리는 서유럽도 보강해야 할 것"이라고 생각했다.

의회와 행정부의 백악관 회의는 두 의원들이 다음의 유의점들을 언급하는 것으로 끝났다. 하원의원 레이번은 말했다: "회의실을 떠날 때 나는 대통령이 발표할 성명 이상의 내용은 아무것도 언론에 말하지 않을 것입니다." 코널리 의원은 말했다: "포모사 문제를 다룸에 있어서 우리는 우리의 관심이 코리아로부터 이탈하지 않도록 주의해야 할 것입니다." 대통령은 동의했다.

"코리아에서 국경수비와 국내치안을 위해서 무장한 정부군이 북한으로부터 침입하는 무력의 공격을 받았습니다. 유엔의 안전보장이사회는 침입군에게 적대행위들을 중지하고 38도선으로 철수하라고 촉구했습니다. 그들은 지금까지 그렇게 하지 않았습니다. 그들은 반대로 공격을 밀어붙였습니다. 안보리는 유엔의 모든 회원국들에게 이 결의의 집행에 필요한 모든 지원을 해 줄 것을 요청했습니다. 이러한 상황에서 나는 미국의 공군과 해군에게 코리아의 정부군을 위해서 엄호와 지원을 제공하라고 명령했습니다."

27일 화요일 정오(서울 28일 02:00)에 발표된 대통령의 코리아 성명은 그렇게 말문을 열었다. 그날 01:00에 해외로 타전된 애치슨의 초안에서 사태의 책임자로 곧장 소련을 가리키는 도발적인 대목들은 모두 희석됐다. 대통령은 계속해서 진술했다:

"코리아에 대한 공격은 공산주의가 독립국가들의 정복을 위해서 전복 공작을 이용하는 것을 넘어서 이제 무장 침입과 전쟁을 사용할 것임을 백일하에 드러냈습니다. 공산주의는 국제평화와 국제안보의 유지를 위해서 발령된 유엔안전보장이사회의 명령들을 무시했습니다. 이 상황에서 공산 무력이 포모사를 점령하면 태평양 지역의 안보와 그 지역에서 적법하고 필요한 기능들을 수행하고 있는 미국군이 직접적 위협을 받게 될 것입니다.

따라서 나는 포모사에 대한 어떤 공격도 막으라고 제7함대에 명령했습니다. 이 조치의 당연한 결과로서 나는 포모사의 중국 정부에게 본토에 대한 모든 해•공군 작전을 중지할 것을 요청했습니다. 그것이 지켜지는지 제7함대가 감시할 것입니다. 포모사의 미래 지위는 태평양의 안보 회복, 일본과의 강화, 또는 유엔의 논의에 의해 결정될 것입니다.

나는 또 필리핀에 있는 미군이 증강될 것과 필리핀 정부에 대한 군사 원조를 가속할 것을 지시했습니다.

나는 또한 인도차이나에 있는 프랑스와 연합국들의 군대에도 군사 원조의 제공을 가속하고 군사사절단을 파견해 그 무력과 밀접한 실무 관계를 갖도록 지시했습니다.

국제연합의 헌장에 반하여 코리아에서 자행된 최근의 이 침략의 결과들을 국제연합의 모든 회원국들이 주의 깊게 숙고할 것임을 나는 알고 있습니다. 국제문제가 힘의 지배로 회귀하면 그것의 영향들은 멀리까지 미칠 것입니다. 미국은 법의 지배를 계속 지지할 것입니다.

나는 오스틴 대사에게 미국의 안보리 대표로서 이 조치들을 그 이사회에 보고하라고 지시해 놓았습니다."

제4장

완전한 지지

상황이 너무도 급속히 악화돼 버렸다

6월 27일 수요일 새벽 어둠 속에서 허겁지겁 서울을 탈출한 이승만 대통령이 전쟁의 수행에 도움이 될 수 있는 여지는 별로 없었다. 대구에서 올라와 16:30(워싱턴 27일 02:30) 대전역에 도착한 대통령을 플랫폼에 나와 있던 사회부 장관 허정과 대한국민당의 윤치영 최고위원과 충남지사 이영진이 맞이했다. 그들은 대통령의 거취를 놓고서 견해가 갈렸다. 서울을 탈출한 허와 윤은 대통령이 대전에 머물 것을 권했다. 그들은 서울이 이미 "빨갱이"들의 수중에 떨어졌다고 주장했다. 그러나 충남지사는 대통령이 서울에 조금이라도 더 가까이 있기를 권했다. 그래야 민심의 동요가 덜하다고 지사는 주장했다. 대통령은 지사 쪽으로 마음이 기우는 것 같았다.[1]

창밖으로 펼쳐지는 연둣빛 들판에는 챙이 넓은 모자를 눌러 쓴 농부들이 평화로이 작물을 가꾸고 있었다. 대통령은 출발에 앞서 잠시 쉬려고 일행과 함께 기차를 내려 역장실로 들어갔다. "나는 서울로 가겠다. 목숨은 누구나 소중한 법이다." 자신의 결정이 옳다는 확신을 갖고 싶은지 대통령은 비장하게 읊조렸다. 그러나 의존이 습관인 사람의 의지가 굳건할 리

---

1 프란체스카 도너 리 지음, 조혜자 옮김, 『6 • 25와 이승만: 프란체스카의 난중일기』(서울: 기파랑, 2010), 27쪽.

없었다. 곧이어 드럼라이트 일행이 나타났다. 그 미국인들은 대통령의 결심을 일거에 뒤집을 소식을 가지고 있었다. 참사관은 유엔안보리(SC)의 25일 결의와 미국 정부의 공식 입장을 알려 주고서 말했다: "이것은 각하의 전쟁이 아니라 우리의 전쟁입니다." 그 소식에 암담하던 분위기가 단번에 일신됐다. 기운을 차린 대통령은 대전에 임시정부를 설치하기로 결정했다. 일행은 날이 저물기 시작할 무렵 충남지사의 관사를 숙소로 정하고 자리를 옮겼다.[2]

서울을 탈출한 정부의 인사들이 속속 모여들었다. 대통령은 공보처장을 보자마자 국민을 "안심시킬" 방송을 하기로 결정했다. 대통령의 구술을 비서관이 서둘러 받아썼다. 대통령은 즉시 그 원고를 전화에 대고서 읽었다. 녹음된 대통령의 목소리는 22:00(워싱턴 27일 08:00)부터 전파를 탔다. 대통령은 격려했다: "유엔에서 우리를 도와 싸우기로 작정하고 이 침략을 물리치기 위하여 공중수송으로 무기와 물자가 날아와서 우리를 도우니까 국민은 좀 고생이 되더라도 굳게 참고 있으면 적을 물리칠 수 있을 것이니 안심하라."[3]

그러나 그 방송은 아무 도움도 될 수 없었다. 적군의 포화 아래 시민들을 내버리고 남보다 앞서서 살길을 찾은 대통령의 목소리가 안심시킬 수 있는 정상인이 과연 몇이나 있을지 방송국 사람들은 의심스러울 뿐이었다. 더욱이 그 방송은 서울의 공포와 혼란을 너무도 모르는, 터무니없이 비현실적인, 처사로 들렸다. 고생이 아니라 목숨이 달린 문제였다. 출연을 위해서 KBS에 나와 있던 사회의 명사들도 생각이 같았다. 틀림없이 외부의 반가운 원조 소식을 한시바삐 사람들에게 알리려는 충정에서 서둘러 녹음된 대통령의 성명은 그렇게 아무런 공명도 일으키지 못했다. 경각을 다투는 상황에 비추어 그 안일한 목소리는 23:00(워싱턴 27일 09:00)까지 한 시간 동안 세 차례 반복해 방송된 다음 더는 라디오에 나오지 못했다.[4]

---

2 프란체스카 도너 리 지음, 조혜자 옮김, 『6 • 25와 이승만: 프란체스카의 난중일기』(서울: 기파랑, 2010), 27쪽; 군사편찬연구소, 『6 • 25전쟁사 2: 북한의 전면남침과 초기 방어전투』(국방부, 2005), 75-76쪽.

3 군사편찬연구소, 『6 • 25전쟁사 2: 북한의 전면남침과 초기 방어전투』(국방부, 2005), 75-76쪽.

4 군사편찬연구소, 『6 • 25전쟁사 2: 북한의 전면남침과 초기 방어전투』(국방부, 2005), 75-76쪽.

바로 두 시간 뒤인 28일 목요일 01:00(워싱턴 27일 11:00) 서울은 미아리 저지선의 붕괴와 함께 시가전이 시작됐다.[5] 돈암동에 있던 강문봉 대령은 01:45(워싱턴 27일 11:45) 용산의 육본으로 돌아와 "적의 전차가 시내에 침입했음"을 보고했다. 북한군 전차들은 돈암동을 지나서 동소문 쪽으로 향하고 있었다. 채병덕 총참모장은 지체 없이 공병감 최창식 대령에게 전화를 걸어 다급한 상황을 설명하고 명령했다: "즉시 한강으로 가서 다리를 폭파하라." 총장은 자신이 "이제 시흥을 거쳐 수원으로 간다"고 말하고 반복했다: "곧 실시하라." 총장은 그렇게 하겠다는 최 대령의 대답을 듣고서 즉시 현관으로 나와 참모부장 김백일 대령, 정보국장 장도영 대령, 작전국장 장창국 대령의 배웅을 받으며 지프에 올라탔다.

관련된 세부 사정들을 면밀히 고려하지 못하는 명령은 필요한 부속들을 빠뜨리고 조립된 기관차와도 같다. 그런 명령은 아무리 강력해도 제대로 추진되지 못하고 또는 혹시 굴러가면 무고한 많은 이들을 해친다. 채병덕이 떠나자마자 이응준 소장과 이형준 준장이 육본에 나타났다. 이 소장은 "휘하 부대가 아직 그대로 남아 있기" 때문에 그들이 도강한 연후에 다리를 절단해야 한다고 주장했다. 이 준장도 동의했다. 김백일 참모부장은 그들의 주장이 타당하다고 판단했다. 김 부장은 채 총장의 명령을 어기기로 결정했다. 부장은 장창국 국장에게 지시했다: "빨리 가서 한강교의 폭파를 중지케 하라." 장 대령은 곧 작전과장 정래혁 중령과 함께 지프를 타고서 현장으로 떠났다. 얼마 뒤에 주한군사고문단(카이맥, KMAG)의 라이트 대령이 달려왔다. 대령과 총장 간에는 원래 북한군 탱크가 용산까지 왔을 때 한강 다리를 폭파함이 적당할 것이라는 의견의 교환이 있었다. 단장대리는 김 대령에게 "병력과 장비가 철수할 때까지 폭파를 보류할 것"을, 어쩌면 너무 늦게, 요구했다. 김은 동의했다.

---

5 전사편찬위원회, 『한국전쟁사 제1권』(국방부, 1977), 499, 541-546, 552쪽; Robert K. Sawyer, *Military Advisors in Korea: KMAG in Peace and War*(Center of Military History, Washington, D.C., 1988), pp.125-126.

한강을 건너려는 피난민들의 차량과 인파가 인도교를[6] 가득 메우고 있었다. 그리고 거기에 새로운 피난민들이 끊임없이 더해졌다. 장창국과 정래혁은 간신히 그들을 헤집고 중지도에[7] 도달했다. 그러나 두 영관은 거기서 더 전진하지 못했다. 헌병들과 공병대가 섬에다 파출소를 꾸리고 사람들을 제지하고 있었다. 장과 정은 할 수 없이 차에서 내렸다. 그리고 채 몇 분도 되지 않아 망연자실 폭발을 목격했다.

같은 폭발을 라이트 대령은 서빙고에서 삼각지로 가다가 목격했다. 26일 아침 서울에 도착한 이래 한숨도 자지 못한 대령은 27일 밤 늦게 서빙고에 있는 자신의 숙소로 돌아와 눈을 붙였다. 그런데 28일 02:00(워싱턴 27일 12:00) 무렵 바이먼 대령이 그를 깨워서 채 총장이 한 시간 전쯤 서울을 다시 떠났다고 알렸다. 라이트는 즉시 일어나 육군 본부로 출발했다. 그러나 대령이 얼마 가지 않아서 남쪽 하늘이 갑자기 밝아지더니 이내 한강 다리 쪽에서 엄청난 폭음이 들려 왔다.

공병감 최 대령은 한강 건너에서 교량들의 폭발을 확인했다. 대령은 채 총장의 폭파 지시를 받고서 02:20(워싱턴 27일 12:20) 인도교의 남단에 도착했다. 현장에는 엄 중령의 지휘하에 폭파조들이 배치돼 있었다. 공병감은 중령에게 명령했다: “즉시 한강교를 폭파하라.” 이시영 부통령의 도강을 끝으로 한강 다리는 통행이 차단됐다. 그 틈을 타 신호조는 카빈 소총을 연발하고 회중전등을 좌우로 흔들었다. 그러자 도화선들에 일제히 불이 붙었고 이내 남에서 북으로 차례차례 폭발이 일어났다. 인도교는 완전히 끊어졌다. 한강 철교를 구성하는 3개의 교량들 가운데 하나도 완전히 끊어졌다. 다른 하나는 부분적 절단에 그쳤다. 그리고 마지막 하나는 폭약이 불발했다. 26일 낮부터 논란을 일으켰던 한강교 폭파 작전은 28일 새벽 02:30(워싱턴 27일 12:30) 여전히 논란의 와중에서 그렇게 막을 내렸다.

---

6 인도교: 개통 당시의 한강대교의 명칭.

7 중지도: 한강대교의 중앙에 있는 모래섬으로 지금은 ‘노들섬’이라 불린다.

그 다리들이 폭파될 때 인도교의 수상부 위에는 미국인 신문 기자 세 명을 비롯해 천 명이 넘는 병사들과 민간인들이 있었다. 5백에서 8백으로 추산되는 사람들이 즉사 또는 익사했다. 3인의 기자들은 모두 부상을 당했다. 범퍼를 맞대고 다리를 건너던 차량들은 대부분 파괴됐다. 실로 엄청난 참화였다. 그러나 무고한 희생은 거기서 그치지 않았다. 한강 북안에 남아 있던 ROK 부대들도 심한 타격을 받았다. 주요 탈출로가 차단돼 그들과 그들의 장비는 고립됐다. 그 지역의 장병들과 시민들의 사기가 급속히 와해됐다. 공황과 혼란이 뒤따랐다.

그렇게 명백한 손실들 앞에서는 그것들을 능가할 것으로 고려됐을 어떤 잠재적 이익들도 한강교의 절단을 정당화할 수 없을 것 같았다. 분명히 북한군의 쇄도에 직면해 아무도 그 폭파의 전술적 또는 전략적 필요성을 의심하지 않았다. 그러나 사건에 쫓겨서 앞뒤를 재지 못하고 내려진 채 총장의 폭파 명령은 합리적인 어떤 관점에서 보아도 성급한 것 같았다. 게다가 총장의 은밀한 사전 탈출은 합리적 의심의 여지 없이 부당하고 비겁하며 무책임한 행위로 보였다. 한강교의 폭파도 총장의 탈출도 틀림없이 불가피한 조치였다. 그러나 악마는 디테일에 있었다. 채 장군도 최 대령도 절차의 숙고와 준수에 실패했다.

라이트 대령은 6월 28일 10:00(워싱턴 27일 20:00)도 넘어서 수원에 나타났다. 대령은 그날 03:00(워싱턴 27일 13:00) KMAG의 잔류 요원들 모두 서울을 떠나라고 명령했다. 적군의 포탄이 서빙고 지역까지 날아왔고 멀리서 소총들과 자동화기들이 발사되는 소리들이 선명히 들렸다.[8] 미국인들은 비밀문서들을 불태우고 지프와 트럭에 올랐다. 그들은 물자를 적재한 수송 차량들과 함께 어둠 속에서 동대문을 향해서 서빙고를 출발했다. 동쪽으로 약 8마일 떨어진 곳에서 한강을 건널 수 있다고 믿었기 때문이었다. 그러나 도중에 만난 ROK 병사들이 그 다리도 날아갔다고 알려 주었다. 그들은 방향을 되돌려 서빙고로 돌아왔다. 이번

---

8 Robert K. Sawyer, *Military Advisors in Korea: KMAG in Peace and War*(Center of Military History, Washington, D.C., 1988), pp.126-128.

에는 혹시 절단된 한강대교를 걸어서 건너거나 나룻배를 이용할 수 있는지 알아보려고 소수의 정찰병들이 나갔다. 결과는 허탕이었다. 그런데 그때 ROK의 이치업 대령이 나타나 자기가 강을 건널 수 있게 해 주겠다고 말했다.

KMAG 차량 행렬은 피난민들의 틈을 비집고 나루터의 동쪽 제방으로 느릿느릿 전진했다. 건널목 주위의 강물은 온갖 종류의 보트들과 뗏목들과 통나무들과 헤엄치는 사람들로 북새통을 이뤘다. 이 대령은 권총으로 위협해 커다란 뗏목이 미국인들을 실으러 오게 만들었다. 많은 다른 사람들도 그렇게 폭력을 이용해 강을 건널 수단을 구하고 있었다. KMAG은 차량들을 가지고 강을 건널 수 없었다. 그러나 라이트 대령은 무전 트럭을 포기할 수 없다고 결정했다. 따라서 대령은 자신과 다른 5인의 장교들을 남기고 나머지 요원들을 이 대령의 뗏목에 태워서 보냈다. 남은 6인도 곧 커다란 뗏목을 구할 수 있었다.

라이트의 일행이 한강을 건넜을 무렵 동이 트고 있었고 북한군의 포탄이 벌써 남안에 떨어지고 있었다. 미국인들은 무전 트럭에 올라 털털거리며 피난민들과 뒤섞여 느리게 남진했다. 그리고 도중에 그들의 머리 위로 폭음을 내면서 날아가 서울에 기총소사와 폭격을 퍼붓는 USAF(미국공군)의 비행기들을 보고서 환호했다. 그렇게 그들은 맥아더가 약속한 도움이 드디어 왔음을 확인했다.

"상황이 너무도 급속히 악화돼 버렸다." 6월 28일 아침 존 무쵸는 지난 24시간을 그렇게 회상했다. 워싱턴으로 10:00(워싱턴 27일 20:00) 타전된 전문에서 대사는 보고했다.[9] "서울의 상황은 혼란스럽다." 대사는 서울에서 "밤새 한국군이 조직적 저항을 계속하지 못했을 것"이란 생각이 들었다. 드럼라이트의 일행은 전날 대전에서 대통령과 대다수의 각료들과 몇몇 국회의원들과 합류했다. ROK의 외무장관과 총참모장은 극동사령부의 처치 장군 및 무

9 *FRUS 1950 VOLUME VII, KOREA*, pp.210-211.

쵸의 일행과 함께 현재 수원에 있었다. 그러나 KMAG에 대해서 대사는 그들이 모두 서울을 나왔기를 희망할 뿐이었다. 대사는 진술했다: "숫자의 파악은 여전히 불가능하다."

수원은 서울과 통신이 두절됐다. 무쵸가 아는 한, "워싱턴에서 6월 27일 대통령이 미국 군대의 투입을 발표한 사실도 도쿄에서 파견된 처치 장군의 일행이 수원에 도착한 사실도 [서울에는] 알려지지 않았다." 대사는 워싱턴에 보고했다: "대통령의 성명이 VOA(미국의 소리 방송)로 나온다고 알리는 국무부의 631호 전문을 서울에 전달할 수 없었다. [그 성명을] 공중에서 [삐라로] 떨어뜨릴 계획을 하고 있다." 무쵸가 보기에, 미국의 전투 지원 결정은 처치 장군의 지휘와 더불어 ROK의 사기 진작에 큰 도움이 되었다. 무쵸는 그 지원 공습들이 "곧 있기를 희망했다." 그러면 적의 사기가 떨어지고 한국군은 한강 남안 제방을 따라서 다시 방어선을 편성할 수 있다고 대사는 기대했다. 그러나 현장의 미국인들이 보기에, 침략군은 그 정도의 대처에 총질을 멈추고 38도선으로 물러날 정도로 허약한 무력이 아니었다. 무쵸는 보고했다: "처치 장군은 코리아의 상황을 싸움이 일어나기 전으로 되돌리려면 미국이 지상군을 투입해야 한다고 판단한다."

한국정부는 너무도 뒤늦게 정부의 피난을 알리기로 결정했다. 6월 28일 하오 15시 반(워싱턴 28일 01:30) 공보처의 간단한 발표가 라디오를 흘러나왔다: "대한민국 정부는 임시로 대전으로 옮겨서 집무하게 되었다."[10] 그러나 그 지체된 확인에 의해서 그 정부가 서울을 탈출한 인사들 이외에 누구를 도우려는 것인지 알기는 어려웠다. 적어도 하나는 확실했다. 정치가 없었다. 정치는 역사와 다르다. 정치는 과거가 아니라 미래를 알려 준다. 공동체는 보다 더 좋은 또는 보다 덜 나쁜 내일을 만들기 위해서 오늘 정치가 필요하다. 사람들에게 기정사실만 강요하는 정부는 무책임하다. 누구도 과거를 대비할 수 없다. 정부의 피난을 사전에 알았으면 좋았을 많은 시민들이 무작정 서울에 갇혔다. 군인이라고 다르지 않았

10 "공보처, 정부 대전 이전을 발표", 국사편찬위원회, 『자료대한민국사 제18권』, 1950년 6월 28일.

다. 그 발표가 나왔을 때에도, 서울에는 "대포를 가진 소규모의 ROK 부대가 [아마도 육군 본부의 철수도 한강대교의 폭파도 모르는 채] 아직도 남산을 지키고 있[었]다."[11] 북한군은 "30대 이상"으로 추정되는 탱크들을 앞세우고 서울을 덮쳤고 서울은 금방 공산주의자들의 세상이 되었다.

국회의원을 지냈던 이훈구는 숨어서 지내다가 29일 아침 일찍 변장을 하고서 마포나루를 통해서 서울을 빠져나왔다.[12] 그는 다음날 아침 수원에 도착했다. 그가 숨어 있는 동안 젊은이들이 서울 거리에서 일어나는 일들을 그에게 알려 주었다. 그가 보거나 들은 바에 의하면, 북한군은 미아리 방어선이 무너지고 10시간의 시가전 끝에 한강 북안까지 전진했다. 인민군은 언제나 탱크들을 앞세우고 전진했다. 그들은 한국군에 비해서 놀라울 정도로 어리고 작았다. 그들은 톰프슨식 경기관총으로 무장을 하고 있었는데 그들에게는 그것도 무거워 보였다. 동대문과 종로 일대에서 치열한 싸움이 있었다. 남한의 경찰과 군대가 합동한 저항은 수요일 정오(워싱턴 28일 22:00)가 되면서 진압됐다. 포로들은 모두 즉결처형을 당했다.

김일성은 방송으로 서울 시민들에게 "이승만 깡패 도당과 미제국주의자들"을 코리아에서 제거하는 것을 도와 줘서 감사한다고 말하고 "인민의 조선"을 만들기 위해서 협력해 달라고 당부했다. [그리고 서울 밖의 소위 "미해방지구"에 있는 남한 시민들에 대해서는 "빨치산활동을 전개하여 후방을 교란시키고 도처에서 인민폭동을 일으켜 군수물자수송을 하지 못하도록 방해하라"고 선동했다.[13]]

---

11 전사편찬위원회, 『한국전쟁사 제1권』, 542쪽; 군사연구소, 『한국전쟁 자료총서 40: 미 국무부 한국 국내상황 관련문서 Ⅱ (Records of The U.S. Department of State Relating To The Internal Affairs of Korea 1950-1954)』(국방부, 1997), 116쪽.

12 *FRUS 1950 VOLUME VII, KOREA*, pp.247-248.

13 군사편찬연구소, 『6 • 25전쟁사 3: 한강선 방어와 초기 지연작전』(국방부, 2006), 4쪽.

이훈구는 국회의사당에 공산당 본부가 설치됐다고 말했다. 그러나 다른 정보에 의하면, 미국 대사관이 그들의 본부로 사용되고 있었다. 김학루라는[14] 무명의 평양 공산주의자가 서울시인민위원회의 우두머리로 임명됐다. 공산주의자들은 남북 정권하의 삶이 다름을 보여 주기 위해서 가족별로 쌀 네 말을 무상 배급했다.

28일 아침에는 서대문 형무소가 열렸다. 그들은 수감자들에게 무기를 주고서 그들이 보기에 적당한 보복을 하라고 지시했다. 모집된 청년들로 보안대가 조직됐다. 그 경찰보조들은 가가호호 수색을 시작했다. 정부 관리와 경찰, 그리고 기타 "인민의 적들"을 찾기 위해서였다. 체포된 사람들은 보통 살해를 당했다. 민국당(민주국민당) 당수인 김성수를 비롯해 많은 중진 인물들이 수원에도 대전에도 나타나지 않았다. 그들은 서울을 빠져 나오지 못했음에 틀림없었다. 이훈구의 증언을 듣는 이들은 그들도 "아마 곧 체포됐을 것"으로 추측했다.

7월 3일 밤에는 두 명의 기자들이 PRK 치하의 서울을 탈출했다. 경향신문과 연합신문 소속의 그 민간인들은 증언했다:[15]

"서울은 점점 죽음의 도시가 되고 있다. 적의 대포들과 다수의 차량들을 파괴한 서울역 광장에 대한 미군 공습 이후 대부분의 인민군은 시외로 나가고, 사복 차림의 요원들과 민간인 공산주의자들이 통제를 하고 있다. 식량이 부족하고, 물가는 종전과 비교해 거의 다섯 배로 뛰었다. 전기는 엄격하게 배급된다. 대부분의 지역들은 완전히 단전됐다.

7월 2일 북한에서 박헌영이 서울에 도착했다. 박은 금후 공산주의 경찰 활동을 지휘할

---

14 이승엽을 잘못 말한 것이다.

15 군사연구소, 『한국전쟁 자료총서 41: 미 국무부 한국 국내 상황관련 문서 Ⅲ (Records of the U.S. Department of State Relating to the Internal Affairs of Korea 1950-1954)』(국방부, 1997), 385쪽.

것으로 믿어진다. 내무상도 왔다. 그러나 다른 정부 부서들은 부상이나[16] 그보다 더 낮은 직책의 관리들이 맡고 있다. 7월 3일까지는 거의 모든 구역들에 인민위원회의 설치가 완료되고 인민재판소들이 업무를 개시했다. 체포되고 처형되는 사람들의 숫자가 늘고 있으나 아직은 예상만큼 많지 않다. 현재까지 처형된 사람들은 대부분 젊은이들로서, 아마도 청년단 단장들로 추정된다.

사람들은 극도의 공포감과 혐오감을 보인다. 다수의 사복 요원들 때문에 시민들은 오래된 친구들과 더 이상 이야기를 나누지 않는다. 집들은 거의 모두 굳게 닫혔다. 상점들은 문을 열라는 명령을 반복해서 받았지만, 이발소들과 도장가게들만이 따랐다. 교회 종들이, 특히 성당의 종들이, 정기적으로 울려서 사람들의 기운을 북돋아 주곤 한다. 몇몇 교회들은 지난 일요일에 문을 열었으나 출석이 거의 없었다.

인민군 병사들은 라디오 수신기들을 보는 족족 가져가 버린다. 공산주의 신문들이 셋 운영되고 있으나, 그것들은 전쟁 상황을 완전히 외면한다. 입소문에 의하면 부산과 대구가 공산주의자들의 수중에 떨어졌다고 하지만 전황에 대해서 아무 공식 발표도 나오지 않았다. 서울역 일대에 대한 미군의 폭격은 크게 환영을 받았다. 한강을 따라서 가해지는 폭격을 보거나 들으려고 남산에 올라가는 용감한 시민들도 있다."

우리의 목표는 전쟁의 예방이다

"네트." 레이크 썩세스 사람들은 누구나 그 러시아어에 익숙했다. 그 '아니오'는 안드레이 그로미코와 다른 러시아 대표들이 안보리(SC)에서 반복해서 사용함으로써 유명해진 말이었

16 "상"은 장관에 해당하는 직책이고, "부상"은 차관에 해당한다.

다.[17] 6월 27일 사무총장 트리그베 리는 점심 만찬에 동석한 소련 대표 야콥 말리크에게 오후에 열리는 안보리 회의에 참석할 것을 권했을 때 또 그 말을 들었다. 말리크는 지난 1월 국민당 정부가 중국의 대표로 참석하는 유엔 회의에 나오기를 거부하기 시작했다. 그 러시아인은 안보리의 코리아 논의에도 그 보이콧을 끝내고 참석할 의사가 없음을 밝힌 것이었다.

만찬은 사무국의 콘스탄틴 진첸코가 사적으로 마련한 자리로 "러시아가 싫어하는" 중국과 유고를 빼고 모든 안보리 이사국들이 초대됐다.[18] 미국대표인 어네스트 그로스는 리하고 말리크와 자리를 같이 했다. 셋은 코리아 상황에 관해서 긴 담화를 나눴다. 트루먼 대통령의 성명이 발표된 뒤였다. 리가 그 성명의 "확고한 어조"에 만족한다고 말하자 말리크는 리의 태도가 "일방적"이라고 지적했다. 그 러시아인은 같은 이유로 안보리의 6월 25일 결의도 비판했다. 그가 보기에, "일방성은 안보리가 6월 25일 채택한 결의안의 특징"이었다. 그는 또 그 결의가 "불법"이라고 주장했다. 그는 USSR과 "중국의 적법한 대표"가 그것의 채택에 참석하지 않았음을 이유로 내세웠다. 리와 그로스는 그 조치가 "합법"이라고 주장했다.

이어서 대화는 코리아 상황으로 넘어갔다. 말리크는 모스크바 라디오에서 나온 보도들대로 "ROK에 대한 [북한군의] 행동은 ROK 무력의 국경 공격에 대한 대응"이라고 주장했다. 그러나 리와 그로스가 북한의 공세가 가진 주된 속성에 관해서 설명하자 말리크는 그 주장을 더 이상 펼치지 않았다.

말리크는 대신 "미국의 개입"으로 화살을 돌렸다. 그는 "최근의 보고들에 의하면 미국의 비행기들이 코리아의 도시들과 사람들을 폭격하고 있다"고 주장했다. 리와 그로스는 둘 다

---

17 "Korea Wasn't Discussed at U.N. Luncheon", *Ellensburg Daily Record*, June 29, 1950. "네트"(nyet)는 러시아어로 영어의 "no"에 해당한다.

18 "Korea Wasn't Discussed at U.N. Luncheon", *Ellensburg Daily Record*, June 29, 1950; *FRUS 1950 VOLUME VII, KOREA*, pp.208-209.

"개입"이라는 비난을 부인했다. 그들은 "미국의 해군과 공군이 수행하는 작전은 안보리 결의를 지원해 명백히 불법적인 침입을 격퇴하기 위해서 이뤄지고 있다"고 주장했다. 말리크는 침묵했다.

대화는 중재 문제로 넘어갔다. 리는 그로스와 말리크에게 안콕(UNCOK, 유엔한국위원단)이 앞서 제안한 중재자 선정 건에 대한 의견을 구했다. 그로스는 "중재나 다른 어떤 절차에 대해서도 전제조건은 적대행위들의 중지와 북한군의 철수임을 확신한다"고 대답했다. 리는 그 주장에 강하게 동의했다. 말리크는 아무 말도 하지 않았다.

말리크는 대신 중국 문제를 꺼냈다. 그는 리에게 다음 총회(GA)가 열리기 전에 베이징 정부가 의석을 갖게 될 거라고 여기는지 물었다. 리는 그렇게 되기를 희망한다고 대답했다. 그는 "국민당 정부가 포모사로부터 중국 본토를 공격하는 것을 막으라고 제7함대에 내린 미국의 지시들은 '베이징 정부에 대한 일종의 승인'이라고 생각"했다. 그러나 그로스가 반박했다. 그 미국인은 말했다: "그 말은 물론 옳지 않다. 그것은 승인과 전혀 상관 없다. 그것은 현재 포모사에 있는 중국 정부가 중국 본토를 통제하지 않는다는 사실을 고려한다는 것 이외에 아무것도 인정하지 않는다." 그는 덧붙였다: "미국은 베이징 정부가 중국 본토를 통제한다는 어떤 만족스런 증거도 없다."

"유엔의 이름으로 많은 미국인들의 생명이 위험에 처해 있는 현재의 심각한 상황을 끝내기 위한 어떤 제안이 있는가?" 그로스가 그렇게 물어서 화제를 다시 코리아 사태로 돌려놓았다. 말리크는 대답을 회피했다. 그러자 리는 질문에 답하라고 재촉했다. 말리크는 다시 안보리 결정의 불법성을 문제 삼았다. 대화는 그로스가 코리아 문제에 대해서 다음의 견해를 밝히면서 끝났다: "코리아 문제는 유엔헌장을 수호하는 문제와, 따라서 세계의 평화와, 너무도 분명히 관련된다. 그래서 안보리의 결정에 대한 북한 쪽의 순종을 중국의 대표성 문제에 관한 토의로 대체할 수 있는 시간은 이미 지나갔다." 그러자 러시아 대표는 그로스에게 다음의 일정을 통보했다: "나는 아직도 7월 첫째 주에 USSR로 떠날 생각이다." 그로스가 얼마나 오래 가 있느냐고 물었으나 말리크는 대답을 회피했다.

제474차 안보리 회의는 6월 27일 화요일 오후 15:00(서울 28일 05:00)에 개회됐다. 안보리의 11 이사국들 가운데 USSR을 제외한 모든 나라들의 대표들이 출석했다.[19] ROK 대표도 참석했다. PRK는 오지 않았다. 임시 의제는 대한민국에 자행된 침략행위에 대해서 6월 25일 유엔미국대표부(USUN, 유즌)와 UNCOK이 각각 사무총장 앞으로 보낸 서신(S/1495)과 전문(S/1496)에 입각한 고발이었다. 그것은 신속히 의제로 채택됐고, 이어서 의장인 베네갈 라우 경의 권유로 ROK의 대표인 장면 대사가 회의 테이블에 착석했다.

의제인 "ROK에 자행된 침략의 고발"에 관한 안보리 토의는 의장의 진술로 시작됐다. 라우 경은 이틀 전 473차 안보리 회의가 끝날 때 이사국들이 27일에 다시 모여야 할지 모른다고 예고했었다. 25일날 채택된 결의가 코리아의 상황에 관해서 "완전히 숙고된 권고를 가능한 한 가장 이른 시간에 통보하라"고 UNCOK에 요청하기 때문이었다. 만일 위원단이 그 권고를 제출하면, 그것의 심의를 위해서 SC 회의가 다시 열려야 함이 당연했다. 사무총장은 그 결의 이후 서울에서 네 통의 전보를 수령했다. 그것들의 사본들은 각각 문서 S/1503과 S/1504와 S/1505와 S/1507에 담겨 이미 모든 안보리 이사국들에게 배포됐다. 그런데 장문의 셋째 전보는 적대행위들의 발발에 앞서는 "배경 사건들에 관한 요약 보고에 불과"했고 의장이 "발견할 수 있는 한 아무런 권고도 담고 있지 않[았]다." 그래서 그는 처음의 두 보고와 마지막 보고만 차례로 낭독했다.

문서 S/1503은 안보리의 25일 결의가 채택되기 전에 작성된 것이었다. 안콕은 중재를

---

19 UN DOCUMENT S/PV.474. 출석한 이사국들은 중국, 쿠바, 에콰도르, 이집트, 프랑스, 인도, 노르웨이, 영국, 미국, 유고슬라비아였다.

건의했다. 문서는 진술했다: "북한군의 남진은 급속히 악화될 가능성이 있는 위험한 상황을 조장했다. 내일 서울의 상황이 어떻게 될지 추정이 불가능하다. 위원단은 과거의 경험과 현존의 상황을 볼 때 북한이 안보리의 결의를 무시할 것이고 위원단의 알선도 수락하지 않을 것이라 확신한다. 위원단은 평화를 교섭할 중립적 중재자에 양측이 동의하라고 권고하거나 어떤 이사국이 즉각적 중재에 착수하라고 요청하는 것을 안보리가 논의해 보기를 제안한다. 위원단은 서울에 있기로 결정했다. 현재 진행중인 결정적 작전들이 며칠 만에 종결되고 안보리 결의에서 제의된 전투 중지와 북한군의 철수 문제가 탁상공론으로 판명될 위험이 있다."

문서 S/1504는 안콕이 안보리의 25일 결의를 통보받고 작성했다. 그들은 결의의 효과에 회의적이었다. 문서는 진술했다: "위원단은 미국이 발의한 안보리 결의안의 채택을 통고받았다. 위원단은 그와 같은 방향으로 조처를 계획했으며 SC의 수순에 만장일치로 만족을 표명한다. 위원단은 이사회가 부여한 임무에 기꺼이 착수할 것이다. 그러나 지난 18개월 동안 북한과 접촉하려는 위원단의 노력들에 북한은 부정적인 반응으로 일관했음을 지적하고 싶다."

문서 S/1507도 안보리의 25일 결의 이후에 작성됐다. 안콕은 보고했다: "위원단은 오늘 [6월 26일] 아침 10시에 회합을 갖고 적대행위들에 관한 최근의 보고들과 적대행위들이 개시되기 48시간 전까지 UNCOK의 군사감시관들이 38도선을 따라서 직접 관찰한 결과들을 심의했다. 이 증거에 입각한 위원단의 견해는 현재 다음과 같다. 첫째, 작전들의 실제 진행을 보건대 북쪽 정권은 남한에 대해서 잘 계획된 일사분란의 전면적 침공을 수행하고 있다. 둘째, 남한군은 38도선의 모든 구역에서 완전히 방어적인 체제로 배치됐다. 셋째, 남한군은 침공이 임박했다고 믿을 만한 어떤 첩보도 접하지 못했기 때문에 완전히 기습을 당했다. 위원단은 사태를 지켜보면서 추후의 전개를 보고하겠다."

그 보고들을 숙고한 뒤에 미국 대표단과 유고슬라비아 대표단이 똑같이 평화와 안보의 명분을 내세우나 완전히 상이한 조치들을 제안하는 결의안들을 각각 11:30(서울 28일 01:30)과 12:30(서울 28일 02:30)에 제출했다. 전쟁의 유혈과 파괴가 세계를 휩쓸고 지나간 지 다섯 해도 되지 않은 시점이었다. 아직도 도처에 처참한 상실의 흔적들이 널려 있었다. 그런데 코리아 사태로 사람들은 또다시 전쟁과 평화의 기로에 놓였다. 세계대전의 위험은 실재했다. 라우 의장은 진술했다: "지난 이틀 동안의 사건들로 인해서 우리 모두는 가까운 장래에 대해서 최대의 우려에 빠졌습니다. 많은 이들은 그것들을 3차 세계대전의 그리고 그것의 모든 공포들의 시작으로 여깁니다. 그러므로 국제평화의 유지를 위한 일차적 책임을 지는 기구로서 우리의 앞에는 소름 끼치는 부담이 놓여 있습니다. 세계는 전쟁과 전쟁의 소문들로 지쳤습니다."

그러나 라우는 "우리는 사태가 최악인 것처럼 보이는 때에도 절망할 필요가 없다"고 생각했다. 라우가 보기에, "우리가 최선을 다한다"면 사람들의 "기대를 어기지 않을"—새로운 대전을 비켜가는—방법이 분명히 발견될 수 있었다. 미국과 유고가 준비한 결의안들도 대안이 될 수 있을지 몰랐다. 라우는 자신의 경험에 비추어 아마도 미국과 소련의 정상회담을 바라는 것 같았다. 그 인도대표는 "최근 내가 직접 겪었던 경험"을 "자세히" 소개했다:

"지난 3월 말 내가 인도에 갔을 때 인도와 파키스탄의 관계는 그야말로 최악이었습니다. 그들이 걸음을 옮길 때마다 아무것도 할 수 없게 만드는 상호불신이 따라오는 것 같았습니다. 심지어 책임 있는 장관들마저 전쟁을 멋대로 입에 올렸습니다. 전쟁이 일어날 가능성이 있을 뿐만 아니라 심지어 전쟁이 유일의 가능한 해법이라는 것이었습니다.

이때 우리의 수상이 파키스탄 수상에게 만나자고 제의하는 생각을 해냈습니다. 그 둘은 며칠 뒤 만났습니다. 미리 조정된 의제는 없었습니다. 그러나 그들은 만났고 두 나라 사이에 감돌던 긴장은 거의 즉시 완화됐습니다.

그 만남은 해결은 아니었습니다. 그러나 그것은 [양국이] 전쟁의 문턱에서 돌아서는 명확한 한걸음이었습니다. 미래의 세대들은 아마도 그것을 인도-파키스탄 관계의 역사에서 하나의 전환점으로 기록할 것입니다."

미국인들은 유엔의 실패를 곧 평화의 실패로 간주했다. 대통령이 이미 그 전제를 확인했다. 정오의 성명에서 대통령은 주장했다: "[코리아에서] 공산주의는 국제평화와 국제안보의 유지를 위해서 발령된 유엔안전보장이사회의 명령들을 무시했습니다. …… 국제연합의 헌장에 반하여 코리아에서 자행된 최근의 이 침략의 결과들을 국제연합의 모든 회원국들이 주의 깊게 숙고할 것임을 나는 알고 있습니다. 국제문제가 힘의 지배로 회귀하면 그것의 영향들은 멀리까지 미칠 것입니다. 미국은 법의 지배를 계속 지지할 것입니다." 레이크 썩세스에서 미국대표 오스틴은 그 전제를 더 구체화했다. "유엔은 오늘 창립이래 최대의 위기에 직면했다"고 대사는 주장하고 부연했다:

"사실 48시간 전 안보리는 비상 회의를 열고서 북한군에 의한 대한민국의 침공이 평화의 파괴라고 규정했습니다. 따라서 안보리는 적대행위들의 즉각적 중지와 북한 당국이 그들의 군대를 38도선으로 물릴 것을 요구했습니다. 안보리는 또 UNCOK에 그 철수를 감시하고 보고하라고 요청했습니다. 끝으로 안보리는 모든 회원국들더러 유엔에 그 결의의 집행에 필요한 모든 원조를 제공하고 북한 당국에는 도움을 주기를 삼가라고 촉구했습니다.

안보리의 결정은 북한 당국에게 방송됐고 그들에게 알려졌습니다. 우리는 지금 안콕의 보고를 받았는데 그 보고는 우리의 두려움을 확인해 줍니다. 북한 당국이 안보리의 결정을 완전히 무시하고 조롱함이 명백한 것입니다. 대한민국에 대한 무력 침공은 계속되고 있습니다. 사실 이것은 유엔 자체에 대한 공격입니다. 북한 당국은 유엔이 승인한 그 공화국의 정부더러 항복을 하라고 요구했습니다. 유엔을 그리고 그것이 나타내는 모든 원칙들을 이보다 더 지독히 무시하는 사례는 상상하기 어렵습니다. 헌장의 가장 중요한 조항들은 침략

전쟁을 불법화하는 것들입니다. 북한 당국이 위반한 것은 바로 이 조항들입니다."

만일 '유엔의 실패가 곧 평화의 실패'라는 등식이 타당하면, 북한 당국이 유엔 헌장의 "가장 중요한 조항들"을 어겼고 그 불법 행위를 멈추라는 안보리의 요구도 묵살한 지금, 세계대전을 예방할 확실한 코리아 해법은 자명해 보였다. 유엔이 PRK에 대해서 평화의 강제에 성공하는 것이었다. 오스틴은 설명했다: "국제평화를 회복하기 위해서 엄중한 제재들에 호소함이 안보리의 명백한 의무입니다." 더욱이 ROK는 유엔에 보호를 호소했고 "기쁘고 자랑스럽게도" 미국은 "유엔의 충실한 회원국"으로서 ROK의 보호에 필요한 도움을 제공할 준비가 됐다. 남은 절차는 모든 회원국들이 그 무력 제재에 동참할 것을 촉구하는 안보리의 후속 결의였다. 오스틴이 제출한 결의안은 그들에게 권고했다: "무력 공격을 격퇴하고 그 지역에서 국제평화와 국제안보를 회복하기 위해서 필요하다고 생각되는 원조를 대한민국에 제공하라."[20]

오스틴은 그 결의안의 채택이 안보리의 25일 결의의 "논리적 귀결"이라고 호소했다. 미국인들이 보기에, 두 요소가 그 불가피성을 초래했다. 첫째는 물론 북한의 불복이었다. 이틀 전 안보리는 한편으로 북한 당국에 "평화의 파괴"를 "즉각" 멈추고 군대를 "즉시" 38도선으로 물리라고 촉구했고 다른 편으로 그 결정의 집행에 필요한 "모든 도움을 유엔에 제

---

20 미국이 27일에 제출한 결의안(문서 S/1508-Rev1)의 전문은 다음과 같다:

"안보리는,

대한민국에 대한 북한 무력의 무장 공격이 평화의 파괴라고 결정했고;

적대행위들의 즉각적 중지를 요구했고;

북한 당국더러 그들의 군대를 38도선으로 즉시 물리라고 촉구했고;

UNCOK의 보고에서 북한 당국이 적대행위들을 멈추지도 그들의 군대를 38도선으로 물리지도 않았음과 국제평화와 국제안보를 회복하기 위해서 군사적 조치들이 시급히 요구됨을 유의했고;

평화와 안보를 확보할 즉각적이고 효과적인 조치들을 위해서 유엔에 제출한 대한민국의 호소를 유의했기에,

유엔의 회원국들이 무력 공격을 격퇴하고 그 지역에서 국제평화와 국제안보를 회복하기 위해서 필요할 수 있는 원조를 대한민국에 제공할 것을 권고한다."

공"하고 "북한 당국에 원조를 주기를 삼가라"고 모든 회원국들에게 당부했다. 그러나 PRK는 그 요구에 "즉시" 따르지 않았다. 이제는 유엔 쪽에서 실력행사로 나가는 일만 남았다. 둘째는 타이밍이었다. 유엔의 조치는 북한군이 ROK의 제거를 기정사실로 만들 수 있기에 앞서서—ROK를 방어할 수 있을 때에—실행돼야 했다. 그런데 빠르게 남진하는 북한군 앞에서 ROK는 당장에 쓰러질 것처럼 보였다. 따라서 코리아에서 평화의 방어는 "시급한 군사적 조치들"을 요했다.

오스틴은 대통령이 불과 다섯 시간 전에 발표한 성명의 전문을 낭독하고서 자신의 발언을 마무리했다. 아마도 러시아인들을 비롯해 세계의 누구도 미국의 평화적 의지를 놓치지 않게 하려는 의도인 것 같았다. 그 미국인은 주장했다: "[제출된] 결의안과 내 진술의 기조는 그리고 대통령이 취한 조치의 중요한 특징은 유엔의 목적들과 원칙들—한마디로 '평화'—의 지지입니다."

누구나 평화가 좋다고 말한다. 그러나 무엇이 평화의 길인가? 동일한 사건에 동일한 질문을 놓고서 유고인들은 미국인들과 대답이 달랐다. 그들은 코리아 사태를 초래한 근본적 원인의 제거가 국제평화와 국제안보의 해법이라 생각했다. 그들이 보기에, 그 사태는 2차 대전에서 추축국들을 제압하면서 초강대국으로 부상한 미국과 소련이 세력균형을 위해서 약소국들을 편의에 따라서 부자연한 방법으로 분할 또는 통합해 자기들의 진영으로 편입시키는 세력권 경쟁의 예정된 부작용의 하나에 불과했다. 유고 대표인 베블러 대사는 진술했다: "우리의 결의안은 코리아의 전쟁이 전후 세계에 만연한 일반적 긴장—최근 몇 년 동안 흔히 '냉전'이라 알려진 형식들을 띠게 된 긴장—의 직접적 결과라는 사실의 인정에 기초합니다. 우리는 이 계속적 긴장의 근원이 2차 대전 후에 널리 적용되는 관행—다시 말해, 어떤 지리적 지역들을 세력권들이나 이익 범위들로 나누는 관행—에 있다고 믿습니다."

유고 대사는 그 관행적 경쟁의 그리고 그로 인한 병폐들의 증거들로서 발칸 지역의 작은 나라들을 들었다. 베블러는 주장했다: “오늘날 우리는 나의 나라를 포함한 발칸 국가들이 그런 분할의 목적물임을 알고 있습니다. 그 분할 때문에 발칸 민족들이 수많은 고초와 불행을 겪었고 그것들이 아직도 존재하며 또 언제 끝날지 전혀 알 수 없음도 우리는 또한 알고 있습니다. 분할 정책의 결과들이 국제 관계 일반에 아직도 얼마나 많은 해독을 끼치고 있는지에 대해서도 우리는 무지하지 않습니다.”

그러나 발칸 소국들의 경우에는 전쟁이 일어나지 않았다. 그 사실은 비록 코리아가 그들과 똑같은 세력권 다툼의 희생자라 하더라도 그 이유만으로 전쟁이 일어나기 마련은 아님을, 그 조건만으로 전쟁이 코리아 사람들의 불가피한 운명이 되지는 않음을, 뜻했다. 그럼에도 불구하고 유고인들은 코리아 사태가 남북 당국의 임의적 선택의 결과가 아니라 미소간 세력권 경쟁의 필연적 결과라고 주장했다. 발칸에서 아무 전쟁이 없음을 감안할 때, 그 주장은 그 국제적 경쟁이 코리아에서 발칸과 다른 어떤 중요한 조건도 또한 낳았음을 보여야 성립할 수 있었다.

유고인들도 그 점을 인식했다. 미소의 각축은 코리아에서 발칸의 경우와 똑같이 국가적 분할을 강요했다. 그러나 코리아 사람들의 경우 그 경쟁은 발칸과 다르게 이념적 분할 또한 초래했다. 유고인들이 보기에는, 바로 그 두 겹의 불합리가 남과 북을 무력대결로 치달을 수밖에 없도록 만들었다. 베블러는 진술했다: “코리아와 코리아 민족은 세력권 정책의 또 다른 희생자입니다. 불행히도 세력권이란 언제나 또한 간섭의 권역도 뜻하는 용어로 이해됐습니다. 그러나 코리아의 경우에 그 정책은 단일한 나라와 단일한 민족을 두 동강이로 갈라놓았습니다. 이 사실은 통일된 민주 독립의 코리아 수립에 거의 극복할 수 없는 장애물들을 인위적으로 만들어 놓았습니다. 각자 반대되는 세력하에 놓인 그 두 쪽 사이에 공개적 갈등이 발발하는 것은 불가피했습니다.”

코리아 사태의 근본 원인이 미소의 세력권 정책에 있다면, 그 사태가 자칫 세계대전으로 비화될 위험도 당연히 높았다. 베블러의 표현을 빌리면, "이 공개적 갈등이 또 일반적 갈등을 더욱 심각하게 만듦은 명백했다." 그렇다면 안보리는 그 사태를 놓고서 무엇을 해야 하는가? 유고인들은 그 대책이 미국의 결의안에 있다고 단연코 믿지 않았다. 베블러는 주장했다: "미국 대표단이 이사회 앞에 제출한 결의안은 이것이 어디로 이를지 분명히 보여 줍니다. 세력권 정책이 우리를 평화의 강화라는 드넓은 도로로 나갈 수 없도록 가둬 두는 악순환을 만들어 놓았다는 사실에 관해서 코리아 사태가 제공하는 것보다 더 두드러진 증거는 상상하기 어려울 것입니다. 진정 그것은 오히려 우리를 새로운 세계대전으로 곧장 이끌고 갈 것입니다."

근본주의 접근법은 자주 자기모순 위에 구축된다. 우리는 누구나 완전한 해결을 원한다. 우리는 전쟁이 아예 불가능한 세상을 만들기 위해서 전쟁의 근본원인을 뿌리 뽑고 싶다. 그러나 무릇 근본은 바로 근본이라서 우리는 그것을 근절할 현실적인 방법을 좀처럼 발견하지 못한다. 아마도 우리의 현실에서 근본적 진단은 가능해도 근본적 처방은 가능하지 않기 때문일지 모른다. 적어도 전쟁에 관한 한 이것은 사실이다. 평화를 희구하는 최초의 명상들은 벌써 오래전에 전쟁의 근본 원인들을 규명해 놓았다.[21] 그러나 우리는 아직도 전쟁이 일어날까 걱정하는 세상에 살고 있다. 여러 정치이론가들은 심지어 국가들이 "전쟁상태"에 있다고 생각한다.

유고인들도 코리아 문제를 놓고서 근본 원인의 규명에는 성공했지만 자기들의 진단에 마땅한 현실적 처방을 내기에는 실패했다. 그들의 진단은 하나의 처방으로 아마도 라우가 암시한 스탈린-트루먼 회담을 가리켰다. 바로 그들이 세력권 다툼의 두 주축을 이루는 초강대국들의 정상들이기 때문이었다. 그러나 유고인들은 당연히 그 접근법에 아무 기대가 없었다. 오히려 그들은, 수미가 맞지 않게도, 미국안의 반대에, "안보리가 국제관계에서 여

---

21 그 원인들은 다음의 저술에 잘 정리돼 있다: Kenneth N. Waltz, *Man, the State, and War: A Theoretical Analysis*(New York: Columbia University Press, 1959).

태껏 추종된 풍조들과 반대되는 방향으로 행동함"에, 코리아 사태의 해법이 있다고 결론을 내렸다. 구체적으로 그들의 처방은 "안보리가 코리아 민족이 독립과 통일을 향해서 자기 자신의 길을 찾도록 돕는 것", 다시 말해, 중재의 제안이었다. 유고 대사는 진술했다: "우리는 그들이 공통의 언어를 찾도록 도움을 받아야 할 것이라고 믿습니다." 그리고 대사가 제출한 결의안은[22] 안보리에 요청했다: "무장 갈등에 관련된 그 두 당사국들 사이에 중재 절차를 개시하고 그들이 그런 절차를 원칙으로 수락할 것을 촉구한다. 그리고 이 목적으로, 조선인민공화국 정부더러 중재 절차에 참여하도록 전권을 가진 대표를 국제연합본부에 즉시 보내라고 권유한다."

중재 협상은 논리성은 물론 실현성도 떨어지는 접근법으로 보였다. ROK는 북한군의 공격을 받자마자 바람 앞의 등불처럼 어지럽게 흔들리기 시작했다. 유고의 찬성도 포함해 만장일치로 채택된 25일의 정화 요구는 무시됐다. 통일 정부의 수립을 위해서 과거에 시도됐던 협상들은 미소 사이에서도 남북 사이에서도 모두 무위에 그쳤다. 심지어 총회의 결의

---

22 유고가 제출한 결의안(S/1509)의 전문은 다음과 같다:

"안전보장이사회는,

코리아에서 적대행위들을 즉각 중지할 것을 요구하기로 1950년 6월 25일 만장일치로 결정했음을 고려해;

이사회의 요구가 지금까지 수락되지 않았고 코리아에서 군사작전들이 여전히 진행 중임을 더 큰 우려를 가지고 유의하면서;

그 두 코리아 군대들 사이의 무장 투쟁이 즉시 중지됨이 코리아 사람들과 일반적 평화 및 안보 모두를 위해서 필수적임을 고려하고;

국제연합한국위원단이 1950년 6월 26일의 전문(문서 S/1503)에서 중재 절차의 채택을 권고했음을 고려해;

다음을 결정한다:

적대행위들의 중지를 다시 요구하고 코리아 사람들과 국제 평화 및 국제 안보 모두를 위해서 작전들의 연장이 가져올 엄중한 결과들에 대해 관련 당사자들에게 주의를 환기시킨다.

무장 갈등에 관련된 그 두 당사자들 사이에 중재 절차를 개시하고 그들이 그런 절차를 원칙으로 수락할 것을 촉구한다.

그리고 이 목적으로,

조선인민공화국 정부더러 중재 절차에 참여하도록 전권을 가진 대표를 국제연합본부에 즉시 보내라고 권유한다."

도 소용이 없었다. 그 실패의 역사를 잘 아는 UNCOK은 북한군이 신속한 남진에 의해서 정화와 철수에 관한 안보리 논의를 불과 며칠 내에 "탁상공론"으로 만들어 버릴 수 있다는 우려를 이미 보고했다. 유고인들은 그렇게 생각하지—정확히 말하면, 희망하지—않았다. 베블러는 호소했다: "우리는 단지 이틀 동안의 싸움만 보고서 그 두 관련 당사국들이 그들 자신의 민족과 국제평화의 이익들을 마침내 이해할 것이라는 희망을 모두 버리면 안 되고 버릴 수도 없습니다. 이 운명의 시간에 그들이 협상에 나오기를 계속 거부할 것이라고 우리는 확신하면 안 됩니다. 우리는 그들에게 적대행위들을 중지할 것을 처음보다 더 강하게 호소함으로써 그리고 그들에게 안보리의 알선을 받는 중재 절차를 제안함으로써 그 도움을 줄 수 있습니다." 그리고 베블러가 낭독한 유고의 결의안은 역설했다: "안전보장이사회는 코리아에서 적대행위들을 즉각 중지할 것을 요구하기로 1950년 6월 25일 만장일치로 결정했음을 고려해 …… 국제연합한국위원단이 1950년 6월 26일의 전문(문서 S/1503)에서 중재 절차의 채택을 권고했음을 고려해 …… 적대행위들의 중지를 다시 요구하고 코리아 사람들과 국제 평화 및 국제 안보 모두를 위해서 [군사] 작전들의 연장이 가져올 엄중한 결과들에 대해 관련 당사자들에게 주의를 환기시킨다."

유고 대사는 "안보리가 엄청난 책임을 통감하고 이 시간에 실패하지 않기를 그리고 우리의 초안에 담긴 제안에 모든 주의를 기울이기를" 그리고 또한 "다른 대표단들이 우리와 유사한 의식의 고취를 받기"를 바라면서 자신의 진술을 끝냈다. 그러나 유고의 결의안은 도입과 동시에 실패를 예고했다. 당사자들의 하나인 PRK 쪽에서는 안보리의 중재 요청을—혹시 받아도—스스로 수락할 의사가 없음을 코리아 현장에서 벌써 행동으로 웅변하고 있었다. 똑같은 거부의 태도를 다른 당사자인 ROK 쪽에서는 레이크 썩세스에서 유고의 발언이 끝나자 곧바로 표출했다. 장면 대사는 주장했다: "6월 25일 채택된 결의는 국제연합의 도덕적 의도를 매우 분명히 밝혔습니다. 이론의 여지 없이 그것은 비난의 손가락으로 나의 나라를 침략하는 약탈군을 가리켰습니다. 그러나 취해야 할 조치가 하나 더 있습니다. 그 도덕적 판단은 강제력의 뒷받침을 받아야 합니다."

ROK는 PRK를 대화와 협력의 상대로 존중할 의향이 도무지 없는 것 같았다. 장면 대사는 북한에 대해서 말끝마다 비난과 경멸로 일관했다. ROK의 정부와 국민은 "북한 공산군의 야만적 공격에" 현재 온몸으로 맞서고 있었다. 그것은 "도발을 받아 일어난 것이 아닌 신중히 계산된 냉혈한 계획적 공격"이었다. "지구상의 모든 자유 국가의 평화와 안보를 위험에 빠트리는 것은 바로 나의 나라를 엄습한 이와 같은 공격"이었다. 대사는 계속했다: "침략의 불길은 국경선에 의해서 봉쇄될 수 없습니다. 만일 저지되지 않으면 그것은 전 세계를 휩쓸 것입니다. 오늘날 우리 국민을 뒤덮는 위험이 내일은 침략 세력의 적나라한 위협에 홀로 맞서는 모든 곳의 모든 국민들을 해치겠다고 으르댑니다. …… 이 사실들을 완전히 이해하고서 안보리는 그 비겁한 공격이 개시되고 24시간도 안 된 6월 25일 오후에 특별회의를 열었습니다. 그 회의에서 이사회는 공격의 중지를 요구했지만 공격은 멈추지 않았습니다. 이사회는 침략군에게 38도선으로 물러가라고 요구했으나 그들은 그러지 않았습니다."

반면 ROK의 처지를 서술하는 장 대사의 진술들은 연민과 결의로 가득했다. 대사는 보고했다: "나의 조국에 일어난 그 비극적 사건들"로 인해서 "소량의 무기 외에는 아무것도 없이, 비행기도 탱크도 중포도 없이, 상당수의 우리 병사들이 자기들의 임지에서 용맹스럽게 싸우다가 또한 적의 탱크들과 비행기들을 물리치려고 애쓰다가 전사했습니다. …… 우리의 병사들은 아직도 무기와 탄약의 극심한 열세하에서 적의 전진을 마주하고 있습니다. 이 두려운 조건들 때문에 우리의 후퇴는 불가피했습니다. 이제 상황은 더욱 위급해지고 있습니다. 그럼에도 불구하고 우리의 군대는 용감하고 단호하게 싸우고 있습니다."

장 대사는 안보리가 "[6월 25일의] 결의의 집행에 필요한 모든 원조를 국제연합에 제공할 것을 모든 회원국들에게 명시적으로 촉구했음"을 상키시키고 다음의 호소로 진술을 마쳤다: "나의 정부를 대신해 나는 효과적인 조치들이 즉시 취해지게 해 달라고 국제연합의 모든 회원국들에게 안보리를 통해서 강력히 호소합니다. 나는 나아가 안보리에 대한민국이 존재할 수 있게 한 국제연합의 모든 회원국들에게 자신이 승인할 조치들의 집행에 적극적으로 참여하도록 요청해 달라고 호소합니다. 이사회가 우리의 영토에서 침략자를 추방하기 위해서 이 호소를 긍정적으로 고려하고 국제평화와 국제안보의 확립을 위해서 즉시 행동하기를 나는 열렬히 희망합니다."

프랑스 대표단은 미국안을 "완전히" 지지했다. 그 지지는 물론 본국 정부의 훈령에 입각한 것이었다. 그러나 대표단이 보기에, 그것은 또한 불가피한 결과였다. 그들은 판단했다: 첫째, 북한군의 공격은 계획적 기습임이 드러났고, 둘째, 북한 당국은 그 침공을 물리라는 안보리의 6월 25일 결의에 따르지 않았음은 물론 따를 의사도 없음이 분명하며, 셋째, 만일 유엔이 그 무시를 용인하면 유엔의 권위가 무너질 것이다. 그렇기 때문에, 그들이 보기에, 유엔은 그 결의의 강제집행에 들어갈 수밖에 없었다.

프랑스인들은 UNCOK이 제출한 "가장 최근의 정보"가 처음의 두 전제들을 "의문의 여지 없이 확증한다"고 생각했다. 그들은 특히 위원단이 26일 서울에서 마지막으로 타전한 문서 S/1507과 위원단이 27일 일본에 도착해서 작성한 S/1510의 내용들에 주목했다. 먼저, S/1507에 근거해 쇼벨 대사는 진술했다: "그 공격은 분명히 우발적으로 일어나지 않았습니다. 전선의 길이와 동원된 무력의 크기는 그것이 미리 계획된 것임을 보여 주기에 충분합니다. 그럼에도 불구하고 그 공격은 대한민국정부는 물론 심지어 유엔위원단까지 허를 찔린 완전한 기습이었습니다. 계획의 비밀이 너무나 주의 깊게 유지됐고 외면적 상황과 부합하는 것이 너무나 적었기 때문입니다." 둘째 전제를 뒷받침해 대사는 진술했다: "더욱이, 이사회의 공식 지시들에도 불구하고 북한에서 내려온 군대들은 지금까지 38도선으로 물려지지 않았을 뿐만 아니라 남진을 멈추지도 않았음이 명백합니다. 그러므로 그 군대들을 책임지는 당국이 이사회의 6월 25일자 권고나 거기에 담긴 공식 지시들을 유의하지 않았음이 아주 분명합니다. 위원단은 문서 S/1510에서 그 사실을 실제로 적시했습니다."

프랑스인들은 처음의 두 전제들이 참이라면 셋째 전제도 자연히 타당하고 그로부터 미국안의 채택이 당연한 해법으로 나온다고 판단했다. 쇼벨은 진술했다: "따라서 6월 25일 안보리의 모든 이사국들의 주의를 끌었던 상황은 이제 훨씬 더 심각한 것이 됐습니다. 대한민국의 존재 자체가 위협을 받고 있고 동시에 이사회와 국제연합의 권위가 공개적으로 조롱을 당하고 있습니다. 폭력 행위가 존재하고 그것의 결과들은 심각할 수 있습니다. 사실 그것들은 극도로 심각할 수 있습니다. 그러므로 유일의 해법은 공격을 완전히 중지시킬 방식으로 대응하는 것입니다. 상황에 맞는 해법이 모색돼야 합니다. 그리고 상황은 국제연합의 회원국들이 이 기구의 기초 자체인 원칙들을 지지해 그들의 결속을 증명할 것을 요구합니다."

프랑스인들도 싸움을 원하지는 않았다. 그들은 유엔의 위신을 지키려는 결속이 전쟁이 아니라 평화를 위해서 필요하다고 판단했다. 그들은 그 강경한 수순 덕분에 코리아 밖으로 전쟁이 번짐이 예방되는, 특히 자신들이 관여하는 동남아 지역(베트남)에서 전쟁이 봉쇄되는, 효과가 나타나기를 희망했다. 쇼벨은 다음의 진술로 자신의 발언을 끝맺었다: "프랑스 대표단은 또 미국대표가 막 낭독한 트루먼 대통령의 성명에 깊은 감사를 표하고 싶습니다. 6월 25일 채택된 결의의 문단 III에 담긴 요청에 지체 없이 따름으로써 트루먼 대통령은 우리 기구의 회원국 각자가 헌장에 서명할 때 부담한 그 크고 무거운 책임들에 대한 진정한 인식을 보여 주었습니다. 그 성명은 또 극동의 현재 사정에 관한 광범하고 현실적인 조망을 보여 줍니다. 그것은 코리아의 특수한 문제를 태평양이라는 일반적 그림 안에 그리고 모든 구성 부분들이 상호 의존할 정도로 밀접히 연결된 태평양 전선이라 불려도 되는 영역 안에 있는 것으로 조망합니다. 그 모든 지역들에는 각각의 부분에서 체계 있게 그리고 계속해서 다뤄야 하는 동일한 문제가 있습니다. 그리고 '전선'이라고 말할 때 나는 그 말을 전시의 의미로 쓰고 있지 않습니다. 여기의 누구도 전쟁을 바라지 않습니다. 그리고 헌장에 따라서 우리의 목표는 전쟁의 예방입니다. 우리는 너무나 열심히 희망합니다. 일단 우리의 임무가 달성되고 질서가 회복되면 트루먼 대통령의 성명에 언급된 모든 영토들이 평화의 보루들이 되기를!"

영국 대표단은 미국 대표가 도입한 결의안을 "즉각 기꺼이" 지지했다. 영국인들은 "국제연합의 비호 아래 수립된 대한민국의 정부"를 무너뜨리려는 북한군의 침공 자체가 유엔에게 "전례 없는 모욕"으로 "충분히 엄중한" 사태라고 여겼다. 따라서 안보리의 25일 결의가 무시를 당한 지금은 사태가 "더욱 엄중"했다. 숀 경은 진술했다: "그것은 6월 25일의 이사회 결의가 무시를 당했다는 점에서 국제연합과 특히 이 이사회에 추가적인 모욕입니다. …… 그 권고들이 너무나 유감스럽게도 무시를—정말로 도전을—받았습니다."

영국인들도 프랑스인들처럼 "안보리의 권위가 그렇게 조롱을 당하도록 허용할 수 없다"고 확신했다. 따라서 영국 정부도 "미국 대통령의 솔직한 성명을 그리고 코리아의 상황을 원상으로 복구하기 위해서 …… 대한민국의 정부와 부당한 침략의 희생물이 된 그 나라의 국민에게 도움을 제공한 미국 정부의 신속한 솔선을 환영"했다. 그들은 목하의 미국안이 그 "조롱"의 필연적 대책이라 판단했다. 숀은 진술했다: "미국이 제출한 결의안의 전문이 안보리가 오늘 직면하는 상황에 관한 사실들을 간단 명료한 말로 설명한다고 나의 대표단은 느낍니다. 국제연합 회원국들의 원조에 관한 효력발생 조항은 이사회가 취해야 마땅한 다음 단계를 나타내고 이 단계가 이사회의 6월 25일 결의에 있는 권고들의 논리적 귀결이라고 우리는 생각합니다."

숀 경은 미국의 수순에 대한 영국의 지지를 강조하면서 자신의 발언을 끝맺었다. 그것은 코리아 문제로 인해서 그 두 나라의 사이가 벌어질 것이라는 예측의 차단을 위해서 필요해 보였다. 대사는 주장했다: "이틀 전 이사회가 채택한 결의에 대한 그리고 오늘 제출된 미국의 결의안에 대한 나의 대표단의 지지를 나는 강조하고 싶습니다. 이 엄중한 문제에 있어서 이사회의 행동을 우리가 지지하기를 주저해 왔다고 넌지시 암시하는 사람들이—물론 책임 있는 위치에 있는 사람들이라고 나는 말하지 않겠지만—있기 때문입니다. 바라건대 내가 이틀 전 이사회에서 말한 것을 보아 뚜렷하듯이 그런 암시들은 근거가 전혀 없었습니다. 그리고 다시 바라건대, 내가 방금 말한 것을 보아 의심의 여지가 없겠지만, 지금 그런 암시들은 아무 근거가 없습니다."

중화민국(ROC) 대표단은 중국 정부가 미국안을 "진심으로 지지한다"고 선언했다. 중국인들은 그 결의안의 이유와 내용에 관해서 미국인들과 생각이 전적으로 일치했다. 씨앵 대사는 진술했다: "미국대표는 그의 결의안을 도입함에 있어서 그와 그의 정부로 하여금 이 행동 방침을 안보리에 권고하게 만든 이유들을 매우 간단하고 착실하고 정확한 언어로 진술했습니다. 이 회의의 초두에 오스틴 대사가 말한 것을 반복할 필요는 없겠습니다. 우리 대표단이 이 결의안을 진심으로 지지한다고 나는 우리 정부를 대신해 선언합니다."

씨앵은 트루먼 대통령의 27일 성명에서 포모사와 관련된 부분들을 인용해 유엔에 그 섬의 처지도 상기시켰다. 대사의 설명에 의하면, "포모사는 1895년 이전에 중국의 성들 가운데 하나였고 일본의 항복 후에 우리 성들의 하나로 다시 만들어졌다. 중국 사람들은 포모사를 중국의 다른 성들과 마찬가지로 여[겼]다. 중국 사람들은 그들의 정부가 포모사의 인적 물적 자원들을 이용해 중국의 영토적 완전성과 정치적 독립 및 자유를 되찾기를 기대[했]다." 씨앵은 "공산주의가 독립국가들의 정복을 위해서 전복 공작을 이용하는 것을 넘어서 이제 무장 침입과 전쟁을 사용할 것"이라는 대통령 성명의 예측을 강조하면서 말했다: "이 대목은 우리 앞에 놓인 문제의 속성을 의심의 여지 없이 묘사합니다. 나는 이 문제에 대한 명백한 인식이 우리가 보여 줘야 할 정치력의 시작이라고 감히 말합니다." 그 말은 틀림없이 공산 중국을 겨냥한 것이었다. 씨앵은 말했다: "나는 포모사에 대한 공격을 막기 위해서 자신의 함대를 사용하기로 결정한 미국 정부에 대해서 감사를 표하고 싶습니다. 나는 우리 국민 모두 그 원조의 제의를 틀림없이 고맙게 느낀다고 생각합니다."

중국인들은 "중재가 핵심"인 유고안을 반대했다. 씨앵은 선언했다: "나의 대표단은 유고슬라비아의 결의안에 부득이 반대할 수밖에 없다고 느낍니다." 그들은 코리아에서 협상이 통하지 않을 이유로 다음의 셋을 들었다. 첫째는 사태의 속성이었다. 씨앵은 주장했다: "겸허히 말하건대 이 순간 안보리가 중재를 제의한다면 그것은 단지 침략을 돕고 침략자를 두둔하게 될 뿐입니다. 우리의 위원단[UNCOK]은 코리아 사태가 정당한 이유 없이 자행된 공격의—침략의—명백한 사례라고 보증했습니다. 침략자는 안보리의 권위에 도전했습니다. 그런 상황하에서 중재의 제안은 침략을 용서하고 침략자를 지지하는 꼴이 될 것입니다." 둘째는 북한의 전력이었다. 씨앵은 상기시켰다: "유엔한위는 코리아에 지금까지 2년이 넘도록 있었습니다. 그 모든 시간 동안 위원단은 북쪽의 반역도당들이 위원단의 중재를 이용할 수 있게 해 주었습니다. 그러나 그 모든 시간 동안 북쪽 당국은 유엔한위를 무시하기로, 가벼이 취급하기로, 결정했습니다." 셋째는 전세였다. 씨앵은 주장했다: "북쪽의 침략군이 계속 밀고 나오는 동안 중재의 제의는 수락되지 않을 것이 뻔합니다. 이 제의는 다만 침략자의 목적에 도움만 줄 것입니다."

쿠바도 미국안을 지지했다. 대표단은 ROK의 "평화와 안보"를 강조했다. "국제연합의 회원국들이 그 지역에서 [북한군의] 무장 공격을 격퇴하고 평화와 안보를 회복하기 위해서 필요할 조력과 도움을 대한민국에 제공할 것을 권고"하는 그 발안이 그들은 유엔헌장이 안보리에 수여한 권한들과 일치한다고 이해했다. 그들은 또한 "오늘 오전 트루먼 대통령이 발표한 성명과 미국 정부가 코리아에서 평화를 회복하기 위해서 취한 선제 조치에 만족"했다. 블랑코는 진술했다: "쿠바 대표단은 이사회가 헌장에 의해서 자신에게 수여된 권한을 행사해 세계의 이 지역에서 평화와 안보의 재수립을 가져올 수 있는 보다 적절하고 역동적인 조치들을 채택함이 필요하고 심지어 필수적이라고 간주합니다. 안보리와 국제연합은 이 중대한 시기를 당해서 헌장의 체계가 사문이 아님을 증명해야 합니다. 세계의 국민들이 국제연합에 대해서 신념과 신뢰를 유지하도록 평화의 회복을 위한 기구의 행동이 즉각적이고 효과적임을 보여 주어야 합니다."

북한군의 행동으로 인해서 유엔의 위신이 위기에 처했음에 쿠바도 안보리의 상임이사국들인 미영불중과 인식을 같이 했다. 블랑코는 설명했다: "평화의 침해가 있었습니다. 이사회의 결정이 존중되지 않았습니다. 그리고 전쟁 상태가 이 지역에서 계속되고 있습니다." 대사는 UNCOK의 보고들을 인용해 진술했다: "쿠바 대표단은 미국 대표단이 6월 25일의 회의에 제출한 결의안을 찬성하는 투표를 했습니다. 다른 여러 이유들 가운데서도, 안보리의 결정이 소기의 효과를, 다시 말해, 코리아에서 적대행위들이 중지되고 북한 당국의 무력이 38도선으로 철수되는 결과를 가져오기를, 강력히 희망했기 때문이었습니다. 불행히도, 차후의 사건들은 북한 당국이 이 권고에 아무 유의도 하지 않았음을 보여 주었습니다. 더욱이, 유엔한국위원단이 전송한 보고들은 이것이 국제연합 자체의 후원하에 합법적으로 수립된 대한민국에 대해서 주의 깊게 준비돼 개시된 대규모의 침공이라는 사실에 아무 의심의 여지도 남기지 않습니다."

노르웨이 대표단은 본국 정부의 훈령에 따라서 미국안을 "무조건 지지"했다. 순다 대사는 진술했다: "미국의 결의안은 발생한 상황의 요구들에 탁월할 정도로 적절하게 부응합니다." 대사는 또한 "벌써 미국의 공군과 해군에 명령해 한국군을 도우러 달려가게" 신속히 조치한 트루먼 대통령과 미국 정부에도 "감사"를 표했다. 그 절대적 지지에 이르기까지 노르웨이인들은 안보리의 25일 회의 이래로 코리아 사태에 관해서 "입수 가능한 모든 보고들을 주의 깊게 연구했다." 그들은 UNCOK의 전문들을 "샅샅이" 살폈고 "가용한 모든 추가적 정보를 얻기 위해서" 본국 정부와 협의했다. 그들은 또 ROK를 비롯해 각국의 대표들이 안보리에서 행한 진술들도 "열심히 경청"했다. "이 순간 자신의 정부가 바라보는 바의 코리아 상황에 관해서" 미국의 오스틴 대사가 진술한 "간단명료한 요약"도 물론 참고됐다. 그 결과 그들은 코리아에서 "지금 진행 중인 적대행위들의 속성과 관련해 더 이상 한 점의 의혹도 있을 수 없는" 아래의 결론에 도달했다.

노르웨이가 보기에, 유엔은 현재 기구의 사활이 걸린 문제에 봉착했다. ROK 정부는 GA의 의결에 의해서 탄생했다. 그런데 북한군은 탱크들과 대포들과 비행기들을 동원해 그 나라를 침공했다. 그것은 우발적 공격이 아니었다. 그것은 "부당한 공격"이요 "ROK 정부의 파괴와 ROK 국민들의 정복을 목표로 주의 깊게 계획된 총력 공격"임이 명백했다. 더욱이, 침략군은 "무자비한 광포함으로 공격을 밀어붙이고 있고 인명들의 손실이 매시간 늘어나고 있

[없]다." 그 "야만적 공격의 자행자들"이 SC의 25일 결의에 "조금도 유의할 의사가 없음도 이제는 더할 나위 없이 명백"했다. 순다 대사는 진술했다: "이 상황에서 만일 우리가 대한민국의 용감하나 물자가 열등한 군대를 지원 • 구원할 위치에 있는 국제연합의 회원국들이 모든 필요한 노력을 할 수 있게 승인하기를 혹시라도 주저한다면 내가 보기에 우리는 국제연합헌장이 명하는 매우 신성한 의무[의 이행]에 실패할 것 같습니다." 따라서 대사는 노르웨이가 "세계의 평화와 안보와 정의가 무모한 침략으로 위험에 처한 때에 [그 침략의 격퇴를 위해서] 추호의 의심도 동요도 없음을 보여 주는" 미국 정부를 "무조건" 지지함을 강조했다.

에콰도르 대표단도 미국안을 "전심으로" 지지했다. 그들도 안보리의 강경한 대응이 타당한 이유로 북한군의 불법성을 주장했다. 먼저, 그들은 UNCOK의 보고들을 통해서 "지난 사흘 동안 대한민국에서 발생한 사건들의 성격"을 "완전히 확인"할 수 있었다. 그들이 보기에, 그 보고들은 "국제연합 총회의 후원과 감독하에서 합법적으로 그리고 민주적으로 조직된 정부를 가진 [ROK] 국민에 대해서, 그들이 도발을 하지도 않았는데, [북한군이] 사전에 계획된 고의적 침략 행위를 개시했다"는 고발인들의 주장을 "명백히 입증"했다.

"국가들의 영토적 완전성의 존중과 평화적 방법들의 사용은 세계의 국민들이 서로 평화롭게 살아가기 위해서 필요한 두 기본적 요건들이다. 두 원칙들 모두 모든 국가들에게 사활적 중요성을 가진다. 생존 자체를 상호 존중과 수립된 법의 준수에 의지하는 작은 국가들에게는 특히 그렇다." 에콰도르인들은 그렇게 이해했다. 그런데 유엔헌장에 적시된 그 두 "국제 생활의 근본 원칙들의 부당한 위반"이 코리아에서 일어났고, 6월 25일 그 "무도한 침략 행위"가 안보리에 고발됐다. 에콰도르의 해석에 의하면, 안보리는 그날 그 고발의 결과로 채택된 결의에 의해서, 사태를 바로잡기 위해서 "자신이 확고하게 행동할 필요가 있음과 동시에 자신이 계획한 행동 방침을 차분하게 이행할 각오임도 편견이나 조급함 없이 보여 주었다." 그러나 북한 당국은 그 결의도 "무시"했다. "질서"는 회복되지 않았다. 이로써 북한 당국은 유엔의 권위를 이중으로 부인했다. 첫째, 총회의 후원하에 조직된 ROK

를 침공함으로써 "유엔의 [한] 으뜸 기관"의 권위를 부정했다. 둘째, 그 적대행위들을 중지하고 무력을 38도선으로 물리라는 안보리의 요청을 무시함으로써 "유엔의 [다른] 으뜸 기관"의 권위도 부정했다.

에콰도르인들은 본국도 외부의 폭력 위협에 취약한 나라기 때문에 ROK의 불행에 더욱 분개했다. 코레아 대사는 말했다: "작은 국가들 가운데 하나의 대표로 말하건대 나의 정부를 대신해 나는 대한민국에 자행되는 공격에 대해서 가장 맹렬한 항의를 하고 싶습니다. 나는 또 세계의 안보와 공격당하는 사람들의 안보를 보전하기 위해서 안보리가 헌장하에서 자신에게 부여된 권한들을 한껏 사용하기를 촉구합니다." 대사는 "ROK의 영토적 완전성을 방어하기 위해서 미국 대통령이 지금까지 취한 조치들"에 대한 지지로 자신의 발언을 마쳤다. 그는 말했다: "[그 조치들은] 이 사례에서 그리도 심각한 위험에 처한 국제연합의 권위를 염려하는 사람들에게 만족스런 일입니다."

이집트 대표단은, 아마도 USSR과 PRK는 물론 USA와 ROK도 염두에 두고서, "안보리의 6월 25일 결의가 [코리아 사태의 당사자들에 의해서] 신속히 유의돼서, 코리아 상황이 더 악화되는 대신 개선되고, …… 그 지역에서 평화가 다시 수립되기를 희망"했다. 그러나 이집트 정부는 미국안과 유고안에 대해서 아직 입장을 표명할 수 없었다. 파지 베이는 "우리의 세계"가 "지금 당장은 너무 널리 분단돼 있지만 점점 하나가 되어 가고 있음"에 막연한 기대를 표명할 뿐이었다. 대사는 설명했다: "나는 6월 25일의 결의안을 채택할 때 안보리가 보여 준 민첩성을 상기하고 싶습니다. 또 그때 이사회에서 의무의 명령들 및 국제연합 헌장과 일치하는 강경한 입장을 채택할 것을 내가 우리 대표단을 대신해 요청한 것도 상기하고 싶습니다. 그러므로 오늘 회의에서 이사회에 미국 대표단이 하나의 결의안을 제출하고 유고슬라비아 대표단이 또 하나의 결의안을 제출한 직후에 나는 당연히 그것들을 나의 정부에 보냈습니다. 나는 극히 시급하고 중요한 이 문제에 관해서 조금 있으면 훈령을 받을 것으로 기대합니다."

그 진술의 자연스런 함의는 잠깐의 휴회로 보였다. 의장은 18:15(서울 28일 08:15)까지 한 시간 남짓한 휴회를 제의했다. 그리고 그에 따라 회의는 17:10(서울 28일 07:10)에 중지됐다. 그러나 그 시간은 어림도 없었다. 회의는 한 시간이 아니라 다섯 시간 뒤인 22:25(서울 28일 12:25)이 돼서야 재개됐다. 그 오랜 지연은 이집트 정부만 아니라 인도 정부도 필요했던 것으로 나타났다. 회의가 다시 열리고 인도의 발언 순서가 오자 의장인 세네갈 라우 경은 인도의 대표로서 설명했다: "나는 오늘 우리의 회의를 여러 번 휴회한 것에 대해서 안보리에 사과합니다. 그러나 나는 나의 정부로부터 가능하면 즉각적인 훈령들을 받기를 갈망했습니다. 그래서 나는 그렇게 하려고 전화를 여러 차례 시도했습니다. …… 그 결과 회의의 재소집이 지연돼야 했습니다."

인도인들은 좀처럼 입장을 정하지 못했다. 인도 정부의 지지를 특히 바라는 미국인들은 한 번 더 장외 설득에 나섰다. 레이크 썩세스에서 안보리가 정회에 들어간 동안 힉커슨이 뉴델리의 헨더슨에게 전하는 개인적인 메시지를 담은 국무부 전문이 20:00(서울 28일 10:00) 워싱턴을 떠났다.[23] 미국인들이 보기에는, 인도도 이집트처럼 25일의 안보리 회의에서 USUN이 제출한 결의안을 기꺼이 지지했다. 그렇기 때문에 현재 그들이 시간을 끄는 이유는 미국 정부가 서두를 수밖에 없었던 필요성을 충분히 이해하지 못했음에 있는 것으로 보였다. 따라서 그 유엔담당 차관보는 MEA(인도외무부)의 바지파이 사무총장을 만나서, "유엔의 행동을 위한 중대한 제안들의 도입에 앞서서 우리의 우방들과 그리고 그들 가운데 가장 특별히 인도와 상의를 하는 것이 물론 우리의 관행이요 바람임"을 확실히 밝히고 다음을 말하라고 헨더슨에게 당부했다:

"그러나 코리아의 경우에 우리는 매우 엄중한 비상사태에 직면했습니다. 대한민국의 무력은 국내 치안과 국경 방어의 목적으로 가볍게 무장됐습니다. 그런 경무장의 군대가 공격

---

23 *FRUS 1950 VOLUME VII, KOREA*, p.210.

무기들로 중무장한 북쪽 군대의 전면 기습을 당한 것입니다. 공격의 목적은 분명히 공화국을 재빨리 제압해서 유엔에 기정사실을 들이대는 것입니다. 공화국을 소멸에서 구하려면 우리가 즉각 행동함이 필수적이었습니다."

힉커슨은 "우리가 사전 상의 없이 가는 것 말고는 다른 수가 없는 상황에 있었음을 바지파이가 이해하기를 희망함"을 강조했다. 그리고 대사가 총장과 이야기할 때 슬기롭게 활용할 수 있도록, 차관보는 워싱턴과 레이크 썩세스에서 일이 어떻게 돌아가고 있는지도 자세히 설명했다:

"나는 우리의 입장에 대한 대사의 분석에[24] 특히 감명을 받았다. 그것은 노련하고 정확했다. 6월 27일의 국무부 전문 642호에 지적된 바대로 우리는 판디트 부인과 오늘 아침 국무부에서 실제로 담화했다. 그때 그녀는 유엔사무총장에 대한 미국의 지지와 대통령의 성명을 환영했다.

라우가 귀하의 문단 2에서 언급된 훈령들을 벌써 읽었기 때문에 그는 미국의 6월 27일 안보리 결의안에 대한 투표를 그의 정부와 상의할 때까지 연기할 것을 제의했다. 국무부 대표가 다시 판디트 부인과 이야기했는데 그녀는 그 훈령들의 성질에 대해서 유감을 표명하고 말했다: '내가 라우와 다시 이야기하겠다. 나는 직접 뉴욕으로 가서 도움을 주겠다.' 국무부는 지금 라우가 추가적인 훈령들을 받으려고 델리와 전화 통화를 시도하고 있는 것으로 이해한다."

미국인들의 노력은 당장은 결실을 보지 못했다. 안보리 회의는 22:25(서울 28일 12:25)에 재개됐다. 그러나 뉴델리도 알레산드리아도 여전히 입장을 정하지 못했다. 이집트 대표는 말했다: "오늘 오후 진술에서 나는 나의 정부로부터 훈령들을 기다리고 있다고 안보리에 말

---

24 이 분석은 6월 27일 헨더슨이 바지파이와의 대화 동안 내놓은 설명(본서 제3장, 158-159쪽)을 가리킨다.

했습니다. 그러나 유감스럽게도 현재까지 그런 훈령을 받지 못했습니다. …… 나는 이집트에서 훈령을 받기를 아직도 희망하고 있습니다. 너무도 간절히 그것을 기다립니다." 그리고 그 이집트인이 발언을 마치자 인도 대표는 진술했다: "불행히도 기계적인 문제들 때문에 [나의 정부로부터 훈령을 받으려는] 시도들은 실패했습니다. …… 나의 정부는 지금까지 [내게] 구체적 지시들을 보낼 수 없었습니다."

이집트인들도 인도인들도 그 지연이 불가피한 이유를 시간과 기술의 문제로 돌렸다. 파지 베이는 주장했다: "이사국들은 물리적 • 지리적 상황을 쉽게 이해하고 나의 어려움에 공감할 것입니다. …… 내가 상상하기에 그것은 의장의 나라인 인도에 대해서는 더 강하게 적용될 것입니다." 이집트 대표단은 미국과 유고가 제출한 결의안들을 "대략 오후 3시"(서울 28일 05:00)에 받았다. 그것은 알레산드리아에서 밤 10시였다. 파지 베이는 "같은 두 대표단이 6월 25일 안보리에 제출했던 결의안들에 어떤 중요한 사항들을 추가하는 [그 새로운] 결의안들이 가진 몇몇 특징들과 관련해서 훈령들을 보내 달라고 [그의] 정부에 요청했다. 적어도 이 결의안들을 제출한 대표단들이 보기에는 상황의 전개가 요구하는 이 새로운 추가적 특징들에 관해서 [그의] 정부의 견해들을 [그는] 물론 알 필요가 있었다." 대사는 반복했다: "나의 정부가 이 새로운 특징들에 관해서 무슨 생각을 하는지 나는 알 필요가 있었습니다." 그러나 그 요청을 한밤중에 알레산드리아로 보내면서 신속한 회답을 기대함은 무리였다. 인도도 처지가 같았다. 베네갈 라우는 설명했다: "나는 오늘 오전 11:30경에 미국의 결의안의 사본을 그리고 오늘 오후 12:30경에 유고슬라비아의 결의안 사본을 받았습니다. 나는 그 둘의 본문들을 즉시 나의 정부에 타전했습니다. 그러나 이집트 대표가 막 언급한 지역 시간들의 차이 때문에 그것들은 오전 1시 훨씬 이전에 인도에 도달할 수 없었습니다. 수상과 어쩌면 내각 전체가 그 본문들을 심의해야 할 것입니다. 이 탁자에 둘러앉은 모든 나라들 중에서 인도는 중국 다음으로 갈등의 현장에 가까이 있고 나의 정부는 그러므로 특정의 어떤 행동 방침이 초래할 가능한 결과들을 특별히 조심스럽게 고찰해 보아야 합니다. 따라서 나는 나의 정부가 지금까지 구체적인 지시들을 보낼 수 없었다고 추정합니다."

이집트인들도 인도인들도 "이 테이블에 둘러앉은 다른 모든 대표들"처럼 "우리가 현재 직면하고 있는 상황이 극도로 심각하고 긴급함"을 깨닫고 있었다. 파지 베이는 진술했다: "오늘이 아마도 안보리와 유엔이 1945년 창설된 이래 직면하는 최대로 중요한 날이라고 말해도 조금도 과장이 아닐 것입니다. 그러므로 이사국들은 내가 우리 앞에 놓여 있는 이 중대한 문제에 관해서 나의 투표와 기타의 방식으로 우리 나라의 견해들을 표명하기를 얼마나 간절히 바랐을 것인지 이해할 것이라고 나는 확신합니다. 나는 오늘, 그리고 그에 앞서 6월 25일 나의 진술을 통해서 어느 정도, 그렇게 했습니다. 그러나 표결의 절차에 이르러 나는 나의 정부로부터 훈령들을 수령하기를 기다리지 않을 수가 없음을 발견합니다." 베네갈 라우는 진술했다: "모든 이사국들에게 알려진 대로 인도는 안보리가 6월 25일 채택한 결의안에 찬성표를 던졌습니다. 그것은 중요한 결의였습니다. 그러나 지금 우리 앞에 있는 결의안들에 내포된 이슈들은 더욱 중차대합니다. 나는 나의 정부로부터 훈령들을 받지 않고서 그것들에 대해서 투표하는 책임을 질 수가 없습니다."

그러나 사태의 급박한 전개에 직면해, 이사국들은 결정을 더 미룰 수 없다고 여겼다. 파지 베이는 진술했다: "이제 이사회는 표결을 할 시간이 됐다고 여기는 것처럼 보입니다. 만일 그렇다면 나는 진행을 방해하고 싶지 않습니다." 대사는 "그렇게 중요한 문제를 놓고서 우리 나라의 견해들이 그것들이 무엇이든 간에 그와 관련된 진술들과 투표를 통해서 완전히 표현될 수 없음이 …… 진실로 유감"이었다. 그러나 그는 결정했다: "만일 이사회가 투표를 바란다면 나는 참여를 할 수 없을 것입니다. 나는 나의 입장이 투표 불참으로 간주될 것을 요청합니다." 베네갈 라우도 같은 결정을 내렸다. 그 인도인은 말했다: "이사국들은 그러므로 내가 왜 이 결의안들의 어느 것에도 투표할 수 없는지 이해할 것입니다. 이집트 대표처럼 나는 표결에 참여하지 않을 것입니다." 다만 이집트의 경우 파지 베이는 다음의 단서를 달았다: "나는, 의장과 이사회의 허가를 얻어서, 나의 정부가 현재 우리 앞에 있는 두 결의안들에 관한 자신의 견해들을 적절한 수단을 통해서 이사회에 통보할 권리를 정식으로 유보한다고 덧붙이고 싶습니다."

이집트와 인도의 입장이 표명되자 이사회는 즉시 미국안과 유고안에 대한 투표에 들어갔다. 절차 규칙 32항 하에서 동의들과 결의안들은 그것들의 제출 순서로 표결의 우선권이 주어졌다. 따라서 먼저 미국안이 낭독되고 투표에 부쳐졌다. 투표는 거수로 이뤄졌다. 중국, 쿠바, 에콰도르, 프랑스, 노르웨이, 영국, 미국이 찬성에 손을 들었다. 유고슬라비아는 반대했다. 이집트와 인도는 기권[유보]했다. 소련은 자리에 없었다. 미국안이 찬성 7, 반대 1, 기권[유보] 2, 결석 1로 채택됐다.

미국안이 통과됐기 때문에 그것에 반하는 유고안에 대해서는 "투표가 필요 없는 것처럼" 보일 수도 있었다. 그러나 의장은 "그 절차적인 문제를 놓고서 시간을 들이기보다 유고안을 별도의 표결에 부칠 생각"이었다. "유고슬라비아 대표는 그러기를 바랍니까?" 의장이 묻자 베블러는 찬성했다.

유고안에 대해서도 투표는 거수로 이뤄졌다. 미국안을 반대한 유고만이 찬성을 표했다. 미국안을 찬성한 모든 나라들—중국, 쿠바, 에콰도르, 프랑스, 노르웨이, 영국, 미국—은 반대에 손을 들었다. 그리고 미국안의 경우처럼 이집트와 인도는 기권[유보]했다. 유고안은 반대 7, 찬성 1, 기권[유보] 2, 결석 1(소련)로 부결됐다.

그런데 그때 라우를 대신해 고팔라 메논이 의장을 맡았다. 의장 대리는 설명했다: "의장은 이사회가 몇 분 기다릴 것을 요청했습니다. 뉴델리와 알레산드리아가 전화로 나왔습니다. 그래서 우리는 [본국의] 훈령을 수령할 수 있을지 모릅니다." 회의는 다시 중지됐다. 그러나 5분 뒤 의장 대리는 "전화를 연결할 수 없었음"을 알리고 즉시 폐회를 선언했다. 일동은 23:05(서울 28일 13:05)에 자리에서 일어났다.

미국은 혼자서 행동하는 것이 아니다

"우리가 보기에 이 확고한 입장은 소련인들에게 공산주의자들이 너무 멀리 갔다고 경고하기 위해서 필요한 바로 그것이다." 모스크바 대사관은 코리아 사태와 관련한 대통령의 27일 정오 성명에 대해서 그렇게 평가했다. 그 "환영"으로 시작되는 앨런 커크의 전문은 워싱턴에서 28일 08:56(서울 28일 22:56)에 수령됐다. 대사는 다음의 기대로 자신의 진술을 끝맺었다: "말할 필요도 없이 미국의 행동은 공산주의 침략의 위협을 받는 모든 지역들에 엄청난 영향을 미칠 것이고 아시아에 대한 영향들은 금방 나타날 것이다."[25]

비슷한 만족감이 28일 09:30(서울 28일 23:30) 국무부의 차관실에 자리한 관리들 사이에도 감돌았다. 그것은 보통 차관 웹과 차관보들과 특별보좌관들이 정기적으로 만나는 회의들의 하나였다. 그런데 이번에는 국무장관도 참석했다.[26] 장관은 치하했다: "국무부는 직원들과 그들이 코리아 공격 소식에 뒤이어 보인 신속한 활동에 자부심을 느껴도 됩니다." 장관은 "국방부 및 의회와 탁월한 협력이 이뤄졌음"을 특별히 강조했다.

암스트롱은 두 시간 앞서 아침 07:00(서울 28일 21:00)에 도쿄와 가졌던 텔레콘(전신회의)의 결과로 입수된 최신 정보를 한데 모아 주었다. 밤새 서울의 함락은 기정사실이 되었다. 그러나 인근의 김포 비행장도 공산주의자들의 수중에 들어갔는지는 확실치 않았다. "북한인들은 약 100대의 소련제 중형 탱크들을 가지고 남쪽으로 서울에 이르는 골짜기에서 주로 작전 중인 것으로 추정"됐다. 그들은 또한 수륙양용의 경탱크들도 다수 가지고 있었다. 그럼에도 불구하고 남한군도 ROK도 붕괴되지 않았다. 그 첩보담당 특별보좌관은 알렸다: "보고들에 의하면, 남한군은 사기가 좋으며, 우리가 아는 한, 항복한 부대는 아직 없습니다. 남

---

25 *FRUS 1950 VOLUME VII, KOREA*, p.212.

26 *FRUS 1950 VOLUME VII, KOREA*, pp.212-213.

한군의 후방에는 어떤 게릴라 활동도 없습니다. 세 차례의 상륙이 동해안에서 보고됐습니다. 그중 둘은 봉쇄되고 있습니다. 나머지 하나는 아직 보고가 없습니다."

서울의 함락에도 불구하고 북쪽 무력이 앞으로 어떻게 나올지는 여전히 불투명했다. 서울의 북한군은 거기에 머물고 있을 것인가, 아니면 한강을 건너려 시도할 것인가? 스캡(일본 주둔 연합군 최고사령관, SCAP)의 정보 참모들은 분명한 대답을 줄 수 없었다. 암스트롱은 보고했다: "우리는 북한군의 병참계획에 관한 정보가 아무것도 없습니다." 불확실한 것은 북한군의 의도만이 아니었다. 도쿄의 군인들은 남한군의 처지도 정확히 파악하기 어려웠다. 암스트롱은 보고했다: "통신수단들이 빈약하고 첩보보고들을 평가할 중심적 부대가 코리아에 없기 때문에 전황의 보고들이 혼란스럽습니다. 낙관적인 보고들은 대개 도쿄에 주재하는 한국 공사로부터 나옵니다."

SCAP은 현재 세 가지 제한된 방법으로 ROK를 지원하고 있지만 그것들이 대단한 효과를 가져올 것 같지는 않았다. 암스트롱은 설명했다: "스캡은 대통령의 발표와 유엔 결의를 담은 선전물을 남북한에 공중살포하고 있습니다. 일본 언론의 반응이 너무도 우호적이기 때문에 스캡은 일본 신문 25만 부도 코리아에 떨어뜨리고 있습니다. …… 스캡은 코리아에 선발대를 보내고 있지만, 이 부대는 아직까지 상황을 개선시킬 수 없었습니다. 미군 비행기들은 일본 비행장에서 출격하고 있습니다. 그들이 남한에 있는 활주로들을 단지 제한적으로만 사용할 수 있기 때문입니다."

유엔담당 차관보 힉커슨은 전날 레이크 썩세스에서 제2차 안보리(SC) 결의가 채택된 경위를 보고했다. 인도와 이집트의 대표들은 "우호적인 연설"을 했다. "그들이 본국 정부들로부터 훈령들을 받을 것이라는 희망에서 최종투표가 가능한 한 오랫동안 연기됐다. 그러나 우리의 결의안에 대한 인도와 이집트의 찬성을 희망해 기다리기보다는 무슨 일이 있어도 표결은 어제 이뤄져야 한다고 결정됐다." 양국은 결국 기권했다.

애치슨은 물었다: "[레이크 썩세스에서] 여러 나라들의 대사들은 우리의 결정을 알게 됐을 때 어떤 반응들을 보였습니까?" 힉커슨에 의하면, 그들은 "대체로 우호적"인 반응을 보였다. "놀랍게도 인도의 판디트 부인은 매우 수용적이고 협조적이었다. 인도네시아 대사 또한 기뻐했고, 덴마크인들은 대단히 마음에 든다는 표명을 하라는 훈령을 받았다. 남미국가들은 미리 알려 줘서 감사하다고 말했다. 그 나라들 가운데 절반가량은 벌써 우리의 행동을 승인한다고 표명했다." 암스트롱은 "세계 전체의 반응에 관한 보고서"를 집계하고 있었다. 차관보는 그것이 "전체적으로 우호적인 것 같다"고 말했다. 의회담당 차관보 맥팔은 의회의 반응을 보고했다. 차관보에 의하면, "의회는 좌익의 마칸토니오 하원의원과 우익의 와트킨스 상원의원 및 켐 상원의원을 제외하고 [행정부의 결정을] 환영했다."

유고인들은 자국의 미묘한 처지를 의식해 전날 레이크 썩세스에서 미국안에 반대하고 독자안을 제출했다. 베오그라드의 앨런 대사는 28일 오전 늦게 티토 수상을 만났다. 수상은, 아마도 미국인들의 이해를 바라고, 그 처지에 관해서 "자세한 설명"을 내놨다.[27] 코리아 사태와 관련해 수상의 "주된 목표"는 "유고가 침략을 비난하고 유엔을 지지함과 동시에 동서의 어떤 진영으로부터도 독립임을 세계 여론에 분명히 보여 주는 것"이었다. 수상은 다음의 이유 때문에 유고가 그렇게 독자적임을 국제사회에, 그리고 국내사회에도, 확인시킬 필요가 있다고 보았다: "만일 코민포름이 갑자기 유고를 공격하면 모스크바는 유고가 코민포름을 겨냥한 서구 침략의 도구로 보이도록 갖은 노력을 다 할 것임을 그리고 그 공격을 필요한 방어 조치라고 정당화하려고 시도할 것임을 나는 항상 명심해야 합니다.[28] 나는 그런 주장들이 전혀 아무 근거도 없음을 '진보적 견해'를 가진 사람들에게 충분히 분명히 밝혀야 합니다." 그리고 잠시 주저한 뒤에 수상은 인정했다: "나는 또 다른 나라들은 물론 유

27 *FRUS 1950 VOLUME VII, KOREA*, pp.215-216.

28 코민포름(Cominform, 공산주의 정보국)은 1947년 9월 유럽의 9국가들-소련, 체코, 불가리아, 루마니아, 헝가리, 폴란드, 유고슬라비아, 프랑스, 이탈리아-의 공산당들이 바르샤바에 모여서 행동의 통일과 활동의 조정을 목적으로 창설했다. 유고공산당은 1948년 6월 반소련적이고 민족주의적이라는 이유로 제명을 당했다.

고 안에 있는 코민포름의 잠재적 제5열(추종자들)도 염두에 두고 있어야 합니다."

앨런은 그 설명을 "환영"했다. 그러나 대사는 북한을 침략자로 규정해 처벌하는 대신에 코리아 문제를 중재로 풀기를 권하는 유고안을 꼬집어 주장했다: "때때로 명명백백한 상황들이 발생하는데 그때는 한 나라도 한 개인처럼 지연을 초래할 어떤 제안이나 얼버무림도 없이 분연히 일어나 침략을 반대하는 세력의 편에 분명히 들어가야 한다고 나는 느낍니다. 나는 그런 기회가 코리아의 경우에 발생했다고 믿습니다." 그러자 수상은 설명했다: "나는 안보리에서 유고 대표가 취한 입장 때문에 그 기구의 결정이 바뀌지는 않을 것임을 알고 있었습니다." 베블러가 훈령 없이 결의안을 도입했던 것이라고 수상은 말했다. 그러나 수상은 베블러를 탓하려고 그렇게 말한 것이 아니었다. 베블러를 부인할 것이라거나 그에게 새로운 훈령들을 보낼 것이라는 힌트를 수상은 보이지 않았다. 수상은 다만 안보리가 헌장과 일치해 취하는 결정들을 유고 정부는 무엇이든 준수할 것임의 암시로 그렇게 말한 것이었다. 수상은 다음의 인사로 앨런과의 대화를 마무리했다: "나는 코리아 상황이나 발칸의 군대 이동들로 인해서 주말에 베오그라드를 떠나는 나의 계획들이 변경되지 않을 것이라고 예상합니다. 나는 7월 4일 블레트에서[29] 대사를 만나기를 기대합니다."

인도인들은 28일 아침에야 전날 안보리에서 표결에 불참한 진정한 이유를 설명할 기회를 얻었다. 그날 09:30(서울 28일 13:00) 뉴델리의 헨더슨은 국무부의 6월 27일 전문에 서술된 정보의 내용에 관해서 네루 앞으로 보내는 공식 문서를 MEA(인도외무부)의 바지파이 총장에게 전달했다.[30] 그 메모를 읽은 뒤에 바지파이는 미국이 27일 안보리에 상정한 결의안에 관해서 언급했다: "나는 대사가 유엔회원국들더러 ROK에 원조를 제공하기를 권고하는 [그 결의안을] 의논하러 찾아올 것이라고 생각했습니다." 헨더슨은 그렇지 않다고 대답했다. 대사는

---

29 블레트(Bled)는 슬로베니아 지방의 북서부에 있는 블레트 호수 둘레에 발달한 아름다운 마을로 유명한 관광지다.

30 *FRUS 1950 VOLUME VII, KOREA*, pp.218-220.

설명했다: "그 결의안에 관해서 지금까지 내가 아는 유일한 것은 델리의 조간 신문들에 그것의 본문이라고 나오는 것에서 도출한 것뿐입니다." 그러나 그것과 관련한 훈령을 조만간 워싱턴에서 받을 것을 기대하고 대사는 덧붙였다: "나는 총장과 다시 접촉해 보라고 촉구하는 훈령들을 오늘 늦게 받을지 모르겠습니다." 그럼에도 불구하고 바지파이는 그 주제를 떠나지 않았다. "나는 그 주제에 관해서 라우에게서 아직까지 아무 메시지도 받지 못했습니다. 그러나 아마도 나중에 그것이 올 것입니다. 그 동안 나는 네루와 그 문제를 의논해 왔었습니다. 나도 네루도 이 결의에 대해서 인도 정부가 어떤 태도를 취해야 하는지 결정이 지극히 어려울 것이라는 견해입니다." 총장은 그렇게 말하고서 그 이유를 설명하기 시작했다.

바지파이는 인도 정부가 딜레마에 빠졌다고 여기고 있었다. 한편으로 인도 정부는 자신의 도덕적 중량을 유엔의 테두리 안에서 침략행위의 반대편에 실어 주고 싶어 했다. 그러나 다른 한편으로 인도 정부는, 자신이 미국안에 찬성표를 던짐으로 인해서, 아시아에 불행을 초래할 사건들이 연쇄적으로 촉발되는 사태를 우려했다. 바지파이는 말했다: "예를 들어, 혹여 인도 정부가 그 결의를 지지하면 그것은 자신의 밀접한 연합국인 버마나 샴[31] 같은 나라들도 ROK에 원조를 제공하라고 요구하는 셈이 됩니다. 현재 공산 중국에 대해서 버마의 상황은 대단히 위태롭습니다. 인도와 버마가 ROK에 원조를 공여하는 정책을 찬성하고 있음을 구실로 공산 중국이 버마에 힘으로 밀고 들어올지 모릅니다." 그런데 인도 정부가 보기에, 문제는 거기서 그치지 않았다. 국내정치도 만만치 않았다. 바지파이는 말했다: "게다가 미국 쪽에서 포모사와 인도차이나도 그림에 넣음으로써 문제가 좀 더 복잡해져 버렸습니다. 침략에 대한 저항의 문제가, 수많은 인도인들을 포함해 수백만 아시아인들이 제국주의적이고 식민주의적이거나 반동적이라 생각하는 어떤 세력들에 원조를 확대하는 문제와 병합되는 것처럼 보입니다. 인도 정부는 내각이 어떤 결정을 내렸을 때 일어날 국내적 반응을 무시할 수 없습니다."

---

31 샴(Siam)은 타이(Thailand, 태국)의 옛 이름이다.

헨더슨은 안보리의 27일 결의에 권고된 유엔의 조치들과 대통령의 27일 성명에 언급된 미국의 조치들을 구별해 주장했다: "내 견해로는, 인도 정부가 그 결의를 지지한다고 해서 반드시 포모사와 인도차이나에 관한 미국의 결정들에 말려드는 것은 아닙니다." 대사는 그 결의가 25일 인도도 찬성해 채택된 결의의 필연적 귀결임을 강조했다. 대사는 진술했다: "지금 유엔이 명백한 무장 침략에 직면하고 있기 때문에 세계의 자유 국가들은 아시아와 유럽의 다양한 국민들이 차례차례 강제로 지배를 당하게 허용하지 않을 것임을 침략자들이 깨닫게 만드는 행동에 참여하고 있습니다. 총장은 수상이나 내각과 이야기할 때 문제의 본질이 인도가 그 행동을 찬성할 수 있을 만큼 충분한 도덕적 용기를 보여 줄 것인가의 여부에 있음을 염두에 두기를 나는 희망합니다. 나는 미국 정부의 관리임이 오늘보다 더 자랑스러웠던 적이 없습니다. 끔찍스런 전쟁을 막 하나 치르고 난 뒤에 미국은 평화롭게 있기를 열렬히 바람에도 불구하고 용기 있는 조치를 취했습니다. 자신의 영토를 방어할 목적이 아니라 침략자들과 세계 전체에 자신의 유엔 의무들을 진지하게 여김을 보여 주기 위해서입니다. 만일 인도 정부가, 북한을 침략자로 낙인 찍는 [25일의] 결의안을 이미 지지한 다음에, 그것의 논리적 후속물인 [27일의] 결의안에 찬성 투표도 하지를 못한다면, 앞으로 수년 동안 인도인들이 자기들의 정부가 취한 그 태도를 자랑스럽게 여길 수 있을까요?"

그 말을 듣고서 바지파이는, 헨더슨이 보기에, 얼마간 흔들린 기색이 역력했다. 아마도 미국이 인도에서 군사적 지원까지 원하는지 떠보려고 총장은 말했다: "인도 정부는 현재 코리아에 보낼 군사력이 없습니다." 대사는 말했다: "그 결의를 지지한 나라마다 다 군사적 원조를 제공해야 하는 것은 아닙니다. 비록 훈령은 받지 않았지만 나는 그렇게 확신하며 총장도 그 주제를 조금 생각해 보면 역시 그렇게 확신할 거라고 믿습니다." 대사는 계속해서 지적했다: "이 역사적 순간에 주저하고 망설임은 침략자들로 하여금 불가피하게 세계대전을 초래할 침략 계획을 추진하도록 고무할지 모릅니다. 인도 정부의 신속하고 적극적인 행동이 아시아의 모든 민족들에게 엄청난 영향을 미칠 것입니다. 인도 정부 쪽에서 주저하면 아시아에서 문제를 혼란시키고 유엔 쪽의 어떤 효과적 행동도 막으려고 노력하고 있는 분자들이 강해질 것입니다. 이 문제는 두 개의 세력권 사이가 아니라 침략자와 유엔 사이의 문제입니다."

바지파이는 그 문제를 네루와 더 상의하겠다고 약속했다. 헨더슨은 "혹여 수상이 그것을 나와 이야기할 생각이 있다면 나는 언제든 그의 뜻에 따르겠다"고 대답한 다음에 "6월 27일에 있었던 우리의 대화"로 돌아갔다. 그때 미국 정부가 처했던 처지를 설명하기 위해서였다. 대사는 말했다: "시간의 요소 때문에 우리 정부는 6월 27일의 결의안에 관해서 인도 정부와 사전 협의 없이 진행할 수밖에 없었습니다. 주의 깊게 계획된 북한의 침략이 너무나 빠르게 진행돼서 다른 정부들과 협의할 시간이 없었습니다. 마찬가지로 대통령도 6월 27일 사전 상의 없이 성명을 발표할 수밖에 없었습니다. 국무부는 이용 가능한 짤막한 시간 동안 인도 정부에 자기의 의중을 알리려 애썼습니다. 국무부는 가령 대통령의 성명이 발표되기 조금 전에 판디트 여사를 불러들여 그 성명의 내용을 미리 알려 주었습니다."

그러자 바지파이는 대답했다: "지금까지 판디트 여사로부터 그 주제에 관해서 아무것도 오지 않았습니다." 헨더슨은 계속했다: "포모사, 필리핀, 인도차이나 등등에 관한 우리의 결정들은 틀림없이 코리아에서 배운 교훈의 결과로 이뤄진 것입니다. 소련이 사주한 북한의 행동은 국제공산주의가 이제 자신의 목표들을 달성하기 위해서 숨김 없이 무력을 쓰는 정책에 착수했음을 분명히 보여 줍니다. 우리는 세계안보는 물론 우리의 자위를 위해서 신속하게 그리고 단호하게 움직이는 것 말고는 달리 방법이 없습니다. 우리는 특히 미국의 방어에 사활적 중요성을 가진 지역에서 또 다시 기습을 당할 여유가 없습니다. 우리의 행동에 대한 비판도 분명히 있을 것입니다. 그럼에도 불구하고 만일 침략자들에 대항해 자유 국가들을 방어하는 임무를 당분간 미국이 떠맡아야 한다면 우리는 그 임무를 수행할 우리의 능력을 강화하는 수순들을 취해야 합니다. 우리는 사소한 이유들과 의심들 때문에 그렇게 하기를 포기할 여유가 없습니다."

바지파이는, 아시아 국가인 인도의 처지와 입장에 관해서 미국이 오해하지 않도록, 다음의 대답으로 자신의 발언을 마쳤다: "내가 말한 어떤 것도 미국이 최근에 내린 결정들을 비판하려는 의도에서 나온 것이 아닙니다. 나는 대사가 그런 인상을 받지 않기를 바랍니다. 나는 인도 정부의 결정에 영향을 미칠 수 있을 몇몇 고려사항들을 이해하도록 대사를 도우려 하고 있을 뿐입니다."

이집트인들도 좀처럼 입장을 밝히지 못했다. 유즌(USUN)의 존 로스는 28일 12:45(서울 29일 02:45) 파지 베이에게 전화로 물었다: "6월 27일의 결의에 관해서 본국 정부에서 훈령들을 받았습니까?"[32] 파지 베이는 회피적이었다. 대사는 대답했다: "나는 이집트의 입장이 '좋은 모양을 갖출 것임'을 확신합니다. 나는 그것이 양쪽이 서로 평행을 이루는 모양을 갖출 것으로 생각합니다." 로스가 듣기에 그 말은 분명히 이집트의 입장은 물론 인도의 입장도 가리키는 것 같았다. 파지 베이는 계속했다: "나는 결정이 이뤄진 다음에 투표를 방해하는 행동을 획책하지 않습니다. 나는 [이집트의 입장을 알리는] 통신문을 안보리 의장에게 보낼까 생각하고 있습니다. 아니면 발표를 할 수도 있습니다. 나는 형편이 좋다고 생각합니다." 대사는 다음 말로 대답을 마쳤다: "신속의 필요성을 유념해 나는 좌우로 갈팡질팡하지 않고서 곧장 앞으로 가기를 원합니다."

그렇게 파지 베이는 이집트 정부가 6월 27일의 안보리 결의에 대해서 입장을 정했느냐는 물음을 받고서 직답을 피했다. 그럼에도 불구하고 존 로스는 이집트가 그 결의를 지지하는 쪽으로 방향을 돌릴 것이라는 인상을 받았다. 그 미국인은 나중에 프랑스 대표단의 라코스테에게서 이집트와 인도의 입장들에 관한 정보를 요구하는 전화를 받고서 파지 베이와 통화한 내용을 그에게 내밀히 알려줬다.

---

32 *FRUS 1950 VOLUME VII, KOREA*, p.215.

소련인들은 코리아 사태에 대해서 미국 정부가 취하는 정책 노선을 "19세기 제국주의"라고 헐뜯었다. 28일 레이크 썩세스에서 유엔 직원과 대화를 나누던 도중에 야콥 말리크는 바로 그 비난을 입에 담았다.[33] 그 소련 대표는 당연히 인도와 이집트의 소극성을 환영했다. 그 제국주의를 바탕에 깔고서 말리크는 27일 밤 안보리에서 그 두 나라들이 투표에 참여하지 않았던 것을 "아시아 국가들 쪽에서 US의 지배에 굴복하기를 거부한 것"으로 해석했다.

워싱턴의 애치슨은 그 대화를 존 로스의 전문으로 보고받고 28일 오후 19:00(서울 29일 09:00) 그것을 이집트의 미국 대사에게 알려 주었다. 코리아에 관해서 이집트의 외무부나 해당 관리들과 가질지 모를 대화에서 대사가 그 에피소드를 재량껏 활용할 수 있게 함이 좋겠다는 판단에서였다. 애치슨은 진술했다: "우리는 의심의 여지 없이 말리크가 전반적으로 이 노선을 취할 것이라고 믿는다."

소련 측의 거부에도 불구하고, 적어도 코리아 문제에 관한 한, 레이크 썩세스에서 대세는 미국 편으로 기울고 있음이 확실했다. 오스틴 대사의 파악에 의하면, 대통령의 27일 성명과 미국의 27일 결의안은 레이크 썩세스에서 대표단들, 사무국, 통신원들, 그리고 일반 대중의 폭넓은 갈채를 받았다.[34] 그들은 "우리의 정책과 행동에, 특히 공산주의의 조종을 받는 이유 없는 침략의 진압에 있어서 유엔과 함께 그리고 유엔을 통해서 협력한다는 결정에, 열화 같은 지지를" 보냈다. 대사는 "이 강력한 파도의 꼭대기에 올라타서 뒤로 쳐지지 않음"이 바람직함은 말할 것도 없다고 판단했다.

그럼에도 불구하고 "여러 대표단들과 사무국"은 몇 가지 문제를 제기했다. 그것들에 관

---

33 *FRUS 1950 VOLUME VII, KOREA*, p.222.

34 *FRUS 1950 VOLUME VII, KOREA*, pp.223-225.

해서 국무부의 "가능한 한 신속한" 지침이 필요해서 오스틴은 뉴욕에서 28일 19:30(서울 29일 09:30) 장문의 보고서를 워싱턴으로 타전했다. 문제들은 다섯 영역에 걸쳤다. 첫째는 "미국 행동의 법적 기초"였다. 오스틴은 진술했다: "ⓐ 지금까지 모든 대표단들은 미국의 광범한 유엔 접근법과 우리의 행동에 대한 정치적, 군사적, 도덕적 필요성과 정당성을 대체로 이해하고 인정했다. 우방들의 대표단들은 그 행동이 6월 25일의 결의에 준해서 취해졌고 법적으로도 정당함에 동의한다. 그러나 그렇지 않다고 여기는 어떤 기류도 있다. 그러므로 우리는 러시아의 선전에 적어도 어느 정도는 도움을 준 셈이다. ⓑ 어떤 이들은 6월 27일의 결의에 준해서 계속되는 행동의 법적 기초를 문제삼지 않아도 유엔을 대신해 미국에 의해서 그리고 미국의 지휘하에 계속되는 행동을 공식화하면 안 되는 것인지 묻는다. 예를 들어, 오늘 그로스와 로스하고 점심을 먹는 자리에서 [프랑스의] 쇼벨은 다음의 의문을 제기했다: 6월 27일 결의의 효력 조항의 구체적 적용에 따르는 차후의 논리적 단계로서 안보리가 어떤 공식적인 조치를 취하면 안 될까? 쇼벨은, 미국이 유엔을 위해서 행동하고 미국의 지휘를 통해서 원조의 확대를 계속할 권한을 분명히 확립하기 위해서, 다시 말해, 그의 말을 인용하면, 'SC의 행동과 US의 행동 사이에 연계를 수립하기 위해서', 그런 조치가 필요할 것이라 여겼다. 우리는 찬성하지 않는다. ⓒ 우리는 안보리가 취한 행동의 기초인 [헌장] 제VII장의 구체적 조항들에 관해서 바지파이가 헨더슨에게 물은 것들과[35] 같은 취지의 문의들을 상당히 많이 받는다."

둘째 영역은 "원조의 조율"이었다. 오스틴은 진술했다: "ⓐ 어젯밤 그리고 오늘 아침 다시 국무부에 보낸 전화 메시지들을 확인하고 다수의 대표단들과 사무국 직원들이 우리에게 다가와 '우리'가 무엇을 누구로부터 원하는지 묻는다. 적어도 여기에 있는 다수의 대표단들에 관한 한 유엔의 이 광범한 노력에 참여하고 싶은 마음이 강한 것 같다. ⓑ '원조'에는 ROK에 대한 군사적 원조는 물론 경제적 원조도 포함되는가? 그리고 만일 그렇다면 무

35 국무부가 6월 27일 뉴델리의 헨더슨에게서 수령한 전문 참고(본서 제3장, 158쪽).

슨 종류의 경제적 원조인가? (c) '원조'에는 북한에 대한 '제재들'도 포함되는가? 만일 그렇다면 그런 제재들의 속성은 무엇이 될 것인가? 예를 들어, 단절될 수 있거나 단절돼야 하는 어떤 상업적 관계들이 있는가? (d) 무엇이 원조를 조율하는 기제라야 되는가? 혹시 군사참모단(MSG)은 어느 정도로 이용될 것인가? 만일 그 그룹이 이용될 것이면 헌장의 무슨 조항들하에서 그것이 사용될 것인가? 우리는 어떤 형태의 MSG에도 반대한다. 우리는 그것을 사용하지 말 것을 강력히 권고한다."

셋째 문제는 USSR이었다. 질문은 다음이었다: "안보리가 소련의 공모를 확립할 행동을 취해야 하는가?" 오스틴은 설명했다: "(a) 침략의 배후에 소련인들이 있다는 느낌은 사실상 보편적이다. 미국이 지금까지 유엔에 USSR이 불법적 행동들을 했다고 고발하라고 요구하지 않기를 잘 했다는 느낌도 똑같이 광범한 것 같다. 안보리에서 USSR을 고발할 근거로 북한인들에게 도움을 주었다는 적절한 증거도 없는데, 그들이 북한의 침략을 거부하고 자기들이 그 침략과 관계가 있음을 부인하지 않았다고 해서 그리고 안보리의 권고들을 따르지 않았다고 해서, 그들을 안보리의 피고석에 세울 근거가 있는가? (b) 유엔 해법을 유지하고 소련의 입장을 폭로하기 위해서 우리가 USSR에 직접 접근을 했지만 소련인들이 합리적 시간 안에 대답을 내놓거나 내놓지 못했다는 사실을 안보리에 공식적으로 유의시켜야 하는가?"

넷째 사항은 "총회의 특별회기"였다. 오스틴은 물었다: "만일 무장 적대행위들이 다음 며칠 동안 계속 또는 확대되면 또는 만일 러시아가 직접 또는 간접으로 개입한 증거가 나오면, 우리는 어떻게 할 것인가? 광범한 수의 유엔 회원들이 취해질 엄중한 결정들에 참여하고 안보리 결의에 대한 지지를 공개적으로 등록할 수 있도록 안보리가 사무총장에게 GA의 특별 회기를 즉시 소집해 달라고 요청함이 바람직할 것인가? 우리는 특별회기가 3-4일 내에 소집될 수 있음을 리로부터 들어서 알고 있다."

마지막 영역은 "중국과 포모사"였다. 오스틴은 진술했다: "대통령의 성명 가운데 포모사를 다루는 문단상의 문장들을 놓고서 다수의 질문들이 생긴다. 코리아에서 싸움을 봉쇄한다는 명백한 군사적 목표를 떠나서, 대통령이 포모사의 중국정부에게 본토에 대해서 취해지는 하늘과 바다의 작전들을 중지하라고 요청하고 '제7함대가 이것이 이행되는지 살필 것'이라고 딱 잘라서 선언한 것은 어떤 법적 • 정치적 의의가 있는가?"

오스틴의 마지막 주제인 ROC(중화민국) 정부가 미국 정부의 요청을 "원칙상" 받아들여 "본토에 대해서 또는 중국 수역이나 공해상에 있는 선박에 대해서 작전들을 중지하라는 명령"을 해군과 공군에 발령했음이 곧 워싱턴에 알려졌다. 타이페이의 스트롱은 28일 오후 22:00 ROC 정부의 대답을 받았다.[36] 외무장관 예는 그 답서를 전하면서 총통이 "최상의 관심과 존경을 표하며"라는 표현을 첨부해 트루먼 대통령에게 그것이 "가능한 한 가장 빨리" 전달되기를 원한다고 말했다. 그래서 공사는 그 메시지에 대한 자신의 논평은 추후에 별도로 보내기로 하고 바삐 그 답서를 번역해 세 시간 뒤인 29일 새벽 01:00 워싱턴에 타전했다.

워싱턴이 28일 21:39(서울 29일 11:39)에 수령한 그 전문을 보건대, 중국인들이 "미국이 6월 27일에 전달한 비망록의 내용"을 수락하면서도 그것이 "원칙상 동의"라는 단서를 붙인 것은 그들이 그 요청과 관련해 미국 정부와 숙의할 사항들이 있다고 여겼기 때문이었다. 그들은 우선 "조율의 목적으로 다음의 문제들에 관해서 직접 협의하자"고 미국 정부에 요청했다: "……중국 정부는 현재 린틴에, 캔톤 근해의 레마 제도에, 아모이 근해의 킨멘 제도에, 푸초우 근해의 맛쑤도에, 그리고 체키양[저장]성 근해의 타첸 제도에 진지들을 가지고 있다. 그 진지들은 평후 열도와 더불어 타이완 방어의 일부를 형성한다. 이 섬들에 있는 군

---

36 *FRUS 1950 VOLUME VII, KOREA*, p.226. 서울 시간은 타이페이도 섬머타임을 썼다는 가정하에 산정된 것이다. 만일 그렇지 않았다면 서울은 28일 24:00이었다.

대들은 끊임없이 공산당의 공격을 받는다. 그래서 중국 정부는 미국의 제7함대에 내려진 명령들이 이 섬들에 대한 공격들의 예방도 고려에 넣었는지 알고 싶다." 중국인들은 또 다음의 단서도 달았다: "……현재의 비상 조치들은 타이완에 대해서 권위를 행사하는 중국 정부의 지위에, 국제공산주의의 침략에 대항하는 그 정부의 입지에, 그리고 중국의 영토적 완전성을 지키려는 그 정부의 결단에 하등의 영향을 미치지 않아야 한다……."

영국인들의 의사는 유럽 문제를 담당하는 퍼킨스 차관보가 타진했다.[37] 차관보의 요청으로 올리버 프랭크스 경이 28일 10:30(서울 29일 00:30) 국무부에 그를 보러 왔다. 본브라이트 부차관보도 그들과 동석했다. 퍼킨스는 코리아의 군사적 상황에 관해서 "우리가 가진 최신 정보"를 프랭크스 경에게 간략히 개괄해 주고서 곧장 본론으로 들어갔다. 차관보는 말했다: "대사와 함께 생각해 보고 싶은 문제들이 둘 있습니다."

퍼킨스 차관보의 첫 번째 주제는 "영국 정부가 현재 상황에서 어떤 종류의 군사적 지원을 제공할 위치에 있는지 런던에 물어보라고 대사에게 요청하는 것"이었다. 미국 정부는 "우리의 군사 작전들이 유엔의 결정을 지지해서 이뤄진다는 사실을 강조하는 견지에서" 영국의 지원을 중시했다. 미국인들은 또 "미국이 혼자서 행동하는 것이 아님을 보여 줌으로써 이 나라에 유용한 심리적 효과도 미칠 것"으로 기대했다. 그러나 미국 정부는 영국을 비롯한 다른 나라들로부터 다만 상징적 지원만 바라고 있었다. 퍼킨스의 설명에 의하면, 미국은 "극동에 있는 우리 군대의 위치를 감안할 때 주된 부담은 당연히 우리가 감당할" 작정이고, "아마도 몇몇 다른 나라들에도 똑같이 요청할" 생각으로 있었다.

프랭크스는 그 문제를 즉시 런던과 상의할 것임에 동의했다. 그러나 그 영국 대사는 미국에 서운한 점을 따지기를 잊지 않았다. 대사는 말했다: "나는 [우리] 외무부에서 금방 생

---

37 *FRUS 1950 VOLUME VII, KOREA*, p.214.

각날 질문들의 하나가 다음일 것이라고 생각합니다. 왜 트루먼 대통령은 공적인 성명에서 홍콩에 관한 언급을 뺐는가? 나는 그 주제에 관해서 아무 훈령도 받지 않았습니다. 그러나 필리핀과 포모사와 인도차이나에 관한 언급이 있음에 비추어 이 탈락이 좀 돌출돼 보입니다." 대사는 미국 정부의 대답을 당장은 듣지 못했다.

퍼킨스의 두 번째 주제는 엠바고였다. 차관보는 프랭크스에게 "북부 코리아에 경제 제재를 가하려는 우리의 의도"를 말해 주고서 "영국 정부도 우리처럼 이 방향으로 행동할 것인지" 물었다. 입수된 정보를 분석해 미국인들은 "금수 조치가 아마도 별로 중요한 효과를 미치지 못할 것"이라 판단했다. 그러나 그들은 "특히 홍콩에서 그 지역으로 가는 선적들이 있음을 감안해 그것이 해 볼 만한 가치가 있다"고 생각했다. 그런데 영국 대사는 그 문제에 아직은 대답할 필요가 없었다. 대화가 끝날 무렵, 퍼킨스는 "상무 장관이 제기한 모종의 문제들을 감안해 우리가 북부 코리아에 대한 수출들을 중지하는 행동이 잠정적으로 보류됐다"는 전언을 받았다. 따라서 차관보는 프랭크스에게 그렇게 알렸다.

영국 정부는 신속히 의사를 표시했다. 영국인들은 27일의 안보리 결의에 따라서 ROK에 당장 제공할 수 있는 무력을 벌써 28일 오전에 공표했다. 수상인 클레멘트 애틀리가 그것과 관련해 하원에서 연설했다. 또한 레이크 썩세스의 테렌스 숀은 안보리 의장 앞으로 "영국 수상의 1950년 6월 28일자 하원 성명"이 동봉된 영국 정부의 정식 통보를 제출했다. 안보리 이사국들에게 배부해 달라고 요청된 그 성명은 진술했다:[38] "하원은 대한민국에 원조를 제공할 것을 유엔의 모든 회원국들에게 촉구하는 어제 통과된 안전보장이사회 결의에 의거해서 영국 정부가 어떤 행동을 취하고 있는지 알고 싶어 할 것입니다. 우리는 안전보장이사회를 대신해 남한의 지원에 이용할 수 있도록 일본 해역에 있는 우리의 해군을 즉각

38 UN doc. S/1515; "주유엔 영국 부대표, 일본해역 주둔 영국해군의 참전 결정을 유엔 안전보장이사회 의장에게 통보", 『자료대한민국사 제18권』, 1950년 6월 28일.

미국 당국에 맡겨 놓음으로써 코리아에서 미국의 행동을 지원키로 결정했습니다. 이같은 취지의 명령들이 이미 현지 해군사령관에게 하달됐습니다. 우리는 현재 안전보장이사회, 미국 정부, 남한 정부, 그리고 모든 영연방국 정부들에 이 조치를 통보하는 중입니다."

그러나 미국인들은 ROK 원조가 미국이 아니라 유엔의 행동을 지원하기 위함임을 다른 나라들이 분명히 인식하기를 원했다. 퍼킨스 차관보는 프랭크스 경을 "불러들여" 다음의 취지를 전했다: "우리는 유엔에서 코리아 결의에 관해서 영국이 신속하고 효과적인 지지를 해 주어서 고맙게 여기는 한편 영국이 실제로 물질적 원조를 빨리 보냄이 극히 중요하다고 생각한다. 영국인들이 배들을 이용할 수 있게 만들고 있다는 애틀리의 발표가 오늘 오전 늦게 우리에게 들어왔는데 그것은 너무나 고맙다. 장래의 발표들은 원조가 미국 군대에 보내지기보다는 유엔 결의를 지지해 제공됨을 강조해야 한다고 우리는 강하게 느낀다."[39]

미국인들은 호주와 캐나다와 프랑스와 네덜란드에도 "물질적 원조"의 제공을 희망함을 밝혔다. 28일 20:00(서울 29일 10:00) 현재 호주와 캐나다는 "군사적 원조를 공여할 것임을 시사했다." 퍼킨스는 "앞으로" 프랑스와 네덜란드의 언질도 기대했다. 한편 유엔사무총장은 27일의 SC 결의에 순응해 무슨 원조를 제공할 계획인지 회원국들에게 묻는 회람을 돌린다는 제안을 내놨다. 그러나 국무부는 사무총장이 회원국들의 신청들을 ROK에 전달하는 통로라야 한다고 느꼈다. 그로스는 힉커슨이 로스에게 전화로 알린 그 워싱턴의 견해를 28일 오후 늦게 코디어와 젭과 쇼벨에게 전했다. 오스틴은 19:43(서울 29일 08:43) 국무부에 보낸 전문에서 그 결과를 보고했다.[40]

"코디어는 국무부의 견해들에 일치하게 통신문의 초안을 바꾸기에 동의했다. 그러나 코

---

39 *FRUS 1950 VOLUME VII, KOREA*, p.223.

40 *FRUS 1950 VOLUME VII, KOREA*, pp.225-226.

디어는 분명히 총장과 상의한 뒤에 회원국 정부들의 반응들을 ROK 정부에 전한다는 언급을 넣기를 주저하는 것 같았다. 그로스는 [국무부의 견해를] 강조하고 다른 대표들(영국, 프랑스)은 총장이 신청의 수령자가 되는 개념에 아마도 반대할 것이라고 지적했다. 코디어는 리가 제의한 통신문을 유보하고 더 협의를 하겠다고 동의했다."

사무총장의 통신문은 6월 29일 모든 대표부로 발송됐다. 그것은 미국의 요청대로 원조 제안의 수령자가 안보리임은 물론 ROK임도 명시했다. 리는 진술했다:[41] "1950년 6월 27일 제474차 회의에서 안전보장이사회는 결의를 채택해 대한민국에 무장 공격을 격퇴하고 역내에서 국제평화와 국제안보를 회복하기 위해서 필요할 원조를 제공해 달라고 국제연합 회원국들에게 권고했습니다. 귀국 정부가 그 결의를 유의하기를 나는 삼가 당부합니다. 귀국 정부가 원조를 제공할 위치에 있을 경우 귀하가 그 원조의 유형에 관해서 내게 이른 회답을 주시면 결의의 집행이 수월해질 것입니다. 나는 귀하의 답신을 안전보장이사회와 대한민국정부에 전할 것입니다."

---

41 *FRUS 1950 VOLUME VII, KOREA*, Footnote 2, pp.221-222.

제5장

유엔의 우산

이것은 침략자와 국제연합 사이의 문제다

레이크 썩세스의 영국대표단에 글래드윈 젭이 새로운 대표로 부임했다. 젭 경은 29일 오후에 숀 경과 같이 인사차 유엔미국대표부(USUN, 유즌)에 들렀다.[1] 영국인들은 워렌 오스틴, 어네스트 그로스, 존 로스와 인사가 끝난 다음에 코리아 문제의 다양한 측면들에 관해서 한 시간 정도 "매우 일반적이고 시험적인" 이야기를 나누고 돌아갔다. 논의의 초점들은 자연히 ROK에 대한 지원들의 관리와 법적 성격에 모아졌다.

젭 경은 자기도 영국 정부도, 선전의 관점에서 볼 때, 이 문제를 미국이 아니라 유엔의 활동으로 간주함이 필수적이라는 견해를 공유한다고 말했다. 미국인들은 대표단이 막 수령한, 그리고 국무부에 전화로 전달한, 쇼벨 대사의 문서를 읽어 주었다. 프랑스인들은 안보리(SC)가 유엔회원국들이 제공할 원조들을 조직하고 조율할 단체를 선임할 필요가 있다고 보았다. 그들은 군사참모위원회나 어떤 특별 조직을 염두에 두고 있었고 후자를 선호했다. 젭은 군사참모위원회를 강력히 반대하는 견해를 표명했다. 미국인들도 그것이 아주 바람직하지 않은 접근법임에 동의했다.

---

1 *FRUS 1950 VOLUME VII, KOREA*, pp.244-245.

조직이 필요할 가능성에 관해서 상당한 논의가 있었다. 그 문제는 현재 국무부에서 검토를 받고 있었다. 그런데 그로스의 설명에 의하면, 워싱턴은 기관의 수립을 매우 못마땅하게 여기고 있었다. 미국인들은 비밀을 전제로 젭에게 대표단이 작업 중인 짧은 결의 초안의 사본을 주었다. 대표단이 준비한, 그리고 국무부에 전화로 알린, 그 초안은 "6월 27일의 결의안을 찬성한 아홉 이사국들"로[2] 구성되는 안보리 위원단의 수립을 촉구했다. 젭은 혹여 안보리 위원단이 있으려면 그것은 민간인들로 구성돼야 할 것이라고 생각했다. 대사는 그런 위원회가 코리아 원조의 군사적 측면들은 물론, 만일 필요하면, 경제적 작업도 다룸이 좋겠다고 생각했다. 대표는 이와 관련해 전문기관들을 규정하는 48조의 마지막 문단을[3] 언급했다.

그러자 논의는 안보리가 취한 조치의 법적인 측면으로 넘어갔다. 젭은 그 문제가 런던에서 아주 철저히 검토됐고 영국 정부는 자기가 알기로 USUN의 견해—즉, 안보리 행동이 헌장의 39조에 따라서 취해졌음—에 동의한다고 말했다. 오스틴은 51조와 106조의 적용 가능성에 관해서 젭의 견해를 물었다. 젭은 대답했다: "우리는 법적인 문제를 검토할 때 이 두 조항들을 고찰했습니다. 우리는 51조는 적용할 수 없고 106조는 강하지 않다고 여깁니다. 우리는 그것이 오히려 약한 편이라고 느낍니다."[4]

---

2 이 "아홉"은 11이사국들 중에서 소련과 유고를 제외한 미영불 중, 노르웨이, 에콰도르, 쿠바, 인도, 이집트를 가리키는 것이나, 이집트와 인도는 사실 결정을 유보했다(본서 제4장의 219쪽 참고).

3 이 문단에 관해서는 본서 제3장의 관련 부분(158쪽 각주 17)을 참고할 것.

4 유엔헌장 제51, 106조는 다음과 같다. 51조: "헌장의 어떤 규정도 회원국에 대해서 무력 공격이 발생한 경우 SC가 국제평화와 국제안보의 유지에 필요한 조치를 취할 때가지 개별적 또는 집단적 자위의 고유한 권리를 저해하지 않는다. 회원국이 이 자위권의 행사로 취한 조치는 즉시 SC에 보고돼야 한다. 또 이 조치는 SC가 국제평화와 국제안보의 유지나 회복을 위하여 필요하다고 인정하는 행동을 헌장에 따라 언제든 취할 수 있는 권한과 책임에 아무런 영향을 미치지 않는다." 106조: "42조에 규정된 안보리의 의무이행을 개시할 수 있도록, 안보리가 인정한 43조에 언급된 특별협정이 발효할 때까지는, 1943년 10월 30일 모스크바에서 서명된 4국선언의 당사국들 및 프랑스가 …… 상호 협의하고 필요에 따라서 국제평화와 국제안보의 유지에 필요한 공동행동을 …… 취하기 위하여 다른 회원국들과 협의해야 한다." 제39조와 본문에 언급된 42, 43조는 본서 제2장의 관련 부분(103

미국인들은 USSR이 앞으로 어떻게 나올지에 관해서도 영국인들의 견해를 들었다. 그로스는 젭에게 커크 대사가 당일 모스크바에서 발신한 전문을 읽어 주었다. 젭의 즉각적 반응은 "이것은 러시아인들이 어쨌든 이 시점에는 [코리아 사태에] 직접 개입을 원하지 않음을 시사하는 것 같다"는 것이었다. 워싱턴에서 13:02(서울 30일 03:02)에 수령한 그 1767호 전문에 서술된 러시아인들의 언사를 보면 그런 판단이 충분히 가능했다.

모스크바의 커크는 29일 오후 다섯 시(워싱턴 29일 09:00; 서울 29일 23:00)에 프리어스와 함께 소련 외무부의 안드레이 그로미코를 만났다.[5] 그로미코는 포스토에프와 라브렌티예프를 대동했다. "차분한 분위기에서 아무 거리낌 없이" 그로미코는 말했다: "나는 귀하의 6월 27일 성명서에 대답해 진술할 것이 있습니다." 그 부장관은 러시아어로 자신의 진술을 읽었다. 그리고 다음에 포스토에프가 그 진술을 영어로 번역했다. "귀하가 6월 27일 전달한 USA 정부의 성명서와 관련해 소련 정부가 [귀하에게 알리라고] 나에게 지시한" 그로미코의 각서는 미국 정부의 입장들과 완전히 배치되는 다음의 세 주장을 피력하고 끝났다:

"1. 소련정부가 확인한 사실들에 따르면, 코리아에서 일어나고 있는 사건들은 북한의 국경 지역들에 대한 남한 당국의 군대들의 공격에 의해서 도발됐다. 따라서 이 사태의 책임은 남한 당국에게 그리고 그들의 배후에 있는 자들에게 있다.

2. 알려진 바와 같이, 소련 정부는 미국 정부보다 일찍 코리아에서 철군했고, 그럼으로써 다른 국가들의 내부 문제에 간섭하지 않는다는 자국의 전통적 원칙을 확인했다. 그리고 지금도 역시 소련 정부는 외국 열강이 코리아의 내부 문제에 간섭하는 것이 허용될 수 없다

쪽 각주)에 있다. 번역 참고: 『현대국제정치론』(Hans J. Morgenthau, *Politics Among Nations: The Struggle for Power and Peace, 5th Edition*(New York: Alfred A. Knopf, 1973), 이호재 역, 서울: 법문사, 1987), 부록 I. 국제연합헌장, 753-754쪽.

5 *FRUS 1950 VOLUME VII, KOREA*, pp.229-230.

는 원칙을 고수한다.

3. 소련 정부가 안전보장이사회의 회의들에 참석을 거부했다는 것은 사실이 아니다. 안보리의 상임이사국인 중국이 미국 정부의 입장 때문에 상임이사국의 자격을 인정받지 못하므로 소련 정부는 이사회의 회의들에 정말로 참석을 원했으나 그렇게 할 수가 없었다. 그리고 중국이 인정을 받지 못하는 한 안보리는 법적 효력을 가지는 결정들을 내리기가 불가능하다."

앨런 커크가 듣기에 그 주장들은 황당했다. "이 진술이 정말로 나의 6월 27일 성명의 마지막 부분에 대한 대답입니까? 내가 화요일에 그 성명을 차관에게 직접 진술할 수 없었던 것이 유감이나, 거기서 미국 정부는 USSR 정부에 다음을 요청했습니다: 북한 당국에 영향력을 행사해 그들의 침략군이 즉시 철수되게 해달라." 그렇게 따지고 커크는 덧붙였다: "우리는 이렇게 해서 그 싸움이 멈추기를 희망합니다."

그로미코는 미동도 없었다. 부상은, 아마도 커크의 요구를 쉽사리 또는 절대로 들어줄 수 없다는 암시로, 대답했다: "이 성명은 그 자체로 완전합니다. 그것은 하나의 전체로 취급돼야 할 것입니다." 그리고 그 러시아인은 지금은 더 할 말이 없다는 듯이 덧붙였다: "대사는 만일 추가적인 논의가 필요하면 언제든 다시 와도 좋습니다."

그 에피소드를 국무부에 보고하고서 커크 대사는 경고했다: "나는 소련인들이 자기들의 성명의 본문을 금방 발표할 것이라 믿는다." 국무부는 모스크바에서 미국 정부와 소련 정부 사이에 각서들의 교환이 있었던 사실을 주저 없이 언론에 발표했다. 그리고 다음날—6월 30일—에는 안보리의 25일과 27일 코리아 조치들이 불법이라고 주장하는 그로미코의 3번 문단을 세세히 반박하는 성명을 내놨다.

그런데 안드레이 그로미코는 나중에 그 문단과 같은 취지의 주장을 유엔에 정식으로 제출했다. 그것은 소련 정부가 사무총장으로부터 "남한 당국을 위하여 코리아 문제에 개입할 필요성에 국제연합 회원국들이 유의하기를 촉구하는 안전보장이사회의 1950년 6월 27일자 결의문"을 받아 보고서 작성한 답장이었다. 부상이 서명해 총장 앞으로 보낸 그 29일자 서한은 주장했다:[6]

"소련 정부는 이 결의가 여섯 국가의 투표로 채택됐고 일곱째 투표는 국민당 대표인 팅푸 F. 씨앵 박사의 것임을 주목한다. 그는 중국을 대표할 아무 법적 권한도 없다. 그리고 국제연합헌장은 안전보장이사회 결의가 이사회의 다섯 상임이사국들—즉, 미국, 영국, 프랑스, 소련, 중국—을 포함해 7개국의 투표에 의해서 채택돼야 한다고 요구한다.

더구나 이미 아는 대로, 상기 결의안은 안전보장이사회의 두 상임이사국인 소련과 중국이 불참한 가운데 통과됐다. 그러나 국제연합헌장 아래에서는 중요한 문제에 관한 안전보장이사회의 결정이 이사회의 다섯 상임이사국들—즉, 미국, 영국, 프랑스, 소련, 중국—전부의 찬성투표로만 이뤄질 수 있다.

이상의 사실들을 감안할 때 코리아 문제에 관한 안전보장이사회의 전기한 결의는 법적 효력이 없음이 매우 분명하다."

미국인들은 물론 그 주장들을 수락할 의사도 이유도 없었다. 국무부의 6월 30일 성명은 그것들을 안드레이 그로미코가 내세운 바로 그 규칙—상임이사국의 대표 인정을 다루는 안보리의 절차적 규정들—은 물론 그 위에 경험—안보리가 실체적인 문제들을 다룸에 있

6 UN doc. S/1517; Department of State, *United States Policy in the Korean Crisis* (Washington, D.C.: U.S. Government Printing Office, 1950), 56쪽.

어서 소련이나 다른 상임이사국의 기권이 거부(veto)로 이해되지 않았던 전례들—까지 들어서 반박했다. 성명은 설명했다:[7]

"유엔과 미국에 보내는 답서에서 USSR은 코리아와 관련한 안보리의 조치가 불법이라고 주장한다. 그 조치가 상임이사국 전체의 찬성 투표를 받지 못했음이 그 이유다. 북한 당국에 영향력을 행사해 적대행위들을 멈추게 하라는 미국의 6월 27일 통신문에 답해서도 USSR은 똑같이 말하고 더 나아가 그 조치에 참여한 중국 대표가 베이징 정권의 대표가 아님도 그것이 불법인 이유라고 주장했다.

안보리의 표결을 다루는 유엔헌장 27조는 실체적인 문제들의 결정은 상임이사국들의 찬성표를 포함해 일곱 이사국들의 긍정적 투표로 이뤄진다고 규정한다. 그러나 1946년까지 거슬러 올라가는 일련의 여러 전례들에 의해서, 상임이사국의 기권은 거부를 구성하지 않는다는 관행이 확립됐다. [다시 말해,] 긍정적 투표로 표현되는 안보리의 모든 상임이사국들의 찬성[—만장일치—]이 없어도 안보리의 결정들이 이뤄졌고, 소련을 비롯해 유엔의 모든 회원국들은 그 결정들을, 벌써 소련의 주장이 있기 전부터, 합법적이고 구속력 있는 것들로 받아들였다.

중국의 투표에 관해서 말하자면, 안보리의 대표 인정은 안보리의 절차 규정들에 의해서 정해진다. 베이징 정권의 대표가 안보리에서 중국의 대표로 간주돼야 한다는 USSR의 주장에 무슨 수로든 효력을 발생시킬 긍정의 행동이 취해진 적은 없었다. 중국의 국민당 정부의 신임장은 안보리의 승인을 받았고 소련은 나중에 이 승인이 철회되게 하려고 시도했으나 패배했다. 그러므로 6월 25일과 27일 국민당 대표가 행한 투표는 중국의 공식 투표였다.

---

7 "Precedent Contradicts Soviet Allegation of Illegality in U.N. Action", *Department of State Bulletin*, July 10, 1950, pp.48-49; "미 국무부, 유엔 안전보장이사회의 한국전쟁 결의들에 대한 소련의 위법 시비에 대해 반박", 『민주신보』 1950년 7월 4일, 국사편찬위원회, 『자료대한민국사 제18권』, 1950년 7월 2일.

소련이 [기권을 함으로써] 긍정적 투표에 의해서 찬성을 표시하지 않았음에도 불구하고 안보리에서 채택된, 실체적 문제들에 관한 행동을 수반하는 중요한 전례들 중에는 다음의 것들이 있다. 팔레스타인 사태와 관련해 1948년 4월부터 11월까지 네 차례의 안보리 결의가 있었다. 카슈미르 사태와 관련해 1948년 1월부터 6월까지 네 차례의 안보리 결의가 있었다. 인도네시아 사태와 관련해 1948년 11월부터 1949년 1월까지 두 차례의 안보리 결의가 있었다. 소련은 그 모든 결의의 채택에 있어서 기권을 했지만 어떤 경우에도 채택된 조치의 합법성을 문제 삼지 않았다.

나아가 소련은 다른 상임이사국들이 기권했지만 자신이 다수와 함께 투표해서 안보리에서 채택된 행동의 합법성을 문제 삼은 적도 없었다. 최소한 세 차례의 실체적 결정들이 그 사례다: 인도네시아에서 정치범들을 석방하라고 네덜란드에 요구하는 1948년 12월의 결의(영국과 프랑스가 기권함), 이스라엘을 유엔의 회원국으로 수락할 것을 총회에 권고하는 1949년 3월의 결의(영국이 기권함), 팔레스타인 상황과 관련해 안보리 상임이사국들의 협의를 권고하는 1948년 3월의 결의(영국이 기권함).

안보리 상임이사국의 자발적 결석은 분명히 기권과 마찬가지다. 더구나 헌장 제28조는 안보리가 계속적으로 기능할 수 있도록 조직될 것을 규정한다. 만일 한 상임이사국 대표의 결석이 안보리의 모든 실체적 조치를 막는 효과를 가져오는 것으로 해석된다면 이 명령은 무효가 된다.

6월 25일과 6월 27일의 안보리 회의에 참석한 10개 이사국들 가운데 누구도—심지어 6월 27일 반대를 표했던 이사국도—그 조치의 합법성에 문제를 제기하지 않았다."

코리아와 관련해 크렘린의 협력을 얻으려는 노력은 영국 측에서도 시도됐다. 물론 그것은 실패로 끝났다. 29일 14:30(서울 30일 04:30) 워싱턴에 주재하는 영국공사 밀러 경이 유럽

담당 국무차관보 퍼킨스를 방문해서 알렸다.[8] "모스크바의 영국대사는 미국대사가 진술한 것들과 같은 노선의 건의들을 소련정부에 넣으라는 훈령을 받았습니다." 그러나 그 영국인은 날이 저물도록 그로미코의 대답을 들을 수 없었다. 7월 1일 모스크바의 커크 대사가 그 노력에 관해서 보고한 전문에 의하면, "여기서 유엔의 코리아 결의에 관한 영국의 조치와 관련해 6월 29일 영국대사 켈리는 북한 정부에 영향력을 행사해 유엔의 정화 요구를 존중하고 군대들을 38도선으로 되돌리게 하기를 영국정부가 긴급히 희망한다고 소련인들에게 진술하라는 훈령을 받았다. 대사는 그로미코를 만나지 못했다. 약속을 잡으려고 여러 번 헛되이 노력한 뒤에 켈리는 마침내 오후 19:00 파블로프를 영국부에서 만나 자신의 진술을 전달했다. 파블로프는 대답했다: '그것을 부장관님께 드리겠습니다.' 그래서 켈리는 말했다: '아, 부상이 여기에 있어요? 그러면 나 자신이 그를 만날 수 있어요.' 그러나 파블로프는 즉각 대답했다: '아니요, 그는 지금 회의에 들어가 있어서 만날 수가 없습니다.'"

인도인들은 오늘날 세계가 당면한 문제들은 미국과 소련이 "가능한 최고위 수준에서" 논의해야 풀릴 수 있다는 믿음을 좀처럼 버리지 못했다. 적어도 국가들 사이에 오해가 있어서 빚어지는 불화는 막자는 취지였다. 그 수준의 대표들이 자기들의 생각을 서로에게 직접 말하면 상대편 정부의 의도에 관해서 잘못된 정보를 받는 일이 없고 따라서 협력도 가능할 것이라고 그들은 가정했다. 안보리가 그 초강대국들에게 최고위 회담을 권고하는 결의안을 채택하자는 라우의 제의에 대해서 미국 정부는 6월 29일까지 자신의 입장을 정리하고 레이크 썩세스에서 다른 회원국들의 반응을 살폈다.[9]

노이스는 노르웨이 대표단의 스타벨에게 전화해 "우리가 라우의 제안에 관한 훈령을 지

---

8 *FRUS 1950 VOLUME VII, KOREA*, Footnote 3, pp.229-230.

9 *FRUS 1950 VOLUME VII, KOREA*, pp.245-246; *FRUS, 1950 VOLUME II, THE UNITED NATIONS; THE WESTERN HEMISPHERE*, pp.371-373.

금 받았다"고 알렸다. 그 미국인은 계속해서 말했다: "우리의 입장은 부정적입니다. 우리는 오늘날의 세계에서 코리아 문제가 미국과 소련 사이의 문제라는 인상을 주는 것은 특히 이 시점에서 부적절할 것이라 생각합니다. 오늘날의 세계에서 그 문제는 유엔과 북한에 있는 공산주의 침략자들 사이의 문제임이 더할 나위 없이 분명합니다."

스타벨은 자기의 생각도 바로 그렇다고 대답했다. 그런데 그 노르웨이인이 알기로, "오늘 오후 라우가 수정 제안을 했다. 라우는 비상임이사국들이 내일 안보리 회의 후에 미국, 영국, 프랑스, USSR에 고위급 회의를 열기를 호소하는 간단한 성명을 발표할 것을 제의했다." 스타벨은 "본문의 나머지가 분명히 원래의 제안과 같을 것"이라고 덧붙인 다음에 그것에 대한 미국의 입장이 무엇인지 물었다.

노이스는 "단지 사견"임을 전제로 대답했다: "내가 보기에는, 정확히 똑같은 고려사항들이 적용되는 것 같습니다. 나는 우리의 반응이 똑같을 것이라 확신합니다." 그는 비상임이사국들의 그런 행동이 안보리와 유엔의 다른 회원국들이 취한 입장을 심히 훼손할 것이라 생각했다. 스타벨도 "철두철미" 동의하는 것 같았다. 그는 안보리의 다른 비상임이사국들이 그런 제안에 관해서 어떻게 생각할 것인지 알지 못했다. 그는 이 정보를 그로스 대사에게 전해서 그가 오늘 밤 식사에서 순다 대사에게 명확한 반응을 전할 수 있게 하라고 노이스에게 촉구했다.

한편 그로스 대사는 쿠바의 블랑코와 이야기를 나눴다. 그 쿠바인은 라우의 최근 제안에 대한 미국의 반응을 알아보려고 찾아왔다. 블랑코가 이해한 바로는, 라우가 비상임이사국들의 승인을 얻어서 안보리 의장으로서 그들을 대표해 4대 상임이사국들에게 호소를 한다는 생각을 가지고 있었다. 그의 탄원은 스타벨이 기술한 것과 유사할 것이었다. 그로스는 지적했다: "라우의 독창적인 제의에 대한 우리의 반응은 부정적입니다. 그 새로운 제의는 사실상 코리아 문제를 유엔의 손에서 빼앗아 외무장관회의에 맡길 것입니다. 나는 그러면 심각한 실수가 될 것이라고 생각합니다." 블랑코는 자기가 그로스의 입장에 동의함을 시사한 다음에 말했다: "나는 본국의 외무실과 통신을 하기에 앞서서 대사를 방문한 것입니다."

노이스는 인도 대표단의 고팔라 메논과도 이야기를 나눴다. 그러나 미소의 고위급 회담에 관한 라우의 제의와 관련해 무슨 행동이 취해질 가능성이 있는지 그 인도인은 아무 언급도 하지 않았다. 그 침묵은 어쩌면 인도정부가 6월 27일의 안보리 결의를 놓고서 아직 최종 결정에 이르지 못했음을 암시하는 것같았다.

모스크바의 인도인들은 그 결정의 지연을 야기하는 중요한 요인들 가운데 포모사 문제와 절차상의 문제가 있음을 미국인들에게 가식 없이 조언했다. 모스크바의 미국대사관 직원은 "오늘 근무 시간에 집으로 와 달라"는 참사관 카푸르의 "긴급한 요청"을 받았다. 직원이 도착하자 그 인도인은 "탁자에 일급비밀 문서를 던져 놓고서" 대화를 시작했다. 그것은 6월 28일 "라드하크리쉬난이 네루에게" 보낸 전문이었다. 앨런 커크는 29일 낮에 있었던 그 대화를, 모스크바에서 당일 오후 18:00에 작성되고 워싱턴에서 19:02(서울 30일 09:02)에 수령된 긴 보고에서, 다음과 같이 서술했다:[10]

"그 6월 28일자 전문에서 인도 대사는 코리아 문제를 포모사와 연계함이 '잘못된 것임'에 동의하는 한편 북한의 침략에 반대하는 현재의 유엔 행동을 인도가 명백히 지지하기를 강력히 주장했다.

카푸르는 말했다. '나는 독단으로 문제를 처리하고 있고 나의 대사는 나의 행동을 모르고 있습니다. 이곳의 인도대사관은 코리아 문제에 관해서 인도 정부가 분명한 행동을 취할 것을 강력히 주장해 왔습니다.'

---

10 *FRUS 1950 VOLUME VII, KOREA*, pp.241-243.

그런데 카푸르에 따르면, 포모사에 관한 미국의 6월 27일 선언 때문에 라우는 그날 추가적 훈령들을 받지 않고서 안보리 결의안에 찬성 투표를 할 수가 없게 됐다. 인도 대사 파닉카가 베이징에서 보낸 한 바탕의 전문들은 '인도-공산당 중국 관계의 편협한 관점에서 구상돼' 네루의 우유부단을 부추기고 있었고 소련의 유엔대표 말리크는 6월 27일의 안보리 결의를 따르는 유엔 행동은 '대전란'을 의미할 것이라고 라우에게 말함으로써 인도 정부에 압력을 가하려 하고 있었다.

카푸르는 계속했다: '다음 이삼일 동안 인도의 향배에 관한 이야기가 나올 것입니다.' 그리고 '자신이 위험한 책임을 떠맡고 있음을 인식하는' 한편 그는 인도를 '올바른 길'로 이끌 구체적 제안들을 하고 싶어 했다.

카푸르의 제안들은 이랬다. 미국 주재 인도 대사가 코리아 문제를 네루와 바지파이하고—만일 둘이 함께할 수 없으면 그러면 둘 중의 하나와—의논하라. (더 낮은 수준에서의 의논은 소기의 효과를 내지 못할 것이다.) 국무장관이 워싱턴에서 판디트 대사—'수상의 누이로서 자신이 늘 무시를 당한다고 느끼는 오만하고 허영심 강한 여자'—와 유사한 행동을 취하라. 그리고 가능하면 오스틴 상원의원이 또한 라우를 만나라. 그리고 그 모든 접근들에 있어서 다음의 노선들을 따라라:

1. 북한의 공격이 있기까지 코리아 문제의 역사를 객관적, 사실적으로 개관하되 그 문제의 유엔 역사에서 특히 인도가 한 역할—가령 1947년 [11월] 유엔총회의 미국-인도 결의안[11]—을 지적한다.

11 이것은 1947년 11월 14일 유엔총회의 112차 전원회의에서 채택된 코리아 결의안을 말한다. 코리아의 독립 문제를 다루는 그 결의안은 그 달 초 미국의 초안이 제출된 이래 인도를 비롯한 여러 나라들의 수정을 거쳐서 최종적인 모양을 갖추게 되었다. 참고: *FRUS, 1947, VOL. VI,* pp.853-859.

2. 포모사 문제와 코리아 문제를 별개로 간주하되 인도 대표들에게 코리아에 관한 유엔 행동을 지지해도 어떤 면으로도 그들의 손이 포모사에 묶이지 않음을 그리고 포모사 문제에 관해서 마음대로 말하고 행동할 자유가 있음을 이해시킨다. 포모사 조치에 대해서 미국의 이유들을 길게 늘어놓지 말고 코리아에 대한 북한 침략의 명백한 측면들을 강조하고 포모사에 관해서는 인도 정부가 스스로 염려하게 내버려 둠이 더 좋다.

3. 네루와 다른 인도인들에게 코리아 문제의 다음 두 근거들을 호소하라: 첫째, 아시아적 차원들; 그리고 둘째, 유엔 차원. 혹여 인도가 ROK와 같은 자유 아시아 국가를 짓밟는 행위를 묵인할 경우 인도의 지도적 지위에 처참한 결과가 초래될 것임을 강조하라. 게다가 지도적인 아시아 국가요 안보리 이사국으로서 인도는 유엔과 유엔의 이념들을 지원할 특별한 책임이 있다. 아시아는 유엔에 중요하고 유엔은 아시아에 중요하다. 만일 아시아 국가들이 유엔에서 '아시아 문제'를 지원하지 않으면 이것은 유엔의 '3파 분열'을 뜻한다. 인도가 무슨 행동을 취하든 그것의 반향들이 특히 동남아에 광범하게 퍼질 것이다.

4. '냉전'의 맥락을 가능한 한 피하고 '힘의 지배'에 대항하는 '법의 지배'라는 일반적 관점에서 말하라. 즉, 폭력과 무력 행사를 한편에 놓고 그것과 다른 편에 놓인 '정치적 행위'의 차이점들을 대비시켜라. 안보리의 절차와 투표수 등등에 관한 소련의 주장들에 대해서는 문제가 기술적인 것이 아니라 '회의 테이블에서 민주적인 방식으로 해결에 이르는 것'임을 강조하라.

5. 네루가 '아시아 문제에 대한 유럽의 개입'에 민감하고 '유색인종들에 대한 백색인종들의 태도'가 그의 의식 속에 매우 많이 놓여 있다는 배경지식을 명심하라. '오만한 태도로 조언하는 경향'이나 '네루에게 어떤 압력의 암시'도 피하라. '직설적으로 말하되 내려다 보는 태도를 피하라; 훈계 조로 말하지 말라.'

6. '영국인들을 그림에서 없애라. 그들은 압력과 지울 수 없이 결합돼 있다.'

7. 대통령이 네루에게 보내는 메시지 역시, 아무리 우호적인 말들로 표현될지라도, 압력의 모양을 띠게 될 것이다. 친밀한 고위급 회담이 훨씬 더 좋을 것이다.

카푸르는 다음에 미국 정부가 아니라 트리그베 리가 네루에게 다음과 같은 내용의 전문을 보내는 자신의 제안 체계를 덧붙였다: '내가 귀하의 중재적 도움이 있으면 좋겠다고 여기는 중요한 아시아 문제가 있습니다'; 중재는 물론 북한군대가 ROK에서 철수한 뒤라야 가능함을 분명히 밝혀라. 그는 끝으로 말했다: 미국 대표들은 그런 행동 방침을 리와 사전에 의논하고 싶을 것이다."

커크 대사는 그렇게 카푸르의 직설적 조언을 보고한 다음에 그것에 관한 자신의 소견을 피력했다. 대사가 보기에, "이상의 진술에 분명히 나타나듯이 카푸르는 노련한 또는 신중한 외교관이 아니[었]다. 그럼에도 불구하고 대사관은 그 인도인이, 자신의 생각에는, 본국 정부가 생존을 하려면 국제공산주의에 대항해서 취해야 마땅할 확고한 태도를 취하지 않을까 봐서 진심으로 (그리고 격하게) 걱정한다고 믿을 이유가 충분[했]다." 커크는 계속했다:

"사실상 그 참사관은 우리가 만일 코리아에 관한 유엔과 미국의 행동에 대해서 인도 정부의 최대 지지를 얻기를 바라면 그 정부의 지도자들에게, 특히 네루와 그의 누이에게 어떤 방식으로 접근해야 하는지를 보여 주는 진술을 제공한 셈이다.

미국의 대표들이 지금 극동 상황을 놓고서 워싱턴과 뉴욕과 델리에서 인도 정부의 적절한 대표들과 접촉을 하고 있다고 대사관은 가정한다. 우리는, 이렇게 멀리 떨어져 있고 상황이 급변하고 있기 때문에, 남아시아와 소련에서 우리의 입장에 미칠 인도의 영향에 직면해 우리가 어떤 행동 방침을 따라야 할지에 관해서 구체적 권고들을 하고 싶지 않다. 그러나 혹여 인도 정부가 코리아에 관한 현재의 유엔 조치에 대해서 중립적 입장을 취할 경우에 진행될 공산주의의 전도가 너무도 우려되기 때문에 국무부는 카푸르가 제의한 접근법을 신중하게 숙고할 필요가 있을 것이다.

출처를 보호해 주기를 바란다."

인도 정부는 레이크 썩세스에서 안보리의 ROK 지원 결의가 통과되고 이틀째가 되면서 마침내 그 결의를 지지하는 쪽으로 중심이 기우는 기미를 보이기 시작했다. 모스크바의 "순진한" 인도인들은 본국 정부의 고민을 미국에 바르게 일러 주었다. 그들이 설명한 대로 동남아의 지역적 사정이 뉴델리의 발목을 잡고 있었다. 인도는 공산 중국의 눈치를 봐야 하는 처지였다. 뉴델리는 인도가 안보리의 아시아 이사국으로서 위신은 세우되 베이징의 공산주의자들과 어떤 마찰도 빚지 않을 방법을 찾고 있었다. 29일 모스크바에서 미국대사관이 카푸르의 접견 요청을 받기도 전에 벌써 뉴델리의 헨더슨은 MEA(인도외무부)의 사무총장에게서 그 결의가 통과된 이래 그때까지 그 결의를 놓고서 인도 정부에서 있었던 논의들에 관해서 자세한 설명을 들을 기회가 있었다. 대사가 네루 수상과 만나기 직전에 진행된 그날 아침의 그 "짧은 잡담"에서 바지파이 총장이 인도 정부의 속사정을 털어놓았다.[12]

인도 정부가 그 코리아 결의에 관해서 어떤 태도를 취해야 하는가를 토의하기 위해서 전날 내각 회의가 열렸다. 그 결의가 뉴욕에서 이미 토의를 마치고 통과됐기 때문에 인도 정부가 더 이상 어떤 입장도 취할 필요가 없다고 안도하는 분위기가 역력했다. 그런데 내각이 아직 회의 중에 있는 동안 바지파이는 라우가 기권을 하지 않았으나 델리에서 훈령을 받을 때까지 전혀 아무 입장도 취하지 않을 것임을 알았다. 바지파이는 즉시 네루에게 그 사실을 알렸다. 총장은 그 새로운 정보의 중요성을 강조하고 인도 정부가 안보리의 이사국으로서

12 *FRUS 1950 VOLUME VII, KOREA*, pp.234-237.

그 결의에 대해서 자신의 입장을 밝히기를 회피하면 반드시 다른 유엔회원국들의 존경을 잃게 될 것임을 지적했다. 그러나 수상은 그 메시지를 너무 늦게 받아서 델리에 명확한 권고들을 하달할 수 없게 됐다. 각료들은 결국 아무 결정에도 이르지 못하고 흩어졌다.

바지파이는 29일 아침 네루와 장시간 논의를 가졌다. 총장은 인도 정부가 6월 27일의 결의를 지지하지 않으면 논리가 맞지 않음을 보이려고 애썼다. 그러나 네루는 미국대사와 대화할 때까지 아무 결정도 내리지 않겠다고 말했다.

문제의 다른 불행한 측면은 워싱턴과 레이크 썩세스에서 전개되는 일들에 관한 정보가 미국 출처들보다 영국 출처들을 통해서 더 많이 인도 정부로 왔다는 것이었다. 예를 들어, 영국 정부는 자신이 대통령의 언론 진술문을 발표 전에 연구하고 "중앙의 지도를 받은"이라는 구절의 삭제와 포모사에 관한 언급을 비롯해 여러 제의들을 했다고 인도 정부에 알렸다. 영국 정부에 따르면, 미국은 첫 번째 제의를 수락하고 두 번째는 거절했다. 더욱이, 영국 정부는 6월 27일의 결의를 숙고할 기회가 있었고 그 결의안이 제출되기 전에 벌써 그것을 찬성하라는 훈령을 내렸다. 그 결의안의 본문은 미국 채널들보다 오히려 영국 채널들을 통해서 인도 정부에 알려졌다. 미국이 근본적으로 아시아에 속하는 문제들을 놓고서 영국과는 협의하고 인도와는 협의하지 않는 경향은 인도 정부가 미국의 노선을 자발적으로 지지할 욕구에 찬물을 끼얹는 효과를 미쳤다.

헨더슨은 6월 27일 결의에 대해서 사정을 이해해 주어서 고맙다고 바지파이에게 말했다. 그리고 6월 28일의 국무부 전문에서 해당되는 부분들을 발췌해서 그에게 읽어 주었다. 유엔의 행동을 위한 중요한 제안들을 도입하기 앞서서 우방들과, 특히 인도와, 사전에 상의하는 것이 미국 정부의 관행임을 진술하는 부분과 미국이 왜 이번에는 그렇게 하지 않았는지 설명하는 부분이었다.[13] 헨더슨은 말했다: "델리와 워싱턴 사이의 통신이 지극히 느리고, 그러므로 우리 정부가 현존하는 비상 사태에서 라우나 내가 대통령의 성명이나 결의안에 대해서 인도 정부의 견해들을 사전에 입수함이 물리적으로 불가능하다고 보았음이 틀림없음을 총장은 염두에 두어야 할 것입니다. 봄베이를 경유하는 유시스(USIS, 미국공보원) 채널들을 통해서 오는 결의의 본문 자체가 6월 28일 오후까지 대사관에 도착하지 않았습니다. 대사관이 봄베이와 통하는 특별한 텔레타이프 시설들을 갖출 수 있도록 우리가 인도 정부의 설득에 들어간 지가 꽤 됐습니다. 나는 지난 며칠 간의 사건들이 인도 정부와 우리 정부 둘 다에 미국과 인도 사이에 통신 시설들을 개선함의 중요성을 보여 주었기를 희망합니다. 국무부는 런던 대사관과는 직통하는 텔레타이프 시설들을 갖추고 있었습니다."

바지파이는 대답했다. "나는 사전협의를 너무 많이 강조하고 싶지 않습니다. 다만 앞으로 중요한 국제적 수순들을 취할 때 미국이 이 미묘한 점을 염두에 두기를 희망합니다."

바지파이의 사무실을 떠나면서 헨더슨은 두트(Dutt)를 만났다. 그 관리는 MEA의 서열 3위로 외무에 있어서 상당한 영향력이 있었다. 대사가 청하지도 않았는데 자진해서 두트는 미국 정부가 보여 준 용기와 결단을 환영한다고 말했다. 그 인도인은 덧붙였다: "개인적으로 나는 인도 정부가 6월 27일의 결의를 지지하는 결정을 하기를 희망합니다."

네루는 헨더슨을 "다정하게" 맞았다. 수상이 최근 실시한 동남아 순방의 이모저모에 관해서 잠깐 동안 대화가 오간 뒤에 대사는 말했다: "나의 주된 방문 목적은 미국이 안보리에 두 건의 결의안을 상정하고 대통령이 6월 27일 발표한 광범한 성격의 결정들을 하기에 이르는 사건들을 설명하는 것입니다." 대사의 해명들과 설명들을 주의 깊게 경청한 뒤 네루는 말했다: "물론 인도 정부가 그 두 결의안을 안보리 상정 전에 주의 깊게 숙고할 기회를

13 워싱턴에서 27일 오후에 발신된 이 전문은 본서 제4장, 215-216쪽에 소개된다.

가졌으면 더 좋았을 것입니다. 그것들의 통과는 커다란 정치적 • 역사적 의의를 가지기 때문입니다. 그러나 나는 이 면에서 귀측의 행동을 너무 심하게 나무랄 수가 없습니다. 시간적 요소가 중요함을 깨닫고 있기 때문입니다."

그러나 "대통령이 포모사와 필리핀과 인도네시아를 관련시켜 발표한 결정들"에 관해서 네루는 말했다: "그 결정들은 인도 정부에 관한 한 문제를 다소 복잡하게 만듭니다. 인도에는 프랑스의 인도차이나 정책들에 대해서 공감이 별로 없습니다. 인도 정부는 중국의 공산당 정부를 승인했고 그 정부와 가능한 한 우호적인 관계를 발전시키기를 희망하고 있습니다. 혹여 인도 정부가 포모사에 관한 미국의 결정들을 지지하는 것처럼 보인다면 [공산당 중국과] 어떤 우호적 관계도 있을 수 없게 될 것입니다. 인도 정부는 미국-필리핀 관계의 발전에 관해서는 걱정이 별로 없습니다. 이 두 나라들 간에는 특별한 협정들이 있기 때문입니다. [그러나 버마의 경우는 다릅니다.] 인도 정부는 자신의 밀접한 동료인 그 나라를 당혹케 만들 어떤 행동도 취하고 싶지 않습니다. 그 나라와 공산당 중국의 관계는 특히 미묘합니다. 중국의 공산주의자들은 버마에 피난한 국민당 중국의 제26군을 무장해제시킨다는 구실 아래 언제든 [그 인접국을] 침공할 수 있기 때문입니다. [더욱이] 인도와 버마와 인도네시아는 두 강대국 진영의 어느 쪽과도 동맹을 맺지 않는 정책을 공유합니다. 인도 정부는 [그들과] 상의 없이 자신의 정책을 변경하고 있다는 인상을 주지 않도록 조심해야 합니다. 내부적으로도 인도 정부는 몇몇 문제들이 있습니다. 나와 나의 동료들은 인도에서 벌써 다양한 분자들에 의해서 '영미 제국주의자들'의 끄나풀이라는 비판을 받고 있습니다."

그것이 참이라면 인도 정부는, 헨더슨이 보기에, 6월 27일의 코리아 결의를 지지하는 입장을 취하기를 망설일 필요가 없었다. 첫째, 그 결의는 포모사와 인도차이나에 대한 미국의 조치들과 성격이 달랐다. "6월 27일의 결의를 지지한다고 해서 인도 정부가 포모사와 인도차이나에 관한 우리의 결정들에 대해서 찬성이나 반대로 가고 있음을 뜻하는 것은 아닙니다." 헨더슨은 그렇게 주장하고 그 두 결정들의 의의들을 다음과 같이 설명했다. "포모사에 관한 우리의 결정은 원래 방어적 이유들 때문에 취해진 것입니다. 대한민국에 대한 공산 세력의 주도면밀하게 계획된 공격은 공산주의자들이 아시아 전역에서 일련의 침략적 행동들을 자행할 준비를 하고 있을지 모를 가능성을 제기합니다. 그들이 다음에 어디를 칠지 우리는 모릅니다. 우리가 침략에 대한 저항에서 앞장섰기 때문에 일본에 있는 우리의 함대나 우리의 기지들이 당연한 표적들이 될지 모릅니다. 공산주의의 비행기들과 선박들이 포모사로 몰려들어 그 섬을 일본과 다른 곳에 있는 미국을 공격할 기지로 쓰도록 허용할 여유가 우리는 없습니다. 우리는 또한 잠재적 침략자들이 인도차이나 침공의 위험성을 깨닫게 만들기 위해서 가능한 모든 일을 해야 한다고 믿습니다. 포모사에 대해서 우리가 내린 결정의 건설적 특징은 그 결정이 공산당 중국과 국민당 중국 사이의 무익하고 낭비적인 적대행위들을 중지시키는 결과를 가져올 수 있다는 것입니다. 그렇지만 [그 덕분에] 아시아 전체가 이로울 것입니다."

둘째, 인도 정부의 지지는 세계 평화를 위해서도 아시아 평화를 위해서도 필수적이었다. 헨더슨은 지적했다: "집단안보체제의 유지에 따르는 난점들 가운데 특수한 문제들에 봉착한 열강이 침략자들에 대항해 집단적인 행동을 지지하거나 집단적인 행동에 참여하기를 삼가는 경향이 있었습니다. 혹여 인도 정부가 자신의 특수한 문제들 때문에 이 경우에 집단행동을 지지하지 못한다면 그 결과는, 내가 보기에, 유엔과 집단안보 원칙 전체의 심각한 좌절이 될 것입니다. 인도가 가장 강력하고 가장 영향력 있는 아시아 자유 국가로서 아시아에서 침략에 대항하는 집단행동에 최소한 도덕적 지지라도 하지 못한다면 아시아에 관한 한 유엔의 원칙들은 필경 무의미하게 되고 말 것입니다."

셋째, 지연은 평화를 해치는 자들에 이롭게 작용할 수 있었다. 대사는 덧붙였다: "나는 이 순간 결정을 하라고 귀하를 재촉하고 싶지 않습니다. 그러나 나는 시간 요소가 여전히 중요함을 강조하고 싶습니다. 안보리의 행동이 옳다는 여론이 아시아 전역에서 아직 형성

단계에 있습니다. 만일 인도 정부가 이 여론이 굳어질 시간을 갖기 전에 안보리를 지지하는 성명을 발할 수 있다면 소련이나 어떤 권력 진영이 아니라 단지 침략에 반대하는 세력이 무한히 강화될 것입니다. 만일 수상이 내가 우리 정부에 어떻게 보고해야 하는지 지금 내게 말해 줄 수 있다면 감사하겠습니다."

네루는 그 논리에 감명을 받았음에 틀림없었다. 헨더슨이 그날 오후 IST(인도표준시간) 15:00에 "서둘러" 타전하고 국무부가 동일 EDT(동부하계시간) 13:22(서울 30일 03:22)에 수령한 971호 전문에 의하면, 수상은 자신이 "이례적으로 우호적이고 이해심 있는" 태도로 임한 양인의 대화가 끝날 무렵 다음의 사항들을 미국 정부에 알려도 좋다고 말했다:[14]

"1. 인도 정부는 북한군이 ROK를 침입한 행위가 분명히 침략이라고 생각한다. 인도 정부는 자신의 대표들이 6월 26[25]일의 결의를 지지한 행동을 전적으로 찬성한다.

2. 인도 정부는 6월 27일의 결의가 6월 26[25]일 결의의 자연적 귀결이라 생각한다. 그러나 인도 정부는 이 결의가 너무 급히 통과돼 그 정부의 안보리 대표들이 그 결의의 내용에 관해서 또는 자국 정부의 입장에 관해서 훈령들을 받을 수 없었음을 유감으로 여긴다. 그럼에도 불구하고 인도 정부는 그런 서두름을 빚어낸 상황들을 이해한다.

3. 인도 정부는 가까운 장래에 6월 27일의 결의에 대한 자신의 입장을 표명할 것이다. 그러나 그 정부는 예의상 버마와 인도네시아 정부들에게 자신의 의도들을 공지할 때까지는 그렇게 하고 싶어 하지 않는다. 버마 및 인도네시아와 인도의 관계는 특별히 가깝기 때문에 이 문제에서 인도 정부가 어떤 조치를 취하든 그들은 모두 그에 영향을 받을 것이다.

14 *FRUS 1950 VOLUME VII, KOREA*, pp.230-231.

4. 트루먼 대통령의 성명은 포모사와 필리핀과 인도네시아를 그림에 넣음으로써 인도 정부에 관한 한 대외적으로도 대내적으로도 상황을 다소 복잡하게 만들어 놓았다. 그럼에도 불구하고 네루는 당장의 문제들—안보리 자체 앞에 놓인 문제들—에 한정된 결정을 하는 것이 가능할 것이라고 믿는다."

수상이 한 언질들의 취지로부터 헨더슨은 다음의 인상을 받았다: "네루는 개인적으로 인도 정부가 6월 27일의 결의를 지지해야 한다고 확신한다. 그렇지만 네루는 그 주제에 관해서 아마도 오늘 어느 땐가 또 한 번 열릴 내각회의에 앞서서 그런 취지의 성명을 낼 위치에 있지 않다."

헨더슨이 "한 시간 넘게" 진행된 네루와의 대화를 마치고 수상의 집무실을 떠날 때, 그의 비서들 중의 하나가 대사를 잠시 동안 잡아 두었다. 다음에 대사는 [수상과의] 대화에 대해서 의논을 하기로 합의한 바지파이에게 돌아갔다. 그런데 바지파이는 자기의 사무실에 없었다. 그래서 대사는 총장이 돌아오기를 기다렸다. "대사가 떠나자마자 수상이 문제를 더 의논해 보자며 나를 불렀습니다." 바지파이는 그렇게 설명하고서 낙관적인 소식을 알렸다. 총장은 말했다: "나는 수상이 내게 말한 것에 고무됐습니다. 현재로 보기에는 건설적인 성명이 금방 나올 것 같습니다." 다만 그 성명에는 어떤 단서가 붙을지 몰랐다. 총장은 굳이 덧붙였다: "나는 [우리의] 성명이 6월 27일 결의의 논의에 한정되고 인도 정부를 포모사 등등에 관한 미국의 결정들에서 떼어놓는 언급들은 담지 않기를 희망합니다. 나는 그렇게 되도록 최선을 다하고 있습니다."

6월 29일 밤 인도 정부는 마침내 숙의를 끝냈다. 그들은 안보리의 6월 27일 코리아 결의를 수락하지만 이 결정이 기존의 외교노선에 어떤 수정도 수반하지 않도록 유의했다. 그 일환은 포모사나 트루먼 대통령의 6월 27일 발표에 대해서 침묵하는 것이었다. 인도 정부는 그 결과를 IST로 21:00(워싱턴 29일 10:30; 서울 30일 00:30)에 발표할 것임을 알리는 전문을 유엔사

무총장 앞으로 발송했다.[15] 인도의 수상 겸 외무 장관 명으로 보내진 그 성명은 진술했다:

"인도 정부는 코리아에서 사실상 내전을 야기함은 물론 세계 평화에 대한 위협도 수반하는 사태의 전개를 심각한 우려를 가지고 지켜보았다.

과거에 북한과 남한 사이에 다수의 국경 충돌이 있었다. 그러나 그 사건들의 속성이 무엇이었든 인도 정부에 입수된 정보로 판단컨대 대규모의 남한 침략이 북한 정부의 무장 군대에 의해서 발생했음이 명백해 보인다.

이 정보는 다양한 출처들에 의해서 제공됐다. 그것들 가운데 가장 권위 있는 원천은 인도의 대표가 참여하는 그리고 침략이 일어날 당시에 서울에 있었던 안콕(UNCOK, 유엔한국위원단)이다.

이 정보를 감안해 인도 정부의 유엔상주대표요 안보리대표인 B. N. 라우 경은 그런 침략이 발생했음을 선언하고 북한군의 정화와 38도선 철수를 요구하는 안전보장이사회의 첫 번째 결의안을 지지했다.

[그러나] 북한 정부와 그들의 군대는 안전보장이사회의 이 지시에 따라서 행동하지 않았다. 그리고 침략은 계속돼 수도 서울 자체를 위협했다.

안보리는 다시 만나서 급변하는 상황을 숙의하고 6월 27일(뉴욕 시간) 밤에 코리아에 관한 두 번째 결의안을 통과시켰다. 안보리의 인도 대표는 코리아에 관한 이 둘째 결의안을 제시

---

15 *FRUS 1950 VOLUME VII, KOREA*, Footnote 4, pp.234-237; U.N. document S/1520; *United States Policy in the Korean Crisis*, 42-43쪽. IST(인도표준시간, Indian Standard Time)은 서울보다 3시간 30분 느리고 워싱턴과 뉴욕보다 10시간 30분 빠르다.

간에 본국 정부에 알려서 훈령을 받을 수가 없었기 때문에 그것의 투표에 참여하지 못했다.

이 결의안의 효력 부분은 그 무장공격을 격퇴하고 그 지역에서 국제 평화와 국제 안보를 회복하기에 필요할 원조를 대한민국에 제공하기를 유엔의 회원국들에 권고한다.

인도 정부는 안전보장이사회의 이 결의를 코리아에서 일어난 사건들은 물론, 자신의 외교 정책의 맥락에서 가장 주의 깊게 숙려해 보았다. 인도 정부는 국제분쟁을 침략의 수단에 의해서 해결하려는 어떤 시도에도 반대한다. 인도 정부는 그러므로 안전보장이사회의 둘째 결의안도 수락한다.

인도 정부의 이 결정은 그러나 자신의 외교 정책에 대한 어떤 수정도 수반하지 않는다. 이 정책은 세계 평화를 증진하고 모든 나라들과 우호적 관계를 진흥함에 기초한다. 그것은 언제나 오로지 인도의 이상들과 목표들에 따라서만 결정될 독립된 정책으로 남아 있을 것이다.

심지어 현재의 단계에서도 중재에 의해서 그 싸움을 끝내고 그 분란을 해결할 수 있기를 인도 정부는 진정으로 희망한다."

그렇게 인도 정부가 안보리의 코리아 결의들을 둘 다 지지하는 성명을 냈어도, 헨더슨 대사가 보기에, 인도인들은 여전히 불안정했다. 그 성명을 언론에 발표한 즉시 MEA의 바지파이 총장이 "그 성명에 관해서 자기의 거처에서 아무 때나 대사가 편리할 때 의논을 했으면 좋겠다"는 전언을 헨더슨에게 보냈다. 뉴델리에서 30일 정오에 작성되고 워싱턴의 국무부가 동일 오후 15:16(서울 7월 1일 05:16)에 수령한 전문에서 대사는 양측이 만나서 주고받은 이야기를 다음과 같이 보고했다.[16]

16 *FRUS 1950 VOLUME VII, KOREA*, pp.266-267.

“극히 고된 조건하에서 MEA에 계속 남아 있었던 것이 오늘 단 하루 동안 내가 기여한 것으로 모두 보상을 받은 기분입니다.” 바지파이는 그렇게 말문을 열었다. 이어서 총장은 절대로 비밀이라며 대사에게 자신의 기여와 내각의 반응에 관해서 설명하기 시작했다: “만일 지지 결의의 발표가 즉시 나가지 않으면 나는 당장 사임을 해야 한다고 오전 동안 결심했었습니다.” 바지파이는 계속했다: “나와 수상은 하루의 대부분을 초안들과 반대 초안들을 만드는 데에다 보냈고 나는 최종 결과에 만족합니다. 나는 내각 회의에 불려가 관련된 요점들과 제의된 인도의 행동이 가져올 수 있는 결과들을 설명했습니다. 나는 내각이 문서를 수정 없이 조용히 수락해서 놀랐습니다. 변경을 제안한 각료는 철도장관 애얭가(Ayyangar) 뿐이었습니다. 그의 제안들은, 만일 수락됐다면, 그 문서를 망쳤을 것입니다. 그는 동료들이나 네루로부터 아무 지지도 받지 못했습니다. 그 결의는 거의 토론 없이 채택됐습니다.”

그 결의의 채택으로 당연히 인도의 국제적 입장에 변경이 초래될 수도 있었다. 공산 세력들이 인도의 발표 앞에서 어떻게 행동할 것인지에 그리고 서구 열강이 차후에 취하는 행동 방침에 많은 것이 달려 있었다. 인도 정부는 “모든 나라들과 우호적 관계를 발전시키는” 자신의 현재 정책을—“오로지 인도의 이상들과 목표들에 따라서만 결정된 …… 독립적인 정책”을—포기해야 하는 처지가 되지 않기를 희망했다. 인도 정부의 정책에 관한 이런 묘사로 “적극적 중립의 정책들” 또는 “비동맹 정책”과 같은 표현들을 점차 대치해 나감이 바지파이의 목표였다.

“총장이 오늘 피력한 의견은 인도의 복지와 세계평화의 증진에 참으로 주목할 기여를 했습니다. 인도 정부의 발표는 침략을 반대하는 모든 이들에 의해서 감사하는 마음으로 수령될 것이고 의혹을 가진 수백만 아시아인들이 결심을 하도록 도울 것입니다.” 헨더슨은 그렇게 말하고 “지난 사흘 동안 총장이 보여준 배려에 대해서 그리고 그가 했던 유익한 제안들에 대해서 개인적으로 감사했다.”

그러나 미국 정부 쪽에는 여전히 주의와 조심이 필요했다. 헨더슨은 워싱턴에 경고했다: "비록 인도 정부의 발표가 뚜렷한 전진의 일보를 표시할지라도 네루가 아직은 그 모든 길을 우리와 함께 갈 준비가 됐다고 가정하면 안 될 것임을 국무부는 깨달을 것이다. 네루는 우리의 포모사와 인도차이나 정책들을 좋아하지 않는다. 그리고 네루가 적절한 시기건 부적절한 시기건 자기의 느낌들을 비판의 폭발로 내뿜는 것도 불가능하지 않다. 앞으로 우리의 모든 발언들에 있어서, 인도 정부가 안보리 결의들을 지지함으로써 우리의 모든 극동 정책들에 대해서 찬성의 도장을 찍었다고 우리가 믿는 것처럼 보이게 만들 수도 있을 말은 절대로 입 밖에 내지 말아야 한다. 우리가 이 점에 각별히 신경을 써야 할 것임은 말할 필요도 없다. 만일 우리가 프랑스의 기분을 건드리지 않고서 그렇게 할 수 있다면, 인도차이나 원조에 관한 우리의 공개 발표들이 인도차이나 국가들에 대한 우리의 원조임을 강조하고 아시아의 프랑스에 대해서는 가능한 한 언급들을 적게 하는 것이 여기서 특히 도움이 될 것이다."

인도가 안보리의 ROK 지원 결의를 지지하기로 결정함에 따라서 그 결의를 찬성하는 이사국들은 여덟로 늘었다. 27일 안보리 회의에서 그 나라와 같이 의사 표명의 권리를 유보했던 이집트는 29일 오후에도 여전히 입을 열 기미를 보이지 않았다. 인도 정부와 다르게 이집트 정부는 그 결의를, 카이로의 캐프리 대사가 이해한 바로는, 대가가 없이는 지지할 수 없는 입장에 있었다. 이집트는 극동이나 다른 지역에서 미국을 비롯한 서방과 협력할 수 있기에 앞서서 아랍에서 그들의 협조를 요하는 다수의 선결과제가 있었다. 그날 14:00 워싱턴으로 타전된 대사의 분석은 이집트인들이 "코리아 결의를 놓고서 앞으로 나가기를 주저"하게 만드는 요인들 중에서 "유명한 필레스타인 난제들"을 으뜸으로 꼽았다.[17] 다른 요인들도 대부분 까다로운 문제들이었다. 캐프리는 다음을 열거했다:

17 *FRUS 1950 VOLUME VII, KOREA*, p.233.

"1. 미국은 유엔에서 언제나 이집트의 지지를 요구하지만 이집트가 중요하게 여기는 문제들—예를 들어 160,000발의 탄약 이전을 승인하지 않는 것—에 관해서 결코 상응의 보상을 줄 생각이 없다는 느낌.

2. [미국 정부가 6월 27일 안보리에 제출한 코리아 결의안을 놓고서] 이집트와 사전 논의가 없었음.

3. 상황을 면밀히 연구하여 국제위기 때문에 영국이 [이집트에 주둔하는 영국 군대의] 철수에 관한 협상을 연기할 구실을 간접적으로라도 제공할지 모르는 어떤 행동도 피할 수 있기를 바람.

4. 다음의 요소들 때문에 적극적인 친서방 입장을 취하기를 주저함: 첫째, 세계적 갈등에 말려들 위험; 둘째, 다른 아랍 국가들이 이집트가 서구의 제국주의에 너그럽게 대하고 있다고 비난할 가능성 ('미국의 지배에 굴복하기'를 거부하는 것에 관한 6월 28일 국무부 전문 549호에 보고된 말리크의 진술에는 적어도 진실의 흔적들이 있다); 셋째, 동구와 서구 사이에서 어느 쪽과도 흥정할 수 있는 위치를 유지함으로써 이집트가 얻을 것이 있다는 느낌."

영국군대의 주둔이나 아랍의 민족주의같이 기원이 19세기까지 거슬러 올라가는 문제들도 포함하는 그 명세표는 미국이 코리아 원조에 있어서 카이로의 지지를 얻기가 어려울 것임을 암시했다. 이집트인들도 자기들의 조건은 서방측이 들어줄 수 없는 것임을 아마도 마침내 깨달았다. 이집트 내각은 29일 밤늦게 그 인식과 일치하는 최종 결정에 다다랐다. 6월 30일 13:00 캐프리는 이집트인들의 사정을 국무부에 보고했다.[18] 워싱턴이 여섯 시간 뒤인 6월 30일 12:01(서울 7월 1일 02:01)에 수신한 전문에서 대사는 설명했다:

---

18 *FRUS 1950 VOLUME VII, KOREA*, pp.261-262.

“각료회의는 어젯밤 늦게, 이집트는 최근에 표결된 코리아 결의에 관해서 다음과 같은 두 가지 이유로 계속 기권할 것임을 안보리에 알리라고 레이크 썩세스의 이집트 대표에게 지시하기로 결정했다:

(1) 코리아 사태는 세계평화를 위험에 빠뜨리는 두 진영들 사이에 존재하는 적의의 또 다른 표출이다.

(2) 이스라엘의 침략 앞에서 유엔은 효과적인 조치를 아무것도 취하지 않았고 이집트가 1947년 대영제국과의 분쟁을 안보리에 상정했을 때에도 그에 관해서 아무 조치가 없었음을 파지 베이는 정중한 언어로 지적해야 한다.

이집트 당국은 주장한다: 미국에 대해서 현재 아랍국가들이 가지고 있는 극도로 적대적인 태도 앞에서 어떤 이집트 정부라도 유엔에서 미국의 입장을 지지하기가 매우 어려울 것이다.”

그렇게 이집트는 코리아 사태를 놓고서 이틀 전 안보리 회의에서 인도와 같이 기술적 이유를 들어 투표에 참여하지 않았으나 결국 인도와 다른—“서로 평행을 이루지” 않는—방향으로 나갔다. 카이로의 결정은 6월 30일 오후 레이크 썩세스의 이집트 대표를 통해서 안보리에 통보됐다.[19] 파지 베이는 알렸다:

“이집트는 6월 27일 안보리 결의안에 대한 투표에 참여했다면 다음의 이유들 때문에 기권했을 것이다.

---

19 *FRUS 1950 VOLUME VII, KOREA*, pp.269-270.

1. 그 갈등은 단지 동과 서 사이의 다툼의 또 다른 요소일 뿐이다.

2. 유사한 침략 행위들이 과거에 유엔에 회부됐지만 유엔은 그것들을 끝내는 행동을 취하지 않았다."

동서냉전이라는 갈등적 국제구조를 코리아 사태의 근본 원인으로 규정하는—다시 말해, 북한의 공격을 소련과 미국의 책임으로 돌리는—카이로의 공식 입장에 워싱턴은 실망했다. 오후 16:00(서울 7월 1일 06:00) 딘 애치슨은 관련 지역에 나가 있는 외교관들에게 알렸다: "코리아에 관한 유엔의 행동을 회원국들이 압도적으로 지지함은 대단히 고무적이다. 그러나 미국은 이집트의 결정에 관한 소식을 가장 깊은 유감을 가지고 접했다."[20] 워싱턴의 공식 규정은 북한의 공격이 유엔 회원국 모두의 평화와 안보를 위협하는 불법 행위라는 것이었다. 카이로의 성명에 대해서 미국이 어떤 입장을 취하는지 질의를 받을 것이라 가정하고 중동의 공관들은 "행동"을 하도록 그리고 다른 지역의 공관들은 "참고"를 하도록 장관은 설명했다: "관련된 문제는 모든 나라들의 중요한 이익이 걸린 세계적 규모의 문제다. 그것은 평화의 유지와 침략의 반대에 있어서 유엔회원국들이 유엔의 기능들을 완전히 이용하고 지지하는 문제다. 그것은 어떤 한 나라에 특별한 이익이 되는 문제가 아니다. 회원국 각자가 헌장하에서 자신이 지는 의무들에 비추어 자신의 정책을 스스로 정해야 함을 깨닫는 한편 우리는 어떤 회원국들이 유엔의 조치들을 지지하지 않으면 유엔의 효과성이 감소하고 그 나라들이 회원국으로서 가지는 평판과 그들의 국제적 지위에 커다란 악영향이 미칠 것이라고 믿는다……."

"귀하에게 알리건대 국무부는 이집트의 성명을 시리아와 레바논 공사들과 비공식으로 협의한 바 있다. 그들은 둘 다 이집트의 행동에 대해서 강한 부인을 표명하고 자기들의 정

20 *FRUS 1950 VOLUME VII, KOREA*, pp.269-270.

부에 그 취지를 즉시 타전하겠노라고 말했다. 그 두 공사들은 이집트의 성명이 모든 아랍 국가들의 중립을 시사하는 것으로 해석될까 봐 우려를 표명했다. 그들은 또 진정한 이슈는 자유 세계의 안보 유지에 관한 유엔의 시험임을 이해한다고 말했다. 우리는 또 이곳의 다른 아랍 대표들에게도 그렇게 접근할 생각이다."

레이크 썩세스의 사무국도 이집트의 기권 결정에 실망했다. 앤드류 코디어와 트리그베 리는 이집트의 입장에 관해서 "매우 당황"했다. 코디어는 유엔회원국으로서의 이집트의 위치가 "지독히 손상됐다"고 평가했다. 그 사무총장 보좌관이 보기에, "그것은 2년 전 이집트를 [안보리 이사국으로] 선출할 당시의 상황에 비추어 특히 나빴다."[21]

사무국은 전쟁 상태의 코리아에 맞도록 유엔한국위원단(UNCOK, 안콕)의 재정비에 들어갔다. 리 총장은 먼저 코리아에서 "위원단과, ROK와, 그리고 안보리 결의들에 부응해 작전하는 모든 군대들과 관련해 자신을 대리할 개인대표"로 알프레드 캐친 대령을 임명했다.[22] 목요일인 29일 낮 USUN에서 앤드류 코디어가 "코리아의 현재 상황이 요구하는 위원단의 위상과 역할"에 관한 사무국의 구상들을 밝혔다. 그 사무총장 보좌관의 설명에 의하면, 캐친 대령은 도쿄의 연합군최고사령관(SCAP, 스캪)을 방문해 "스캪과의 관계들과 일반적인 조율 문제"를 의논하는 임무를 첫째로 부여받을 것이었다. "사무총장의 개인대표"라는 안콕의 새로운 직책은 주서기관인 렌보그의 윗자리로 계획됐다. 총장은 스캪과의 관계에 있어서 위원단의 역할을 돋보이게 유지하기 위해서 그런 지위가 필요하다고 여겼고 캐친에게 그 점의 중요성을 "매우 강하게 설명했다."

---

21 *FRUS 1950 VOLUME VII, KOREA*, pp.263-266.

22 *FRUS 1950 VOLUME VII, KOREA*, pp.246-247. 캐친 대령은 7월 6일 대전에서 UNCOK에 신임장을 제출했다.

사무국은 안콕을 "이번에 특히 [일본으로 물러났다 코리아로 되돌아간][23] 대표들을 비롯해 전부 그 노선에 맞도록 정돈"할 필요가 있다고 결정했다. 따라서 코디어 보좌관은 그것이 얼마나 중요한지 유엔주재 호주대표부에 설명했다. 그러자 호주인들은 하지슨(Hodgson) 대령이 현재 위원단의 호주 대표인 제이미슨을 대치할지 모른다는 언질을 주었다. 코디어는 안콕에 대표를 보내는 다른 회원국들에도 그 중요성을 설명할 생각이었다.

안콕의 군사감시단도 강화될 예정이었다. 현재 2인의 호주인 옵서버들이 위원단과 함께 있었고 2인의 엘살바도르인들이 "벌써 부임할 준비가 됐다"고 사무국에 보고했다. 그리고 그들에 더해서 캐나다와 필리핀도 각각 두 명의 군사옵서버들을 곧 파견할 예정이었다. 그러나 코디어는 이 시점에서 옵서버들이 그보다 더 늘어나지 않기를 희망했다. 식량 문제를 비롯해 코리아의 현재 상황이 추가적인 옵서버들을 받기에 여의치 않은 것으로 보이기 때문이었다.

사무국은 도쿄에 "작은 행정실"을 설치해 사령부로 삼을 계획도 세우고 있었다. 그 지역의 "일반 행정과 연락"을 위해서 그것이 필요하다는 것이었다.

사무국은 ROK에 제공될 원조들의 관리에 관해서도 여러 구상을 가지고 있었다. 6월 30일 USUN에서 앤드류 코디어는 문제의 제기로 자신의 설명을 시작했다. 보좌관은 한마디로 "실망"했다.[24] 자신이 이해한 바로는, "우리가 안보리의 [27일] 결정을 실행하기 위해서 현재 그 이사회에서 어떤 활동도 할 수 없는 처지에 놓여 있다"는 것이었다. 보좌관은 유즌의 노이스에게 그렇게 주장하고 관련된 문제들을 셋 지적했다.

---

23 안콕의 귀환 경위는 본서 336-339쪽에서 서술된다.

24 *FRUS 1950 VOLUME VII, KOREA*, pp.263-266.

첫째는 지원의 제의들을 조율하고 레이크 썩세스와 코리아 사이에 통신 채널을 편성하는 문제였다. "이 문제가 어떻게 해결돼야 한다고 봅니까?" 노이스가 그렇게 묻자 코디어는 "지난 이삼일 동안 내가 말해 본 여러 정부들의 대표들이 많은 의견들을 피력해 주었음"을 밝히고 특히 캐나다의 외무장관 피어슨을 언급했다. 이사회의 결정을 실행하기 위해서 군사원조의 제의들을 조율하고 그 밖의 어떤 필요한 조치도 취할 수 있는 유엔 명칭의 어떤 공식 기관이 있어야 함에 전체적으로 생각들이 일치하는 것 같았다. 코디어는 가장 단순한 장치로 다수의 이사국들로 이뤄진 안보리 위원단을 생각하고 있었다. 이 위원단은 비공개로 모일 수 있었다. 위원단은 원조의 제의들을 고찰하고 그 제의들이 수락될 수 있는지를 결정하는 조정들을 할 수 있을 것이었다. 위원단은 미국대표단을 경유해 맥아더 사령부로 가는 통신 채널을 하나 수립하고 코리아 대표를 통해서 코리아 정부로 직접 가는 통신 채널을 또 하나 수립할 수 있었다. 위원단은 이 분야에서 일어나는 모든 활동들을 커버할 탁월한 우산이 될 것이고 대민 홍보 차원에서 중요할 것이었다. 이와 관련해 코디어는 위원단이 안보리에 보고를 하는 것이 유용할 것임을 언급했다. 위원단은 또 안보리 이사국이 아니면서 도움을 제의한 국가들의 대표들과 만날 수 있는 위치에 놓일 것이었다. 그 설명을 듣고서 노이스는 코디어에게 말했다: "우리가 [워싱턴에서] 어떤 반응이든 받으면 즉시 알려 주겠습니다."

둘째 문제는 지휘체계였다. 코디어는 "대표들과 언론 모두에서 유엔총사령관의 지명을 찬성하는 다수의 의견 표명들이 있었음"을 알리고 설명했다: "직명은 중요하지 않으나 통합군이 유엔을 대표해 행동하고 있다는 사실의 인정이 있어야 할 것이라는 느낌이 많은 대표단들 편에서 강합니다. 실질적인 도움들을 제의한 대부분의 나라들은 이 부대들을 맥아더 장군의 지휘 아래 두려고 실제로 비공식적 조정들을 벌써 했기 때문에 가장 쉬운 방법은 맥아더 장군에게 어떤 직함을 수여하는 것입니다." 코디어는 이것이 여러 방식으로 행해질 수 있다고 생각했다. 안보리가 그를 임명할 수도 있었다. 남한 정부가 그렇게 할 수도 있었다. 또는 원조를 제공하는 국가들이 공식 또는 비공식으로 그렇게 하고 나중에 안보리가 어떤 식으로 인정 또는 확인할 수도 있었다. 각각의 방식마다 난점들이 제기됐다. 코디어는 셋째 방안이 마음에 드는 것 같았다. 그는 그것이 아주 적절할 것이라고 생각했다. 노이스는 대답했다: "우리는 아직 그에 관해서 아무 훈령도 받지 않았습니다. 우리는 그 문제를 국무부와 아직도 의논하고 있습니다. 우리가 어떤 반응이든 받으면 즉시 알려 주겠습니다."

셋째 요점은 유엔의 깃발이었다. 코디어는 통합군이 유엔기를 게양하는 문제가 고찰되고 있다고 말했다. 펠러가 와서 자기가 벌써 "법적인 비망록의 사본을 우리에게 주었음"을 지적했다. 펠러는 유엔기의 게양이 완전히 적법일 거라고 생각했다. 노이스는 그에게 오스틴 대사가 군대의 머리 위로 평화의 깃발을 나부낌은 잘못이라는 반응을 보였다고 대답했다. 그러자 펠러는 지적했다: "사무총장이 벌써 승인한 규정들의 철학은 다른 원칙입니다. 즉, 유엔 깃발이 모든 유엔 활동들 위에 성격을 불문하고 게양돼야 한다는 원칙입니다. 현재의 위기에서 우리의 목적은 평화고 헌장 자체가 평화는 집단 안보의 이행에 의해서 가장 잘 지켜질 수 있다고 기대합니다." 코디어에 따르면, 사무총장은 그 생각에 "열광"했다. 코디어도 그랬다. 보좌관은 설명했다: "그것은 홍보에 탁월한 가치가 있을 것입니다. 이런 종류의 어떤 것이 꼭 필요합니다." 총장은 "만일 미국이 이 제의를 수락할 의사가 있다면 맥아더의 지휘하에 싸우는 군대를 보내는 모든 나라들은 물론 안보리의 다른 이사국들도 그에 동의할 것인지 파악하기 위해서 그들을 기꺼이 접촉할 것"이었다. 코디어는 "만일 여론이 호의적이면 총장 자신이 안보리에 그렇게 하자고 기꺼이 제의할 것"이라고 생각했다. 코디어는 "통합군이 유엔기를 게양하도록 승인하는 짤막한 결의가 있으면 되지 않겠느냐"고 말했다. 총장이, "만일 첫째로 관여한 나라들이 동조적이라는 판단이 섰다면", 자신의 독단으로 그렇게 하는 것도 생각할 수 있었다.

코디어는 이 문제들에 관해서 가능한 한 신속히 움직여 달라고 USUN에 촉구했다. 그는 이번에 다가오는 주말이 길어서 미국 정부가 그 문제를 신중히 숙고하고 다음 수요일까지 좋은 해법을 내놓을 탁월한 기회를 발견할 수 있겠다고 생각했다. 그는 자기가 월요일은 어느 때 어떤 협의에도 응할 수 있을 것이라고 말했다. 노이스는 당장은 자신이 워싱턴과 사무국 사이의 대화 통로로 도움이 될 것이라고 생각했다. 따라서 그 미국인은 코디어가 생각하는 어떤 문제에 대해서도 다음과 같이 대답했다: "우리는 귀하와 아주 기꺼이 긴밀히 협력할 것입니다. 나는 귀하의 사무실과 워싱턴의 우리 당국 사이에서 통신 채널로 행동하겠습니다."

우리는 38도선을 넘으면 안 된다

코리아 사태가 유엔과 북한 침략자 사이의 문제라서 유엔이 ROK의 무력 지원에 나서면 소련이 어떻게 반응할 것인가? 그때 만일 소련 군대가 PRK를 편들어 전장에 뛰어들면 미국은 어떻게 대처할 것인가? 유엔의 우산은 충분히 안전하지 않았다. 비록 세계의 다수 국가들이 ROK의 회복을 위해서 평화의 원칙 아래 도덕적 또는 군사적 지원을 보탤지라도, 평양 정권을 뒤에서 조종하고 있다고 믿어지는 크렘린이 그 유엔 조치에 반대하고 있는 한, 당연히 그러한 질문들이 그 조치를 주도하는 미국의 안팎에서 최대의 관심사로 떠올랐다. 6월 26일 월요일 국무장관실에서 코리아 대책이 논의될 때 벌써 정책기획실(PPS)의 조지 케난이 불행히도 그 위험이 현실이 되었을 경우를 문제로 제기했다. 그 소련 전문가는 물었다: 코리아에서 소련군이 "우리의" 군대에 대항할 경우에 미국은 어떻게 할 것인가? 웹 차관은 케난 실장에게 그 문제에 대해서 자신이 생각하는 접근법을 글로 적어 달라고 요청했다. 케난은 6월 27일 화요일 오전에 그 해법을 초안했다.[25] 국무장관과 제섭과 다른 인사들이 그의 논문에 관한 예비 논의에 참여했다. 그렇게 예비적 검토를 받은 케난의 접근법은 그날 오후 프랭크 페이스와의 회합에서 다시 논의됐다. 육군장관은 그것을 국무부의

25 군사연구소, 『한국전쟁자료총서 4: 미 국무부 정책기획실 문서 (Records of the policy planning staff of the department of state)』 (국방부, 1997), pp.304-308.

문서가 아니라 케난의 개인적 견해로 국방부에 제시해 의논할 생각이었다. 그런데 6월 28일 수요일 케난은 사건들이 그 논문을 앞질러 버렸다고 판단했다. 그래서 새로운 접근법이 요청됐다. 그리고 거기에 국장은 적었다: "질문은 다음이다. 우리의 군대는, 대한민국의 군대에게 엄호와 지원을 제공하라는 대통령의 지시를 집행할 때 소련의 무장군—즉, 소련의 군복들 또는 휘장들을 사용하는 무력—과 마주치면, 어떤 행동 노선을 따를 것인가?"

조지 케난은 미국 정부가 코리아에서 기꺼이 감당할 각오인 무력 행사의 수준을 정의하는 것으로 자신의 대답을 시작했다. 실장의 이해에 의하면, 현재 코리아에 투입되는 미군은 단순히 극동의 그 작은 지역에서 미국에 우호적인 정부를 위협하는 반란군의 진압을 조력할 무력이었다. 실장은 기술했다: "우리는 유엔의 결정에 입각해, 전략상 우리에게 즉각적 중요성을 지닌 제한된 지역에 위치한 우방 독립국의 군대에, 그 군대가 그들 자신의 나라 안에서 체제에 반대하는 분자들을 제압하는 작전을 도울 엄호와 지원을 제공한다." 따라서 "소련군이 북한을 편들어 현재의 적대 상황에 개입하는 경우"는 미국인들에게, 그 한정된 무력으로 또는 "지금까지 우리가 구상해 온 제한된 유형의 행동 노선"으로 대처할 수 없는 "완전히 새로운 국면"이었다. 다시 말해, "이제 우리는 우리 자신과 또 다른 강대국의 정규군이 서로 적대행위를 하는 영역으로 들어가고 있는 것"이었다. 케난은 그 결과가 다음과 같을 것으로 예측했다: "그런 적대행위의 계속은 현재의 상황보다 격리가 훨씬 더 어려운 사태를 발생시킬 것이고 그것은 가장 엄청난 세계적 반향을 일으킬 미—소 간의 전면전으로 쉽게 발전할 것이다." 당연히 그와 같이 "우리가 USSR과 대대적인 군사적 분규에 휘말리는" 상황에서 "우리가 어떤 행동 노선을 취할 것인가의 문제는 지금까지 …… 의 경우와 전적으로 다를" 수밖에 없었다.

케난은 그 새로운 문제를 다음과 같이 구체화했다: "첫째, 유엔과 관련해 새로운 상황이 조성될 것이고, 그 새로운 분규는 코리아만의 사태보다 훨씬 더 심각한 평화 위협의 증거로 유엔에 보고돼야 할 것이다. 둘째, 더 광범한 그 전쟁은 협소한 전쟁보다 명백히 더 중요할 것이고, 어떤 경우에든 우리는 광범한 전략적 상황을 고려할 때 남한 전역에서 군사 작전을 계속함이 우리에게 바람직한 것인지 숙고해야 할 것이다. 셋째, 소련의 무력에 대항한 작전들이 코리아 전역을 벗어나 더 확대될 것이라고 전망한다면 우리는 의회의 승인 없이 그 작전들을 계속할 수 없을 것이다. 다시 말해, 그런 결정은 대한민국 군대에게 엄호와 지원을 제공하는 결정보다 더 큰 범위의 권한이 필요할 것이다."

케난의 대답은 두 영역으로 나눠졌다. 바로 코리아에 투입된 미국 군대가 취할 행동들과 워싱턴의 미국 정부가 취할 조치들이었다. 먼저 전자와 관련해 실장은 "미국 시민들을 소개하고 보호하는" 경우에 바람직한 대응과 "ROK 군대에게 엄호와 지원을 제공하는 보다 넓은 임무를 수행하는" 경우에 바람직한 대응을 다르게 처방했다. 첫째, 만일 대민 임무에 소련이 개입을 시도하면 미군은 "어떤 경우에도 확고히 저항해야 한다"고 케난은 주장했다. 실장은 "기존의 지시들은 이 임무의 수행에 관한 한 소련군에 대항하는 작전들을 전적으로 보장한다"고 이해했다. 그러나 둘째, 만일 남한군을 도와주는 과정에서 "소련의 무장군과 마주치면", 케난은 다음을 권고했다: "미군은 자위를 위해서 적절한 모든 조치를 취하는 한편, 자신들에게 불필요한 위험을 조성함 없이 또는 군대의 위신을 과도하게 손상시킴이 없이 가능한 한 조속히 교전을 그만두고 수립된 채널들을 통해서 즉시 맥아더 장군과 미국 정부에 그 사건을 보고한다"; 그리고 "그런 사건이 발생하는 즉시 우리의 군대는 북한의 침략군에 대해서는 가능한 어디서든 작전들을 계속하는 반면 소련군과는, 정부가 그 상황을 검토하고 새로운 결정들을 내릴 수 있을 때까지, 더 이상의 교전을 피하려고 애쓴다."

한편 소련군의 코리아 진입에 부닥쳐, 다시 말해, "소련 정부가 38도선 이남의 지역에서 자신의 무력을 투입해 북한군을 지원하고 있음이 명백한 사실로 밝혀질 경우에", 미국 정부가 워싱턴에서 "아마도 취하고 싶어할 조치들"로 케난은 다음을 제시했다: "첫째, 우리는 소련의 무력이 이런 식으로 코리아의 적대행위들에 개입함으로써 세계 평화를 위협하고 자유 국가들의 공동체 전체가 가장 신중하게 검토할 것을 요구하는 대단히 심각한 새로운 상황이 조성됐다고 공표할 것이다. 우리는 이 사실을 감안해 그리고 이 상황이 사태를 더 악화시키는 요인들의 발생 없이 연구될 수 있게 하기 위해서 우리의 군대에게 당분간 소련 무력과 어떤 적대행위도 하지 않도록 명령했다고 덧붙일 것이다. 둘째, 우리는 유엔이 그 문제를 다루도록 적절한 조치를 취할 것이다. 셋째, 대통령은 국가비상사태를 선포하고, 우리의 국제적인 책임들을 이행하기 위해서 이 나라의 모든 자원들을 즉시 동원하는 문제를 의회에 상정할 것이다. 넷째, 소련과의 전면전 아래에서 이 나라의 이익들과 세계의 안정이라는 보다 광범한 견지에서 그리고 국제연합이 무슨 입장을 취하든 그에 비추어서 추가적인 군사적, 정치적 계획들을 수립할 것이다."

케난이 구상한 그 행동 노선들은 국무장관의 정책 초안에 반영됐다. 6월 28일 오후에 열리는 국가안전보장회의(NSC)의 회의를 앞두고 애치슨은 국방장관에게 비밀 공문을 보냈다. 국무장관은 "친애하는 루이스"로 운을 떼고 설명했다:[26] "우리는 혹여 소련군이 코리아에 출현하여 현재의 작전들에 적극 참여하면 발생할 상황에 시급히 관심을 기울이고 있습니다. 나는 귀하가 고려해 보도록 매우 짧은 정책 진술을 첨부합니다. 그 진술의 목적은 코리아 문제를 대규모 전쟁으로 확대하는 주요한 결정들이 워싱턴에서 내려지도록, 코리아에서 일어나는 일련의 사건들에 떠밀려 가기만 하지는 않도록, 보장함에 있습니다. 이것은 대단히 긴급한 문제기 때문에 나는 우리가 오늘 오후 NSC 회의에서 대통령 앞에 그것을 제출해 결정이 이뤄지게 할 수 있기를 희망합니다."

문서에 첨부된 "국무장관이 준비한 정책 진술 초안"은 서술했다: "현재 미국의 해군과 공군을 남한 군대의 엄호와 지원에 투입하기 위해서 이뤄진 결정은 본래 소련군이 코리아에 개입할 경우 소련과 대대적 전쟁에 들어간다는 결정이 아니다. 그러나 …… 그 결정은 소련과 전쟁할 위험이 있음을 충분히 인식하고 내려졌다. 만일 상당수의 소련군이 코리아

---

26 *FRUS 1950 VOLUME VII, KOREA*, p.217.

에서 우리의 현재 작전들에 적극적으로 반대하면, 미국군은 방어 태세를 취해야 할 것이다. 현장에서는 사태를 악화시킬 행동을 절대로 취하지 말고 그 상황을 워싱턴에 보고해야 할 것이다."

28일의 NSC 회의는 백악관의 내각실(Cabinet Room)에서 트루먼 대통령이 회중에게 코리아 사태에 관한 최신 공보들을 읽어 주고서 다음의 요청을 내놓는 것으로 시작됐다:[27] "우리는 소련에 관한 한 우리의 정책 연구서들을 재조사할 필요가 있습니다." NSC의 평소 위원들 이외에 부통령 앨븐 바클리, 재무장관 존 스나이더, NSRB(국가안보자원위원회) 의장 스튜어트 시밍턴, 대통령 특별고문 애버렐 해리먼도 14:30(서울 29일 04:30)에 열린 그 58차 회의에 참석했다. 러스크와 매튜스와 제섭은 국무장관과 함께 내각실에 왔다. 대통령의 요청에 국방장관 존슨이 "이에 관한 작업이 잘 진행되고 있다"고 대답했다. 제섭은 장관이 무엇을 가리키는 것인지 분명히 이해할 수가 없었다. 번스 장군과 페이스 장관도 제섭처럼 어리둥절했다. 그런데 애치슨 장관이 설명했다: "국무부는 국방부와 함께 다음에 가능한 소련의 수순들에 관한 조사를 진행하고 있습니다. 우리는 또한 소련이 추가적 행동을 취할 경우 무엇을 해야 할지도 숙고하고 있습니다."

애치슨은 코리아에서 소련군을 연루시키는 행동을 피하기 위해서 무슨 조심을 해야 할지와 관련해 오전에 자신이 펜타곤에 보냈던 문서를 언급했다. 존슨 장관은 국무부의 제의에 아무 이의가 없었다. 그러나 국방부는 그 사항을 세계 전략의 맥락에서 보기를 원했다. 장관은 말했다: "다만 우리는 표현을 고치고 싶습니다. 나는 이 사항을 포괄적인 문서에 포함시켜서 전체 그림이 나타나게 하라고 합참에 요청했습니다. 우리는 그 문서가 완성됐을

27 *FRUS 1950 VOLUME VII, KOREA*, p.216; DEPARTMENT OF STATE, "Memorandum of Conversation of National Security Council Meeting, June 28, 1950". *Secretary of State File: Acheson Papers*, www.trumanlibrary.org/whistlestop/study_collections/achesonmemos/view.php?pagenumber=1&documentid=6702_43 &pagination=&documentVersion=both&documentYear=1950.

때 대통령과 애치슨 장관에게 보낼 것입니다." 대통령은 그렇게 하라고 말했다. 애치슨은 "참모들이 작업을 완료할 때까지 우리가 대통령을 성가시게 하지 말기"를 제의했다. 그러자 대통령은 "나는 어떤 공포감도 피하고, 사람들이 겁먹지 않게 하려고 최선을 다하고 있다"고 말했다. 페이스 장관은 "문제의 문서는 일급 비밀이니까 철저한 보안이 유지돼야 한다"고 상기시켰다. 대통령은 동의했다.

모두들 속전속결을 바라 마지 않았다. 그러나 누구나 소망적 속단은 금물임을 알고 있었다. 애치슨은 "코리아에서 우리가 재빨리 성공을 거두는 대신에 난관들이 늘어나면 상황이 심각해질 것임"을 지적했다. 그러자 대통령은 "우리가 대처해야 하는 군사적 상황이 다른 곳에서 전개되지 않는다면 나는 코리아에서 뒷걸음쳐 나오지 않을 작정임"을 다짐했다. 이에 애치슨은 제의했다: "대통령께서는, 혹시 행동을 취하고 싶다고 추후에 결정할 경우을 대비해, 극동에 가용한 미국의 무력을 군부에 검토하게 하는 것이 좋을지 모르겠습니다." 대통령은 맞다고 말했다.

논의는 다른 나라들의 태도들로 넘어갔다. 해리먼 고문에 의하면, 유럽인들은 지금까지 취해진 수순들에 대해서 호의적인 반응을 보였다. [그들은 "당초에 적잖이 근심했지만 미국이 그 도전에 맞설 것임을 대통령이 발표한 이후, 비록 그들이 그 성명의 함의들을 충분히 알고 있음에도 불구하고, 대단히 안도하게 됐다"고 고문은 보고했다.[28]] 그러자 대통령은 말했다: "나는 어제 의회지도자들과 만났는데 다른 나라들이 도울 것인지의 여부에 관해서 많은 질문들이 나왔습니다. 영국이 배 열 척을 제공하는 것에 관해서 의회에 알려야 할 것입니다." 재무장관 스나이더는 애틀리 수상이 극동함대 전체를 제의했다는 전신 보고

28 "미 국가안전보장회의, 극동 상황 점검", 국사편찬위원회, 『자료대한민국사 제18권』, 1950년 6월 29일; 군사연구소, 『한국전쟁 자료총서12: 미국무부 정책기획실문서(Records of the policy planning staff of the department of state)』 (국방부,1997), 661-663쪽.

가 있었다고 말했다. 부통령에 의하면, "영국이 자국의 함대를 단지 구조의 목적으로만 제의했다는 소문이 상원에 나돌았다."

대통령은 "그 제안을 받는 즉시 우리는 그것을 수락해야 할 것임"을 밝히고, 덧붙였다: "영국군은 맥아더의 휘하에 놓여야 할 것입니다." 이에 존슨이 이의를 제기했다. 장관은 말했다: "나는 영국군을 받으면 좋을지 해군에 묻고 싶습니다. 지난 전쟁 동안 그들은 신호체계가 다르고 그밖에 다른 난점들도 있다면서 그 군대를 원하지 않았습니다." 그러자 대통령은 대답했다: "그때는 상황이 달랐습니다. 우리는 지금 그들을 정말로 원합니다." 스나이더 장관은 보고했다: "재무부는 재무 상태를 지금까지 계속 재평가해 왔습니다. 우리는 필요하면 언제든 쓸 수 있게 그것을 뾰족하게 갈아 놓을 것입니다."

공군장관 핀레터는 공군 작전의 효과성을 주제로 꺼냈다. 장관은 북한에 있는 공군기지들의 지도를 대통령에게 보여 주고 말했다: "우리는 현재 공군 지원의 진가를 충분히 낼 수 없습니다. 우리가 그 북한 기지들과 연료공급소들을 공격할 수 없다면 특히 그렇습니다." 대통령은 이 문제를 조사할 것을 반덴버그 공군총장에게 요청하고 말했다: "우리는 그렇게 해야 할지 모릅니다. 그러나 나는 지금 그것을 결정하기를 원하지 않습니다." 반덴버그 장군은 지도를 가리키면서 상황을 더 설명했다. 대통령은 "이 문제는 더 숙고할 필요가 있다"고 말했다. 그러자 공군총장은 말했다: "북한의 기지들은 38도선에서 30내지 40마일 떨어져 있습니다. 현재 우리의 비행기들은 심지어 실수로도 그 경계선을 넘지 않을 것입니다." 애치슨은 "우리가 38도선을 넘지 않기"를 희망했다. 대통령은 동의했다. 대통령은 말했다: "우리는 그렇게 하지 말아야 합니다." 존슨 장군은 반덴버그 장군에게 "그것들이 장군이 받은 명령들임"을 상기시켰다. 대통령은 맞다고 말했다.

핀레터 장관은 물었다. "반덴버그 장군을 도쿄로 보냄이 바람직할까요?" 존슨 장관은 일본에 있는 장교들은 자질이 높다는 소견을 피력했다. 대통령은 말했다: "합참의 어떤 총장도 이 시기에 워싱턴을 떠남은 좋은 생각이 아닙니다." 애치슨 장관은 물었다. "북한의 기갑에 대해서 우리 공군의 가능성은 얼마나 됩니까?" 반덴버그 장군은 "그들이 시내에 숨지 않으면 우리는 그들을 때려 부술 수 있다"고 대답하고 덧붙였다: "그들에 대한 접근을 어렵게 만드는 애로들이 많이 있습니다. 그들이 꾸준한 흐름을 이루면 그들을 계속해서 쳐부수기가 어렵습니다. 우리의 비행기들은 기지들로부터 너무나 멀리 날아가기 때문에 전장에 도착해 표적들을 찾을 시간이 매우 적습니다." 따라서 반덴버그는 김포 공항을 탈환하는 가능성을 제안했다. 콜린스 장군은 우리 공군의 효과성을 제한하는 요소로 나쁜 날씨를 언급했다. 콜린스는 또 탱크들이 밤에 움직일 수 있음도 강조했다. 대통령은 야전 포병이 아직도 필요한 것 같다는 견해를 밝혔다.

다음 주제는 소련의 동향이었다. 페이스 장관은 "코리아에 소련의 참여가 있으면 무엇이든 즉시 보고하라는 명령을 첩보부에 내렸다." 대통령은 말했다: "불가리아와 이란에도 특별한 주의를 기울여야 할 것입니다." 대통령이 유고슬라비아 국경 지역 전체를 염두에 두고서 그렇게 말하는 것이라고 소워스(Sowers) 장군은 생각했다.

제58차 NSC 회의는 상원 브리핑에 관한 논의로 끝났다. 페이스 장관과 부통령과 대통령 사이에 상원의원들의 군사 브리핑에 가할 제한들에 관한 논의가 있었다. 대통령은 부통령과 페이스 장관이 이 문제를 루카스 상원 의원과 협의하라고 제안했다.

NSC 참모진은 58차 회의에서 결정된 조치들을 'NSC 조치 308호'에 다음과 같이 일곱 영역으로 나누어 요약했다:[29]

---

29 "미 국가안전보장회의, 극동 상황 점검", 국사편찬위원회, 『자료대한민국사 제18권』, 1950년 6월 29일; 군사연구소, 『한국전쟁 자료총서12: 미국무부 정책기획실문서(Records of the policy planning staff of the department of state)』 (국방부,1997), 661-663쪽.

"……

B. 대통령은 USSR의 주변부 전체에 영향을 미치는 모든 정책들을 재검토하라고 NSC에 지시했다.

C. 대통령이 참고할 수 있도록 코리아의 적대행위에 소련군이 개입할 경우에 우리가 따를 행동방침들에 관한 권고사항들을 NSC가 준비함에 동의가 있었다.

D. NSC가 참고하도록 우리가 얼마나 넓은 선택의 자유가 있는지 보여 주기 위해서 국방부로 하여금 우리의 군사적 능력들에 관한 검토서를 준비하게 하자는 국무장관의 제안에 대통령이 동의했다.

……

F. 대통령은 해군을 파견하겠다는 영국의 제의가 정식으로 접수될 때 그 원조 제안이 수락되기를 바랐다. 그리고 부통령은 그 제의의 정확한 성격에 관해서 국무장관의 통지를 받았을 때 적합한 상원의원들에게 알리기를 바랐다.

G. 1월 이래 재무상황의 재평가가 진행돼 왔는데 이제 그것을, 날카롭게 다듬기만 하면, 구체적 적용에 쓸 수 있다고 재무장관이 언급했다. 그리고 이와 관련해 재무부가 NSRB와 긴밀히 협력해 왔다고 말했다.

H. 대통령은 북한의 어디에 군수 출처들이 있는지 계속 검토돼야 하지만 현재의 명령들 하에서는 미국의 어떤 공격도 38도선을 넘어가면 안 될 것이라는 견해를 밝혔다.

I. 코리아의 적대행위에 소련이 참가했음을 가리키는 명백한 증거의 입수에 그리고 유고슬라비아와 북부 이란 부근에서 소련이 벌이는 활동들에 관한 첩보의 수집에 특별한 주의를 기울일 것임이 언급됐다."

NSC 참모진에 국무부 대표로 참여하는 비숍은 29일 부차관 매튜스에게 그 조치들을 설명을 붙여서 제출했다. 그 설명에 의하면, 국무장관의 제안은 하위문단 D에 들어갔다. "그 문단은, 표현된 대로는, 코리아와 관련해 중대한 결정들이 내려지기를 요청하는 그리고 이 때문에 대통령이 선택의 자유에 영향을 미치는 군사적 한계들을 알아야 한다는 장관의 제안을 전부 반영하지 못[했]다." 그러나, 비숍이 보기에는, 그것이 더 좋았다. 그 국무부 참모는 진술했다: "표현된 바의 조치는 우리의 목적에 잘 부응할 것이다. 그리고 그것이 이렇게 광범한 맥락에서 표현됨이 실제로 훌륭할지 모른다."

결정된 조치들은 각각 관련 부처로 할당됐다. 문단 B에서 언급된 프로젝트들은 NSC 참모진이 맡았다. 문단 C와 D에 있는 부분들은 국방장관에게 전송됐다. 문단 F와 관련해 영국의 입장과 행동은 "우리가 이미 부통령에게 알렸다." 그리고 F에 있는 행동은 국무장관에게 보내졌다.

미국 정부는 드디어 28일 16:00(서울 29일 06:00)을 기하여 북한에 대해서 "완전한" 수출금지에 들어갔다.[30] 그 제재와 관련한 애치슨의 훈령을 담은 회람 전문이 저녁 20:00(서울 29일 10:00) 공산권—부카레스트, 부다페스트, 모스크바, 프라하, 소피아, 바르샤바—을 제외한 모든 나라들에 나가 있는 미국 공관들로 전송됐다. 장관은 그 엠바고가 "북한에 도움을 주기를 삼가기를 회원국 정부들에게 요청하는 6월 27일의 유엔안전보장이사회 결의를 이행하기 위해서" 취해진 조치라고 설명하고 지시했다: "주재국 정부에 알리기 바란다."

---

30 *FRUS 1950 VOLUME VII, KOREA*, p.223.

국무부는 "유엔의 모든 회원국들에게 6월 27일의 SC 결정의 이행을 위해서 무슨 지원을 제공할 생각인지 알려 달라고 요청하는" 트리그베 리의 제안에 대해서 미국 정부가 어떤 입장을 취함이 바람직한지 의논하기 위해서 28일 오후 차관보 회의를 열었다.[31] 유엔의 우산을 가능한 한 최대로 이용함이 좋다는 공감대가 형성됐다. 그러나 모두들 사무총장이 우체국 이상의 역할을 해서는 안 될 것이라고 느꼈다. 이것은 바로 리 자신의 생각이었다. 그런데 만일 리 총장이 회원국들에 문제의 회람을 돌리려 한다면, 그것을 막아야 한다고 느끼는 사람은 아무도 없었다.

다른 한편, 참석자들은 리가 회원국 정부와 의견을 교환하는 형식이 매우 중요하다고 생각했다. 그들의 판단에는 다수의 회원국들이 별로 많은 기여를 하지 못할 것 같았다. 따라서 그들은 리의 통신문이 원조를 제공할 입장에 있지 못한 나라들이 답장을 하지 않아도 당혹감을 느끼지 않도록 초안될 필요가 있다고 느꼈다. 이미 회원국들에 전달된 6월 27일의 안보리 결의를 환기하고, "총장이 코리아 정부에 전할 수 있도록", 그들이 그들의 입장에서 가능한 구체적인 원조의 제안들을 총장에게 알려 주면 기쁘겠다고 시사하는 통신문을 차관보들은 염두에 두고 있었다.

참석자들은 유엔이 원조를 실제로 이용하고 통제함이 현실적으로 가능하지 않다고 느꼈다. 군사참모위원회(MSC)를 활용하는 것도, 그것이 어떤 식이든, 상상할 수 없었다. 그들은 이 입장을 리와 코디어가 분명히 알기를 원했다. 그 미국인들은 또한 미국을 유엔의 대행자로, 또는 맥아더를 유엔군 사령관으로 지명하는 어떤 공식적 • 비공식적 조치도 원하지 않았다.

존 힉커슨은 18:00(서울 29일 08:00)경 그 차관보 회의에서 돌아왔다. 그 유엔 담당 차관보는 뉴욕의 존 로스에게 곧바로 전화해 거기서 논의된 내용을 알려 주었다. 원조들의 실제 운

31 *FRUS 1950 VOLUME VII, KOREA*, pp.221-222.

영에 관해서 힉커슨은 말했다: "물론 우리는 리 총장에게 제출된 정보를 비공식적으로 획득함에 대단히 관심이 있습니다. 또한 실제적인 문제로 국무부는 가령 영국이나 캐나다가 생각하는 원조의 제안들이 리에게 제출되고 리가 그것들을 한국 정부에 전하고 그러면 원조를 제공하는 정부들이 세부사항들을 우리와 직접 협의하는 과정을 상정했습니다. 사실상 우리가 운영자가 되고 맥아더가 사령관이 되는 것입니다."

안보리의 6월 27일 코리아 결의를 거부하고 미국의 코리아 개입을 비난하는 모스크바의 반응에 직면해 워싱턴은 그 결의의 합법성과 미국의 평화 의지를 소련 정부에 분명히 인식시킬 필요가 있다고 보았다. 6월 29일 목요일 아침 08:00(서울 29일 21:00) 애치슨이 서명한 전문이 모스크바로 발송됐다. 커크 대사의 전날 보고에 답하는 그 549호 전문에서 러스크 차관보는 대사가 참고할 수 있도록 "귀하가 완전히 이해하고 있을 것임이 틀림없지만 귀하가 그로미코와 회담하기에 앞서서 나에게 떠오른 마지막 생각들"을 알렸다.[32]

"1. 북한군이 정당한 이유도 없이 침략했음은 전혀 의심의 여지가 있을 수 없다. 우리가 사정을 완전히 알고 있는데 남한이 침략했을 가능성은 절대로 없다.

2. 유엔 안보리의 결의들은 완전히 합법이고 전적으로 유엔헌장과 일반적으로 인정된 유엔의 관행에 기초한다. SC가 상임이사국의 결석이 거부권을 구성하지 않는다는 기초 위에서 행동한 지 벌써 수년이 지났다. 소련 자신이 그 전례의 수립에 직접적인 도움을 주었다. [또한] 중국 국민당 정부의 참석에서 어떤 불법성도 발생할 수 없다. 유엔은 신임장이나 투표권과 관련된 어떤 문제도 정규의 합의 절차에 의해서 결정해야 하기 때문이다.

3. 현재의 코리아 상황에 대한 유일의 실천 가능한 해법은 북한군이 38도선 뒤로 즉시

---

32 *FRUS 1950 VOLUME VII, KOREA*, p.227.

철수하는 것이다. 이것은 유엔이 현존의 유엔 결의들 아래 평화적 수단에 의해서 코리아를 통일하는 유엔 계획을 실행하도록 허용돼야 한다는 우리의 견해에 반하지 않는다.

4. 코리아 상황에서 미국이 취한 조치는 오로지 유엔의 평화 유지 노력을 지지하고자 하는 바람에 기초한 것이다.

5. 우리는 세계의 국가들과 국민들로부터 유엔의 행동과 그에 따른 미국의 행동을 지지하는 압도적인 호응을 얻었다. 우리는 USSR이 우리가 이미 제의한 대로 자신의 영향력을 사용해 북한군의 철수가 이뤄지게 하라고 제안하는 이 사심 없는 의견의 강력함에 감명을 받아야 한다고 믿는다."

러스크의 전문은 너무 늦었다. 모스크바의 앨런 커크는 그것을 보지 못하고 안드레이 그로미코를 만났고 불행히도 러시아인들에게 소기의 "감명"을 불어넣기에 실패했다. 대사가 러스크의 "마지막 생각들"을 미리 알아 그 만남에서 참고했어도 결과는 달라지지 않았을 것 같았다. 워싱턴에서 6월 30일 아침 07:50(서울 30일 21:50) 커크가 모스크바에서 30일 정오에 국무부의 러스크 앞으로 보낸 전문이 수령됐다. 그 답장에서 대사는 진술했다:[33] "6월 29일의 전문 549호에 감사한다. 그러나 그것은 불행히도 내가 그로미코를 만난 뒤에 도착했다. 내가 보기에, 우리 조치의 중점은 북한 당국이 그들의 무력을 물리도록 영향력을 행사하겠거나 행사하지 않겠다는 소련의 명확한 표명을 얻기 위한 노력에 있는 것 같다. 나의 6월 27일 전문 1767호에 강조된 것처럼 나는 그와 관련해 그로미코의 언질을 뽑아내려 노력했지만 성공하지 못했다. 통상 그로미코는 문제들을 구두로 의논할 권한이 별로 또는 전혀 없다. 나는 이렇게 중요한 문제에 있어서는 그가 그럴 권한이 더욱더 없다는 인상을 받는다. 그것은 의심의 여지없이 크렘린이 직접 다루고 있을 것이다."

---

33 *FRUS 1950 VOLUME VII, KOREA*, p.254.

38도선의 회복을 위해서, 전진하는 북한인들을 억지해야 한다면 후퇴하는 남한인들에게는 반대로 독려가 필요했다. 애치슨 장관은 대통령이 그 목적에 쓰게 하기 위해서 "친애하는 대사께"로 시작해 "나는 코리아 방어자들의 영웅적 저항에 기뻐하는 한편……"으로 마무리되는 서신 초안을 관련 부서들에 돌렸다.[34] 전날 장면 대사가 ROK 정부에 제공된 미국의 원조에 감사하는 서한을 대통령에게 제출했다. 그 감사 편지에 답할 때 대통령이 사용할 수 있도록 준비된 애치슨의 초안 본문은 회람을 통해서 다음과 같은 수정본이 되었다:

"귀하의 서한에 감사합니다. 나는 침략자들에 대항해서 싸우는 한국인들의 영웅적인 방어 노력을 가슴 깊이 고맙게 여깁니다. 귀하의 정부와 귀하의 국민들은 강건한 저항에 의해서 자유를 사랑하는 사람들이 어디서 공산주의의 침략이 일어나든 기꺼이 그에 대항해 싸울 것임을 세계에 보여 주고 있습니다.

세계의 모든 자유인들은 귀측의 편입니다. 그들은 코리아의 방어자들이 성공하기를 기원하고 공산주의의 그 부당한 공격을 통렬히 비난합니다. 이것은 국제연합 안전보장이사회의 단호하고 즉각적인 행동과 민주 세계 도처의 여론을 보면 알 수 있습니다.

나는 코리아 방어자들의 영웅적 저항을 치하하는 한편 그 잔혹한 공산 침략으로 인해서 생명의 손실과 재산의 파괴를 겪고 있는 귀국 국민의 쓰라린 고통에 마음이 애통합니다. 나는 유족들에게 깊은 애도를 표하고 싶습니다. 나는 세계의 모든 자유인들이 이 애도에 나와 동참할 것임을 알고 있습니다."

---

34 "미 국무부에서 작성한 장면 주미대사의 서한에 대한 트루만 미대통령의 답신 초안", 군사연구소, 『한국전쟁자료총서 40: 미 국무부 한국 국내상황 관련문서 Ⅱ (Records of The U.S. Department of State Relating To The Internal Affairs of Korea 1950-1954)』(국방부, 1997), 241-243쪽; 국사편찬위원회, 『자료대한민국사 제18권』, 1950년 6월 29일.

도덕적 지지가 도처에서 오고 있다

세계가 "압도적으로 호의적인" 반응을 보이고 있다. 국무부는, 29일 오후 14:00(서울 20일 04:00)까지 해외의 모든 공관들에서 들어온 보고들에 기초해, 대통령의 27일 성명에 대한 세계여론의 추세를 그렇게 평가했다.[35] 그 성명에 뒤이어 채택된 "코리아에 관한 안보리(SC) 결의와 그 결의를 지지해 미국이 취한 행동"도 그렇게 "광범한 지지"를 받고 있음이 6월 30일 아침까지 분명해졌다. 국무부는 코리아 사태와 관련해 중요한 소식들을, 특히 미국 관리들의 성명들을, 가능한 한 빠짐없이 해외에 주재하는 외교관들에게 알리기 위해서 "온갖 노력"을 다하고 있었다. 그동안 파악된 각국의 반응을 알리는 국무부의 6월 30일자 무선 공보가 그날 오전 10:00(서울 7월 1일 00:00) 워싱턴을 떠났다.[36] 모든 대사관들과 몇몇 영사관들—홍콩, 싱가폴—과 도쿄의 정치고문에게 발송된 그 회람전문에 의하면, 다음의 출처들이 안보리의 27일 결의와 그 결의에 관련된 미국 정부의 결정들에 환호했다: 필리핀, 타이의 외교부, 버마의 수상, 인도외교부의 고위급 관리, 프랑스의 공식외교계, 네덜란드, 벨기에, 모스크바의 프랑스 대사와 터키 대사, 덴마크, 스위스, 터키의 외무부, 쿠바, 멕시코 외교단 총재, 엘살바도르, 과테말라, 파나마, 파라과이 외교부, 에콰도르, 페루, 브라질, 아르헨티나.

유사한 반응들이 레이크 썩세스에도 도착했다. 6월 30일 금요일 오후 15:00(서울 7월 1일 05:00)에 개막한 안보리의 제475차 회의는 알렉산더 캐도건 경을 교체해 새로 부임한 영국대표의 인사말로 시작됐다.[37] 글래드윈 젭 경은 말했다: "나의 관점에서 보건대 지금은 [안보리에] 이렇게 급하게 올 때가 아닌 것 같습니다. 나는 다른 때에 왔으면 더 좋았을 것 같

---

35 *FRUS 1950 VOLUME VII, KOREA*, pp.231-232.

36 *FRUS 1950 VOLUME VII, KOREA*, pp.255-257.

37 U.N. document S/PV.475; *FRUS 1950 VOLUME VII, KOREA*, p.266. 알렉산더 캐도건 경(Sir Alexander Montagu George Cadogan)은 유엔 영국대표부의 제1대 상임대표(Permanent Representative)를 지냈다.

습니다. 그러나 이사국들도 알다시피 나의 정부는 내가 매우 시급히 가기를 원했고 나는 최선을 다할 각오로 급하게 왔습니다. 이사국들은 내가 완전히 알지 못하는 문제들로 뛰어들어도 용서해 주시기 바랍니다. 또 내가 능력이 부족해도 용서해 주기를 희망합니다." 의장국인 인디아를 비롯해 10개 이사국들—중국, 쿠바, 에콰도르, 이집트, 프랑스, 인디아, 노르웨이, 영국, 미국, 유고슬라비아—의 대표들이 출석했다. USSR은 여전히 결석했다. 영국의 신임대표가 의장인 베네갈 라우 경의 환영에 감사말과 인사말을 마치고 자리에 앉자 참석자들은 즉시 "대한민국의 침략에 대한 고발"을 의제로 채택했다. 그리고 의장의 초대에 따라서 대한민국(ROK)의 대표인 D. 남궁이 이사회 테이블에서 자신의 자리에 착석했다.

조선인민공화국(PRK)은 대표를 보내지 않았다. 대신 PRK의 외무장관 박헌영이 사무총장 앞으로 "조선인민민주공화국 정부의 선언"을 실은 전문을 보냈다. 박은 자신이 서명한 그 6월 29일자 전문에서 북한 당국이 총장의 6월 25일 전문에 답하여 6월 27일 그 성명을 언론에 발표했음을 밝혔다. 사무국이 유엔 문서 S/1527에 담은 그 선언은 안보리가 "6월 25일 수령된 정보에 따라서 미국 정부의 강요로 리승만 도당이 풀어 놓은 동족상잔의 전쟁과 관련해 코리아의 상황을 토의했다"고 주장하고 PRK가 "코리아 문제에 관한 안전보장이사회의 토의와 결정을 합법적인 것으로 인정하지 않음"을 알렸다. 북한인들은 부인의 이유로 "다음의 사실"을 들었다:

"1. 조선인민민주공화국이 문제의 협의에 초대되지 않았고 코리아 문제가 조선인민민주공화국 정부의 참여 없이 결정됐다.

2. 소비에트사회주의공화국연방(USSR) 같은 강대국의 대표들이 안전보장이사회에 결석했고 위대한 중국의 대표들은 입회가 허락되지 않았다."

화요일의 474차 안보리 회의는 이집트와 인도가 투표를 보류한 가운데 ROK 원조를 결의했다. 따라서 금요일의 475차는 그 결의에 대해서 두 이사국들이 도달한 결정을 듣는 것으로 코리아 논의를 시작했다. 첫째로 발언할 기회는 이집트에게 주어졌다. 의장은 "우리가 지난 [474차] 회의를 폐막하기 직전에 이집트 대표는 자신이 왜 투표에 참여할 수 없는지 설명한 다음 본국 정부에서 훈령들을 받은 뒤에 진술할 권한을 유보했음"을 상기시키고 말했다: "나는 이제 대표가 그 훈령들을 받았는지 이사회에 알려 주기를 요청하겠습니다." 그 요청에 응해 이집트 대표가 말문을 열면서 ROK 원조 문제에 관한 회의가 정해진 절차에 따라 두 시간 반 동안 진행됐다.

"이집트는, 만일 6월 27일 안전보장이사회가 채택한 결의안의 투표에 참여할 수 있었다면, 기권을 했을 것입니다." 마흐무드 파지 베이는 이제 자신이 "나의 정부를 대신해 [그렇게] 진술할 수 있는 위치에 있음"을 밝히고 이집트가 그 입장을 취한 이유로 동서 냉전과 유엔의 편파성을 들었다. 대사는 주장했다: "첫째, 고려 중인 갈등은 사실상 서구 진영과 동구 진영 사이에서 벌어지는 일련의 분란들—세계 평화와 세계 안보를 위협하는 분란들—에 있어서 새로운 국면에 불과합니다. 둘째, 민족들을 침략하고 국제연합 회원국들의 주권과 영토의 단일성을 침해하는 몇몇 사례들이 있었습니다. 그런 침략들과 위반들이 국제연합에 제출됐지만 연합은 지금 코리아의 경우에 해 온 것처럼 그것들을 종결시킬 행동을 아무것도 취하지 않았습니다."

인도 정부는 27일의 SC 결의를 지지하는 성명을 목요일인 29일 밤에 발표하고 사무국에 그 사실을 통보했다. 30일 회의에 출석한 이사국들은 그 성명을 담은 유엔문서 S/1520의 사본을 이미 손에 들고 있었다. 인도인들이 생각하기에 그 성명에서 "가장 중요한 부분"은 다음이었다:[38] "인도 정부는 안전보장이사회의 이 결의를 코리아에서 일어난 사건들은 물론 자신의 외교 정책의 맥락에서 가장 주의 깊게 숙려해 보았다. 인도 정부는 국제 분

38 그 성명의 전문은 본서 5.1의 제5장의 258-259쪽에 있다.

쟁을 침략의 수단에 의해서 해결하려는 어떤 시도에도 반대한다. 인도 정부는 그러므로 안전보장이사회의 둘째 결의안도 수락한다. 인도 정부의 이 결정은 그러나 자신의 외교 정책에 대한 어떤 수정도 수반하지 않는다. 이 정책은 세계 평화를 증진하고 모든 나라들과 우호적 관계를 진흥함에 기초한다. 그것은 언제나 오로지 인도의 이상들과 목표들에 따라서만 결정될 독립된 정책으로 남아 있을 것이다. 심지어 현재의 단계에서도 중재에 의해서 그 싸움을 끝내고 그 분란을 해결할 수 있기를 인도 정부는 진정으로 희망한다."

라우 의장은 인도 대표로서 그 부분을 낭독한 다음에 자신이 본국 정부의 훈령을 수령할 때까지 지연이 있었던 이유를 설명했다. 대표가 보기에 "불가피했던" 그 지연으로 인해서 "얼마의 오해와 심지어 허설까지 초래됐기" 때문이었다. 라우의 설명은 다음과 같았다: "나의 정부는 실제의 결의문을 인도 시간으로 6월 28일 아침에 처음 보았습니다. 그것은 뉴욕 시간으로 6월 27일 오후 7, 8시에 해당합니다. 투표가 여기서 6월 27일 오후 10:45(서울 28일 12:45)에 행해진 것을 여러분은 기억할 것입니다. 인도 정부가 그 결의안을 토의하고 두세 시간 안에 필요한 훈령들을 내보내기는 인간적으로 불가능했습니다. 실제로, 우리가 오늘 아침 뉴욕타임스의 뉴스에서 보듯이 인도 내각은 그 결의안의 심의에 꼬박 이틀을, 즉 6월 28일과 29일을, 보냈습니다. 이것은 놀랄 일이 아닙니다. 내가 지난 회의에서 말했듯이 인도는 갈등의 현장에 매우 가깝습니다. 세계의 이쪽 부분에서 극동이라 알려진 지역은 인도에게는 바로 근동입니다. 나의 정부는 그러므로 그 결의안과 그것의 함의들과 그것의 가능한 모든 결과들을 가장 심각하게 숙고해야 했습니다."

6월 30일까지 국제연합의 59회원국들[39] 가운데 30개국이 안보리의 25일과 27일 결의들

---

39 연도별 유엔회원국수(연도별 가맹국): 1945년 51국(Argentina, Australia, Belgium, Bolivia, Brazil, Byelorussian Soviet Socialist Republic, Canada, Chile, China, Colombia, Costa Rica, Cuba, Czechoslovakia, Denmark, Dominican Republic, Ecuador, Egypt, El Salvador, Ethiopia, France, Greece, Guatemala, Haiti, Honduras, India, Iran, Iraq, Lebanon, Liberia, Luxembourg, Mexico, Netherlands, New Zealand, Nicaragua, Norway, Panama,

에 대해서 공식입장을 표명했다. 사무총장은 그 중에서 21개 정부들로부터 통신문을 받았다. 의장의 요청으로 사무총장의 안보리 담당 보좌관은 수령된 통신문들의 내용들을 하나하나 소개했다. 열아홉은 지지를 표명했다. 단지 둘만이 거부했다. 소련과 체코슬로비키아였다.

모스크바는 코리아 문제에 관한 안전보장이사회의 6월 27일 결의가 아무 법적 효력이 없다고 주장했다. 중국의 대표성과 소련의 불참이 이유로 거론됐다. 소련의 외무차관이 사무총장 앞으로 보낸 6월 29일자 전문(S/1517)은 진술했다:

"소련 정부는 귀하로부터 남한 당국을 위하여 코리아 문제에 개입할 필요성에 국제연합 회원국들이 유의하기를 촉구하는 1950년 6월 27일자 안전보장이사회 결의의 본문을 수령했다. 소련 정부는 이 결의가 여섯 국가의 투표로 채택됐고 일곱째 투표는 국민당 대표인 팅푸 F. 씨앙 박사의 것임을 주목한다. 그는 중국을 대표할 아무 법적 권한도 없다. 그리고 국제연합 헌장은 안전보장이사회 결의가 이사회의 다섯 상임이사국들—즉, 미국, 영국, 프랑스, 소련, 중국—을 포함해 7개국의 투표에 의해서 채택돼야 한다고 요구한다.

더구나, 이미 아는 대로, 상기 결의안은 안전보장이사회의 두 상임이사국인 소련과 중국이 불참한 가운데 통과됐다. 그러나 국제연합헌장 하에서는 중요한 문제에 관한 안전보장이사회의 결정이 이사회의 다섯 상임이사국들—즉, 미국, 영국, 프랑스, 소련, 중국—전부의 찬성투표로만 이뤄질 수 있다.

Paraguay, Peru, Philippine Republic, Poland, Saudi Arabia, Syria, Turkey, Ukrainian Soviet Socialist Republic, Union of South Africa, Union of Soviet Socialist Republics, United Kingdom, United States, Uruguay, Venezuela, Yugoslavia); 1946년 55국(Afghanistan, Iceland, Siam, Sweden); 1947년 57국(Pakistan, Yemen); 1948년 58국(Burma); 1949년 59국(Israel); 1950년 9월 60국(Indonesia) ("Growth in United Nations membership, 1945-present", United Nations About the UN Member States, http://www.un.org/en/sections/member-states/growth-united-nations-membership-1945present/index.html, 2016년 11월 30일).

이상의 사실들을 감안할 때 코리아 문제에 관한 안전보장이사회의 전기한 결의는 법적 효력이 없음이 매우 분명하다."

체코슬로바키아는 소련 정부의 노선을 따랐다. "코리아에 관해서 안전보장이사회가 채택한 6월 25일과 27일의 결정들은 위법이다." 부수상 겸 외무장관은 그렇게 주장하고 그 주장의 근거로 소련 정부와 일치해 중국의 대표성과 소련의 불참을 들었다. 유엔문서 S/1523에 담긴 장관의 전문은 진술했다: "그 결의들은 안보리의 상임이사국들인 소련과 중국의 참여 없이 그러나 중국을 대표할 자격이 없는 국민당 집단의 출석 아래 채택됐다. 그러므로 안보리의 모든 상임이사국들의 만장일치가 없었다."

안보리의 행동들을 지지하는 19개 회원국들 중에서, 어떤 나라들은 구체적으로 자신이 제공할 수 있는 무력이 무엇인지 알려 주었다; 어떤 나라들은 유엔의 회원국으로서 능력껏 원조의 의무를 다할 것임을 약속했다; 그리고 또 어떤 나라들은 찬성의 표명에 그쳤다. 우루과이 정부는 유엔이 채택한 조치들을 "결연히 지지할 것임"을 선포했다(S/1516). 다음의 나라들도 우루과이처럼 단순한 지지에 그쳤다: 인도, 아르헨티나, 엘살바도르, 파키스탄.

벨기에는 적극적 지지를 표명했다. 벨기에 대표는 본국 정부가 안보리의 6월 27일 결의에 담긴 권고에 순응해 "자신의 능력이 미치는 범위 내에서 유용한 모든 원조를 수여하기로 결정했음"을 알렸다(S/1519). 다음의 나라들도 그처럼 적극적 지지로 나왔다: 브라질, 도미니카공화국, 터키, 베네수엘라, 온두라스, 멕시코.

영국과 뉴질랜드와 호주와 네덜란드와 캐나다는 유엔을 위해서 무슨 무력을 제공할 수 있는지도 밝혔다. 영국 수상은 28일 하원에서 발표했다: "영국 정부는 안보리의 결의에 따라서 일본 수역에 있는 자국의 해군을 안보리를 대표해 남한의 지원에 쓰도록 미국 당국의 휘하에 두기로 결정했습니다." 뉴질랜드 수상은 29일 발표했다: "뉴질랜드 정부는 뉴질랜드의 해군 부대들을, 만일 이런 형태의 원조가 요구되면, 기꺼이 쓸 수 있게 하기로 결정했습니다." 호주 정부는 현재 극동 수역에 있는 호주의 해군 함정들을 안보리를 대표해 ROK의 지원에 쓰도록 미국 당국의 휘하에 두기로 결정했다. 호주 정부는 또한 "안전보장이사회의 결의에 응해서 현재 일본에 주둔하는 호주 공군 전투단을 미국 당국을 통해서 국제연합이 이용하게 하기로 추가로 결정했다." 네덜란드 정부는 "관련 지역에서 취해질 필요한 조치들에 참여하도록 해군의 양도를 고려하고 있다"고 발표했다. 캐나다 수상은 하원에서 다음과 같이 발표했다: "캐나다 정부는 몇몇 훈련들을 위해서 유럽 수역으로 향하려던 캐나다의 해군 부대들을 정지시키고 이제 그 배들을, 만일 필요하면, 국제연합과 대한민국에 도움이 될 수 있을 지역에 더 근접한 서태평양 수역으로 이동시킬 것입니다."

중국(ROC)과 미국은 이미 안보리의 결의들에 따르는 행동에 들어갔다. ROC 정부는, 외무장관의 통신문(S/1521)에 의하면, SC의 결의에 순응해 자신의 능력 안에 있는 원조를 대한민국에 제공하는 조치들을 취했다. 미국인들은 북한에 대해서 금수 조치에 들어갔다. 미국대표가 제출한 6월 30일자 각서(S/1531)는 진술했다: "국제연합 주재 미국대표는 국제연합의 사무총장에게 인사를 드리고, 동부하계시간(EDT)으로 1950년 6월 28일 하오 4시를 기해서 미국 정부가 북한 지역으로 향하는 미국의 모든 수출들에 대하여 엠바고를 실시했음을 통보합니다. 이 조치는 회원국들에게 북한 당국에 대해서 원조의 제공을 삼가기를 요청한 1950년 6월 25일의 국제연합 안전보장이사회 결의에 의거해 취해진 것입니다. 사무총장은 이상의 정보에 안전보장이사회의 주의를 환기하고, 국제연합의 모든 회원국들에게 그것을 회람할 것을 요청합니다."

사무국의 보고가 끝나자 에콰도르의 코레아가 "6월 28일 워싱턴에서 미주의 21개 공화국들로 구성된 미주국가기구(OAS)의 이사회가 모여서 코리아 상황에 관한 결의를 채택했음"을 알렸다.[40] "안전보장이사회에 알리고 기록에 포함되도록" 대사가 의장의 허가를 얻어서 낭독한 결의문에 의하면, "미주국가기구의 이사회는 기구가 국제연합의 소관 기관들의 결정들을 확고히 준수할 것임을 선언[했]다." OAS의 일원인 콜롬비아는 그 안보리 결정들에 대해서 개별로도 지지를 표명했다. 나중에 프랑스와 영국에 이어서 발언할 시간을 얻은 미국 대표의 소개에 의하면, 그 남미 국가는 "우리가 여기서 이야기를 하고 있는 동안에 …… 대답을 보냈다." 콜롬비아의 상주대표가 유엔사무총장 앞으로 보낸 그 1950년 6월 30일자 서신(S/1541)의 내용은 다음과 같았다: "귀하가 콜롬비아의 외무장관 앞으로 보내는 6월 29일자 전문에 대답해 나는 국제연합의 회원국으로서 가지는 의무들에 부응해 나의 나라가 대한민국이 평화를 회복하고 불법적 침략을 격퇴하기에 필요한 원조를 받기를 규정하는 안전보장이사회의 결의들을 실행할 목적으로 국제적 사건들의 경과에 따라서 필요할 수 있는 방식으로 안전보장이사회와 기꺼이 협력할 것임을 본국 정부의 이름으로 귀하에게 즐거이 알립니다."

그렇게 일요일과 화요일의 코리아 결의들에 대해서 회원국들이 금요일까지 표명한 지지들과 거부들의 보고들이 끝나자[41] 그 입장들에 관한 이사국들의 토의가 프랑스의 발언으로 시작됐다. 프랑스 대표단은 안보리의 27일 결의에 대해서 인도 정부가 내린 결정을 "특히 반갑게 환영"했다. 그 결정으로 그 코리아 결의는 이제 안보리에서 "대다수"의 지지를 받게 됐다. 향후의 지지도 기대해 쇼벨 대사는 선언했다: "사람들의 도덕적 지지가 도처에서 우리에게 오고 있습니다."

---

40 OAS의 2016년도 35개 회원국(*가 코레아의 진술에 나오는 1950년 6월의 21 가맹국들임): Antigua and Barbuda, Argentina*, Barbados, Belize, Bolivia*, Brazil*, Canada, Chile*, Colombia*, Costa Rica*, Cuba*, Dominica(Commonwealth of), Dominican Republic*, Ecuador*, El Salvador*, Grenada, Guatemala*, Guyana, Haiti*, Honduras*, Jamaica, Mexico*, Nicaragua*, Panama*, Paraguay*, Peru*, Saint Kitts and Nevis, Saint Lucia, Saint Vincent and the Grenadines, Suriname, The Bahamas(Commonwealth of), Trinidad and Tobago, United States of America*, Uruguay*, Venezuela(Bolivarian Republic of)*, (OAS Home Member States, http://www.oas.org/en/member_states/, 2006년 11월 30일).

41 다만 콜롬비아의 경우는 프랑스와 영국의 발언에 이어서 미국 대표의 발언을 통해서 소개됐다.

그 결과는 프랑스에게 각별한 의의가 있었다. 쇼벨 대사는 설명했다: "남한에 대한 공격으로 발생한 상황에 관한 공통의 이해가 그 다수를 고무하고 지탱합니다. 그것은 우리가 국제연합으로부터 기대하는 결속 정신과 책임 의식에 기초합니다. 굳이 말할 필요도 없이, 프랑스 장관 회의의 대통령 지명자인 앙리 쾨일도, 국회에서 자신의 임명 승인에 관한 토의를 개막할 때, 이 정서들을 표명한 바 있습니다. 유엔이 착수한 조치에서 결속 정신은 어쩌면 다른 나라들보다 프랑스의 경우에 더 진정하고 직접적인 의미를 갖습니다. 과거 3년 동안 프랑스가 세계의 동일한 지역[아시아]에서 유사한 행동을 수행해 왔기 때문입니다."

프랑스는 그 "도덕적" 단결을 반대하는 USSR의 "목소리"에 당연히 유감을 표명했다. 그로미코 부상은 그 결의들의 합법성에 이의를 제기하는 세 가지 주장을 개진했다. 쇼벨 대사는 그것들을 조목조목 반박했다. 첫째 주장의 타당성은 사실의 확인에 의해서 간단히 무너졌다. 그로미코는 안보리의 27일 결의가 단지 일곱 표만 받아서 채택됐고 게다가 그것들 가운데 하나—중국의 표—는 무효라고 주장했다. "그런데 [쇼벨이] 오늘 보니 [인도의 찬성이 더해져서] 이사회의 여덟 멤버들이 그 본문을 지지하는" 것으로 판명됐다.

쇼벨 대사는 ROC의 대표성을 문제 삼는 그로미코의 둘째 주장도 타당성이 없음을 간단히 보일 수 있다고 여겼다. 그 주장은 다수 존중의 민주적 원리에 반한다는 것이었다. 쇼벨은 설명했다: "중국 대표단의 신임장이 효력이 있는가 …… 에 관해서는 이사회의 멤버들이 각각 자기 나름의 의견을 가져도 좋으나 그 문제에 있어서 어떤 결정을 채택하는 것은 멤버들 가운데 어느 하나가 아니라 이사회만이 할 수 있는 일임을 우리가 기억해야 할 것이라고 나는 생각합니다. 다수결의 존중이 회의체들의 법입니다. 이 기초 원리를 언제나 민주주의의 옹호자로 자처하는 정부가 무시하는 것은 이상해 보입니다."

상임이사국들의 만장일치가 없었다—실체적 결의안이 효력을 가지기 위해서는 찬성 투표들의 총수에 상임이사국들의 표들이 포함돼야 한다—는 그로미코의 셋째 주장은 다른 둘에 비해서 반박이 어려워 보였다. "헌장에 기초한" 그 주장을 쇼벨은 소련의 모순된 행동을 들어서 반박했다. 대사는 먼저 6개월 전에 있었던 사건으로 돌아갔다. 그때 USSR의 대표는, 중국의 대표성을 놓고서 이사회가 그의 조언을 따르기를 거부했을 때, "자신의 전임자가 수립한 전례와 부합하게 회의 테이블을 그리고 회의실을 떠났다." 1950년 1월 12일의 460차 회의에서 대사는 소련 대표단의 보이콧에 대해서, 헌장 제24조의 문단 1에 기초해, 다음을 주장했다:

"그 행위가 매우 심각한 비판의 대상이라고 나의 대표단이 생각한다는 사실을 나는 숨길 수 없다. 이사회의 멤버들은 이중의 임무를 부여받았다. 그들은 각각 이사회에서 자기의 정부를 대표하고 그 자격으로 그 정부로부터 훈령들을 정상적으로 그리고 합법적으로 수령한다. 그러나 그 대표성은 국제연합의 이익을 위한 것이다. 국제연합의 틀 내에서 그리고 헌장의 조항들 아래서 안전보장이사회는 국제평화와 국제안보를 유지할 일차적 책임을 진다. 그 책임은 집합적이고 공동적이다. 더욱이 그 책임은 이사회에 대표들을 보내는 11개 정부들이 아니라 모든 회원국들—현재 59개의 국가들—이 수여한 위임이다. 그 위임을 헌장의 보증자로 나선 다섯 강대국이 그것의 조항들에 동의했을 때 영구적으로, 그리고 이사회에 봉사하도록 선출된 국가들 각자가 선출 당시에 그리고 임기 동안에, 떠맡은 것이다. 사정이 그럴진대, 이사회의 대표단들 가운데 하나가 자국 정부를 위해서 표명된 의견이 찬성을 얻지 못했다고 해서 집단적이고 공동적인 책임의 이행을 어떻게 회피할 수 있는지 이해하기 어렵다."

그렇게 쇼벨은 러시아인들이 6개월 전부터 계속한 안보리 보이콧의 부당성을 역설했다. 대사가 보기에, 그런 그들은 안보리에서 채택된 결의들을 거부할 법적 자격도 당연히 없었다. 대사는 주장했다: "나는 자기가 한 말을 반복함이 좋아서 이사회를 번거롭게 하면서 회의록의 이 부분을 읽는 것이 아닙니다. 나는 이것이 일회용으로 즉석에서 변통된 이론이 아님을, 오늘 우리와 맞서는 특별한 경우를 다루기 위해서 마련된 입장이 아님을, 아주 분명히 보이기 위해서 그렇게 했습니다. 여기 있는 우리들 가운데 많은 이들은 '아무도 자신의 잘못을 자신에 이롭게 인용하면 안 된다'는 로마법의 오래된 격언을 잘 알고 있습니다. 다시 말해, 소련 대표단은 이사회를 저버림으로써 헌장을 저버렸습니다. 그 대표단은 전자로 그리고 후자로 돌아올 때 자신이 말하고 비판하고 투표하고 거부할 권리를 다시 찾을 것입니다. 그렇게 하지 않고 있는 한 USSR 정부는 국제연합의 행동에 이의를 제기할 어떤 법적 • 도덕적 기초도 가지지 못합니다."

영국 대표단도 27일의 안보리 결의를 수락하는 인도 정부의 결정에, 프랑스와 같은 이유로, 특별한 의미를 부여했다. 그 결정을 "대단히 환영"하면서 글래드윈 젭 경은 설명했다: "우리는 이 수락이 이른 단계에서 표명될 수 없게 만든 특별한 이유들을 완전히 이해합니다. 인도 정부 쪽에서의 그 결정은 침략에 대한 저항에 대해서 만장일치의 영역을 대단히 넓힌다고 생각됩니다. 그리고 그것은 한 아시아 강대국의 숙고된 견해를 나타내기 때문에 더욱더 중요합니다."

그러므로 영국은 "이 중대한 문제에 관해서 기권을 한다는 이집트 정부의 결정이 유감일 뿐"이었다. 이집트가 문제 삼은 유엔의 불공정성도 동서냉전도, 영국인들이 보기에는, 기권을 정당화할 수 없었다. 먼저, 유엔이 모든 침략 행위에 공정하게 대처하지 않았다는 비판을 반박해 젭은 주장했다: "국제연합이 과거에 침략의 억제에 실패한 경우들이 있었다는 단정은, 극악하고 확실한, 그리고 내가 믿기로 이집트 대표 자신도 그 점에 대해 아무 이의가 없는, 침략이 일어났을 때에도, 연합이 저항을 못할 이유가 좀처럼, 나의 대표단이 보기에는 단연코, 되지 않습니다." 그리고 코리아 사태의 원인이 냉전에 있기 때문에 27일의 ROK 지원 결의가 평화의 회복을 위한 대책이 될 수 없다는 이집트의 주장에 대해서 영국 대표는 반박했다: "우리의 모든 불행을 두 경쟁적 진영이 있다는 사실로만 돌림은, 감히 말하건대, 확실히 당치 않습니다. 만일 우리 모두가 이 견해를 취한다면 침략이 실제로 멈출 것이라 생각되는가? 오히려 반대로, 침략은 마치 악처럼, 푸르른 월계수같이, 다만 번성할 뿐입니다."

영국인들이 보기에, 안보리의 27일 결의는 코리아 사태의 현 단계에서 평화의 회복을 위해서 불가피한 결과였다. "우리의 정치가들 가운데 너무나 많은 이들이 지적하는 것처럼 지금 안전한 경로는 하나밖에 없다고 나는 생각합니다. 침략 중에서 가장 최근의 것을 일으킨 침략자가 반드시 대가를 치르게 만드는 것입니다. 물론, 현재 불행히도, 광범하게 말해서, 둘로 나눠진 세계의 진영들 사이에 합의가 있어야 할 것입니다. 그리고 우리는 우리 쪽에서 그런 합의를 얻기 위해 분투하기를 결코 그만두지 않을 것입니다. 그러나 침략을 용서하거나 무마한다면 그리고 우리 모두가 서명한 헌장의 원칙들이 버려진다면 그런 합의가 이뤄질 수 없을 뿐이라고 우리는 생각합니다. 우리는 우리의 길에서 앞으로 나가야 합니다." 그렇게 주장하고 젭은 다음의 문장으로 자신의 발언을 마쳤다: "우리 모두가 하나로 뭉쳐서 앞으로 나갈 수 없음이 유감일 뿐입니다."

침략 행위에 대한 집단적 대응의 필요성은 미국 대표의 발언에서도 계속 강조됐다. 오스틴 대사는 유엔에서 "오래도록 훌륭한 경력을 쌓고" 떠나는 영국의 캐도건 경에게 경의를 표하고 직무상 그의 뒤를 잇는 글래드윈 젭 경을 "진심으로 환영"한 다음에 말했다: "우리는 그의 후임자가 우리 모두를 하나로 묶고 우리 모두가 살리려고 애쓰는 원칙들을 위해서 커다란 기여를 하기를 바라고 기대합니다."

국가들의 지상 목표가 인명의 존중이고 집단안보가 국가들 사이에 평화를 보장할 접근법임에 모든 정부들이 아무리 철저히 동의해도, 국가적 합리성과 집단적 합리성 사이에 언제나 충돌이 일어날 수 있다. 국제평화는 많은 나라들의 협력이 있어야 가능하지만 그것의 수립에 기여가 많은 나라도 기여가 적은 나라도 그리고 또한 기여가 전혀 없는 나라도 차별 없이 누릴 수 있기 때문이다. 평화는 공공재다. 아마도 오스틴은 정치학자들이 "무임승차문제" 또는 "공유지의 비극"이라 부르는 그 집단선택의 딜레마를 의식해 진술했다: "우리가 이 테이블에서 이중의 임무를 가지고 있는데 한편으로 우리의 정부를 대표하고 다른 편으로 국제연합이라 불리는 집단적 실체를 대표한다고 말하는 쇼벨 대사의 인식을 나는 높이 평가합니다."

이해타산이 빚어내는 그 이중성은 미국인들이 27일 안보리에 제출한 코리아 결의안과 관련해 인도와 이집트와 유고가 보인 반응들에서 단적으로 나타났다. 그들은 모두 자기들의 참여가 없어도 그 결의안이 채택될 것임을 알고 있었다. 그리고 일단 채택된 그 결의안은 자기들의 기여가 없어도 집행될 것이었다. 오스틴은 그들의 지지를 위해서 당연히 이기심보다 도덕성에 호소했다. 대사는 진술했다: "나는 우리의 집단적 의무에 관해서 몇 마디 하고 싶습니다. 나는 물리적으로 나 자신을 둘로 나눔이 불가능함을 알고 있습니다. 그러나 우리의 역할들 가운데 둘째 측면—즉, 우리의 집단적 의무—을 강조함은 도덕적으로 가능합니다."

물론 도덕은 이익을 이기기 어려웠다. 그 세 이사국들은 여전히 무임승차를 계속했다. 그러나 그러면서도 그 나라들이 27일의 미국안을 지지한다면, 바로 그 때문에, 다시 말해, 그것은 순전히 도덕적인 지원이라서, 그 결의안의 정당성이 더 없이 강화될 수 있었다. 틀림없이 미국인들에게 그것은 인도 정부의 뒤늦게 표명된 지지를 환영해 마지않을 충분한 이유였다. 오스틴은 말했다: "국제연합의 그리고 안전보장이사회의 한 회원국의 대표로 그리고 국제연합의 한 임원으로 말하면서 그리고 우리의 집단적 의무를 가슴에 새기고서 나는 전날 밤 통지받지 못했으나 마침내 수령한 문제들에 대해서 훌륭한 대답을 준 인도 정부에 감사를 표하고 싶습니다. 정의와 평화의 대의는 인도 같이 위대한 나라에서 오는 이 적극적 도움에 의해서 강화됐습니다."

그 협력을 주도하는 미국정부는 이미 안보리의 27일 결의에 입각해 ROK에 군사적 지원을 제공하는 조치들을 취하기 시작했다. 대통령은 오전에 국방장관과 국무장관과 합동참모들을 대동하고 백악관에서 의회 지도자들과 회동해 코리아에서 전개되는 사태의 최근 상황을 검토했다. 의회 지도자들은 "강화된 군사 활동들"에 관해서 완전한 설명을 들었다. 코리아에서 북한 침략자들을 격퇴하고 평화를 회복하도록 ROK를 지원해 달라는 안보리의 요청에 발맞춰 대통령은 "미국 공군이 군사상 필요할 때는 언제나 북한 내의 특수한 군사목표들에 대해서 임무들을 수행하도록" 허가했다고 발표했다. 나아가 도쿄의 맥아더 장군에게 "일정한 지상 부대들"을 지원에 사용할 권한이 부여됐다.

오스틴은 미국의 대표로서 그 사실들에 "이사회의 주의"를 환기하고, 코리아에서 미국 군대의 목적이 38도선을 회복함에 있음을 확인하기 위해서, 29일 발표된 국무장관의 성명을 낭독했다. 바로 다음이었다: "대통령은 국제연합 헌장의 존엄성을 떠받치고 국가들 사이에서 법의 지배를 유지하기 위해서 극도의 노력을 들인다는 우리 정부의 정책을 선언했습니다. 그러므로 우리는 6월 25일과 6월 27일의 안보리 결의들에 부응해 코리아 정부의 군대들에게 공군과 해군의 지원을 제공하고 있습니다. 이 행동은 오로지 안보리 결의들에 따라서 대한민국을 북쪽의 침공이 있기 전의 상태로 복구하고 침략에 의해서 파괴된 평화를 재건하는 목적으로만 취해지고 있습니다. 코리아에서 미국 정부의 행동은 국제연합의 권위를 지지해 취해지는 것입니다. 그것은 태평양 지역에서 평화와 안보를 회복하기 위해서 취해집니다."

오스틴이 보기에, 유엔은 현재 자신이 미국대표부(USUN)에 부임한 이래로 "가장 중요한 시험"에 처했다. 대사는 미국이 아니라 유엔의 대표라는 자격에서 그런 처지의 유엔을 "내 능력껏 돕기 위해서" 몇몇 뚜렷이 "역사적인" 그러나 "아마도 [결국에는] 무대에서 희미해질" 사실들을 기록에 남겨야 한다고 생각했다. 주제는 도덕의 의지였다. 그 "걸출한 사실들"—"이 중대한 상황에서 …… 안보리의 이사국들만이 아니라 사무총장의 질의에 그리도 신속히 대답한 국제연합의 모든 회원국들의 용감한 태도들과 행위들"이 지니는 특별한 의의들—을 대사는 "우리가 그리는 그 무대의 비전에 비추어 그리고 우리가 살고 있는 상황에 비추어" 다음과 같이 이해했다.

그 "용감한" 호응들의 첫 번째 의의는 그것들이 회원국들의 "적극적 의지"에서 나온다는 사실에 있었다. 오스틴은 주장했다: "그것들은 우리를 하나로 뭉치게 만든 위대한 원칙들에 대한 회원국들의 관심과 솔선과 헌신과 정진을 드높입니다. 확신컨대 그들의 행동은 자발적입니다; 그것은 우리가 통과시킨 결의안들에 이어서 사무총장보좌관이 우리에게 오늘 막 읽어 준 그 훌륭한 기록에서 우리 앞에 나타납니다. 평화를 위해서 이렇게 헌신과 희생을 하겠다는 이 결의와 세계에서 평화를 사랑하는 국민들이 집단 행동을 취하는 것을 막으려고 온갖 술수를 사용하려는 자들에 적극적으로 맞서겠다는 이 의지가 우리 역사의 이 시기를 특징 짓고 그 국민들은 그들이 주저 없이, 자진해서, 그리고 자발적으로 취한 행동으로 인해서 영광으로 둘러싸일 것입니다."

둘째, 오스틴은 회원국들의 호응들이 코리아 사태가 "침략자와 국제연합 사이의 문제"라는 "또 하나의 중요한 사실을 입증한다"고 생각했다. 그것은 다음을 뜻했다: "세계를—즉, 평화를 사랑하고 자유를 갈망하는 세계를—불러일으킨 것은 질서의 침해입니다, 도덕을 짓밟는 짓입니다, 작은 나라들을 파괴하려는 시도입니다." 오스틴은 주장했다: "우리가 경청한 통신문들에 의해서 그리고 지구의 여러 지역에서 일어나는 집단적 행동들에 의해서 사람들은 불가침과 정치적 독립과 개인의 자유와 폭력과 무법으로부터의 안보라는 위대한 원칙들이 부르는 소집의 나팔 소리에, 그들의 정부들을 통해서, 대답했습니다. 자유와 명예와 안전의 철천지 원수들에 대항해 그들이 함께 이 위대한 응답을 한 것입니다. 그리고 바로 그 응답이 평화를 위한 집단적인 국제적 노력들의 역사에서 찬미할 한 부분인 것입니다."

회원국들의 호응에 관해서 오스틴이 셋째로 "표시해 두어야 한다"고 여기는 "또 다른" 의의는, 그가 보기에, "그것이 우리의 과거 역사와 다소 다름"에 있었다. 대사는 설명했다: "그것은 바로 세계의 자유를 사랑하는 사람들이 이 강력하고 분명하고 명확한 입장을 취하기 위해서 그들의 마음이나 그들의 정치에 놓여 있던 모든 장애를 극복했다는 것입니다. 이 행동들에 의해서 그들은 소심성을 극복했습니다; 그들은 고귀한 목표들을 달성하려는 국제연합의 집단 행동을 마비시키거나 심지어 죽여 버릴 목적에서만 수립된 어떤 절차나 어떤 엄격한 구조를 자기들이 혹시 침해하면 어쩌나 하는 두려움을 극복했습니다. 바로 이 때문에 오늘 여기서 이뤄지는 기록이 빛나는 것이고 세계의 어두운 장소들 속으로 빛을 던질 것입니다."

그 세 의의들은 국가들이 도덕의 힘으로 무장하면 평화와 안보를 위해서 서로 협력할 수 있음을 가리켰다. 오스틴은 말했다: "사실 나는 국제협력에서 새로운 날의 여명이 우리가 오늘 경청한 것들처럼 그렇게 재빨리 그렇게 활수하게 그리고 그렇게 장엄한 취지로 반응한 국가들의 은하수로 찬란히 빛난다고 말함이 과도한 꿈이라고 생각하지 않습니다." 오스틴은 콜롬비아의 메시지를 비롯한 그 반응이 서반구에 "살아 있는 힘찬 …… 평화의 정신과 조화된다"고 주장하고 그것을 뒷받침하기 위해서 자신의 경험을 소개했다. 불과 얼마 전 대사는 카리브 지역에 갔을 때 "대단히 기쁘게도" 거기서 다음의 언급을 들었다: "많은 것을 받은 자에게서는 많은 것이 요구된다는 이론에 따라서 만일 미국이 세계에 지불할 의무가 있는 지도력을 발휘한다면 남미의 하늘들과 바다들과 대지들이 국제연합 안에서 평화의 대의를 위해서 우리와 나란히 손잡고 싸울 것이다." 대사는 회원국들이 보낸 통신문들과 OAS 이사회에서 취해진 공동행동이 바로 "그 보장이 얼마나 빨리 실천됐는가를 보여 준다"고 생각했다. 따라서 대사는 다음의 기대로 자신의 발언을 마쳤다: "그 일이 국제연합에서 집단 행동 이상 가는 실질적인 영향을 미칠 수 있다고 나는 느낍니다. 나는 그것이 그럴 것을, 그리고 다른 무엇보다도 우리가 오늘 목격하고 참여하고 있는 행동의 위대한 가치가 단결된 여론의 도덕적인 힘임을, 그리고 그 힘이 더 이상 피를 흘리지 않고서 평화를 가져올 수 있을 정도로 강하기를 확실히 기대합니다."

ROK 대표의 짤막한 그러나 절실한 감사말이 오스틴의 맺음말에 이어졌다. 남궁 대사는 말했다: "너무나 관대하게 우리를 돕고 싶다는 바람을 표명한 정부들에게 나는 나의 정부를 대신해 진심으로 감사를 표합니다. 그것은 자유와 민주주의를 위해서 그리고 우리의 권리들을 위해서 계속 싸울 힘과 용기를 우리에게 줍니다. 대한민국은 지금까지 우리를 위해서 취해진 행동에 다시금 깊이 감사하고 싶습니다."

그러나 코리아 사태를 계기로 태동을 시작한 국가들의 결속과 협력은 미처 고려하지 못했던 곳에서 한계에 부딪쳤다. 국가들의 세계에서 집단안보가 누구나 기댈 수 있는 보편적 기정사실로 자리 잡기 위해서는, 그것을 주도하는 세력이, 미국 대표가 중시했듯이, 무력 사용의 합법성을 뒷받침할 도덕적 정당성을 독점해야 했다. 그러나 그럴싸한 명분을 내세워 강대국들이 약소국들의 주권이나 이익을 희생시킨 부당한 과거의 그림자 하나만도 너무나 어둡고 길어서 극복이 어려웠다. 이집트와 영국의 대립이 대표적 사례였다. 파지 베이 대사는 이집트의 최종적 기권에 유감을 표명한 젭 경에게 분개했다. "의장은 이사회의 테이블로 우리 모두를 대신해 새로 도착한 영국 대표를 잘 환영했습니다. 사건들과 사태들로 인해서 그가 참석하는 첫 회의에서 우리는 이 이사회의 테이블에서 말하자면 서로 검을 휘둘렀습니다." 이집트 대사는 그렇게 선언하고 덧붙였다: "영국 대표는 이집트 정부가 내린 결정이 마음에 들지 않는 것 같습니다. 그는 그것을 싫어할 자유가 완전히 있습니다. 그리고 나는 그가 그것을 싫어하는 것을 싫어할 자유가 완전히 있습니다." 글래드윈 젭 경은 그 말에 "아주 동의"했다. 그들의 설전은 양국 간에 오래도록 누적된 앙금과 그 감정을 초래한 관계가 쉽사리 개선될 수 없음을 회의 테이블에 둘러앉은 대표들 모두에게 똑똑히 보여 주었다.

"이집트가 6월 25일 채택된 결의안을 찬성해 투표했음을 이사회는 기억할 것입니다. 그 결의안은 평화와 그것의 재확립을 목표하고 있었습니다. 그것은 6월 27일의 결의안에 규정된 행동까지 나가는 국제연합의 행동을 함축하지 않았습니다." 파지 베이는 그 구별로 포문을 열고서 이집트 정부가 후자를 놓고서 기권하는 결정에 가기까지에 관해서 설명했다: "6월 27일의 결의에 관해서 나의 정부는 대단히 주의 깊은 심의를 기울여야 했습니다. 정부는 그 문제를 6월 27일부터 현재까지 계속 숙의했습니다. 그 뒤에야 비로소 정부가 오늘 회의가 시작될 때 이사회에 알린 결론을 내게 가르쳐 주었습니다. 우리는 성급히 그 결정에 도달한 것이 아닙니다. 우리는 이용 가능한 모든 시간 동안 그리고 우리의 상황과 우리의 경험에 비추어 그 문제를 곱씹었습니다."

그것은 물론 이집트의 자유로운 결정이었다. 이집트 대사는 주장했다: "몇몇 대표들은 우리가 주권 국가라는, 우리가 국제 문제에 있어서 우리의 행동을 자유로이 결정할 수 있다는, 생각을 아직도 받아들이지 않는 것 같습니다. 이와 관련해 나는 여럿 가운데 다음을 지적합니다. 안전보장이사회의 결의는 마지막 문단인 효력 발생 부분에서 '권고'합니다. 그것은 명령하지 않습니다. 그것은 권고합니다. 이것은 각국 정부가 자신의 처지와 자신의 판단에 따라서 헌장과 국제법에 비추어 자신이 어디까지 갈 수 있을지 자유롭게 결정함을 뜻합니다." 따라서 파지 베이는 "영국에서 온 우리의 동료가 이집트가 국제연합에 대한 자신의 의무를 다하지 않는다"고 말했을 때 발끈했다. 파지 베이는 쏘아붙였다: "나는 …… [앞으로 그처럼] 말할 생각을 하는 사람이 다시는 없기를 희망합니다. 국제 상황에 관한 우리의 파악에 관해서 그가 말한 것은 의견의 문제이므로 나는 그에 관해서는 그와 다툴 것이 아무것도 없습니다. 그러나 나는 이집트가 자신의 의무를 다하지 않고 있다는 그의 주장에 대해서는 확실히 이의를 제기합니다. 나는 반복합니다. 영국에서 온 우리의 동료가 그런 말을 하는 마지막 사람이라야 할 것임이 확실합니다."

파지 베이는 국제평화를 위해서 국가들이 어떤 "노력과 충정"을 들여야 하는지 "이 테이블에 둘러앉은 모든 이들에게 그리고 심지어 이 회의실 밖에 있는 모든 관심 있는 이들에게" 상기시키고 싶어서 자신의 나라를 예로 들었다. 대사는 주장했다: "우리는 평화에 신념을 가지고 있습니다. 우리는 평화 이외의 어떤 것을 위해서도 일할 의사가 전혀 없습니다. 우리는 정복할 영토들을 찾아서 두리번거리지 않습니다. 우리는 목을 조르고 억누르고 빛과 자유를 보지 못하게 막을 식민지가 없습니다. 우리는 세계에 대해서 어떤 패권도 구하지 않습니다. 우리의 모든 관심은 평화입니다. 평화는 문제들을 실제 있는 그대로 공정하게 보기를 원하는 사람 모두를 위해서 생각할 수 있는 유일의 것입니다." 파지 베이는 다음의 결론으로 자신의 진술을 마쳤다: "나는 이 테이블에 둘러앉은 모든 이들에게 그리고 심지어 이 회의실 밖에 있는 모든 관심 있는 이들에게 다음을 상기시킵니다. 우리는 우리 자신의 사정들이 있음을, 우리는 그것들을 알고 그것들을 느낌을, 우리가 헌장하에서 우리 자신의 권리들이 있음을, 우리가 독립국으로서 그리고 이 기구의 회원으로서 우리의 주권을 가지고 있음을, 그리고 이 모든 것들이 존중돼야 함을. 이집트는 어떤 상황에서든 계속 자신의 판단에 따라서 자신의 능력이 미치는 데까지 평화를 위해서 일할 것입니다."

그 결론은 이집트 정부가 27일의 코리아 결의를 놓고서 기권을 결정함은 그것을 지지한 나라들과 국제평화에 관해서 다른 생각을 가지고 있음을 보이고자 했음을 뜻했다. 실제로 파지 베이는 글래드윈 젭의 영국을 비난했다. 대사는 주장했다: "그의 나라는 이집트 정부가 이 결정을 취하지 않을 수 없게 만든 상황들과 이유들과 고려들의 조성에 풍부한 기여를 했습니다. 그 나라는 적어도 두 경우에 그렇게 했습니다. 그것들 가운데 하나는 내가 벌써 언급했습니다. 바로 팔레스타인의 사례입니다." 그 언급에 의하면, "안전보장이사회는 팔레스타인의 아직도 피를 흘리고 있는 무고한 사람들에게 정치적 세계시온주의가 자행한 사전에 계획된 야만적 공격과 침략을 비롯해 여러 경우들을 놓고서 …… 방종들과 지연들을 [일삼았습니다]." 파지 베이가 말하는 다른 경우는 "바로 나 자신의 나라인 이집트의 사례"였다. 대사는 주장했다: "영국인들은 '평화를 회복시키기' 위해서 그 나라에 들어왔습니다. 아주 오래 전의 일이었습니다. 확신컨대, 영국 대표가 태어나기 오래전이었습니다. 그들은 지금까지도 우리 나라의 영토에 군대를 두고 있습니다. 이집트의 사례는 1947년 안전보장이사회의 159차 회의에 상정됐습니다. 만일 이사국들이 6월 26일자로 된 문서 S/1512를 볼 생각이 있다면 그들은 이집트에 관해서 항목 7번이 아직도 미결로 남아 있음을 발견할 것입니다." 대사는 "우리가 현재 검토 중인" 안건은 코리아 평화지 "나 자신의 나라에 관한 것"이 아니므로 이집트의 경우를 부연하지 않기로 결정했다. 그러나 대사는 그 사례를 마치기 전에 영국을 비롯한 이사국들 모두에게 주권 존중의 원칙이 평화를 지키려는 나라들 모두에 예외없이 적용돼야 함은 반드시 명심시키고 싶었다. 대사는 말했다: "이집트와 그것의 정부가 국제연합 헌장과 국제법의 가장 좋은 관례들에 부합하게 자신의 결정들을 내릴 자유가 존중돼야 합니다."

영국 대표는 이집트의 자결권에 물론 동의했다. 글래드윈 젭 경은 말했다: "나는 이집트가 어떤 결정이든 자신이 원하는 대로 내릴 수 있는 완전한 권한을 가지고 있음을 결코 문제 삼지 않습니다. 여기에 있는 우리들 가운데 누구도 마찬가지일 것입니다. 그것이 내가 언급하고 싶은 주안점입니다. 물론 채택된 결의하에서 어느 정부든 모두 그것의 권고들을 수락하거나 수락하지 않을 완벽한 자유가 있습니다. 나는 그것을 잠시도 문제삼지 않을 것입니다. 그리고 만일 내가 그와 반대되는 어떤 것을 암시했다면 나는 그것을 즉시 철회합니다."

그러나 동일한 원칙이 이집트는 물론 영국에도 적용돼야 했다. 만일 "이 문제에 있어서 다수와 함께 하지 않기"로 결정할 이집트의 자유가 존중돼야 한다면, 영국이 그 결정에 "유감을, 심각한 유감을, 표명"하고 유감의 이유를 진술할 자유도 당연히 존중됨이 옳았다. 젭 경은 설명했다: "나는 왜 나의 대표단이 이집트 정부가 개진한 이유들에, 또는 정확히 말해서, 이 테이블에서 나의 동료가 표명한 견해들에, 금방 전적으로 동의하지 않는지 매우 간단한 설명을 과감히 시도했습니다. 만일 우리가 이 위대한 회합에서 동의를 하는지 하지 않는지 그리고 만일 동의하지 않으면 왜 동의하지 않는지 말할 수 없다면 그것은 내가 생각한 바의 기구가 전혀 아닙니다. 송구하나 만일 내가 나의 이집트 동료가 제시한 이유들에 동의하지 않는 이유들을 말했다면 그것은 어떤 오해를 초래할 문제가 아니며 어떤 분노를 야기할 문제는 더더욱 아니라고 생각합니다."

이집트 대표도 그것을 똑같이 알고 있을 텐데도 영국의 비판에 분통을 터트린 것을 보면 문제는 더 심각한 곳에 있는 것 같았다. 아마도 그것을 깨닫고 영국 대표는 말했다: "내가 이 위대한 회합의 테이블에 처음 앉은 이때에 누군가와, 더욱이 너무나 가공할 적수임이 분명한 대표와, 검을 맞대다니 내게는 참으로 불행입니다. 참으로 나는 아무 말도 하지 않는 것이 더 좋았을 것 같습니다." 젭은 파지 베이와 따로 만날 필요를 느꼈다. 그 영국인은 다음의 제의로 자신의 발언을 마쳤다: "나는 나의 이집트 동료를 잠시 사적으로 만나서 우리가 이 논의를 비공식으로 계속할 수 있기를 바란다고만 말합니다. 그가 나를 설득할 수 있을지 모릅니다. 또는 어쩌면 내가 그를 설득할 수도 있습니다."

27일의 코리아 결의를 지지하지 않을 명분들의 하나를 코리아 사태가 냉전에서 비롯됐다는 전제에서 구하는 이집트의 입장은 ROC 대표에 의해서도 반박을 당했다. 씨앵 대사는, "코리아 위기에 관해서 [자신이] 가진 몇몇 생각들"을 피력할 때, 동서갈등을 그 사태의 환경적 원인으로 인정했다. 대사는 말했다: "나는 소위 동과 서의 갈등이라는 존재를 모르는 것이 아닙니다. 나는 코리아 위기가 그 갈등과 정말로 어떤 연관이 있다고 생각합니다." 그러나 대사가 보기에, 코리아 위기는 "그것보다 훨씬 더한 것"이었다. 대사의 설명은 이랬다: "내가 코리아 위기에 관해서 토의에 참여하려고 이 이사회에 나올 때 나는 코리아 국가의 정치적 독립과 코리아 사람들의 자유라는 대의를 무엇보다 먼저 명심합니다. 지금 걸린 문제는 바로 그것입니다. 국제연합은 대한민국의 수립을 도움으로써 그 독립을 옹호해 싸우기로 벌써 결정했습니다. 동서 간에 갈등이 있건 없건 상관 없이 우리는 대한민국을 지원할 우리의 의무를 모면할 수 없습니다."

그렇기 때문에 중국 대표는, "이런 종류의 문제에 있어서 중요한 위치를 차지하는" 인디아가 안보리의 6월 27일 결의를 수락해 내린 결정에 "커다란 감사"를 그리고 "이사회의 부름에 대한 [회원국들의] 광범한 자발적 반응에 깊은 감동"을 표명하는 반면, 자신의 대표성을 문제 삼아 그 결의의 합법성을 부인하는 소련 정부의 각서를 비판했다. 씨앵의 논리는 이랬다: "국제연합의 한 멤버가 다른 멤버의 표가 효력이 있는지에 관해서 자기가 결정을 하겠다고 주장함은 용납될 수 없음이 명백합니다. 그런 독재적 태도들은 관용될 수 없습니다. 또한 국제연합이 창립의 목적에 봉사하려면 우리는 한 멤버가 세계 전체의 노력들을 무효로 만들게 허용해서는 안 될 것임도 명백합니다."

그 주장은 ROC의, 그리고 나아가 모든 나라의, 지정학적 이익과 조화됐다. 자신의 나라에 대해서 대사는 고백했다: "중국의 대표로서 나는 물론 중국의 이익을 명심합니다. 중국은 이 위기에 사활적 이해가 걸려 있습니다. 우리의 이익은 우리가 우리의 국경에 자유롭고 독립적인 코리아를 가질 것을 요구합니다. 자유롭고 독립적인 코리아가 위성국인 코리아보다 중국의 이익에 훨씬 더 잘 기여합니다." 그런데 "자유롭고 독립적인 코리아"의 수립은 지역적 이익에 그치지 않았다. 그것은 ROC는 물론 자유세계에 속한 모든 나라들의 수호에 기여했다. 씨앵은 설명했다: "내가 코리아 문제를 논의하러 여기에 올 때 나는 헌장의 원칙들을 명심합니다. 코리아에서 일어나고 있는 일은 다른 곳에서도 언제든 일어날 수 있습니다. 평화는 진정 불가분입니다. 안보는 불가분입니다. 공산주의의 야욕은 어느 나라도 면제하지 않습니다. 나는 [공산주의의] 세계 정복을 위한 계획들을 알지 못합니다. 시간표가 있을지 모릅니다. 유일한 차이는 어떤 나라들이 그 시간표의 더 이른 부분에 놓여 있고 다른 나라들은 더 늦은 부분에 있다는 것뿐입니다. 확실한 것은 이것입니다. 공산주의 침략의 비교적 이른 희생자는 오늘날, 십중팔구 그 침략의 늦은 희생자들이 될 다른 나라들의 도움과 지원을 받고 있다는 것입니다."

그 상황은 "동서 간에 이 갈등이 존재함"을 가리켰다. 그러나 그 문제를 "민감한 눈으로" 바라보면 그것이 전부가 아니었다. 씨앵은 계속했다: "확실히 미국과 같은 나라는 나중의 희생자들에 속해 있기 십상입니다. 만일 우리가 그 문제에 관해서 단견을 취한다면 오늘날 세계에서 한 나라가 이 갈등에서 중립의 입장을 지킬 여유가 있는데 그 나라가 바로 미국입니다. 오늘날의 미국은 대한민국을 돕기 위해서 가장 많은 기여를 하고 있습니다. 나는 그것이 동서 갈등의 또 한 국면이라고 단순하게 말하면서 안전보장이사회의 행동을 가벼이 대한다면 이는 전적으로 부당할 것이라고 느낍니다."

중국대표는 "국가들이 코리아에 주기로 약속한 도움이 효과를 거두기를, 그리고 매우 짧은 시간 안에 그렇게 되기를, 희망한다"는 기대로 발언을 마무리했다. 의장의 명단에는 코리아 문제에 관해서 발언할 사람이 더는 없었다. 대신 UNCOK의 의장 대리 쑤투가[42] 안보리 의장 앞으로 보낸 6월 29일자 전문(유엔문서 S/1518)이 있었다. 쑤투의 설명에 의하면, 그것은 유엔 요원들이 "6월 9일 시작된 38도선 현장 출장에서 돌아와 군사적 갈등을 수반할 가능성이 있는 전개들을 [기술해] 위원단에 제출한 …… 6월 24일자 보고"를 담았다. 라우가 보기에, 그 보고는, 코리아 사태와 관련해 "안보리가 여태껏 취한 조치의 토대라고 불릴 수 있는 것과 관계 있기" 때문에, "매우 중요"했다. 그래서 라우가 낭독한 그 보고는 북한군의 침공이 있기 직전에 관찰된 "38도선 주변의 일반적 상황"에 관해서 다음과 같이 서술했다:

"현장 일주 후에 관측자들이 갖는 주된 인상은 남한군이 전적으로 방어를 하도록 편성돼 있고 북쪽 군대에 대해서 대규모의 공격을 수행할 조건에 있지 않다는 것이다. 이 인상은 다음의 주요 관측들에 기초한다.

1. 남한군은 모든 지구에서 깊이 있게 배치돼 있다. 38도선의 남쪽은 순찰대에 더하여 산재된 초소들에 위치한 소수의 병력이 경계를 하고 있다. 병력의 집중과 공격을 위한 밀집은 어떤 지점에서도 눈에 띄지 않는다.

2. 북한군들이 여러 지점에서 38도선의 남측에 놓인 돌출부들을 효과적으로 장악하고 있다. 적어도 한 경우에는 점령이 아주 최근에 이뤄졌다. 남한군들이 이 돌출부들의 어떤 것으로부터 북한군을 몰아내기 위해서 어떤 조치들을 취했거나 어떤 준비를 하고 있다는 증거는 없다.

---

42 쑤투(Szu-Tu)는 유엔한국위원단 의장 대리였다; 스토운(I. F. Stone, *The Hidden History of the Korean War 1950-1951*(Monthly Review Press, 1952), p.10)의 가정에 의하면 그는 이승만에 우호적인 중국(ROC)인이었다.

3. 남한군의 일부는 동부 지역의 산간 지대로 잠입한 게릴라 무리들의 소탕에 적극적으로 참여하고 있다. 이 무리들은 폭파 장비를 소유하고 있고 이전의 경우들보다 더 많은 무장을 갖췄다.

4. 남한군의 장비에 관한 한, 장갑과 공중 지원과 중포가 없어서 침공의 목적을 가진 작전은, 어떤 군사적 기준으로 보아도, 불가능할 것이다.

5. 남한군은 대규모의 공격을 위한 준비를 가리킬 군수물자들을 소유하고 있지 않은 것으로 보인다. 특히 물자들이나 탄약, 석유, 기름, 윤활제를 전방 지역들에 부리는 어떤 기미도 없다. 도로들은 대체로 거의 사용되지 않았다. 그리고 게릴라 무리의 소탕 작전에 합류시키려고 트럭 4대로 부대를 강릉에서 서쪽으로 옮기는 수송대를 빼고는 어디서도 수송의 집중이 발견되지 않았다.

6. 일반적으로 남한 지휘관들의 태도는 경계적 방어의 자세다. 그들이 받은 지시들은 공격을 받으면 사전에 준비된 위치들로 퇴각하라는 것이 고작이다.

7. 남한군이 북쪽으로 광범한 정찰을 실시한다거나 사단사령부나 연대 수준에서 어떤 과도한 흥분이나 활동이 있다거나 같이 공격을 위한 준비를 시사하는 아무 조짐도 없다. 관측자들은 작전실을 비롯해 여러 사령부들의 모든 구역들을 마음대로 들어갈 수 있었다.

8. 관측자들은 특히 38도선 북쪽의 상황과 관련해 무슨 정보가 들어오는지 반드시 물었다. 몇몇 지구들에서는 최근 민간인들이 그 위선에 북으로 인접한 지역들로부터 4킬로에서 8킬로미터까지 다양한 깊이로 이동됐다는 보고가 있은 적이 있었다. 6월 22일 목요일 밤 옹진의 연대본부에서 접수된 다른 보고는 그 위선에서 북으로 약 4킬로미터 떨어진 곳에서 군사 활동이 증가되고 있다는 내용이었다. 그러나 그 위선을 따라서 전반적 상황에

어떤 급박한 변화가 있음을 가리키는 어떤 비상한 활동이 북한군 쪽에서 일어나고 있다는 어떤 보고도 접수되지 않았다."

6월 30일 레이크 썩세스에서 안보리의 27일 결의에 대한 각국의 반응들에 관한 보고와 토의는 그렇게 그 결의의 정당성을 강화하는 UNCOK의 증언으로 끝났다. 6월의 마지막 날이라 안보리의 6월 의장으로서 임기를 마치는 라우와 전달의 의장이었던 프랑스의 쇼벨 대표가 서로 "임기 동안 …… 의무들을 이행한 방식"과 "많은 경우에 보여 준 능력과 권위와 국제연합에 대한 헌신"을 치하했다. 회동은 그 짤막한 대화를 듣고서 17:40(서울 7월 1일 07:40) 자리에서 일어났다.

주말이 지나고 7월 3일 월요일이 되면서 사무국에는 ROK 지원 결의에 대하여 대다수의 회원국에서 답신이 도착했다. 전체 59 멤버들 가운데 열둘을 빼고서 모든 정부들이 통신문을 보냈다. 그 47 대답들 중에서, 북한과 아무 외교적, 상업적, 해사적 관계도 없다고 명시한 스웨덴을 비롯해 41개가 지지를 표명했다. 반대는 넷이었다. 둘은 보류였다.[43]

43 "유엔 안전보장이사회의 대한원조 요청에 대해 대다수 국가가 지지 회답", 『민주신보』 1950년 7월 5일, 국사편찬위원회, 『자료대한민국사 제18권』, 1950년 7월 3일; *FRUS 1950 VOLUME VII, KOREA*, 각주 2, pp.255-257.

제6장

선언과 행동

ROK 군대는 우수한 지도력을 결여했다

수원도 오래 안전할 수 없었다. 6월 28일 목요일 오전이 지나자 북한군의 위협이 벌써 수원까지 느껴졌다. 오후 13:30(워싱턴 27일 23:30) 무렵 야크기 네 대가 나타나 활주로에 기총소사를 가했다.[1] 지상에 있던 미군기 두 대가 파괴됐다. 미군전투기는 뜨지 않았다. 북한 공군은 18:15(워싱턴 28일 04:15)에 또다시 나타났다. 이번에는 야크기 여섯 대가 활주로에 폭격을 가했다. 지상의 비행기들이 모조리 부서졌다. 두 명의 미군이 부상을 당했다. 대한민국(ROK) 쪽에서는 이번에도 공중 엄호가 없었다.

일몰이 오면서 한강 이남의 남한은 차츰 안정을 찾는 모습을 보였다. 존 무쵸는 워싱턴에 보고했다: "오늘 밤 군사적 상황은 더 견고한 것처럼 보인다. 한강의 남쪽 제방을 지키는 ROK 군대는 증강되고 있고 사기가 올라가고 있다. …… 피난민들이 남쪽으로 향하는 도로를 가득 메우고 있으나 질서는 정연한 상태다. 남으로 향하던 패잔병들의 흐름은 이제 멈췄

1 전사편찬위원회, 『한국전쟁사 제1권』(국방부, 1977), p.542; 군사연구소, 『한국전쟁 자료총서 40: 미 국무부 한국 국내상황 관련문서 Ⅱ (Records of The U.S. Department of State Relating To The Internal Affairs of Korea 1950-1954)』(국방부, 1997), 116쪽.

다. 그들은 대부분 재편돼 북쪽으로 돌아가고 있다. 파괴행위(사보타지)는 보고된 바가 없다."

아마도 그 안정성 때문에, 북한군의 움직임에 대해서는 정보가 갈렸다. CIA(중앙정보국)가 워싱턴 시각으로 6월 28일 아침 07:00(서울 28일 21:00)에 도쿄의 맥아더 사령부로부터 수령한 정보에 따르면, "김포공항과 서울이 북쪽 군대의 수중에 떨어졌다. [그러나] 남쪽 군대가 항복을 했음을 나타내는 징후는 없[었]다. 북쪽 군대는 한강의 북쪽에 봉쇄됐다."[2] 반면, 같은 시각까지 수집된 "언론보도들에 따르면, 북쪽 군대는 한강을 건너서 서울에서 남으로 20마일 떨어진 수원 방향으로 남진을 계속하는 중"이었다.

불일치는 북한군의 향후 의도에 관한 평가에 있어서도 나타났다. 도쿄의 군인들은 보수적이었다. "싱크페(CINCFE, 극동총사령관)의 G-4[3] 보고에 따르면, [남한 전체를 짓밟기 위해서 필요한] 광범한 작전을 지원할 병참이 북부 코리아에서 증강되는 증거는 나타나지 않았다." 그러나 CIA는 "그런 증강이 지난 몇 년에 걸쳐서 일어났을 수 있으며 북쪽 무력은 장기간 동안 계속 최대 규모의 군사 작전들을 펼치기에 적절한 병참 지원을 갖추고 있다"고 믿었다. 따라서 CIA는 "북쪽 무력이 한강 이남으로 계속 전진할 의도와 능력을 모두 갖고 있다"고 평가했다. 그럼에도 불구하고, CIA는 낙관했다; 북한군의 진격이 "지연 또는 정지돼 남쪽은 수원 근처에서 이틀 이내에 부대들을 재편성할 기회를 잡을 수 있을 것"이었다.

ROK의 "생존잠재력"을 놓고서도 CIA의 평가와 도쿄의 평가는 서로 합동을 이루지 않았다. CIA는 서울 함락 전에 내놓았던 비관적 예측을 뒤집었다. 그들은 주장했다: "남한의 응집된 저항이 계속될 전망들이 향상되고 있다." CIA가 보기에는, 미국의 지원에 대한 기대가

2 군사연구소, 『한국전쟁자료총서16: 미국중앙정보국 정보보고서 (Intelligence Reports of the Central Intelligence Agency), Daily Report 1』 (국방부, 1997), pp.5-6; "서울 함락 등 전황에 대한 미 극동군사령부의 보고", 국사편찬위원회, 『자료대한민국사 제18권』, 1950년 6월 28일.

3 G-4는 미국의 육군에서 병참부를 가리킨다.

그 변화를 가져왔다. 그들은 주장했다: "미국이 원조와 개입을 하겠다는 약속들을 남한 당국에 조기에 밝힌 것은 남한인들의 사기에 중요하고 시의적절한 효과를 미쳤다. …… 최신의 공식 보고에 의하면 남한인들은 공황의 조짐을 전혀 보이지 않는다. 이 대통령은 미국의 계획들을 알자마자 서울로 돌아가고 싶어서 안달을 했으나 다른 이들이 말렸다는 보고다."

CIA는 전세를 결정하는 변수가 인력의 차이가 아니라 무기의 차이라고 평가했다. 북군은 남군에 없는 탱크와 공군력을 가지고 있었다. 따라서 남군이 결여한 그 요소들이 봉쇄된다면 남군이 밀릴 이유가 없다는 추론이 가능했다. CIA의 보고서는 진술했다: "북한군은 진격의 추진력이 완전히 정지된 것으로 보이지 않는다. 서울과 다른 중요한 지역들의 함락은 남한인들의 사기에 커다란 타격이 됐음에 틀림없다. 그럼에도 불구하고 미국 공군의 작전들은 남한의 정부와 군대와 국민에게 엄청난 심리적 부양효과를 가져올 것이다. …… 한국인들의, 특히 군대의, 사기는 적군만이 장갑차를 보유하고 있고 적군의 전투기가 우세하다는 결정적 요소에 달려 있다. 그렇기 때문에 사기의 차원에서 형세는 적어도 지금은 돌아섰을 것이다. 남한 육군은, 재편성될 수 있으면, 이제 훨씬 더 커다란 전투의지를 가질 것이다. 조직적 저항을 유지할 가망들이 향상되고 있다."

도쿄의 군인들은 워싱턴의 분석자들에 비해서 조심스런 태도를 보였다. 그들이 보기에, ROK에 USA가 지금까지 제공한 제한된 군사적 지원들은 아직 실질적 효과를 나타내지 않았다. 애드콤(ADCOM, 극동사령부의 전방지휘•연락단)이 설치되고 처치 준장이 그 지휘단과 카이맥(KMAG, 주한군사고문단)의 사령관에 취임했다. 그러나 CINCFE의 작전권은 남한군의 지휘를 포함하지 않았다. 그 제한 아래 처치의 애드콤이 필요한 결과를 낼지는 미지수일 뿐이었다. 미국 공군의 개입이 군사적인 효과를 보였다는 보고들도 없었다. 싱크페는 "안전에 어긋나지 않는 최대의 [공중] 공격"을 한국 시간으로 목요일(워싱턴 시간으로 수요일 저녁)에 예정해 놓았다. 아마도 맥아더 장군은, 코리아 전선의 시찰을 그날로 맞춘 것으로 미루어, 그 공습의 결과를 보고서 남한군이 미국에서 지금과 같이 무기와 공군과 해군의 제한적 지원만 받아도 전세를 뒤집을 수 있을지 확인할 의도인 것 같았다.

현장에서 북한군의 공세를 직접 당하는 한국인들과 미국인들은 기껏해야 조심스런 조건부 전망에 머물러 있었다. 드럼라이트 참사관은 워싱턴에 보고했다:[4] "현재 한국인들은 대통령에서 일반인에 이르기까지 적대행위의 경과로 인해서, 특히 서울의 피탈로 인해서, 사기가 땅에 떨어졌다. …… 서울은 완전히 북한군의 수중에 떨어졌다. 남한군 1사단은 문산과 서울 사이에서 포위됐다. 6월 28일 22시 00분(워싱턴 28일 08:00) 현재 전선은 한강을 따라서 금곡까지 그리고 어쩌면 북동까지 놓여 있다고 생각된다. 가평과 춘천은 북한의 수중에 들어갔다. ROK 군대의 사령부와 참모진은 지쳤다. 그들은 명령을 내리고 있으나 그것들이 제대로 수행되는지 확실히 알지 못한다."

남한인들은 "또한 미국의 실제적 군사원조가 없어서 낙담하고 있[었]다." 28일 낮 동안 "수원비행장이 세 차례 기총소사를 당했다. 지상의 어떤 비행기도 안전하지 못했다. 미국의 비행기들은 그 지역에 없었다." 드럼라이트는 보고했다: "장비—특히 대포와 박격포—와 인명의 손실들이 심각하다. 또한 참패들을 당한 데에다 아직은 미국의 지원을 표시하는 뚜렷한 증거도 보이지 않아서 안도할 수 없기 때문에 사기도 저하되고 있다. 하늘에 때때로 비행기들이 보였지만, 그 미군기들이 폭격한 흔적은 나타나지 않았다. 지휘관들은 대단히 풀이 죽은 상태다. 그렇기 때문에 대사관과 ADCOM과 KMAG이 보기에 사활적 중요성이 있는 한강선을 따라서 한국군이 저항을 계속할 능력이 있을지 불확실하다."[5]

---

4 "드럼라이트 주한미대사관 참사관, 미 국무부에 서울 및 춘천이 함락되고 한국군 제1사단이 포위되었다는 전황 보고", 군사연구소, 『한국전쟁 자료총서 40: 미 국무부 한국 국내상황 관련문서 Ⅱ (Records of The U.S. Department of State Relating To The Internal Affairs of Korea 1950-1954)』(국방부, 1997), 254쪽; 『자료대한민국사 제18권』, 1950년 6월 29일.

5 "드럼라이트 주한미대사관 참사관, 한국군의 한강 방어가 어렵다고 보고", 『한국전쟁 자료총서 40: 미 국무부 한국 국내상황 관련문서 Ⅱ』, 256쪽; 『자료대한민국사 제18권』, 1950년 6월 29일.

따라서 "상황을 안정시키려면 미국의 공군과 해군 쪽에서 앞으로 며칠 동안 매우 강력한 노력이 있어야 할 것임"이 현장에 있는 사람들의 판단이었다. 29일 오전 02:00(워싱턴 28일 12:00) 드럼라이트 참사관은, 날이 밝으면 시작될 극동 공군의 대공습을 내다보면서, 워싱턴에 알렸다.[6] "대사관은 미국이 오늘 새벽부터 저녁까지 서울 외곽에 가능한 한 가장 부단히 공중 폭격을 가함에 [남한군의] 사활이 달렸다고 생각한다. 심지어 표적들이 없어도 전투기들이 날아다녀서 미국 공군력의 위용을 한강 남안을 지키는 ROK 군대가 거의 끊임없이 볼 수 있게 함이 결연한 전투 의욕을 지탱할 초석이라고 대사관은 생각한다."

그 공습 계획과 발맞춰 존 무쵸는 28일 낮 대전에 날아왔다. 목요일 도쿄에서 수원으로 날아올 맥아더 장군과 이 대통령이 만나는 기회를 만들기 위해서였다. 대사는 29일 동이 트면 대통령을 대동하고 수원으로 돌아갈 생각이었다. 그사이 대사는 대통령 및 내각과 협의하고 국회에 나가 연설했다.[7] 대사는 미국의 방침을 설명하고 총력전을 위해서 최고참모진의 수중에 노력을 집중하기를 촉구했다. 정부를 임시로 대전에 설치할 것도 당부했다. 남한인들은 이미 전날 대통령의 대전 정착과 함께 그 일에 착수했다. 모두가 보기에, 현재는 그것이 최선인 것 같았다.

처치 장군은 공습의 표적들을 여섯 범주로 분류하고 서술된 우선 순위를 따라서 6월 29일 "가능한 한 가장 이른 시간"에 "각각의 표적에 적어도 B-29 폭격기 3대의 공습을 가해 달라"고 CINCFE에게 요청했다.[8] 첫째 범주는 "격파를 바람은 물론 남한의 사기 진작 차

---

6 "드럼라이트 주한미대사관 참사관, 한국군의 한강 방어가 어렵다고 보고", 『한국전쟁 자료총서 40: 미 국무부 한국 국내상황 관련문서 Ⅱ』, 256쪽; 『자료대한민국사 제18권』, 1950년 6월 29일.

7 *FRUS 1950 VOLUME VII, KOREA*, pp.220-221; "Oral History Interview with Ambassador John J. Muccio", Washington, D. C., February 10, 1971, by Jerry N. Hess(www.trumanlibrary.org/oralhist/muccio1.htm), [47].

8 "드럼라이트 주한미대사관 참사관, 미 공군의 주요 폭격 목표에 대해 보고", 군사연구소, 『한국전쟁 자료총서 40: 미 국무부 한국 국내상황 관련문서 Ⅱ (Records of The U.S. Department of State Relating To The Internal Affairs of Korea 1950-1954)』(국방부, 1997), 250쪽; 국사편찬연구소, 『자료대한민국사 제18권』, 1950년 6월 29일. B-29는 폭격기(bomber)의 일종이다.

원에서 우선순위가 높은 표적들"이었다. 서울역이 여기에 속했다. 아밐(AMIK, 미국공관)의 배차장으로 쓰이던 네모난 구역도 그랬다. 거기에는 30대의 탱크가 모여 있었다. 그 표적들의 정확한 지도상 위치는 "김포에서 서울로 들어오는 대교 상에서 북으로 1마일 지점"이었다. 처치가 알기로, "그보다 더 정확히 위치를 지적하는 지도들은 없[었]다." 북한군이 선전에 사용하는 방송국도 공습의 우선순위가 높은 표적에 속했다. 그것은 "서울 중앙 방송국의 북으로 2마일 지점"의, "삐죽한 안테나가 설치된 언덕"에 있었다. 다음 영역의 표적들로 처치는 "한강 북안의 좌표 (980.4-1640.6) 지점에서 좌표(1010.21640.2) 지점까지에 집결한 병력들, 대전차포들, 기관포들, 군사 목표물들"을 들었다. 처치는 "만일 눈에 띄지 않으면, 그것들이 은폐할 만한 곳들을 쏘아대라"고 요구했다. 셋째 영역의 표적들은 "김포공항 북방 1마일 지점에 있는 도로 상의 위치에서 동쪽 방향으로 서울을 향해서 진행하는 모든 병력들, 탱크들, 자동차들, 군사 목표물들"이었다. 넷째는 "서울 좌표 (990.4-1630.7) 지점의 한강 북안 교량들 부근에 설치된 대전차포들"이었다. 다섯째는 "현재 이타즈케에 있는 B-26 및 F-82 승무원들에게 이미 알려 준 지역들과 표적들"이었다.[9] 그리고 마지막 표적들은 "위치를 불문하고 어디서든 눈에 띄는 탱크 일체"였다.

비행기를 내린 더글라스 맥아더는 중절모를 쓴 이승만 대통령을 향해서 곧장 걸어왔다. 장군은 옛친구를 만난듯 환히 웃으며 대통령을 포옹했다. 수인사가 끝나자 일행은 KMAG이 임시 본부로 쓰고 있는 학교로 이동했다.[10] 맥아더는 대통령과 대사와 미군 장교들 및

9 이타즈케(Itazuke) 비행장: 일본의 후쿠오카에 있는 미국 공군의 항공수송 터미널.

10 "드럼라이트 주한미대사관 참사관, 이승만 대통령과 맥아더의 회동, 전황 등에 대해 보고", 『한국전쟁 자료총서 40: 미 국무부 한국 국내상황 관련문서 Ⅱ』, 253쪽; 『자료대한민국사 제18권』, 1950년 6월 29일; "이승만 대통령, 방한한 맥아더 미 극동군사령관과 회동", 『경제신문』 1950년 7월 1일, 『자료대한민국사 제18권』, 1950년 6월 29일; "Oral History Interview with Ambassador John J. Muccio", Washington, D. C., February 10, 1971, by Jerry N. Hess(www.trumanlibrary.org/oralhist/muccio1.htm), [48], [49], [50]; 이강산 (nzauthor), "수원비행장에서 이승만을 만나는 맥아더", http://c.hani.co.kr/hantoma/580196; 군사편찬연구소, "6·25 전쟁사 3: 한강선 방어와 초기 지연작전"(국방부, 2006), 102-104쪽.

ROK 장교들과 번갈아 이야기를 나누며 상황에 관한 설명들을 경청했다.

"현재 가장 큰 문제는 소련제 탱크들을 막는 일입니다." 처치 준장은 보고했다. 그 탱크들 앞에서 ROK 군대는 속수무책이었다. 병사들은 그것들의 무한궤도가 굴러가는 소리만 들어도 얼굴이 파랗게 질렸다. 그런데 북한군 탱크들은 무서운 기세로 남진 중이었다. 준장이 보기에, 그들은 반도 끝까지 밀고 내려갈 기세였다. 남부는 평야지대라서 탱크들이 별로 힘을 쓰지 못할 것이라는 낙관도 있었다. 그러나 처치의 생각은 달랐다. 장군은 말했다: "북군은 주요 도로들을 장악해 탱크들을 자기들 마음대로 활용할 수 있을 것입니다." 더군다나 10만이던 남한군이 지금은 25,000명으로 줄었다.

"귀관은 사태에 어떤 식으로 대처해야 한다고 봅니까?" 맥아더는 ROK 총참모장을 보면서 물었다. 채병덕은 즉각, 그리고 아마도 당황해서, 대답했다. "200만 명의 남한 청년을 훈련시켜 침략군을 격퇴하겠습니다." 그 허황된 발상은 나약한 군대를 이끎에 있어서 아마도 임시변통과 허장성세에 습관처럼 의지했을 지휘관이 머리에 떠올릴 수 있는 최선의 대책이었다. 그러나 만일 그것이 대책이라면 그것은 문자 그대로 허무한 대책이었다. 채 소장 자신을 비롯해 아무도 그 즉흥적인 대답에 부연 설명을 내놓지 않았다. 어쩌면 총장은 맥아더의 질문을 제대로 알아듣지 못했을지 몰랐다. 사실이 무엇이든, 지금은 주어진 악조건을 주어진 능력으로 타개할 해법을 발견할 실제적 상상력이 절실히 필요한 시간이었다. 총장의 소망대로 ROK가 언젠가 200만 대군을 가지는 날이 올지도 몰랐다. 그러나 미래의 그 허구적인 대군이 지금 남한군이 맞닥뜨린 문제를 해결할 수는 없었다. 당장 북한군이 탱크들을 앞세우고 무섭게 덤벼드는 마당에 아무도 현실과 동떨어진 총장의 허풍을 즐길 여유가 없었다. 잠깐 동안 무거운 침묵이 흐른 뒤 맥아더는 질문도 논평도 없이, 그리고 아마도 강한 자의 도량을 발휘해, 말했다. "아주 좋은 생각입니다."

더 이상 새로운 설명이 없자 맥아더는 자리에서 일어났다. 모두들 서울 쪽으로 한강 근처까지 차를 몰고 올라가 위급한 상황을 관측했다. 미국 공군의 활동이 "두드러졌던" 29일 목요일, 적의 진지들에 대한 수많은 공습들에 더하여 일본에서 군수물자가 꾸준히 도착했다.[11] 한강 전선의 적은 주로 진지에 들어앉아 포화만 뿜어낼 뿐이었다. 그러나 김포 지역에서는 남한군의 좌측 날개 쪽으로 위협이 발달하고 있었다. 거기서 적은 1,500명으로 추정되는 병력을 가지고 남진 중이었다. ○○ 지역에서는 ROK 8사단의 방어 위치들이 약화되고 있었다. 문산에서 포위됐던 한국군 제1사단 병력의 60%가 우군과 합류하기 위해서 적의 포위망을 뚫고 한강을 건너려고 시도하고 있었다. 제6사단은 춘천 남쪽을 계속 잘 지키고 있었다.

한국인들은 맥아더의 방문으로 크게 고무됐다. 그러나 그로 인해 전장에 달라진 것은 없었다. 29일 남한군의 가장 중요한 활동은 낙오자들의 재편성이었다. 예측은 앞으로 하루나 이틀 내에 ROK가 한강 방어에 25,000명의 병력을 투입할 수 있겠다는 것이었다. 그러나 이들의 화력은 소형 무기로 제한돼 있었다. 한강 전선의 상황은 여전히 위급했다. 현재 미국이 제공하고 있는 공군과 기타의 지원하에서도 남군이 북군의 지속적 도강 시도를 좌절시킬 수 있을지는 "대단히 회의적"이었다. 수천 명의 피난민들이 서울에서 남으로 계속해서 이동하고 있었다. 드럼라이트는 워싱턴에 보고했다: "상황은 호전이, 있긴 있으나, 거의 없다."

드럼라이트가 보기에, 맥아더는 이 짧은 출장의 결과로 워싱턴에 통신할 어떤 중대한 결정들에 도달했음이 분명했다. 참사관의 추측은 옳았다. 수원으로 돌아와 장군은 대통령과 무쵸하고 사담을 나눴다. 대통령에게 맥아더는 말했다: "한국육군은 좀 더 냉철한 참모총장이 필요할 것으로 보입니다."[12] 그리고 무쵸에게는 말했다: "한국인들을 단단하게 만들려면 미국의 정규군

---

11 "드럼라이트 주한미대사관 참사관, 이승만 대통령과 맥아더의 회동, 전황 등에 대해 보고", 『한국전쟁 자료총서 40: 미 국무부 한국 국내상황 관련문서 Ⅱ』, 253쪽; 『자료대한민국사 제18권』, 1950년 6월 29일.

12 조지프 굴든, 김쾌상 옮김, 『한국전쟁: 알려지지 않은 이야기』(일월서각, 1982), 112쪽; 이강산(nzauthor), "수원비행장에서 이승만을 만나는 맥아더", http://c.hani.co.kr/hantoma/580196.

부대들이 필요하다고 워싱턴에 보고할 생각입니다. 2개 사단이 있어야 하겠다고 말입니다."[13]

대통령과 무쵸는 오후 늦게 맥아더와 작별 인사를 나눴다. 장군은 물었다: "여기에 어떻게 왔습니까?" 무쵸는 대답했다: "L-5 두 대를 타고서 왔습니다." 그러자 장군은 자기의 조종사인 앤서니 스토리 대령을 돌아보고 말했다: "비치크래프트가 아직 여기에 있는가? 그들을 태워다 주고 오는 것이 어떤가?"[14]

대통령과 무쵸는 막 착륙해 엔진을 켜고 서 있는 작은 비행기 안으로 들어갔다. 그들이 안전벨트도 채 매지 않았는데 비행기는 출발했다. 그런데 활주로를 달려가던 비행기가 갑자기 홱 돌아섰다. 그리고 승무원이 달려와 문을 열고 소리질렀다. "뛰어내려요. 피해요."

야크기 한 대가 그들을 향해서 내려왔었다. 야크기들이 떠나자 조종사는 대통령과 무쵸를 돌아다 보고서 말했다. "내가 비행기의 상태를 살펴볼 동안 당신들은 여기에 있는 편이 좋겠다."

대통령과 대사는 논 바닥에 큰 대자로 누워 있었다. 대령은 한참 뒤에 돌아와서 얼마나 걸려야 뜰 수 있을지 알 수가 없다고 말했다. 무쵸는 전날부터 자기의 차를 활주로 가에다 세워 두었다. 대사는 대통령에게 같이 타고 가자고 제안했다. 대통령은 기꺼이 찬성했다. 대사는 대통령을 태우고 수원에서 대전까지 차를 몰고 내려갔다.

맥아더는 18:00(워싱턴 28일 04:00)이 지나서 도쿄로 출발했다.[15] 장군은 돌아가는 비행기 안

---

13 "Oral History Interview with Ambassador John J. Muccio", Washington, D. C., February 10, 1971, by Jerry N. Hess(www.trumanlibrary.org/oralhist/muccio1.htm), [48], [49], [50].

14 L-5는 2차 대전 동안 미국 육군이 정찰 및 연락에 사용한 경비행기를 말한다. 비치크래프트(Beechcraft)는 비치항공사(Beech Aircraft Company)가 제작한 소형비행기를 가리킨다.

15 *FRUS 1950 VOLUME VII, KOREA*, pp.248-250; 군사편찬연구소, 『6 • 25 전쟁사 3: 한강선방어와 초기 지연

에서 워싱턴의 합참과 국무부에 보낼 전문을 작성했다. 현장을 살펴본 결과 CINCFE는, 장비와 공군과 해군의 지원을 받더라도 필요한 지도력을 결여한 남한군은 혼자서 전세를 뒤집기도 북한군의 남진을 막기도 어렵다는—어떤 목적을 위해서도 미국 지상군의 전투 투입이 필수라는—결론을 내렸다. 도쿄에서 6월 30일 12:50에 발송되고 워싱턴이 30일 오전 01:31에 수령한 일급비밀전문 C56942호에서 장군은 보고했다:

"나는 오늘 수원에서 북으로 한강까지 남한의 전투 지역을 시찰했다. 나의 목적은 현재의 상황을 있는 그대로 직접 정찰하고, 우리의 임무를 차후에 가장 효과적으로 지원할 방법을 판정함에 있었다.

한국 육군과 해안경비대는 혼란에 빠져 있다. 그들은 진정으로 싸운 적이 없었고, 자력으로 사태를 헤쳐나갈 지도력이 부족하다. 내부 질서의 유지에 알맞은 경무장 군대로 조직돼 그들은 장갑차와 비행기의 공격에 준비가 되지 않았다. 그들은 북한 군대에 체현된 것과 같은 무력에 대항해 주도권을 장악할 능력이 없다.

한국 육군은 깊이 있는 방어를 위한 준비가 전혀 없었다. 보급 부대나 보급 체계도 전혀 준비되지 않았다. 군대가 퇴각할 경우에 보급품과 물자의 파괴를 위한 계획들이 전혀 세워지지 않았고 설령 그랬더라도 실행되지 않았다. 그 결과 그들은 자신들의 보급품과 중장비를 잃거나 버렸고, 상호통신체계가 전혀 없다. 대부분의 경우 개인 병사는 남으로 도주할 때 자기의 라이플이나 카빈총을 보지했다. 그들은 후방에서 점차 모아지고 있고 내가 파견한 나의 애드콤이 그들에게 조직의 모양새를 갖추게 하고 있다. 대포와 박격포와 대전차포가 없는 상태에서 그들이 희망할 수 있는 것이라곤 우수한 리더십의 지도와 모범 아래 자연적 장애물들을 최대로 이용해 적의 전진을 늦추는 수밖에 없다.

작전』(국방부, 2006), 104쪽.

일반인들은 조용하고 질서정연하며 생활 수준에 맞춰서 지내고 있다. 그들은 드높은 국민정신과 미국인들에 대한 확고한 신뢰를 갖고 있다. 서울에서 남쪽으로 향하는 도로들은 공산 지배를 거부하는 피난민들로 가득하다.

남한의 군사력은 유효병력이[16] 25,000을 넘지 않는 것으로 추정된다. 이미 보고된 것처럼 북한 군대는 상당한 강도를 가진 기갑부대와 러시아제 비행기들을 갖춘 잘 훈련된, 잘 규율된 공격적인 공군의 지원을 받는다. 이로써 이 무력은 공산주의 침략군의 한 요소로 건설됐음이 명백하다.

나는 수원에 있는 낙하교두보와 부산의 남부 항구를 통해서 군수물자들의 보급 흐름을 수립•유지하기에 가능한 모든 노력을 다하고 있다. 교두보는 지극히 중요하나 끊임없이 공습을 당한다. 보급과 장비와 인원을 수송하는 모든 항공기들을 위해서 공중 엄호가 유지돼야 하기 때문에 나의 전투기 능력 가운데 커다란 부분이 그 요건의 해결에 들어간다. 북한 공군은 근처의 기지들에서 출동해 수원 지역에 맹렬한 공격들을 자행해 왔다.

적의 전진이 반드시 저지돼야 한다. 그렇지 않으면 그것은 코리아 전체를 쳐부술 기세다. 한강 방어선의 확립을 위해서 온갖 노력이 경주되고 있으나, 결과는 대단히 미심쩍다. 이 전선과 수원-서울 회랑의 방어는 코리아 중부에 위치한 유일한 낙하교두보의 보유에 필수적이다.

한국 육군은 반격 능력을 완전히 결여했다. 그리고 또다시 돌파를 당할 심각한 위험에 처해 있다. 만약 적의 전진이 사뭇 더 계속되면, 공화국 전체가 함락될 것이다.

---

16 유효병력(또는 실동병원, effectives): 군인들 가운데, 환자 등을 제하고, 전투에 실제로 투입할 수 있는 인원.

현재의 전선을 지키고 빼앗긴 땅을 나중에 탈환할 능력을 확보할 유일의 방법은 미국의 지상전투부대를 코리아의 전투지역에 투입하는 것뿐이다. 효과적인 지상군 없이 우리의 공군과 해군만 계속 이용하면 결정적인 승리가 있을 수 없다.

만일 허가를 받는다면 나는 연대 규모의 미국 전투단을 즉시 이동시켜 언급된 사활적 지역을 보강하고 조기 반격을 위해서 일본에 있는 군대로부터 어쩌면 2개 사단까지 증강된 병력을 예비할 생각이다.

만일 이 분쇄된 지역에 육•해•공군 팀의 충분한 활용이 이뤄지지 않으면 우리의 임무는 기껏해야 생명과 금전과 위신에 있어서 쓸데없이 높은 비용을 치르게 될 것이다. 그리고 더욱더 나쁜 것은 그것이 심지어 실패하게 돼 있다는 것이다."

29일 저녁이 오면서 북한군의 움직임이 달라졌다. 맥아더가 수원 비행장을 떠남과 동시에 드럼라이트는 처치가 작성하고 맥긴이 서명한 전문을 CINCFE에게도 전해 달라는 요청과 함께 국무부로 타전했다. 처치 준장은 진술했다:[17]

"적은 바지선들과 보트들과 모든 가용한 수단들을 이용해 오늘 밤 도하를 하려고 한강 북안에 집결 중이다. 70대의 탱크들이 ○○ 지역에 있다. 우리의 병력은 남안을 지키고 있다.

오늘 밤 가능하면 B-29 폭격을 요청한다. 레이다가 충분한 정확성을 지시할 것이다. 다리들을 맞혀도 괜찮다. 서울 인근의 한강 북안 전체에 폭격을 펼쳐 달라. 수많은 병력과 탱크가 집결돼 있다."

---

17 "드럼라이트 주한미대사관 참사관, 북한군이 한강 도하를 모색 중이라고 보고", 군사연구소, 『한국전쟁 자료총서 40: 미 국무부 한국 국내상황 관련문서 II (Records of The U.S. Department of State Relating To The Internal Affairs of Korea 1950-1954)』(국방부, 1997), 249쪽; 국사편찬위원회, 『자료한국사 제18권』, 1950년 6월 29일.

가엾은 ROK 군대는 능력의 부족을 감추기 위해서 당장 동원할 수 있는 수단이 자신감 넘치는 허풍밖에 없는 것으로 보였다. 다행히 군대는 누구보다 풍부한 허구적 상상력을 가지고 있었고 그런 상상력은 아무리 많이 사용해도 비용이 낮았다. 상황이 요구하면 군대는 그것을 기꺼이 극단까지 부풀릴 수 있었다. 28일 자정(워싱턴 28일 10:00)에 경상남도의 위수지구 사령부는 특별발표를 내놨다.[18] 물론, 아마도 경남 지역의 민정 안정을 위해서 현실을 호도하는, 허위 발표였다. 사령부는 주장했다:

"아군 정예부대 주력은 동해안 일대로부터 상륙을 개시하였으며 ○○부대는 목하 원산항에 상륙하여 원산 북방에서는 치열한 전투를 계속하고 있다. 그리고 우리측 ○○부대 주력은 진남포 상륙을 거쳐 목하 평양 시내에 진격 중에 있다.

우리 공군 정예부대도[가] 행동을 개시하는 동시에 미군도 행동하였으며 우리 공군폭격기는 수차에 걸쳐 평양시가 및 38선 일대에 맹렬한 폭탄세례를 가하여 적은 속속 퇴각 중에 있다.

동해안지구 일대에는 미 순항함 잠수함이 출동하여 준엄한 경계망을 구성하고 북한괴뢰집단의 남하 기도를 단호 저지하고 있다. 그리고 현재 동해안 및 일본 부산간 해상에는 00척의 미함이 경계 중에 있다.

미국은 한국에 대한 원조물자는 100%로 보급할 것을 확약하였으며, 미 공군은 본격적으로 행동을 개시하여 한국에 대하여 원조물자를 착착 공수 중에 있다."

---

18 "경상남도 위수지구사령부, 국군의 원산 상륙을 발표", 『부산일보』 1950년 6월 30일, 국사편찬위원회, 『자료대한민국사 제18권』, 1950년 6월 28일.

경상남도에는 군경합동전투지휘소가 차려졌다. 29일 아침 그들은 일과가 시작되자마자, 현실과 모순된 허풍의 발표로 자기들의 존재와 권위를 과시했다. 전선은 불안하기 짝이 없지만 그럴수록 후방의 질서와 안정이 요구되는 딱한 처지를 당하여 합동지휘소는 시민들에게, 아마도 달리 어쩔 수가 없다고 판단해서, 다음과 같이 선포했다:[19]

"29일 상오 8시[(워싱턴 28일 18:00)] 현재 대전에 임시 환도 중에 있던 정부 기관은 금조 서울중앙청으로 귀환 복귀하였으며 무난한 집무 중에 있으니 [국민 여러분은] 안심하여 주기 바라며 서울은 완전히 회복되었고 극히 평온을 확보하고 있다.

우리 항공부대 및 미 공군부대는 38선 상의 적의 보급선을 습격 좌절시키고 평양, 진남포, 원산 등에 계속 공습을 감행하여 적의 심장부 기관을 완전 분쇄하고 있다. 서울 외곽의 적은 산산[이] 분산 퇴각하고 있다.

미 군함 및 항공모함은 동서해의 제해권을 장악하고 있으며 대한[의] 각 해안을 순회 경계 중에 있다.

일부 시국의 긴박함을 이용하여 매국적 모리배가 양곡의 매점매석을 계속하여 국민의 식생활을 곤란시키고 있으나 당국은 비상조치로서 보유미를 방출하여 지금 매인당 3근씩 배급하고 있으니 도민 여러분은 안심할 것이며 당황치 않기를 바란다."

미국인들은 사정이 달랐다. CIA는, 서울 시간으로 6월 29일 저녁 21:00—워싱턴 시간으로 6월 29일 아침 07:00—까지 국무와 국방의 가용한 모든 출처들에서 수신된 최신 보

---

19 "경상남도 군경합동전투지휘소, 정부기관 서울 귀환을 발표", 『민주신보』 1950년 6월 30일, 국사편찬위원회, 『자료대한민국사 제18권』, 1950년 6월 29일.

고들을 집계해, 종합 평가를 내놨다. 정보국이 보기에, 북한인들이 초기에 누렸던 기습의 효과는 소진됐고 그들도 남한인들도 외부의 지원 없이 스스로는 상대를 제압할 능력이 없었다. 먼저 군사적 상황에 관해서 힐렌쾨터 국장은 다음과 같이 보고했다:[20]

"남쪽 군대가 김포공항을 다시 탈환했다. 그들은 또 한강 이남에서 서울로 진입하는 도로를 장악하고 있다. 남군은 서울의 동쪽에서 금곡-춘천과 ○○을 관통하는 방어선을 지키려 시도하고 있다. 만약 이 선을 지킬 수 없으면 남군은 대략 북위 36도선에 걸치는 대구 북쪽의 방어선으로 퇴각할 계획이다.

어제 한강 다리들과 한강 북쪽의 북군에 가해진 미군기들의 공습들은 이 방어선의 지탱에 도움이 될 것이다. 그러나 50%에 이르는 사상자들과 장비의 대량 분실로 인해서 이 시간 남쪽의 능력이 상당히 감소됐다. 남군 병사들의 사기는 좋다.

미국의 해군 부대들이 강릉 지역에서 적의 상륙정들을 막는 활동을 하고 있다. 삼척의 남쪽에서는 어떤 상륙도 확인된 바 없다. 미국의 해군 항공기들은 수원의 가설 활주로를 엄호할 위치에 있지 않다. 그 이남으로 부산과 사이슈에[21] 있는 두 개의 다른 비행장들이 F-80기들의 작전들을 지원할 수 있을 것이다.

전반적 상황이 더 분명해지고 있다. 북군의 전진 속도가 느려진 것처럼 보인다. 그럼에도 불구하고, 북군이 서울에서 멈추거나 퇴각할 의도임을 나타내는 조짐은 아직 없다. 이 시간 남군이 현재의 방어선을 지켜낼 공산은 50대50이 조금 안 된다."

---

20 군사연구소, 『한국전쟁자료총서16: 미국중앙정보국 정보보고서 (Intelligence Reports of the Central Intelligence Agency), Daily Report 1』 (국방부, 1997), 7쪽.

21 "사이슈"는 제주도의 일본명이다.

서울의 함락에도 불구하고 ROK의 후방은 안정과 질서를 잃지 않았다. 북한군이 기대하고 있을지 모르는 공산주의 동조자들의 파괴행위는 일어나지 않았다. 따라서 만일 미국의 지원이 있다면 ROK의 "생존잠재력"은 염려할 필요가 없을 것 같았다. 힐렌쾨터는 보고했다:

"미국대사관에 따르면, 한국인들은 서울이 피탈되고 미국의 실제적인 군수들이 군대에 이르지 않아서 낙담하고 있다. 이 보고서는 상황이 안정되기 위해서는 앞으로 며칠간 미국의 공군과 해군 쪽에서 매우 강력한 노력이 있어야 할 것이라고 평가한다.

남한 육군은 자신의 무력 전체를 전선에 배치했는데 전투에 투입할 수 있는 유효 병력의 약 50%를 손실했다는 보고다. 경찰력이 현재 전투에 사용되고 있다.

야전 보고들을 보면, 지난 24시간 동안 북한군의 추진력이 느려진 것 같고, 비록 물자의 부족이 아직은 나타나지 않지만, 만약 소련의 병참지원이 추가로 이뤄지지 않는다면 탱크들과 비행기들의 점차적 소모로 인해서 수일 내로 활동 속도가 줄어들 것이다.

만약 미국의 원조가 앞으로 48시간 이내에 효과적으로 배분될 수 있다면, 남한군의 사기는 높아질 것이다. 한편 남한 전역에는 질서가 유지되고 있는 것으로 보인다. 공산 게릴라의 활동에 대한 보고는 접수된 바 없다."

ROK 정부는 지리멸렬이다

그러나 남한인들도 미국인들도 북한군의 능력을 아직 전부 보지 못했다. 적대적 경쟁을 벌이는 당사자들 사이에서 힘은 언제나 상대적인 변수다. 나의 힘이 아무리 커져도 상대가 나보다 더 많이 세졌다면 나는 약해진 것이다. 미국의 공중 지원이 ROK의 능력과 사기를 높였음은 확실했다. 그러나 그 지원은 북한군의 힘을 빼기에 성공하지 못했다. 6월 29일의 대공습을 경험한 북한인들은 오히려 사기가 더 높아진 것 같았다. 그리고 그 증분을 남한인들의 경우가 능가하지 못함이 금방 드러났다.

북한군은 6월 30일 금요일 아침 일찍 서울 지역의 한강 전선을 따라서 대포 포격을 퍼부었다.[22] 남한군 진지에 포탄들이 작열하고 적은 "근처의 다리들을 넘기에 성공했다." 남한군 쪽에서는 이내 혼란이 일어났다. 미국인들이 보기에, "온종일 한국 군인들은 대포의 포화 아래서 버티기를 주저하는 태도를 보였다. 미군 장교들의 독려에도 불구하고 그들이 적의 보병과 접촉도 하지 않고 철수하는 경우도 속출했다." 금요일 저녁 20:00(워싱턴 30일 06:00) 드럼라이트는 워싱턴에 타전했다: "현재까지 알려진 바에 의하면, 서울 지역에서 한강을 건넌 적의 탱크는 없다. 그러나 오늘 밤이나 내일은 탱크들이 건너올지 모른다. 적이 한강을 건너면서 상황은 위급한 양상을 띠고 있다. 만일 상당수의 탱크들이 넘어오면 패주가 예상된다. 심지어 탱크들이 없더라도 ROK 군대는 대포와 지상 공격 아래 와해될 수 있다. 수원 이북에서 적을 막으려고 비록 빈약한 숫자지만 가용한 모든 예비대를 올려 보내는 중이다."

다른 지역들도 불안정했다. 드럼라이트는 보고했다: "김포 반도의 상황은 불확실하다. 아마도 김포 공항은 적의 수중에 떨어졌을 것이다. 그리고 인천은 함락 위기에 있는 것으로 믿어진다. 서울 바로 동쪽의 상황은 불투명하다. 그러나 거기서 적이 이미 한강을 건너서 남동쪽으로 이동하고 있다는 보고들이 여럿 있다. 만일 그것이 사실이면, 수원은 동쪽에서 적의 위협을 받게 된다. 한국군 6사단은 원주의 북쪽을 계속 지키고 있다. 한편 제8사단은 강릉에서 강릉-원주간 도로로 남서쪽 약 50마일 지점에 위치한 진부의 산악지대에 집결 중이다."

---

22 "드럼라이트 주한미대사관 참사관, 북한군 한강 도하 및 인천 함락위기 등 전황 보고", 군사연구소, 『한국전쟁 자료총서 40: 미 국무부 한국 국내상황 관련문서 Ⅱ (Records of The U.S. Department of State Relating To The Internal Affairs of Korea 1950-1954)』(국방부, 1997), 428쪽; 국사편찬위원회, 『자료대한민국사 제18권』, 1950년 6월 30일.

한편 ROK의 참모들은 하루 동안 일어난 사태로 인해서 "풀이 죽었다."[23] 정일권 준장이 미국에서 도착했다. 다들 그가 ROK 육군의 새로운 총참모장에 임명될 것이라고 들었다. 채병덕은 후방 부대의 사령관으로 좌천됐다. 뚱보 소장이 경질된 사유에 대해서는 아무런 공식 설명도 나오지 않았다. 정 준장이 왜 그 상급자보다 총참모장에 더 적임인지에 대해서도 물론 공식 설명이 없었다. 물론 굳이 말하지 않아도 경질의 사유는 충분해 보였다.[24] 채병덕 소장은 서울 방어에 실패했다. 그러나 의문은 남았다. 만일 채병덕이 아니라 다른 사람이 총장의 자리에 있었다면 그 실패가 없었을까? 만일 당초에 채병덕이 ROK 육군의 가용한 인력풀에서 다른 장군보다 조금이라도 더 적합하다고 판단됐기 때문에 그 자리에 임명된 것이었다면 그 질문의 합리적인 대답은 당연히 "아니다"일 것이었다. 그리고 만일 그렇다면 ROK 정부는 서울의 실함에 더해서 인재까지 잃게 되는 셈이었다. 피난민들이 간간이 들려 주는 "공산 치하의 서울에서 일어나는 일들"도 물론 고무적이 아니었다.[25] 현재 원세훈, 조소앙, 김규식, 그리고 기타 '중간파'들이 서울에서 정치활동에 적극적으로 참여하고 있었다. 그리고 여러 정치범들에게 중책이 주어졌다.

"상황은 급속히 악화되고 있습니다. 아무리 좋게 말해도, 절망적입니다." 17:30(워싱턴 30일 05:30) 도쿄의 군정고문 시볼드가 전화로 코리아 사정이 어떤지 물었을 때 존 무쵸는 그렇게 대답하고 설명했다:[26] "나는 밤의 대부분을 그리고 사실상 하루 온종일을 최고위 한국

---

23 "드럼라이트 주한미대사관 참사관, 북한군 한강 도하 및 인천 함락위기 등 전황 보고", 『한국전쟁 자료총서 40: 미 국무부 한국 국내상황 관련문서 Ⅱ』, 428쪽; 『자료대한민국사 제18권』, 1950년 6월 30일; *FRUS 1950 VOLUME VII, KOREA*, Footnote 1, pp.272-274; "육군 총참모장에 채병덕이 경질되고 정일권준장 결정", 『부산일보』 1950년 7월 5일, 『자료대한민국사 제18권』, 1950년 7월 2일.

24 가령 다음을 볼 것: 군사편찬연구소, 『6 • 25전쟁사 3: 한강선 방어와 초기 지연작전』(서울: 국방부, 2006), 6쪽.

25 "드럼라이트 주한미대사관 참사관, 북한군 한강 도하 및 인천 함락위기 등 전황 보고", 군사연구소, 『한국전쟁 자료총서 40: 미 국무부 한국 국내상황 관련문서 Ⅱ (Records of The U.S. Department of State Relating To The Internal Affairs of Korea 1950-1954)』(국방부, 1997), 428쪽; 국사편찬위원회, 『자료대한민국사 제18권』, 1950년 6월 30일.

26 *FRUS 1950 VOLUME VII, KOREA*, pp.254-255.

인들과 국회의 중요인사들하고 보냅니다. 나는 그들이 좀 더 오래 버티게 만들 수 있다고 느낍니다. 그러나 아주 오래는 아닙니다. 그들이 금방 공황에 빠질 위험이 있습니다." 시볼드는 그런 사태를 막기 위해서 당장 무엇이 필요할 것인지 물었다. 무쵸는 대답했다: "통제할 수 없는 상황이 일어나기 전에 총력을, 전면적 노력을, 다해 줄 것을 간절히 청합니다." 시볼드는 통화 내용을 즉시 국무부에 알리겠다고 말하고 전화를 끊었다.

적어도 미국 공군의 작전에는 속도가 붙었다. 싱크페(CINCFE, 극동총사령관)는 부산-진해 지역에 있는 항만과 공군 기지의 확실한 보호를 위해서 미국의 육군을 투입하고 순수한 군사 목표물들에 한해서 북부 코리아로 작전들을 확대해도 좋다는 워싱턴의 승인을 받았다. 이 승인하에서, 맥아더 장군은 연대급 전투 부대 하나를 부산 지역으로 움직이는 중이었다. 그리고 38도선 이북의 선정된 군사 목표물들에 대해서 공습들이 진행되고 있었다.[27]

그러나 북한군은 위축되지 않았다. 오히려 그 반대로 보였다. 코리아의 군사적 상황에 관해서 CIA는 한국 시간 30일 저녁—워싱턴 시간 6월 30일 새벽—까지 집계한 보고들을 분석해 다음의 종합적 판단을 내놨다: "지난 24시간 동안 군사적 상황은 상당히 악화됐다. 공식 보고들에 따르면, 예비대였던 북한군 제4사단이 파괴되지 않은 2개의 철교들을 이용해, 한강 도하에 성공했다. 북군은 전진을 재개했다. 남한군은 전투력이 낮다. 남한의 모든 부대들은 사기가 나쁘다는 보고다. [반면,] 북군은 계속 높은 사기를 보인다. 그들의 즉각적 목표는 수원비행장을 탈취하고, 이 지역에 남아 있는 25,000명의 남군을 분쇄하는 것이다. 북군은 수원을 장악하고 남은 남군 병력을 고립시킬 능력을 가진 것으로 보인다. 미국 공군과 해군의 저지 활동에 직면해 북군이 전진을 멈추거나 뒤로 물러날 의도가 있음을 나타내는 조짐은 지금까지 없다."[28]

---

27 군사연구소, 『한국전쟁자료총서16: 미국중앙정보국 정보보고서 (Intelligence Reports of the Central Intelligence Agency), Daily Report 1』 (국방부, 1997), 9-10쪽.

28 『한국전쟁자료총서16: 미국중앙정보국 정보보고서, Daily Report 1』, 9-10쪽.

PRK의 기승은 당연히 ROK의 "생존잠재력"의 저하를 뜻했다. CIA는 보고했다: "남한인들의 사기는 심각한 정도로 저하되고 있는 것으로 보인다. 민간인들은 매우 비관적이다. 정부의 사기는 부족하다. 그리고 군대는 일련의 계속된 패배로 기가 죽었다. 남한의 헌병들이 군인들을 강제로 전선으로 돌려보내고 있다는 보고다.

서울을 탈출한 한 저명한 남한인의 진술에 따르면, 사로잡힌 남한 장교들과 군대 요원들은 '인민의 적들'로 묘사됐다. 그들은 잡히면 보통 죽임을 당했다. 그것은 북한군의 전선들 뒤에서 남한인들이 어떤 저항 활동도 일으키지 못하게 하려는 의도인 것으로 보인다.

남한 정부는 현재 무력하다. 군대의 전투 의지는 심히 저하됐다. 군사적 전망은 암울하다."

ROK 정부는 적어도 자신에 관한 한 그 평가가 옳음을 한밤중에 행동으로 입증했다. 대통령 비서관은 30일 자정 무렵 북한군이 한강을 건너서 남하하고 있다는 한 미국인 기자의 말을 들었다. 비서관은 미국 대사관의 서기관인 노블 박사에게 확인을 요청했다.[29] 비서관이 들은 바에 의하면, 박사는 처음에는 부인을 했다가 "얼마 뒤에" 적의 탱크가 넘어왔다고 말했다. 그것은 잘못된 정보였다. 그럼에도 불구하고 남한인들은 탱크라는 말에 금방 동요됐다. 그들은 대통령이 당장 "피신"해야 한다고 결정했다. 대통령은 영부인, 황규면 비서관, 이철원 공보처장, 그리고 경무대경찰서장 김장홍 총경을 비롯한 소수의 경호원만 대동하고 7월 1일 03:00(워싱턴 6월 30일 13:00) 부산을 목표로 "서둘러" 대전을 떠났다.

장맛비가 억수같이 쏟아졌다. 그러나 대통령의 일행은 세단과 지프에 분승해 우회로를 택해야 했다. 대구에는 "적색분자"가 많아서 폭동이 일어날 것이라는 말이 나돌았기 때문이었다. 그것도 물론 잘못된 정보였다. 일행은 흙탕길을 힘겹게 달려서 이른 아침 이리역

---

29 군사편찬연구소, 『6 • 25전쟁사 3: 한강선 방어와 초기 지연작전』(국방부, 2006), 17쪽.

에 도착했다. 그러나 길이 좋지 않아서 자동차로는 거기서 더 이상 전진할 수 없었다. 공보처장이 특별열차를 보내도록 대전의 교통부장관에게 연락했다. 대통령을 태운 특별열차는 정오에 이리를 출발해 14:00(워싱턴 6월 30일 24:00) 목포에 도착했다. 도망자들은 대통령의 도착을 일체 극비에 부치고 다만 목포경비대의 사령관과만 연락하여 300톤급의 해군함정을 마련했다. 16:00(워싱턴 7월 1일 02:00) 목포를 출발한 그 배는 19시간의 항해 끝에 7월 2일 11:00(워싱턴 7월 1일 21:00) 부산에 도착했다.[30]

굳이 보수적인 한 남한 인사의 표현을 빌리지 않더라도, 그것은 "추태"였다.[31] 대통령도 자신의 도피가 부끄러운 짓임을 분명히 알고 있었다. 누구도 같은 잘못을 두 번 범하고 싶지 않다. 그럼에도 불구하고 두 번째 야반도주의 결정은 처음보다 확실히 더 쉬웠다. 그리고 자신이 돌보기로 서약한 사람들을 자신의 안위를 위하여 예고 없이 팽개칠 수 있는 무책임한 마음은 각료들도 대통령보다 더하면 더했지 결코 덜하지 않았다.

각료들은 충남도청에 임시청사를 두었다.[32] 논거도 출처도 모호한 온갖 소문들이 그들의 두려운 마음을 뒤흔들었다. 어떤 이들은 "B-29가 평양을 대거 폭격하고 미지상군의 참전이 결정되었으나 소련이 참전할지도 모르며 북한은 보복으로 임시수도인 대전을 집중 폭격할 것"이라는 소문을 들었다. 어떤 이들은 "수원농협시험소에 위치한 미극동군 전방지휘 • 연락단(ADCOM, 애드콤)이 수원상공의 미군기로부터 '적의 대부대가 수원 쪽으로 공격 중'이라는 보고를 받고 순식간에 혼란에 빠져서 지휘소의 통신병들이 장비를 파괴하고 소각하다가 본부건물을 태웠으며 수원비행장의 대공포대마저 부랴부랴 철수하게 되었다"고 들었다.

---

30 대통령은 7월 9일 대구로 올라가서 경북지사 관사에 체류하면서 대전에 계속 머물고 있는 각료들을 전화를 통하여 지휘하기 시작할 때까지 부산에 머물렀다.

31 군사편찬연구소, 『6 • 25전쟁사 3: 한강선 방어와 초기 지연작전』(국방부, 2006), 18쪽.

32 『6 • 25전쟁사 3: 한강선 방어와 초기 지연작전』, 18-19쪽.

무엇이 사실이건 ROK 정부는 "걷잡지 못할 혼란의 도가니"에 빠졌다. 7월 1일 토요일 03:00(워싱턴 6월 30일 13:00) 대통령이 대전을 떠나자, 총무처장은, 국무회의의 의논도 없었는데, 비서관들을 불러서 장차관을 비롯한 삼부의 요인들과 주요 인사들에게 즉각 연락하여 대전역에 집결하게 하라고 지시했다. 비서관들은 전화나 인편을 이용해 시내 여러 여관에 유숙 중이던 그 인물들을 소집했다. 대전 역에는 특별열차가 대기 중이었다. "이대로 철수해야 옳은가"를 놓고서 차상 논쟁이 벌어졌다. 그러나 사람들은 이내 "어디로 갈 것인가"를 논하기 시작했고, 그것도 이내 결정됐다. 모두들 부산행을 찬성했다. 그러나 대구 쪽에는 "폭동의 우려가 있다"는 소문이 떠돌았다. 그것은 유언비어였다. 그럼에도 불구하고, 그들은 우선 호남지방으로 내려가기로 작정했다. 그들은 전주까지 도망쳤다가 남한군이 아직 한강방어선을 고수하고 있음을 확인하고 다시 대전으로 돌아왔다.

미국인들의 경우라고 공포에서 자유로울 수 없었다. 그들이나 남한인들이나, ROK 군대의 능력을 굳게 믿지 못하는 한, 아무리 작은 적군의 움직임에도, 그리고 그 움직임에 관한 어떤 소문이나 예측에도, 민감하게 반응할 수밖에 없었다. 6월 30일 밤 북한군은 실제로 한남동-신사리로 한강을 도하해 말죽거리 방면의 남한군 진지를 일부분 돌파했다.[33] 그러나 그 병력은 북한군 3사단의 일부로 주력이 아니라 선견부대에 불과한 것으로 판명됐다. 그들은 격퇴됐고 뒤이어 수원에서 진출한 남한군 1사단이 방어선을 보강해 사태가 수습됐다.

한편 ROK의 육군 본부와 함께 수원에 있던 미국인들은 한강방어선이 뚫리기 시작했다는 보고들에 접했을 때 벌써 퇴각을 생각하기 시작했다. ADCOM의 처치 준장은 도쿄의 생각을 듣기 위해서 즉시 통신소가 설치된 오산으로 내려갔다.[34] 19:00 처치는 맥아더 장

---

33 군사편찬연구소, 『6 • 25전쟁사 3: 한강선 방어와 초기 지연작전』(국방부, 2006), 18쪽.

34 Robert K. Sawyer, *Military Advisors in Korea: KMAG in Peace and War*(Washington, D.C., Center of Military History, United States Army, 1988), p.134; 군사편찬연구소, 『6 • 25 전쟁사 3: 한강선 방어와 초기 지연작전』(국방부, 2006), 192-194쪽.

군의 참모장과 통화했다. 아몬드 소장은 처치에게 알려 주었다: "합참의 승인을 받아서 지상군 2개 대대가 7월 1일 코리아에 도착할 것이다. 만일 남한군이 그때까지 수원비행장을 확보하고 있으면 그 전투단은 거기로 공수될 것이다."

처치가 그 "낭보"를 듣고서 되짚어 북상하고 있을 때 수원의 참모들은 적군의 행렬이 동쪽에서 접근 중이라는 "비보"에 놀라서 재빨리 철수를 결정했다. 라이트 대령도 한강 전선에 나가고 없는 가운데, 참모들은 남한군이 북한군을 저지할 수 없다고 결정했다. 그들은 북한군이 한밤중에 들이닥칠 가능성을 내다보고, 육본보다 먼저 수원을 떠나기로 작정했다. 미국인들은 부리나케 짐을 꾸리고 통신시설을 폭파한 다음 쏟아지는 비를 뚫고서 80마일 밖에 있는 대전을 향해서 내달렸다. 그들은 도중에 처치 장군과 마주쳐 수원으로 돌아왔다. 그러나 ADCOM은 거기에 오래 머물지 못했다.

"대부분의 관측들과 반대로 지난밤과 오늘, ROK 군대는 한강과 기타 전선들을 잘 지켜냈다." 대전에서 토요일 23:00(워싱턴 1일 09:00) 존 무쵸는 워싱턴에 그렇게 보고했다.[35] 대사는 계속했다: "인천항은 아직 ROK의 수중에 있으며, 김포 지역은 거의 변함이 없는 것 같다. 보고에 따르면, 적은 오늘 한강 교두보 지역의 지상군을 대략 대대 수준으로 강화했다. 적의 탱크들은 아직 한강을 건너지 않은 것으로 보인다."

그러나 7월 1일 수원에는 불안과 긴장이 끊임없이 고조됐다. 상황이 언제 바뀔지 몰랐다. 북한군의 도강은 다만 시간 문제로 보였다. ROK의 첩보 보고들에 따르면, 현재 인도교의 보수가 진행 중이고 그 근처에 탱크들이 밀집해 있었다. 마포 서쪽에는 도강을 위해서 새로운 다리가 건설 중이라는 첩보도 들어왔다. 만일 그 보고들이 옳다면, "적이 오늘 밤 어둠과 안개의 엄호하에 탱크들의 도강을 밀어붙일 가능성이 있다"고 대사관은 판단했다.

---

35 *FRUS 1950 VOLUME VII, KOREA*, pp.272-274; *FRUS 1950 VOLUME VII, KOREA*, p.271.

ADCOM은 저녁 9시(워싱턴 7월 1일 07:00) 무렵 수원 소개를 결정했다. 북한군의 동향에 관해서 긴급을 요하는 보고들이 상충했다. 소장으로 진급해 ROK 총참모장에 새로 임명된 정일권 장군은 다음날 아침까지 수원 비행장을 지킬 수 있다는 추정을 주지 못했다. 전방에 나갔던 KMAG의 장교들을 비롯해 모든 군사 요원들이 철수했다. 7월 1일 23:00(워싱턴 1일 09:00) 현재 전방에도 수원의 ROK 육본에도 미국의 고문들은 아무도 남아 있지 않았다. 소개는 7월 2일 아침 일찍 사령부가 서울에서 동남쪽으로 약 110마일 떨어진 대전에 다시 수립될 때 완료될 예정이었다.

드럼라이트가 이끄는 국무부 인원과 여러 명의 통신원들은 군대 요원들과 함께 대피할 수밖에 없었다. 참사관의 일행은, 나머지 대사관 직원들이, 노블과 프렌더개스트를 빼고, 모여 있는 대전에, 모두 안전하게 도착했다. 노블과 프렌더개스트는 대통령과 접촉을 유지하기 위해서 전라남도로 갔다. 대통령은 동틀 녘에 대전을 떠났다. 그러나 국무총리는 무쵸에게 알렸다: "대통령은 대전으로 돌아오기로 결정했고 오늘 밤 10시에 도착할 예정입니다."

미국인들은 "미국 공군의 공습들이 적의 전진을 늦춤과 동시에 ROK 병사들의 사기를 높인다"고 판단했다. 게다가 "미국의 지상군 투입에 관한 말들이 지금 돌고 있는데 이것은 확실히 그들을 안정시키는 효과를 낳았다." 따라서 몇몇 KMAG 요원들은 7월 1일 밤 전방으로 되돌아갈 것이었다. 그러나 남한인들을 위해서도 미국인들을 위해서도 중요한 요소는 타이밍이었다. ROK 육군은 북한군을 한강 이북에 오래 묶어 놓을 수 없을 것이었다. 무쵸는 워싱턴에 촉구했다: "미국의 지상군이 때맞게 북쪽으로 투입돼 한강에 있는 적을 봉쇄할 수 있기를 열심히 희망한다. 만약 그렇게 될 수 있다면 침략자들을 제거하는 일이 대단히 수월해질 것이다."

서울에서 수원 지역으로 밀려오는 피난민들이 점점 심각한 문제로 부상했다. ROK 정부는 그것을 해결할 방법이 별로 없는 것처럼 보였다. 그럼에도 불구하고, 시민들은 정부에 대한 지지를 "기꺼이" 계속했다. 적대행위들이 시작된 이래로 사람들이 군대에 대한 신뢰를 상당히 상실했을 것임에도 불구하고 사보타지(파괴활동)나 게릴라 활동이 현저히 사라져 버렸음이 증거였다. 그런데 이따금 "북한인들이 ROK 군복을 입고 ROK 무기를 지니고 넘어와" 문제들을 일으켰다. 30일에는 ROK의 헌병 복장을 한 사람들이 지프 두 대에 가득 타고서 "탱크가 온다"고 소리치며 큰길을 질주했다. 그 바람에 수원은 놀라서 거의 공황에 빠졌다. 미국인들이 보기에, 그들은 "의심할 여지도 없이" 공산주의자들이었다.

그런 책동들이 없어도 남한인들은 적잖이 뒤숭숭한 판이었다. 대사는 "결심이 흔들리는 한국인들이 저항을 계속하도록 그들의 기운을 북돋우기 위해서 한 주일 내내 최대의 노력을 기울였다." 미국인들은 "미국의 지상군이 도착하면 ROK는 싸움을 계속한다는 결의에 아무 동요도 보이지 않을 것임"을 확신했다. 문제는 그때까지였다. 대사는 보고했다: "나는 대전에 집결한 국회의원들에게 각자 지역구로 돌아가 주민들을 안정시킬 것을 열심히 호소했다. 많은 의원들이 ○○으로 가려고 오늘 대전을 떠났다. 나는 또한 내각과 지사들, 그리고 기타 정치 지도자들에게 대전에 남아서 평소처럼 업무를 처리하라고 호소했다. 스튜어트는 남아 있는 유시스(USIS, 미국공보원) 센터들을 최대로 활용해 사정을 잘 알지 못하는 대중들에게 싸움의 소식들을 전하고 있다. 정세에 대한 그들의 인식은 아주 많은 부분이 소문들에 근거한 것이다."

도쿄의 맥아더 사령부가 보기에 ROK 정부는 기능을 완전히 상실했다. CINCFE는 벌써 29일 현장을 돌아보고 그렇게 느끼기 시작했다. 24시간 뒤 사정은 더욱 악화됐다. 워싱턴에서 29일 아침 06:50(서울 30일 20:50) 워싱턴의 G-2 장교들과 국무부 및 다른 부서들의 관리들은 극동군 사령부와 전신 회의를 열었다.[36] 도쿄는 보고했다: "ROK 육군은 60퍼센트

---

36 *FOREIGN RELATIONS OF THE UNITED STATES 1950 VOLUME VII, KOREA*, pp.254-255, footnote 1.
*G-2: 미국 육군의 정보부(Intelligence Section)를 말한다.

의 사상자를 냈다. 병력은 10만의 북한군에 비해서 3만으로 줄었다. 사기는 낮다. 민간인들은 매우 비관적이다. 정부는 지리멸렬이다." 워싱턴도 결론이 같았다. 워싱턴 30일 10:00(서울 7월 1일 00:00) 애치슨이 보내는 무선 공보는 해외의 모든 공관들과 영사관들에 알렸다:[37] "대한민국군대가 60퍼센트의 사상자(사망자, 부상자, 행불자)를 냈다는 보고들과 관련해 국무부가 알고 보니 그 공화국 정부는 운영상의 효율성이 대단히 떨어졌다. 통치가 고도로 중앙화됐고 하위직 관리들은 거의 아무도 서울에서 나오지 못했다."

그 와중에 유엔한국위원단(UNCOK, 안콕)의 일부가 6월 30일 아침 마지못해 코리아로 돌아왔다.[38] 류유웬 박사를 비롯한 8인의 선발대였다. 그들은 도쿄에서 군정 당국이 제공한 비행기를 타고서 부산으로 날아왔다. 중국, 프랑스, 호주, 인도의 그 대표들은 정식 안콕으로 호칭됐다. 도쿄에 잔류한 엘살바도르, 필리핀, 터키의 대표들은 '특별위원회'로 불릴 것이었다. 도쿄의 시볼드 정치고문이 자정 무렵 국무장관에게 보낸 전문에 의하면, 일본으로 피난했던 그 정식위원단이 코리아로 귀환한 데에는 우여곡절이 있었다.[39]

UNCOK의 주서기관 렌보그 박사가 6월 28일 시볼드 고문에게 전화했다. 위원단 전체와 약 50명에 달하는 부양가족들이 즉시 도쿄로 가기 바람을 알리기 위해서였다. 박사는 그에 필요한 여행과 숙박 편의를 요청했다. 정치고문은 코리아의 임지로 복귀하라고 유엔 사무총장 트리그베 리가 위원단에 보내는 훈령을 참고해 박사에게 알렸다: "(a) 스캡(일본주둔 연합군 최고사령관, SCAP)은 위원단이 도쿄에서 활동할 수 있도록 숙소와 사무실 공간과 기타 시설들을 제공할 수 없을 것이니 위원단 요원들은 스스로 그것들을 마련해야 할 것입니다; (b) 우리 공관은 위원단이 코리아로 돌아갈 수 있도록 가능한 모든 지원을 제공하라는 국무

---

37 *FRUS 1950 VOLUME VII, KOREA*, pp.255-257.

38 "유엔한국위원단, 한국으로 귀환", 『민주신보』 1950년 7월 1일, 국사편찬위원회, 『자료대한민국사 제18권』, 1950년 6월 30일.

39 *FRUS 1950 VOLUME VII, KOREA*, pp.259-261.

부의 훈령을 받았습니다; (c) 사령부는 위원단이 언제라도 코리아로 갈 수 있도록 수송기를 준비해 놓았습니다; (d) 위원단이 도쿄로 온다면 지연만 초래될 것입니다."

그러자 위원단은 도쿄에 3인 대표단을 보내 상황을 협의하고 위원단이 도쿄에서 활동할지 코리아로 돌아갈지 가능성을 결정함이 어떤지 제의했다. 그러나 정치고문이 알린 위의 정보를 고려해 위원단은 나중에 7인 선발대를 부산으로 보내서 본대의 추후 도착을 위해서 준비하게 하기로 결정했다. 따라서 그 선발대가 6월 29일 아침 일찍 남부 일본에서 쿠리어를[40] 타고서 코리아로 가도록 조정들이 이뤄졌다. 그런데 그들은 우선순위가 가장 높은 작전 요구들 때문에 불가피하게 출발 시간이 옮겨졌다. 그들은 6월 30일 아침 일찍 같은 목적지로 떠나는 다른 비행기로 가도록 융통됐다.

6월 29일 렌보그는 도쿄의 군정당국이 뉴욕의 유엔으로 보내 주기를 바라는 전문 본문을 전화로 알렸다. 박사는 주장했다: "위원단은 사령부 가까이 있기 위해서 도쿄로 올 필요가 있음을 발견했다." 박사는 사령부에 지적했다: "군정당국이 위원단에게 하카타 막사를 떠나게 강요하고 있기 때문에 필요한 수송 수단의 제공에 지체가 있다." 그리고 박사는 유엔에 요청했다: "국무부가 UNCOK 요원들에게 도쿄행 항공편을 즉시 제공하라고 'SCAP에 지시'하게 해 달라."

미국인들은 연락장교를 통해서 렌보그에게 전화로 다음의 취지를 전했다: "만일 위원단이 원한다면 우리는 귀하의 전문을 물론 발송시킬 것이다. 그러나 그것은 상황을 와전하는 전문으로 생각된다. (a) 우리는 위원단 요원들이 하카타 막사를 떠나기를 요구하고 있지 않다; (b) 총사령부와 이 공관은 안콕의 코리아 귀환을 돕기 위해서 필요한 항공기의 제공을 비롯해 모든 노력을 다하고 있다; (c) 국무부는 스캪에 지시를 내리지 않는다."

---

40 쿠리어(Courier)는 운송용 경비행기의 일종이다.

"제안된 전문은 불합리한 동시에 주제넘은 것처럼 보입니다." 시볼드는 넌지시 그렇게 말하고 제의했다: "위원단은 그것을 유엔에 전송하기 전에 그것의 수정을 생각해 보는 것이 어떻습니까?" 안콕이 마침내 승인한 본문이 6월 29일 공관 전문 674호로 발신됐다. 그것은 선발대와 함께 부산으로 가지 않는 위원들과 사무요원들이 도쿄로 갈 수 있게 공중수송이 마련되도록 국무부가 개입해 주기를 요구했다.

SCAP은 다음의 이유로 UNCOK의 도쿄 주재를 반대했다. "위원단은 일본에서 활동할 어떤 권한도 없다. 또한 위원단의 도쿄 주재는 불필요할 뿐만 아니라 커다란 불이익을 초래할 것이다. 만일 위원단이 도쿄에 머문다면 위원단의 활동들이 스캡의 통제와 영향 아래 수행되고 있다고 여겨질 것이다." 시볼드도 스캡과 생각이 같았다.

따라서 일본의 미국인들은 안콕이 도쿄로 오는 것을 단념하고 코리아로 돌아가게 하려고 꾸준히 설득을 벌였다. 동시에 그들은 위원단이 스스로 결정을 내리고 가능한 모든 지원을 받도록 보장하기 위해서 애썼다. 위원단이 도쿄로 오겠다고 고집함을 감안해 그들은 그에 필요한 준비들을 돕기에 만전을 기했다. 그러나 시볼드는 위원단 대표가 도쿄에 도착하는 즉시 다음을 알릴 작정이었다: "우리가 이해하기로, 여러분들은 코리아에서 위원단에 합류할 준비를 할 목적으로 사인들로서 도쿄에 오도록 허가됐습니다; 여기에 있는 동안 공식 기능들을 수행할 자격을 가진 위원단으로 온 것이 아닙니다."

시볼드는 "다른 어떤 전제도 안콕이 두 집단으로 쪼개지는 심각한 불리함을 초래할 것"이라고 믿었다. 고문은 설명했다: "그것은 여행 및 다른 편의들이 제공됐을 때 위원단의 주요 부분이 코리아로 향하지 않음으로써 유엔의 위신이 깎임과는 완전히 별개인 불이익이다." 따라서 고문은 워싱턴에 다음을 권고했다. "국무부는 현재 일본에 있는 위원단 요원들에게 코리아의 임지로 즉시 돌아가 안콕 단원들로서의 책무를 다하라고 지시하는 훈령을 새로 보내게 하도록 유엔에 접근함이 바람직할 것이다."

워싱턴도 UNCOK이 일본보다 코리아에 주재함이 바람직하다는 시볼드의 견해에 동의했다. 29일 오후 14:00(서울 30일 04:00) 도쿄의 정치고문에게 보내는 전문에서 애치슨은 진술했다.[41] "ROK를 위하여 그리고 유엔총회(GA)에서 코리아 문제에 관해서 미국이 취한 입장은 압도적 다수의 회원국들로부터 지지를 획득했다. 국무부가 보기에는, 위원단이 코리아에 머물면서 보고한다는 사실이 널리 알려진 것이 그들의 지지에 현저히 중요한 요소로 작용했다. 위원단이 코리아로 귀환하면 그들이 그 지지를 계속하도록 보장함에 있어서 위원단의 발언과 위원단이 GA로 보내는 보고가 다시금 커다란 가치를 지닐 것이다. 그러므로 국무부는 위원단의 복귀에 뒤이어 위원단이 자신의 임무를 수행할 수 있도록 그리고 유엔의 대리자로서 무력 공격을 물리치고 평화와 안보를 회복하는 임무에 결합돼 있음을 널리 강조할 수 있도록 SCAP이 가능한 가장 광범한 편의를 제공할 것이라고 확신한다."

마침내 UNCOK은 SCAP의 도움을 받아 코리아로 돌아오기 시작했다. 6월 30일 10:00(서울 7월 1일 00:00) 발신된 회람전문에서 애치슨은 재외공관에 알렸다.[42] "국무부는 유엔에서 미국의 입장에 대한 지지를 얻음에 있어서 안콕이 ROK로부터 보고하는 것이 중요하기 때문에 스캡이 위원단에 모든 설비를 베풀기를 희망함을 도쿄의 정치고문에게 알렸다. 위원단의 선발대는 코리아로 돌아왔다. 나머지도 뒤따를 것이다. [코리아에서 사무총장을 대표할] 새로운 주사무관이 임명돼 위원단의 역할을 탁월하게 유지하라는 지시를 받았다. 유엔사무국은 강력한 대표성이 필요함을 호주에게 강조했고 다른 안콕 위원국들에게도 그렇게 할지 모른다. 국무부가 알기로는 엘살바도르와 캐나다와 필리핀이 호주와 함께 군사옵서버들을 추가로 파견할 것이다."

7월 2일 일요일 UNCOK 대표들인 중국의 류와 호주의 제이미슨은 두 명의 호주인 군

---

41 *FRUS 1950 VOLUME VII, KOREA*, pp.232-233.

42 *FRUS 1950 VOLUME VII, KOREA*, pp.255-257.

사옵서버들을 대동하고 대전으로 올라왔다.[43] 그들은 대사관 옆에 자리를 잡았다. 위원단은 또 부산에도 사무실을 두었다. 거기에는 인도의 교체 대표와 사무국의 게일라드가 잔류했다. "위원단은 본부를 부산에 두고 ROK 정부와의 연락원을 처음에는 대전에 두었다가 현재 대구에 두고 있습니다. 현재 연락원은 중국 대표 류유웬 박사와 터키 대표 이딜 박사입니다. 이 대표들은 군사감시원과 유엔사무국원과 함께 군사작전의 진행을 시찰하여 부산 본부와 긴밀한 연락을 취하고 있습니다." 그날 발표된 특별성명에서 위원단은 그렇게 근황을 설명하고 새로이 각오를 다졌다. 성명은 진술했다:[44] "위원단은 유엔과 한국의 과업을 원조하기 위하여 모든 수단을 취하고 있으며 위원단에 부하될 어떤 책임도 기꺼이 완수할 것입니다."

쉬운 정치 문제란 없다. 정치 문제는 반드시 모든 관련자들을 최대로 만족시킬 방식으로 풀어야 하지만 단지 다수만이 적당히라도 만족할 해법의 도출조차 대단히 어렵다. 코리아 문제도 그랬다. 지난 3년 동안 유엔은 "같은 민족이요 같은 전통을 가진 코리아 사람들"이 통일 정부를 수립할 수 있도록 "모든 노력"을 기울였다. 그러나 "불행히도 위원단은 북한 측과 접촉하는 편의를 제공받지 못했고 통일의 달성을 위한 모든 시도는 무산되고 말았다." 그 평화적 노력의 실패와 뒤따른 PRK의 남한 침공으로 코리아에는 이제 ROK의 수호를 위해서 안보리가 무력 지원을 결의하는 새로운 국면이 조성됐다. 특별성명은 설명했다: "코리아와 세계평화에 대한 북한 측의 불법적 공격으로 말미암아 유엔은 부득이 침략자를 격퇴하기 위하여 방위군을 동원하지 않을 수 없었습니다. 유엔이 침략의 저지를 위해

---

43 "무쵸 주한 미국대사, 북한군의 경기도 광주 출현 및 이승만 대통령과 유엔한국위원단의 동향 보고", 군사연구소, 『한국전쟁 자료총서 41: 미 국무부 한국 국내 상황관련 문서 Ⅲ (Records of the U.S. Department of State Relating to the Internal Affairs of Korea 1950-1954)』 (국방부, 1997), 84쪽; 국사편찬위원회, 『자료대한민국사 제18권』, 1950년 7월 2일.

44 "유엔한국위원단 특별성명", 정훈국전사편찬회, 『한국전란 1년지』 (국방부, 1951), C91-2쪽; 국사편찬위원회, 『자료대한민국사 제18권』, 1950년 7월 1일.

서 이 같은 행동을 취해야 하는 경우는 처음입니다. 어느 한 지역에 대한 침략은 도처의 자유에 대한 침략으로 인식되기 때문입니다."

새로운 상황은 위원단에 당연히 새로운 활동을 요구했다. 특별성명은 진술했다: "위원단은 유엔의 이 공동행동을 코리아 사람들에게 완전히 이해시키기 위하여 전국 각처에서 민중대회를 열기로 결정했습니다. 전쟁이 종식되면 사회적 • 정치적 안전을 잘 이해하는 민중이 필요하기 때문입니다. 유엔한국위원단은 코리아에 남아서 코리아 사람들이 그들의 최대 갈망인 평화와 통일과 번영을 달성하도록 원조와 알선에 힘쓸 것입니다."

우리는 말은 무시하나 행위는 무시하지 않을 것이다

"나는 그 성명이 평화를 위한 수순이라고 생각했습니다. 만일 그렇게 생각하지 않았다면 나는 다른 조치들을 취했을 것입니다." 6월 29일 목요일 오후 16:00(서울 30일 06:00)에 시작된 229회 정례기자회견에서 트루먼 대통령은 그렇게 말했다. 그것은 다음의 질문에 대답한 것이었다. "대통령님, [화요일에 정책 성명을] 발표한 이래로 그것이 평화에 미치는 효과를 나타내는 어떤 징표가 있었습니까?"[45] 행정청사의 인도조약실에 나온 기자들의 으뜸가는 관심은 정부가 혹시나 나라를 전쟁으로 몰고 가지 않을까에 있는 것 같았다. 행정부의 평화적 의도에 질문들이 쏟아졌다.

---

45 *FRUS 1950 VOLUME VII, KOREA*, pp. 238-239; "179. The President's News Conference", Public Papers of President Harry S. Truman, June 29, 1950(www.trumanlibrary.org/publicpapers/index.php); "트루만 미대통령, 한국전쟁 미군 참가 등에 대해 기자문답", 『경제신문』 1950년 7월 1일, 『자료대한민국사 제18권』, 1950년 6월 29일. *행정청사(Executive Office Building): 백악관의 웨스트윙(West Wing, 서쪽 날개)을 말한다. *인도조약실(Indian Treaty Room): 웨스트윙의 474호실을 말한다.

의도는 선언이 아니라 행동에 의해서 완성된다. 그리고 행동은 대상이 보일 반응의 추정 또는 기대에 의해서 제한된다. "대통령님, 그 성명이 [평화를 위한 수순]이라고 보편적으로 인식되고 있다는 어떤 징표가 있습니까?" 한 기자가 그렇게 물었고 대통령은 얼버무렸다: "글쎄요, 국제연합의 회원국들이 대부분 우리가 하고 있는 것에 전적으로 찬성하고 있음을 가리키는 징표만은 있습니다." 그러자 다른 기자가 물었다: "대통령님, 이 나라의 누구나 묻고 있습니다. 우리는 전쟁 중인가요, 전쟁 중이 아닌가요?" 대통령은 대답했다: "우리는 전쟁 중이 아닙니다." 또 다른 기자가 확인했다: "대통령님, 이 진술에 대해서 부연해 주실 수 있습니까? 직접 인용으로 '우리는 전쟁 중이 아닙니다'라는 진술 말입니다. 그리고 우리가 그것을 인용에 넣어서 사용해도 됩니까?" 대통령은 대답했다: "됩니다. 나는 여러분이 그것을 사용하게 허용합니다. 우리는 전쟁 중이 아닙니다."

전쟁 중이 아니라면 화요일의 성명은 엄포에 불과한가? 미국의 무력 지원은 무엇을 뜻하는가? 그것은 공군과 해군의 제한적 적용에 그친다는 말인가? 그것은 아니었다. "대통령님, 다른 질문은 다음입니다: 우리는 코리아에서 지상군을 사용할 것인가?" 그 질문에 대통령은 대답했다: "그에 대해서는 할 말이 아무것도 없습니다." 그러자 다시 다음의 질문이 나왔다: "대통령님, 그와 관련해 다음의 질문이 있습니다: 원자폭탄을 사용해야 할 어떤 가능성이 있을 수 있는가?" 대통령이 "할 말이 없다"고 대답하자 다시 같은 질문이 나왔다: "대통령님, 원자폭탄에 관해서 '할 말이 아무것도 없다'는 언급은 오해의 소지가 있을 수 있습니다. 지금까지 어떤 변화라도……" 대통령은 대답했다: "전략 문제에 대해서는 무엇이든 언급을 하지 않을 것입니다. 나는 전략 문제에 관해서 아무 말도 하지 말아야 한다고 생각합니다."

지상군도 투입될 수 있고 원자폭탄도 사용될지 모르는데 왜 미국은 전쟁 중이 아닌가? 미국이 코리아에서 북한이 아니라 소련을 상대하고 있는 것이라면 그럴 수 있었다. 다시 말해, 아메리카와 러시아 사이에 무장 적대 행위들이 부재하는 동안은 아메리카가 "전쟁 중이 아닌" 것이었다. 한 기자가 물었다: "대통령님, [그 성명에 대해서] 러시아인들이 공식 채널들을 통해서 어떤 반응을 보였다는 보고가 있었습니까?" 대통령은 아직 아무 보고도 받지 못했다. 다른 기자는 물었다: "대통령님, 러시아인들이 서베를린에서 단전을 하고 있는 사실에 대해서 말씀해 주시겠습니까?" 대통령은 그에 대해서 아직 "할 말이 없[었]다." 대통령은 설명했다: "나는 아직 그것에 관해서 공식 통보를 받지 않았습니다. 나는 그것에 관해서 들었지만 공식 통보를 받지 않았습니다."

미국이 ROK에 무력 지원을 보내서 북한군을 물리치는 군사 작전이 전쟁행위가 아니라면, 그것은 무엇인가? 대통령은 이미 화요일의 성명에서 그 지원이 국제평화와 국제안보를 유지하려는 국제연합의 결정을 집행하는 행위라고 공표했다. 기자가 요청했다: "대통령님, 이 조치의 이유에 관해서 좀 더 부연해 주실 수 있겠는지요? 그리고 그것에 관한 평화의 각도도?" 대통령은 기꺼이 설명했다: "대한민국은 국제연합의 도움으로 수립됐습니다. 그것은 국제연합의 회원국들이 인정한 정부입니다. 그것은 북한의 이웃들인 한 무리의 악당들에 의해서 불법적인 공격을 당했습니다. 국제연합 안전보장이사회는 회의를 열어 사태를 심의하고 회원국들에게 그 코리아 공화국의 구조에 나서기를 요청했습니다. 그리고 국제연합의 가맹국들은 대한민국에 대한 강탈 습격을 제압하기 위해서 그 공화국의 구조에 나서고 있습니다."

그 설명은 미국이 유엔을 내세워 국가들의 사회에 새로운 성격의 무력 사용을 도입하고 있음을 가리켰다. "대통령님, 대통령님의 설명에 비추어 이것을 국제연합하의 경찰 행위라 부르면 되겠습니까?" 한 기자가 그렇게 묻자 대통령은 즐거이 동의했다. "그렇습니다. 바로 그것이 그 활동에 해당하는 것입니다." 대통령이 그렇게 대답하자 다른 기자가 확인했다: "대통령께서 경찰 행동을 언급했을 때 그것이 국제연합의 경찰 행동을 뜻하는 것으로 이해하면 됩니까?" 대통령도 확인했다: "다시 말해 줄래요?" 기자는 다시 말했다: "대통령께서 코리아를 위해서 경찰 행동을 언급했을 때 그것은 국제연합을 뜻합니까?" 대통령은 말했다: "맞습니다. 맞습니다."

침공군을 "한 무리의 악당들"로 묘사하는 대통령의 진술도 "경찰행위"라는 개념과 딱 들어맞았다. 그러나 대통령이 그 악당들을 중국과 소련을 가리킬 수도 있는 "북한의 이웃들"이라고 말했기 때문에 혼란이 일어났다. 한 기자가 확인했다: "대통령님, 조금 전에 대통령께서는 남한이 한 무리의 악당들의 공격을 받았다고 말하면서 그들이 이웃들이라고 했습니다. 그들이 코리아의 이웃들이라는 것입니까, 아니면 코리아에 있는 이웃들이라는 것입니까?" 대통령은 당초의 발언을 수정해 그들이 "남한의 이웃들"이라고 설명했다. 그러자 다른 기자가 확인했다: "대통령님, 대통령께서 몇몇 다른 직접 인용들에 대해서 그렇게 관대하셨으니 우리가 '악당들'도 직접 인용해도 되겠습니까?" 대통령은 허락했다.

무릇 정보가 충분치 않은 상황에서 그렇듯이 항간에는 행정부의 코리아 정책과 관련해 여러 의혹들이 제기됐다. 그 중의 하나는 애치슨과 생각이 같은 사람들과 반대자들 사이에 분란이 있다는 소문이었다. 따라서 기자들은 "경찰행위"가 과연 행정부의 일치된 입장인지 확인하고 싶었다. 그 주제를 이야기할 때 기자가 언급한 "몇몇 다른 직접인용들"은 "우리는 전쟁 중이 아님" 이외에 바로 그 소문과 관련한 대통령의 대답을 가리켰다. "대통령님, 코리아 사태에 관해서 대통령께서 화요일에 발표한 정책 성명을 놓고서 각료들 사이에 어떤 견해의 차이가 지금까지 있었거나 지금 현재 있습니까?" 그 질문에 대통령은 대답했다: "전혀 없습니다; 그리고 있은 적도 없습니다." 그러자 한 기자는 따졌다: "대통령님, 어제 상원 연설에서 태프트 의원은 애치슨 장관이 사임해야 한다고 넌지시 말했습니다. 그 발언에 대해서 말씀해 주시겠습니까?" 대통령은 대답했다: "이 시점에서 태프트 의원의 정치적 발언은 부탁을 받아서 행해진 것이 전혀 아닙니다." 그러자 기자는 확인했다: "우리가 그것을 인용에 넣어도 됩니까?" 대통령은 대답했다: "됩니다." 다른 기자가 재차 확인했다: "대통령님, 인용은 '이 시점에서 태프트 의원의 정치적 발언은 부탁을 받아서 행해진 것이 전혀 아닙니다'였죠?" 대통령은 대답했다: "부탁을 받아서 행해진 것이 아닙니다. 맞습니다."

그러나 기자들은 물러서지 않았다. 한 기자가 따졌다: "대통령님, 태프트 상원의원은 또 대통령께서 애치슨 장관을 뒤엎었다고 말했습니다." 대통령도 물러서지 않았다. "거기에는 진실이 한 마디도 없습니다." 대통령은 그렇게 말하고 덧붙였다: "귀하는 그것도 인용해도 됩니다." 기자들 사이에서 웃음이 터졌다. 대통령은 계속했다: "질문을 다시 하십시오. 그러면 나는 그렇게 대답하겠습니다." 그 요청에 따라서 기자는 다시 말했다: "태프트 상원의원은 또 대통령께서 애치슨 장관을 뒤엎었다고 말했습니다. 그 발언에 대해서 말씀해 주시겠습니까?" 대통령은 대답했다: "내가 말하건대, 거기에는 진실이 한 마디도 없습니다." 더 많은 웃음이 터졌다.

다른 의혹은 북한군이 38도선 이남으로 내려오기를 트루먼 행정부가 기다리고 있었을지 모른다는 것이었다. 공격이 임박했다는 또는 "금주나 내주에 침공이 일어날 조건들이 코리아에 존재한다"는 첩보 평가들이 있었다.[46] 공격이 있기 여러 주일 전부터 북한인들이 38도선을 따라서 꾸준히 무력을 증강하고 있다는 첩보 보고들이 있었다. 존 포스터 덜레스가 코리아를 방문하고 뒤이어 도쿄에서 그 국무부 고문과 맥아더 사령관과 존슨 국방장관과 브래들리 합참의장 사이에 회의가 열렸지만 그 회의는 공산세계에 경거망동을 말라는 어떤 경고도 본국의 여론에 주의를 촉구하는 어떤 성명도 내놓지 않았다. 남한 정부도, "마치 약속이나 한 듯이", 군비의 부족에 관해서 침묵을 지켰고 남한군은 방어대형으로 배치됐다. 더욱이 이승만 대통령의 지지자들은 5월 30일 선거에서 대패했다. 그런 정황들은 "공식" 발표를 믿으려 하지 않는 사람들에게 미국과 남한이 "오얏이 무르익기"를 기다리고 있었다는 의심이 들게 만들었다.[47]

행정부는, 만일 그렇게 기회를 기다리고 있었다면, 당연히 그것을 이용할 구체적 계획들을—물론 공표 없이 암암리에—추진하고 있었을 것이었다. 군수물자의 이동에 관한 다음

46 I. F. Stone, *The Hidden History of the Korean War 1950-1951*(Canada: Little Brown & Company, 1988), p.2.
47 *The Hidden History of the Korean War 1950-1951*, p.42.

의 질문은 바로 그런 의혹을 내포했다: "대통령님, 저는 이 질문을 하라는 요청을 받았습니다. 남한이 공격 당한 시간에 공해상에 중포와 대전차 무기를 싣고서 남한 정부로 가고 있던 선박이 있었는가?" 대통령은 당연히 잡아뗐다: "질문에 대답할 수 없습니다. 나는 모르기 때문입니다." 다른 기자는 물었다: "대통령님, 질문이 하나 더 있습니다. 코리아 사태를 위해서 [극우파인] 에드 폴리(Ed Pauley)를 불러들일 것입니까?" 대통령은 이번에도 잡아뗐다: "질문을 제대로 이해한 것인지 모르겠는데, 나는 폴리씨와 얘기한 적이 없습니다." 국가안보자원위원회(NSRB)의 시밍턴 의장도 도마에 올랐다. "대통령님, 대통령께서는 스튜어트 시밍턴과 협의를 했습니다. 그것은 NSRB 프로그램에 박차를 가할 것임을 뜻합니까?" 대통령은 대답했다: "글쎄요, 그 프로그램에는 언제나 박차가 가해져 왔습니다. 그것은 언제나 그랬던 것과 똑같이 신속하게 수행될 것입니다." 기자는 계속했다: "코리아 사태가 그것과 어떤 관계가……" 대통령은 잡아뗐다: "전혀 관계가 없습니다. 절대로요. 시밍턴은 한 주에 두 번씩 각각 30분 동안 나와 회의를 합니다. 스틸먼 박사가 그 기관을 운영할 때도 그랬던 것처럼 말입니다."

행정부가 ROK의 방어에 얼마의 자신감을 가지고 있는지를 놓고서 유쾌한 일탈이 있었다. "대통령님, 남한에 나타나는 패배에도 불구하고 우리가 남한을 독립국으로 남아 있게 만들 수 있음에 아무 의심이 들지 않습니까?"[48] NBC의 프랭크 벅홀처가 그렇게 묻자 대통령은 대답했다: "확실합니다. 그것이 바로 그 [지원] 프로그램의 목표입니다." 연합통신(AP)의 토니 바카로가 보기에 그것은 바른 대답이 아니었다. 토니는 말했다: "대통령님, 그냥 확인을 위해서인데 벅홀처 기자는 대통령께서 어떤 의심이 있는지 물은 것이고 대통령께서는 분명히 말씀하기를……" 대통령은 확인했다: "분명히, 분명히 아닙니다." 그러나 토니는 계속했다: "아무 의심 없이……" 그러자 대통령은 말했다: "토니, 당신이 그렇게 [노령이] 되고 있어서 들을 수 없는 거예요." 일동은 웃음을 터뜨렸고 다른 기자가 말했다: "토

48 프랭크 벅홀처(Frank Bourgholtzer)는 NBC(미국방송사, National Broadcasting Company) 소속 기자다. 어네스트 토니 바카로(Ernest B. Tony Vaccaro)는 AP(연합통신, Associated Press) 소속 기자다.

니가 맞습니다. 대통령께서는 그렇게 말했습니다." 또 다른 기자가 말했다: "나는 대통령께서 확실히라고 말했다고 믿습니다. 분명히라고 말하지 않았습니다. 확실하다고 말했습니다." 그러자 대통령이 확인했다: "그 프로그램이 코리아 공화국을 유지할 것임에 아무 의심이 없습니다. 대한민국이 정식 명칭이군요."

행정부가 북한의 남침을 은근히 바랐을 만한 동기들도 적지 않아 보였다. 첫째는 자유세계의 결집과 공산진영의 봉쇄였다. 한 기자는 물었다: "국제연합을 지지한다는 인도의 결정에 대해서 하실 말씀이 있습니까?" 대통령은 "물론 매우 [기뻤고] …… 인도가 그렇게 할 것이라 확신했다." 다른 기자는 요청했다: "아르헨티나의 의회는 리우데자네이루에서 채택된 반구방어조약의 비준을 압도적으로 찬성했습니다. 그에 관해서 의견을 말씀해 주시겠습니까?" 대통령은 전날 그 사실을 알았는데 그것을 알고서 역시 "매우 [기뻤다]." 또 다른 기자는 물었다: "대통령님, 미주국가기구(OAS) 이사회가 어제 미주 공화국들의 결속을 재보증하는 결의를 채택했습니다. 그것을 아셨습니까? 그러면 하실 말씀이 있는지요?" 대통령은 대답했다: "알지 못했습니다. 그러나 그 결의가 채택돼 반갑습니다." 일본 강화도 동기가 될 수 있었다. "대통령님, 코리아에서 취한 행동의 결과로 우리는 일본과 강화조약을 신속히 처리할 것입니까?" 대통령은 그 질문에 "대답할 수 없[었]다." "대통령님, 코리아의 절박한 상황을 감안해 우리가 군수품을 주문하고 있는 속도를 늘릴 필요가 있다고 느낍니까?" 대통령은 대답할 수 없었다.

적어도 행정부의 동기들에 관한 한 기자들은 대통령의 기자회견 직후에 신문협회에서 교부될 애치슨의 연설에서 보다 분명한 확인을 접할 수 있었다. 그 연설의 코리아 부분은 코리아에서 미국의 목적이 38도선 이남에 제한됨을 천명했다. 그것은 팽창주의가 아니라 현상유지가 행정부의 노선임을, 다시 말해, 제기된 의혹들과 달리, 미국의 ROK 지원은 기왕에 주어진 기회를 이용해 북한의 공산체제를 제거함이 아니라 북한군에 의해서 파괴된 남한의 자유체제를 회복함이 목표임을 가리켰다. 국무부는 29일 오후 16:30(서울 30일 06:30)

연설의 본문을 공개했다.[49] 거기서 장관은 주장했다: "대통령은 국제연합 헌장의 존엄성을 떠받치고 국가들 사이에서 법의 지배를 유지하기 위해서 극도의 노력을 들인다는 우리 정부의 정책을 선언했습니다. 그러므로 우리는 6월 25일과 6월 27일의 안보리 결의들에 부응해 코리아 정부의 군대들에게 공군과 해군의 지원을 제공하고 있습니다. 이 행동은 오로지 안보리 결의들에 따라서 대한민국을 북쪽의 침공이 있기 전의 상태로 복구하고 침략에 의해서 파괴된 평화를 재건하는 목적으로만 취해지고 있습니다. 코리아에서 미국 정부의 행동은 국제연합의 권위를 지지해 취해지는 것입니다. 그것은 태평양 지역에서 평화와 안보를 회복하기 위해서 취해집니다."

틀림없이 그 자제의 선언은 미국이 코리아에 무력 개입을 하면서도 미국은 침략의 의도가 없음을 밝히고 그 지역을 비롯한 세계의 어디서도 소련 무력과 직접 부딪치는 파국적 사태가 발생하지 않도록 예방함에 목적이 있었다. 그러나 행동과 달리 선언은 손바닥처럼 쉽게 뒤집을 수 있다. 그렇기 때문에 선언은 행위로 입증될 때까지는 구속력도 억지력도 낮다. 코리아에서 남진의 범위를 빠르게 넓혀 가고 있는 크렘린이, 자신의 세력권을 침범하지 않겠다는 상대편의 말만 듣고서, 소기의 자제력을 발휘해 줄지는 물론 미지수였다. 바로 그 때문에 USSR의 주변부와 관련된 미국의 정책들은 신중한 재검토가 필요했다. 그에 관한 대통령의 지시—국가안보회의(NSC) 조치 308호의 B항—는 신속히 이행됐다. 29일 11:30(서울 30일 01:30) NSC 참모들과 고문들이 모였다. 에버렛 글리슨, 조지 케난, 로스코 힐렌쾨터, 제임스 레이, 필립 제섭, 프리먼 매튜스, 시드니 스폴딩, 토머스 랜피어를 비롯한 18인이었다.[50]

---

49 *FRUS 1950 VOLUME VII, KOREA*, pp.238-239.

50 *FRUS, 1950 VOLUME I, NATIONAL SECURITY AFFAIRS; FOREIGN ECONOMIC POLICY*, pp.324-326. 다른 인물들은 다음과 같다: 맥스 비숍, 번스(Burns) 장군, 셸(Shell) 대령, 스탈하임(Stalheim), 차일즈(Childs), 존슨(Johnson) 대령, 프라이스(Pryce) 대위, 풀처(Fulcher) 대령, 팔리(Parley), 복스(Boggs).

NSC의 글리슨 부사무실장은 그 검토가 국가별보다는 오히려 모든 국가들의 —즉 세계 전체의—차원에서 이뤄져야 할 것이라고 주장하고 확인했다: "이 회의의 목적은 보고서를 준비하는 책임을 할당하고 그것을 준비할 사람들에게 일반적 지침을 제공함에 있습니다." 정책기획실(PPS)의 조지 케난이 그 책임을 구체화했다. 기획실장이 알기로, 대통령은 코리아에 대한 공격의 결과로 발생하는 상황에 관해서 간단한 비공식 검토를 바랐다. 그 소련전문가는 설명했다: "즉, USSR이나 그것의 위성국들이 다른 어떤 지점들에서 공격을 벌일 가능성이 있는지, 그리고 그런 공격이 있을 경우 미국은 무엇을 할 것인지에 관해서 말입니다." 케난은 대통령이 지난 사흘의 움직임들을 감안한 보고서를 원한다고 믿었다. 실장은 으뜸가는 위험 지점들이 유고슬라비아, 이란, 동독이라고 생각했다. CIA의 힐렌쾨터 국장은 그 일반적 추정에 동의하고서 특히 동독에 유의했다. 국장은 "소련의 책동이 동독에서 다시 있을 것"이라고 덧붙였다.

그런데 그때 NSC의 제임스 레이가 회의에 합류해서 말했다: "우리는 소련의 다른 가능한 공격이 있기에 앞서서 지금 우리가 무엇을 할 수 있는지도 생각해 볼 수 있습니다. 가령, 지중해 함대를 강화하고 병력의 상한선을 올리는 것입니다." 그러나 케난은 이것이 별개의 다른 부류에 속하는 문제라고 생각했다. 그러자 제섭 박사가 여태껏 언급된 생각들을 정리했다. 박사는 설명했다: "서로 관련되나 별개인 주요 문제들이 셋 있습니다. 첫째, USSR이나 위성국들이 군사행동을 취할지 모르는 위험 지점들의 추정. 둘째, 소련의 추가적 군사행동이 있을 경우 미국이 취하기를 바랄 조치들. 그리고 셋째, 미국이 그 조치들을 취할 수 있는 입장에 있는가의 여부." 케난은 제섭이 그 문제들을 우선 순위에 따라서 열거했다고 생각했다. 반면 매튜스 정치담당 부차관은, 레이 사무실장의 생각에 찬성해, USSR의 추가적 공격을 기다릴 것 없이 지금 취할 조치들을 생각함이 중요하다고 주장했다.

케난은 현재 국무부에서 비공식적으로 나오는 생각들을 요약했다. 바로 독일과 이란의 경우를 유고슬라비아와 다르게 이해할 필요가 있다는 견해였다. 먼저 유고에 관해서 케난은 설명했다. "만일 유고가 공격을 받으면 미국이 취할 수 있을 입장들이 둘 있습니다. 바로 다음입니다. 첫째, 우리가 그 공격을 미국의 이익들에 사활적 영향을 미치는—따라서 미국의 군사적 원조를 요구하는—것으로 간주할 수 있습니다. 둘째, 우리는 공산주의 유고가 제한적 원조 이상을 요할 정도로 우리 편인 것은 아니라고 생각할 수 있습니다." 그러나 이란과 독일의 경우는 유고 같은 선택의 여지가 없었다. 케난은 설명했다: "이란과 독일은 다릅니다. 만일 이란이든 독일이든 소련이 공격하면 그것은 USSR이 제3차 세계대전을 일으킬 각오임을 뜻하는 것이고 우리는 그에 알맞게 대응해야 한다고 생각됩니다."

그런데 케난은, 코리아 사태의 발발 이래 지금까지 며칠 동안 USSR이 취한 태도를 보고서, 크렘린의 팽창 의지가 어느 정도인지 확인할 수 있었다. 케난이 보기에, 러시아인들은 미국인들과 검을 맞댈 마음은 없었다. 자유진영과 싸움을 벌일 의사는 더더욱 없었다. 케난은 주장했다: "코리아 상황을 지켜본 결과로 짐작하건대, USSR은 [코리아에서] 공개적 개입을 회피할 의도인 것이고 [미국과] 전면전을 개시할 의도는 없다고 판단됩니다. 그러나 아마도 소련이 계산을 수정하게 만드는 것으로 생각될 수 있는 상황의 전개들이 둘 있습니다. 하나는 코리아 사태에 대한 미국의 확고한 대응이고, 다른 하나는 우리의 입장이 받은 세계의 대대적 지지입니다."

힐렌쾨터 제독과 레이 실장이 그 주장에 대해서 각각 소견을 밝혔다. 제독은 케난의 "공개적 개입" 주장을, 아마도 자신이 이해한 바에 따라서, 수긍했다. 그 주장이 옳다면, 제독이 보기에, 문제는 유고였다. 제독은 주장했다: "불가리아가 유고슬라비아를 공격하는 사태가 가장 있을 법한 일입니다." 거기서는 "USSR이 공개적 개입을 회피할 수 있기 때문"이라고 국장은 설명했다. 그러자 케난이 덧붙였다: "유고는 위성국 군대들만의 공격을 받을 수도 있고 러시아 군대까지 가세한 공격을 받을 수도 있습니다." 레이는 소련이 전면전을 원하지 않는다는 가정에 도전했다. 레이는 소련이 미국을 직접 공격할 가능성을 제기했다. 레이는 1941년 12월 일본이 미국과 전쟁을 작정하고 곧바로 진주만을 때렸던 사실을 상기시켰다.

그렇게 다양한 생각들을 듣고서 케난은 소련에 가능한 선택들을 정리했다. 케난은 말했다: "위험 지점들의 검토에 더해서 우리는 가설을 둘 설정해야 할 것입니다. 가설 1, USSR이 전쟁이 바람직하다는 결론을 내린다. 그러면 우리는 물어야 합니다: 소련인들이 어디서 어떻게 전쟁을 시작할 것인가? 가설 2, USSR이 이번에는 전쟁을 도발할 의사가 없다. 그러면 우리는 물어야 합니다: USSR은 무엇을 할 것인가? 가령, 소련인들이, 비록 전면전을 바라지 않을지라도, 유고라는 돌출부를 제거하려 드는 수도 있습니다." 제섭 박사는 그때까지 언급되지 않았던 사항들을 추가했다. 박사는 말했다: "우리는 그 문제에 이란, 유고 등등에 관해서 영국 및 다른 나라들과 공동으로 계획하는 방안을 포함시켜야 할 것입니다." 제섭은 또 오스트리아 문제를 제기했다. 케난도 오스트리아를 고려함이 중요하다고 생각했다. 힐렌쾨터 제독도 동의했다. 그러나 제독은 USSR이 군대를 오스트리아 밖으로 옮기고 있음을 강조했다.

마지막 문제는 공산 중국이었다. 케난은 미국인들이 코리아 사태를 다루는 방식이 중국 본토의 공산주의자들에게 "불쾌할 가능성이 있음"에 유의했다. 따라서 케난은 베이징의 반응들을 면밀히 살펴야 할 것이라고 주장했다. 힐렌쾨터 제독은 동의했다. 그 CIA 국장은 중국 공산당의 제4군이 막 코리아로 이동되려 한다는 보고가 있음을 강조했다.

도쿄의 맥아더 장군에게 보낼 명령들과 관련해 전날 NSC 회의에서 언급된 문서는 현재 합참(JCS)의 심의하에 있었다. 그것은 별도로 다뤄질 것이었다. 다만 국무부는 38도선에 관해서 "몇몇 새로운 생각들"을 가지고 있었다. 캐난은 설명했다: "아마도 우리는 공산군을 남한에서 구축하기 위해서 그 위선의 이북에 대해서 지상군 점령은 아니지만 공군 작전을 허용해야 할지 모릅니다."

참석자들은 24시간 내에 보고서를 준비하기 위해서 그것의 초안을 작성할 4인의 소그룹을 구성할 후보들을 지명하고 오후 2시(서울 30일 04:00)에 제임스 레이의 사무실에서 다시 회동하기로 합의했다. 오전 회의에 참석했던 사람들 가운데 여덟이 빠지고 케난과 레이와 힐렌쾨터와 글리슨과 랜피어를 비롯한 나머지 10명은 전부 그 오후 회의에 다시 왔다.[51] 그리고 JCS의 리처드 린제이 소장이 새로이 참석했다.

그때쯤 모스크바 대사관이 타전한 소련 정부의 표명된 입장이 워싱턴에 도착해 있었다. "코리아와 관련해 우리의 각서에 대한 소련 정부의 회답이 수령됐습니다."[52] 케난은 그렇게 알리고 진술했다: "소련인들은 선언했습니다: 첫째, 북한이 아니라 남한이 침략자다; 둘째, 소련의 정책은 다른 나라들의 문제들에 간섭하지 않는 것이고 따라서 USSR은 북한인들이 자신들을 방어하지 못하게 막을 수 없다; 셋째, USSR이 유엔안보리 회의에 참석하지 않은 것은 공산 중국이 결석한 회의는 무엇이나 유효할 수 없기 때문이다."

모스크바의 앨런 커크는 적어도 코리아 사태가 ROK에 유리하게 돌아설 때까지는 소련인들이 관망의 자세를 유지할 것이라고 예측했다. 모스크바 대사관은 케난이 워싱턴의 회중에게 소개한 "미국의 6월 27일 조치에 대답한 소련의 6월 29일 성명"에 그 예측의 근거를 두었다. 대사관의 관찰에 의하면, 모스크바 쪽에서는 사태에 대하여 "지금까지" 다른 공식 발표가 없었고 논평들은 프라우다의 6월 28일자 사설에 한정됐다. 대사관은 그 상대적 침묵들을 "소련인들이 코리아 문제에 있어서 자기들의 …… 입장을 명확히 취하기에 앞서서 적어도 당분간은 사태의 전개를 계속 기다릴 것임을 가리키는 …… 증거들"로 보았다. 그리고 29일 성명이 그 "현행의 증거들을 확증하는 경향이 있다고 해석"했다. 30일 정오에 작성되고 워싱턴이 동일 07:37(서울 30일 20:37)에 수령한 커크의 전문은 분석했다:[53]

---

51 *FRUS 1950 VOLUME I, NATIONAL SECURITY AFFAIRS; FOREIGN ECONOMIC POLICY*, pp.327-330. 다른 5인은 바로 다음이었다: 비숍, 스폴딩 장군, 셸 대령, 스탈하임, 보그스.

52 미국의 각서에 대해서는 제1장의 44쪽과 제2장의 109쪽을 참고할 것. 그에 대한 회답의 전문에 대해서는 제5장의 240쪽 참고할 것.

53 *FRUS 1950 VOLUME VII, KOREA*, pp.253-254. 소련의 29일 성명은 본서 5.1의 211쪽에 그 전문이 있다.

"[미국과 소련의] 그 두 성명들 다 6월 30일자 프라우다에 전문이 실렸다. 소련 성명은 다수의 모호한 표현들을 담도록 언어를 신중히 선택해 초안된 것으로 보인다. 앞으로 소련인들은 그 모호성을 북한을 지지해 강력히 반응하거나 어떤 직접적 개입도 회피하기 위한 토대로 이용할 수 있을 것이다. 우리는 특히 소련 태도의 요체로 보이는 내부 문제에 대한 '불간섭의 전통적 원칙들'과 '간섭을 허용할 수 없음' 등의 언급들을 염두에 두고 있다. 그 대답에는 '그들의 등 뒤에 서 있는 자들'을 남한 당국과 짝짓는 것 말고는 우리의 메시지에 담은 성명들에 대한 소련의 태도라고 이전에 지적된 것과 다른 새로운 본질이 아무것도 없음을 우리는 주목한다.

문단 1은 그 공격이 남한인들에 의해서 도발됐다고 이전에 공표한 비난을 되풀이한다. 문단 2는, 위에서 지적된 대로, 소련인들이 과거에 UNSCOB(국제연합 발칸제국 특별위원회) 등등과 같은 경우에 기댔던 불간섭 원칙을 모호하게 언급한다. 문단 3은 유엔 기구들에 소련이 불참한 것을 정당화하기 위해서 유엔에서 빈번히 사용했던 주장을 끈덕지게 반복하는 한편 동시에 자신이 유엔에 참여할 의사가 있음을 되풀이한다.

물론 그 성명은 소련인들더러 북한인들에게 영향력을 행사해 싸움을 멈추고 물러가게 만들라는 미국의 요구에 구체적으로 대답하지 않는다. 그리고 그로미코는 그 점에 관해서 더 말하기를 거절했다.

우리는 그 대답이 6월 25일의 대사관 전문 1726호에 요약된 소련의 의도 등등에 대한 기본적 평가의 시비를 가리기에 실질적으로 아무런 도움이 되지 않는다고 여긴다. 우리가 보기에는 소련인들이 코리아 사태의 군사적 전개를 면밀히 지켜보고 있음이 틀림없고 그 전개가 남한인들에게 유리하게 돌아설 때 그들의 방침을 결정하는 중대한 국면에 이를 것이다.

그동안 우리는 소련이 손을 쓰지 않을 수 없게 만드는 일이 없도록 계속 신중을 기하고, 만일 그들의 성명에 대답하기로 결정되면, 남한 당국에 대한 소련의 비난을 반박하는 데에만 집중하고 유엔 회원국들의 행동이 평화의 회복을 위한 안보리 결의들에 따라서 광범한 지지를 받아 이뤄지고 있음을 계속 강조할 것을 권고한다."

조지 케난은 소련 정부의 태도를 커크 대사의 경우보다 더 소극적인 것으로 평가했다. 실장은, 대사와 똑같이 그로미코의 29일 회답에 기초해 그러나 대사보다 더 대담하게, 코리아에서 전황의 추이와 상관 없이 미국 군대와 소련 군대가 부딪치는 사태가 벌어지지 않을 것이라고 판단했다. 실장은 말했다: "이 각서가 USSR이 직접 개입하지 않을 것임을 시사한다는 점에서 우리는 안심이 됩니다."

물론 염려는 완전히 가시지 않았다. 그로미코의 진술은 간접 도발의 가능성은 열어 놓았다. 케난이 보기에, 문제는 중국의 공산주의자들이었다. 케난은 말했다: "그러나 그 [각서가] 미국을 소련의 위성국들과 뒤얽히게 만들겠다는 USSR의 결의를 보여 준다는 점에서 우리는 마음을 놓을 수 없습니다." 더욱이 코리아 사태에 직면해 미국이 취한 조치들에 대해서 중국 공산당은 "적대적이고 도발적인 반응을 보였다." 케난이 보기에, 그것은 그들이 "포모사를 공격할 의향이 있을 가능성이 있음"을 시사했다. 따라서 케난은 덧붙였다: "우리는 중국 공산당을 매우 유심히 지켜볼 필요가 있을 것입니다."

케난은 USSR이 중국 공산당에 점점 증강되는 해군력을 제공할 가능성을 지적하고 설명했다: "이것은 포모사 근처의 도서가 중요함을 강조합니다." 실장은 미국이 그에 다음과 같이 대처해야 한다고 느꼈다: "우리는 치앵케셱에게 다음의 취지를 교신해야 할 것입니다. 치앵이 이 섬들을 지원 또는 소개함은 극동에 있는 우리의 해군 사령관과 협의할 문제입니다. 치앵에게 그가 이 섬들을 방어할 수 없다고 말하는 책임을 우리가 떠맡아서는 안 될 것입니다. 우리는 또 그것들을 방어할 책임을 떠맡고 싶지도 않습니다." 케난은 또 치앵이 하시라도 전복당할 가능성을 지적하고 말했다: "이 때문에 미국이 치앵의 밑에 있는 중국의 지휘관들과 군사적으로 직접 연락할 필요성이 제기됩니다."

"가장 있을 법한 다음 단계들이 포모사나 근처의 도서를 공격하거나 북한에 군대를 투입하는 것과 같은 중국 공산당의 개입일 수 있을까요?" 제임스 레이는 그렇게 묻고서 말했다: "만일 중국 공산주의자들이 제복을 입고서 북한에 들어오면 우리는 38도선 이북에서 군사 작전들을 수행하기에 더 좋은 입장에 놓일 것입니다." 케난은 미군의 북한 침공을 중공군이 남한에 들어올 경우로 한정하고 싶었다. 케난은 말했다: "만일 우리가 중국 공산주의자들을 남한에서 잡는다면 우리는 38도선 이북으로 갈 수 있을 것이고 심지어 만주도 폭격할 수 있을 것입니다."

케난은 그러나 베이징이 코리아 사태에 개입할 배짱은 없지만 미군을 38도선 이남에 붙잡아 둘 목적으로 엄포를 놓을 가능성도 고려했다. 케난은 말했다: "우리는 우리에 대한 중국 공산당의 어떤 선전 포고도 인정하지 않겠다는 입장을 취할 것입니다. 그러나 만일 그들이 코리아에서 우리의 임무에 간섭한다면 우리는 필요한 어떤 행동도 취할 것입니다. 다시 말해, 우리는 그들의 말은 무시하나 그들의 행위는 무시하지 않을 것입니다." 그러나 케난은 공산 중국이 함부로 나서지 않도록 미국의 입장을 베이징에 미리 알림이 좋을지는 아직 계산해 보지 않았다. 레이가 "우리가 이것을 중국 공산주의자들에게 말해야 하느냐"고 묻자 케난은 대답했다: "이 문제는 더 숙고돼야 할 것이라고 생각합니다."

만주 폭격이 언급되자 린제이 장군은 경고했다: "우리가 만일 재래식 폭탄들을 가지고 만주를 폭격하면 우리는 나중에 원자무기들이 필요한 때가 왔을 때 그것들을 사용하는 능력이 얼마간 상실될 것입니다." 장군은 북한의 재래식 폭격에는 반대하지 않았다. "그러나 북한에 있는 통신선들과 기지들을 파괴함은 바람직할 것입니다." 그렇게 말하고 장군은 JCS의 입장을 설명했다: "현재 합참의 접근법은 우리의 작전들이 원칙적으로 남한에 국한

해야 하지만 맥아더 장군은 만일 부여된 임무의 성취를 위해서 필요하다고 생각되면 38도선 이북에서 자유로이 작전하도록 허락돼야 한다는 것입니다."

"유고슬라비아가 으뜸가는 위험 지점들의 하나임이 오늘 오전 회의의 총의였습니다." 레이의 그 지적으로 대화는 유고로 넘어갔다. 케난은 "소련인들은 아주 신경 과민이 되지 않으면 유고를 공격하지 않을 것"이라고 믿었다. 그러자 "코리아에서 우리가 취하는 행동들이 모스크바에 신경과민을 일으킬지" 레이가 물었다. 케난은 대답했다: "러시아인들은 아직은 신경과민이 아닙니다. 반대로 그들은 냉정 • 침착하며 코리아에서 우리가 취한 대응에 다소 놀라고 있습니다. 어떤 논리도 러시아가 유고를 공격할 것임을 가리키지 않습니다."

그러나 의도에 관해서는 그 소련 전문가도 그렇게 확신할 수 없었다. 케난은 덧붙였다: "다만 러시아인들이 제3차 세계대전을 계획하고 있다면 일차로 티토를 정리하고 싶을지 모릅니다." 힐렌쾨터 제독은 생각이 달랐다. 제독은 말했다: "만일 러시아인들이 제3차 세계대전을 계획한다면 그들은 독일을 먼저 공격하고 티토는 가만히 놔둘 것입니다." 레이가 논의를 정리했다: "질문은 다음입니다: 러시아인들이 전쟁을 시작할 계획이라면 그들은 첫째로 무엇을 할 것인가?"

"만일 러시아가 전쟁을 할 각오라면 그들은 티토가 얌전히 있도록 만들기 위해서 유고의 국경에 위성국 군대를 배치할지 모릅니다." 케난이 그 가능성을 제기하자, 글리슨이 물었다: "USSR은 조용한 시기가 오기를 기다렸다가 유고슬라비아를 잡으러 가지 않을까요?" 케난은 대답했다. "유고슬라비아에 대해서 우리가 어떤 입장을 취해야 하는지에 관해서 나의 예비적 견해는 다음과 같습니다. 즉, 유고를 위성국 군대가 공격하건 러시아 군대가 공격하건 우리는 티토에게 제한적 원조만 제공하고 발을 들이지 말아야 한다는 것입니다." 케난은 계속했다: "만일 유고가 공격을 받으면 우리는 그런 공격은 우리의 위신과 관계가 없음을 언론에 발표할 필요가 있을 것입니다." 유고슬라비아에 관한 논의는 거기서 끝났다.

"나에게는 USSR이 북한인들을 지원할 준비가 돼 있음을 가리키는 어떤 증거도 없습니다. 극동의 어디서도 소련의 군사 활동이 거의 없는 것으로 보입니다." 힐렌쾨터 CIA 국장의 그 확인으로 논의는 동북아로 넘어갔다. 케난은 인도차이나나 버마에서도 새로운 공산주의 움직임이 아무것도 없다고 믿는다고 말했다. 이란 지역에도 주목할 첩보가 없었다. 힐렌쾨터 제독은 보고했다: "카스피해에서 실시되는 해군의 기동훈련 말고는 이란 근처에서 소련이 세력을 증강하고 있다는 증거가 아무것도 없습니다."

그런 정황들 때문에 일동은 소련이 세계대전을, 만일 일으킬 생각이면, 어떻게 개시할 것인지에 관해서 각자의 생각을 말하기 시작했다. 케난은 "러시아는 만일 제3차 세계대전을 치를 각오가 아니면 이란에서 군사 행동을 취하지 않을 것"이라고 보았다. 케난은 소련이 앞으로도 지금처럼 이란을 공격하지 않을 것이라고 믿었다. 그러나 그것은 물론 소련이 세계대전을 일으킬 의사가 없음을 뜻하지 않았다. 케난은 말했다: "만일 러시아인들이 제3차 세계대전을 벌일 생각이면 그들은 그것을 이란에서 시작하지 않을 것입니다."

그 추정은 당연히 다음의 질문을 낳았다: 이란이 아니라면 어디일까? 랜피어 보좌관은 "러시아인들이 3차 대전을 미국에 대한 공격으로 시작할 것"이라고 추측했다. 린제이 장군은 케난과도 랜피어와도 동의할 수 없었다. 아마도 군인의 훈련 받은 조심성에 입각해 장군은 공격의 범위를 아주 넓게 잡았다. 장군은 주장했다: "그들은 서유럽과 미국을 둘 다 공격할 것입니다. 그리고 또 이란을 공격할 수도 있습니다."

케난은 언급된 견해들의 논리적 정리를 시도했다. 그의 정치적 분별력이 돋보였다. 실장은 판단했다: "러시아는 자신이 핀란드에서 말고는 세계대전의 가능성을 촉발하지 않고서 중국의 북쪽이나 아프가니스탄의 서쪽에서 군사적으로 움직일 수 없음을 알고 있습니다." 그렇기 때문에, "소련인들은, 만일 세계대전을 벌일 각오가 아니면 군사적 수단을 쓰지 않을 것이고, 만일 그런 전쟁을 치를 각오라면 미국을 곧바로 치기보다는 주변부에서 군사

행동을 취할 수도 있다"고 그는 생각했다. "선전(propaganda)의 차원에서 볼 때, 소련인들은 그것이 더 좋은 시작 방법이라고 믿을 것이기 때문"이라는 것이 그의 설명이었다.

린제이 장군도 소련인들에게 가능한 정치적 계산을 시도해 보았다. 장군은 말했다: "소련인들은 우리가 먼저 공격을 하지 않을 수 없게 만들기 위해서 [가령 이란 같은] 주변부에서 군사 행동을 취할 수 있을 것입니다." 케난도 그 가능성에 동의했다. 그러나 소련인들은 그 경우 정치적 이점을 위해서 군사적 이점을 포기해야 할 것이었다. 케난은 말했다: "이 경우 USSR은 기습의 효과를 상실할 것입니다." 소련인들이 합리적 계산에 밝다면—그들이 그렇지 않다고 생각할 이유가 없었다—그렇게 문제 있는 노선을 선택할 리 없었다. 케난은 말했다: "나는 그들이 기습 공격의 기회를 기꺼이 포기할 것이라고 믿지 않습니다. 소련의 압박을 당해서 이란 정부가 붕괴될 가능성은 거의 없습니다."

다음에 케난은 소련의 전체적 책략들이라는 더 광범한 문제로 넘어갔다. 아마도 공산 중국을 염두에 두고서 케난은 말했다: "나는 동독이 서유럽 국가들과 싸울 수 있는 위성국으로 증강될 때까지 러시아인들이 지금 우리에 대항해 아시아의 위성국들을 이용할 의도가 있다고 믿습니다." 그러나 그 주제는 잠시 동안 앞으로 나가지 못했다. 소련이 핀란드를 이용할 가능성이 제기됐고 케난은 대답했다: "핀란드는 이미 바로 소련의 궤도 안에 있습니다. 만일 러시아인들이 핀란드에 들어선다면 우리는 개입하고 싶지 않을 것입니다. 우리는 또 핀란드나 스웨덴에서 러시아의 행동을 도발시킬 어떤 행동도 하고 싶지 않을 것입니다. 우리는 제2차 세계대전을 폐막하는 조정들의 결과로 그어진 경계선들 뒤에서 러시아에 도전한 적이 한번도 없었습니다. 그러나 그 선의 이쪽에 있는 것은 무엇이든 우리의 이익들과 맞물립니다. 그런데 핀란드는 그 선의 저편에 있습니다." 그 대답이 끝나자 레이가 물었다: "러시아의 추가적인 행동들에 앞서서 미국은 지금 무슨 조치들을 취해야 할까요?" 케난은 대답했다: "우리는 서유럽에 대한 군사 원조를 증강할 수 있을 것입니다."

랜피어는 러시아가 미국을 공격할 가능성을 다시 제기했다. 레이는 케난이 소개한 소련 정부의 29일 각서가 내포한 함의를 케난과 반대로 해석함으로써 그 가능성에 무게를 실었다. 레이는 주장했다: "회의가 시작될 때 언급된 소련의 답장은 러시아인들이 우리를 공격할 계획을 하고 있다면 내놓을 법한 바로 그런 종류의 평화적 대답이라서 걱정입니다."

케난도 그런 걱정이 없지 않았다. 케난은 일단 인정했다: "나는 소련이 미국을 공격할 가능성을 에누리할 마음이 없습니다." 그러나 케난은, "소련의 전체적 책략들"을 염두에 두고서, 그 가능성이 상대적으로 낮다고 판단했다. 케난은 말했다: "소련이 우리에 대항해 아시아 위성국들을 이용하는 의도를 가지고 있음이 더 있을 법한 일입니다." 케난은 그 이유를 명백히 볼 수 있었다. 케난은 설명했다: "그러면 USSR에는 아무 위험도 수반되지 않기 때문입니다."

레이는 소련이 미국을 공격할 가능성을 여전히 고수했다. 레이는 말했다: "만일 러시아인들에게 코리아 상황이 잘못되면 그들은 우리에 대해서 군사 행동을 취하지 않고서 자기들의 목표들을 달성하기가 얼마나 어려운지 반드시 깨닫게 될 것입니다." 그러자 케난이 물었다: "소련인들은 제3차 세계대전을 준비할 경우 무슨 군사행동을 취할 가능성이 가장 높습니까?"

"러시아인들은 미국에 있는 결정적 산업 표적들에 대해서 그들의 능력 내에서 가능한 최대의 최초 공격을 감행할 것입니다. 동시에 그들은 서유럽을 그리고 특히 영국에 있는 기지들을 공격할 것입니다." 린제이 장군이 대답했다. 아마도 군부의 판단인 그 대답을 듣고서 케난은 동의했다. 그는 말했다: "나는 소련인들이 만일 자기들의 능력으로 북미의 산업 능력을 소멸시킬 수 있다고 느끼지 않으면 세계대전을 시작하지 않을 것임에 동의합니다."

그러나 바로 그렇기 때문에 케난은 군부나 레이의 주장과 반대의 결론에 도달했다. 다시 말해, 케난은 그들도 찬성하는 바로 그 이유 때문에 지금 당장 미국과 전면전을 시작할 가능성이 낮은 소련의 처지를 분명히 볼 수 있었다. 케난은 설명했다: "내가 보기에 이것은 지금은 세계대전이 현실과 동떨어진 것임을 가리킵니다. 나는 USSR은 북미를 성공적으로 공격할 능력을 가지고 있다고 믿지 않기 때문입니다."

케난은, 아마도 코리아 사태와 공산 중국을 염두에 두고서, 소련이 기습에 의해서가 아니라 상황의 추이에 따라서 찔끔찔끔 마지못해 전쟁에 들어갈 가능성이 높다고 보았다. 그는 말했다: "만일 러시아인들이 지금 세계대전에 들어간다면 그들은 주춤거리며 들어갈 것입니다." 그는 그것이 "결국에 가서는 우리에게 가장 좋은 상황일 수 있다"고 생각했다.

일동의 토의는 거기서 끝나고 다음이 합의됐다. 첫째, 힐렌쾨터 제독은 USSR이나 위성국들이 군사행동을 취할 수 있을 것으로 추정되는 위험 지점들에 관해서 초안을 준비한다. 둘째, 케난은 소련의 추가적 군사 행동들이 있을 경우 미국이 취하기를 바라는 조치들에 관해서 초안을 준비한다. 셋째, 소그룹은 1950년 6월 30일 금요일 오전 11:00(서울 7월 1일 01:00)에 NSC 사무실장의 사무실에서 다시 모인다.

6월 29일 오후 17:00(서울 30일 07:00) NSC가 코리아 문제를 의논하기 위해서 백악관의 내각실에 모였다.[54] 그들의 토의는 도중에 합동참모본부(JCS)가 현단계에서 맥아더 장군에게 보냄이 적절할 훈령을 다뤘다. 그간의 논의들을 반영해 작성된 그것의 초안을 존슨 장관이 회중에게 읽어 주었다. 초안은 토론과 수정을 거쳤다. 훈령은 해군과 공군의 운용에 대해서는, 중공 및 소련과의 무력 충돌을 피하기 위해서 필요한 주의 이외에, 극동총사령관(CINCFE)의 재량에 아무 제한을 가하지 않았다. 그러나 육군의 전선 투입은 허락되지 않았다. 모든 작전의 목적은 북한군의 남한 축출과 포모사의 현상유지에 있었다. 훈령은

54 *FRUS 1950 VOLUME VII, KOREA*, p.240; *FRUS 1950 VOLUME VII, KOREA*, pp.240-241. *내각실(Cabinet Room): 백악관의 웨스트윙(West Wing)에서 대통령 집무실(Oval Office) 옆에 있는 장관들과 고문들의 회의실.

18:59(서울 30일 08:59)에 도쿄로 발송됐다. 그 합참 전문 JCS 84681호는 기술했다:

"1. 이 명령은 남한과 포모사의 상황에 관해서 귀관의 행동들에 적용되는 현존의 훈령들을 강화, 확장, 보충한다.

2. 6월 25일에 승인된 유엔결의와 6월 27일에 승인된 유엔결의를[55] 지지해서,

a. 귀관은 군사목표들에 대한 공격에 의해서 남한군에 최대한의 지원을 제공해 그 군대가 남한에서 북한군을 축출할 수 있도록, 극동사령부에 가용한 해군과 공군을 동원하라.
b. 육군의 운용은, 귀관이 부산-진해 지역의 항구와 공군기지의 확보에 필요한 정도로 전투 및 사무 부대를 운용하도록 승인받은 것을 제외하고, 필수적인 통신과 필수적인 사무 부대에 국한하라.
c. 해군 및 공군 작전에 의해서 귀관은 중국 공산주의자들의 침략이나 공격에 대항해 포모사를 방어하고, 또한 포모사가 중국 국민당에 의해서 중국 본토에 대한 작전기지로 사용되지 않도록 보장하라.

3. 제7함대는 귀관의 작전통제를 받게 됐다. 미육군태평양사령관(CINCPAC)과 태평양함대사령관(CINCPACFLT)이 실행 가능한 모든 필요한 지원과 보강을 귀관에게 제공할 것이다.

4. 문단 2a와 2b에 주어진 귀관의 임무들을 수행하기 위해서 또는 우리 군대의 불필요한 사상을 피하기 위해서 공군기지들, 보급창들, 탱크 기지들, 병력 종대들, 그리고 기타 순수하게 군사적인 목표들에 대해서 북부 코리아로 귀관의 작전들을 확대함이, 귀관이 보기에, 필수적이라 판단되는 경우에는 그렇게 하도록 승인한다. 북한에서의 작전들이 만주나 소

55 명령서에 의하면, 이 결의들은 각각 6월 28일 WCL 29851과 WCL30453으로 발송됐다.

련의 국경들로부터 반드시 충분히 떨어져 있도록 각별한 주의를 기울여야 한다.

5. 귀관은 귀관의 재량권에 속한 자원들로부터 귀관이 필요하다고 여기는 만큼의 탄약과 보급품을 코리아에 보낼 권한이 있다. 귀관은 귀관의 통제권 밖에 있는 원천들로부터 필요한 지원이 있으면 그것의 수량들과 유형들을 추정해 제출하라.

6. 남한 병력에 엄호와 지원을 제공하기 위해서 미국의 해군과 공군 그리고 제한된 육군을 투입하는 결정은, 만일 소련군이 코리아에 개입하면, 소련과 전쟁에 들어가는 결정을 포함하지 않는다. 그러나 코리아에 관한 결정은 수반된 위험들을 충분히 인식하고서 취해진 것이다. 만일 소련군이 코리아에서 우리의 작전들을 적극적으로 반대한다면, 귀관의 병력은 자신들을 방어해야 할 것이고, 상황을 악화시킬 어떤 행동도 취해서는 안 될 것이며, 귀관은 상황을 워싱턴에 보고해야 할 것이다."

제7장

분단과 평화

전쟁은 불가피한 것이 아니다

존 포스터 덜레스는 목요일인 29일 코리아와 일본 방문을 마치고 워싱턴에 돌아왔다.[1] 기자들 앞에서 그 국무장관 특별고문은 말했다: "이번 방문은 의미 있고 유익했습니다." 미국의 지상군이 남한을 구하기 위해서 출동할 가능성이 높다는 보도에 대해서 견해를 밝혀 달라는 요구를 받았을 때 고문은 잘라서 말했다: "그것은 아주 부정확한 것입니다." 그러나 고문은 이내 덧붙였다: "나는 군사정세에 관해서 발표할 것이 없습니다."

덜레스는 현장에서 취재한 정보들을 바탕으로 북한군의 침공과 성공을 촉진한 요인들과 그것들을 억지할 수 있었을 요인들을 정리한 비망록을 제출했다.[2] 고문의 분석은 전쟁이 정치에 의해서 충분히 예방될 수 있다는 대전제를 함축했다. 침공의 촉진요인으로 덜레스는 남한 사회의 내부 사정이 아니라 소련의 세계전략을 지적했다. 고문과 동행했던 극동국의 존 앨리슨이 정책기획실(PPS)의 조지 케난에게 전달한 고문의 비망록은 진술했다:

1 "덜레스 미 국무장관 고문, 극동방문 후 워싱턴 도착", 『부산일보』 1950년 7월 1일, 국사편찬위원회, 『자료대한민국사 제18권』, 1950년 6월 29일.

2 *FRUS 1950 VOLUME VII, KOREA*, pp.237-238.

"남한 국가는 탁월한 미국 공관의 지도와 미국의 물질적인 원조로 빠르게 자유사회로 발전하고 있었다. 거기서 발생한 사건이 내부적 폐습과 태만 때문이라고 비난할 수 없다. 반대로 그 공격에 관한 어떤 지역적 설명이 있다면 그것은 바로 소련 공산주의자들의 우려였다. 그들은 남한인들의 자유정부 실험이 성공하는 것을 우려했다. 그 실험이 실패하면 공산주의가 북아시아 대륙을 지배할 것이다. 따라서 그들은 그 정부가 그 지역에서 위험한 도덕적 돌출부로 등장하지 못하도록 그 정부의 심지를 잘라 버려야 한다고 느꼈다."

북한군이 신속한 전면 남진에 성공한 이유로 덜레스 고문은 순전히 남한과 미국 쪽에서 저지른 일련의—주의 깊었다면 시정될 수 있었을—잘못된 판단들을 들었다. 고문은 설명했다: "[그] 결함들은 만일 우리가 원하면 정황에 의해서 입증할 수 있다. 어쩌면 그것들은 그 결과에 결정적 영향을 주지는 않았을지 모른다. 그것들에 주목함은 같은 결함들이 다른 곳에도 존재할 가능성이 있고 시정 조치들이 바람직할지 모르기 때문이다." 덜레스는 다음의 넷을 염두에 두고 있었다:

첫째, "그들이 성능이 우수한 전투기들과 탱크들과 중포들을 풍부히 보유하고 있음을 우리가 알고 있었음에도 불구하고, 미국의 결정에 의해서 남한 군대는 그런 무기들을 가지지 못했다."

둘째, "첩보 정보의 적절한 평가에 실패했다. 그것은 몇 주에 걸쳐서 대규모의 병력과 탱크 대형들의 점차적 집결이 이뤄지고 있음을 보여 주었다. 그러나 우리 측에서는 국경 침범 이상을 위한 병력은 아닐 것이라는 고정 관념이 지속됐다."

셋째, "미국 군사고문들의 편에서는 남한 군대의 사기와 규율을 과신함에서 비롯된 자기만족의 분위기가 있었다. 그들은 남한 병력이 전투 경험이 없으며 실전에서는 총체적으로 불평등한 군비 상황을 헤쳐나갈 수가 없다는 사실을 생각하지 못한 것 같다."

넷째, "도쿄의 총사령부는 신속한 보고를 받지 못했고, 보고를 받았을 때는 서울이 적의 수중에 들어온 셋째 날까지 그 공격을 심각한 것으로 평가하지 않았다. 그 공격은 남한인들이 펼칠 수 있는 어떤 저항 앞에서도 성공을 보장할 소련의 계획과 준비와 후원이 없이 실행되는 순전한 북한의 모험이라고 사령부는 가정한 것 같다."

덜레스는 소련의 공세를 억지할 요인을 그 공세의 성격에서 구했다. 고문이 보기에 그 성격은 다음과 같았다: "아마도 그 공격이 나타내는 소련의 정책은 지구적 차원의 계획에서 기원할 것이다. 하나의 국지적 요인—즉, 남한 실험의 점진적 성공—은 위에서 언급됐다. 그 공격은 또한 일본과 관련해 진행 중인 계획이 작동하지 못하게 만들기 위해서 고안된 것일 수도 있다. 사실상 그 공격은 일본에서 군사적 요인들의 중요성을 부활시켜 정치적 • 경제적 • 사회적 자치로의 전환—[일본] 국민들의 편에서 [미국에 대한] 반감이, 그리고 혹시라도 적의가, 자라나지 않도록 예방하기 위해서 필요한 전환—을 어렵게 만드는 영향을 미친다. 공산주의에게 이것은, 미국의 바람과 반대로, 극동에서 일본을 미국의 나약한 지점으로 만들 수 있는 기회가 될 수 있을 것이다."

따라서 덜레스는 트루먼 행정부의 다음과 같은 대응이 그 공세의 중지에 기여했다고 판단했다: "코리아의 공격에 대한 미국의 반응—특히 코리아와 포모사와 인도차이나와 관련한 대통령의 성명과 유엔의 지지와 함께 이뤄진 그 성명의 신속한 집행—은 고도의 정치력을 나타냈다. 이 주요한 결정들이 취해진 신속성은 인상적일 수밖에 없다. 만약 저지를 당하지 않으면 소련 공산주의자들은 미국에 불리한 조건들 하에서 제3차 세계대전을 가능하게 만들었을 호전적 침략 과정을 추구할 것이다. 미국의 행동 덕분에 바로 그 과정을 멈추게 만들 최선의 기회가 마련된 것이다."

덜레스는 7월 3일 월요일 방송에 나와 코리아 사태를 공산 국가들과 자유국가들의 대결로 규정했다. 고문의 성명은, 그가 6월 29일 극동 방문을 마치고 돌아와 제출한 비망록에

비해, ROK의 자유민주적 정치 질서를 특히 강조했다. 자유 진영의 승리를 확신하면서 그는 말했다:[3]

"나는 한국과 일본에서 두 주에 걸친 여행을 마치고 귀국했다. 나는 지난주 한국대통령의 초청에 의하여 서울을 방문하고 금주 초 동경에 있는 미국대사관에서 맥아더 원수와 정찬을 같이했다.

한국에 관해서 말하자면, 맥아더 장군은 지금 미국과 연합군의 공군, 해군, 지상군을 지휘하여 한국에서 공산군 침략자들과 싸우고 있다.

금반 사건은 대단히 돌발적이었다. 북한공산군은 소련의 전투 비행기 및 대포 등으로 완전 무장을 하고서 기습공격을 개시했다.

그러면 왜 북한공산군은 이 평화스러운 코리아를 침공해 왔을까? 이것은 그들의 순수한 의견이 아니라 국제공산주의의 세계 전략에 따른 것이다.

나는 서울에 머무는 동안 각 방면의 사람들 및 사회단체의 대표들과 이야기를 나누어 보았는데 그들은 모두 대단히 좋은 인상을 나에게 주었다.

금반 한국에서는 국제연합의 소관하에 제2차 총선거가 실시됐다. 이 선거는 대단히 공명정대했다. 약 80%의 유권자들이 투표했고 많은 우수한 남녀가 당선됐다. 나는 이 선거의 결과로 구성된 최초의 국회 개회식에 참석했다. 참으로 열정적인 광경이었다.

---

3 "미 국무장관 고문, 극동시찰 후 귀국성명을 발표", 『부산일보』 1950년 7월 4일, 국사편찬위원회, 『자료대한민국사 제18권』, 1950년 7월 3일.

약 두 주 전 이맘때 서울에서 나는 북한에서 남하한 3인의 기독교신자들을 만났다. 나는 그들과 이야기를 나눴는데 그들만큼 기독교의 근본이념에 경도된 사람들을 일찍이 보지 못했다. 그들은 또한 민주주의에 많은 관심을 가지고 있었다.

나는 금반의 이 사변이 우리의 승리로 끝날 것으로 믿는다. 그러나 이것은 간단하게 종결될 것이 아니고 또한 많은 위험을 동반할 것으로 추측된다. 그러나 나는 자유국가들의 협조가 새로운 평화를 다시 확립할 것이라고 믿는다."

워싱턴 6월 30일 금요일 오전 03:40(서울 30일 16:40), 육군참모총장(CSA)은 도쿄의 극동총사령관(싱크페, CINCFE)과 전신회의에 들어갔다.[4] 그 회의는 워싱턴이 코리아 전선을 시찰하고 돌아온 더글라스 맥아더의 결과 보고(전문 C56942호)를 수령한 지 불과 두 시간 만에 도쿄의 요청으로 이뤄졌다. 그것은 CINCFE가 그 보고에서 요청한 지상군 투입을 그만큼 시급하고 필수적인 문제로 인식하고 있음을 가리켰다. 회의에는 다음의 군인들에 더해서 동북아 차관보를 비롯한 두 명의 국무부 인사들이 참석했다:

워싱턴(CSA)	도쿄(CINCFE)
대장 로튼 콜린스, CSA	원수 더글라스 맥아더, CINCFE
중장 그루엔터, OCSA*	소장 알몬드, C/S
중장 라아킨, G4	소장 폭스, C/S SCAP
소장 보일링, G2	
소장 찰스 볼테, G3	소장 윌러비, G2
준장 제임스 무어, SGS*	소장 에버를, G4
준장 슈일러 2세, G3	준장 라이트, G3
딘 러스크, 국무부	준장 블랙, SIGO*
본드, 국무부	중령 차일스, SGS*

*OCSA: 육군참모총장실. *SGS: 일반참모. *SIGO: 통신장교.

4 *FRUS 1950 VOLUME VII, KOREA*, pp.250-253. *전신회의: 텔레콘(텔레타이프 회의, teletype conference).

워싱턴: 귀하가 CX56942호 전문에서 제의한 권한의 부여는 대통령의 결정을 요하는 것으로 검토에 시간이 좀 걸릴 것이다. 그동안 귀하는 JCS84681호의 문단 2B에 따라서 연대급전투단(RCT) 하나를 즉시 부산 기지로 이동시킬 권한이 있다. 이것은 300800Z로 예정된 우리의 전신회의에서 상세히 설명될 것이다.[5]

나는 29일 오후 늦게 백악관 회의에 참석했다. 그때 대통령이 JCS84681호에서 다뤄지는 작전을 인가하는 결정을 내렸다. 내가 보기에, 대통령은 전투 지역에 미국의 전투병력을 투입하기를 승인하기에 앞서서 최고위 고문들과 같이 신중하게 검토하고 싶어서 그렇게 결정한 것이다.

앞서 귀하에게 부여된 권한이면 파병을 시작할 수 없겠는가? 우리는 이 이동이 완료되기 전에 귀하의 제의에 대한 명확한 결정을 얻을 수 있을 것이다. 그러면 현재로서 귀하의 요구가 충족되지 않는가?

도 쿄: 귀하의 승인은 미국의 지상전투병력이 코리아에서 사용돼도 좋다는 기본 원칙을 수립한다. 그러나 그것은 현재의 상황에서 효과적인 작전을 펼치기에 필요한 운신의 폭을 충분히 주지 않는다. 그것은 나의 메시지 C56942에 포함된 기본적 요건들을 충족하지 못한다. 시간이 가장 중요한 요인이다. 지체 없는 분명한 결정이 절대로 필요하다.

워싱턴: 나는 즉시 육군장관을 통해서 전투지역으로 RCT를 움직이자는 귀하의 제안에 대한 대통령의 승인을 요청하도록 하겠다. 가능한 한 빨리 귀하에게 결과를 알리

---

5 전문 CX56942 또는 C56942: 맥아더가 6월 29일 한강 방어선 시찰 후 도쿄에서 30일 아침에 발신한 전문(본문은 본서 6.1의 291-292쪽 참고). JCS 84681호: 합참이 6월 29일 오후 18:59에 CINCFE에게 보낸 전문(본문은 본서 6.3의 329-330쪽 참고). Z(줄루, Zulu)는 미국 군대에서 오전 08:00을 가리킨다.

겠다. 아마 반시간이면 될 것이다.

[그런데] 극동공군(FEAF)은 JCS84681 접수 후에 38도선 이북에서 어떤 작전을 수행했는가? 만약 그렇다면 결과들은 어땠는가?

처치 장군은 메시지 A-10에서 서울 지역의 한강 북안을 따라서 집결한 병력에 폭격을 가할 것을 권고했다. 이 공격이 실행됐는가? 그리고 만일 그랬다면 어떤 결과들이 나왔나?

현재 서울 지역의 한강에는 다리들이 좀 남아 있는가?

도 쿄: FEAF는 38도선 이북의 북한 비행장들에 폭격을 가했다. 평양 근처의 비행장에 대해서는 결과가 양호하다는 보고다. 그러나 상세한 보고들은 아직 접수되지 않았다.

FEAF는 [29일] 11:00과 14:50에 한강 북안을 따라서 B-26 공습들을 실시했다. 서울 서쪽에는 적군의 활동이 별로 눈에 띄지 않는다는 것 말고는 보고된 결과들이 없었다. 그리고 그 결과는 나중에 추후의 보고에 의해서 실증되지 않았다.

서울의 남쪽에 한강 철교들 셋이 아직 남아 있다. 그것들은 자동차가 이용할 수 있도록 나무 판자들로 덮여지고 있고 대포의 직화로 엄호를 받고 있다.

워싱턴: 빨갱이들은 한강에서 중장비를 도하시킬 설비들을 가지고 있는가?

도 쿄: 그렇다. 서울 근처에서 나룻배들과 바지선들을 이용할 수 있고 철교들에 판자를 깔아 쓸 수 있다. 북한인들이 [부서진] 다리들을 고치고 있다는 보고도 있다.

워싱턴: 방금 접수된 언론 속보에 의하면 서울 동쪽의 한강 방어선이 뚫렸다. 귀하는 이 것을 확인하는 보고를 받았는가?

도 쿄: 그렇다.

워싱턴: 귀하의 지난번 상황보고에는 소련 장교들이 북한군과 함께 서울에 있고 몇몇 중국 병력과 소련 병력이 참여하고 있다는 미확인 보고에 관한 언급이 있었다. 귀하는 이 보고들에 대해서 지금까지 어떤 확인을 받은 적이 있는가?

도 쿄: 보고들은 아마도 사실일 것이다. 그러나 어떤 명확한 증거나 확인은 없다. 목요일 오후에 야크기 조종사를 심문했는데 그는 러시아인 대령이 공군기지 사령관으로 있고 15명의 소련인 하급자들의 보좌를 받는다고 말했다.

워싱턴: 코리아 수역에서 미국 해군이 벌이는 작전의 결과들에 관해서 귀하가 알고 있는 최신 정보는 무엇인가?

도 쿄: 미국 해군은 코리아 수역에서 지금까지 적극적 성격의 작전들을 펼치지 않았다. 순양함 주노와 구축함 드헤이븐이 동해안의 38도선 근처에 있고 구축함 맨스필드와 구축함 스웬슨은 코리아의 서해안으로 항진 중이다. 전체적으로 수상목표물들이 없다는 보고다.

워싱턴: 귀하는 RCT가 얼마나 있으면 수원 지역에서 작전에 들어갈 수 있다고 추정하는가? 귀하는 그 부대를 공수할 생각인가? 귀하는 중장비와 대포를 그 지역으로 공수할 수 있는가?

도 쿄: 한강 돌파의 전체 규모가 파악될 때까지 그런 추정은 가능하지 않다. 수원의 낙하교두보가 안전하지 않다면 공수는 어떤 경우에도 불가능할 것이다.

워싱턴: RCT 하나를 전투 지역에 파병하자는 귀하의 권고가 승인됐다. 추가적 증강에 대해서는 나중에 알리겠다.[6]

도 쿄: 알았다. 지금 더 전할 것이 있는가?

워싱턴: 이곳의 모든 사람들은 장군이 신속히 움직여 상황을 직접 보고 와 줘서 기쁘다. 축하하며 행운을 빈다. 우리 모두는 장군과 장군의 사령부를 전폭적으로 신뢰한다. 더 이상의 내용은 없다.

트루먼 대통령은 30일 아침 08:00(서울 30일 22:00) 밤 동안 일어난 북한군의 한강 도하를 보고 받았다.[7] 합참에서 나온 대령의 그 브리핑이 끝나자마자 대통령은 육군장관 페이스와 국방장관 존슨에게 전화했다. 그들에게 대통령은 코리아 전선에 투입하도록 최대 2개 사단을 시급히 준비하게 허가해 달라는 맥아더의 요청과 코리아에 병력을 보내겠다는 치앵케섹의 제의를 논의할 준비를 하고서 09:30(서울 30일 23:30) 블레어 하우스에 오라고 지시했다.

---

6 그 증강의 승인은 JCS에서 6월 30일 13:22에 전문 JCS84718호로 맥아더에게 전송됐다(본서의 373쪽 참고).

7 *FRUS 1950 VOLUME VII, KOREA*, p.255; Harry S. Truman, *Memoirs of Harry S. Truman Volume Two: Years of Trial and Hope* (New York: Doubleday & Company, INC., 1956), p.343; Dean Dean Acheson, *Present at the Creation: My Years In The State Department* (New York: W.W. Norton & Company, 1969): My Years In The State Department (New York: W.W. Norton & Company, 1969), p.412; J. Lawton Collins, *War in Peacetime: the History and Lessons of Korea*(Boston, Houghton Mifflin Company, 1969), p.23; Glenn D. Paige, *The Korean Decision*, June 24-30, 1950 (New York: Free Press, 1968), p.257 ff.; Beverly Smith, "The White House Story: Why We Went to War in Korea", The Saturday Evening Post(November 1951), p.22 ff; 군사편찬연구소, 『6 • 25 전쟁사 3: 한강선 방어와 초기 지연작전』, (국방부, 2006), 109쪽.

세 시간 전인 04:57(서울 30일 18:57) 대통령은 페이스 장관의 전화를 받았다. 장관은 말했다: "콜린스 장군과 막 얘기를 했는데 맥아더 장군이 코리아 시찰에서 돌아오자마자 육군부에 전신회의를 요청했답니다. 그 회의에서 맥아더는 미국의 지상군만이 북한의 남진을 막을 수 있다고 확신한다고 말했습니다. 장군은 전투연대 하나를 즉시 투입하고 가능한 한 시급히 2개 사단까지 준비하도록 허가해 달라고 요청했습니다." 장관은 물었다: "어떻게 할까요?" 대통령은 대답했다: "맥아더 장군에게 RCT 하나의 사용이 승인됐다고 즉각 알리십시오."

"나는 맥아더 장군에게 코리아에 RCT 하나를 투입할 권한을 벌써 주었습니다." 대통령은 09:30(서울 30일 23:30) 블레어 하우스에서 국무장관과 국방장관, 참모총장들, 삼군 장관들, 그리고 소수의 다른 관리들에게 그렇게 알렸다. 그들은 북한군의 침공이 시작된 직후인 6월 25일 저녁에 모였던 인물들이었다. 모두들 지상군의 투입 없이 코리아 사태가 끝나기를 원했었다. 그러나 당초의 바람과 반대로 미국인들은 이제 코리아 전장에 발을 조금—아주 조금—들여놓는 단계까지 왔다.

그 RCT 하나는 턱없이 부족할 것임이 거의 확실했다. 맥아더는 "최대 2개 사단"의 투입이 "시급히" 필요하다고 알렸다. 따라서 대통령은 말했다: "우리가 현재 이용할 수 있는 그 적은 무력으로 적군을 막아낼 수 있을지 아직 염려됩니다. 병력을 추가로 사용하는 문제에 관해서 여러분의 조언을 바랍니다."

시간이 관건임을 누구나 인정했다. 그런데 대통령이 보기에 다행히도 "치앙케섹이 닷새 안에 자기의 33,000 병력이 출발하게 준비할 수 있다고 제의했다." 따라서 대통령은 물었다: "우리는 그 제의를 수락함이 좋지 않을까요?"

대통령은 또한 향후에 가능한 공산 진영의 동향들도 염려됐다. 공산 중국과 USSR을 염두에 두고서 대통령은 요청했다. "분란이 발발할 수 있을 장소들을 주의 깊게 검토해 주십시오. 가령, 마오쩌둥이 무엇을 하겠는가? 러시아인들은 발칸반도에서, 이란에서, 독일에서 무엇을 할 것인가?"

지상군의 신속한 투입이 요구되는 마당에 마침 국민당 중국(ROC)은, 대통령의 언급대로, 코리아에 3개 사단 규모의 병력을 지원할 용의가 있음을 반복해서 표명했다. 딘 러스크가 부재한 가운데 머천트 부차관보는 중국 대사의 요청으로 29일 오후 4시 30분(서울 30일 06:30)에 그를 만났다.[8] 구 대사가 동북아 담당자들과 토의하고 싶어하는 가장 중요한 문제는 레이크 썩세스에 주재하는 ROC의 대표가 리 사무총장의 회람 요청에 대답해 본국 정부가 능력이 닿는 데까지 최대의 군사원조를 코리아에 제공할 준비가 됐음을 총장에게 알리고 있다는 사실이었다.

"구체적 제의를 하기에 앞서서 본국 정부는 그들이 염두에 두고 있는 원조에 대해서 미국 정부의 반응이 어떤지 알고 싶어 합니다. 그들은 해군과 공군은 여유가 없지만 중국군에 가용한 최상의 야전 장비를 갖춘 3개 사단으로 구성된 대략 33,000명의 1개 군을 파병할 준비가 돼 있습니다. 그들 전체를 수송할 선박이 충분치 않습니다. 도쿄의 중국공관장이 맥아더 장군에게 접근하고 있습니다. 본국은 제공될 군대를 장군의 지휘하에 둘 의향이기 때문입니다." 그렇게 말하고 구 대사는 머천트의 반응을 살폈다. "이 정보를 알려 줘서 고맙습니다." 머천트는 대사에게 감사를 표하고 약속했다: "우리는 이 제의에 대한 미국 정부의 반응을 대사에게 시급히 알려 주기 위해서 노력하겠습니다."

6월 30일 포모사의 치앵 정부는 ROK에 지상군을 지원하는 계획을 구체화해서 중국실의 프리먼 부실장 대리에게 알렸다. 그날 정오 중국공사인 탄샤오화 박사가 자청해서 프리

---

8 *FRUS 1950 VOLUME VII, KOREA*, pp.239-240.

면을 보러 왔다.[9] 박사는 ROK에 군사원조를 제공하겠다는 중국 정부의 제안에 관한 비망록을 건내면서 그것이 전날 구 대사가 그 주제에 관해서 동북아 담당인 머천트와 가졌던 대화의 "구체화"라고 말했다. 탄 박사에 의하면, 구 대사는 코리아에 대한 군사원조에 관해서 타이페이에서 나오는 언론보고들 때문에 "아주 마음이 산란"했다. 타이페이에서 그 정보가 누출된 것은 승인을 받지 않은 것으로 그것은 "정부외 출처들로부터 나왔음이 틀림없다." 박사는 그렇게 보장하고 미국 정부의 신속한 대답을 채근했다. 박사는 지적했다: "입법유안이[10] 오늘 타이페이에 모입니다. 의원들은 중국 병력을 코리아로 파병하는 권고에 합의할지 모릅니다. 그럴 경우에 정부는 물론 차후의 공개를 통제할 수 없을 것입니다."

박사가 프리먼에게 제출한 "중국대사관이 국무부에 보내는 비망록"은 진술했다: "중국 정부는 북한의 무력 공격을 격퇴하기 위해서 평지나 산지의 작전들에 적합한 약 33,000명의 훈련된 병력 1개 군을 남한에서 이용할 수 있도록 만들 것이다. 이 병력은 중국이 가진 최고의 장비를 갖췄다. 이 병력의 공수를 위해서 중국 정부는 C-46형의 수송기들을 제공할 것이고 만일 필요하면 적당한 양의 공중 엄호를 줄 수 있다. 만일 그 병력이 바다를 통해서 수송돼야 한다면 중국 정부는 보통 수준의 해군 호위를 제공할 수 있다. 이 병력은 닷새 안에 출발이 가능하다."

대통령을 빼고는 사실상 모든 이들이 치앙의 제의에 반대했다. 딘 애치슨은 전략상의 문제점을 지적했다. 장관은 공산 중국의 반응을 우려했다. 장관은 설명했다: "만일 포모사의 중국 병력이 코리아에 출현하면 베이징의 공산주의자들은 거기서 총통의 군대를 쳐부수기 위해서 그 싸움에 뛰어들기로 결정할지 모릅니다. 만일 그렇게 한다면 그들은 언제 포모사 침공을 꾀하든 그때 총통의 방어 능력을 감소시킬 수 있을 것이기 때문입니다."

9　*FRUS 1950 VOLUME VII, KOREA*, pp.262-263.

10　입법유안(Legislative Yuan)은 타이완의 입법원[의회]을 말한다.

참모총장들은 효과성을 의심했다. 그들은 설명했다. "총통은 제의된 33,000이 자기가 가진 최상의 부대라고 호언합니다. 그럼에도 불구하고 그들은 현대적 장비를 거의 갖추지 못하고 있습니다. 북한의 탱크들 앞에서 그들은 리승만의 군대처럼 무력할 것입니다. 더욱이 그들에게 필요할 수송은 맥아더가 우리의 군수와 추가 병력을 나르는 일에 할애되면 더 좋을 것입니다."

반대들에 직면해 대통령은 자신의 주장을 꺾을 수밖에 없었다. 대통령은 다음을 결정했다. 첫째, 중국의 제안을 점잖게 거절한다. 둘째, 맥아더 장군에게 자신의 휘하에 있는 지상군을 사용할 전권을 부여한다. 셋째, 북한에 대해서 해상 봉쇄를 실시한다.

국가안보회의(NSC) 참모들의 우려도 코리아에 투입된 치앵의 군대가 오히려 화를 부를 수 있음을 함의했다. 그들은 공산 진영 편에서 추가적 무력 도발을 일으킬 가능성이 있는 정권으로 베이징을 꼽았다.[11] 판단의 논거는 다음과 같았다. 첫째, 소련은 군사적 또는 비군사적 도발들을 통해서 미국을 당혹케 하거나 자신의 세력권을 확대하려 들 것이다. 둘째, 소련이 세계대전을 원한다면 기습효과를 노릴 것이다. 셋째, 그 효과는 미국에 대한 직접적 공격에 의하지 않고서는 발생하지 않는다. 넷째, 그러나 소련은 현재 미국과 전면전을 벌일 준비가 되지 않았다. 따라서 소련이 미국을 괴롭힐 적지는 극동의 포모사나 코리아다; 크렘린은 베이징을 이용할 것이다.

그 추론은 전날(29일) 오전과 오후에 있었던 참모들의 회의에서 정립됐다. 맥스 비숍이 소련이나 소련의 위성국들이 도발할지 모르는 지역들에 관해서 회중의 의견이 일치한 내용들을 정리해 부국무차관 매튜스에게 제출했다. 그 보고는 다음의 일반적 전제로 시작했다:

---

11 "미 국무부, 소련 및 위성국에 의한 전쟁도발 가능 지역 평가", 군사연구소, 『한국전쟁 자료총서12: 미국무부 정책기획실문서(Records of the policy planning staff of the department of state)』 (국방부, 1997), 658-660쪽; 국사편찬위원회, 『자료대한민국사 제18권』, 1950년 6월 30일.

"USSR이 자신의 무력을 이용해 미국과 나토(NATO) 국가들에 기습 공격을 가할 가능성을 간과하지 않는 것이 우리에게 당연히 신중한 처사지만, 이 순간까지 파악된 모든 징후들을 보건대 그럴 확률은 없는 것으로 생각된다. 그러나 그것은 언제든 일어날 수 있는 일로 유의돼야 할 것이다."

그러나 참모들은 소련이 스스로 움직이기보다 베이징을 이용해 극동에서 추가적 도발을 일으킬 가능성에 논리적 타당성을 두었다. 비숍은 기술했다: "우리의 조치에 대한 소련의 대답과 중국 공산당 지도자 초우의[12] 발언을 비롯해 현재의 징후들은 소련인들이 그들의 위성국들을 이용해 개입하고, 가능하면 미국을 당혹하게 만들려는 작정임을 가리킨다. 첩보를 조심스레 검토해 보면 극동 러시아의 연해주에 있는 소련군 쪽에서는 어떤 비상한 군사 활동도 나타나지 않는다. 이런 유형의 행동이 일어날 가능성이 가장 많은 지역은 다음 두 곳일 것이다: 첫째, 포모사 근처의 중국 근해에 있는 작은 중국 도서, 그리고 둘째, 중국 공산 군대의 코리아 투쟁 투입. 물론 앞으로 언젠가 인도차이나, 티벳, 버마에서 추가로 공산 위성국의 행동이 예상될 수 있으나, 임박한 중대 규모의 것은 없다고 생각된다."

그 판단의 타당성은 소련이 현재 미국과 맞붙을 준비가 되어 있지 않다는 첩보평가에 의해서 강화됐다. 만일 그 평가가 옳다면 공산 중국의 이용은 소련이 미국의 무력을 감소시킬 수 있는 유일의 현실적 대안으로 보였다. 극동 이외의 다른 지역들에 대해서 비숍은 서술했다:

"만일 소련이 세계대전이 바람직하고 또 자기들이 그 전쟁을 벌일 준비가 됐다고 결정하지 않으면, 소련 군대가 가까운 장래에 유고슬라비아나 발칸 반도의 다른 곳에 대해서 작전들을 시작하는 일은 없을 것으로 보인다. 소련인들이 위성국들에게 발칸에서 행동을

12 초우(Chou)는 아마도 저우언라이(Zhou Enlai, 주은래)를 가리키는 것 같다.

취하라고 지시할 가능성은 존재한다. 그러나 유고슬라비아의 군세를 보건대 이 가능성도 아주 낮다. 따라서 유고슬라비아에 대한 기존의 정책을 바꾸라고 권고할 필요가 없을 것으로 보인다.

앞의 문단에서 진술된 고려사항들이 독일에도 똑같이 적용되는 것 같다.

발트해에서는 소련인들이 핀란드를 군사력에 의해서 확고히 장악하고 있다. 그들이 세계대전을 시작할 요량이 아니라면, 거기서 어떤 행동을 취함이 그들에 게 이로울 것으로 보이지는 않을 것이다. 소련인들은 십중팔구 스웨덴의 중립을 고집할 것이다.

USSR은 현재 그리고 지난 2월 이래 이란의 북쪽 국경에 이란을 신속히 짓밟기에 충분한 군대를 배치해 두었다. [그러나] 카스피해에서 해군의 소형함 기동 훈련을 제외하면 그 지역에는 최근 소련군의 증강이 없었다. 세계대전을 결심하지 않았다면 소련이 자신의 무력을 이란 국경 너머로 움직이는 일은 없을 것이다. 새로운 이란 정부는 충분히 안정되고 이란 군부에 인기도 있어서 내부에서 공산주의의 전복활동을 예방할 수 있을 것으로 믿어진다. 그럼에도 불구하고 이란이 매우 당혹스런 내부적 난국에 봉착할 가능성은 여전히 상존한다."

따라서 비숍은 다음의 요약으로 보고를 끝맺었다: "소련이 직접 또는 자신의 위성국들을 통해서 행동을 취할 가능성이 가장 높은 지역들은 극동에 있다. 그들은 거기서 중국 공산군을 이용할 수 있다. 이란에서 소련은 세계대전을 하기로 결정해야만 군사 행동에 나설 것이다. 그리고 [그 경우 그들의 첫 조치는 아마도 이란 침공이 아닐 것이다.] 그러면 미국과 [미국에] 사활적 중요성이 있는 다른 지역들을 공격할 때 기습 효과가 상실될 것이기 때문이다. 세계대전을 하겠다는 결심이 없다면, 발칸에서의 군사 행동 역시 있을 것 같지 않다. 유고의 군사력을 감안해 소련은 위성국들에게 공격 명령을 내리지 않을 것이다. 독일과 발트해에서의 군사 행동 역시 세계대전의 일부로서가 아니면 있을 것 같지 않다."

그와 같이, 29일 오전과 오후의 NSC 참모 회의에서 "논의는 USSR이나 그것의 위성국들이 취할지 모르는 군사 행동에 주로 국한됐다." 그런데 비숍이 보기에는, "USSR과 그것의 위성국들이 취할지 모르는 비군사적 활동들에 관해서도, 혹시 있다면, 아주 짤막한 문단을 넣음이 유용할 것 같[았]다." 보좌관은 "선전, 베를린 봉쇄, 비엔나 봉쇄, 서독과의 평화 조약, 오스트리아와의 평화 조약 또는 오스트리아에 대한 압력의 심화, 북한인들과 중국 공산주의자들과 인도차이나 공산주의자들의 군사 동맹이나 군사 협약 등등의 것들"을 생각하고 있었다.

대통령은 30일 중화민국(ROC)의 병력을 거부하기로 결정한 블레어 하우스 회의에 이어서 11:00(서울 7월 1일 01:00) 무렵 애치슨과 존슨, 삼군 장관들, 그리고 JCS를 대동하고 백악관에서 의회 지도자들을 만났다. 회중은 코리아에서 최근에 일어난 사태의 전개를 다시 검토했다. 의원들은 코리아에서 북한 침략자들을 격퇴하고 평화를 회복하도록 ROK를 지원해 달라는 유엔안보리(SC)의 요청과 발맞춰 그때까지 대통령이 허락한 모든 강화된 조치들에 관해서 개괄적 설명을 들었다. 바로 다음의 군사 활동들이었다.[13] 첫째, 군사상 필요할 때는 언제나 북부 코리아에 있는 구체적인 군사 목표물들에 대해서 임무들을 수행할 권한을 미국 공군에 부여했다. 둘째, 코리아의 해안 전체에 대해서 해군봉쇄를 명령했다. 셋째, 맥아더 장군에게 일정한 지상부대들을 지원에 사용할 권한을 주었다.

유시스(USIS, 미국공보원)는 7월 1일 그 조치들이 "지난 1주야의 한국 내 군사 정세 중 최고

---

13 *FRUS 1950 VOLUME VII, KOREA*, p.257; "트루만 미대통령, 미군의 북한지역 폭격과 해안봉쇄 허가를 발표", 『민주신보』 1950년 7월 2일, 『자료대한민국사 제18권』, 1950년 6월 30일.

의 사건"이라는 평가와 함께 다음의 활동들을 알렸다:[14] "그 24시간 동안 미국의 공군은 북한의 트럭 56대, 기관차 1대, 화차 10량 및 전차 5대를 파괴했다. 북한 비행기들은 격추 5기, 격추 추측 2기, 그리고 격파 2기였다.

이로써 미군이 전투에 참가한 후 12기의 북한기가 격추됐다. 미국측 손실은 전투기 2기, 폭격기 1기였다.

미공군의 출격은 F80 전투기가 125회, F82 전투기가 17회, F151 전투기 12회, B26 경폭격기가 12회, B29 군폭격기가 11회였다.

북한에 있는 군사목표물들을 폭격하라는 대통령의 명령은 이미 발효됐다. 그러나 미군기들이 38도선 이북의 북한 기지를 폭격했다는 정보는 아직 들어오지 않았다.[15]

극동사령부의 미육군 육상부대병력은 합계 12만 3,500명으로서 각각 약 1만 8,000명으로 된 4개 사단과 그 지원부대로 구성되어 있으며 동 4개 사단은 전부 전투준비의 명령을 받았다. 그리고 각 사단은 대전차 무기, 곡사포, 구포(박격포), 기관총 및 소총 등의 무장을 갖췄다."

USSR의 의도들에 관한 논의들은 30일에도 계속됐다. "어쩌면 우리가 코리아에만 너무 많은 관심을 쏟고 있고, 한국전쟁이 세계의 다른 지역들에 미칠 영향들에는 충분한 관심을

---

14 "트루만 미대통령, 미군의 북한지역 폭격과 해안봉쇄 허가를 발표", 『민주신보』 1950년 7월 2일, 『자료대한민국사 제18권』, 1950년 6월 30일.

15 대통령의 북한군사 목표 폭격의 명령은 북한 내의 군사 목표들을 폭격해도 좋다는 대통령의 허가(6월 29일의 JSC 84681, 본서 제6장의 360-361쪽)를 말한다. USIS의 공보가 나가기 전에 미군기들은 벌써 평양의 비행장을 폭격했다(6월 30일 03:40에 열린 워싱턴-도쿄 전신회의 (본서 7.1의 368-372쪽) 참고).

기울이지 않는 것 같다고 국무장관이 생각합니다." 그날 11:05(서울 7월 1일 01:05) 국무부의 매튜스 부차관은 세섭, 힉커슨, 암스트롱, 머천트, 본브라이트, 아킬레스와 별도로 모여서 코리아 밖의 동향을 검토하는 자리에서 그렇게 알렸다. 정책 자문을 위해서 파리에서 돌아온 찰스 볼렌 공사, 근동 • 남아시아 • 아프리카 지역을 담당하는 레이몬드 헤어 부차관보, 그리고 부차관 특별고문인 프레데릭 놀팅도 자리를 함께했다.[16] 부차관은 또한 대통령이 맥아더 장군에게 주일미군 제24사단을 코리아 작전에 이용하고 미국의 공군이 38도선 이북의 군사 목표들을 공격하게 허락할 권한을 부여했음도 알렸다.

제섭 박사는 소련보다 공산 중국이 더 걱정이었다. 박사는 말했다: "현재로는 소련이 코리아 싸움에 직접 개입할 의사가 있음을 가리키는 증거가 없는 것 같습니다. 개입의 주된 위험은 중국 공산주의자들에게서 옵니다." 따라서 박사는 "우리가 국방부와 공동으로 결정해야 하는 문제들—예를 들어 해협 제도의 방어에 관해서 치앵에게 보낼 답장—의 점검목록을 만들자"고 제의했다. 바로 박사가 그 점검표를 짜는 일을 떠맡게 되었다.

볼렌 공사도 생각이 같았다. 공사는 코리아 사태에서 가능한 러시아의 행동에 관한 자기의 견해들을 요약 형태로 진술했다. "케난도 비슷한 견해임"을 밝히고 볼렌은 말했다: "러시아인들이 말랑한 지점들을 탐색하는 그들의 상투적 전술을 바꿨다는 아무 증거도 보이지 않습니다. 지금 그들은 단단한 지점을 발견했기 때문에 아마도 직접 개입하지 않을 것입니다. 그들은 미국이 아시아의 공산병력과, 특히 중국 공산군과, 엉키게 만들기 위해서 온 힘을 기울일 것입니다."

그러나 볼렌은 지상군의 투입에 대해서 신중을 강조했다. "만일 우리나 우리의 어떤 동맹이 블라디보스톡 인근이나 다른 곳의 소련 영토를 칠 의도를 보이면 소련인들은 보다 원

16 *FRUS 1950 VOLUME VII, KOREA*, pp.258-259.

색적인 방식으로 반응할 것으로 예상됩니다." 그렇게 경고하고 볼렌은 "우리가 다른 지역들로부터 빼온 부대들의 자리들을 메워 놓지 않고서 코리아에 더 깊이 말려들면 위험할 것"이라는 견해를 피력했다. 공사는 필요한 교체를 하려면 대통령이 아마도 부분동원을 발령해야 할 것이라고 느꼈다. 그는 말했다: "우리가 지켜봐야 할 곳들은 중국 (군대 전체의 움직임), 인도차이나, 홍콩입니다. 나는 소련인들이 베를린 봉쇄를 다시 강행할 수도 있다고 생각합니다. 극동에 대한 우리의 개입들을 감안할 때 거기서 대항조치로 공수가 현실적으로 가능할지 의문입니다."

소련의 의도들을 가리키는 사실로서 머천트는 최근 소련의 중요 인물들이 일본과 타이에서 모스크바로 소환됐음을 언급했다. 헤어는 이란에서도 그런 일이 있었다고 말했다. 여러 중요 인물들의 소환이 총괄적으로 논의됐다. 회동은 그 주제에 관해서 문의하는 전문이 "우리의 모든 공관들로 즉시 발송돼야 할 것임"에 합의했다. 암스트롱이 그 일을 맡았다.

제섭 박사는 27일의 안보리 결의의 이행을 위해서 도움을 주겠다는 신청들이 안보리에서 발표되게 하자고 제안했다. 박사는 안보리의 이사국이건 아니건 군대를 보낼 의사가 있는 나라들 자신들이 그렇게 할 의도를 표명하게 권하자고 제안했다. 모두들 그 아이디어에 공감하고 찬성했다.

힉커슨의 제안으로, 오스틴 상원의원이 안보리에 나가서 "우리 정부"의 새로운 결정들—지상군의 파병과 공군작전에 대한 제한의 철폐—을, 이 조치들이 안보리 결의에 따라서 취해지고 있음을 강조하면서, 발표해야 한다는 것도 합의됐다. 그리고 "우리가 안보리를 대신해 그리고 안보리의 결정과 일치해 행동하고 있음"을 강조하기 위해서 오스틴 상원의원이 안보리 회의에서 미국의 목적이 ROK의 복구와 평화에 있음을 천명한 국무장관의 6월

29일 프레스센터 연설에[17] 들어 있는 문단 하나를 사용하게 하자고 제안됐다. "우리의 유럽 맹방들과 우리의 동양 우방들이 더 큰 전쟁이 두려워서 코리아에서 목표의 달성에 필요한 그 조치들을 지지하기를 주저하지는 않을 것이다." 모두들 그렇게 생각하는 것 같았다.

한편 CIA의 힐렌쾨터 제독과 전략기획실의 린제이 소장과 정책기획실의 조지 케난은 예정대로 30일 11:00(서울 7월 1일 01:00) NSC 사무실장인 제임스 레이의 사무실에 모였다.[18] 그 소집단 토의 후 케난은 "코리아 상황에 비추어 가능한 추가적 위험 지점들"이라는 제명의 보고서 초안을 제섭 대사와 매튜스 부차관에게 제출했다. 케난은 그것의 겉장에 다음의 시간표를 기록해 두었다: "우리는 내일 오전 10:30[(서울 7월 2일 00:30)]에 NSC에서 그 초안을 논의할 것입니다. 만일 제안이나 논평이 있으면 그전에 내게 알려 주기 바랍니다. 현재의 계획들에 의하면, 그 보고서의 초안들을 대통령을 비롯해 모든 NSC 위원들에게 내일 오후에 보내야 합니다. 그 단계 이전에는 그 보고서에 대해서 우리 장관이나 부서의 어떤 최종 방침도 정해지지 않을 것이고, 그것은 NSC 특별 그룹의 보고서가 될 것입니다."

6월 28일 제58차 NSC 회의가 채택한 NSC 조치 308-b호의 대통령 지시에 따라서 "USSR의 주변부 전체에 영향을 미치는 정책들"이 그렇게 이틀에 걸쳐 모두 다시 검토되고 7월 1일 토요일 그 결과가 보고됐다.[19] NSC 고문들과 참모들은 물론 국무부와 국방부, 국가안보자원위원회, 그리고 중앙정보부의 대표들이 그 예비 보고의 준비에 도움을 주었다. "차후에 소련이 취할 가능성이 있는 수순들에 대응해 미국이 취할 수 있을 조치들은 물론, 그런 조치들을 지원할 미국의 능력들"도 포함할 최종 보고는 아직 준비 중에 있었다.

---

17 그 연설의 본문은 본서 제6장의 346-347쪽에 있다.

18 *FRUS 1950 VOLUME I, NATIONAL SECURITY AFFAIRS; FOREIGN ECONOMIC POLICY*, pp.327-330.

19 *FRUS 1950 VOLUME I, NATIONAL SECURITY AFFAIRS; FOREIGN ECONOMIC POLICY*, pp.331-338.

"코리아 상황에 비추어 추후에 가능한 소련의 수순들과 관련한 미국의 입장과 행동들"이라는 제목으로 제임스 레이가 NSC와 재무장관에게 제출한 그 예비 보고는 서론에서 세계대전의 예방을 미국의 기본목표로 정립했다. 그것은 나중에 NSC 위원들과 합참의 검토를 받아 NSC 73호로 명명됐다. 보고서 NSC 73호의 서론은 진술했다:

"1. 이 검토를 수행할 때 우리는 세계 평화를 유지하려는 미국의 기본 목표를 언제나 염두에 두어야 한다. 우리는 다음의 전제를 따라야 한다: 전면전은 불가피한 것이 아니다; 그리고 침략자가 자신의 팽창 정책을 추구하고 우리가 이 정책을 NSC 68호에[20] 계획된 대로 받아침에 따라서 지역 갈등들이 일어날 가능성을 받아들이는 한편 우리는 우리의 기본 목표를 명심하면서 각각의 위기에 대해서 접근법과 해결책을 조절해야 한다.

2. 이와 관련해 우리가 현재 코리아 위기에 말려듦은 그것이 미국이 자신의 군대로 전면적 공격 작전들을 즉각적으로 수행할 능력이 있는 유일한 전역에서 일어났다는 점에서 독특하다. 여기서 논의되는 다른 모든 지역들에서는 미국의 군대가 적소에 배치되지 않았거나 차후에 위기들이 발생할 경우 효과적인 행동을 취할 수 없을 정도로 불충분하다.

3. 강조하건대, 이 연구에서 나오는 결론들은, 미국이 이 초안의 조건들 하에서 필요한 것으로 간주되는 행동을 취할 입장에 있는가를 판정할 이 검토의 둘째 부분이 완성된 뒤라야만 도출될 수 있다."

국가들 사이에는 이해관계의 갈등으로 전쟁이 일어나기 마련이라는 명제가 널리 퍼져 있다. 따라서 많은 이들은 공산진영과 자유진영이, 서로 적대와 대립의 관계에 있는 터라, 언젠가 반드시 전쟁에 돌입할 수밖에 없다는 생각을 떨치지 못한다. 세계대전의 예방과 국

20 본서 386쪽 참고.

제평화의 유지를 추구하는 NSC 73호의 작성자들은 그런 사고들을 당연히 배척했다. 그 배척은 물론 단순히 전쟁을 피하고 싶어하는 소망적 사고의 결과가 아니었다. 전쟁불가피론은 합리적 사고와 모순된다. 무력 사용은 국가들이 선택할 수 있는 여러 정책 수단들의 하나지만 전쟁의 파괴는 어떤 합리적 기준으로도 정당화될 수 없기 때문이다. 일반인들의 수준에서는 전쟁이 "지진"처럼 일어난다. 그러나 비유는 거기까지다. 전쟁은 자연현상이 아니다. 그 지진은 그들의 정치가들이 만들기로 선택한 것이다. 정책의 수단으로 무력을 사용할지 말지를 결정할 수 있는 정치가들의 수준에서 전쟁은 통제할 수 없는 사건이 아니다. 이 선택론은 우리의 경험과도 부합된다. 유럽의 한 전쟁사가는 발견한다: "어떤 전쟁도 발발할 때까지는 결코 불가피하지 않다."[21] 만일 전쟁의 시작이 불가피한 사건이 아니라면 일단 일어난 전쟁의 계속과 종결도 역시 불가피한 과정이 아니다. 그것들은 모두 정치적 선택의 결과들이다.

공산 중국의 개입만이 실제로 가능하다

제임스 레이가 작성한 NSC 73호의 본문(제1부)은 "코리아 상황에 비추어 추후에 가능한 소련의 수순들과 그것들이 미국의 지위에 미칠 영향"을 추정했다. 거기서 레이는 먼저 "소련이 가장 가질 법한 의도들"이 전면전을 벌이지 않음에 수렴한다는 추정과, 그 의도들을 감안할 때 소련이 추후에 취할 법한 행동들의 예측들을 서술했다. 다음은 그 추정이 틀렸을 경우의 고찰이었다. 그 부분은 소련이 전쟁을 하기로 결정할 가능성과 예상 외의 행동들로 구성됐다.[22]

21 A. J. P. Taylor, *The Struggle for Mastery in Europe 1848-1918*(Oxford: Oxford University Press, 1986), p.518.

22 *FRUS 1950 VOLUME I, NATIONAL SECURITY AFFAIRS; FOREIGN ECONOMIC POLICY*, pp.331-338.

소련의 의도들로서 NSC 73호는 정책기획실(PPS)에서 나중에 조지 케난을 뒤이을 폴 니츠가 4월 14일의 NSC 68호에서[23] 도출한 "일반적 결론"이 여전히 유효하다고 보았다. "크렘린은 현재 전면전쟁에 들어갈 의사가 없다"는 것이었다. 레이는 적었다: "지난 며칠 동안 일어난 사건들은 이 결론을 무효로 만들지 않는다." 그것은 모스크바가 코리아 사태를 계획했지만 코리아에서도 세계의 다른 지역에서도 소련이 미국과 맞붙을 의사는 없음을 뜻했다. 레이는 적었다: "코리아에서 그 공격을 유발함에 있어서 크렘린은 전면전을 야기하거나 USSR을 우리와의 일전에 말려들게 만들 생각이 없었다."

그러면 크렘린은 왜 그 공세를 도모했는가? NSC73은, 코리아에서 북한군의 공격이 시작된 이래 나타난 사건들을 보건대, 크렘린의 동기가 "남한에 대한 전략적 지배의 획득에, 그리고 동시에 …… 미국의 태도를 떠봄에 있었다"고 확신했다. 북한군의 남진에 의해서 미국은 다음의 두 대안들 중에서 하나를 선택할 수밖에 없는 상황에 빠졌다: 첫째, "공산주의에 의한 남한 장악을 묵인한다"; 둘째, "아시아에서 [공산 중국과 같은] 소련의 위성국들과 무익하고 수치스런 소모전에 말려들어 우리의 군사력을 낭비한다." 둘 다 미국에는 악수였다. 남한의 포기로 미국은 "도처에서 엄청난 위신과 공신력을 실추하는" 결과를 맞을 것이었다. 아시아에서 소련의 위성국들과 소모전을 벌이면 미국은 "모든 아시아 민족들이 [미국에] 등을 돌리게 만드는" 결과를 맞을 것이었다. 워싱턴이 어느 것을 선택하든 크렘린은 "아시아 무대에서 [미국이] 궁극적으로 퇴각하는 결말"을 기대할 수 있었다.

크렘린은 "소련 정부가 책임지지 않고 소련 군대가 투입되지 않는" 가운데 그렇게 미국의 능력과 위신을 깎아내릴 수순들을 계산했다. 남한 침공은 러시아인들에게 아마도 묘수로 떠올랐다. 그러나 미국인들이 보기에, 크렘린의 계산에는 허점이 있었다. 그들은 미국 쪽에서 어떻게 나올지 오판한 것이었다. 크렘린은 "미국의 초기 대응이 강력하고 비공산권

23 NSC 68, "U.S. Objectives and Programs for National Security", Apr. 14, 1950, *FRUS 1950, vol. 1*, p.234.

전체가 미국의 조치에 압도적 지지를 보내리라"는 생각은 미처 하지 못했다. 따라서 아마도 러시아인들은 사태가 그렇게 전개되자 "놀라서 좌불안석"이 되었음에 틀림없었다.

그럼에도 불구하고 크렘린이 당초의 전략을 바꿀 이유는 없었다. NSC73은 추측했다: "크렘린이 자신의 활동의 기초로 보이는 발상을 폐기 또는 수정한 것으로 보이지는 않는다." 러시아인들은 베이징의 역할에 충분히 기대를 걸 수 있었다. 미국인들이 보기에, 중국의 공산당 지도자들은 현재 크렘린의 계획에 "단단히" 붙들려 있었다. NSC73은 그 중국인들이 스스로의 발언에 의해서 그리고 상황의 논리에 의해서 그렇게 되었다고 판단했다. 그러나 그들이 "크렘린의 영향에 굴복해 그 계획에 협력할 생각을 하게 된 이유들"은 분명치 않았다. 미국인들 쪽에서 생각할 수 있는 한 가지 가능성은 베이징이 "어떤 커다란 정치적 실책들을 범하고 있을지 모른다"는 것이었다. 만일 그렇다면 "앞으로 우리가 [그 잘못을] 이용할 수 있는" 때가 올 것이었다. 그러나 NSC73은 경고했다: "당장은 [그들이 크렘린과 밀접한 협력 관계에 있음을] 우리가 깨달아야 한다."

만일 크렘린이 북한군을 이용해 남한 침공을 벌이는 궁극적 목적이 미국인들의 아시아 퇴출이고 베이징이 그것을 위해서 협력할 것이라는 분석이 "대체로 정확"하면 크렘린은 앞으로 어떤 후속 행동에 들어갈 것인가? 크렘린에 가용한 수단은 크게 둘이었다. 바로 군사적인 수단과 비군사적 수단이었다. 그리고 군사 행동은 다시 둘로 나뉠 수 있었다. 어떤 지역에 자신의 군대를 투입하는 직접개입과 위성국들을 활용하는 간접개입이었다. USSR이 어느 곳에서 어떤 수순을 사용할 가능성이 있는지를 추론하기 위해서 NSC73은 다음을 전제했다: 크렘린이 미국 측과 전면전(세계대전)에 들어가기를 원치 않는 경우와 그 반대의 경우에 USSR의 선택은 다를 것이다.

크렘린이 세계대전을 피하고 싶다면, 직접개입은 당연히 다음의 제한을 받을 것이었다: "[크렘린은] 현재 코리아 사태가 진행되는 가운데, 새로운 세계 전쟁의 발발로 이를 것이라 예상될 수 있을 행동들에 자신의 무력을 투입할 생각을 하지 않을 것이다." 그것은 다음을 뜻했다: "크렘린은 …… 전면전이 초래될 것임을 아주 확신할 경우에는 다른 나라들에 대해서 소련군을 사용해 공개적 무력 공격을 가하지 않을 것이다."

NSC73은 그 추리를 독일과 오스트리아에 적용했다. 보고서는 진술했다: "독일과 오스트리아에 관해서, 크렘린은, 만일 전쟁을 원하지 않는다면, 전쟁을 초래할 것이라 생각되는 지점들에서 소련 무력을 가지고 행동을 취하지 않을 것이다." 동일한 논리가 근동에서 소련의 주변부에도 적용됐다. 그리스, 터키, 이란에 대해서도 소련의 "공개적 무력 침략"이 배제될 것으로 보아도 된다는 것이었다. 그 나라들의 경우에 "크렘린은 미국과 영국이 틀림없이 무력의 투입으로 반응할 것이라고 생각할 것이기" 때문이었다. 다만 이란에 대해서는 크렘린이 미국 측과의 무력 충돌을 덜 확신할 수도 있었다. 그러나 보고서는 "똑같은 일반적 고려들"이 이란에도 적용돼야 한다고 보았다. 따라서 소련이 그리스나 터키의 전방이나 흑해에서 자신의 군사력을 과시하는 작전들을 벌이더라도 그 작전들의 "일차적 목적"을 전쟁의 도발로 간주할 필요가 없었다. 보고서는 그것들은 단지 "겁을 먹게 해서 정치적 저항을 약하게 만들려는" 행동들이라고 보았다. 레이는 적었다: "우리는 소련의 그 무력 시위들이, 만일 소련의 의도들에 관한 우리의 추정이 어디서나 진실에 가깝다면, 이 나라들의 하나를 조만간 공격할 계획임을 가리키지 않는다고 믿는다."

유고슬라비아의 경우에도 결론은 같았다. 논리는 달랐다. 유고의 처지는 그 다섯 나라의 경우와 "다소 다르다"고 미국인들은 생각했다. 다시 말해, 그들에 대해서 클렘린의 자제를 강제하는 미국 측의 군사적 억지력을 유고의 경우에도 똑같이 기대하기는 어려웠다. 레이는 적었다: "혹여 유고가 이웃의 위성국들만이나 USSR 및 그 위성국들로부터 공격을 받으면 우리가 전쟁에 나설 것이라고 크렘린이 결론을 내릴지 의심스럽다." 그럼에도 불구하고 크렘린은 유고 공략을 주저할 것이라고 미국인들은 믿었다. 그들이 보기에, 티토의 유고는 소련의 침공을 억지할 수 있을 만큼의 능력을 갖췄기 때문이었다. 유고는 동서의 세력균형을 소련 측에 불리하게 변경하는 결과를 초래할 소모전을 러시아인들에게 선사할 수 있었다. 그것을 아는 크렘린이 유고 공략에 나설 리 없었다. 레이는 설명했다: "유고 침공은 소련의 관점에서 보면 심각한 다른 불리함을 낳는다. 그것은 소련 무력을 그리고/또는 위성국 무력을 변방 지역에 꽁꽁 묶어 두게 될 것이다. 그 결과 소련의 그리고/또는 위성국들의 군사력이 잘 방비된 대항자와의 싸움에 소비되고 있는 동안 대서양조약국가들(NATO)은 측면에서 안전하게 무력 증강을 계속할 수 있을 것이다. 소련의 자원들이 급속히 낭비돼 코리아 상황에 적용되는 방식의 역으로 서구에 유리한 결과가 발생할 것이다. 그러므로 우리의 결론은 다음이다. 소련의 의도들에 관한 위의 분석이 옳다면 유고가 실제로 공격을 당하는 일은 없을 것이다. 다른 한편 다음의 목적들을 위해서 그 인근으로 군사력이 이동되는 일들이 일어날 수 있다: 으르기, 속이기, 또는 가까운 장래에 잘못해서 세계대전이 일어나면 티토를 중립화함."

크렘린이 간접개입을 활용할 경우 NSC73은 중국의 주변부와 이란을 위험 지역들로 꼽았다. 크렘린은 소련 밖에서 국제공산주의운동을 부추겨, "공산주의 정당들과 추종자 단체들의 활동들"을 통해서, "상상 가능한 모든 방법"으로 미국인들을 "당혹케 만들려고 노력할 것"이 분명했다. 그럼에도 불구하고 중국 주변과 이란을 제외한 "많은 지역들에서는 현존의 군사적 상황에 아무 특별한 변화도 초래되지 않을 것"이라고 보고서는 내다봤다. "크렘린이 지금 벌써 가용한 수단들을 모두 쓰고 있기 때문"이었다. 공산 중국의 무력에 가까운 곳들과 이란은 달랐다. 이란의 위험성에 대해서 보고서는 설명했다: "우리는 이란에서 소련의 공개적 행동이 없이 그 나라를 공산주의의 통제 하에 두는 사태가 전개될 가능성을 깨달아야 한다. 그런 진행은 가까운 장래에 있을 법하지 않지만 가능성은 배제할 수 없다. 가장 있을 법한 변수들은 투데당의 권력 장악, 또는 '중립'을 향한 그리고 친소련 태도를 향한 이란 정부의 표류다." 중국 주변의 위험성에 관해서 보고서는 설명했다: "그러나 동남아에서, 그리고 심지어 홍콩에서도, 공산주의자들의 강화된 전복 활동이나 혁명 활동에 역내의 군사적 자원들이 있는 대로 충당될지 모른다. 북한에 더해서 소련의 유일한 위성국으로 오늘날 우리에 대항해 성공적으로 이용되기에 적절한 위치에 있는 공산 중국의 무력이 이 목적에 주로 활용될 수 있을 것이다."

코리아는 중공군이 투입될 가능성이 특히 높은 곳으로 추정됐다. 간접개입의 경우에는 직접개입의 경우와 반대되는 논리가 적용됐다. 다시 말해, 미국인들이 중요하게 여기는 곳일수록 미국을 궁지에 빠트릴 간접개입의 동기가 강할 것이라는 추론이 가능했다. 따라서 미국 측의 무력 대응이 확실히 예상되는 곳에서는 간접개입의 확률도 높게 추정됐다; 그렇지 않은 지역은 간접개입의 확률도 낮았다. 가령, 유고슬라비아에 대해서, NSC73은 서술했다: "우리의 추정과 반대로 혹여 크렘린이 자신의 또는 위성국의 또는 둘 다의 무력으로 유고에 실제로 공격을 가한다면 미국 정부는 이 사태와 관련해 현재의 정책 결정들을 따라야 할 것이다. 즉, 그런 전쟁에 직접 개입하지 말고 적절한 유엔 행동에 참여함은 물론 무기와 기타 유형의 간접적 지원을 제공함으로써 가능한 정도로 티토를 지원해야 할 것이다. 그러나 이 경우 우리는 소련의 의도들에 관한 우리의 추정을 완전히 수정하고 그런 공격의 동기들을 새로이 탐구해야 할 것이다. 지금까지는 그런 어떤 동기도 눈에 띄지 않는다."

중국의 주변부도 대체로 비슷했다. NSC73에 의하면, 거기서 코리아 이외에 유의할 지역들은 "확률의 순서로" 다음의 넷이었다: 첫째, 현재 국민당의 통제 아래 있는 몇몇 섬들; 둘째, 홍콩과 마카오; 셋째, 티벳; 넷째, 인도차이나와 버마. 먼저 국민당의 몇몇 섬들에 대해서 보고서는 진술했다: "확률의 순서로 중국의 공산주의자들이 [코리아 개입] 다음에 취할 가능성이 있는 행동은 국민당의 통제 하에 있는 중국의 섬들에 대한 추가적 공격이다. 중국의 공산주의자들은 펑후 열도를 비롯해 포모사를 장악하고 싶어 안달이다. 그리고 그들은 우리의 결정과 관계 없이 그렇게 하겠다는 의향을 발표한 바 있다. 그러나 우리는 그들이 이 시점에서 총력 공격에 수반되는 위험들을 감수하지는 않을 것으로 간주한다. 그들은 국민당이 장악한 다른 섬들—즉, 광둥 근해의 린틴과 레마 제도, 아무이 해의 킨멘(큐모이) 섬, 푸차우 근해의 맛쑤 섬, 그리고 첸키양성 근해의 타첸제도—을 노릴지 모른다." 그러나 그 섬들이 중국 공산당의 공격을 당할 경우에 취할 대응에 대하여 NSC73은 진술했다: "우리는 그것들을 방어할 책임을 지지 않을 것이다. 그러나 우리는 또한 국민당이 그것들을 방어하는 것을 금하지 말아야 할 것이다. 우리는 그들이 포모사로부터 그런 작전들을 지원하는 것을, 만일 그런 활동이 그 인근에서 우리의 군대가 현재의 임무를 수행하는 것을 방해하지 않으면, 가로막지 말아야 할 것이다."

홍콩과 마카오에 대해서도 미국은 확고한 대응책이 없었다. 그것들은 "가까운 장래에 중국 공산당이 행동을 취할 가능성이 셋째로 강한 대상", 다시 말해, "현재의 상황에서 [중국] 군대의 공격이 일어날 것 같지 않은" 지역들이었다. 그러나 만일, "예상과 반대로 혹여 그 공격이 발생하면", NSC73은 마카오에 관해서 진술했다: "공산주의가 마카오를 장악함은 [미국에] 대단히 중요한 일은 아닐 것이다. 그것이 포르투갈의 소유지만 대서양 조약의 활동은 거기까지 미치지 않는다. 그 경우 우리가 유엔에서 어떤 입장을 취해야 할 것인지는 국무부에서 좀 더 연구할 문제다." 그리고 중공군이 홍콩을 공격할 경우에 대해서 보고서는 진술했다: "우리는 영국인들에게 호의적인 유엔 행동을 승인할 것이다. 우리는 만일 국제연합에서 지지를 해 달라는, 식량과 기타 공급품들의 형태로 구호물자를 원조해 달라는, 공급이나 소개를 위해서 상선 선적으로 도움을 제공해 달라는 영국의 요청들이 있으면 응해야 할 것이다. 그리고 우리는 그들에게 군사적 원조를 그 당시 우리 자신의 공약들과 능력들에 비추어 가능한 정도로 제공해야 할 것이다." 홍콩에는 "전복과 태업과 소요로 영국인들의 삶이 유지될 수 없게 만들려고 강력한 노력이 가해질 확률"도 높았다. 그러나 NSC73은 주장했다: "그런 노력과 관련해 우리가 할 수 있는 것은 별로 없을 것이다. 만일 사태가 심각한 양상을 띤다면 우리는 영국인들이 일차적 책임을 지도록 배려함에 으뜸의 정치적 관심을 쏟아야 할 것이다."

미국인들은 티벳과 인도차이나와 버마에 대해서도 소극적 태도를 보였다. 티벳에 대해서 NSC73은 "꽤 가까운 장래에 공산주의가 [그것을] 지배하게 되는 사태를 예상할 수 있

[었]다." 그러나 "여기서도 우리의 주된 정치적 관심은 미국의 위신이 손상되지 않도록 함에 있[었]다. 즉각적인 어떤 군사적 연결점도 없[었]다." 인도차이나와 버마에 대해서 미국인들은 "비록 현재 입수된 첩보자료가 가까운 장래에 중국 공산당이 군사적 조치들을 취할 가능성이 있음을 분명히 가리키기에 불충분할지라도 그런 행동들은 가능하고 또 논리에도 맞다"고 판단했다. 그러나 NSC73은 진술했다: "그런 움직임들이 있을 경우 미국은 현존의 정책 결정들에 따라서 행동해야 할 것이고 미국의 무장군을 실제로 투입하는 것을 빼고서 가능한 모든 지원을 제공해야 할 것이다. 나아가 미국의 무장군을 사용하는 문제가 당시의 상황에 견주어 검토돼야 할 것이다."

이란과 코리아는 달랐다. 이란에 대해서 NSC73은 진술했다: "그런 전개에 대해서는 우리가 직접 할 수 있는 일이 별로 없을 것이나 우리는 터키와 이라크와 인근 지역들에서 신용을 북돋우기 위해서 시급히 행동할 것이다." 코리아에 대해서 보고서가 권고한 미국의 대응은 다음과 같았다: "중국 공산군의 코리아 투입. 이것이 작전상의 문제인 한편 우리의 가정은 이렇다: 우리는 코리아 전역에서 우리에 대항해 개입하는 중국의 어떤 공산 무력에도 또는 그런 무력을 코리아 전역으로 옮기는 어떤 작전에도 주저 없이 대항할 것이다. 만일 그들이 그 전역에 투입되면 우리는 코리아에서 적의 작전과 직접 연결되는 공산 중국 내의 표적들을 하늘과 바다에서 공격할 적절한 근거들을 갖게 될 것이다. 우리가 그런 행동을 취하기를 원할 것인가는 당시에 지배적인 상황들에 비추어 고려할 문제일 것이다. 중국의 공산 무력이 코리아 전역에 들어오면 이것은 코리아 투쟁의 범위가 군사적 의미에서 상당히 넓어짐을 시사할 것이다. 그리고 그것은 코리아에서 우리가 부담하는 군사적 임무의 개념을, 그리고 우리의 코리아 관여가 가지는 전체적 함의들을, 주의깊게 재검토할, 그리고 어쩌면 수정할, 계기가 될 것이다."

비군사적 수단들은 "공산주의의 재간으로 발명 가능한 모든 형태"가 될 수 있었다. 미국인들은 크렘린이 "다른 민감한 지점들에서 …… 우리의 의도가 얼마나 확고하고 우리의 배짱이 얼마나 두둑한지 떠보기 위해서" 모든 노력을 경주할 것으로 보았다. NSC73은 "그들의 군대가 우리의 군대와 접촉하는 독일과 오스트리아"를 대표적 민감 지점으로 꼽았다. 보고서는 "서베를린에 대한 현재의 단전이 이것의 한 부분적 표현"이라고 보았다. 보고서는 계속했다: "베를린 봉쇄를 다시 강행하거나 어쩌면 비엔나를 봉쇄하려는 시도에까지 이르는 다른 도발들과 골치거리들이 발생할지 모른다. 어디서든 우리 쪽이 나약성이나 주저감을 조금이라도 보이면 공산주의자들은 그것을 즉각 이용해 유럽과 다른 곳에서 우리에 대한 신용을 떨어뜨리고 정치적 정서가 우리에게 등을 돌리도록 조장할 것이다."

그러므로 미국인들은 소련의 가능한 공작들에 극도의 주의를 기울일 필요가 있었다. NSC73은 주문했다: "유럽에 나가 있는 우리의 대표들에게 소련의 침입들에 직면해 그것들이 무엇이든 그것들이 아무리 사소하고 겉보기에 아무리 시시해도 극도의 경계심과 확고함을 보이라고 지시함이 필수적이다. 우리는 [독일과 오스트리아에 대해서] 점령 의무가 있는 다른 북대서양조약기구(NATO)의 열강과 함께 유럽에서 대담한 태도를 유지해야 하고 우리의 권리들에 대한 어떤 침해들이나 그 지역의 안보에 대한 어떤 위협들이 있으면 반드시 열심히 들고 일어날 준비가 돼 있어야 한다."

NSC73은 크렘린이 "가까운 장래에 전면전을 벌일 의도가 없다"는 전제하에 진행한 이상의 검토들을 다음의 결론으로 요약했다: "소련이 가지고 있을 법한 의도들에 관한 우리의 현 분석에 비추어 군사력에 의한 공개적인 국제적 침략이라는 의미에서 차후에 실제로 일어날 공산주의의 움직임들은 중국 공산당 쪽에서만 예상된다. 그러나 [공개적인 무력 침략이 예상되지 않는] 다른 지역들[도 안심할 수 없다. 거기에서는] 소련이 우리와 우리의 우방을 놀래키고 우리의 주의를 분산시키고 우리의 자원들을 낭비시키고 우리의 확고함을 떠보려고 다양한 노력들을 기울일 것임을 우리는 예상해야 한다."

그런데 중요한 정치 문제들의 경우에 그렇듯이 그 결론에는 틀릴 위험이 따랐다. 문제는 소련에 전면전의 의사가 없다는 명제였다. 그것은 참이 아닐 수도 있었다. 철의 장막에 가리운 크렘린에 관한 한 정보는 언제나 충분치 않았다. NSC68이 수립한 그 전제는 단지 가용한 몇몇 자료들을 토대로 추론하는 참모들 사이에서 합리적으로 가장 타당해 보이는 가정일 뿐이었다. 따라서 미국은 "혹여 그것이 잘못일—즉, 소련이 가까운 장래에 전면전을 원하거나 감수하는—경우에도" 대비할 필요가 있었다. NSC73은 그 경우 크렘린의 다음과 같은 세 전략적 고려들이 적용될 수 있을 것으로 보았다.

첫째, 미국의 약화: "크렘린은 우리가 소련의 무력을 끌어넣지 않는 현재의 극동 분규에 우리의 무력을 최대로 전환시킨 그리고 우리의 자원들을 최대로 소모시킨 시점에 이르기 전에 전면전이 발발되기를 바랄 이유가 별로 없을 것이다. 다시 말해, 코리아에서 사태가 우리에게 불리하게 전개되고 우리가 그 지역에 점점 더 많은 자원들을 투입하도록 강요받는 동안은 크렘린이 전면적 적대행위들의 발발을 서두를 아무 이유가 없는 것으로 보인다. 그들은 우리의 능력들이 감소되는 동안 자기들의 능력들을 꾸준히 늘려 나갈 것이다. 그러나 이것은 우리가 최대의 나약성에 도달한—그래서 이제부터는 미국의 상대적 위치와 군사적 태세가 실질적으로 강화되기 시작할 것이기 때문에 시간의 경과가 소련에 이롭게 작용하지 않을 것이라고 크렘린이 평가하는—시점에서 변할 수 있을 것이다."

둘째, 사활적 중요성: "크렘린이 새로운 세계 전쟁을 벌이고 싶어 한다고 인정해도, 소련은 이란이나 그리스나 유고만 따로 공격해서는 이익이 없을 것이다. 그런 공격들로 소련군은 제한된 작전 지역에서 초기의 우세를 장악할 수 있지만 세계 전장에서는 기습의 이점을 상실하는 처지에 봉착할 것이다. 더욱이 이 제한된 전역들의 어느 것도 USSR이 초기의 돌격들을 하기 위해서 기습의 이점을 특히 필요로 하는 지역이 아니다. 그리고 이곳들은 기습의 요소가 없더라도 바로 그들의 국경 지대기 때문에 우리로서는 거기서 그들에 대항할 의사가 없을 것이라고 그들은 아마도 생각할 것이다."

셋째, 기습효과의 극대화: "만일 소련인들이 3차대전을 벌일 생각이면, 그들은 기습의 이점을 최대로 끌어올리는 작전들을 전개할 것이다. 그들은 독일과 오스트리아에서, 근동과 중동과 극동에서, 그리고 영국과 북미 대륙에 대해서, 그들의 능력이 미치는 한에서 동시적으로 공격할 것이라고 우리는 믿는다." 만일 소련이 전면전을 원한다면 미국은 어떻게 대처할 것인가? NSC73은 앞의 세 고려들에 기초해 그 질문에 대답했다. 레이는 적었다: "만일 소련인들이 전면전을 도발하고 싶지 않다면 그들은 그런 전쟁을 촉발할 것으로 예상되는 공격들을 고립된 지역들에서 개시하지 않을 것이다. 반면 만일 그들이 전면전을 정말로 원한다면 그들은 전면적 기습의 이점이 상실되는 공격들을 가하지 않을 것이다. 그러므로 혹여 이란, 터키, 그리스, 또는 유고에서 명백한 소련의 공격들이 일어난다면 우리는 크렘린 쪽에 앞서의 분석과 반대되는 유형의 동기들이 존재한다고 가정해야 할 것이다. [그리고] 동시에 우리는 행동해야 할 것이다." NSC73은 그 행동을 유고의 경우, 그리스나 터키의 경우, 그리고 현재 미군이 주둔 중인 독일이나 오스트리아나 일본의 경우에 다르게 처방했다. 문서는 기술했다:

"유고의 경우에는 그런 행동의 성격이 이미 언급됐다. 그리스나 터키나 이란의 경우 우리는 소련의 공격을 우리에게 피할 길 없는 전면전이 엄습했음을 나타내는 표시로 받아들여야 할 것이다. 의문의 여지 없이, 그 문제는 즉시 유엔에 상정돼야 할 것이고 어떤 단계에 이르면 우리는 전쟁 상태의 존재를 인정할지 그리고 언제 그것을 인정할지의 문제와 대면해야 할 것이다. 현재의 긴장된 상태를 보건대, 그런 단계가 왔을 때 우리가 우리와 소련 사이에 전쟁 상태가 존재함을 인정함에 있어서 시간을 오래 끌도록 세계 여론이 허락하지 않을 확률이 매우 높다. 만일 시간을 끈다면 우리는 최근 코리아에서 직면한 것과 유사한 결과에 다다를 것이다. 바로 국제 신용의 전면적 • 재앙적 하락이다. 그리고 그와 동반해 우리의 목적들에 불리한 반발들이 세계의 도처에서 일어날 것이다. 전쟁 상태의 존재를 인정한 다음에 우리는 그런 사태를 대비해 마련된 현존의 전쟁 계획들에 따라서 행동할 것이다.

소련이 독일이나 오스트리아나 일본에 있는 우리의 군대들을 직접 공격하는 사태 또한, 소련의 의도들에 관한 우리의 분석들을 보건대, 일어날 법하지 않다. 그럼에도 불구하고 혹여 그런 공격이 발생하면, [소련과 미국은] 분명히 자동적으로 교전 상태에 돌입할 것이다. 우리 자신의 무력들이 피할 수 없는 공격을 당했고 따라서 자위적 행동을 해야 할 것이기 때문이다."

워싱턴이 6월 30일 01:31 맥아더의 코리아 시찰 보고인 C56942호 전문을[24] 수령한 이래 지상군의 현지 투입은 신속히 실행 단계에 들어갔다. 그날 오후 13:22(서울 7월 1일 03:22) 싱크페(CINCFE, 극동총사령관)가 공군과 해군에 이어 육군을 사용할 수 있다는 비상명령이 합동참모본부(JCS)에서 떨어졌다.[25] 여전히 제한은 있었다. 바로 "일본의 안전"이었다. 일급비밀 전문 JCS 84718호는 진술했다: "육군의 사용에 관해서 JCS 84681에[26] 의해서 부과된 제한들은 이 명령에 의해서 철폐되고, 귀하가 판단하기에 현재의 상황에서 일본의 안전을 위해서 필요할 경우에만 귀하의 C56942에 제의된 대로 귀하에게 가용한 육군을 이용할 권한이 수여된다."

언론 보도에 따르면, 맥아더 사령부가 당장 투입할 지상군의 규모는 4만이었다. 도쿄를 인용하고 ROK 정부의 검열을 받아서 '민주신보'는, 그동안 ROK의 군대가 내놓는 보도가 그랬듯이, 과장된 선전으로 들리는 다음의 주장을 공표했다:[27] "목하 맥[아더] 원수[의] 부관 하우 대령은 30일 [워싱턴의] 국방성에서 다음과 같이 말하였다. '4만의 미군이 한국에 파견될 것이다. 그것은 일본 주둔의 제1사단의 1만과 3만의 총사령부 직할부대이다.' (검열필)."

---

24 C56942는 맥아더가 6월 29일 전선 시찰 후 수원에서 돌아오면서 작성해 도쿄에서 30일 발송한 전문이다(본문은 본서 6.1의 제6장의 319-321 참고).

25 *FRUS 1950 VOLUME VII, KOREA*, p.263.

26 JCS 84681은 합참이 6월 29 오후 18:59에 전송한 전문이다(본문은 본서 제6장의 360-361 참고).

27 "미 극동군사령부, 4만의 미군을 한국에 파견할 것을 언급", 『민주신보』 1950년 7월 2일, 국사편찬위원회, 『자료대한민국사 제18권』, 1950년 6월 30일.

북한군의 격퇴를 지원하기 위해서 33,000명의 병력을 제공하겠다는 치앵 정부의 제의를 수락하지 않기로 결정한 워싱턴의 남은 문제는 그 제의를 거절하는 방식에 있었다. 합참은 30일 15:56(서울 7월 1일 05:56)에 CINCFE에게 1급 비밀전문을 발송해 바로 그 사실에 주의를 환기했다.[28] 합참 전문 JCS 84737호는 지시했다: "합참은 외국 정부들에 의한 군사 지원의 제의를 수락 또는 거부하는 결정은 워싱턴의 최고위층에서 이뤄짐이 적절하다고 생각한다. 국무장관은 치앵케섹 총통의 병력 제의를 현재는 거절해야 한다고 조언받고 있다. 총통이 그런 어떤 제안이든 귀하에게 할 경우 귀하는 그에게 그것은 국무부에 문의하라고 권고해야 할 것이다."

영국인들의 일차적 관심사는 미국인들이 홍콩을 포함한 극동의 현상 유지를 얼마나 강하게 원하는가에 있었다. 6월 30일 오후 그레이브스가 자청해서 국무부로 극동 담당 부차관보를 찾아와 담소했다. 머천트가 대화를 마치고 15:45(서울 7월 1일 05:45)에 작성한 비망록에 의하면,[29] 그레이브스는 코리아의 일반적인 군사적 상황에 관해서 알려 줄 수 있는지 물었다. 부차관보가 그렇게 하자 참사관은 물었다: "미국의 일반국민이 코리아 전선에 관해서 얼마나 더 오래 나쁜 소식을 들을 각오가 돼 있다고 느낍니까?" 부차관보는 대답했다: "그 문제에 관해서는 일반인이나 의회가 단호함에 의심의 여지가 없습니다."

그 대답에 참사관은 다소 사과조로 말했다. 자기가 보기에는 어리석지만 그럼에도 불구하고 뉴욕에서 대사관이 주워들은 소문에 의하면 미국 군대가 안보리 조치의 강제 때문에 정부의 소망에 반해서 코리아로 보내지고 있다는 느낌이 정부 안에 팽배해 있다는 것이었다. 그는 그 소문에 관해서 부차관보가 언급할 것이 있는지 물었다. 머천트는 대답했다: "그것은 분명히 터무니없습니다. 분명한 대답은 그 두 안보리 결의안들의 도입을 우리가 주도했다는 것입니다."

---

28 *FRUS 1950 VOLUME VII, KOREA*, p.269.

29 *FRUS 1950 VOLUME VII, KOREA*, pp.268-269.

그러자 그레이브스는 말했다: “극동의 방어선은 홍콩을 명확히 포함시키고 이것을 공개적으로 언급하면 분명히 강화될 것입니다.” 그러나 머천트는 말했다: “우리는 언제나 영국인들이 홍콩을 스스로 돌볼 수 있다고 자신한다고 이해했습니다.”

다음에 그레이브스는 미국 정부가 국민당 정부에 대한 태도를 바꿀 생각이 있는지 묻고서 대통령의 성명에서 “포모사에 있는 중국 정부”라는 언급에 부차관보의 주의를 환기했다. 그래서 머천트는 말했다: “어떤 변화의 의도나 암시도 없습니다. 귀하가 가리키는 구절은 ‘현재 포모사에 있는 중화민국의 정부’라는 구절의 압축에 불과합니다.” 이 시점에서 그레이브스는 불가해한 미소를 지으면서 말했다: “나는 베이징과 외교관계를 수립하는 문제 전체가 지금 매우 신중하게 검토돼야 한다고 생각합니다.”

그러나 머천트는 물었다: “귀하는 셸(Shell)에[30] 중국으로 보내는 석유제품들의 선적들을 모두 즉시 중지하게 하라는 우리의 요청에 관한 언급을 런던에서 아직 받지 않았습니까?” 머천트는 국무부가 그 요청의 시급한 이행에 부여한 중요성을 다시금 강조했다. 그레이브스는 대답했다: “그 요청에 관해서 런던에 즉시 전문을 보냈었지만 아직 대답을 듣지 못했습니다. 대답을 재촉해 보겠습니다.” 부차관보는 설명했다: “우리는 상무부에 공산 중국으로 보내는 모든 1B 항목들에 대해서 수출허가를 주는 행동을 중지하는 훈령을 내리고 있습니다.” 그 미국인은 당부했다: “나는 런던이 홍콩과 중국 사이의 무역 문제에 대한 우리의 요청을 가장 시급히 숙고할 것으로 믿습니다. 그것은 중국 본토에 조금이라도 전략적 함의를 가지는 수출들을 모두 제거함을 목표로 즉시 검토돼야 할 것입니다.”

합참은 극동총사령관에게 가용한 해군력이면 북한에 해상 봉쇄를 가할 수 있다고 판단

30 셸(Shell)은 영국 국적으로 네덜란드에 본사를 둔 다국적 석유 회사다.

했다. 그 봉쇄의 실행 명령이 7월 1일 11:28(서울 7월 2일 01:28) 사령관에게 타전됐다.[31] 합참 전문 JCS 84808호는 진술했다:

"1. 코리아에서 북한의 침략자들을 격퇴하고 평화를 회복함에 있어서 대한민국에 대한 유엔안보리의 지원 요청에 발맞춰 대통령은 코리아 해안 전체의 해군봉쇄를 명령했음을 발표했다.

2. 이 명령을 이행하기 위해서 귀하는 코리아 해안을 허가 없이 드나드는 행위를 막도록 귀하에게 가용한 수단과 무력을 사용할 권한을 부여받았다. 그것의 근본 목적은 북한으로 향하는 해상 교통을 억압하고 남한에 대한 작전들에 사용될 군대와 군수의 해상 이동을 막음에 있다.

3. 선원들에 대한 적절한 정부 공지와 통보는 워싱턴에서 발령될 것이다. 조치들이 효력을 발생할 날짜를 알려 달라."[32]

우리는 선택의 자유를 지레 제한하면 안 된다

대한민국의 원상회복—코리아에서 유엔 무력의 정치적 목표가 그것에 국한됨을 딘 애치슨은 6월 30일 다시금 강조했다.[33] 오후 13:00(서울 7월 1일 03:00) 해외로 발송된 국무부 회람은 다음의 정책 지침을 전했다: "군사 작전들을 38도선 너머까지 실시해도 좋다는 대통령

---

31 *FRUS 1950 VOLUME VII, KOREA*, p.271.

32 국무부는 7월 3일 19:00에 모든 재외공관으로 발송된 회람전문에서 주재국 정부에게 코리아의 해상 봉쇄가 즉시 발효됨을 알리라고 훈령했다.

33 *FRUS 1950 VOLUME VII, KOREA*, p.257.

의 허가는 애치슨 장관의 6월 29일 신문협회 발언과[34] 엄격히 부합되게 해석돼야 한다. 그런 작전들은 ROK를 침략이 있기 이전의 상태로 회복함을 목표로 한다는 것이다."

레이크 썩세스의 워렌 오스틴이 6월 28일 국무부로 타전한 질의서(전문 554호)에[35] 답변함에 있어서도 애치슨은 동일한 기조를 유지했다. 포모사도 같았다. 코리아와 코리아 밖에서 미국의 기본노선이 그렇게 6월 25일 이전에 존재했던 현상의 회복과 유지에 있다고 장관은 전제했다. 다섯 영역에 걸친 오스틴의 질문들에 완전히 답하자면 시간이 걸렸다. 그러나 적어도 마지막 영역인 중국과 포모사 문제에 대해서는 "일반적" 지침이 자명했다. 전장을 코리아 밖으로 넓히지 않음과 공산 중국을 국가로 승인하지 않음이 미국 정부에서 이미 정립된 원칙들이기 때문이었다. 따라서 애치슨은 7월 1일 17:00(서울 2일 07:00) 국무부에서 당장 알려 줄 수 있는 그 지침을, "완전한 대답을 가능한 한 가장 빠른 시기"로 미루면서, 유즌(USUN, 유엔미국대표부)으로 타전했다. 장관은 설명했다:[36]

"포모사에 대한 공격을 예방하고 국민당 정부의 본토에 대한 공중 작전들과 해상 작전들을 예방하는 행동은 태평양의 평화를 보존하기 위한 즉각적 안보조치로서 취해졌다. 그것은 중국 정부에 영향을 미치는 정치적인 문제들과 전혀 무관하다. 국무부는 그로스 대사가 리와의 대화에서 이것을 매우 잘 표현했다고 믿는다. 그때 대사는 포모사에 대한 미국의 조치가 오직 군사적 의의만 갖는다고 지적했다.[37] 국무부는 USUN이 이 설명을 계속 고수해야 한다고 믿는다."

오스틴의 6월 28일 점검표(554호 전문)에 대한 "완전한 대답"은 7월 3일에도 나오지 않

---

34 그 진술에서 코리아와 관련된 부분의 본문은 본서 제6장의 347쪽에 있다.

35 본서 제4장 229-231쪽 참고.

36 *FRUS 1950 VOLUME VII, KOREA*, p.276.

37 그로스는 말리크와 리하고 갖었던 6월 27일의 점심 대화(본서 제4장의 193-196쪽)에서도 같은 노선을 취했다.

왔다. 대신 그날 오후 19:00(서울 4일 08:00) "몇몇 항목들에 관한 국무부의 예비 의견들"이 USUN으로 전송됐다.[38] 그 답서는 먼저 안보리(SC)의 6월 25일 코리아 결의와 미국이 6월 27일까지 취한 행동의 법적 토대—"귀하의 전문 문단 1(a)"—를 다음과 같이 설명했다:

"다음이 6월 25일 …… 안보리 결의의 헌장 기초에 관한 국무부의 분석이다. …… 1950년 6월 25일 안보리 결의는 헌장 39조하에서[39] 북한의 무력에 의한 공격이 평화의 파괴를 구성한다는 명백한 결정을 내포한다.

문단 1은 정화 명령과 군대를 38도선으로 물리라는 명령을 담는다. 이 명령들은 회원국들에게 구속력을 가진다. 이 명령들은 헌장 제2조 문단 6에[40] 담긴 원칙하에서 비회원국들에게도 강제력이 있다.

문단 2에서 안보리는 그 사태에 관한 자신의 권고들을 전달하고 북한군의 철수를 감시하며 안보리에 계속 알리라고 유엔한국위원단(UNCOK)에 요청한다.

문단 3에서 안보리는 39조 아래 행동하면서 헌장 제2조의 문단 5의[41] 일반원칙을 코리아 상황에 적용한다. 이 문단에서 안보리는 모든 회원국들에게 결의의 집행을 위해서 유엔에 모든 원조를 제공할 것을 요청한다. 이것은 회원국들이 결의의 집행을, 즉 적대행위의 중지와 무력의 38도선 이북 철수를, 도울 것을 요구한다. 이것을 달성하는 수단은 구체적

---

38 *FRUS 1950 VOLUME VII, KOREA*, pp.295-297.

39 39조는 안보리가 평화의 위협, 평화의 파괴, 또는 침략행위가 있을 때 평화와 안보의 유지나 회복을 위해서 필요한 조치들을 취할 수 있음을 규정한다(본문은 본서 제2장의 103쪽 각주 참고).

40 문단 6은 "국제평화와 국제안보의 유지에 필요한 한" 비회원국도 헌장에 따라서 취해지는 기구의 조치들에 따라야 함을 규정한다.

41 문단 5는 다음과 같다: "모든 회원국은 유엔이 헌장에 따라서 어떤 조치를 취하든 그것을 위해서 유엔에 모든 원조를 제공하고 유엔의 예방 조치나 강제 조치의 대상인 어떤 국가에게도 원조의 제공을 삼가야 한다."

으로 명시되지 않았고 ('모든 원조를 제공한다') 아마도 회원국들의 재량 안에 있을 것이다. 이 문단의 둘째 부분에서 안보리는, 제2조 5항의 언어를 사용해, 회원국들이 북한 당국에 도움을 주기를 삼가기를 촉구한다.

미국이 6월 27일 결의의 채택 이전에 취한 행동은 바로 이 25일 결의에 기초한 것으로 정화 명령과 철수 명령의 집행을 원조하라는 요청에 부응한 것이다."

안보리의 6월 27일 코리아 결의와 미국의 관련 조치들—"귀하의 전문 문단 1(b)"—의 법적 기초를 국무부의 "예비의견"은 그 결의에 관한 다음의 이해 위에서 설명했다: "이 결의에서 안보리는 정화와 병력 철수의 명령들을 북한 당국이 무시했음을 주목했다. 그것은 평화를 회복하기 위해서 긴급한 군사적 조치들이 요구된다고 결론을 지었다. 그 결과로 이 사회는 회원국들에게 무장 공격을 격퇴하고 그 지역에서 국제평화와 국제안보를 회복하기에 필요할 원조를 제공하라고 권고하기로 결정했다." 그 원조와 관련해, 국무부의 분석에 의하면, 헌장은 다음의 집행 절차를 구상했다:

"1. 제39조하에서 안보리는, 이미 평화 위협과 평화 파괴나 침략 행위를 명시적 또는 묵시적으로 규정했기 때문에, 회원국들에게 권고들을 할 수 있거나 평화를 유지 또는 회복할 목적으로 41조와 42조하에서 취해지는 제재 성격의 조치들을 결정할 수 있다.[42]

2. 안보리가 명령한 조치들은 41조하의 비군사적 성격이 될 수도 있고 42조 하의 군사적 성격이 될 수도 있다. 안보리는 43조에 언급된 특수협정들 하에서 유엔회원국들이 제공한 공군과 해군과 육군에 의한 행동을 42조에 따라 취할 수 있다.

42 39, 41, 42, 43조의 본문은 본서 제2장의 103쪽 각주 참고.

3. 그런 특수협정들이 효력을 발생할 때까지 제106조하에서[43] 다섯 상임이사국들이 국제평화의 유지에 필요한 공동행동을 위해서 협의해야 한다."

그런데 무력을 안보리의 재량에 맡기는 어떤 특수협정도 지금까지 체결된 적이 없었다. 그리고 소련은 국민당 정부가 중국을 대표하는 기구에서는 협의를 하지 않겠음을 충분히 분명하게 밝혔다. 그러나 국무부가 보기에, 안보리의 27일 ROK 원조 결의와 그에 따른 미국의 무력 지원은 여전히 적법했다. "예비의견"은 설명했다:

"안보리의 재량에 놓인 무력이 없으므로 이사회는 제39조가 예비한 다른 대안을 선택했다. 회원국들에게 42조 하의 행동을 명하기보다는 유엔을 대신해서 행동하라고 권고하는 것이다. 안보리는, 24조 하에서 국제평화와 국제안보를 유지할 일차적 책임을 지는 기관으로서, 그렇게 할 권한을 가지고 있다. 미국과 다른 회원국들은 지금까지 그 안보리 권고들에 따라서 행동해 왔다.

그 결과 안보리의 권고에 부응해 행동하는 회원국들은 그들의 행동이 사실상 무력공격을 격퇴하고 국제평화를 회복하도록 고안되게 보장할 의무를 안보리에 진다. 그 지역에서 군사 행동을 담당하는 미국의 사령관은 단지 미국 정부에만 책임을 지고, 미국 정부는 또 안보리에 책임을 진다."

국무부는 "대한민국 정부를 지지해 미국이 계속한 행동의 범위는 전적으로 안보리의 25일과 27일 결의 안에 있다"고 보았다. 따라서 "예비의견"은 "미국 행동의 적법성에 대해서는 어떤 의심의 여지도 없다"고 믿었다. 애치슨은 다만 경고했다: "그것을 공개적으로 세세히 정당화하려는 어떤 노력도, 그것을 기화로, 우리 자신이 우리 행동의 적법성을 확신하

43 106조의 본문은 본서 제5장의 219쪽 4번 각주 각주에 있다.

지 못함을 가리키는 것으로 선전 목적들에 악용될 수 있다."

국무부는 그 두 결의들에서 말하는 "원조"가 미국이 ROK를 도와서 지금까지 취한 모든 조치들을 뜻한다고 설명했다. 오스틴의 둘째 문단인 "원조의 조율"과 관련해 애치슨은 진술했다: "여기서 '원조'는 ROK에 대한 군사적 원조는 물론 경제적 원조도 의미한다. '원조'는 또 6월 25일의 안보리 결의에 관한 위의 법적 분석에서 시사된 대로 북한에 대한 '제재들'도 의미한다. 귀하도 알다시피 미국은 북한에 대한 수출들에 대해서 이미 금제를 가했다."

오스틴의 3번 문단은 소련과 관련됐다. 거기서 대사는 물었다: "소련이 공모자임을 확립할 행동을 안보리가 취해야 하는가? 애치슨은 반대했다. 그 전략적 결정에 관해서 장관은 설명했다: "현재로서 국무부는 USSR에 대한 우리의 직접 접근과 그에 대한 소련의 대답을 정식으로 안보리에 상정함이 바람직하지 않다고 생각한다. 당분간 국무부는 안보리에서 USSR을 정식으로 고발하기를 피하는 신중한 방침을 유지할 작정이다."

오스틴의 4번 문단은 유엔총회를 특별히 소집해야 하는지를 물었다. 애치슨은 반대였다. 장관은 설명했다: "국무부는 이 시점에 총회의 특별회의를 소집함이 바람직하다고 생각하지 않는다. 대한민국 정부에 대한 무력 공격 같이 국제평화와 국제안보에 관련된 문제들에 있어서는 헌장하에서 안보리가 일차적 책임을 진다. 이 시점에서는 이사회의 행동이 적절한 것으로 보인다. 코리아 문제를 지금 총회에 제출할 아무 필요성도 보이지 않는다."

워싱턴이 보기에 아랍국가들과 친밀히 지내는 파키스탄이 유엔에서 이집트와 달리 안보리의 27일 결의에 지지를 표명했다. 그에 힘입어 워싱턴은 이집트의 중립적 태도를 봉쇄하거나 위축시킴에 카라치(Karachi)의 협력을 얻을 수 있기를 바랐다. 국무부는 이집트 대표가 6월 30일 안보리에서 진술한 주장("고려 중인 [코리아] 갈등은 사실상 서구 진영과 동구 진영 사이의 뿌리 깊은 견제들—세계 평화와 세계 안보를 위협하는 견제들—의 새로운 국면에 불과하다")의 파급력을 특히 우려했다. 그런데 마침 파키스탄의 칸 수상이 뉴욕에서 귀국길에 오르고 있었다. 그와 때를 맞춰서 7월 1일 오후 15:00(서울 2일 04:00) 애치슨은 카라치의 대사관에 전문을 보냈다.[44] 장관은 워렌 대사에게 외무장관 자프룰라를 "조속히" 만나서 코리아 상황에 관한 파키스탄 정부의 자세에 미국 정부가 감사함을 표명함과 동시에 이집트의 주장에 대한 미국 정부의 반응을 "간략히" 진술하라는 지시를 내렸다. 애치슨의 전문은 꼼꼼히 설명했다:

"다음이 귀하를 위한 지침인데 비공식의 구두 접근을 사용하라. 귀하는 국무부 관리가 칸 수상에게 오늘 그의 뉴욕 출발 전에 같은 내용을 비공식으로 언급할 것이라고 자프룰라에게 말해도 좋다.

1. 파키스탄 정부가 ROK에 대한 공산 침략에 관해서 유엔안보리가 취한 행동에 보내준 신속한 지지를 미국 정부는 만족스레 주목합니다. 미국 정부는 평화의 유지와 침략의 방지를 유엔이 효과적으로 신속하게 실행해야 한다는 확고한 신념에서 안보리 결의에 응하여 코리아 현장에 해군과 공군과 육군을 투입하고 있습니다. 그러므로 파키스탄 정부가 안보리 행동에 주저 없이 찬동해 주어서 기쁩니다.

2. 다른 편으로 미국 정부는 안보리 투표에 기권하는 이집트 정부의 결정에 관한 소식을 접하고 대단히 유감스럽습니다. 미국 정부는 관련된 이슈가 자유를 사랑하는 국가들 모두의 사활적 이익이 걸린 세계적 범위의 문제임에 파키스탄 정부가 동의할 것임을 확신합니다. 미국은 평화를 유지하고 침략을 반대하기 위해서 회원국들이 유엔을 최대로 지지하고 이용함이 이슈라고 믿습니다. 그 문제는 이 나라나 저 나라의 특수한 이익에 관한 것이 아닙니다.

---

44 *FRUS 1950 VOLUME VII, KOREA*, pp.274-275. *카라치(Karachi): 당시에는 남부의 그 도시가—북부의 이슬라마바드가 아니라—파키스탄의 수도였다.

3. 미국정부는 유엔의 개별 회원국들이 유엔에서 추구할 행동 방침을 스스로 자유로이 결정해야 한다고 믿는 한편 어떤 회원이라도 침략을 예방하고 국제평화를 유지하려는 유엔의 노력들을 지지하지 않으면 유엔의 효과성이 심각하게 손상될 것이라고도 믿습니다.

4. 파키스탄의 수상 서리와 외무장관이 파키스탄 정부는 안보리 행동에 도덕적 지지를 보낼 것임을 카라치의 미국 대사에게 알려 준 것을 미국 정부는 감사하며 주목합니다. 파키스탄 정부가 이 문제에 관한 자신의 견해를 근동과 중동과 남아시아의 다른 나라들에도 알려 주기를 미국 정부는 희망합니다.

결론: 귀하에게 알리건대 국무부는 이집트 정부가 쫓는 방침의 지혜와 적부를 놓고서 아랍 국가들의 지도자들 사이에 견해차가 있다고 믿을 만한 이유가 있다. 이집트 이외의 아랍 유엔회원국들과 특별한 관계에 있는 파키스탄 정부의 시의적절한 조언과 영향은 모든 아랍 국가들 사이에 중립의 태도가 퍼지는 것을 막을 수 있을지 모른다고 우리는 믿는다. 사태가 그렇게 전개되면 자유세계의 이익이 해를 입을 것이다.

더욱이 미국은 이집트의 입장을 매우 유감스럽게 생각하는 한편 이 시점에서 이집트의 태도를 더 경화시키는 결과를 가져올 태도를 공적으로나 사적으로 취하기를 바라지 않는다. 오히려 우리는 이집트의 태도가 바뀌기를 그리고 다른 근동 국가들이 이집트를 지지할 수밖에 없다고 느끼지 않기를 희망하면서 이집트의 입장을 가볍게 다루기를 바란다.

끝으로 혹시나 파키스탄 정부가 근동과 중동과 남아시아 국가들을 비롯한 다른 국가들에게 영향을 미치기를 원할지 모른다. 만일 그렇다면 우리는 물론 그 정부가 자신의 이름으로 그리고 유엔의 행동 전체를 지지해서 그렇게 하고 우리의 접근에 대해서는 아무 언급도 하지 않기를 바란다."

인도 정부도 치앵의 국민당 군대가 코리아에 투입됨을 난호히 반대했다. 그러면 ROK를 지원하는 유엔의 평화적 취지가 완전히 퇴색될 것이라고 인도인들은 확신했다. 뉴델리의 헨더슨은 바지파이로부터 그 입장을 전해 듣고서 7월 1일 오후 14:00 국무부에 타전했다.[45] 워싱턴이 동일 오후 16:10(서울 2일 06:10) 수령한 대사의 보고에 의하면, 대사는 바지파이의 요청으로 "오늘 정오에 그를 만났다." 총장은 말했다: "나는 유엔이 코리아에서 군사 작전에 쓸 수 있도록 기갑 사단을 보내겠다고 치앵케섹이 제의를 하고 있다는 내용의 언론 보도들을 보았습니다. 유엔이 중국 국민당 병력을 코리아에서 쓰도록 허락하지 말기를 인도 정부는 진심으로 희망합니다. 이 병력이 참가하면 인도 정부는 곤란한 처지에 놓이게 될 것입니다. 유엔의 행동과 그에 대한 인도 정부의 지지를 지금까지 찬성한 많은 인도인들과 다른 아시아 국민들이 충격을 받고 반발로, 인도가 침략에 반대해 취한 입장에 대해서 벌써 감지되는 반대 세력에 합세할 수도 있기 때문입니다."

헨더슨은 대답했다: "나는 귀하의 말뜻을 완전히 이해합니다. 그것을 본국 정부에 전하겠습니다." 바지파이는 계속했다: "인도 정부는 유엔사무총장이 보낸 회람에 답장을 보냈습니다. 인도 정부는 총장에게 인도가 코리아에서 싸움에 쓸 병력이나 군수나 자금을 보낼 입장에 있지 않다고 알렸습니다. 인도가 자신은 도움을 주지 못하면서 국민당 중국의 원조를 수락하면 안 된다고 말하기는 쉽지 않습니다. 그러나 국민당 중국의 군대가 갈등의 현장에 나타나면 뒤따를 불리한 반향이 광범하게 번질 것이기 때문에 그런 제의를 하는 것입니다."

미국 정부는 마침내 워싱턴의 안과 밖에서 나오는 그 같은 우려들을 불식할 외교 조치의 실행에 들어갔다. 7월 1일 17:50(서울 2일 07:50) 애치슨은 중국(ROC) 대사인 구에게 보내는 비망록에 가서명했다.[46] 인도 정부의 권고들도 "완전히" 고려해 머천트가 작성한 그 문서의

---

45 *FRUS 1950 VOLUME VII, KOREA*, pp.275-276.

46 *FRUS 1950 VOLUME VII, KOREA*, pp.276-277; *FRUS 1950 VOLUME VII, KOREA*, pp.275-276.

초안은 국방장관 존슨과 합참의장 브래들리의 검토를 받았다. 존슨은 그것을 기본적으로 찬성했다. 브래들리 장군은 몇 가지 수정을 제의하면서 찬성했다. 미국 정부는 중국 정부의 원조 제의를 정중하고 완곡하게 거절했다. 국무장관의 각서는 진술했다:

"중국대사관의 1950년 6월 29일 각서에 담긴 요청에 응하여 미국 정부의 관계 당국이 중화민국 정부 쪽에서 국제연합을 지지해 코리아에 쓰도록 지상군을 제공하겠다는 의사의 표시를 검토했습니다.

국무장관은 중화민국 정부 쪽에서 국제연합에 대한 지지를 이렇게 신속하고 확실하게 보여 준 것에 대해서 미국 정부가 깊이 감사함을 중화민국 대사 각하에게 알리고 싶습니다. 그러나 본토에서 공산 세력이 타이완을 침공할 위험—베이징에 있는 중국 공산당 정권의 대변인이 어젠가 되풀이한 위협—에 비추어, 코리아로 병력을 옮김으로써 타이완에 있는 방어군을 줄임이 지혜로운 처사인지에 관해서 어떤 최종 결정도 내리기에 앞서서, 타이완의 중국 군사 당국과 맥아더 사령부의 대표들이 침략에 대비해 그 섬을 방어할 계획들에 관해서 먼저 협의를 가짐이 바람직하겠다는 것이 미국 정부의 견해입니다. 이 목적으로 도쿄에서 자신의 대표들을 파견하기 위해서 맥아더 사령부가 타이완에 있는 적절한 중국 군사 당국과 교신할 것이라 이해됩니다."

공산주의자들은 코리아에서 지금까지 승승장구했다. 그들은 앞으로도 결코 만만치 않을 것임에 틀림없었다. 미국 정부가 군대의 투입을 결정하고 미군이 전장에 왔다고 해서 코리아 사태가 곧바로 미국인들이 원하는 방식으로 수습될 리는 없었다. 크렘린은 현장의 미군이 어떻게 싸우는지 꼼꼼히 점검하고 싸움의 추이에 맞게 대책을 강구할 것이었다. 모스크바의 앨런 커크는 조바심을 감추지 않았다. 대사는 말하자면 "결정적 한 방"이 시급히 필요하다고 판단했다. 대사가 보기에, 시간은 소련 편에 있었다. "우리는 코리아에서 군사적 역전을 당할 여유가 없다." 워싱턴이 7월 1일 오후 18:29(서울 2일 08:29)에 수령한 대사의 전문은 그렇게 끝맺었다. "국무장관만 보라"는 그 전문은 북한군의 신속한 격퇴가 관건임을 강조했다.[47] 대사는 설명했다:

"[트루먼 대통령이 코리아에 미국의 지상군을 투입하도록 허락한 배경인 맥아더 장군의 보고[48]—ROK 군대가 침공군에 맞설 준비가 되지 않았고 군수물자들과 중장비들을 잃거나 버렸고 진지하게 싸우지도 않았고 지도력을 결여했으며 사기도 투지도 낮다—는] 특히 남한의 군사적 상황에 관해서 어떤 불안한 함의들을 지닌다. 우리는 어제 일자로 정치국의[49] 태도가 [다음과 같이] 둘 중의 어느 길로도 뛸 태세라고 평가했다. …… 즉, 만일 북한의 침공이 정지 • 격퇴되고 서구세계의 전력—주로 미국의 힘을 뜻함—이 공산주의의 사주를 받아 이뤄진 ROK 침략의 신속하고 결정적인 패배에 명백하게 드러나면, 크렘린은 초연한 태도를 지키면서 틀림없이 그 싸움이 가엾은 '내란'이요 자기들은 아무 책임이 없다고 주장함이 좋을 것이다. 그러나 다른 편으로 혹시나, 서구 열강이 무슨 무력을 투입할 능력과 의지가 있든 간에, 군사적 성공이 남침한 자들에게 돌아가거나 싸움이 장기화되고 결과가 불투명해질지 모른다. 그러면 소련인들이, 공공연히 또는 속이면서, 스페인 내란의 패턴을 좇아서 북한군 쪽의 저울에다 그들의 무게를 점점 더 많이 싣기 시작할 가능성이 있다. 그러면 그때부터 앞으로 군사적 사건들이 어떻게 전개될 수 있을지 예측이 어렵다. 다만 우리가 상당한 정도로 위신을 손상당할 것임은 너무도 명백하다.

내가 보기에 사태의 본질은 남한에서 우리의 군대가 가장 이른 군사적 성공을 거둠에 있다. 그 문제가 전투의 시험대에 놓여 있고, 세계 전체가 주목하고 이 테스트의 결과들을 기다리고 있다. 나는 정치국이 그 결과들에 좌우될 것임을 확신한다. 그 결과들은 냉엄한 사

---

47 *FRUS 1950 VOLUME VII, KOREA*, pp.277-278.

48 전문 C56942를 말한다. 본문은 본서 제6장의 319-321쪽에 있다.

49 정치국(폴리트뷰로, Politburo): 1919년 설치된 소련 공산당 중앙위원회의 정치국; 당의 최고 의사 결정 기관이나 실제로는 국가의 정책까지 관장함.

실들을 구성할 것이고 그들의 현실적 태도는 어떤 감상적 또는 애타적 기분들에도 좌우됨 없이 완전히 그 사실들에 기반할 것이기 때문이다.

따라서 나는 가장 이른 순간에 가장 완전하고 가장 궤멸적인 패배를 북한 침입군에게 안기기 위해서 우리와 우리의 맹방들이 취할 수 있는 어떤 행동에만 나의 전적인 찬동을 표할 수 있을 뿐이다. 북한군의 전진을 멈추기를 지연하는 하루하루는 우리의 문제를 크게 만든다. 그리고 그런 나날은 곧 모든 아시아에서, 그리고 우호적인 서구 세계에서도, 우리의 위신을 떨어뜨리는 작용을 할 것이다. 국무부의 정보 전문들을 비롯해 여러 방식으로 보고되는 긍정적 표명들에 감명과 고무를 받으면서도 나는 지금 눈에 띄게 압도적인 힘에 의해서 성취되는 혁혁한 군사적 성공을 보기를 갈망한다."

베오그라드의 앨런 대사는 유고 정부가 미국에 대해서 공개적 지지를 표명하지 않았지만 미국에 고맙게도 최소한 "호의적 중립"으로 간주될 수 있는 태도를 취하고 있음을 확인했다.[50] 7월 1일 밤 참사관 리임스가 그 소식을 대사에게 전해 주었다. 베오그라드에서 밤 22:00에 발신되고 워싱턴에서 20:24(서울 7월 2일 10:24)에 수령된 앨런의 보고에 의하면, "오늘 밤 캐나다의 환영연에서 [외무장관] 카르델지는 집요하게 리임스를 찾아냈다." 마테스와 프리카와 마놀라 제독이 모여 있었다.

"나는 유고슬라비아인들이 미국의 행동을 완전히 이해하고 찬성함을 미국이 알기를 바랍니다. 미국의 개입은 코리아에서 신속히 상황을 복구할 것이라 확신합니다." 카르델지는 그렇게 말하고 그 결과가 가능한 한 가장 위대한 "평화를 위한 일격"이 될 것이라고 덧붙였다. 카르델지는 계속해서 러시아인들이 코리아에서 훼손당한 위신을 다른 데서 보상받으려 시도할 가능성이 있음을 우리가 깨달아야 할 것이라고 말했다. 장관은 러시아인들이

50 *FRUS 1950 VOLUME VII, KOREA*, p.280.

코리아에서 도전에 응할 준비가 됐다고 믿지 않았다. 리임스는 카르델지에게 이해와 지지를 한다고 말해 줘서 고맙다고 말했다.

코리아에서 38도선의 회복과 안정이 미국 진영의 확고한 정치적 목표임은 거듭 확인을 요했다. 딘 애치슨은 그 명분 하에 이뤄지는 유엔의 무력 지원이 미국인들의 의사일 뿐만 아니라 코리아 사람들 스스로가 절실히 원하는 것임을 남한 정부가 천명해 주기를 원했다. "ROK에서 [그와 같은] 언급이 너무도 나오지 않아서 우리는 선전전에서 심각한 곤란을 겪고 있다." 7월 1일 19:00(서울 7월 2일 09:00) 장관이 OAFE(극동점령지역국)의 시볼드 고문에게 보내는 전문은 그렇게 고백했다.[51] 장관은 그것이 "특히 [공산 중국의 위협에 인접한] 동남아와 남아시아에 대한 선전에 유용할 것"이라 판단했다. 따라서 국무부는 "관련된 어려움들을 완전히 이해하는 한편 …… 혹시 가능하면", 무쵸나 드럼라이트에게 "이승만을 비롯한 ROK 지도자들이 아래와 같은 취지의 성명을 승인 • 서명해 유엔사무총장에게 보내도록 설득함이 바람직함"을 알리라고 시볼드에게 권고했다:

"코리아의 정부와 국민은 회원국들에게 대한민국 정부가 ROK에 대한 잔악하고 부당한 침략을 격퇴하고 침략 이전에 존재하던 상황을 회복하게 원조하도록 촉구하는 국제연합 안전보장이사회의 결의들에 깊이 감사한다.

대한민국의 정부와 국민은 또한 국제연합의 회원국들이 헌장하에서 지는 의무들의 명예로운 이행으로 침략을 격퇴하고 코리아에서 평화를 회복하기 위해 신속하고 강력하게 행동해 주어서 깊은 감명을 받았다.

---

51 *FRUS 1950 VOLUME VII, KOREA*, pp.278-279. *OAFE: [육군부] 극동점령지역국(Office for Occupied Areas, Far East, Department of the Army).

헌법에 따라서 선출된 코리아 사람들의 대표들로서, 국제연합의 찬성과 후원으로 수립된 ROK의 헌법에 구현된 민주적 원칙들과 절차들에 일치해 자유롭게 행동하면서, 아래에 서명한 우리는 여태까지 존재한 상황이 회복될 때까지 우리의 통제하에 있는 자원들을 모두 사용해 굽힘 없이 싸움을 수행할 것임을 엄숙히 선언한다.

우리는 코리아 사람들이 지금 겪고 있는 혹독한 시련들을 깊이 의식한다. 그러나 우리는 이 시험에서 우리가 우리 혼자만을 위해서가 아니라 국제연합의 헌장에 구현된 위대한 원칙들을 위해서 싸우고 있다는 확신을 그들과 공유한다. 세계에서 이 원칙들이 살아남고 번영해야만 자유로운 국민들과 민족들이, 특히 국가의 독립을 새로이 달성한 사람들이, 자유롭고 존엄하고 평화롭게 살아가기를 희망할 수 있다. 우리의 투쟁이 수백만의 다른 민족들과 수많은 새로운 나라들에게 대단히 중요함을 알기에 우리의 용기는 더욱 드높아지고 우리의 노력은 더욱 북돋아진다. 우리는 코리아 사람들이 튼튼한 기상과 맹렬한 결의로 침략자에 대한 저항을 새롭게 하기를 촉구한다.

우리는 침략을 격퇴하는 노력이 결국에는 성공할 것임을 확신한다. 따라서 우리는 침략 전에 존재한 상황의 회복 말고는 어떤 목적으로도 침략자와 협상할 가치가 없다고 생각한다. 코리아 사람들은 표면상 그들의 이름으로 침략자와 시작되는 어떤 불법적 협상도 지지하지 않을 것이고, 이미 이뤄진 것으로 칭해질지 모르는 그런 어떤 협상도 인정하지 않을 것이다.

현재의 시련과 상관없이 우리의 헌법적 지위가 갖는 엄숙한 의무들을 인식하고 미래에 대한 확신으로 충만해서 우리는 이 성명에 우리의 이름들을 적고 우리의 서명들로 맹세한다. 코리아의 평화스런 미래를 위해서 지고한 노력을 경주할 것임을, 그리고 자유에 헌신하는 나라들의 선량한 일단과 함께 우리가 열중하는 그 대의를 위해서 아낌없는 희생을 감수할 것임을."

남한 정부가 딘 애치슨의 요청을 선선히 수락할 것인가? 대답은 일차적으로 코리아 사람들이, 또는 ROK의 지도자들이, 38도선의 복구에 기초한 코리아 평화를 진정으로 원하는가에 달려 있었다. 그리고 그 질문의 대답은 그들이 얼마나 강력한 무력을 전장에 동원할 수 있는가에 다시 중요한 영향을 받을 것이었다. 사실 그것은 미국인들도 확실히 결정하지 못한 문제로 드러났다. 미국 정부는 코리아에서 무엇을 군사적 목표로 정립해야 하는가? 안보리에서 ROK 지원이 결정되고 워싱턴에서 지상군의 투입이 결정되자, 대답이 분명한 것처럼 보였던 그 문제가 국무부에서 새롭게 주목받기 시작했다. 국무장관은 물론, 자신이 시종일관 강조했던 것처럼, 그 작전의 목표가 오로지 침략의 격퇴, 즉 ROK의 원상회복에 있을 뿐이라고 생각했다. 따라서 장관은, 남한인들의 경우에 대해서도 그랬던 것처럼, 트루먼 대통령이 조만간 행할 코리아 연설에도 그런 의지를 밝히는 선언이 들어가야 한다고 주장했다.

그러나 놀랍게도 그 입장은 워싱턴에서 동북아 담당자들의 반대에 부딪혔다. 그들은 다음의 논리를 내세웠다. 첫째, 남한인들이 그것을 납득할 수 없을 것이다. 둘째, 안보리의 27일 결의도 38도선의 회복만이 아니라 코리아 통일까지도 의도하고 있다. 셋째, 그리고 가장 중요하게도, 불확실한 미래에 취해질 행동 방침을 지금 미리 한정해 놓는 것은 바람직하지 않다. 동북아실의 존 앨리슨이 상관인 딘 러스크에게 보내는 비망록에서 그 반대론을 피력했다. 실장은 주장했다:[52]

"나는 코리아 상황과 관련해 준비 중인 대통령 연설에 미국군대와 어쩌면 남한군도 북한인들을 38도선까지만 되쫓아 버리고 더 멀리는 가지 않을 것이라는 취지의 진술이 들어가야 한다는 제안이 있다고 들었다.

---

52 *FRUS 1950 VOLUME VII, KOREA*, p.272.

그런 어떤 진술도 그 연설에 포함되지 않기를 나는 매우 강력히 촉구한다. 내가 보기에는 혹시라도 그런 성명이 발표된다면 그나마 남아 있는 남한의 사기가 치명상을 입을 것이다. 그것은 또한 현재의 상황에서는 대단히 비현실적으로 보일 것이다.

나는 그 지역에서 평화와 안정의 영구적 회복을 위해서 필요할 당시에 적절한 것으로 여겨질 수 있을 모든 행동을 안보리의 둘째 결의의 마지막 부분이 충분히 정당화한다고 믿는다. 38도선에서 인위적 분단이 지속되는 동안은 코리아에 영구적인 평화와 안정이 있을 수 없다고 나는 확신한다.

우리가 이미 그랬던 것보다 위험들을 훨씬 더 많이 감수하는 대담성을 보여야 하는 때가 왔다고 나는 믿는다. 나는 우리가 38도선을 넘어서 전진할 것이라는 말을 그 연설에 넣는 것을 물론 찬성하지 않는다. 그러나 그렇다고 해서 이 시점에서 우리가 그렇게 하지 않겠다고 우리 자신을 구속하면 안 될 것이다.

개인적으로 나는 만일 우리가 할 수만 있다면—그런데 나는 우리가 할 수 있다고 결코 확신하지 못한다—우리는 만주와 시베리아 경계까지 곧장 계속 올라가고, 그렇게 한 다음에, 코리아 전역에서 유엔 감독하의 선거를 요구해야 할 것이라고 느낀다. 장래에 가능한 그런 행동을 지금 우리 쪽에서 미리 금지해 놓는 어떤 처사도 대단히 현명치 못한 행동일 것이라고 나는 생각한다."

딘 러스크는 앨리슨이 옳다고 여겼다. 메모를 읽고서 차관보는 그 문서 위에 적었다: "동의함, DR."

이것은 남북통일의 시작이다

워싱턴 7월 1일 토요일 아침 코리아 상황은 더 악화돼 있었다. "북한군이 수원을 위협한다. 지리멸렬된 ROK 정부의 관리들이 대전으로 이동했다." 아침 06:52(서울 1일 20:52)에 열린 전신회의에서 극동군 사령부의 G-2는 워싱턴 쪽에다 그렇게 보고했다.[53] "대통령은 지난밤 대전으로 돌아오지 못했다." 7월 2일 일요일 오전 01:00(워싱턴 1일 11:00) 존 무쵸는 워싱턴에 그렇게 보고했다. 대통령은 "지금 남서해안의 목포에 있을 것"으로 추측됐다. 북한군이 물러나기 시작해야 대통령이 대전으로 돌아올 수 있었다. 그러나 당분간 그런 일은 없을 것 같았다. 신성모 국방장관은 대통령에게 "통신 시설이 더 좋은 진해로 가기를 제안하는 중"이었다.[54]

ROK 육군은 간밤에 적의 맹공격에 맞서서 한강 방어선을 지켜냈다. 육군의 그 보고들은 타당해 보였다. 더욱이 하늘이 ROK를 돕는지, 밤새 날이 개어서 7월 2일은 공습에 "이상적"이었다. 무쵸는 워싱턴에 보고했다: "미국의 지원이 공중과 지상에서 현재 점점 분명히 나타나면서 ROK의 군대와 관리들과 일반인들은 사기가 회복되고 있다."

그러나 그 사기는 도무지 전장의 승리로 이어지지 않았다. 북한군은, 6월 25일 공세에 들어간 이래로, 상황의 주도권을 좀처럼 빼앗기지 않았다. 7월 2일도 다르지 않을 것이었다. 벌써 동일 새벽 01:00 "현재 검토 중인 ROK의 첩보 보고들"에 따르면, "다수의 적 탱크들이 서울에서 동으로 대략 25마일 지점에 위치한 광주 지역의 도로상에 출현했다. 적의 남

---

53 *FRUS 1950 VOLUME VII, KOREA*, p.271.

54 "무쵸 주한 미국대사, 북한군의 경기도 광주 출현 및 이승만 대통령과 유엔한국위원단의 동향 보고", 군사연구소, 『한국전쟁 자료총서 41: 미 국무부 한국 국내 상황관련 문서 Ⅲ (Records of the U.S. Department of State Relating to the Internal Affairs of Korea 1950-1954)』 (국방부, 1997), 84쪽; 국사편찬위원회, 『자료대한민국사 제18권』, 1950년 7월 2일.

진과 동진을 막기 위해서 ROK의 부대들이 원주에서 인천으로 급파됐다." 주한군사고문단(KMAG, 카이맥)의 파악에 의하면, 북한군은 닷새 만에 한강 이북의 모든 지역을 석권했다.[55] 남한 육군은 두 동강이 났다; 6월 25일 새벽에 98,000명이던 병력 가운데 거의 반수—44,000명—가 죽거나 적에게 잡히거나 행방불명이 됐다. 게다가 남은 54,000명 가운데 "많은" 병사들은 개인 화기도 버리고 퇴각했다. 단지 2개 사단—6사단과 8사단—만이 장비와 무기를 고스란히 지참하고 후퇴할 수 있었다. 그렇게 ROK 군대는 "대부분 박살났다."

ROK에 대한 외부의 지원들도 대전에서 눈에 띄기 시작했다. 유엔한위(UNCOK, 안콕)는 대전에 본부를 설치하고 업무를 시작했다. 7월 2일 새벽 무쵸는 보고했다:[56] "이 목적을 위해서 인도의 콘다피와 프랑스의 브리용발이 현재 부산에서 대전으로 오라는 요청을 받고 있다. 현재 일본에 있는 다른 요원들도 대전으로 오라는 요구를 받고 있다. 그러나 브리용발과 콘다피가 대전에 도착하면 의결에 필요한 정족수가 충족될 것이고 UNCOK은 작동을 시작할 것이다. 대사관은 가능한 모든 방법으로 UNCOK을 돕고 있다." 극동군총사령관(CINCFE, 싱크페)의 전투연대(RCT)는 7월 2일까지 부산 도착을 완료했다. 찰스 스미스 중령이 지휘하는 그 406명의 미군들은 7월 1일 시민들의 열렬한 환영을 받으며 수영 비행장에 첫발을 디뎠다. 스미스 부대는 적의 전진을 늦추는 임무를 띠고서 다음날 아침 대전에 도착했다.[57]

---

55 Robert K. Sawyer, *Military Advisors in Korea: KMAG in Peace and War*(Center of Military History, Washington, D.C., 1988), p.134.

56 "무쵸 주한 미국대사, 북한군의 경기도 광주 출현 및 이승만 대통령과 유엔한국위원단의 동향 보고", 군사연구소, 『한국전쟁 자료총서 41: 미 국무부 한국 국내 상황관련 문서 Ⅲ (Records of the U.S. Department of State Relating to the Internal Affairs of Korea 1950-1954)』(국방부, 1997), 84쪽; 국사편찬위원회, 『자료대한민국사 제18권』, 1950년 7월 2일.

57 Robert K. Sawyer, Military *Advisors in Korea: KMAG in Peace and War*(Center of Military History, Washington, D.C., 1988), p.135; 『군사연구 122집』, 75; Roy E. Appleman, *South to the Naktong North to the Yale*(June-November 1950)(Washington, D.C.,1986), p.59. 찰스 스미스(Charles B. Smith) 중령: 미군 제24사단 21연대 1대대장.

한편 도쿄의 CINCFE는 7월 2일 수령한 육군부(또는 합참) 전문 DA(JCS) 84808호에 지시된 해상 봉쇄의 실행계획을 7월 3일이 되자마자 보고했다.[58] 그날 오전 00:43(워싱턴 7월 2일 10:43) 육군부로 타전된 전문 CX57097호에서 맥아더는 밝혔다:

"코리아의 해안 전체에 대해서 효과적 해군 봉쇄가 유지되려면 주요 항구 지역들을 초계해야 할 것이라고 생각한다. 바로 나진, 청진, 원산, 인천, 진남포, 안주, 선천 더하기 북한인들에게 함락될 가능성이 있는 모든 남한의 항구들이다.

만주와 USSR의 연안 수역들을 멀찍이 피하기 위해서 나진과 청진과 선천은 봉쇄하지 않을 계획이다. 동해안은 북위 41도까지 그리고 서해안은 북위 39-30도까지 초계할 계획이다.

부대들이 이미 서태평양에 투입된 때문에 작전 중인 무력에 공중 엄호를 제공하고 감시의 범위를 넓히기 위한 호위항모 태스크 그룹 이외에 추가적인 무력이 필요 없다. 봉쇄 무력은 현존하는 극동 해군의 한계들 내에서 7월 4일자로 배치될 수 있다. 그러나 현행의 초계는 보강 전함들이 도착해야만 효과적으로 확대될 수 있다."

북한군은 강했다. 스미스 부대가 부산에 내렸을 때 이미 "코리아는 [어디서도] 안심할 수 있는 상황이 아니었다."[59] 북한군은 ROK 1사단과 7사단의 치열한 저항에도 불구하고 이미 한강을 건너기 시작했다. ROK의 2사단과 5사단과 수도사단은 "와해돼 뿔뿔이 흩어져 버렸다." 동쪽의 6사단과 8사단은 아직 모양을 갖추고 있었다. 그들은 "질서정연하게 퇴각 중"이었다.

---

58 *FRUS 1950 VOLUME VII, KOREA*, p.281. DA(JCS) 84808은 워싱턴에서 7월 1일 11:28에 전송된 JSC 84808을 가리킨다(본문은 본서 399쪽 참고).

59 Robert K. Sawyer, *Military Advisors in Korea: KMAG in Peace and War*(Center of Military History, Washington, D.C., 1988), p.135.

7월 2일 밤 20:00(워싱턴 2일 06:00) 북한군의 그림자는 수원까지 미쳤다. 그 시각 존 무쵸는 워싱턴에 보고했다: "서울 남쪽의 한강 전선은 하루 종일 버틴 것으로 보인다. 김포 지역의 상황은 변하지 않았다는 보고다. 인천은 아직 ROK의 수중에 있다. 옹진반도로부터 성공리에 철수한 제17연대는 현재 수원 동쪽의 적 위협을 봉쇄하기 위해서 대전에서 북상 중이다."[60] 대사는 "한국 측에서 나온 최신의 보고들"에 근거해 그 위협을 설명했다: "2,000명이 넘는 것으로 추산되는 적군이 90대의 트럭에 분승해 오늘 오후 6시경 수원 동쪽 약 10마일 지점의 ○○강 근처까지 침입했다. 이 부대는 ○○리 근처에서 한강을 건넌 것으로 보인다. 그보다 훨씬 적은 다른 부대는 분명히 같은 곳에서 도하해 기수를 남으로 돌려서 광주를 통과해 수원에서 동북으로 4마일 정도 떨어진 용인 근처에 도달한 것으로 보인다."

그 북한군은 수원을 향해서 빠르게 남진했다. 7월 3일 월요일 아침 10:00(워싱턴 2일 20:00) 대전에서 존 무쵸는 워싱턴에 보고했다: "내가 아는 한 서울 남쪽의 한강 방어선은 밤새 무너지지 않았다. [그러나] 오늘 아침 군사고문단으로부터 접수한 보고들은 적이 용인을 점령했음을 확증하는 경향이다."[61] 북한군의 세력은 1개 대대 플러스 8문의 105미리 대포와 3-6문의 81미리 박격포로 추정됐다. 탱크들은 보이지 않았다. 북한군의 대오는 또한 오산 서쪽 약 8마일 지점에 있는 송정리까지 다다랐다. 미국의 고문들은 "오늘 아침 여섯 시 수원에 있는 것으로 알려졌다." 그러나 무쵸는 그들이 4시간 뒤에도 거기에 있는지 확신할 수 없었다.

북한군이, ROK가 총력을 다하지 않으면, 그리고 게다가 외부의 지원이 없으면, 물리치기 어려울 만큼 강력한 상대임은 이제 남한의 누구에게도 감출 수 없는 사실이 되었다. 7월 3일 경남지구 위수지구사령관 김종원 중령은 담화를 발표했다. 고용주들에게 청년들의 동원을 위해서 적극적으로 협조해 달라고 사령관은 호소했다: "점차 가열해지는 전투는[가]

---

60 *FRUS 1950 VOLUME VII, KOREA*, p.282.

61 군사연구소, 『한국전쟁 자료총서 41: 미 국무부 한국 국내 상황관련 문서 Ⅲ (Records of the U.S. Department of State Relating to the Internal Affairs of Korea 1950-1954)』 (국방부, 1997), 141쪽.

미군의 적극적인 협력과 충용무쌍한 아군의 맹활동으로 …… 유리하게 전개되고 있음은 [에] 이에 따르는 각 방면의 다대한 협력에 감사를 드리는 바이다. 무기, 탄약, 기계 기타 제반 물질의 수송에 소집되어서 헌신적으로 노력해 온 청년단원 및 방위대는 부산 시내만으로도[에만도] 다대수인데[이고] 그 절반 이상이 각각 직장을 가졌는데 현 시국을 잘 인식한 고용주들이 있는 반면에 일부 시국을 인식치 못한 고용주들은 청년들이 동원된 것을 결봉 감봉 또한 기피 불응 등을 초래하는 경향이 많아 후방에 미치는 영향이 다대함으로 고용주들은 이 중대한 시국을 재인식하여 가일 육군에 협력하여 주기를 바란다."[62]

7월 3일 낮 동안 USAF(미국공군)의 대항은 경미해 보였다.[63] 아마도 북한군은 그 틈을 타기로 결정했다. 그들은 "상당수의 병력과 장비를 한강을 건너 서울 아래로 밀어 놓기"에 성공했다. 그러나 용인과 송현리를 관통하는 적의 돌격은 그날 "많은 전진을 이룬 것으로 보이지 않[았]다." 그날 밤 23:00(워싱턴 3일 09:00) 무쵸는, 아침에 예상했던 것과 달리, 아직 수원에 있었다. 그런데 새로운 위협이 동으로 발달됐다. 바로 여주와 원주였다. 무쵸는 적이 그 지역들을 짓밟고서 "동남으로 빠르게 전진하고 있다"고 들었다. "분명히 춘천 방향에서 전개된" 그 돌격의 의미는 명백했다. ROK 6사단의 방어선이 뚫린 것이었다.

한편 대통령은 목포에서 배편으로 7월 2일 일요일 부산에 도착했다. 대통령은 대전으로 돌아가겠다는 "소망"을 "강하게 표명하는 중"이었다. 물론 그 소망은 강한 반대에 부딪혔고 대통령은 전에도 그랬듯이 기꺼이 마지못해 물러설 준비가 되어 있었다. 대전에서 ROK 정부는 무쵸가 보기에 이렇다 할 만한 사무실도 갖추지 못했다. 그럼에도 불구하고 내각은 이미 "비공식 회의들을 시작했다." 국회도 대전에 상당히 운집했다. 지금까지 거의 105명에 이르는 의원들이 국회사무국에 등록한 것으로 알려졌다. 나머지는 각자 남쪽에 있는 자

---

62 "김종원 경남지구 위수지구사령관, 고용주에 대해 청년동원 협조를 요하는 담화를 발표", 『민주신보』 1950년 7월 4일, 국사편찬위원회, 『자료대한민국사 제18권』, 1950년 7월 3일.

63 *FRUS 1950 VOLUME VII, KOREA*, pp.301-302.

신의 선거구로 돌아갔다. 미국인들이 보기에, 우왕좌왕하는 정부에 비해서 일반 시민들은 오히려 존경할 만한 절제심을 발휘했다. 7월 3일 밤 무쵸는 보고했다: "일반인들은 오늘 적대행위의 발발 이래 어느 때보다 더 침착하다. 대전에서는 일용품 가격들이 다소 올랐다. 비교적 많은 피난민들이 쇄도했기 때문이다. 다른 곳에서는 물가가 거의 오르지 않았다."

일본에 주둔하는 미군 제8군에 소속된 제24 보병사단을 지휘하는 윌리엄 딘 소장은 예하의 스미스 부대가 파견되고 이틀 뒤인 7월 3일 코리아에 왔다.[64] 7월 4일 사단장은 CINCFE의 지시에 따라서 코리아에 있는 모든 미국 육군의 지휘권을 장악하고 대전에 사령부를 설치했다. ADCOM(애드콤, 전방지휘 • 연락단)과 KMAG의 작전들도 딘 소장의 통제하에 들어갔다. 처치 준장은 딘의 부사령관에 임명됐다. 맥아더는 또 7월 4일 부산에 기지부대를 설치하고 크럼프 가빈(Crump Garvin) 준장을 사령관으로 정했다. 그 조치들은 틀림없이 CINCFE가 점점 더 많은 물자와 병력을 코리아에 들여놓으려는 포석이었다.

북한군은 개전 열흘만에 남한군의 한강 방어선을 돌파했다. 7월 4일 화요일 오후 그들은 수원까지 내려왔다. 그날 밤 "오전[오후] 11:00"(워싱턴 4일 09:00) 존 무쵸는 확인했다:[65] "한강 남안의 ROK 방어선이 오늘 무너졌다. 오후가 되면서 ROK 무력이 모든 전선에 걸쳐서 무질서한 퇴각에 들어갔다는 보고를 받았다. 적의 탱크들이 서울—수원 대로를 따라서 남진했다. 오후 4시경 수원이 적에게 점령됐다. 인천 지역과 애스콤(ASCOM, 부평) 지역 역시 오늘 적의 수중에 들어갔다. 수원에 있던 ROK 사령부는 수원과 대전의 중간쯤에 위치한 평택으로 이전했다. 수원의 동쪽으로 밀고 내려오는 적은 하루 동안 거의 전진이 없었던 것 같다. 적은 더 멀리 원주의 동쪽까지 장악했고, 소수의 적군 대열들이 일부는 도로를 따라

64 Robert K. Sawyer, *Military Advisors in Korea: KMAG in Peace and War*(Center of Military History, Washington, D.C., 1988), p.135. 윌리엄 딘 소장(Maj. Gen. William F. Dean): 미국의 제8군 육군 24보병사단장.

65 군사연구소, 『한국전쟁 자료총서 41: 미 국무부 한국 국내 상황관련 문서 Ⅲ (Records of the U.S. Department of State Relating to the Internal Affairs of Korea 1950-1954)』(국방부, 1997), 309쪽.

청주로 그리고 일부는 철로를 따라 제천으로 남진하고 있다. 수원 지역에서 ROK 군대가 미군이 지키는 위치들까지 물러났을 때 재편돼 다시 전선에 투입될 수 있기를 희망한다. 그들은 미국의 지상군을 보고서 반드시 투지의 회복에 필요한 자극을 받을 것이다."

한강 방어선의 붕괴와 함께 가뜩이나 나약한 ROK는 두 방면의 적들과 싸워야 했다. 하나는 물론 외부의 적인 북한군이었다. 다른 적은 내부에 있었다. 바로 자기불신이었다. 야전의 지휘관들은 퇴각을 스스로 판단할 권한을 빼앗겼다. 권위와 위협이 자율과 이성을 압도했다. 수원이 함락되던 단기 4283년 7월 4일 육군본부가 수원에서 예하 부대에 발령한 '작전훈령 제2호'는 선포했다:[66] "부대의 철퇴는 군 최고지휘관인 육군총참모장이 명할 뿐이고 예하부대장은 철퇴를 전단하는 하등의 권한이 없음. 이후 만일 철퇴의 명 없이 철퇴하는 부대는 그 지휘관 이하 엄단할 것임으로 이를 전군에 선포함."

자기불신은 또 거짓 선전을 낳았다. 사람들을 바르고 고상한 곳으로 이끌 능력을 상실한 정부는 존중과 헌신이 아니라 허위와 혼란의 원천이 되었다. 7월 4일 경상남도 경찰국장이 바로 그랬다. 이동철은 발표했다:[67] "최근 항간에 유포되고 있는 허다한 모략 낭설 가운데에는 괴뢰군이 경기도 용인을 점령했느니 수원을 점령했느니 또는 정부는 전북 전주로 옮겼느니 하여 상당히 민심을 현혹시키고 있으나 이는 김포 비행장에 침입했던 괴뢰군 약 50여 명이 아군에 격파되어 사산분열함에 있어 그 일부가 피난을 가장하고 남하하여 유설한 것이다. 우리 대한민국 정부는 엄연히 대전에 엄존하고 있으며 각 국무위원은 연일 각의를 개최하여 현 시국타개에 전력을 다하고 있으니 국민은 끝까지 정부를 신뢰하고 총궐기하여 국난타개에 합심 협력해 주기를 바라는 바이다."

---

66 "육군본부 작전훈령, 제2호", 국사편찬위원회, 『자료대한민국사 제18권』, 1950년 7월 4일.

67 "이동철 경상남도 경찰국장, 전황과 관련된 소문은 모두 허위라고 발표", 민주신보 1950년 7월 5일, 국사편찬위원회, 『자료대한민국사 제18권』, 1950년 7월 4일.

오직 최고책임자만이 국가가 얼마나 위태로운 지경에 있는지 바르게 결정할 수 있는 위치에 있다. 피난 여드레째 이승만 대통령은 ROK가 내전 중임을 인정했다. 대통령은 7월 4일 부산에서 특별 방송에 나와 치욕의 선언으로 입을 열었다. 서울 피탈에 대해서 대통령은 말했다:[68] "공산군이 서울을 침입하게 된 것을 생각할수록 통분해서 차라리 죽어서 모르고 싶습니다. …… 잠시라도 이 난역배들이 우리 수도에 들어오기에 이른 것은 우리의 씻을 수 없는 수욕입니다." 자신의 처신에 대해서 대통령은 말했다: "내 한 몸이 국군의 앞에 서서 죽음으로서[써] 싸워야 옳을 것인데 피하여 나온 것은 구차히 목숨을 위해서 한 것이 결코 아니오 첫째는 성중에 있으면 군경전투상에 도리어 곤란을 당하겠다는 것이 한 가지 이유요. 또는 내가 나와 앉아서 세계에 호소해서 공론이 일어나야 할 것을 각오한 것이 두 번째의 이유인 것입니다."

최고책임자만이 국가가 어느 정도의 무력을 동원할 능력이 있는지 적절히 판단할 수 있는 위치에 있다. 대통령의 7월 4일 연설은 주장했다: "우리 국군[은] 각처 해면과 육지에서 엄연히 싸워서 적은 수효로 많은 무리를 대적하며 부족한 무장으로 우수한 병기를 항거에서[해서] 조금도 퇴축이 없었으나 오직 의정부 방면에는 탱크와 장총을 막을 것이 없어서 국군이 어찌할 수 없이 퇴보한 것인데 공포해서[공포로 인해서] 곤란상태를 이룬 것이 조금도 없었고 정제히 물러간[난] 것입니다. 적군이 입성한 후에도 군경과 청년단이 시내 각처에서 결사 투쟁한 것은 더구나 감복치 않을 수 없으며, 지금에도 계속 사수하여 쉬지 않고 싸우는 고로 연합군이 더욱 흥분해서 하루바삐 서울을 회복하기로 군기군물과 육해공군이 시시로 모여들어 수원을 향하여 올라가는 중이니, 우리 반도강산에 공산반역배들의 운명이 얼마 남지 않았으며 소련의 강폭 무도한 세력이 불구[에] 믓소리니[,] 히틀러와 같이 될 것입니다."

---

68 "이승만 대통령, 전쟁 경과에 대해 국민에게 특별방송", 『민주신보』 1950년 7월 6일, 국사편찬위원회, 『자료대한민국사 제18권』, 1950년 7월 4일.

최고책임자만이 국가의 운명을 좌우할 전략적 결정을 내리기에 적합한 위치에 있다. 대통령은 설명했다: "우리가 한강철교를 끊은 것은 적군이 남방으로 오기에 장해를 만들자는 계획인데[계획으로], 군기군물을 상당히 준비한 후는 몇 시 안에 다시 고쳐서 쓸 수 있도록 만든 것인데, 적군이 항공에 불화한 일기를 이용해서 대포와 장총으로 한강 남변에 국군이 가까이 가지 못하게 만들어 놓고 뗏목과 선박으로 탱크를 실어서 한강상류에서 물결을 따라 내려와서 건너온 것인데[건너오므로], 국군이 격렬히 싸워서 [적군은] 영등포와 김포와 시흥, 수원 각지에 오늘까지 완전히 찍혀 있으며, 동시에 미육군이 경성 이북으로 비행장과 기타 군용기지를 연속 폭격하여 소련비행기를 파쇄시킨 것이 작일까지 합 100여 대에 달하였다 하며, 오늘날에 얼마나 파쇄하였는지는 아직 보고가 없는 것입니다."

그 분전에도 불구하고 "공산군"은 수원까지 거머쥐고 ROK의 나머지도 장악하려고 대전을 향해서 남하를 계속하고 있었다. 한반도의 남단까지 물러난 그래서 바다에 뛰어드는 것 말고는 더 이상 물러날 곳이 없는 대통령 자신을 위해서나 국민을 위해서나 국면의 전환이 절실히 필요한 때였다. ROK는 현재의 절망과 치욕을 자랑스런 미래로 도약하는 희망의 발판으로 만들 수 있어야 했다. 절망에서 희망이 나올 수 없고 치욕에서 자랑이 나올 수 없다. 오직 전략적인 마음만이 그 논리적 불가능을 필연적 가능성으로 바꾸는 방법을 떠올릴 수 있었다. 그리고 아마도 그것은 머나먼 이국 땅에서 강대국에게 빼앗긴 나약한 나라의 주권을 되찾으려는, 다른 많은 이들이 보기에 충분히 허황된, 운동으로 오랫동안 정치적 경력을 쌓았던 대통령이 가장 잘 할 수 있는 것이었다.

유엔에서 미국의 주도로 결의되고 현재 36회원국들이 지지한 병력 지원의 일부가 벌써 부산에 도착했고 그것은 계속 빠르게 늘어날 태세였다. 그 증강을 내다보면서 대통령의 전략적 마음이 빠르게 움직였다. 새로운 힘을 어디로 이끎이 가장 좋은가? ROK는 무엇을 위해 싸울 것인가? 대통령은 아마도 남한군과 지원군 모두에 공통된—그리고 그들 모두가 기꺼이 싸울 가치가 있다고 여길—전쟁 목표를 일찌감치 선점해 놓아야 한다고 판단했다.

미국 정부는 38도선 이남의 지역에서 북한군을 몰아내고 평화를 회복함이 유엔군의 목표임을 분명히 밝혔다. 그러나 그 군대의 파견이 논의되는 과정에서 세계에 널리 공표된 그 경찰임무의 수행에 조력하는 것만으로 ROK 사람들은 만족할 수 없었다. 대통령은 틀림없이 그랬다. 당연했다. 우선 정의는 ROK의 편이었다. 북한 정권은 "불법남침"을 저질렀다. 불법은, 나쁘므로, 저지됨이 마땅했다. 어떤 집단이 불법을 저지르지 못하게 만드는 확실하고 근본적인 예방책은 바로 그 집단을 제거해 버리는 것이었다. 더욱이 국제사회는 이미 코리아 문제의 평화적 해결에 실패했다. 코리아에서 6월 25일 이전까지 존재한 남북 분단은 아무도—코리아는 물론 공산권을 포함해 다른 나라들도—바람직하게 여기지 않았다. 왜 그 나쁜 전전 현상의 회복이 사람들에게 소중한 인력의 숭고한 헌신과 값비싼 물자의 막대한 소모를 요구하는 국가행위의 목표가 되어야 하는가? 당연히 아니었다.

이승만의 마음은 새로운 코리아에 있었다. 대통령은 코리아에서 공산주의의 무장을 해제하고 자유민주의 기치 아래 통일된 ROK를 수립해야 한다고 생각했다. 대통령의 특별연설은 북진통일을 남한군과 유엔군의 공동 목표로 전제하고 6월 25일 새벽부터 전개된 그리고 앞으로 취해질 대응들을 설명했다. 대통령은 환영과 감사의 마음을 담아서 말했다:

"우리 정부는 다 임시주재소에 모여서 시행할 수 있는 정무는 시행하고 있으며 각 사회와 애국단체지도자들은 각처에서 전재민 구호와 민심 정돈 …… 등[의] 사업에 주야근무하고 있으며, 일반민중은 전란지역과 전재민 피난자 외에는 조금도 요동이 없고 각각 직업을 여상히 지켜 나가는 고로 내외국인 이목에 가장 담대하고 평온한 상태를 보이게 되니 다행입니다. 우리 마음이 지금부터는 민주전쟁의 내란 정도를 지나고 세계전쟁으로 되어서 오늘까지 36나라가 가담되는 연합국 총사령장관인 맥아더 장군이 지휘하고 그 부하로는 전에 우리나라의 군정장관으로 있든[던] 우리 친우인 딘소장이 와서 처치소장과 합동하여 작전계획을 준비하는 중이니 준비가 된 후는 경성으로 올라갈 것입니다.

연합군이 지나가는 곳이나 주둔하고 있는 데서나 우리 동포들이 극히 환영하는 뜻을 표시하여 국기를 날려 만세를 불러 친선의 성의를 보이는 것이 좋을 것입니다. 스위스 제네바에 있는 만국적십자 총본부의 대표로 동경에 있는 빼리 박사가 금일에 와서 우리와 협의하고 즉시 일본으로 회환하였는데, 이번 전쟁에 부상한 자들과 전재민들을 위하여 각종 약품과 의사와 간호부와 그 외에 식물과 의복 등 물품이 계속 들어올 것이니, 악독한 반역분자들의 손에 피해를 당한 남녀는 속절없이 악화를 당했지마는 난리중에 부상을 하고 병원에서 둔음하거나 가옥, 의복, 식물을 다 빼앗기고 죽게 된 동포들은 세계의 모든 동정한 나라들의 자선심으로 보내는 구제로 많은 도움을 받을 것입니다.

40년 동안 우리가 남에게 원조를 주지도 못하고 남의 원조를 받지도 못하고 지내다가 지금에 처음으로 대대적 자선물자를 받게 된 것은 크게 위로도 되며 깊이 감사하는 바입니다. 소련은 전부터 이 전쟁을 준비했고 미국은 평화를 주지하는 중에 졸지에 이 전쟁은[을] 시작하니 처음은 어찌할 수 없었으나, 지금은 전적으로 민심이 일어나서 싸워야 할 것을 결정하였으니 군기, 군물, 군인을 운반하기에도 시간이 걸리고 또 준비하기에도 약간 시간이 필요함으로 처음의 곤란이 없지 아니하나 미국은 싸움을 한번 작정하면 끝내고 말 것입니다. 우리 문제는 이[러는] 중에서 다 해결되고 말 것이니 이것이 남북통일이 완수될 시작입니다. 우리가 다 아는 바와 같이 민주주의와 공산주의가 전쟁으로만 결말짓고 말 것이니 지금 그 전쟁이 시작되고 민주주의의 성공은 이미 다 판단된 것이며, 무죄한 동포들이 난역배의 손에 피해당하는 것과 모든 곤란을 당하는 것이지마는 우리가 서로 각각 인내하며 서로 구제하여 한마음 한뜻으로 분투하여 나갈 것이니 그대로 절실히 양해하고 끝까지 붙들어 나갈 것을 부탁합니다."

남한인들에게 북진통일은, 외부의 지원들이 부산에 속속 도착하는 마당에, 드디어 실현 가능할 것처럼 보였다. 그러나 패퇴하던 사람들의 위축된 용기와 인내를 돋우기 위해서 필요한 그 꿈은, 너무나 애석하게도, 논리상 불가능한 목표였다. 우리는 욕망과 능력이 다름을 그리고 경쟁의 세계에서 능력은 상대적인 것임을 한시도 잊으면 안 된다. ROK도 PRK도 국토통일을 간절히 바라고 있었다. 그러나 어느 쪽도 상대를 꼼짝 못하게 제압하고 자신의 의지를 강제할 수 있을 만큼 강력하지 못했다. 그런데 북군은 초강대국 소련의 지원을 받아서 그 무력균형을 깨트리고 남진을 시작했다. 남군은 당연히 혼자서는 그런 침략군을 격퇴할 수 없었다. 하지만 이제는 남군도 다른 초강대국 미국의 지원을 받기 시작했다. 그렇다면 양측 간에 나타날 궁극의 결과는 일시적으로 깨어진 무력 균형의 회복일 것이었다. 양측이 그 최종적 균형에 수렴하는 과정에서 남쪽이 어느 정도 우세한 순간이 나타날 수 있었다. 그러나 그 우세는 다만 일시적인 얼마간의 우세지 지속적인 압도적 우세가 단연코 아닐 것이었다.

학식과 경험이 풍부한 대통령이 그 단순한 논리를 지나칠 리 없었다. 그러나 ROK가 "괴뢰군"에게 형편없이 얻어맞는 지금은 평화를 말할 때가 아니었다. 이성적 사고는 감정적 반응—"감성의 논리"—을 절대로 앞지르지 못한다. 명석한 어떤 철학자의 말대로, 이성은 감성의 자극을 받아서 비로소 작동을 시작한다. 또한 우리는 말한다: 감정이 차분히 가라앉아야 이성이 제대로 활동한다. "북괴"의 갑작스런 남진으로 빚어진 파괴와 치욕과 혼란은 마치 아무 일도 없었던 듯이 그들이 물러가고 38도선이 원상으로 회복되는 것만으로 치유될 수 없었다. 그리고 그 전면침공은 자유주의자들이 공산주의자들과 평화롭게 공존할 수 없음을 백일하에 드러냈다. 게다가 현실은 명쾌하지 않은 부분들로 가득하고 사람과 국가의 능력은, 아마도 감정의 작용 때문에, 때때로 잘못 판단된다. 무지를 자인하기 싫어하는 우리에게 편견, 과대망상, 선민의식, 과대평가, 또는 과소평가는 결코 낯선 경험이 아니다. PRK는 양측의 가용한 무력에 관해서 그런 유형의 오판을 했음을 남진의 계속에 의해서 보여 주고 있었다. ROK는 이제부터 유엔과 힘을 합쳐서 적군의 그 어리석은 행동에 철퇴를 가함은 물론, 동시에 그것을 최대한 전략적으로 이용해 코리아에서 공산주의를 압록과 두만 너머로 깨끗이 밀어내는 결정적 전기를 마련해야 하는 것이다. 북한군을 상대해 벌써 두 번이나 비겁하게 달아난 대통령에게, 논리적 가능성은 없으나 현실의 모호함 속에서 반드시 불가능해 보이지는 않는 그 기회를 놓침은 생각할 수도 용납할 수도 없었다.

ROK 외무부는 미국인들의 의사를 조심스레 타진했다. 대전에서 임병직 외무장관은 애치슨의 권고를 따라서 "침략의 제거"를 위해서 전력을 다해서 싸운다는 ROK의 결의를 유엔에 천명했다. 장관이 서명해 리 사무총장 앞으로 보낸 ROK 외무부의 7월 4일자 통신문은 "회원국들에게 대한민국을 원조하여 대한민국이 당한 불법 침략을 분쇄케 하라고 요청해 줄 것을 결의해 준" 유엔의 안보리와 "코리아에서 침략을 분쇄하고 평화를 회복하기 위해 헌장에 따른 명예로운 임무수행을 신속하고도 과감하게 취해 준" 유엔의 회원국들에게 ROK정부와 국민의 "심심한 사의"를 표명하고 진술했다.[69]

"대한민국의 헌법에 구현된 민주적 원칙에 따라 자유로이 행동하는 한국인민들이 합법적으로 선출한 대한민국 정부는 현재 침략이 제거될 때까지 모든 힘을 다하여 끝까지 싸울 것을 엄숙히 선언하는 바이다. 대한민국은 유엔이 인정하고 후원하여 설립된 민주국가이다. 우리는 대한민국이 앞으로 겪어야 할 고난을 잘 알고 있다.

그러나 우리는 이 시련이 우리 자신만을 위한 싸움이 아니라 유엔헌장의 위대한 정신을 위하여 싸운다는 확신을 갖고 있다. 이 헌장의 정신이 꺼지지 않고 밝게 빛나야 자유국가들과 인민들이, 특히 새로 독립을 얻은 나라들이 자유와 존엄성과 평화를 가지고 생존할 수 있게 될 것이다. 우리의 투쟁이 수억의 다른 세계 인민들과 많은 신생국들에게 큰 의의를 갖고 있다는 사실이 우리의 용기를 북돋아 주고 있으며, 우리로 하여금 분골쇄신하게 하는 것이다.

우리는 한국 국민들에게 더욱 강인한 마음으로 침략자와 싸울 것을 호소했다. 한국 국민은 그들의 이름을 빌려 침략자와 갖는 어떠한 불법적 협상도 용납하지 않을 것이며, 인정하지 않을 것이다. 대한민국 정부는 헌법의 엄숙한 임무를 인식하고 현재는 시련에 처해 있으나 미래에 대한 희망을 갖고 한국의 평화로운 장래를 위해 필사적인 노력을 바칠 것을 맹세하며 우방들이 자유를 위해 헌신하는 그 정신을 위해 깨끗이 희생할 것을 다짐하는 바이다."

---

69 UN doc. S/1571.

그 통신문은 두 가지를 빼면 애치슨의 7월 1일 권고문과 본질적으로 동일했다. "코리아의 메시지"는 유엔문서 S/1571호에 담겨 회람됐는데, 국무부는 그 차이들을 알아 보고, 그것들에 유의하도록 도쿄의 시볼드 고문대행에게 전문을 보냈다.[70] 바로 다음의 것들이었다. "첫째, 침략 이전에 존재한 상황의 회복에 관한 언급이 빠졌다. 둘째, 이 부분에서 '회복'이 아니라 '제거'라는 단어가 쓰였다."

그러나 그 차이에 주목하면—그리고 ROK 정부가 일부러 그렇게 다르게 만들었다는 점에서 반드시 주목할 필요가 있는데—그 통신문은 외부의 원조를 호소하는 취지에 있어서 애치슨의 초안—ROK의 회복—보다는 이승만 대통령의 연설—ROK의 회복과 PRK의 제거—에 훨씬 더 가까워 보였다. 더욱이 임 장관이 ROK가 보기에는 불법 집단인 PRK 정부와 어떤 협상도 거부하면서 동시에 코리아의 평화로운 미래를 위해서 필사적인 노력을 다짐하는 부분은 그 해석을 강하게 뒷받침했다.

ROK의 국회도 행정부와 손발을 맞췄다. 7월 4일 긴급회의는 유엔의 목표가 코리아—"한국의 국토"—로부터 침략군을 몰아냄에 있다고 전제하고 그런 목적의 안보리 조치들을 지지해 ROK가 지원국들의 군대와 나란히 힘을 합쳐 싸울 것임을 결의했다. 긴급결의는 선언했다:[71] "국련 안보이사회가 한국의 국토로부터 침략자를 축출해 내기 위하여 대한민국을 원조할 결의안을 통과시켰으며, 미국과 기타 유엔 가입 제 국가가 안보[리]의 이 결의안을 수행키 위하여 군대를 파견하고 있음에 제하여, 본 국회는 이들 우방국가와 어깨를 같이하여 싸우기 위하여 인적, 물적 전 자원을 동원하려는 본부의 조치를 전적으로 지지할 것을 결의한다."

---

70 *FRUS 1950 VOLUME VII, KOREA*, pp.278-279.

71 "국회 긴급회의, 미국의 조치를 전적으로 지지하는 결의안을 채택 발송", 『부산일보』 1950년 7월 8일, 국사편찬위원회, 『자료대한민국사 제18권』, 1950년 7월 4일.

부록 1

전쟁과 정치: 저자의 이해

어떤 면접시험

"남한과 북한은 1950년 여름부터 1953년 여름까지 꼬박 삼 년 동안 서로를 부수고 죽이는 지독한 싸움을 벌였지? 그 전쟁은 어느 쪽이 도발했나? 남침인가, 북침인가?"

○○○ 대령은 역사전공 지원자에게 그 질문을 했다가 너무나 실망했다. 대령은 그 학생이 반드시 정답을 말할 것이라 확신했다. 그는 한국사가 가장 자신 있는 분야라고 말했고 그 전쟁은 한국인이면 누구나 알고 있는 역사적 사건이었다. 때문에 대령은 그 ROTC(학도군사 훈련단) 지원자에게 그것을 묻기로 선택한 것이었다. 그러나 돌아온 대답은 놀라웠다. 그 역사학도는 말했던 것이다.

"북침입니다."

대령은 더 이상 아무것도 알아볼 필요가 없었다. 그 지원자는 당연히 ROK의 장교가 되기에 '부적합'했다.

그 인상적인 에피소드는 오랜 미국 생활에서 돌아와 아직 물정에 서툰 내가 처음으로 출강한 한 중부지방 대학의 학군단장이 그의 차에 동승한 나에게 한국의 대학생들에 관해서 말해 주던 도중에 나왔다. 한국군 장교들을 위해서 개설된 나의 대학원 강좌인 '국제관계론'에 출석하는 대령은 그 이야기를 하고 나서 단언했다. "요즘의 대학생들은 너무도 모릅니다."

나는 반대편에서 그 평가에 동의했다. 나는 나름 "요즘의 대학생들"이 가진 문제들을 열심히 듣고 이해할 준비가 되어 있다고 자신했다. 그러나 나는 어떻게 하면 그들을 잘 이해할 수 있는지 그리고 어떻게 하면 그들을 잘 가르칠 수 있는지 "너무도 몰랐다."

집으로 돌아오는 버스에서 나는 그 불쌍한 지원자가 생각났다. 나의 상상 속에서 그 학생은 학군단 건물 앞에서 대령이 나오기를 초조하게 기다렸다. ROTC 지원자는 많았다. 면접 일정은 저녁 늦게 끝이 났다. 현관문 너머에 불이 들어오고 대령이 마침내 밖으로 나왔다. 그 지원자는 다가가 인사를 하고서 떨리는 목소리로 설명했다. "저는 북침이 북한에서 남한을 침략했다는 뜻으로 말씀 드린 것입니다."

그러나 대령은 결정을 바꾸지 않았다. 그 강직한 군인이 듣기에 그 해명은 의뭉스런 말장난에 불과했다. 그리고 만일 그 학도가 사상이 곧다면 그 변명은 또 다른 무지의 증거였다. 남침의 뜻은 분명히 '남한이 북한에 의해서 침략을 당함'이고 북침의 뜻은 분명히 '북한이 남한에 의해서 침략을 당함'이었다. ROTC는 낱말 공부를 하는 곳이 아니었다.

그 면접시험이 육이오(또는 '한국전쟁')를 놓고서 오늘날 우리 사회에 만연한 혼란을 웅변으로 나타내고 있음이 곧 분명해졌다. 남과 북이 총격을 멈추고 60년이 지난 2013년 6월 초순 『서울신문』의 조사단은 그 지원자가 받은 것과 비슷한 질문을 한국 전체의 고등학교에서 선별된 506명의 학생들에게 내놨다. 바로 다음이었다.

"한국전쟁은 북침인가, 남침인가?"

69%인 369명이 '북침'이라고 응답했다. 그 결과는 즉시 어른들 사이에 뜨거운 논란을 점화했다. 조사자들은 그 결과가 "현재 고등학교 한국사 교과서 6종 모두 한국전쟁의 발발 형태를 '남침'으로 명시하고 있지만, 정작 학생들은 북침과 남침이라는 용어의 의미를 헷갈리거나 전쟁의 발발 원인을 정확히 알지 못함"을 나타낸다고 풀이했다.

대통령은, 아마도 고교생들이 그 정도의 낱말을 모를 리 없다고 믿고서, 그 결과에 "충격"을 받았다. 그녀가 보기에 그것은 한국의 역사교육이 얼마나 좌측으로 기울었는지를 보여 주는 징표였다. 유사한 결과를 과거의 조사들도 냈음을 기억하는 그녀는 6월 17일 보좌관 회의에서 주장했다. "교육현장에서 역사를 왜곡하는 것은 절대로 있어서는 안 됩니다. …… 한탄스럽게도 학생들의 약 70%가 6·25를 북침이라고 한다는 것은 교육이 잘못됐음을 보여 줍니다."

남부 지방의 한 대학에서 학생들을 가르치는 ○○○ 교수는 생각이 달랐다. 그는 학생들의 문제가 사실의 인식이 아니라 낱말의 이해에 있다고 판단했다. 예리한 필설로 유명한 그 논객은 대통령의 진술을 반박해 자신의 트위터에서 주장했다. "근데 각하, 이건 역사교육의 문제가 아니라 국어교육의 문제일 겁니다. '북침'을 애들은 '북한의 침략'이라는 뜻으로 아는 거죠."

사람들은 두 편으로 갈라졌다. 아마도 진보적인 한 언론인은 ○○○ 교수처럼 그 설문조사 자체의 타당성을 부인했다. 그는 주장했다. "북침 또는 남침의 표현도 주체가 생략되면 정반대의 해석이 가능하게 된다. 이번의 경우 '남한에 의한 북침'인지 '북한의 침략'인지를 분명히 하지 않고 무작정 물으니 당연히 의미의 혼동이 일어날 수 있다. 이것은 응답자가 무엇을 모른다기보다 질문자가 부주의하다고 할 수밖에 없다." 그는 "이처럼 부실한 조사에 바탕을 둔 엉터리"를 "그대로 믿는" 대통령의 "이해력과 판단력"을 조롱했다.

아마도 보수적인 다른 한 시민은 대통령을 편들었다. 그는 자신이 보기에 "허언"을 일삼는 교수들을 참을 수 없었다. 그는 훈계했다. "당신들 강의는 무엇부터 가르치기 시작하나? 해당 분야 용어의 의미를 가르치며 시작하는 것이 기본일 텐데, 내 과목 용어는 국어 시간에 배워 오라고 가르치는 수준의 교수들이신가? 근대사의 가장 큰 비극인 6 • 25전쟁을 두고 뭘 어떻게 가르쳤기에 남침과 북침의 의미를 이해하지 못하는가를 되짚으면 역사교육의 위기임이 분명할진대, 차라리 [당신들] 주변[에] 우글거리는 북침론자들에게 국어 못했었냐고 물어봐라."

6월 24일 『동아일보』의 취재팀은 동일한 문제를 놓고서 새로운 조사를 실시했다. 대상은 전국의 10대와 20대 초반 청소년 가운데 무작위로 추출된 200명, 해양경찰청의 관현악단 소속 20대 전경 20명, 그리고 대학생 100명이었다. "놀랍게도" 응답자 전원이 '6 • 25는 북한이 남한을 침공해서 일어난 전쟁'이라는 "역사적 사실"을 정확히 알고 있었다. 그러나 '남침이냐 북침이냐'는 질문을 받았을 때는 "3명 중 1명꼴로" 북침을 대답으로 택했다. 따라서 그 조사는 이전의 조사에서 '북침'이라는 대답이 다수였던 이유가 낱말 뜻의 혼동에 있었다고 추정했다.

같은 날 ROK의 국방부가 그 문제에 개입했다. 대변인은 언론에 당부했다. "6 • 25전쟁은 북한의 남침에 의해 일어난 것으로 바뀔 수 없는 역사적인 사실입니다. 따라서 앞으로 우리 언론에서는 이에 대한 용어를 사용할 때 국민들의 오해가 없도록 '북한에 의한 남침'으로 사용해 주실 것을 부탁드립니다."

그러나 그 개입들로 문제가 해결될 수 없음은 자명했다. 객관적 시점—출제자 특유의 어법에 서툰—에서 볼 때, "한국전쟁은 북침인가, 남침인가?"라는 설문은 응답자의 입장에서는 무엇을 묻는지 알 수 없는 애매한 문제였다. 우리는 잘못된 문제를 내놓고서 올바른 대답을 요구할 수 없다. 또한 애매한 문제에 대해서 '올바른' 대답이 나왔을 때 우리는 그 대답이 진정 무엇에 대한 대답인지 알 수 없다.

『서울신문』이나 『동아일보』의 보도를 보면 아마도 질문자는 다음을 알고 싶었던 것 같다: "한국전쟁은 북침으로 시작됐나, 남침으로 시작됐나?" 그렇다고 하더라도 그것은 국어문제로나 역사문제로나 잘못된 문제다. 그것이 1950년 6월 25일 새벽 04:00 북한이 남한을 침략했다는 역사적 사실을 알고 있는지를 묻는다고 치자. 어떤 응답자가 '남침'을 답으로 내놨을 때 우리는 그가 그 사실을 알고 있다고 확신할 수가 없다. 그때 남한이 북한을 침략했다고 잘못 아는 응답자도 똑같이 '남침'을 답으로 내놓을 수 있기 때문이다.

반대로 우리가 학생들이 남침과 북침의 낱말 뜻을 아는지 알고 싶다고 하자. 우리의 국어사전에서 '남침'은 "북쪽에서 남쪽으로 침략함"을 뜻하고 '북침'은 "남쪽에서 북쪽으로 침략함"을 뜻한다. 한 학생이 '북침'이라고 잘못 답했을 때 우리는 그가 그것의 올바른 뜻을 정말로 모르는지 확신할 수 없다. 그는 남침과 북침의 올바른 의미를 정확히 알고 있지만, 한국전쟁이 남쪽에서 북쪽으로 침략해서 일어난 것이지 북쪽에서 남쪽으로 침략해서 일어난 것이 아니라고 믿어서 그렇게 답했을 수 있기 때문이다.

따라서 만일 우리가 낱말의 의미를 묻고—학생들의 국어 지식을 알고—싶다면 우리는 학생들이 역사적 사실에 관한 지식이 없어도 또는 개인적 믿음과 상관없이 올바른 대답을 낼 수 있게 그 문제를 고쳐 써야 할 것이다. 다시 말해, 우리는 그것을 다음과 같이 기술해야 할 것이다.

"어떤 사람들은 한국전쟁이 북한에 의한 남한의 침략으로 발발했다고 믿는다. 다시 말해, 그들은 그 전쟁이 남한에 의한 북한 침략으로 시작된 것이 아니라고 믿는다. 그렇다면 그들이 보기에, 그 전쟁은 '북침'으로 일어났나, '남침'으로 일어났나?"

그리고 역사적 사실을 물으려면 우리는 응답자들이 낱말 뜻 때문에 방해를 받지 않도록 그 문제를 다음과 같이 고쳐 써야 할 것이다.

"한국전쟁은 1950년 6월 25일 새벽 04:00 북한이 남한을 침략해서 시작됐나, 남한이 북한을 침략해서 일어났나?"

『서울신문』의 조사단도 『동아일보』의 취재팀도 ROK의 국방부도 그런 사정을 깨닫고 있었음에 틀림 없다. 그렇기 때문에 『서울신문』은 조사 결과가 고교생들의 언어지식과 역사인식 가운데 어느 하나를 나타낸다고 못박지 않았고 『동아일보』는 "남침" 대신 "북한이 남한을 침공"이라는 풀이를 사용해 서둘러 애매성을 줄이는 보완적 조사에 나섰을 것이다. 그리고 ROK의 국방부도 그들과 동일한 맥락에서 단순히 "남침" 대신 "북한에 의한 남침"이 "바뀔 수 없는 역사적 사실"이라고 밝혔다.

그것들은 우리가 혼란의 원인에 대한 보다 나은 이해에 이르게 도왔다. 그러나 그것들은 문제의 완전한 해결은 단연코 아니었다. 언론도 정부도 작지만 중요한 무언가를 놓쳤다.

믿음과 지식

권위는 지식이 아니라 믿음의 원천이다. 우리는 정부나 종교나 언론을 신뢰해서 그들의 어떤 진술이 참이라고 믿을 수 있다. 반면 그들을 불신하는 사람들은 그들의 진술도 거짓이라 여길 수 있다. 다시 말해, 우리들 가운데 어떤 사람들은 "6•25전쟁이 북한의 남침에 의해서 일어났다"는 국방부의 발표를 옳다고 믿을 수 있다. 그러나 또 다른 사람들은 그것이 틀리다고 믿을 수 있다. 이렇게 상반된 내용의 믿음들이 서로 모순 없이 공존할 수 있다. 코란을 믿고 살 것이냐 불경을 믿고 살 것이냐, 천동설을 믿을 것이냐 지동설을 믿을 것이냐, 권위는 다만 선택을 요구하기 때문이다.

반면 지식은 불가피하다. 지식은 나의 마음에 들건 들지 않건 상관 없이 하나다; 상반된 내용의 지식들이 공존할 수 없다. 내가 "6·25전쟁이 북한의 남침에 의해서 일어났다"고 아는데 "너는 반대로 그것이 남한의 북침에 의해서 일어났다"고 알 수 없다. 둘 중 하나는 틀렸다. 만일 둘 다 옳다고 말했다면 하나는 사실 무지나 허위를 주장했다.

지식은 선택의 문제가 아니다. 지식은 모순을 참지 못한다. 내가 북한 부대들이 38도선 이남에 있음을 발견하는 동시에 너는 동일한 북한군이 그와 반대로 38도선 이북에 있음을 발견할 수 없다. 어떤 동일한 존재가 동일한 시간에 상이한 장소에 있을 수 없다. 내가 북한군이 공격 중임을 발견하는 동시에 너는 동일한 북한군이 방어 중임을 발견할 수 없다. 동일한 존재가 동일한 시간에 상반된 행동을 취할 수 없다. 남침이 참이면 북침은 언제나 거짓이다.

국방부는 자신이 옳다고 믿는 대답을 사람들도 옳다고 믿게 만들고 싶었다. 그러나 국방부는 그 믿음이 참임을 어떻게 아는가? 그리고 그것이 참임을 어떻게 보여 줄 수 있는가? 그 부서는 정책을 만들어 집행하는 기관이지 지식을 발견하는 연구기관도 아니요 지식을 전수하는 교육기관도 아니다. 그렇기 때문에 국방부는 자신의 믿음이 지식임을 스스로 발견할 수도 남에게 증명해 보일 수도 없었다. 그렇기 때문에 대변인은 사람들이 남침을 대답으로 선택하는 습관을 들일 수 있게 돕기를 언론에 부탁할 수밖에 없었다. 아마도 한 노숙한 시민의 다음과 같은 주장을 참고했을지 모른다.

"기성세대 역시 남침과 북침이라는 말 자체는 헷갈려 하면서도 분명히 남침이라는 답을 냈을 것이다. 그 이유는 6·25전쟁은 남침이라고 귀에 못이 박히도록 학교에서 들었기 때문이다."

그러나 우리는 "6·25전쟁이 북한의 남침에 의해서 일어났다"는 명제를 참이라 믿도록 "귀에 못이 박히게 들어서" 언제나 그것을 기억할 수는 있어도 그것이 과연 참인지 알지는 못한다. 따라서 누군가 우리와 다른 믿음을 가지고 있을 때 우리는 그의 믿음이 잘못된 것이고 우리의 믿음이 올바른 것임을 그에게 이해시킬 수가 없다.

그렇다면 그 명제를 참이라 믿었던 사람도 거짓이라 믿었던 사람도 똑같이 단 하나인 진실에 도달할 수 있을까? 물론 그렇다. "못이 박히게 들어서"가 아니라 바로 확인과 추론—검증—을 통해서다.

예를 들어, 어떤 사람(딜러)이 동전들을 움켜쥐고 있는데 우리가 1,000원의 판돈을 걸고서 그것이 홀수인지 짝수인지 맞추는 내기를 한다고 하자. 틀리는 사람은 1,000원을 잃고 맞추는 사람은 1,000원을 번다. 가벼운 게임이 아니다. 그런데 나는 그것이 홀수일 것이라고 믿고 너는 반대로 짝수일 것이라고 믿을 수 있다.

우리 둘 중 하나는 사실과 맞지 않는 가설을 굳게 믿고 있다. 이때 우리는 모두 똑같이 수락할 정답에 이르기 위해서 딜러나 제삼의 어떤 권위자의 진술을 듣지 않는다. 그들이 진실을 말하지 않을 가능성도 있기 때문이다. 의심 많은 우리는 대신 딜러에게 주먹을 펴라고 말한다. 주먹이 펴지고 드러난 동전들을 하나하나 세어 보고 그것들이 전체적으로 홀수를 이루는지 짝수를 이루는지 판단을 내림에 따라서 상반된 믿음을 가졌던 우리는 모두 다 똑같이 하나의 단일한 결론(지식)에 이른다.

그렇게 우리는 주먹이 펴진 시점에서 미래로(앞으로) 감으로써 진실을 확인할 수 있다. 그러나 누군가가—아마도 돈을 잃은 사람이—딜러가 사기를 쳤다고 의혹을 제기할지 모른다. 가령, 사람들이 홀짝을 선언한 뒤에 딜러가 주먹 속의 동전 몇 개를 슬며시 없앴다는 것이다. 그러면 우리는 그의 주먹이 펴지게 하더라도 당초에 그 속에 있던 것들이 몇 개였는지 제대로 확인할 수도, 따라서 그것들이 짝수였는지 홀수였는지 제대로 추론할 수도 없다. 이 경우 우리는 과거를 살피는 방법도 써야 진실을 온전히 가릴 수 있을 것이다. 다시 말해, 우리는 주먹이 펴진 순간에서, 가령 CCTV를 돌려서, 과거로(뒤로) 거슬러 올라가면서 동전들이 쥐어지는 과정도 확인해 보아야 할 것이다.

우리는 '사변', '동란', '육이오(6·25)' 또는 '한국전쟁'이라 불리는 싸움이 첫째 어떻게 발발했는지 그리고 둘째 그것의 시작이 "남침"인지 "북침"인지 어떻게 알 수 있는가? 이 질문의 첫째 부분은 사기 없는 홀짝 게임의 경우처럼 확인이 아주 쉽다. 그러나 둘째 부분의 확인은 사기 있는 홀짝 게임의 경우처럼 단순치 않을 수 있다.

첫째, 육이오는 1950년 6월 25일 04:00에 시작돼 1953년 7월 27일 22:00에 멈췄다. 남과 북이 그 무력 대결에 돌입하는 과정의 확인은 아주 쉽다. 굳이 클라우제비츠의 통찰을 빌릴 것도 없이, 양측이 방어(defense)에만 전념하고 있으면 전쟁이 일어날 수 없음은 자명하다. 그러므로 우리는 공격(attack)의 첫 행위—가령 발포—가 시작된 시점부터 앞으로—그것이 일어나는 과정을—살펴보면 된다.

육이오의 기점은 1950년 6월 25일 04:00이었다. 그리고 그 시각 남과 북의 경계인 38도선 전역에서 남한군은 북한군의 "맹공격"을 받고 있었다. 남한군은 밀렸고 북한의 부대들은 그 경계를 넘어서 ROK의 영토를 "침범"했다. 그 부대들은 북으로 돌아가라는 요구에도 불구하고 남진을 계속했다. 어떤 학자가 주장한 대로, 그 싸움은 남한에 대한 북한의 "선제공격"으로 시작됐다.[1]

만일 '남침'이 ROK 국방부나 『동아일보』의 정의대로 단순히 북한이 남한에 대해서 가한 '침입'이나 '공격' 또는 그 둘 모두를 뜻한다면 우리의 혼란은 이제 깨끗이 해소됐다. 어떤 집단은 먼저 무력 공격을 준비하고 나서 어떤 시점에서 무력 공격을 개시하고 그의 군대를 방어자의 영토로 진격시킬 것이다. 만일 그가 상대를 공격할 준비를 했더라도 상대편에 실제로 공격을 퍼붓지는 않고 있다면 그는 잠재적 공격자에 머문다. 그리고 그가 상대편에 공격을 퍼붓지만 그의 군대가 상대의 영토를 침범해 들어오지 않으면 그는 아직 침입자가 아니다.

---

1 박명림, 『한국전쟁의 발발과 기원 II: 기원과 원인』(서울: 나남출판, 1996), 450.

그런데 북한의 부대들은 공격을 준비했고 1950년 6월 25일 04:00 남한군에 공격을 퍼붓기 시작했고 38도선을 넘어서 남진했다. 그리고 남한군은 당연히 저항했다. 그렇게 북한에 의한 남침으로 싸움이 시작됐다. 증명 끝.

그러나 만일 '남침'이 단순히 침공이나 침입이 아니라 "침략 행위"(act of aggression)를 말한다면 그것은 국제법적 함의를 가진다. '침략'은 공격이요 침범이다. 그러나 그것은 '도발 받지 않은'(unprovoked)—그래서 국제법상 '불법적인'—자의적 침공이다. 따라서 '남침'은 북한의 공격이 남한 쪽에서 아무 도발이 없었는데 일어난 부당한 행위라는 법적 판단을 내포할 수 있다. 다시 말해, 북한의 1950년 6월 25일 공격이 "침략"이라면 그것은 처벌을 받아야 하는 "불법적 행위"라는 것이다. 그러므로 남침이냐 북침이냐의 판정은 역사나 언어의 문제일 뿐만 아니라 법적인 다툼을 수반할 수 있다. 법적인 소송의 당사자들이 대개 그렇듯이 남침론과 북침론의 어느 편도 패자의 불이익을 원하지 않는다.

그 다툼에 대해서 권위 있는 판결을 내릴 국제법정은 아직 차려지지 않았다. 그래서 모든 설전은 법정 밖에서 진행된다. 1950년 6월 25일 04:00의 시점에서 잠재적 원고(피해자)는 그 싸움에 직접 참여한 남한측 당사자들—ROK 정부와 USA 정부—이다. 그에 맞서는 잠재적 피고(가해자)는 북한측—PRK 정부와 PRC 정부—이다. 원고측 주장은 아무 도발도 없었는데 피고가 전면적 무력 침공을 개시했다는 것이다. 피고측 주장은 원고가 먼저 전면 침공으로 자신을 도발했다는 것이다.

실제로 1950년 6월 25일 11:00 평양은 인민군이 새벽에 38선 "전역"에서 "국방군의 기습공격"[불의의 진공]을 받아서 반격을 하고 있다고 주장했다. 같은 날 서울은 "이북 괴뢰집단이 대거 불법 남침하고 있다"고 비난했다. 누가 진실을 말하고 있는가? PRK는 1950년 6월 25일 04:00부터 시작된 자신의 "대거" 남진을 정당화하기 위해서 ROK의 "전면기습"을 이유로 내세웠다. 과연 평양이 주장하는 그 전면기습이 이전에 있었는가?

그 문제에 대해서 '합리적 의심'의 여지가 없는 판단을 내놓기 위해서 우리는 일단 부정한 홀짝 게임의 경우처럼 그 싸움의 기점—1950년 6월 25일 04:00—에서 과거로 돌아갈 필요가 있을 것이다. 실제로 그 싸움의 기원—즉, 1950년 6월 25일 그것의 발발에 기여한 요인들—을 밝히려는 여러 인상적인 연구들은 과거로 돌아가 CCTV의 대용으로 관련 있는 정부 문서들을 살펴본다. 스튜크(1995)와 박명림(1996)과 정병준(2006)은 일본군의 무장해제를 위해서 38도선의 남쪽과 북쪽에 각각 미국과 소련의 점령군들이 진주한 1945년 여름부터 살펴본다. 그리고 커밍스(1981; 1990)는 그보다 20여 년을 더 돌아가 한반도가 일본의 식민 지배하에 있던 시절까지 조사한다.[2]

그 연구들은 양측이 서로를 여러 차례 도발했음을 확인할 수 있었다. 그러나 관련 문서들은 이상하게도 그들이 북한의 주장대로 1950년 6월 25일 04:00 직전에 "국방군의 전면기습"이 있었다는 주장이 합리적 의심 없이 옳다는 판단을 내기에는 부족했다.

커밍스는 진술한다: 이런 주장이나 저런 주장을 지지할 의향이 없다: 증거들은 "역사에서 되찾을 길 없이 사라져 버렸다." 따라서 그가 말할 수 있는 최대한은 다음뿐이다: "1950년 6월 [25일 04:00] 옹진의 발포는 남한의 도발에 대한 북한의 반응으로 봄이 더 맞을 것 같다. 그것은 1949년 여름 내내 거의 간단없이 일어난 경계선 충돌들과 다르지 않다. 1950년의 유일한 차이는 양측이 싸울 준비가 됐다는 것이다."[3]

---

2 Bruce Cumings, *The Origin of the Korean War, Vol. 1: Liberation and the Emergence of Separate Regimes, 1945-1947*(Princeton: Princeton University Press, 1981) • *The Origin of the Korean War, Vol. 2: The Roaring of the Cataract, 1947-1950*(Princeton: Princeton University Press, 1990); William Stueck, The Korean War: An International History(Princeton: Princeton University Press, 1995); 박명림, 『한국전쟁의 발발과 기원 I: 결정과 발발』 • 『한국전쟁의 발발과 기원 II: 기원과 원인』(서울: 나남출판, 1996); 정병준, 『한국전쟁: 38선 충돌과 전쟁의 형성』(서울: 돌배게, 2006).

3 *The Origin of the Korean War, Vol. 2: The Roaring of the Cataract, 1947-1950*, p.594.

스튜크는 진술한다: "[1950년 6월 25일 일요일의] 이 음산한 새벽 시간에 누가 먼저 발포를 시작했는지는 아직도 의혹으로 남아 있다."[4]

박명림은 그 의혹을 풀기 위해서 입수 가능한 북한측 문서들을 면밀히 살폈다. 그는 북한군이 남한군의 아무런 도발도 없었는데 공격을 개시했다는 가설을 뒷받침할 몇몇 개인들의 기억에 의존한 흥미로운 증언들은 발견했다. 그러나 이미 커밍스가 고백한 대로, 그 가설에 합리적 의심을 품지 않게 만들 결정적 증거가 될 만한 북한 정부의 문서는 없었다.[5]

정병준은 커밍스가 말한 "1949년 여름 내내 거의 간단없이 일어난 경계선 충돌들"이 "실질적으로 교전행위"였음을 발견한다. 그의 조사에 의하면 그것들은 "현지 군사 지휘관의 판단과 현지 상황 전개에 따른 우발적인 것이라기보다 계획적이고 의도적인 것"이었고 "한 지점에서 발생해 …… 다른 지점으로 번져나간 …… 38선 전반의 문제"로서 "중앙 [본부] 차원의 개입이 있었음을 의미"했다.[6]

전체적으로 그 진술들은 하나의 판단으로 수렴한다. 바로 다음이다: 1950년 6월 25일 04:00에서 과거로 거슬러 올라간 어떤 시점부터 남과 북이 서로 도발을 주고받기—박명림의 표현을 빌리면, "길항"을—시작했다. 다시 말해, 그들은 서로를 도발했다. 정병준의 설명을 빌리면 그 시작의 "직접적"인 "형성"이 벌써 그보다 훨씬 전에 시작됐다.[7]

이것은 1950년 6월 25일 04:00 북한의 남한 침공은 법적인 의미의 침략행위가 아니라고 생각할 수 있는 여지를 남긴다. 그 시각 북한은 남한을 침공했다. 그것은 사실이다. 그러

---

4 *The Korean War: An International History*, p.10.

5 『한국전쟁의 발발과 기원 II: 기원과 원인』, 제10장.

6 『한국전쟁: 38선 충돌과 전쟁의 형성』, p.259.

7 『한국전쟁: 38선 충돌과 전쟁의 형성』, p.88.

나 그것은 과거에 있었던 남한의 도발 또는 도발들에 뒤이어 일어났다. 그 둘 사이에 아무런 인과관계도 없다고 단정할 수 없다.

그러나 그것이 남한의 "북침"이 있었음을 뜻하는 것은 아니다. 1950년 6월 25일 04:00 이전에 남한은 이미 북한의 도발 또는 도발들을 받았다. 그리고 그 시점에서 과거의 경우들과 달리 북한의 전면적 침공을 당했다.

남과 북은 어떤 식으로든 서로에 대해서 도발적 태세와 도발적 행동을 취하고 있었다. 양측 모두 똑같이 상대가 하시라도 어떤 유형의 공격을 시작할 수 있다는 무력의 임박한 위험하에 있었다. 기존의 연구들도 그와 일치하는 주장을 편다. 그들은 누가 먼저 때리느냐가 시간 문제일 정도로 충분히 도발적인 무력 사용의 동기도 양측에 똑같이 있었음을 발견한다.

커밍스는 진술한다: 1945년 8월 남북 분단의 시간부터 줄곧 "그 전쟁이—필연적인 것은 아닐지라도—예측 가능했다."[8]

스튜크는 진술한다: "[1948년 여름] 각자 나라 전체에 대한 관할권을 주장하는 두 개의 토착 정부들이 한반도에 수립됐을 때, 전쟁의 주된 전제조건은 확고히 자리를 잡았다. 그들의 이념들은 그들의 강대국 후원자들의 경우처럼 서로 반대의 극단에 있었다. 그 강대국들의 관계는 다른 곳에서 계속 악화되고 있었다. 두 코리아 정부들 모두 그들의 분단된 나라에 대한 완전한 주권을 갈망했다. 그리고 평화 통일이 요원한 가능성이라서, 어느 편이든 힘을 모아 불구대천의 상대편을 궤멸시켜도 된다고 폭력의 길이 손짓했다."[9]

---

8 *The Origin of the Korean War, Vol. 1: Liberation and the Emergence of Separate Regimes(1945-1947*, p.9).

9 *The Korean War: An International History*, pp.14, 27.

박명림은 진술한다: "이승만의 통일-전쟁-북벌의지는 김일성의 통일-전쟁-남벌의지에 못지 않았고[앓게 강했고], 이것이 북한 정치-군부지도자들을 자극했던 것도 사실이었다. …… 북한은 1950년 초부터 이미 '조선인민은 누가 내란을 준비하고 있는지 안다'고 내외적으로 지속적으로 선전해 왔다. …… 김일성은 정당성의 확보를 위해 선제공격을 하지 않고 남한이 북침하면 이에 대응하여 반격을 개시하려는 구상을 갖고 있었다. 이것은 49년부터의 지속적인 구상이었다. 그러나 이승만이 북침하지 않자 선제공격으로 전환했던 것이다."[10]

정병준은 진술한다: "남북 두 국가는 사실상 38선을 본질적인 국경선으로 전제한 상태에서 수립되었지만, 이 경계선을 국경선으로 인정하지도, 그 너머의 상대편을 정당한 체제 • 국가로 인정하지도 않았다. 다만 소탕되어야 할 반국가적 반역집단으로 규정했다. 한국은 해방된 북한에서 선출될 국회의원 자리를 비워둔 채 실지회복 • 북벌 • 북진통일을 주장했고, 북한은 이미 남한의 대표를 최고인민회의에 포섭했다며 남벌 • 국토완정을 주장했다. 남북 모두 상대방을 토벌하고 진압하고 정리해야 할 대상으로 상정했던 것이다."[11]

오늘날 우리는 과거보다 개명된 시대에 살고 있다. 과거에 권위에 의지했던 많은 영역에서 우리는 지식을 가지고 있다. 그리고 새로운 지식의 발견을 위해서 세계 전체가 협력할 수 있는 편리한 기반이 널리 구축돼 있기 때문에 지식은 급속히 증가하고 있다.

좋은 삶을 살고 싶은 인간은 불확실성을 참지 못한다. 지식이 부족했던 옛날에는 불확실한 세계에서 불안 없이 살아가기 위해서 아직 검증되지 않은 여러 상반된 가설들 가운데 그럴싸한 어떤 것들을 선택해 사실이라고 믿어야 했다. '6 • 25전쟁' 또는 '한국전쟁'의 시작에 관해서도 그랬다. 북한인들은 '북침설'을 믿기로 선택했다. 남한인들은 '남침설'을 믿었다.

---

10 『한국전쟁의 발발과 기원 II: 기원과 원인』, pp.449-450.

11 『한국전쟁: 38선 충돌과 전쟁의 형성』, pp.223-224.

믿음은 언제나 양자택일을 강요한다. 유신론과 무신론처럼 어떤 가설이 있으면 언제나 그와 상반되는 다른 가설이 가능하다. 우리는 그 가설들을 동시에 믿을 수 없다; 만일 우리가 어떤 가설을 믿으면 반대 가설은 버리기로 결정해야 한다. 또한 우리는 개종자들의 경우처럼 과거에 어떤 가설을 믿었는데 마음을 바꿔서 그와 반대되는 가설을 믿기로 결심할 수 있고 또 현재의 믿음을 버리고 과거의 것으로 회귀할 수도 있다. 이와 같이 우리는 믿음만 가지고는 언제나 전진 없이 그리고 편협하게 제자리를 맴돈다.

지식은 다르다; 우리는 지식과 함께는 마음을 넓히고 앞으로 나아간다. 지식은 누적과 확장의 속성을 가지기 때문이다. 우리는 새로운 지식을 갖기 위해서 기존의 지식을 버리지 않는다. 오히려 과거의 지식은 새로운 지식으로 도약하는 발판이 된다. 그리고 새로운 지식으로 인해서 확실성의 영역이 넓어지고 권위적 강제의 영역이 줄어든다. 지식은 우리를 자유롭게 만든다.

육이오의 경우에도 그렇다. 오늘날 우리는 사변의 시발에 관해서 과거에는 몰랐던 많은 사실들을 알 수 있게 됐다. 그 주제를 놓고서 우리는 믿음의 세계에서 지식의 세계로 나갈 수 있게 된 것이다. 따라서 과거의 학생들이 권위에 속박돼 살았던 곳에서 오늘날의 학생들은 지식을 가지고 살아갈 수 있다.

그러면 우리는 어떻게 지식에 이르는가? 지식이 부족한 시대를 살았던 기성세대는 어떤 믿음을 선택할 수밖에 없었다. 상반된 내용의 믿음들이 공존할 수 있기 때문에 그들은 자신의 믿음이 올바른 선택임을 "귀에 못이 박히도록" 들어야 했다. 지식의 방법은 선택과 암기가 아니다. 확인과 추론을 통해서, 또는 굳이 칸트의 설명을 들을 필요도 없이 '이해'(understanding)에 의해서, 우리는 지식에 이른다. 이해하기는 받아쓰기보다 느릴지 모른다. 그러나 우리는 이해 없이 아무것도 알 수가 없다.

나는 학군단장이 지원자의 진정한 자질을 알고 싶었다면 그에게서 북침이라는 대답을 들었을 때 다음의 질문을 추가로 했으면 좋았을 것이라는 생각이 들었다. "북한이 남한을 침략해서 육이오가 일어났다고 생각하는 합리적 근거를 들어 보게." 그러면 대령은 혹시 권위가 아니라 지식의 뒷받침을 받는 믿음을 들을 수 있었을지 모른다. 그런 믿음은 절대로 흔들리지 않는다. 대령은, 만일 권위주의자가 아니라면, 자신의 면접자가 바로 그렇게 확고한 믿음을 가지고 있는지 확인하고 싶었던 것이 아닐까?

원치 않은 전쟁

전쟁은 왜 일어났나? 어느 쪽이 먼저 공격했나? 육이오의 기원과 발발에 얽힌 수수께끼를 풀고자 하는 연구들은 1950년 6월 25일 04:00 이전으로 거슬러 올라갔다. 그들은 그 기점에서 미래로 가지는 않았다. 싸움은 바로 그 시각에 시작됐고 무릇 원인은 결과를 앞선다. 따라서 그 '과거로 가기'는 물론 필요하고 적절하다. 그러나 우리는 그렇게만 해서는 남침-북침 논쟁을 비롯한 우리의 문제를 제대로 풀기에 필요한 단서들을 모두 발견할 수가 없다. 이 허점을 메꾸기 위해서 우리는 '앞으로 가기'가 필요하다. 우리는 전쟁이 무엇인지 제대로 밝히지 않은 채 전쟁이 시작된 이유를 제대로 이해하기 어렵다. 우리는 먼저 무력 과정의 블랙박스를 열어젖히고, 비유를 계속하면, 거기에 동전들이 얼마나 들었는지 헤아려 보아야 한다.

코리아에서 1950년 6월 25일 04:00부터 일어난 일들을 살핌으로써 우리는 사변의 원인과 관련해 적어도 두 가지 중요한 단서들을 새로이 확인할 수 있다. 첫째, 그 시각에 시작된 북한군의 남진은 이전에 빈발한 일시적 경계 침범들과 달랐고 따라서 ROK의 대응도 이전의 경우들과 달라야 했다. PRK의 공격들은 첫째 38도선의 전역—서부와 중부와 동부—에 걸쳐서 둘째 일제히 그리고 셋째 깊이 있게 이뤄졌다. 그것들은 과거의 침공들처럼 양측이 치열한 적대와 경쟁의 관계에 있으면 나타날 수 있는 자연스런 증상들이 아니었다. 치밀한 사전 계획과 철저한 사전 준비가 없었다면 북한군은 그 광범한 강력 공세를 순식간에 펼칠 수 없었을 것이다.

우리는 지금 '사후에'(*ex post*)—그로부터 3년 뒤에 총성이 멈춘 무력과정을 돌아보면서—PRK가 그 공격들로 전면전쟁을 시작하고 있었음을 안다. 그 공격들을 계획한 평양 정부는 자신이 전면전에 들어가고 있음을 틀림없이 "사전에"(*ex ante*) 알고 있었다. 그러나 당시에 그 공격들을 당하는 쪽에서는 당장은 혼란에 빠졌다. 방어 측은 충분히 많은 패퇴를 경험할 때까지 공격 측의 궁극적 의도나 목표가 무엇인지 "사전에" 알기가 어려웠다.

그럴 수밖에 없었다. 전면공격을 정당화하고 요구조건을 밝히는 선전포고는 없었다. PRK는 오히려 그것이 과거의 경우들과 다르지 않은 군사행동인 것처럼 강변했다. 평양은 발표했다: 그 공격은 "38선 전역을 따라서" 이뤄진 남한군의 기습공격에 대항한 (단순한) "반격작전"이다. 엄밀히 말해서 그 주장은 사실과 달랐다. 평양 라디오를 통해서 그 발표가 흘러나오던 1950년 6월 25일 11:00 PRK는 분명히 "반격"이 아니라 ROK를 침공하고 있었다. 북한군은 서부와 중부와 동부에서 이미 38도선을 한참 넘어와 있었다. 그 공격은 전면도발을 받고서 이뤄진 반사적인 또는 불가피한 자위행위가 아니라, 두 시간 뒤에 서울이 반박한 대로, 자의적인 "대거 불법남침"이었다.

그 "대거" 남진을 목격했어도 남한 측은 여전히 불확실성이 가시지 않았다. PRK는 전면 남진에 의해서 이전의 일시적 경계 충돌들의 경우처럼 부분적 점령에서 과거와 달리 총력전에 의한 완전한 정복에 이르기까지 다양한 가능성을 의도할 수 있기 때문이었다. 게다가 싸움은 일방적 행위가 아니다; 전쟁의 시작에는 최소한 두 행위자가 필요하다. PRK가 당초에 무엇을 의도했든 양측의 격돌이 앞으로 어떻게 전개될지는 많은 부분 ROK의 대응에 달려 있었다.

남한군은 아직 총력전에 필요한 대형을 갖추지 않았다. 단지 경계충돌을 다루기에 필요한 병력들만 38도선에 배치돼 있었다. ROK 측은 그것이 북한군의 총공격에 맞서기에 적절하지 않음을 알고 있었다. 그런 남한군에 대하여 북한군은 당연히 성공적 전면남진을 계속할 수 있었다. 북한군의 압도적 우세는 단순히 기습효과 때문만은 아니었다. 양측이 전선에 투입할 수 있었던 무력들 자체가 질적으로 달랐다. 북한군은 정복전쟁을 수행할 무력이었다. ROK는 PRK에 대하여 전면전을 수행할 능력이 없었다. "국토완정"을 위한 북한군의 전면남침이 임박했다고 생각한 남한인들이 있었을지 모른다. "북진통일"을 주창한 남한인들이 있었다. 그러나 6월 25일 04:00부터 열흘 동안 벌어진 싸움은 ROK가 전면전에 대항할 능력도 전면전을 개시할 능력도 없었음을 입증한다. 남한인들은 소규모나 대규모의 경계 충돌에 대처할 무력밖에 없었다.

이것은 우리가 육이오의 발발을 그때까지 빈발한 경계 충돌들의 연장점으로만 본다면 그것의 원인을 완전히 설명할 수 없을 것임을 시사한다. 전쟁은 정치적 공동체 전체의 조율된 행위다. 하위 집단이나 몇몇 개인들의 개별적 일탈이 아니다. 따라서 단순한 우발적 또는 부분적 도발이 전쟁의 시작을 정당화하지 않는다. 이전에는 남한군과 북한군이 국부적 도발들을 주고받았다. 그러나 그들은 서로 국부적 반격으로 대응했다; 어느 쪽도 전면침공으로 나오지 않았다. 선전포고가 없는 육이오는 양측이 공히 어느 시점부터 전쟁에 돌입했는지도 불명하다. 그러므로 우리가 남침-북침 소송에서 풀어야 하는 문제는 단순히 "먼저 총을 쏜 것이 어느 쪽이냐"가 아니다. 우리는 다음에 답해야 한다: "어느 쪽이 먼저 38도선 전역에서 총질을 시작했고 어느 쪽이 전쟁(전면전)이 될 때까지 공격을 밀어붙였는가?" 코리아에서 1950년 6월 25일 04:00 이후에 일어나는 일들을 살핌으로써 우리는 그 문제의 후반부에 대해서 합리적 의심이 없는 판단을 내릴 수 있다.

둘째, 우리가 아는 "한국전쟁" 또는 "6•25전쟁"은 단순히 1950년 6월 25일 04:00 시작됐을 뿐만 아니라 또한 1953년 7월 27일 22:00 휴전협정에 의해서 총성이 멈춘 싸움이다. 남한인들과 미국인들은—그리고 아마도 북한인들과 중국인들도—1950년 6월 25일 04:00에 시작된 공격의 진정한 성격을 당장은 알지 못했다. 그 성격은 그 후에 "길항"에 의해서 "형성"됐다.

나의 외가가 있는 마을에는 '빨갱이'라 불리는 할머니가 있었다. 어릴 적 나는 그 할머니가 얼굴이 빨갛기 때문에 그렇게 불린다고 생각했다. 그녀의 남편과 아들들은 북한군을 따라서 북으로 갔다가 다시 돌아오지 못했다. 사변이 끝났을 때 그녀는 진씨라는 고아를 데릴사위로 들였다.

대학 시절에 만난 나의 아내는 외가가 전쟁 난민이었다. PRK 치하에서 장성한 세 아들을 잃은 그리고 그 아픔을 이기지 못한 남편까지 잃은 그녀의 외할머니는 어린 두 딸과 막내아들을 데리고 남한군을 따라서 원주까지 왔다가 다시 고향으로 돌아가지 못했다.

나의 할머니는 사변의 시작과 함께 초등학교 선생님이던 맏딸과 고등학생이던 맏아들을 잃었다. 그들의 생사는 끝끝내 알려지지 않았다. 내가 큰아버지를 닮았다며 회한에 젖으시던 할머니가 나는 아직도 기억에 생생하다.

오늘날 삼팔선은 말이 없다. 휴전선도 말이 없다. 그 일대에는 수풀이 무성하고 맑은 물이 흐르고 짐승들이 뛰논다. 자연은 싱그럽고 아름답고 평화롭다. 그러나 67년 전 여름 그곳을 침범한 무정한 전쟁은 사람들의 삶을 처참하게 물어뜯고 1953년 7월 27일 22:00 광란을 멈췄다.

누가 기억하고 싶을까? 전체 인구의 1할인 삼백만에 이르는 한국인들이 죽임을 당하고 부상을 당하고 행방불명이 됐다. 오백만의 난민이 발생했다. 재산상의 피해도 막대했다. 북쪽은 8,700개의 공장을 잃었다. 남쪽은 그것의 두 배를 잃었다. 그리고 양측에서 똑같이 6

십만 호의 가옥이 파괴됐다.[12]

코리아는 "잿더미"로 변했다. 서울에는 "콩크리트와 폭탄 파편이 널린 거리들을 따라서 텅 빈 건물들이 해골처럼 서 있었다." 평양은 더 처참했다; 현대식 건물들은 거의 모두 "벽돌 더미"로 화했다. 코리아의 "모든 것이 파괴됐다." 부산에서 신의주까지 "동굴과 터널 속에서 두더지처럼 살다가 기어 나온" 사람들은 "죽은 자들을 묻고 잃은 것들을 슬퍼하면서 삶의 부서진 잔해들을 주워 모으려 애썼다."[13]

그렇게 처절한 파괴와 살상은 1950년 6월 25일 04:00 싸움이 시작될 때 어느 쪽의 계획에도 들어 있지 않았다. 아무도 그 참화를 겪기를 원하지 않았다. 어떤 목적도 그 희생을 정당화할 수 없었다. 누구나 알고 있었다: "한국 사람이 한국 사람과 싸우면 안 된다." 그리고 전쟁의 첫 총성이 울림과 거의 동시에 싸움을 멈추려는 노력이 시작됐다. 그렇다면 그 동족상잔은 도대체 어째서 초래된 것일까? 누구도 원하지 않았는데 누구도 정당화할 수 없는 그 살상과 파괴는 도대체 어떻게 일어날 수 있었던 것일까? 싸움의 계속을 막으려는 3년간의 노력들은 왜 더 일찍 성공하지 못했나?

그 참화가 멈추고 60여 년이 지난 지금 남과 북은 아직도 서로를 손가락질한다. 그러나 오늘날 우리가 그 질문들에 골몰하는 이유는 단순히 과거의 진실을 밝혀서 그 참극의 책임자들을 역사의 심판대에 세우려 함에만 있는 것이 아니다. 그 전쟁의 원인을 묻는 가장 중요한 이유는 바로 처방(정책)의 발견에 있다. 오늘날 어떤 한국인도 동족끼리 다시 싸우기를

12 William Stueck, *The Korean War: An International History*(Princeton, New Jersey: Princeton University Press, 1995), p.361.

13 Bruce Cumings, *The Origins of the Korean War: Liberation and the Emergence of Separate Regimes, 1945-1947*(Princeton, New Jersey: Princeton University Press, 1981), p.xix; 김자동 역, 『한국전쟁의 기원』(서울: 일월서각, 1986), p.11; 박명림, 『한국전쟁의 발발과 기원 II: 원인과 기원』(서울: 나남출판, 1996), p.884.

원하지 않는다. 누구나 그 집단적 공포 의식에서 벗어나고 싶다. 그럼에도 불구하고 전쟁의 망령은 아직도 우리 곁을 맴돈다. 게다가 그것은 점점 더 무섭게 변한다; 지금 남과 북은 모두 60여 년 전에는 상상도 못했을 파괴력을 갖추어 놓았고 그 무력은 계속 빠르게 증가한다. 그러나 남과 북은 여전히 그때처럼 치열한 적대와 경쟁의 관계에 갇혀 있다.

사람들은 말한다: 평화와 안정을 구가하는 오늘날의 세계에서 아직도 전쟁의 실제적 위협에 노출된 지역이 있다면 그것은 바로 코리아다. 따라서 우리는 무엇보다 더 절실히 알고 싶다: 우리가 그 위협을 호리병 안에 계속 가둬 둘 수 있을까? 오늘날 우리가 남북의 분단에도 불구하고 한반도를 동족상잔이 다시 없는 안전한 삶터로 지킬 수 있을까?

어떤 이들에게 그것은 부질없는 물음처럼 들린다. 학문적으로 무게 있는 한 국제정치학자는 주장한다: "여러 주권 국가들이 각자의 논리와 바람을 근거로 자신의 불만과 목표에 대해 스스로 판단을 내린다면, 때로는 전쟁으로 발전되기도 하는 분쟁들이 발생하기 마련이다."[14] 남북갈등에 관심 있는 한 서평가는 더 회의적이다. 그 사회학자는 단정한다: "[남북의] 분단 상황이 지속되는 한 한국전쟁은 영원히 마침표를 찍을 수 없는 것이다."[15] 우리가 "사변", "동란", "육이오", "한국전쟁", "육이오전쟁" 등등의 이름으로[16] 부르는 그 무력투쟁의 "책임"과 원인을 파헤치는 많은 연구들도 그렇게 숙명론을 함축한다. 대체로 "전통주의"와 "수정주의"[17] 또는 "내인론"과 "외인론"[18] 으로 분류되는 그 연구들에서 우리는 다

---

14 케네스 월츠 저, 정성훈 역, 『인간, 국가, 전쟁: 전쟁의 원인에 대한 이론적 고찰』(서울: 아카넷, 2007), 221쪽.

15 전상인 교수(한림대 • 사회학), [서평] 박명림 지음 '한국전쟁의 발발과 기원'/남침 증명했으나 '미흡', 『시사저널』, 1996.07.25(목) 00:00.

16 다음의 연구가 육이오의 명칭에 관한 한국인들의 여러 선호들을 잘 정리한다: 이완범, "6-25 전쟁의 성격: 명칭, 기원, 개전 주도자, 복합전적 인식을 중심으로", 세계학술대회 발표논문, 2010년 10월 25-28일, 타이페이.

17 김학준, 『한국전쟁 — 원인 • 과정 • 휴전 • 영향』(서울: 박영사, 1989), 55-56쪽.

18 이완범, "6-25전쟁의 성격: 명칭, 기원, 개전 주도자, 복합전적 인식을 중심으로", 세계학술대회 발표논문, 2010년 10월 25-28일, 타이페이.

음의 적대 관계를 확인한다. 첫째, 제2차 세계대전이 끝나면서 북위 38도선을 기준으로 한반도를 남과 북으로 분할 점령한, "제국주의"를 추구하는 자본주의 미국과 "세계적화"를 꿈꾸는 공산주의 소련이 세력권 경쟁("냉전")을 벌였다. 둘째, 그렇게 분단돼, 자유시장과 다당제도를 채택한 남한과 공산주의와 일당제도를 채택한 북한은 각각 "북진통일"과 "국토완정"을 부르짖으며 체제 경쟁에 나섰다.

그 두 층의 적대 관계는 오늘날의 코리아에 여전히 상존한다. 그럼에도 불구하고 우리는 처량한 체념의 노예가 되기를 단호히 거부한다. 그것은 단순히 소망적 사고의 발로가 아니다. 평화와 안정은 '좋은 삶'의 필요조건이다; 아무도 생명과 신체와 재산의 안전이 위협받는 처지에서 좋은 삶을 영위할 수 없다. 그리고 우리는, 남과 북이 분단 상태에 있건 통일 상태에 있건 적대 관계에 있건 우호 관계에 있건 상관 없이, 언제나 좋은 삶을 원한다. 따라서 우리는 실제로 한반도의 정전 상태가 깨지지 않도록 그리고 그 상태가 안정된 평화로 바뀌도록 보장하는 방법을 찾으려고 끊임없이 애쓴다.

남과 북이 다툴 수밖에 없다는 체념은 단순히 우리가 실천 가능한 평화의 방법을 모르는 데서 기인하는 것이 아니다. 그 무지가 반드시 그 방법의 부재를 가리키는 것은 아니기 때문이다. 다시 말해, 그것이 있는데도 우리가 그것을 찾지 못하고 있을 수도 있기 때문이다.

그리고 우리의 이성은 남북의 다툼이 필연이라고 단정하지 않는다. 만일 1950년 6월 25일에 일어난 북한의 전면 남침이나 뒤이어 전개된 3년 동안의 무력투쟁이 애초에 없었다면 우리는 (일어나지 않은) 6·25사변을 놓고서 그것이 남북분단이 계속되는 동안 끝날 것인지 끝나지 않을 것인지 거론조차 할 필요가 없을 것이다. 그리고 만일 그 싸움이 그 분단의 불가피한 또는 필연적인 귀결이 아니었다면 그 분단의 해소가 한반도 평화의 필요조건도 아닐 것이다.

분명히 남북분단과 남북대립은 그 전쟁의 발발에 필요한 조건들이다; ROK와 PRK라는 두 단체들이 없었다면 그 다툼은 애초에 성립할 수 없었을 것이다; 그리고 그 둘이 있어도 서로의 이해가 상반되지 않았다면 그들이 싸울 일은 없었을 것이다. 그런 점에서 그 조건들은 그 싸움의 근본 원인에 속한다. 그것들의 어느 하나나 모두가 없으면 남북간 전쟁도 그것의 재발 가능성도 아예 생각할 필요가 없을 것이다.

그러나 "한 마리의 제비가 여름을 만들지 않는다." 어떤 사건이 일어나기 위해서 필요한 하나의 조건은 그 사건이 일어나게 만드는 충분조건—모든 필요조건들의 결합—을 이루는 한 구성 요소에 지나지 않는다. 다시 말해, 어떤 사건은 그것의 발생에 필요한 여러 조건들이 있고 그 필요조건들이 모두 갖춰졌을 때 비로소 일어난다.

가령 산불의 경우, 산이 없으면 그것이 일어나지 않고 산소가 없어도 그것이 일어나지 않는다. 다시 말해, 산과 산소는 각각 산불의 필요조건이다. 그러나 그 조건들이 갖춰졌다고 해서 산불이 일어나는 것은 아니다. 건조함도 있어야 하고 그것을 촉발할 방아쇠—가령, 정전기나 담뱃불 같은 점화원—도 있어야 한다. 이와 같이 산불의 충분조건은, '곱하기'를 ×로 표시하면, {산×산소×건조함×점화원}이다.

마찬가지로 분단과 적대와 경쟁은 틀림없이 그 전쟁의 필요조건들이나 그것들이 있다고 해서 그 전쟁이 일어나는 것은 아니다. 다시 말해, 그것들은 그 전쟁이 일어나게 만드는 충분조건을 이루는 여러 요소들 가운데 몇 가지일 뿐이다. 즉, 남북전쟁의 충분조건 S는 다음과 같이 주어진다:

S = {분단×적대×경쟁×X×Y×……}

가령, 박명림(1996)은 X, Y …… 로 북한의 "군사주의"와 "급진주의"와 "낙관주의"를 든

다.[19] 스튜크(1995)는 이데올로기와 "오산들"(miscalculations)을 든다.[20]

그런데 평화는 전쟁이 없는 상태다. 이것은 전쟁의 필요조건이 평화의 충분조건임을 의미한다. 다시 말해, 전쟁이 일어나게 만드는 여러 필요조건들 가운데 하나만 없애도—0으로 만들어도—우리는 평화를 이룰 수 있다. 산불의 경우 우리는 산불이 없는 상태를 이루기 위해서 산불의 필요조건들 가운데 하나를 없애면 된다. 한반도에서 싸움의 재발을 막기 위해서 우리는 분단, 적대, 경쟁, X, …… 가운데 하나만 없애면 된다.

그런데 어떤 필요조건은 우리의 힘으로 없앨 수 없거나 없앨 수 있더라도 없애면 안 된다. 가령 우리는 산을 없앨 수 없거나 없애면 안 된다. 아마 산소도 그럴 것이다. 우리는 담뱃불은 없앨 수 있다. 따라서 우리는 산불의 발생을 막는 방법으로 우리가 할 수 없거나 해서는 안 될 산이나 산소의 제거가 아니라 우리의 힘으로 할 수 있고 또 해도 되는 담뱃불의 제거를 선택한다.

이와 같이, '존재할 수 있는'(possible) 또는 '생각할 수 있는'(conceivable) 모든 필요조건들 가운데 우리가 우리의 능력으로 통제할—0이 되게 만들—수 있고 또 통제해도 되는 조건들을 우리는 '실행 가능한'(feasible) 정책안(대안)들이라 부른다. 산불의 경우 산과 산소는 '실행 가능한' 대안들의 집합에 속하지 않는다.

육이오의 경우 집합 S에서 좌측의 분단 쪽으로 갈수록 우리의 통제 능력이 떨어진다. 그러나 우리는 그것들을 그대로 놔두어도 X, Y, …… 가운데 하나를 통제함에 의해서 싸움을 막을 수 있다. 또 만일 우리의 통제력이 커져서 '경쟁'을 제거할 수 있다면 우리는 분단과

19 박명림, 『한국전쟁의 발발과 기원 I: 결정과 발발』(서울: 나남출판, 1996), 72-73쪽, 318-326쪽.

20 William Stueck, *The Korean War: An International History*(Princeton: Princeton University Press, 1995), pp.354-355.

적대를 그냥 놔두어도 경쟁을 제거함으로써 평화에 이를 수 있다.

많은 사람들은 역사가 반복된다거나 과거가 미래의 서막이라고 말한다. 그러나 그것이 언제나 옳은 판단은 아니다. 분명히 우리는 불행한 과거를 바꿀 수 없다. 또한 현재의 원인들은 과거에 있다. 그럼에도 불구하고 우리는 지금 그리고 미래에 그 과거의 복제판을 살기를 원하지 않는다. 그리고 우리는 과거의 불행을 다시 살지 않을 수 있다. 바로 우리가 그 불행의 원인들 가운데서 그것의 반복을 막을 수 있는 방법을 찾아낼 수 있고 게다가 우리의 통제력을 점점 늘려 나갈 수 있기 때문이다. 지식은 운명을 이긴다. 우리는 우리가 아는 만큼 당면한 문제들을 해결하고 우리의 세계를 더 살기 좋은 장소로 만들 수 있다. 경험은 지식의 시작이다. 서글픈 역사건 자랑할 역사건 우리가 지난 일들을 신중히 돌아봄은 그로부터 무언가 중요한 것들을 배울 수 있기 때문이다.

그러므로 우리는 1950년 6월 25일 04:00 이후에 일어난 일들을 확인하러 앞으로 나간다. 이 작업은 전쟁의 속성을 보아도 필요하다. 클라우제비츠를 비롯한 여러 전쟁학자들이 벌써 오래전부터 강조한 대로, 전쟁은 어떤 정치적 목적을 달성하기 위한 정책의 수단이고 어떤 한 순간의 결정과 행동이 아니라 상황에 따라 변하는 여러 결정들과 행동들로 이뤄진다. 그것들 가운데 어떤 것들은 물론 싸움이 시작되기 전에 이뤄진다. 그러나 많은 것들은 필연적으로 그 후에 이뤄진다.[21]

1950년 6월 25일 04:00에 집행된 공격과 방어의 결정들이 마치 거대한 화산의 순간적

---

21 Carl von Clausewitz, *On War, Edited and Translated by Michael Howard and Peter Paret*(Princeton, New Jersey: Princeton University Press, 1989), pp.78-81, 87-88; Geoffrey Blainey, *The Causes of War, Third Edition* (New York: Free Press, 1988), p.122; Paul R. Pillar, *Negotiating Peace: War Termination as a Bargaining Process* (Princeton: Princeton University Press, 1983); R. Harrison Wagner, "Bargaining and War", *American Journal of Political Science* Vol. 44, No. 3 (Jul., 2000), pp. 469-484.

분출과 뒤따르는 자연적 여진들처럼 남과 북의 싸움을 1953년 7월 27일 22:00까지 3년 동안 끊임없이 추진시킨 것은 분명히 아니다. 그 3년 전쟁은 처음에 단 한 번의 기점만 있었던 것이 아니다. 그것은 그 후 여러 번의 새로운 기점들이 있었다. 그 기점들 각각마다 양측이 싸움을 멈추기보다 계속하게 만든 요인들이 있을 것이다. 그 가운데 어떤 것들은 근본적이라서 모든 기점들에 공통적으로 존재했고 또 어떤 것들은 가변적이라서 어떤 특정한 기점에만 존재했을 것이다. 그 요인들을 찾았을 때 우리는 한반도를 안전한 삶터로 만드는 방법을 비로소 깨닫기 시작할 수 있을 것이다. 그리고 그 요인들 가운데 실행 가능한 것이 하나라도 있을 때 우리는 전쟁으로부터 한반도의 안전을 보장할 수 있을 것이다.

이 책에서 독자들은 육이오의 처음 열흘 동안 그 싸움과 관련해 서울과 워싱턴과 유엔의 안보리 이사국들에서 일어나는 일들을 자신의 눈으로 그리고 실시간으로 따라가면서 그런 기점들이 있었는지 확인할 수 있을 것이다. 『계산된 위험: 한국전쟁과 정치를 말하다』는 설명이 아니라 증언이다. 그리고 그 증언은 이미 과거에 일어난 사건들의 흐릿한 회상이 아니라 전쟁의 진행과 확대에 직접적 영향을 미치는 사람들의 생각들과 행동들을 발생하는 그대로 보여 준다.

독자들은 배심원과도 같다. 목전에 펼쳐지는, 주로 ROK의 서울과 USA의 워싱턴과 UN의 뉴욕(레이크 썩세스)에서 그리고 몇몇 안보리 이사국들의 수도에서 그 열흘 동안 일어나는 논의들과 결정들을 지켜보면서 그들은 다음을 확인할 수 있을 것이다.

전쟁은 만들어진다. 일어나는 것이 아니다. 장군들과 병사들이 싸우고 인명과 재산을 파괴하는 어떤 전쟁도 무력 사용을 정책의 수단으로 선택하는 정치적 결정들의 산물이다. 굳이 비유를 쓰자면, 무력은 장기판의 패들이다; 그들을 어떻게 쓸지는 정치가들이 결정한다. 어떤 전쟁도 정치적 선택의 결과다. 어떤 전쟁도 불가피하지 않다.

그리고 불가피하지 않은 모든 것은 예방될 수 있다. 이 책에서 독자들은 다음의 문제들에 대해서 합리적 의심의 여지가 없는 판단들을 내리기에 충분한 단서들을 발견할 수 있을 것이다.

첫째, 남한과 북한은 재물의 손괴와 인명의 희생에 있어서 아무도 원치 않은 불합리한 전면전쟁에 어떻게 돌입했는가?

둘째, 그 열흘 동안에 혹시 발생했을지 모르는 어떤 기점이나 기점들에서 양측이 싸움을 멈추지 않고 계속하는 선택을 하도록 만드는 어떤 요인이나 요인들이 있었는가?

부록 2

본문에 나오는 영어 약어들과 인명들

약어들

(ㄱㄴㄷ)

스캪(SCAP)	일본 주둔 연합군 최고사령관의 음성 표기(음차)
싱크페(CINCFE)	극동총사령관의 음성 표기(음차)
아믹(AMIK)	한국 주재 미국공관의 음성 표기(음차)
안콕(UNCOK)	유엔한국위원단의 음성 표기(음차)
안트콕(UNTCOK)	유엔한국임시위원단의 음성 표기(음차)
애드콤(ADCOM)	맥아더의 전방지휘 · 연락단
애스콤(ASCOM)	육군병참사령부, 부평 소재
유시스(USIS)	미국공보원
유엔(UN)	국제연합
유즌(USUN)	유엔 주재 미국대표부
이코삭(ECOSOC)	(유엔) 경제사회이사회
카이맥(KMAG)	주한군사고문단

(A)

ADCOM(애드콤)	코리아 주둔 전방지휘 · 연락단(Advance Command and Liaison Group in Korea)
AMIK(아믹)	한국 주재 미국공관(American Mission in Korea)

AP	연합통신사(Associated Press)
ASCOM(애스콤)	육군병참사령부(Army Service Command); 부평에 있었음

(C)

CIA	중앙정보국(Central Intelligence Agency)
CINCFE(싱크페)	극동총사령관(Commander in Chief, Far East)
CINCPAC	태평양총사령관(Commander in Chief, Pacific)
CINCPACFLT	태평양함대총사령관(Commander in Chief, Pacific Fleet)
CSA	미국의 육군참모총장(Chief of Staff, US Army)
C/S	참모장(Chief of Staff)

(D)

DA	육군부(Department of the Army)

(E)

ECA	경제협력단(Economic Cooperation Administration)
ECOSOC(이코삭)	국제연합의 경제사회이사회(Economic and Social Council)
EDT	워싱턴과 뉴욕 등을 포함한 미국 동부의 일광절약시간 또는 하계시간[Eastern DT. DT(일광절약시간Daylight Saving Time)], 소위 섬머타임 하계시간, 다른 계절의 경우보다 한 시간 빠름

(F)

FEAF	미국의 극동공군(Far East Air Forces)
FEC	미국의 극동군 또는 극동사령부(Far East Command, FECOM)
FECOM(페콤)	미국의 극동군 또는 극동사령부(Far East Command)

(G)

G-2	미국 육군 부대들의 정보 담당 부서(Intelligence Section)
G-3	미국 육군 부대들의 작전 및 훈련 담당 부서(Operations and Training Section)

G-4	미국 육군 부대들의 병참 담당 부서[Logistics (Supply) Section]
GA	유엔 총회(General Assembly)
G/A	육군 원수(General of the Army)
GMT	그리니치 표준시(Greenwich Mean Time)

(I)

IST	인도표준시간(Indian Standard Time), 서울의 표준시보다 3시간 30분 느리고 워싱턴과 뉴욕보다는 10시간 30분 빠름

(J)

JAS	합동행정단(Joint Administrative Services)
JCS	합참, 합동참모본부(Joint Chiefs of Staff)

(K)

KMAG(카이맥)	대한민국 파견 미국 군사 고문단(US Military Advisory Group to the Republic of Korea), 간략히 주한군사고문단(Korean Military Advisory Group)

(M)

MATS	군항공수송부(Military Air Transport Service)
MDAP	상호방위원조프로그램(Mutual Defense Assistance Program)
MEA	인도의 외무부(Ministry of External Affairs)
MSG	군사참모단(Military Staff Group)

(N)

NATO(나토)	북대서양조약기구(North Atlantic Treaty Organization)
NSC	미국의 국가안전보장회의(National Security Council)
NSRB	미국의 국가안보자원위원회(National Security Resources Board)

(O)

OAS	미주국가기구(Organization of American Stats)

(P)

POL	석유 • 오일 • 윤활유(Petroleum, Oil, and Lubricants)
PPS	정책기획실(Office of Policy Planning Staff)
PRC	중화인민공화국(People's Republic of China)
PRK	조선인민공화국(People's Republic of Korea) 또는 조선민주주의 인민공화국(Democratic People's Republic of Korea)

(R)

RCT	연대급 전투단(regimental combat team)
ROC	중화민국(Republic of China)
ROK	대한민국 또는 한국(Republic of Korea)

(S)

SC	국제연합 UN 안전보장이사회(안보리)(Security Council)
SCAP(스캡)	일본 주둔 연합군 최고사령관(Supreme Commander, Allied Powers, Japan); 미국의 극동사령관인 더글라스 맥아더 원수가 겸직

(U)

UN	국제연합(국련, 유엔)(United Nations)
UNSC	국제연합 안전보장이사회
UNCOK(안콕)	유엔한국위원단(UN Commission on Korea)
UNSCOB(안스콥)	국제연합 발칸제국 특별위원회(United Nations Special Committee on the Balkans)
UNTCOK(안트콕)	유엔한국임시위원단(UN Temporary Commission on Korea)
UP	합동통신사(United Press)
USA	미합중국(미국)(United States of America)
USAF	미국공군(United States Air Force)

USIS(유시스)	미국공보원(US Information Service)
USSR	소비에트 사회주의 공화국 연방(소련)(Union of Soviet Socialist Republics)
USUN(유즌)	유엔 주재 미국대표부(U.S. Mission at the United Nations)

(V)

VOA(보아)	미국의 소리 방송(Voice of America)

(W)

WVTP	1945년 9월 미군이 남한에 진주해 설치한 라디오 방송국

(Z)

Z(Zulu;줄루)	미국 군대에서 오전 08:00을 가리킴

인명들

(ㄱ)

게일라드, 존(Gaillard, John F.)	UNCOK 부사무관(Deputy Secretary)
구, 웰링턴(V. K. Wellington Koo)	주미 중국(ROC) 대사
궐리언, 에드먼드(Edmund A. Gullion)	베트남 주재 참사관 Chargé • 대리공사
그라프스트롬, 스벤(Sven Grafstrom)	유엔 스웨덴 대표부
그레이브스(H. A. Graves)	영국대사관 참사관(Counselor, British Embassy)
그로미코, 안드레이(Andrey Gromyko)	소련외무부 부장관(부상)(Deputy Foreign Minister); 야콥 말리크(Jakob A. Malik) 직전(1946-1948)의 유엔 상주 소련 대표
그로스, 어네스트(Ernest A. Gross)	미국의 유엔대표부(USUN) 대리 대표(Acting Representative)
글리슨, 에버렛(S. Everett Gleason)	NSC의 부사무실장(Deputy Executive Secretary, NSC)

(ㄴ)

네루, 자와할랄(Jawaharlal Nehru)	인도의 수상 겸 외무장관(Prime Minister and Foreign Minister)
노블, 해롤드(Harold J. Noble)	박사, 주한미국대사관원(Attaché)
노이스, 찰스(Charles P. Noyes)	USUN 안보리 문제 고문(Adviser on SC Affairs)
놀팅, 프레데릭(Frederick E. Nolting)	미국 국무부 부차관 특별고문(Special Assistant to the Deputy Under Secretary of State)

니츠, 폴(Paul Nitze) | 조지 케난 후임의 국무부 정책기획실 PPS 실장(Director)
닌취치, 디요라(Djuro Nincic) | 유엔주재 유고슬라비아 대사

(ㄷ)

더글라스, 루이스(Lewis W. Douglas) | 주영 미국대사
덜레스, 존 포스터(John Foster Dulles) | 극동통, 미국 국무부 특별고문(Consultant to the Secretary of State)
데레비얀코, 쿠즈마(Kuzma Derevyanko) | 연합군 일본 심의회(Allied Council for Japan) 소련 대표
데이비스, 존(John P. Davies) | 미국 국무부 정책기획실 PPS 참모
드럼라이트, 에버렛 프란시스(Everett Francis Drumright) | 주한미국대사관 참사관(Counselor) 겸 대리대사(Chargéd'Af faires)
드 마르체나, 엔리케(Enrique de Marchena) | 유엔 도미니카공화국 대표부

(ㄹ)

라드하크리쉬난, 사르베팔리(Sarvepalli Radhakrishnan) | 소련 주재 인도 대사
라우 경, 베네갈(Sir Benegal N. Rau) | 인도의 유엔 대사, 안보리의 유월 의장
라이트, 윌리엄 스털링(William H. Sterling Wright) | 미국 육군 대령, KMAG의 참모장(Chief of Staff) 겸 사령관 대리
라코스테, 프란시스(Francis Lacoste) | 유엔주재 프랑스 대표단(Delegation) 요원
래드포드, 아더(Arthur W. Radford) | 미국의 태평양 총사령관(Commander in Chief, Pacific), 해군 대장(Adm)
래스키, 데니스(Denis S. Laskey) | 유엔영국대표부 외교관
랜피어, 토머스(Thomas G. Lanphier, Jr.) | 국가안보자원위원회 의장의 특별보좌관(Special Assistant to the Chairman of the National Security Resources Board)
러스크, 딘(Dean Rusk) | 미국의 동북아(극동) 담당 국무차관보(Assistant Secretary of State for East Asian and Pacific Affairs)
레이, 제임스(James S. Lay, Jr.) | 미국 국무부 사무국(Executive Secretariat)의 NSC 담당관(Executive Secretary to the National Security Council)
레이번, 샘(Sam Rayburn) | 하원의원(Represenative), 민주당, 텍사스; 하원 의장(Speaker of the House)

렌보그, 버틸(Bertil A. Renborg) — UNCOK 주사무관(Principal Secretary), 호주인

로물로, 카를로스(Carlos P. Romulo) — 유엔 필리핀 대표부 대표; 총회 제4회기 1950년 회장(President)

로버츠, 윌리엄 린(William Lynn Roberts) — 미국 육군 준장, 이임 KMAG주한군사고문단 사령관

로스, 존(John C. Ross) — USUN 대사, SC의 미국 부대표(Deputy US Representative on the UNSC)

루카스, 스캇(Scott W. Lucas) — 상원의원(Senator), 민주당, 일리노이스; 상원다수당지도자[원내총무](Senate Majority Leader)

룬스, 조셉(Joseph M. A. H. Luns) — 유엔 네덜란드 대표부

류 유웬(Liu Yu-Wan) — 박사, UNCOK 중국 국민당, ROC 대표, UNCOK 의장

리, 트리그베(Trygve Lie) — 유엔 사무총장(Secretary General), 노르웨이인

리바스, 호세 미구엘(JoséMiguel Ribas) — 유엔쿠바대표부

리임스, 보르덴(R. Borden Reams) — 유고주재 대사관의 참사관(Counselor)

리지웨이(M. B. Ridgway) — 중장(Lt. Gen), 미국 육군의 부참모총장(Deputy Chief of Staff)

린제이, 리처드(Richard C. Lindsay) — 육군 소장(Maj. Gen), 합동참모본부의 전략기획실 부실장(Deputy Director for Strategic Plans, Joint Chiefs of Staff)

(ㅁ)

마놀라, 스레코(Srećko Manola) — 해군 소장(Rear Adm), 유고의 해군참모총장(Chief of Staff, Naval Section of the Yugoslav General Staff)

마샤, 루치아노(Luciano Mascia) — 유엔 이태리 옵서버

마칸토니오, 비토(Vito Marcantonio) — 하원의원, 미국노동당(American Labor Party), 뉴욕

마테스, 레오(Leo Mates) — 유고의 외무차관(Deputy Foreign Minister)

마틴, 앙겔(Angel Gockez Martin) — UNCOK 엘살바도르 대표

말리크, 야콥(Jakob A. Malik) — 유엔 상주 소련 대표

매튜스, 프란시스(Francis P. Matthews) — 미국의 해군 장관(Secretary of the Navy)

매튜스, 프리먼(H. Freeman Matthews) — 미국 국무부 정치 담당 부차관(Deputy Under Secretary of State for Political Affairs)

매피트, 에드워드(Edward P. Maffitt) — USUN 요원

맥아더, 더글라스(Douglas MacArthur) — 육군 원수(General of the Army(G/A)), 미국의 극동총사령관

	(CINCFE), 재일본연합군 최고사령관(Supreme Commander, Allied Powers, Japan), 유엔사령부 사령관(Commander in Chief, U.N. Command)
맥코맥, 존 윌리엄 (John William McCormack)	하원의원(Represenative), 민주당, 매사추세츠; 하원다수당지도자[원내총무](House Majority Leader)
맥팔, 잭(Jack K. McFall)	미국의 의회관계 국무차관보(Assistant Secretary of State for Congressional Relations)
맨스필드, 마이크(Mike Joseph Mansfield)	하원의원(Congressman), 민주당, 몬태나
머천트, 리빙스턴(Livingston T. Merchant)	미국의 국무부 극동담당 부차관보(Deputy Assistant Secretary of State for Far Eastern Affairs)
머피, 로버트(Robert D. Murphy)	벨기에 주재 미국대사
메논, 고팔라(Gopala Menon)	인도의 UN 대표단 부대표
무노스, 로돌포(Rodolfo Munoz)	유엔 아르헨티나 대표부
무쵸, 존(John Joseph Muccio)	주한미국대사
밀러 경, 데릭 호이여 (Sir Derick Hoyer Millar)	주미 영국 공사(Minister)

(ㅂ)

바버, 월워쓰(Walworth Barbour)	모스크바 주재 미국대사관 참사관(Counselor) 겸 대리대사(Chargéd'Affaires)
바지파이, 기르자(Girja Bajpai)	인도 외무부(MEA)의 사무총장(Secretary General)
바클리, 앨븐 윌리엄 (Alben William Barkley)	미국의 부통령(Vice President)
반덴버그, 호프트(Hovt S. Vandenberg)	미국 공군의 참모총장(Chief of Staff, U.S. Air Force), 공군 대장(Gen)
반스, 로버트(Robert G. Barnes)	미국의 국무부 총무국 소속
반 질란드, 폴(Paul van Zeeland)	벨기에 외무장관
베블러, 알레스(AlešBebler)	유엔 안보리의 유고슬라비아 대표; 디요라 닌취치(Djuro Nincic)의 후임
베빈, 어네스트(Ernest Bevin)	영국의 외무장관

베이컨, 루스(Ruth Bacon)	미국의 극동문제국(Bureau of Far Eastern Affairs) 직원
벤뎃슨, K. R.(Bendetson)	육군차관보
본브라이트, 제임스(James C. H. Bonbright)	유럽담당 부차관보(Deputy Assistant Secretary of State for European Affairs)
볼렌, 찰스(Charles E. Bohlen)	파리 주재 미국대사관 공사(Minister)
브래들리, 오마(Omar N. Bradley)	육군 대장(Gen), 미국의 합동참모본부의장(Chairman of the Joint Chiefs of Staff)
브루스, 데이빗(David K. E. Bruce)	프랑스 주재 미국 대사
브리용발, 앙리(Henri Brionval)	UNCOK 프랑스 대표
브리지스, 스타일스(Styles Bridges)	미국 상원의원(Senator), 공화당, 뉴햄프셔
블랑코, 카를로스(Carlos Blanco)	유엔주재 쿠바 대사
비숍, 맥스(Max W. Bishop)	미국 국무부 무임소대사 특별보좌관(Special Assistant to the Ambassador at Large(Jessup)); NSC 참모보좌관단의 국무부대표(Department of State Representative on the NSC Staff Assistants)
비신스키, 안드레이(Andrey Vyshinsky)	소련 외상(외무장관)
빈슨, 카알(Carl Vinson)	미국 하원의원(Congressman), 민주당, 조지아

(ㅅ)

섄(K. C. O. Shann)	유엔 호주 대표단 외교관
셔먼, 포레스트(Forrest P. Sherman)	해군 대장(Adm), 미국 해군의 작전총장(Chief of Naval Operations)
소볼레프, 아카디(Arkady Sobolev)	소련 외무부 미국 국장
쇼벨, 장(Jean Chauvel)	프랑스의 유엔 안보리 대표
쇼트, 듀이(Dewey Short)	미국 하원의원(Congressman), 공화당, 미주리
숀 경, 테렌스 (Sir Terence Shone)	영국의 유엔 안보리 대표
순다, 아나(Arne Sunde)	유엔주재 노르웨이 대사
슈망, 로베르(Robert Schuman)	프랑스의 외무장관(Foreign Minister)
스나이더, 존 (John W. Snyder)	미국의 재무장관(Secretary of the Treasury)
스미스, 알렉산더 (Howard Alexander Smith)	미국 상원의원(Senator), 공화당, 뉴저지
스코트 경, 로버트(Sir Robert H. Scott)	영국 정부의 극동 담당 차관보(Assistant UnderSecretary)

스타벨, 브레도(Bredo Stabell)	노르웨이 대표단
스탈린, 조셉(Joseph Stalin)	소련 공산당중앙위원회 서기장 겸 각료회의 의장
스트롱, 로버트(Robert C. Strong)	타이페이(ROC) 주재 미국 영사(Consul) 겸 참사관(Chargé)
스틱커, 디르크(Dirk Stikker)	네덜란드의 외무장관
시밍턴, 스튜어트(W. Stuart Symington)	미국의 NSRB 국가안보자원위원회(National Security Resources Board) 의장(Chairman)
시볼드, 윌리엄(William J. Sebald)	주일 극동점령지역국(OAFE) 정치고문 대리(Acting Political Advisor)
싱, 아눕(Anup Singh)	박사, UNCOK 인도 대표
쑤 투(Szu-Tu)	중화민국 ROC 외교관, UNCOK 의장 대리
씨앵 팅푸(Tsiang Tingfu F.)	유엔 주재 중화민국ROC 대사

(ㅇ)

아몬드, 에드워드(Edward M. Almond)	육군 소장, 극동사령부의 참모장
아마타야쿨, 마누(Manu Amatayakul)	유엔 태국타이랜드 대표부
암스트롱, 파크(W. Park Armstrong)	미국 국무부 연구 • 첩보 담당 특별 보좌관(Special Assistant to the Secretary of State for Research and Intelligence)
애치슨, 딘(Dean G. Acheson)	미국의 국무장관(Secretary of State)
애킬리스, 데오도어 카터 (Theodore Carter Achilles)	국무부 서유럽실장(Director of the Office of Western European Af fairs)
애틀리, 클레멘트(Clement Attlee)	영국 수상(Prime Minister), 노동당
앨런, 조지(George V. Allen)	유고 주재 미국 대사
앨리슨, 존(John Allison)	국무부 동북아실장(Director of the Office of Northeast Asian Affairs)
오스틴, 워렌(Warren R. Austin)	유엔주재 미국대표; 전직 상원의원, 공화당, 버몬트
오우로 프레토, 카를로스 (Carlos Sylvestre de Ouro Preto)	유엔 브라질 대표부
와일리, 알렉산더(Alexander Wiley)	미국의 상원의원(Senator), 공화당, 위스콘신; 상원 외교위원회 부의장(Second Ranking Minority Member of the Senate Committee on Foreign Relations)
와트킨스, 아더(Arthur V. Watkins)	미국의 상원의원(Senator), 공화당, 유타
요스트, 찰스(Charles Yost)	미국 국무부 동유럽실장대리

웨인하우스, 데이빗(David Wainhouse)	미국 국무부 유엔정치안보문제실 부실장(Deputy Director of the Office of United Nations Political and Security Affairs)
웹, 제임스(James E. Webb)	미국의 국무차관 (Under Secretary of State)
윌러비(C. A. Willoughby)	소장(Maj Gen), 극동군사령부의 정보참모장(Chief of Intelligence)
이딜, 카밀(Kamil Idil)	박사, UNCOK 터키 대표
이튼, 찰스 오버리(Charles Aubrey Eaton)	미국의 하원의원(Congressman), 공화당, 뉴저지
잉글스, 호세(JoséD. Ingles)	유엔 필리핀 대표부

(ㅈ)

저우 언라이(Zhou Enlai), 주은래	중국(PRC)의 총리(Premier) 겸 외교부장(Foreign Minister)
제섭, 필립(Philip Jessup)	박사, 미국 국무부 무임소 대사(Ambassador at Large)
제이미슨, A. B.(A. B. Jamieson)	박사, UNCOK 호주 대표
젭 경, 글래드윈(Sir Gladwyn Jebb)	유엔 주재 영국 대표단(British Delegation) 신임 대표
조지, 월터(Walter F. George)	미국의 상원의원(Senator), 민주당, 조지아
존슨, 루이스(Louis A. Johnson)	미국의 국방장관(Secretary of Defense)
진첸코, 콘스탄틴(Constantin Zinchenko)	유엔사무총장의 안보리문제 보좌관 겸 유엔사무국의 러시아 간부

(ㅊ)

차타리, 로하트(Rohat Seid Chhatari)	유엔 파키스탄 대표부
채핀, 셀덴(Selden Chapin)	네덜란드 주재 미국 대사
처치, 존(John H. Church)	준장(Brig. Gen), 극동총사령관의 코리아 전방지휘단ADCOM 사령관
처칠, 윈스턴(Winston Churchill)	영국 하원 야당(보수당) 지도자
치앙 캐섁(Chiang Kai-shek)	국민당 지도자로 1950년 3월 1일 중화민국의 총통대통령이 됨

(ㅋ)

카르델지, 에드바르드(Edvard Kardelj)	유고슬라비아의 외무장관(Foreign Minister)
카푸르, R. P. Kapur	모스크바 인도 대사관의 참사관(Counselor)

칸, 랴쿠앗 알리(Liaquat Ali Khan)	파키스탄 수상
칸, 모하메드 자프룰라 (Mohamed Zafrullah Khan)	파키스탄의 외무장관(Foreign Minister)
캐친 , 알프레드(Alfred G. Katzin)	유엔 사무총장의 UNCOK 관련 코리아 주재 개인 대표(Personal Representative in Korea)
캐프리, 제퍼슨(Jefferson Caffery)	카이로 주재 미국 대사
켐, 제임스(James P. Kem)	미국의 상원의원(Senator), 공화당, 미주리
커크, 앨런(Allen G. Kirk)	모스크바 주재 미국대사
케난, 조지(George F. Kennan)	미국 국무부 고문 겸 정책기획실장(Counselor of the Department of State and Director of the Policy Planning Staff)
코너스, 브래들리(Bradley W. Connors)	미국 국무부 극동문제국(Bureau of Far Eastern Affairs)의 공공문제 담당관(Officer in Charge of Public Affairs)
코널리, 탐(Tom Connally)	미국의 상원의원(Senator), 민주당, 텍사스; 상원 외교위원회 의장(Chairman of the Senate Committee on Foreign Relations)
코디어, 앤드류(Andrew W. Cordier)	유엔사무총장의 행정보좌관(Executive Assistant to the U.N. Secretary General)
코레아, 호세(Jose A. Correa)	유엔주재 에콰도르 대사
콘다피, 첸찰(Chenchal Kondapi)	인도의 UNCOK 부대표(alternate)
콜린스, 로튼(J. Lawton Collins)	육군 대장 (Gen), 미국 육군의 참모총장(Chief of Staff, U.S. Army)
쿠랄, 아드난(Adnan Kural)	유엔주재 터키 대표
퀘일, 앙리(Henri Queuille)	프랑스 각료심의회의 대통령 지명자(President designate of the French Council of Ministers)
키이, 존(John Kee)	미국의 하원의원(Congressman), 민주당, 웨스트 버지니아; 하원 외교 위원회 의장(Chairman of the House Committee on Foreign Affairs)

(ㅌ)

타이딩스, 밀라드(Millard Tydings)	미국의 상원의원(Senator), 민주당, 매릴랜드
탄 샤오-화 박사(Dr. Shao-hwa Tan)	미국주재 중국(ROC) 공사(Chinese Minister)
태프트, 로버트(Robert A. Taft)	미국의 상원의원 Senator, 공화당, 오하이오
테더 경(Lord Tedder)	영국 공군 원수(R.A.F. Air Marshal), 워싱턴 주재 영국 육해공

	합동 파견단 의장(Chairman of the British Joint Services Mission in Washington)
토머스, 엘버트(Elbert D. Thomas)	미국의 상원의원(Senator), 민주당, 유타
트루먼, 해리(Harry S. Truman)	미국 대통령(민주당)
티토, 요시프 브로즈(Josip Broz Tito)	원수(Marshal), 유고슬라비아 각료회의 수상 겸 국방장관
팀버먼, 토머스(Thomas S. Timberman)	준장(Brig Gen): 미국 육군 G-3 소속

(ㅍ)

파뉴쉬킨, 알렉산더(Alexander Panyushkin)	미국주재 소련대사
파닉카, 카발람 마드바 (Kavalam Madhava Panikkar)	중국(PRC) 주재 인도 대사
파브레갓, 엔리케(Fabregat, Enrique)	유엔 우루과이 대표부
파지 베이, 마흐무드(Mahmoud Fawzi Bey)	이집트의 유엔 대사
판디트, 마담 비재야 락쉬미 (Madame Vijaya Lakshmi Pandit)	미국 주재 인도 대사
팔라, L. N.(Palar)	유엔주재 인도네시아 대표
퍼킨스, 조지(George W. Perkins, 또는 G.P.)	미국의 유럽담당 국무차관보(Assistant Secretary of State for European Affairs)
페이스, 프랭크(Frank Pace)	미국의 육군장관(Secretary of the Army)
펠러, 에이브러햄(Abraham H. Feller)	유엔 법률 고문(General Counsel)
포스딕, 도로시(Dorothy Fosdick)	미국의 국무부 정책기획참모
포포빅, 블라디미르(Vladimir Popovic)	미국 주재 유고슬라비아 대사
프랭크스 경, 올리버(Sir Oliver Franks)	미국주재 영국 대사
프리먼, 찰스(Charles W. Freeman)	중국실 부실장 대리(Acting Deputy Director of the Office of Chinese Affairs)
프리어스, 에드워드(Edward L. Freers)	모스크바 주재 미국 대사관의 일등서기관(First Secretary)
프리카, 스르디예(Srdja Prica)	유고슬라비아의 외무차관
피어슨, 레스터(Lester B. Pearson)	캐나다의 외무장관(Secretary of State for External Affairs)
핀레터, 토마스(Thomas K. Finletter)	미국의 공군장관(Secretary of the Air Force)

(ㅎ)

하이드, 제임스(James N. Hyde)	USUN 요원
하일러, 카울테(Coulter D. Huyler)	헤이그 주재 미국 대사관의 무관 Attaché
해리먼, 애버렐 (W. Averell Harriman)	미국의 대통령 특별고문
헤어, 레이몬드(Raymond A. Hare)	미국 국무부 근동 • 남아시아 • 아프리카 담당 부차관보(Deputy Assistant Secretary of State for Near Eastern, South Asian, and African Affairs)
헨더슨, 로이(Loy W. Henderson)	인도주재 미국대사
헨리케스-우레나, 맥스 (Henriquez-Ureña, Max)	유엔 도미니카공화국 대표부
호 치민(Ho Chi Minh)	베트남민주공화국(Democratic Republic of Vietnam)의 초대 대통령
홈스, 존(Holmes, John W.)	유엔 캐나다 대표부 대리대표
홈스, 줄리어스 (Julius C. Holmes)	영국 주재 미국 공사(Minister)
화이트, 폴 링컨(Paul Lincoln White)	미국의 국무부 언론관련 특별보좌관(Special Assistant to the Secretary of State for Press Relations)의 행정보좌관(Executive Assistant)
히커슨, 존(John D. Hickerson)	미국의 유엔담당 국무차관보(Assistant Secretary of State for United Nations Affairs)
힐렌쾨터, 로스코(Roscoe H. Hillenkoetter)	해군소장(Rear Adm), 미국의 CIA 국장(Director of the Central Intelligence Agency)

이승만 대통령과 무쵸 대사 육이오가 일어나기 1년 전인 1949년 사월 주한미국대사 존 무쵸(왼쪽)가 대한미국의 이승만 대통령(오른쪽)에게 신임장을 제출하고 트루먼 대통령의 사진을 건네고 있다.
(출처: newslibrary.naver.com)

ROK의 채병덕 장군 ROK 육군의 채병덕 소장이 동란이 발발하던 1950년 유월 25일 의정부 지구에서 장병들을 독려하고 있다. 장군은 1950년 유월 28일 서울을 함락시킨 북한군이 한강을 도하하기 직전까지 ROK의 총참모장으로 남한군을 지휘했다.
(출처: www.bluetoday.net/news/)

임병직 외무장관 1947년 시월, 약 3년 뒤 동란이 발발할 때 ROK의 외무장관을 지낸 임병직 육군대령(앞줄 가운데)이 유엔주재코리아대표단의 단장 자격으로 유엔총회 정치안보위원회(제1위원회)가 코리아 문제를 다루는 회의실에서 기자석에 앉아 있다.
(출처: 유엔, www.unmultimedia.org/photo/)

이승만 내각 이승만 대통령(앞줄 맨 왼쪽)이 각료들과 함께 1950년 칠월 부산에서 전황 브리핑을 듣고 있다. 각료들은 주미한국대사를 지내다 국무총리로 임명된 장면(대통령을 기준으로 앞줄 세 번째)을 제외하고 뒷자리에 — 둘째 줄 맨 왼쪽의 무임소장관 허정, 맨 오른쪽 창가의 농림장관 윤영선 등등 — 앉아 있다. (참고로 대통령의 바로 옆에 있는 인물은 국회의장 신익희이고 장면의 옆 창가에 착석한 사람은 주한미국대사 존 무쵸다.)
(출처: weekly1.chosun.com)

유엔한국위원단(UNCOK) UNCOCK 위원들이 1948년 일월부터 1950년 유월 28일 북한군에 의해서 서울이 함락되기 직전까지 사용하던 덕수궁 앞에서 유엔기의 게양을 바라보고 있다. 본서는 "우리는 무기가 더 필요하다"(제1장)의 24쪽부터 북한군의 남침과 관련한 회의로 그들의 활동을 처음 소개한다.
(출처: 유엔, www.unmultimedia.org/photo)

USA의 덜레스 고문과 맥아더 장군 동란이 발발하기 불과 나흘 전인 1950년 유월 21일 미국 국무장관의 특별고문인 존 포스터 덜레스가 도쿄의 하네다 공항에 도착해 더글라스 맥아더의 환영을 받고 있다. 본서는 제1장의 "이것은 소련의 시험적 도전이다"(35쪽)에서 이들의 만남을 언급한다.
(출처: Harry S. Truman Library & Museum)

USA의 트루먼 대통령과 애치슨 장관과 오스틴 대사 1947년 삼월 미국의 대통령 해리 S. 트루먼(왼쪽)이 장차 자신의 국무장관으로 임명될 딘 애치슨(오른쪽)과 함께 두 달 전 유엔주재 미국대사로 임명된 워렌 오스틴(가운데)을 만나고 있다. 이 3인은 한국전쟁의 정치과정에 있어서 대단히 중요한 역할을 한다.

(출처: 유엔, Harry S. Truman Library & Museum)

USA의 조지 케난 미국 국무부 정책기획실(PPS)의 조지 케난 실장은 코리아 사태의 발발 직후 미국 정부의 정책 구상에 있어서 가장 중요한 역할을 한 인물들 중의 한 명이다. 본서에는 제1장의 "이것은 소련의 시험적 도전이다"(46쪽)에서 그가 처음 언급된다.

(출처: moscow.usembassy.gov)

USA의 존슨 장관과 브래들리 장군 극동군사령부를 방문한 미국의 국방장관 루이스 존슨(왼쪽)과 합동참모본부의장 오마 브래들리 장군(오른쪽)이 유월 19일 도쿄의 황궁광장(고쿄가이엔)에서 극동군사령관 더글라스 맥아더 장군(가운데)과 환영 열병식에 참석하고 있다. 본서는 제2장의 "우리는 어디엔가 선을 그어야 한다"에서 이 방문을 언급한다(91쪽).
(출처: Harry S. Truman Library & Museum)

트루먼 내각 미국 대통령 해리 S. 트루먼과 그의 각료들이 백악관의 내각실에 모여 있다. 테이블을 돌며 좌에서 우로: 상무장관 찰스 소여, 대통령 특별보좌관 W. 에버렐 해리먼*, 대통령 보좌관 존 스틸먼, 부통령 앨빈 바클리*, 노동장관 모리스 토빈, 국가안보자원위원회(NSRB) 의장 스튜어트 시밍턴*, 농무장관 찰스 브래넌, 체신장관 제시 도널드슨, 국방장관 루이스 존슨*, 국무장관 딘 애치슨*, 대통령 해리 S. 트루먼*, 재무장관 존 스나이더*, 법무장관 J. 하워드 맥그래쓰, 내무장관 오스카 채프먼. 별표(*)가 있는 인물들이 본서에 나온다.
(출처: Harry S. Truman Library & Museum)

PRK의 김일성 주석 북한의 김일성 주석(왼쪽)이 판문점에서 정전협정문서에 서명하고 있다. 김의 라디오 방송이 본서 제4장의 "상황이 너무도 급속히 악화돼 버렸다"에 나온다(192쪽).
(출처: Photos: Scenes from the Korean War, http://edition.cnn.com/2013/06/28/world/asia/korean-war-fast-facts/index.html)

유엔의 474차 안보리 회의 1950년 6월 27일 소련이 불참한 가운데 열린 유엔안전보장이사회의 474차 회의는 코리아 사태를 놓고서 미국 대표단과 유고슬라비아 대표단이 제출한 결의안들을 다뤘다. 미국이 제출한 북한 제재 결의안의 표결에서 7개국의 대표들(왼쪽부터 알파벳 순으로 중국(China), 쿠바(Cuba), 에콰도르, 프랑스, 노르웨이, 영국, 미국)이 거수로 찬성을 표시하고 있다(본서 제4장의 "우리의 목표는 전쟁의 예방이다").
(출처: 유엔, www.unmultimedia.org)

USA의 애치슨 장관과 웹 차관 미국의 국무장관 딘 애치슨(중앙)이 국무부 직원들과 앉아서 담소하고 있다. 장관의 오른편에 있는 사람이 국무차관인 제임스 웹이다. 본서에는 제4장의 "미국은 혼자서 행동하는 것이 아니다"에 이들의 회의가 나온다.
(출처: Harry S. Truman Library & Museum)

미국의 애치슨 장관과 인도의 네루 수상 1949년 시월 워싱턴에 왔다가 국제연합본부가 있는 뉴욕으로 떠나는 인도의 자와할랄 네루 수상(오른쪽)이 미국의 국무장관 딘 애치슨(왼쪽)의 환송을 받고 있다. 당시 네루는 자신의 외동딸이요 비공식 보좌관인 인디라 간디(가운데)의 수행을 받았다. 본서는 제5장의 "이것은 침략자와 국제연합 사이의 문제다"(253-257쪽)에서 네루와 인도주재 미국대사 로이 헨더슨의 만남을 다룬다.
(출처: Harry S. Truman Library & Museum)

수원의 이승만 대통령과 미국인들 이승만 대통령(왼쪽에서 세 번째)이 수원 활주로에서 맥아더 장군의 도착을 기다리면서 애드콤(ADCOM)의 존 처치 준장(왼쪽), 미국대사관의 에버렛 드럼라이트 참사관(처치 준장 옆), 미국대사 존 무쵸(오른쪽)와 담소하고 있다(본서 제6장의 "ROK 군대는 우수한 지도력을 결여했다").

(출처: Appleman, South to the Naktong, North to the Yalu; http://www.koreanwaronline.com/history/Appleman/Chapter4.htm#3)

맥아더 장군과 그의 참모들 북한군이 서울까지 점령한 뒤 미국의 극동군사령관(CINCFE) 더글라스 맥아더 장군이 전선을 직접 둘러보기 위해서 1950년 유월 29일 수원에 도착했다(본서 제6장의 "ROK 군대는 우수한 지도력을 결여했다").

(출처: Harry S. Truman Library & Museum)

수원의 맥아더 장군과 무쵸 대사 1950년 6월 29일 수원의 ROK 육군본부에서 맥아더 장군(가운데)이 무쵸 대사(왼쪽)와 전황에 관해서 이야기하고 있다. 오른쪽은 맥아더의 참모장인 에드워드 아몬드 소장이다.(본서 제6장의 "ROK 군대는 우수한 지도력을 결여했다").
(출처: National Archives; history.army.mil/brochures/KW-Outbreak/outbreak.htm)

ROK의 신성모 장관과 정일권 장군 신성모 ROK 국방장관(가운데)이 채병덕 장군에 이어 ROK의 총참모장에 임명된 정일권 소장(오른쪽)과 작전협의를 마치고 서 있다. 본서의 제7장 "이것은 남북통일의 시작이다"에서 한국군의 총사령관은 정 총장이다.
(출처: newslibrary.naver.com)

원치 않은 전쟁 1 1950년 시월, 전쟁에 의해서 폐허로 변한 한강 근처에 생겨난 판자촌에서 여성들이 빨래를 하고 있다.
(출처: 유엔, www.unmultimedia.org/photo/)

원치 않은 전쟁 2 1950년 십이월 끝없는 피난민들의 행렬이 파괴된 한강다리 옆으로 설치된 좁다란 가교를 건너 남하하고 있다.
(출처: 유엔, www.unmultimedia.org/photo)